中央大学社会科学研究所研究叢書……31

うごきの場に居合わせる

公営団地におけるリフレクシヴな調査研究

新原道信 編著

中央大学出版部

うごきの場に居合わせる

公営団地におけるリフレクシヴな調査研究

Being Involved with the Field
Reflexive Research into a Nascent Community

Il gioco relazionale nel campo di azione
Ricerca riflessiva verso una comunità nascente

献　辞

メルッチ，Kt さん，Fn くん，そして，
ゆっくりと，やわらかく，深く，切り結び，
うごきの場をともにしていまはそこにいないひとへ

まえがき

　本書は，中央大学社会科学研究所の研究チーム「3.11 以降の惑星社会」(2013 年度から 2015 年度) の研究成果である[1]。また，新原道信が研究代表者として取得した研究助成金——中央大学特定課題研究費「大震災以後のコミュニティの再構築を目的とした地域小社会の潜在力の研究」(2012 年度) と「惑星社会の諸問題に応答する社会運動に関するリフレクシヴな比較調査研究」(2014 年度)，前川財団家庭教育研究助成金「地域住民と大学人の協業による"臨場・臨床の智"形成にむけての実践的研究」(2014 年度)，「"コミュニティを基盤とする参与的行為調査"による"臨場・臨床の智"の伝達に関する実証的研究」(2015 年度)，科学研究費・基盤研究 B 海外学術調査「"惑星社会"の問題に応答する"未発の社会運動"に関するイタリアとの比較調査研究」(2015 年度から 2018 年度) によって実施した調査研究活動の成果も含まれている。そしてまた本書は，編者の長年の共同研究者であるイタリアの社会学者 A. メルッチ (Alberto Melucci)[2] と A. メルレル (Alberto Merler) との間で積み上げてきた社会学的探求の一環であり，とりわけ「3.11 以降」になされるべき「惑星社会のフィールドワーク」の起点となっている。

調査研究チームを代表して　新 原 道 信

注
1) 各年度の研究成果は，(新原 2014a; 2014b; 2015a; 2015b; 2015c; 2015d) (中村 2014) (鈴木 2013; 2014a; 2014b; 2015a; 2015b) (友澤 2014; 2015) (阪口 2013; 2014; 2015) などのかたちで，すでに公刊されている (「序」の引用・参考文献を参照されたい)。
2) メルッチが 2001 年に逝去して以降は，アンナ夫人 (Anna Melucci-Fabbrini) やフェラーラ大学教授 M. イングロッソ (Marco Ingrosso) たちとの研究協力をつづけている。

目　次

まえがき

序　うごきの場に居合わせ，ゆっくりと，やわらかく，
　　深く，切り結び，ふりかえる
　　　　　　　　　　　　　　　　　新原道信
　　…………………………………………………………………… 1

理論篇
惑星社会のフィールドワークにむけての
リフレクシヴな調査研究
　　　　　　　　　　　　　　　　　新原道信

惑星社会のフィールドワークにむけてのリフレクシヴな調査研究……… 33
1. はじめに──「3.11以降の惑星社会のフィールドワーク」
　　という同時代認識── ………………………………… 35
2. 〈生体そして関係性そのものの危機〉に立ち向かう学問……… 41
3. 「未発の状態」に居合わせる……………………………………… 51
4. うごきの場の「未発の状態」における社会文化的プロセスをとらえる
　　方法としてのリフレクシヴな調査研究……………………… 57
5. 本書成立の経緯…………………………………………………… 61
6. おわりに──未発のコミュニティにむけて── ……………… 68

実践篇（モノグラフ）
うごきの場に居合わせる

　地　図　湘南団地周辺の地図と集会所……………………………………85

プロローグ　この「街」の世間師と移動民の子どもたち
新 原 道 信

………………………………………………………………………………87

第1章　湘南市の概況と「研究委員会」のうごき
鈴 木 鉄 忠・新 原 道 信

　1．東京圏の郊外地域の発展──工業化と都市化── ………………93
　2．都市近郊農村から近郊市街地へ
　　　──公営団地の造成と団地住民の自治── ……………………95
　3．東京圏の形成──二つの特徴── …………………………………98
　4．「黒船」となったインドシナ定住難民の衝撃 ………………………100
　5．「内なる国際化」と湘南団地 …………………………………………103
　6．行政の側からの「内なる国際化」への対応 ………………………105
　7．団地のなかへ……………………………………………………………109
　8．「湘南プロジェクト」の始動 …………………………………………112

第2章　「湘南プロジェクト」の胎動
　　　──不協の多声のどよめき──
新 原 道 信

　一年に一度の「街」── 33回目をむかえた団地祭に── ……………121
　1．「現在を生きる名代」の背中──「世間師」「移動民の子どもたち」
　　　「社会のオペレーター」── ……………………………………123

2．多文化・多言語混成団地におけるコミュニティ形成のための
    参加型調査研究 …………………………………………………… 126
 3．『多文化共生コミュニティにむけて』(2000) の冊子づくり
    ──感覚と理解の交わり── ……………………………………… 133
 4．不協の多声のどよめき ……………………………………………… 138
 5．拡大する「治安強化」のなかで …………………………………… 172
 6．未発の「第二次関東大震災・朝鮮人虐殺」………………………… 179
 7．願望の KANAGAWA
    ── Stepping aside with Style（優雅に品よく身を引く）── …… 183
 8．むすびにかえて
    ──「現在を生きる名代」の肉声のつらなり── ……………… 189
エピローグ ……………………………………………………………………… 190

第3章　「湘南プロジェクト」・前夜
──「入る」という困難，「入る」ことの困難──

中 里 佳 苗

 1．はじめに ……………………………………………………………… 195
 2．「在住外国人生活支援活動研究委員会」への参加 ………………… 198
 3．湘南団地に「入る」という困難 …………………………………… 210
 4．団地に「入る」ことの困難 ………………………………………… 222
 5．むすびにかえて ……………………………………………………… 231

第4章　生きた「吹き溜まり」
──「湘南団地日本語教室」の創造まで──

中 里 佳 苗

 1．はじめに──「湘南プロジェクト」全体のイメージから── …… 237
 2．始まりのひとひら──「湘南プロジェクト」の発足── ………… 243
 3．「吹き溜まり」の隙間で──日本語教室設立から崩壊まで── …… 266

4．「吹き溜まり」の足跡に――日本語教室再生に向けて――………297
　　5．あとがきにかえて……………………………………………315

第5章　「教師」のいない「教室」
　　　　――「治安強化」のなかで苦闘し葛藤する学生ボランティア――
　　　　　　　　　　　　　　　　　　　　　　　　　　　　鈴　木　鉄　忠

　　1．はじめに――「二つの未来」の分岐点――………………………319
　　2．「日本語教師のいない教室」………………………………………323
　　3．混沌とした教室――戸惑い，動揺する学生ボランティア――……328
　　4．「治安強化」の下での教室…………………………………………337
　　5．「治安強化」の下でのレジスタンス………………………………345
　　6．「治安強化」の下での同盟…………………………………………355
　　7．日本社会で生きていくということ…………………………………362
　　8．おわりに――「日本語教師のいない教室」という
　　　　　"もうひとつの大学"――……………………………………367

第6章　「聴け！プロジェクト」のうごき
　　　　――『聴くことの場』ふたたび――
　　　　　　　　　　　　　　　　　　　　　　　　　　　　新　原　道　信

　　1．この社会で「他者」として生きること……………………………376
　　2．1999年の『聴くことの場』で発せられた声………………………382
　　3．2001年夏の「Eキャンプ」で発せられた声………………………397
　　4．「喪失」の後に生まれつつあるもの………………………………404

第7章　乱反射するリフレクション
　　　　――実はそこに生まれつつあった創造力――
　　　　　　　　　　　　　　　　　　　　　　　　　　　　新　原　道　信

　　1．はじめに――「後からやって来る」理解――……………………418

2．メルッチが遺したもの——距離のとり方，関係性の配置変え，
　　　　「契約」，「遊び」と「ジレンマ」——……………………………… 424
　　3．「世間師」「移動民の子どもたち」と葛藤する学生ボランティア…… 434
　　4．実はそこに生まれつつあった創造力………………………………… 441

エピローグ
　　　　　　　　　　　　　　　　　　　　　　　　　　中　村　　　寛
…………………………………………………………………………………… 457

むすびにかえて
　　　　　　　　　　　　　　　　　　　　　　　　　　野　宮　大志郎
…………………………………………………………………………………… 467

補　　遺
1．「湘南プロジェクト」「聴け！プロジェクト」登場人物と年表
　　　　　　　　　　　　　　　　鈴木鉄忠・中里佳苗・新原道信
…………………………………………………………………………………… 487
2．うごきの場での対話的なエラボレイション
　　　　　　　　　　　　　　　　　　　　　　中村　寛・新原道信
…………………………………………………………………………………… 523

あとがき
索　　引
執筆者紹介

序
うごきの場に居合わせ，ゆっくりと，
やわらかく，深く，切り結び，ふりかえる

新 原 道 信

過去を歴史的に関連づけることは，それを「もともとあったとおりに」認識することではない。危機の瞬間にひらめくような回想をとらえることである。

W・ベンヤミン「歴史哲学テーゼ」（Benjamin 1974＝1994：695＝331）より

人の見のこしたものを見るようにせよ。その中にいつも大事なものがあるはずだ。あせることはない。自分のえらんだ道をしっかり歩いていくことだ。

宮本常一『民俗学の旅』（宮本 1993：36）より

……記録は今日の足跡を記すことを最終目的とする。フィリピン，インドネシア，マラッカで，エビ，ナマコ，ヤシの実の取得と売り買いの現場を歩き，その日の見聞をその日のうちに日記に書くことの積み重ねから，眼のつけどころが青年時代とかわり，文体も目線にあわせてかわっていく。すでに初老の域に入って，食材を自分で選び，自分で夕食を調理する，その残りの時間に日記を書く。見聞を記録するのは，気力であり，気力は，見聞に洞察を加える。アキューメン（acumen）という言葉を私は思い出し，この言葉をこれまでに自分が使ったことがないのに気づいた。……とにかく鶴見良行は，フィールドノートに，毎日の見聞を統括するアキューメンの働きを見せている。それは，彼の想像力の中でおこなわれた，米国に支配される日本から，アジアの日本へという舵の切り替えだった。

[＊ acumen: keep perception, Oxford Little Dictionary]

鶴見俊輔，2006「言葉にあらわれる洞察」（鶴見俊 2006：41）より

自然そのままの意識は，知の可能性をもっているだけで，実際に知を備えているわけではない。が，当初その意識は自分が知を備えていると思いこんでいるから，真の知への道程は知の否定という意味合いを持ち，意識の可能性を実現する道行きが，かえって，自己喪失のように感じられる。この道行きで意識は自分が真理だと思っていたものを失うのだから。だから，この道程は疑い（Zweifel）の道と見なすことができるし，もっとはっきりいえば，絶望（Verzweiflung）の道である。……意識の道程は，つぎつぎとあらわれる知が真理を外れたものであることを明晰に洞察していく旅であって，……現象学の道程では，教養形成の過程に生じる真ならざるものを，現実に一つ一つ克服していかねばならないのである。

ヘーゲル『精神現象学』「はじめに（Einleitung）」
（Hegel 1986＝1998：55-56）より

序　うごきの場に居合わせ，ゆっくりと，やわらかく，深く，切り結び，ふりかえる　3

(1)　いま何をなすべきか？――現代社会認識と実践的課題――

　本研究チームは，社会的痛苦の縮減を可能とする共成システム[1]である「生存の場としての地域社会」「異質性を含み込んだコミュニティの在り方」[2]の探求を長期目標としている。A. メルッチが提唱する「惑星社会（planetary society）」論を現代社会認識の基礎とし，そこに生ずる社会問題に応答することが，本調査研究の目的である。

　惑星社会論は，システム化・ネットワーク化の可能性に注目するグローバル社会論に対して，自然や資源の有限性，極度にシステム化した社会の統治性の限界に着目する現代社会論である。惑星社会の問題は，個々人の社会的痛苦の問題として現れる。「内なる異質性」の問題が顕在化したコミュニティに暮らす個々人は，「環境・エネルギー政策」「高齢化」「家庭教育」「青少年問題」「被災者支援」等々，異なる諸要素をひとつに整理し理解・対処せざるを得ない状況を生きる。従来の「処方箋」では十分に対応出来ず，多面で多層，多重の困難に直面している。不満，不安，苦悩，アルコール依存，薬物依存，病，狂気，自殺など，痛みや傷みは，澱みとなって滞留し，ある日突然，社会的な事件として噴出する。その一方で，「未発の状態（stato nascente, nascent state）」として伏流している問題を，根本的に捉えなおすための理論と方法はいかなるものか，コミュニティで暮らす個々の住民同士がいかなる関係性を創るのか，調査者はいかなる関係性を切り結んでいくのか――すべてにおいて多重の困難に直面している。

　日常生活と社会システムの間に位置する社会運動の背後にあって，根本的な変化が始まる場所である「未発の状態」で生起する社会文化的プロセスをとらえる社会学を，いかにして創出するのか。こうした問題認識から，本研究チームは，メルッチ，メルレルなど海外の共同研究者との間で，日本とイタリアの住民意識，集合行為，社会運動と内発的発展，持続可能な地域社会構築に関する調査研究を行ってきた。そのなかで，個々人の深部からの要求をとらえるための理論として，「未発の社会運動（movimenti nascenti, nascent movements）」

論を錬磨している[3]。

　現在は，長期にわたって研究交流をすすめてきたイタリアのサッサリ大学，トリエステ大学などの研究グループとの間で，認識と情報を共有し，地域社会が直面する問題を惑星社会の問題として位置付け直すかたちで，イタリアを中心とした海外学術調査[4]をすすめている。国内では，「社会学上の新しい事実発見と解明が，都市，社会，あるいは個別ケースの当事者に『コンサルテーション』の機能」（奥田 1990：234）をもたらした初期シカゴ学派的なプロジェクトを立ち上げ，立川の公営団地において長期的なコミットメントに着手している[5]。

(2)　「3.11 以前」の企図を掘り起こすことの意味
　　　──「危機の瞬間にひらめくような回想をとらえる」──

　本研究チームが，「3.11 後」ではなく「3.11 以降」という言葉を選択したことの背景には，「突然，想定外の事件が起きたが，それは『おわった』こととなり，また『もとどおり』のありかたへと復興していく」という思考態度とはことなる方向性がこめられている。「3.11 後」はなかなか始まらず，今後の社会の行く末が定まらぬまま，岐路に立ち続けている。しかも，日本社会とそこに生きる私たちの「状況／条件」は，「震災，津波，原発事故」で変わってしまったのではない。多重で多層かつ多面的な問題は，「3.11 以前」にも未発の状態で客観的現実のなかにすでにとっくに存在し，「3.11」はその問題が顕在化する契機となったに過ぎない。

　「3月11日の大震災」で，もっとも大きな被害を受けた地域は，津々浦々の地域小社会であった。そしてもっとも深い喪失に直面しているのは，何世代にもわたって地域小社会の生活と文化を担ってきた人々である。地域社会とコミュニティの在り方をめぐって，地域社会の津々浦々，都市の一つ一つのストリートや団地や公園で立ち現れる衝突・混交・混成・重合のダイナミズムに即しての，異質性を含み込んだコミュニティ形成の課題がよりリアルな問題として立ち現れている。

奥田道大は，N・アンダーソン著・広田康生訳『ホーボー——ホームレスの人たちの社会学』「刊行の言葉」で，「コミュニティ・フラグメンテーションが，民族・エスニシティ，階級・階層，ジェンダーその他のライフスタイルの差異性を伴いながら進捗するなかで，改めて初期シカゴ学派がそれこそ命懸けで問うた，一種のカオスとも言うべき都市的状態（Urban Conditions）を解く社会的異質・多様性（Social Diversity）が再テーマ化される」（奥田1999：iv）と述べている。未だ確たるかたちでは立ち現れていない，その意味では，いわば「未発のコミュニティ（nascent community, comunità nascente）」が，これから形成されていくものであるとするなら，現在進行中の社会文化的プロセスに注意を払ったA. スモールや，調査の時でも講義の時でも，ポケットにいれた紙片に着想を書き留めていった『ポーランド農民』のW. I. トマスのような，（日常の営みそのものがフィールドワークであるような）かまえが必要となろう。さらには，パーク，バージェス，マッケンジーたちが構想した「人間生態学」「人間のコミュニティ研究に関する生態学的アプローチ」の再考・再構築へと向かうことにもなろう。

土地や自然に強く拘束される存在であった人間が農村コミュニティから相対的に自立した都市コミュニティを形成し，そこでは人間と人間の関係，象徴的相互作用の次元が重要となった。この流れの果てに立ち現れている「生体的関係的カタストロフ」（メルッチ）の時代の人間生態学はいかなるものとなるのか。意識や心理の深層の次元まで含めた社会的諸力の関係，境界線の束も含めた学とならざるを得ないという点では，メルッチが言うような，身体レベルの「内なる惑星」の問題をも含めざるを得ないだろう。

このように考えるとき，過去の長期にわたって行った調査研究プロジェクト（「当初の予定通りに」ではなく，結果として長期にわたるものと「なってしまった」試み）のなかで，「未発のコミュニティ」の萌芽とでもいうべきものに出会っていたことに気付かされた。これまでのフィールドワーク——すなわちフィールド（うごきの場）から学び，フィールドから離れられず，その場のうごきのなかで考え，その場にとらわれつつ書くしかなくなり，これまで培っていた理解の枠

組みを手放し，学びほぐしていく (unlearning in the field) という智のプロセス——をふりかえり，その萌芽を掘り起こすことの重要性を再認識した。冒頭のベンヤミンの言葉でいえば，「危機の瞬間にひらめくような回想をとらえる」ことの意味である。

本書は，たったひとりで異境の地に降り立ち，うごきの場に居合わせ，拘束されつづけることを，複数の人間が切り結びつつすすめていくという営みをふりかえり，実はそこに芽吹いていた，「オルタナティヴの材源を探し回り，埋もれた記録を発掘し，忘れ去られた（廃棄された）歴史をふたたび生かす (reviving)」(Said 1994 : xviii) ことを主要な責務としている。すなわち，粘り強く丹念に，渉猟し，徹底して探しまわり (scouring)，踏破し (traversing)，掘り起こす (exhuming)，掬いとる (scooping up)，「取り戻す，生かし直す (reappropriate)」(Bellah et al. 1985＝1991：358)，「確立し直す，再構築する」(Melucci 1996＝2008：201) という仕事を企図したものである。

(3) 何を掘り起こすのか？
　　——二つの「プロジェクト」からの可能性の萌芽——

それゆえ，本書は，「3.11以前」にすすめてきた長期間の調査研究プロジェクトを主たる考察の対象とする。掘り起こすのは，10数年にわたって行ってきた二つの「プロジェクト」——「湘南プロジェクト」と「聴け！プロジェクト」である。これらは，1990年代から2000年代にかけて，「在住外国人問題」の舞台とされた場に引き込まれていくなかで，その場の必要に応ずるかたちで生まれた，多重性と多層性，多面性を内包した一つの運動体である。そしてまた，当事者や協力者によるうごきであると同時に，調査者のうごき——その場の危機的瞬間に居合わせ (Being there by accident at the nascent moments in which critical events take place)，複数の声を聴き，複数の目で見て，複数のやり方でふりかえり，その乱反射も含めて書いていく——も重ね合わせられており，調査者や協力者が当事者に，当事者が調査者以上のリフレクションを表出するという配置変え (reconstellation / ricostellazione) が起こり続ける場

序　うごきの場に居合わせ, ゆっくりと, やわらかく, 深く, 切り結び, ふりかえる　7

であった。

　このフィールドに引き込まれつつうごいていったプロセスをふりかえり, そのなかに実はすでに存在していた可能性の萌芽を掘り起こしたい。この場においては, すでに今日的な問題そして可能性の萌芽が存在していたと考えられるからである[6]。

　「早さ」が求められることと「拙速」ではあってはいけないことが混在していたその場で, 眼前の課題に追われた。その場に参集したものは, 共通の「目的」や「行動計画」を明確に共有していたわけではなかった。後述するように, プロジェクトを立ち上げた「初代」のメンバーもまた, それぞれに何をしてはいけないかの認識はあったものの, 何をなすべきか, いかになすべきかについては, ほとんど未知数であった。「うごきの場」から発せられる熱気と問題の根深さに翻弄され, 何度も何度も, かたちを変えつつうごいていくしかなかった。その予定通りにいかないことに応答しようとしつつ, 「喪失」のなかから何かをひねり出そうとしていた苦闘の時期に, 実は何かが生まれつつあったのではないか。無理や無力を承知で, それでもフィールドに入り込んだが, 沈没し, 転覆し, 座礁したままになっている様々な願望や企図を, 引き揚げるということ, 喪失のなかで実は起こっていたことに後から気付くこと, この一連の現実へのかかわり方, 翻弄のされ方, そのなかで応答し得たことの意味を考えることには, 「3.11以降」の問題への応答に力不足を痛感するいまこそ, 現在的で社会的な意味があるのではないかと考えた。

　メルッチは, 「調査研究者と当事者（社会的活動の担い手）との関係性」の問題, 「距離を保つ」「距離を縮める」社会調査それぞれの方法が持つジレンマについて言及している（Melucci 2000＝2014：93-97）。本書の学問的意味は, 「社会学的介入」「社会的発明」「参加型調査」「参与的行為調査」「関与型フィールドワーク」といった, フィールドとの「距離を縮める」調査の一つのかたちであった「湘南プロジェクト」と「聴け！プロジェクト」の意味を確認することである。この「プロジェクト」は, 〈一人の調査者が, ある場所のフィールドワークを行いそれについてのモノグラフ（エスノグラフィー）を書く〉という

スタイルとは異なり,『ホーボー』の著者であるN. アンダーソンのかかわり方や姿勢のように, 研究者という以前に各自が置かれた状況／条件に拘束されつつ場のうごきにかかわっていった。中村寛の指摘によれば, 複数の人たちが一つの場をつくり, その場でそれぞれがどのように振る舞ったのか, 複数の人間が複数の目で捉え, 複数の声を聴き取り, 複数のやり方で書いていくということを含み込んだかたちで展開された一つの運動, すべての人が同じ地平で認識を共有できるわけはないと分かりつつも, お互いが正面からの批判と評価とに身をさらすことのできる共動・協業の場を創ろうとし続けるという試みであった。

うごきの場に引っぱられ, 引きずり込まれ, フィールドとの「距離を保つ」立場から見たなら, 「きわめて無自覚」, 「受動的」にして「後ろ向き」, かつ「没理論的」で, しかも「手堅さや明晰・判明さを欠く」「暴挙」に首をつっこまざるを得なかった。「こんなことをし続けても意味がないのではないか」という不安も感じつつ, その場の力に引き込まれたものが, 膨大な時間とエネルギーの蕩尽の後に, どうにかことがらとの間で相互浸透を起こす。

しかし, かろうじてそこから発せられた言霊の片々は, 実にたやすく, 圧倒的な消費の力によって, 「分析や説明」, 「迅速な処置」や「施策」に組み込まれ, 摩滅させられ, 標本箱へといれられていく。バーチャル化されたフィールドは, 「発見」され分類の対象となることで, 「庇護」され「承認」されると同時に, その実質と生命力が見落とされる。そしてこの「発見」の後も, 境界線は繰り返し引かれ直され「再承認」されていく。

この危険性のなかで, 特定の土地と人々に拘束されざるを得なかったこと (servitude humana / human bondage) は, 可能性の萌芽に居合わせる条件ともなっていた。「舞台」の外にあった廊下や集会所前の階段で, 意味が生まれていった瞬間に立ち会うことと, その場から抜け出せないでいたこと, 物理的に離れた後も, 時として, 時を経て, 「呼び声」がやって来るという関係性が残ったこと, 「長期間の企図となってしまった」こととは無縁ではない。

当初の予想からぶれてはみ出し, 場の理（ことわり）につかまれ, 巻き込ま

れる，引き込まれる。うごきの場に引き込まれ，そのなかで，遮蔽しようと思えば出来ないことはないと思われることがら，「識る」ことの恐れを抱くことがらを，あえて境界をこえて選び取る。「ババつかみ」をしてしまうことによって，生身の現実をぐいっと呑み込み，井戸を掘り続け，湧き水を口にすることなく，自らの存在を消し去っていった人たちの間での奇妙な友情・友愛，交感，共感，共苦，共歓，そして何らかの理解が後からやって来るという，「寡黙で鈍足な」[7] 一つの方法が，うごきの場で編み出されてきた。

(4) いかに掘り起こすのか？——リフレクシヴな調査研究——

本書は，メルッチとメルレルそれぞれとの間で構想した〈エピステモロジー／メソドロジー〉である「リフレクシヴな調査研究（Reflexive Research）」の継承・発展を企図している[8]。リフレクシヴな調査研究は，初期シカゴ学派のように，living society（city, community and region）のなかで，学生・院生も含めて社会学や社会調査の理論と実践について膨大な議論を積み重ね，フィールドで出会った予想外の困難に導かれるかたちで，社会調査の〈メソッズ〉を生み出す〈エピステモロジー／メソドロジー〉である。

仮説生成型の本方法においては，調査者側の当初の作業仮説とは異なる理解のあり方，現象の現れ方，相関関係などに出会い，予想通りにいかない場合が，もっとも貴重なリフレクションの場を提供する。調査をすすめるなかで，いかなる困難に直面するかをデータ化し，国内と海外の研究メンバー，現地の当事者との間での意味づけと対話によってコード化し，再解釈をすすめていくものであり，本研究チームがフィールドへと入っていき，長期にわたってかかわっていくときの背骨となり，介入・紛争・喪失モデルの調査方法が期せずして創り上げられてきた。

少なからぬ「つまずき」や「喪失」に直面し，臨場・臨床の智（living knowledge）をもっともよく生きたものたちが，出会った「ことがらの必然性」にひきずられ，フィールド，そしてアカデミアの世界から「退場」していった。その意味では，ここでの試みは，「識る」ことへのパトスと勇気をともなった

「絶望の道」(ヘーゲル) でもある。

　メルッチとメルレル，それぞれのフィールドで積み上げてきた〈データ〉の見直しと，〈エピステモロジー／メソドロジー／メソッズ〉の錬磨は，志半ばで夭逝したメルッチから託されたミッションでもある。本書は，地域社会へのコミットメントの〈メソッズ〉である探求型社会調査が練り上げられた場である二つの「プロジェクト」に対するリフレクシヴな調査研究の実践として位置付けられる。

(5) いかに叙述するのか？
―― 傷つきやすさと整合的な議論の不協の多声 ――

　本書は，メルッチが『プレイング・セルフ』で言及した「循環し，迂回する道筋 (a circular route)」(Melucci 1996＝2008：4＝5) を意識しつつ，「関係性」「契約」「遊び (ぶれ，揺れ)」の観点から過去のフィールドにおける「限界」「喪失」の体験をふりかえる。ではこの多系的に多方向へと拡散していく危険性もはらむリフレクションを，いかにして叙述するのか。ここでは，傷つきやすさと整合的な議論の「不協の多声 (polifonia disfonica)」を試みる。それは，記述者自身がもつ偏狭さそれ自体も描き込む形をとることによって，記述者の意図をのりこえ，その場所で生起していることがらを見えなくさせる力を，縮減させることを意図するものである。

　自らの罪責や弱さをつつみかくさず，道理のある話をすることが求められるということでは，E. サイード (Edward W. Said) の「傷つきやすさと整合的な議論の組み合わせ」というかまえとも共鳴するものである。「傷つきやすさ，攻撃されやすさ (vulnerability)」は，「独断的な言葉」，すなわち "ipsedixit (he himself said it) ＝権威をもったものからの独断・断定" をする「識者」の位置からぶれてはみ出すための方策となる[9]。それゆえ，各章の叙述においては，各自が「余裕 (room, skholé)」[10] なく，数々の拘束と絆とともに，自らの「フィールドのなかで書くこと (writing in the field, writing while committed)」を試みた文章，そして，何よりもうごきの場で発せられた声を，最低限のまと

まりを意識しつつも，できる限りそのままのかたちで構成することを試みた。

「フィールドのなかで書くこと」は，本研究チームの重要なメンバーである中村寛の言葉である。中村寛は，『アップタウン・キッズ――ニューヨーク・ハーレムの公営団地とストリート文化』の著者 T. ウイリアムズ（Terry Williams）と W. コーンブルム（William Kornblum）により，ニューヨーク・ハーレムの公営団地で行われてきたエスノグラフィック・フィールドワークと湘南プロジェクト双方の試みの「目撃者／証言者（witness）」である（Williams & Kornblum 1994＝2010）。

中村によれば，この作品が魅力的なのは，「フィールドのなかで書くこと（writing in the field, writing while committed）から来る諸々の困難や制約を，作品中の言い淀みや途切れてしまっている論理等のなかに見つけられるからであり，それ以外ではあり得なかった仕方で作品が成立して」おり，「形式的な完成度を拒否した（せざるを得なかった）ことから来る魅力がある」と言う。このうごきのなかにある研究の方法と叙述の方法が，「想像と創造（conceiving, imagining, creating）」の「条件」と深くかかわっていると考えている。

本書は，ハーレムの子どもたちとともに，書き，描き，表現する場をつくる社会運動であった「ハーレム・ライターズ・クルー」の叙述の在り方を参考としつつ，完結しない調査について，かろうじての偏ったトタリティ（totalità parziale）と不均衡な均衡（simmetria asimmetrica）をもった叙述を試みることになる。

（6）とりわけ足をとめるべきこと
――「現在を生きる名代（みょうだい）」「世間師（しょけんし）」「移動民の子どもたち」の声を聴く[11]――

過去の二つの「プロジェクト」における願望と企図をふりかえり，そのなかに芽吹いていた可能性を掘り起こすとして，では，どのように足をとめ，何を見るべきなのか。本書においては，メルッチとともに，「歩く学問」の先達である宮本常一や鶴見良行の背中を見ながら，「予定通り，思い通りにはいかなかったプロジェクト」をふりかえることとしたい。「人の見のこしたものを見

るようにせよ。その中にいつも大事なものがあるはずだ」という冒頭のエピグラフは，周防大島を旅立つ息子・常一に父が遺した言葉である。歩く学者・宮本常一は，一人の目で日本全体を見るという気持ちで，片隅から片隅へ，村という村，浦という浦，島という島を歩き，村の古老の話を聴きながら，旅先の宿で，移動中の列車のなか，いつも，「余裕のない」状態で，そのときの状況／条件にしばられつつ，もっとも大切なことだけを書き遺そうとし続けた。この「余裕のなさ」は，「在住外国人問題」という外海からやって来る「大波」と，コミュニティの現場で発せられていた「叫び」に応答し続けるしかなかった，「あの場」に居合わせた人たちにとって，共有可能な体感である。

　ささいなもの，とるにたらぬもの，多くのひとが見過ごしたものに引き寄せられ，ひっかかってしまうというかまえをもった宮本常一の背中を意識しつつ，鶴見良行は，アジア・太平洋の多島海を歩き，漁師（認識者としての学者）のタモ網（学者が用いる概念）から落ちた魚（その概念から落ちこぼれた事実）として，「見捨てられた人々がとっていた見捨てられたもの」であるナマコを追いかけた（鶴見 1995：153-154）。鶴見の「見捨てられた」土地や人への着目は，注目されなかった「水のひかない土地」で，光を当てられることのなかった人たちの，こぼし落とされてしまった想いとも通じるものである。

　「3.11」以前にも，多くの人間にとって，「見知らぬ明日」がいまだ「未発」のものであると感じられていたときに，既に客観的現実の中に存在していた「未発の瓦礫」の徴候を察知し，声を発している「名代」たちがいた。本論で紹介したいのは，この，宮本の代表作である『忘れられた日本人』の「対島にて」「村の寄りあい」で描かれた人たちと重ね合わせ得るような，いわば「現在を生きる名代」[12]たちに出会ったことについてである。出会った場所は，神奈川の「在住外国人が多く居住する地域」で，出会った「名代」たちは，「在住外国人の子どもたち」あるいは，地域小社会の住民として暮らしていた。その人たちは，喉の奥からこすりあげるように発せられている言葉，その背後にある想いを聴き，くりかえしそこに立ち戻ろうとしている「名代」たちだった。

　いま直面しつつある「見知らぬ明日」は，「対岸の火事」では決してない。

序　うごきの場に居合わせ，ゆっくりと，やわらかく，深く，切り結び，ふりかえる　13

ガラス越しに対象を観察することなど出来ない。ただオロオロする，ただ，ただ祈るしかないとき，それでもその全存在と対面せざるを得ないとき，一つ一つが，いくつもの声の「名代」であるような肉声が頼りになる。1990年代後半から「9.11」以降，異物への過剰な拒否反応が顕著となった社会への「警句」として発せられていた声をいまふりかえることを通して，「3.11」を基点もしくは起点（anchor points）[13]として発せられている肉声の意味を大きくつかむことに踏み出したい。

　都市社会学者の奥田道大は，特定の土地とひとびとに拘束されつづけながら，渡戸一郎，広田康生，田嶋淳子たち「研究仲間」と，「作品」としてのモノグラフ（都市エスノグラフィ）の試みを重ねてきた。そこで渦巻いていた人間の感情（愛憎，嫌悪），一見とるに足らない出来事，個々人の表現の変化，ゆれなどが，生成する場に入り込んでいって，自らを失い，そこから智を練り上げるやり方にして在り方を持っていた。都市コミュニティの智の職人である奥田が，その長きにわたるたたかいの後に，「ドゥームド（doomed）」な「後期のスタイル（later style）」のテーマとして到達した地平が，「世間師（Street Wise）」そして「移動民の子どもたち（Children of immigrants）」であったことは決して偶然ではないだろう。

　「同質性」と「同化」を前提として（あるいはあくまでその枠内での「文化の複数性」）によって語られるこの列島において生起している社会文化的葛藤に対して，きわめて個別的に，ゆっくりと，やわらかく，深く応答していく智恵，単一の原理ではなく，重合する道理と意気で動いていく身体の実践感覚を分有する「世間師（Street Wise）」[14]。構造化する力に身をまかせて自らを構造の変数としていくことで安定したいとする力が強く働くこの社会において，その力にのみこまれつつも，その場にふさわしくない言葉を発し，流れをずらし，現に在る不協和音，いわば「不協の多声」を体現することで，システムを揺り動かす「移動民の子どもたち（Children of immigrants）」。

　彼ら／彼女らは，この社会と「混交」し「溶解」していくのでもなく，窓を閉ざし小さな「シングルセル（細胞）」として生き延びていくのでもない。む

しろ，流動する身体の組成をもった「媒介項（medium, mezzo）」，bound であるのに unbound，uprooted であるのに rooted であるような「移動民の子どもたち」は，この社会の「内なるよそ者（outsider within）」として，自らの内に潜在する生命力によって，通常の枠内の知とは異なる智を練り上げていきつつある。

この若い芽を，自分の「予想」や「仮説」とはちがうという理由で外側からつぶさないということ，「認知」や「庇護」や「承認」によって彼らを「馴致」しようとする力に加担しないこと，そのためには，自らもまた異境の地へと入り込み，自らの「知の体系」が揺り動かされても，そのうごきの場の文脈・水脈に誠実であろうとし続けること——これが奥田たちの辿った道であった[15]。

この道を後から辿るべく，地域小社会の生身の現実の渦中で声を発した「名代」「世間師」「移動民の子どもたち」——聴こえない声を聴く，果たされなかった想いを引き継ぐ，そうした試みに身を投じてしまわざるにはいられなかった人たち——と，少しでも歩みをともにしていきたい。お互いに，川辺の葦のように，か弱く，しぶとい草のような人間として。「グローバル化」の波にさらされつつ「見知らぬ明日」に立ち向かわざるを得ない，地域小社会で生きる無数の「草の根のどよめき」こそが，これまで歴史をつくってきたし，これからも社会をつくっていくのだと願い考察をすすめたい。その意味で，本書は，生身の社会との関係の取り結び方において，価値言明的な立場をとる。

過去に膨大な時間とエネルギーを費やした「湘南プロジェクト」「聴け！プロジェクト」と，本書での中心的な叙述とすることを断念した「立川プロジェクト」は，大きな流れのなかでは，リフレクシヴな調査研究による社会学的介入の「往路」と「復路」という位置付けとなろう。「往路」での蹉跌や知見が「復路」で生かされている部分はたしかにあるが，どちらの「プロジェクト」においても，当初の「予定（在住外国人の声を聴く／被災者の声を聴く）」のとおりにはすすまないかたちで推移している。その意味を考え，当初の予想からはみ出てしまう現実との相互作用，化学反応について言語化することを本書の重要な課題としたい。とりわけ足をとめるべきは，以下の場面（Nascent moments,

序　うごきの場に居合わせ，ゆっくりと，やわらかく，深く，切り結び，ふりかえる　15

momenti nascenti）である。

①その場にいて，目には見えにくい状況をなんとか他者に伝えようと苦闘した「名代」「世間師」「移動民の子どもたち」たちによる強い「声」と「どよめき」によって場が揺りうごかされていったこと（2章と3章を参照されたい）。

②行政や研究者によって「承認」されることがないなかで，かろうじて普請した「体制」（助成金の獲得による「プロ日本語教師」の招聘）を「喪失」する。その場に居合わせている人たちの相互作用によって，「あばら家（仕組み）」が立ち現れた瞬間，「喪失（否定性の自己運動）」とともに起こった何か，こわれていく瞬間，喪失した瞬間に起こったことに着目したい（4章と5章を参照されたい）。

③この異境の地でどう生きるかを考えざるを得なかった「移動民の子供たち」たちに揺りうごかされた（あるいはされなかった）若者（学生）たち――いまある「社会への適応にむけての合理的選択」との葛藤のなかで，他者との交感へと身体がうごいてしまうことの意味について見直すことをしたい（5章と6章を参照されたい）。

(7)　本書のタイトルについて
　　――「うごきの場に居合わせる」という関与型フィールドワーク――

本書のタイトルは，『うごきの場に居合わせる――公営団地でのリフレクシヴな調査研究』となった。「うごき」は，物理的な動きや可視的な活動の「舞台裏」に生起している，揺れうごきつつかたちを変えていく社会文化的プロセスである。「うごきの場（Field, Nascent moments, momenti nascenti）」には，危機的あるいは後に決定的な，岐路となるような何かが起こっていく，うごいていく場，瞬間，契機，萌芽であるという意味を込めて，the nascent moments in which critical events take place．イタリア語では，momenti nascenti, critici, determinati e al bivio という言葉を考案した。「居合わせる」は，たま

たまその場に居る。しかしその「たまたま」には、引き込まれ、導かれ、あきらかなる介入の暴力を自覚し罪責感とともにその自らの業を引き受けるといった意味が込められ、Being there by accident at the nascent moments、イタリア語では、Trovarsi sui momenti nascenti とした。その場に居合わせたということは、異質なものたちが、外からも内からも集まってきたという含意がある。集まる（ritrovarsi）とは、顔を突き合わせる（confrontarsi）、真剣な試合のように仕合わせる（incontrarsi）ことでもある。

日本語版では実際のフィールドワークの場であった「公営団地」をあてたのに対して、英語版とイタリア語版では、その公営団地のなかに萌芽していた要素を表す言葉である「未発のコミュニティ（nascent community, comunità nascente）」を選んだ。実際に、公営団地で活動していたときには、うっすらとした予感や体感としてしかとらえられていなかったものが、リフレクシヴな調査研究によって、その現実のなかに埋め込まれた願望や企図の萌芽を、後から理解していくことで、捻出された概念である。

英語では、Being Involved with the Field: Reflexive Research into a Nascent Community（フィールドに巻き込まれる：未発のコミュニティへのリフレクシヴな調査研究）というタイトルであり、他にも、Witnessing the Movements（うごきの場に居合わせ、目撃し証言する）という候補を考えた。イタリア語では、メルッチの言葉に寄り添い、Il gioco relazionale nel campo di azione: Ricerca riflessiva verso una comunità nascente（行為の場における関係性の遊び：未発のコミュニティへのリフレクシヴな調査研究）というタイトル、他にも、Essendo coinvolto nel campo dinamico（ダイナミックなフィールドに巻き込まれ続ける）、あるいは、Essendo inghiottito（呑み込まれ続ける）という候補を考えた[16]。

Being Involved には、「コーズ（cause）」[17]につかまれる、自分の在り方とかかわるものになっていくという意味合いがある。最初「コーズ（cause）」は、社会的に必要である問題の解決、目的、目標などとして立ち現れる。しかしながら、その「うごきの場」に巻き込まれていくことで、気がつくと、自らもまた、トマス・ペインが「アメリカ独立運動（American cause）」に我が身を投じたよ

うに，外に在ったはずのものが，自らの生きる「理由（cause）」ともなっていく。

イタリア語では，『"境界領域"のフィールドワーク』に収録したメルッチの遺稿「リフレクシヴな調査研究にむけて」（Melucci 2000＝2014）の言葉にあった Il gioco relazionale あるいは Il gioco di relazione と campo di azione から選択した。英語の involve, participate にあたる coinvolgere は，「責任を伴うこと，リスクや回避したい帰結をもたらすような状況に引きずりこむ，連れ込む」という元々の意味と，「人々や組織機関などに興味を抱かせる」という慣例の意味がある。「当初はいやだと思っていたことに巻き込まれる」ことと「しかし次第に興味関心を抱く」という意味を持つ。類義語には，implicare（巻き込む，引き入れる），compromettere（危険にさらす）がある。また，chiamare in causa という表現も類語にある。これは，通常は「事件に巻き添えにする」や，chamata in causa（訴訟の審理）の意味だが，「コーズ（causa）に呼び止められる」などとなる。

inghiottire は，呑み込む，呑み下す，甘受する，忍ぶという意味のある言葉である。主体の側からすれば，うごきの場の波のすべてを受けとめられるわけではないが，ぐいっと呑み込む（ingerire, inghiottire, keeping perception/keeping memories）しかないというかたちでの応答を試みる。Field に対しては，うごきのある場という意味では，campo dinamico がある。アクション・リサーチとグループ・ダイナミクスの観点からすれば，K. レヴィンの dynamic field ともかかわる。witness は，Just one witness ともかかわる言葉である。他方でイタリア語にした場合は，testimoniare は，キリスト教の文脈を強く連想させ，movimenti はムッソリーニの運動を連想させるところがあるので，こなれない言い方だが，うごきつつある瞬間（momenti muoventi）という訳をあてた。

これらは，うごきをともにしたプロジェクト，それぞれが行ってきたフィールドワークの双方をふりかえり，実際には現場で何をやっていたのかを表す言葉を探った結果である。すなわち，当初の「目的」「研究計画」「成果」が「舞台（arena／scena）」の上のものだとするなら，ここでの「関与型フィールドワー

ク」の「舞台裏（retroscena）」では，実はいかなることが起こっていたのかを探りたい，そう考え，「うごきの場」（フィールド）に「居合わせる」（ワーク）とした．

たしかに，場に飛び込むもの，介入し書くものにとっては，恐れを抱くことがらをあえて境界をこえて選び取ること，存在と契りを結ぶ（s'engager）ことではある．しかしながら，相手の生身の生活の場にふれるということは，相手を汚すことであると同時に，そのなかで自分もまた生々しくうごかざるを得ない．適度な距離を保つもりだったのが，跛行してしまう，ふれてしまい，ふれられてしまう，それゆえに，「調査者」から見たら Getting というよりは Being involved であろうとなった．居合わせているという点では，「調査者」も「当事者」も，異なるかたちで，その場に結ばれ，結んでいることで，場がうごいていく．

「公営団地」の部屋ごとに，ひとごとに，路地裏に，川べりに，ばらばらの願望や企図，欲望，欲求，要求，夢が埋め込まれている．このリアルな場としての公営団地において，瞬間的・断続的・脱領域的に，「未発のコミュニティ（nascent community, comunità nascente）」が立ち現れていた，その場にたまたま居合わせることになったという含意がある．

本論で明らかになるが，リフレクシヴであったのは，「調査者」だけでは決してない．団地住民も移動民の子どもたちも戦略的かつリフレクシヴに考え行動していた．そしてこの，バラバラに，多方向に，乱反射する不協の多声（polifonia disfonica）として，調和し安定することなく，その流動性の中にやすらぐ（Flussichkeit, in sich ruhe）しかないような，「乱反射するリフレクション（Dissonant reflection, riflessione disfonica）」がそこに在った．

そしてこの，自分も相手もうごき，うごかされ，その総体として，場そのものの動きに対して「介入」したつもりでいても，ことなるかたちへと変化していったその様（うごきの場の動態・様態）を，ただ目撃し証言するしかないという意味を込めて，Being in the Movements, Witnessing the Movements, Witnessing the Field in Motion, Essendo testimone dei momenti muoventi などの言葉も想定した．こうした言葉の選定もしくは捻出には，純粋な「観察」

とも，系統的な「介入」とも異なる他者とのかかわり方，関係性の在り方が存在していたことを示すという意図があった。

　うごきの場に居合わせたもののなかには，後述するように，「なにかをしたい，しかしできないのではないか」という青年期の懊悩が在った。他方で，「すべて無駄，無意味だったのではないか」という晩期の憂いも在った。しかし，この「無駄，無意味」のなかから，自分が見届けないとしても何かが生まれるかもしれないという感触を，なにごとかをやりきった後に持つようになった「大人」（これは生理的年齢でなく，うごきの場に居合わせるという一連のプロセスの復路に立つものという意味である）は持っていた。だから，後からやって来るかもしれない何かに出会うための「無駄，無意味」に飛び込む勇気が持てる。

　「大人」は，まだこの感触をもたない「若者」を，なかば強引にうごきの場へと引き込む。そして，すでに感触をもつものも，まだ持たないものも，場の力に引き込まれていく。ところがこの，「〜されていく」という在り方のなかから，「〜していく」ことが生まれていき，後からゆっくりと，持続的に生まれることが起こり続けていったという点では，非対称的で非直線的な創造にむけての「蕩尽」であったと考えられる。「大人」たちのなかに，「自分が結果をみずともよいではないか，むしろそのほうが……」という含みのあるコミットメントがあった。

　それゆえ，本書が着目するのは，うごきの場に寄せ集めるという骨折りをした人たち，ことがらの必然性（直接的には叫び声，声にならない呻き，つぶやき，表情，しぐさ）に突き動かされて，身体が動いてしまったひとたち，小集団の死と再生（青井和夫）による連続，断絶による連続，湘南そしていま立川でも起こりつつある逸脱，蛇行，跛行，喪失，乱反射である。すなわち，うごきの場に居合わせ，ゆっくりと，やわらかく，深く，切り結び，ふりかえるという試みである。

(8) 本書の構成について

　本書は，「現在を生きる名代」である「世間師」や「移動民の子どもたち」

が言葉を発するための場づくりを表舞台として，その場に生起するメタ・コミュニケーションを当人たちが言葉にしていく「舞台裏（プロセス）」を実は重視し，当人たちが描き遺すことによってなされた言葉のつらなりに依拠している。個々の章で，著者名を「仮置き」しているが，実質的には，調査者も含めて，この「うごきの場」に居合わせたものによる集合的記憶の記述という性格を持っている。後からくりかえし「見直す」ことを予期しつつ作成したフィールドノーツ，メモ，会議の記録，それらをまとめた「自前」の冊子や報告書を「掘り起こし」「生かし直す」ことによって，本書は成り立っている。1990年代から2000年代にかけて膨大に公刊された『記録集』や『成果報告書』の一つとして看過されてしまった「自前」の冊子や報告書のなかにある可能性の萌芽を，出来る限り掬い（救い）とることを願望し企図している。そのため，表し出すべき内容が持つ多系の可能性との関係で，「作品中の言い淀み」や「論理の途切れ」(中村寛)，重複と重ね合わせを残している。

　本書は，上記のような条件を加味した上で，【理論篇】，【実践篇（モノグラフ）】，【結論部分】という構成をとっている。

　【理論篇】は，本論部分で行ったリフレクシヴな調査研究の試みの背景にある〈エピステモロジー／メソドロジー〉に関する方法論的な背景についての説明である。編者のイタリアでの調査研究の経験を端緒としてはいるものの，本論部分で紹介する個々の場面に遭遇し，考えるなかで，結果的に創られてきた理論・方法論である。従って，本書をモノグラフ（エスノグラフィー）として読んでいただく場合には，本論部分から読み進めていただくことも可能である。

　【実践篇（モノグラフ）】の「プロローグ」は，金迅野の言葉に依拠しつつ，二つのプロジェクトの原風景を示し，本論部分全体の導入部分とする。

　第1章では，鈴木鉄忠と新原道信により，湘南市と湘南団地の概況を提示し，「湘南プロジェクト」が発足するに至った背景を確認する。そのうえで，発足前夜の1990年代半ばから現在までの湘南市と湘南団地，「湘南プロジェクト」のうごきについて，時期区分を行っている。

　第2章は，新原により，「湘南プロジェクト」の長期間にわたるうごきの中

で，とりわけ根本的意味を持ったと考えられる「胎動」に焦点をあてている。主要な登場人物は，この場に集った「世間師」たちと，その場に居合わせ，後から育っていった「移動民の子どもたち」である。「プロジェクト」の最初の作り手は，何に怒り，声を発し，感情移入していたのだろうか。「内なる国際化」から「治安強化」へ，最初の「定着」から「喪失」，「日本語教師」なき「教室」への移行のプロセスを描く。

第3章と第4章は，多面的な現実を別の角度から見た一つのセットとなっている。もっとも長期にわたって，この「うごきの場」に居合わせた中里佳苗が，2007年と2015年という異なる時期に試みた，多声かつ多重・多層のリフレクションである。フィールドの描写のもととなっているフィールドノーツ等に重複する箇所があるが，それぞれにまとまりをもつ作品であるため，出来る限りそのままのかたちで収録した。

第3章は，「プロジェクト」が始まる以前の状況についての，通時的な性格を持つ描写である。うごきの場に「入る」ことをめぐる格闘・葛藤，自治会役員，民生委員，調査者，地元行政・ボランティアなどの配置が流動していくプロセスについて記述している[18]。

第4章は，中里から見た自治会役員や民生委員，市職員，地元ボランティアたちへの理解とその変化，最初の「プロ日本語教師」による「日本語教室」の設置と崩壊，その「喪失」のなかでの創造について記述している。

第5章は，鈴木が，「日本語教室」の崩壊のなかでの新たな「湘南教室」創造の後，「治安強化」の波にさらされつつ，うごきの場に通い続けた学生ボランティアと「移動民の子どもたち」の奮闘を中心に記述している。

第6章は，新原により，湘南団地と部分的に重なり合いつつ存在していた脱領域的な「コミュニティ」であった「聴け！プロジェクト」について書かれている。本章は第2章と同じく，構成は新原によるものであるが，内容としては，「聴け！プロジェクト」にかかわったメンバーすべてが書き手（描き手）であるという性格を持っている。

【結論部分】は，一連の記述とリフレクションの結びの部位であり，次なる

プロジェクトへの基点かつ起点として書かれている。

第7章では，新原が，リフレクシヴな調査研究（「乱反射するリフレクション (dissonant reflection, riflessione disfonica)」）の視点からのまとめを行う。

「エピローグ」では，中村寛により，ニューヨーク・ハーレムに入り込んだ経験を通して生じた理解の変化をふまえたレビューを，かつて自分も居合わせていたうごきの場について試みる。

「むすびにかえて」は，ことなる経路（roots and route）で，場と人のうごきを真摯に見つめ，寄り添い，調査研究をしてきた野宮大志郎からのレビューとなっている。

以上，本書の構成そのものが，「乱反射するリフレクション」となるように組み立てられている。

注

1) 「共成(co-developing, co-becoming)」については，新原道信を研究代表者として，Alberto Merler, Anna Melucci, 古城利明，中島康予，柑本英雄，田渕六郎，藤井達也，石川文也，中村寛，鈴木鉄忠等が参加した科学研究費による共同研究「21世紀"共成"システム構築を目的とした社会文化的な"島々"の研究」(2004年度から2006年度)，「国境地域と島嶼地域の"境界領域のメタモルフォーゼ"に関する比較地域研究」(2007年度から2009年度)，新原道信の2010年度イタリア・サッサリ大学での在外研究，2011年度以降は，阪口毅，大谷晃たちと立川において，「コミュニティを基盤とする参与的行為調査」を行ってきた。

2) Exploring Regions and Communities for Sustainable Ways of Being については，研究チームメンバーの主要な研究活動の場となっている地域社会学会の研究例会において，古城利明「3.11以後のリージョンとローカル──東アジア・日本を中心に」(2014年10月4日，明治学院)，新原道信「生存の場としての地域社会の探究／探求」(2014年11月29日，同志社大学)，鈴木鉄忠「『歴史的地域』の再構築──北アドリア海圏国境の市民文化活動を事例に」(2015年2月7日，首都大学・秋葉原サテライトキャンパス)が，それぞれ依頼され基調報告を行い，本研究チームの研究成果を開示し研究交流を行った。また年次大会においては，大会シンポジウムでの基調報告を友澤悠季，コメンテーターを新原道信が行い (2015年5月10日，東北学院大学)，阪口毅(2014年5月10日，早稲田大学)と鈴木鉄忠(2015年5月9日，東北学院大学)が大会自由報告を行っている。

3) 本研究チームは，可視的なものとしてとらえうる「出来事」の水面下に潜在しつつ流動し変化し蓄積されている状態とその社会的プロセスをとらえるべく行ってきた調査研究のなかで，「毛細管現象／胎動／交感／個々人の内なる社会変動

/未発の社会運動」といった一連の概念系を対話的に練り上げてきた（新原 2014a：28-38, 47-51）。未発の社会運動は，目に見えるかたちで顕在化した社会運動（合目的的な集合行為）の「可視的局面」の背後で，諸個人の深部で不断に醸成されている「潜在的局面」を把握するための概念である。この概念は，アルベローニの「発生期」，メルレルの「社会文化的な島々」，メルッチの「可視的局面」「潜在的局面」「自らの弱さを識る主体」，新原の「小さな主体」，また，日本の民衆史・社会史・社会学から，鹿野政直の「未発の一揆」，色川大吉の「未発の契機」，鶴見和子の「内発的発展論」などに由来する。惑星社会の問題に応答する未発の社会運動論が注目される契機となったのは，東日本大震災である。津波・震災・原発事故は，確率論的になされた想定によって社会を制御する理論と方法の限界を突きつけた。成長の限界と想定外のリスクのもとで現れる複合的な問題に応答し，諸個人の声を反映した地域社会構築をするためには，深部からの要求をすくい取ることが必要となる。古城利明は，東日本大震災以降の状況を，惑星社会の問題の顕在化として捉え，「生存の在り方（ways of being）」まで降りていくメルッチ・メルレル・新原の未発の社会運動論と生存の場としての地域社会論の重要性を指摘した（古城 2014：443）。似田貝香門や吉原直樹は，脱領域的・流動的・状況的・非制度的な「弱い主体」に着目し，「被災者の『身体の声を聴く』」ことを提起した（似田貝・吉原 2015）。歴史学者の間も「生存」に軸足を置いて東北の近現代史を掘り起こす試みがすすめられ（大門 2012），本研究グループメンバーも，震災以降の状況に応えるための研究成果を公刊してきた。イタリアにおいても，戦後体制の構造転換という日本社会と共通の課題を抱え，深刻な若年層の問題や財政危機，「民営化」反対の社会運動などが噴出するなかで，惑星社会論と未発の社会運動論への注目が高まっている。メルッチと新原の議論（Niihara 2003a; 2003b; 2008）を，イタリアの社会学者 L. ボヴォーネ（Laura Bovone）たちが取り上げ（Bovone 2010）（Chiaretti G. e M. Ghisleni 2010），新原がイタリアでの国際シンポジウムに招待され，各方面から未発の社会運動論のさらなる展開と拡充が求められている（Niihara 2011; 2012）。

4) 科学研究費・基盤研究（B）海外学術調査 "〝惑星社会〟の問題に応答する〝未発の社会運動〟に関するイタリアとの比較調査研究"（2015年度から2018年度）によって，「危機」と「エネルギー選択」への強い関心を持つイタリア，とりわけ国民投票による原発停止という可視的な社会運動が顕著に生起した三つの特別自治州で，学術調査に着手している。

5) 「高齢化・無縁化」などの問題を抱えつつも，各種の工夫を行い，被災地からの避難者を多く受け容れている立川団地（仮称）での調査研究プロジェクト（「立川プロジェクト」）に着手している。初期シカゴ学派のパークやバージェスたちの試みを念頭におきつつ，メルレルたちと共同開発している探求型社会調査の方法である「コミュニティを基盤とする参与的行為調査（Community-Based Participatory Action Research(CBPAR)）」によるものである。現場主義，小集団による問題発見，多声の確保による調査研究法の錬磨，メンバーの世代交代と智の

継承などの側面を持った「調査者の知的コミュニティ」形成と異質性を含み込んだコミュニティ形成そのものを同時追求することをめざしている。本論で紹介する二つのプロジェクトで，当初のリサーチ・クエスチョンからずれていってしまうことへの応答の在り方を学び蓄積したことは，現在進行中の「立川プロジェクト」に生かされている。

6) とりわけ，「湘南プロジェクト」とかかわったメンバー（中村寛，中里佳苗，鈴木鉄忠，金迅野，Kt さんたち）と「聴くことの場」プロジェクトとのかかわりで集まった移動民の子供たちとの共同作業である科学研究費・基盤研究（C）「未発の『第二次関東大震災・朝鮮人虐殺』の予見をめぐる調査研究」（研究代表者・新原道信，2005年度から2006年度）では，湘南団地を中心とした諸地域において，移動民がどのように社会のリスクを予見的に認識しているのか，日本社会における異質性を含み込んだコミュニティの在り方についての調査をすすめた（新原 2001；2007b）。

7) 新原道信『境界領域への旅』（新原 2007a）への本橋哲也氏の書評では，この〈エピステモロジー／メソドロジー〉を，「グローバリゼーションとかディアスポラとかポストコロニアリズムなどといった批評的用語を使って現象を分析し説明するような『学問』とはまったく異なる，いわばマングローブの根が絡まる地面を這って虫の眼で考えるような，寡黙で鈍足な」営みと評されている（本橋 2008：42）。

8) 〈エピステモロジー／メソドロジー〉としてのリフレクシヴな調査研究（Reflexive research）と，〈メソッズ〉として，メルッチ，メルレルと創り上げてきた二つの探求型社会調査（"コミュニティを基盤とする参与的行為調査（Community-Based Participatory Action Research(CBPAR)）"と"療法的でリフレクシヴな調査研究（Therapeutic and Reflexive Research(T&R)）"）については，（新原 2014a：113-157）および本書の理論篇で言及する。

9) 過剰な意味づけという調査主体の「病」を少しは縮減するため，本調査研究においては，各自がフィールドノーツを作成する段階から，この「瘡蓋の下から膿がにじみ出てしまうような脆弱さ（vulnerability）」と「慎み深く，思慮深く，自らの限界を識ること（umiltà, decency）」が，うごきの場に居合わせるための条件であると考えていた。この力は，「ババつかみ」の現場に巻き込まれてしまい，また他の誰かを揺り動かし引っ張り込んでしまう条件ともなっている。これは，とりわけ，V. ウルフとサイードから学んだ叙述・伝達の在り方であり，本書で紹介するフィールドで出会った団地住民や移動民の子供たちの表現方法を理解する手立てともなった。「女性と小説について講演を依頼されたウルフは，最初こう考える。結論は決まっている——女性は，もし小説を書こうとするなら，お金と自分自身の部屋をもたなければならない。ただ実際に講演するとなると，この結論を述べてそれで終わりにはならず，この結論というか命題をふくらませて，整合的な議論を組みたてねばならない。そのため彼女は，つぎのような方法をとる。『人ができるのはただ，なんであれ，自分のいだいている意見を，自分

はどのようにして，いだくようになったのかをつまびらかにすることだけである』。自分の議論の楽屋裏をさらけだすことは，ウルフによると，いきなり真実をしゃべることとは異なる行為である。おまけに，ことが男女の問題になると，結論をだそうものなら，かならず論争になってしまう。そこで，『聴衆のひとりひとりが自分の手で結論を導きだせるようなチャンスを，聴衆にあたえるにこしたことはない。そのためにも，聴衆に，語り手の限界や，語り手がいだく偏見や個人的嗜好をとくと観察してもらうのだ』。戦術としてみると，これはもちろん武装解除であり，みせたくもない個人的事情をさらすというリスクもある。しかし，**わが身の欠点をさらけだしつつ，整合的な議論を展開することによって，自分の話題にふさわしいとっかかりをウルフは手に入れることになった。彼女は，決定的な言葉をもたらす独断的な予言者としてしゃべるのではなく，知識人として，女性という忘れられた「弱き性」を女性にみあった言葉で表象するのだから』（Woolf 1929＝1999：5）（Said 1994＝1998：69-70）。

10) サイード（とウルフ）の「それ自身の余地＝部屋をまだあたえられていない（have not been given a room of their own）」から来ている（Said 1994＝1998：71）。P.ブルデューは，晩年の理論的著作『パスカル的省察』のなかで，こんなことを言っている。「知の専門家」は，十分な時間や社会的文化的経済的「条件」と，その「余裕」のなかで，「知識化された知」を生産しており（生活の智慧までも標本化して），この「条件」に無自覚であることから人間と社会について誤った判断をおかすのだと（Bourdieu 1997＝2009）。

11)「現在を生きる名代」「移動民の子どもたち」については（新原 2012），「世間師」については，（新原 2006）で考察している。

12)「名代」の系譜は，明治以降は「総代」，江戸時代には「肝煎」と呼ばれた人たちに遡ることが出来るかもしれない。渋沢敬三からもらったカメラの入ったリュックサックを背負い，笹森義助のごとくこうもり傘をぶらさげ，結核からかろうじて「生還」したその痩身で過酷な旅をつづけた宮本常一は，日本列島と朝鮮半島の境界領域にある対馬の中央部東岸の集落・千尋藻で，古文書を見せて貰いたいと願い出た。その「願い」に応えるため，四百年以上も続いている「総代会（寄り合い）」が開かれた。湾内四ヶ浦のそれぞれの「浦」で暮らす人たちの代表を務める「総代」は，小舟に乗って片道一里の道程を集まり，宮本に古文書を見せるかどうかをめぐって，夕食もとらずに協議を続けた。自分のために二日ほど迷惑をかけたのだからと，帰りの小舟が出るときに，会食の酒代をといって包んだ金も，総代たちは「これは役目ですから」と受け取らなかった（宮本 1984：18-19）。

13) メルッチは，整序された物語としての「私が何者であるのか」という問いに答えることが困難な時代にあって，ますます求められるものとして「しっかりと錨をおろせる場所（anchor points, punti d'appoggio）」を考えている（Melucci 1996＝2008：3）。彼の言葉から連想するなら，アーチェリーで矢を放つときにかまえを安定させるための点であり，うごきのあるものがさらにうごいていくため

錨をおろす場所であり，流動する根，うごきの場の翠点である。
14)「生きた人間の姿をとらえる」ことを欲した宮本常一の膨大なモノグラフにおいて，「世間師」と呼ばれる人物たちが登場する。「世間師」とは，「若い時代に奔放な旅をした経験をもった者」（宮本 1984：214）であり，個性的でなかったとされる村里生活者の中に，その強烈な行動の経験によって練り上げられた智恵をもつものだった。「人の見のこしたものを見るようにせよ」と息子に口承で智恵を伝えた宮本の父もまた，若き日，フィジーに出稼ぎしたが失敗，疫病で生死の境をさまよい，どうにか故郷へと帰り着くという体験をしていた。
15) 奥田たち調査研究グループの〈エピステモロジー／メソドロジー〉については，奥田道大の中央大学退職を記念した論文集（渡戸・広田・田島 2003）への書評で言及している（新原 2003：64-65）。
16) タイトルについての議論は，合宿研究会を行い，中村寛，鈴木鉄忠，野宮大志郎，友澤悠季，阪口毅，新原などが，日本語，英語，イタリア語で言葉を出し合い，煮詰めていくというプロセスを経ている。とりわけ，英語の概念については，中村が尽力し，イタリア語は新原からの提案に，鈴木が応えるというかたちをとった。
17)「コーズ（cause, causa）」は単線的なイメージの因果関係における「原因」ではない。1930 年代から「8.15」にいたる時代を生き，戦死したり獄死したりした家族や友人の「弔い合戦」としての「戦後」を生きた哲学者・真下信一は，「受難の深みより」（初出 1957 年）という論稿のなかで，「人間が思想を自分のものとしてもつとは，それによって生きることができるコーズ cause をもつことである。そのために精神の真底から笑い，喜び，怒り，憂え，悲しむことができるなにか普遍的なもの，なにかパブリックなものをもつことである。そのとき，歴史は精神の外側に己れを展開する眺めではなくなって，自己のうちなるコーズそのものにかかわる出来事となる」（真下 1980：190）と言った。
18) 第 3 章は，（新原 2007）の科研費報告書に，中里（旧姓・山田）佳苗が寄稿した「異質性を排除する習慣に関する一考察——神奈川県営湘南団地におけるコミュニティ形成プロジェクトへの参加型調査を元に」に加筆修正を加えたものである（中里［山田］2007）。

引用・参考文献

Bellah, Robert N. et al., 1985, *Habits of the Heart: Individualism and Commitment in American Life*, The University of California.（＝1991，島薗進・中村圭志訳『心の習慣——アメリカ個人主義のゆくえ』みすず書房）

Benjamin, Walter, 1974, "Über den Begriff der Geschichte", *Walter Benjamin Abhandlungen. Band I・2*. Frankfurt: Suhrkamp.（＝1994，野村修編訳「歴史の概念について」『ボードレール 他五編』岩波書店）

Bourdieu, Pierre, 1997, *Méditations pascaliennes*, Paris: Seuil.（＝2009，加藤晴久訳『パスカル的省察』藤原書店）

Bovone, Laura, 2010, *Tra riflessività e ascolto. L'attualità di sociologia*, Roma: Armando eitore.

Chiaretti, Giuliana e Maurizio Ghisleni (ed.), 2010, *Sociologia di Confine: Saggi intorno all'opera di Alberto Melucci*, Milano-Udine: Mimesis Edizioni.

古城利明，2014「再び"境界領域"のフィールドワークから"惑星社会の諸問題"へ」新原道信編『"境界領域"のフィールドワーク――惑星社会の諸問題に応答するために』中央大学出版部．

Hegel, Georg Wilhelm Friedrich, 1986, *Phänomenologie des Geistes*, Frankfurt am Main: Suhrkamp. (=1998, 長谷川宏訳『精神現象学』作品社)

真下信一，1980「受難の深みより――思想と歴史のかかわり」『真下信一著作集5 歴史と証言』青木書店．

Melucci, Alberto, 1996, *The Playing Self: Person and Meaning in the Planetary Society*, New York: Cambridge University Press. (=2008, 新原道信・鈴木鉄忠訳『プレイング・セルフ――惑星社会における人間と意味』ハーベスト社)

――――, 2000, "Verso una ricerca riflessiva", registrato nel 15 maggio 2000 a Yokohama. (=2014, 新原道信訳「リフレクシヴな調査研究にむけて」新原道信編『"境界領域"のフィールドワーク――惑星社会の諸問題に応答するために』中央大学出版部)

本橋哲也，2008「寡黙で鈍足，読者を不思議な味わいで魅了」『週刊金曜日』686号．

中村寛，2014「ディスコミュニケーションのコミュニティ：ニューヨーク・ハーレムにおけるアフリカ系アメリカ人イスラーム組織の成立と解体」『中央大学文学部紀要』社会学・社会情報学24号（通巻253号）．

中里［山田］佳苗，2007「異質性を排除する習慣に関する一考察――神奈川県営湘南団地におけるコミュニティ形成プロジェクトへの参加型調査を元に」『未発の「第二次関東大震災・朝鮮人虐殺」の予見をめぐる調査研究』科学研究費補助金基盤研究（C）調査報告書（研究代表者・新原道信）．

新原道信，2001『多文化・多言語混成団地におけるコミュニティ形成のための参加的調査研究』科学研究費基盤研究（C）研究成果報告書（研究代表者・新原道信）．

――――，2003「"奥田山脈"」渡戸一郎・広田康生・田嶋淳子編著『都市的世界／コミュニティ／エスニシティ　ポストメトロポリス期の都市エスノグラフィ集成』（明石書店, 2003年）」『地域開発』通巻468号．

――――，2006「序」「現在を生きる知識人と未発の社会運動――県営団地の"総代""世間師"そして"移動民"をめぐって」「あとがき」新原道信・奥山眞知・伊藤守編『地球情報社会と社会運動――同時代のリフレクシブ・ソシオロジー』ハーベスト社．

――――，2007a『境界領域への旅――岬からの社会学的探求』大月書店．

――――，2007b『未発の「第二次関東大震災・朝鮮人虐殺」の予見をめぐる調査研究』科学研究費基盤研究（C）研究成果報告書（研究代表者・新原道信）．

――――，2012「現在を生きる『名代』の声を聴く――"移動民の子供たち"がつくる"臨場／臨床の智"」『中央大学文学部紀要』社会学・社会情報学22号（通巻

243号）.
―――，2014a『"境界領域"のフィールドワーク――惑星社会の諸問題に応答するために』中央大学出版部.
―――，2014b「A. メルッチの『限界を受け容れる自由』とともに―― 3.11以降の惑星社会の諸問題への社会学的探求 (1)」『中央大学文学部紀要』社会学・社会情報学24号（通巻253号）.
―――，2015a「『3.11以降』の惑星社会の諸問題を引き受け／応答する"限界状況の想像／創造力"――矢澤修次郎，A. メルッチ，J. ガルトゥング，古城利明の問題提起に即して」『成城社会イノベーション研究』第10巻第1号.
―――，2015b「"未発の状態／未発の社会運動"をとらえるために―― 3.11以降の惑星社会の諸問題への社会学的探求 (2)」『中央大学文学部紀要』社会学・社会情報学25号（通巻258号）.
―――，2015c「"受難の深みからの対話"に向かって―― 3.11以降の惑星社会の諸問題に応答するために (2)」『中央大学社会科学研究所年報』19号.
―――，2015d「"交感／交換／交歓"のゆくえ――「3.11以降」の"惑星社会"を生きるために」似田貝香門・吉原直樹編『震災と市民 第II巻 支援とケア：こころ自律と平安をめざして』東京大学出版会.
Niihara, Michinobu, 2003a, "Homines patientes e sociologia dell'ascolto," in Luisa Leonini (a cura di), *Identità e movimenti sociali in una società planetaria: In ricordo di Alberto Melucci*, Milano: Guerini.
―――, 2003b, "Il corpo silenzioso: Vedere il mondo dall'interiorità del corpo," in Luisa Leonini (a cura di), *Identità e movimenti sociali in una società planetaria: In ricordo di Alberto Melucci*, Milano: Guerini.
―――, 2008, "Alberto Melucci: confini, passaggi, metamorfosi nel pianeta uomo," nel convegno: *A partire da Alberto Melucci …l'invenzione del presente*, Milano, il 9 ottobre 2008, Sezione Vita Quotidiana - Associazione Italiana di Sociologia, Dipartimento di Studi sociali e politici - Università degli Studi di Milano e Dipartimento di Sociologia e Ricerca Sociale - Università Bicocca di Milano.
―――, 2011, "Crisi giapponese ―― Conseguente al disastro nucleare degli ultimi mesi", nel *Seminario della Scuola di Dottorato in Scienze Sociali*, Università degli Studi di Sassari.
―――, 2012, "Il disastro nucleare di FUKUSHIMA. Scelte energetiche, società cvile, qualitàdella vita", nel *Quarto seminario FOIST su Esperienze internazionali nell'università*, Università degli Studi di Sassari.
似田貝香門・吉原直樹編，2015『震災と市民 第II巻 支援とケア：こころ自律と平安をめざして』東京大学出版会.
大門正克，2012「『生活』『いのち』『生存』をめぐる運動」安田常雄編，大串潤児他編集協力『社会を問う人びと――運動のなかの個と共同性』岩波書店．宮本常一，1993『民俗学の旅』講談社.

奥田道大，1990「訳者改題」Faris, Robert E.L., with a foreword by Morris Janowitz, 1970（c1967）, *Chicago sociology, 1920-1932 (The heritage of sociology)*, Chicago: University of Chicago Press.（＝1990，ロバート・E・L・フェアリス著：奥田道大・広田康生訳『シカゴ・ソシオロジー：1920−1932』ハーベスト社）

―――，1999「刊行の言葉」Anderson, Nels, 1923, *The hobo : the sociology of the homeless man*, Chicago: University of Chicago Press.（＝1999，広田康生訳『ホーボー――ホームレスの人たちの社会学（上）』ハーベスト社）

Said, Edward W., 1994, *Representations of the intellectual: the 1993 Reith lectures*, London: Vintage.（＝1998，大橋洋一訳『知識人とは何か』平凡社）

阪口毅，2013「"生存の場としての地域社会"への活動アプローチ――新宿大久保地域における『OKUBOアジアの祭』の事例」『中央大学社会科学研究所年報』中央大学社会科学研究所，17号。

―――，2014「フィールドワークの"遊び／揺らぎ"――新宿・大久保地区における『リフレクシヴな調査研究』の試み」『中央大学社会科学研究所年報』18号。

―――，2015「"未発の状態"のエピステモロジー――『惑星社会のフィールドワーク』に向けて」『中央大学社会科学研究所年報』19号。

鈴木鉄忠，2013「境界領域としてのヨーロッパ試論――イストリア半島を事例に」『中央大学社会科学研究所年報』第17号。

―――，2014a「体験のなかの国際社会変動――三つの全体主義を生きたトリエステのイタリア系イストリア人の回想から」『中央大学文学部紀要』社会学・社会情報学24号（通巻253号）。

―――，2014b「3.11以降の現代社会理論に向けて――アルベルト・メルッチの惑星社会論を手がかりに」『中央大学社会科学研究所年報』第18号。

―――，2015a「"二重の自由"を剝ぎとる施設化のメカニズム――F. バザーリアの精神病院批判を手がかりに」『中央大学文学部紀要』社会学・社会情報学25号（通巻258号）。

―――，2015b「3.11以降の現代社会理論に向けて（2）――『"境界領域"のフィールドワーク』の再検討とA. メルッチの「多重／多層／多面の自己」の一考察」『中央大学社会科学研究所年報』19号。

Terry Williams and William Kornblum, *The uptown kids: struggle and hope in the projects*, New York: Grosset / Putnam Book, 1994.（＝2010，中村寛訳『アップタウン・キッズ――ニューヨーク・ハーレムの公営団地とストリート文化』大月書店）

友澤悠季，2014「広田湾埋め立て開発計画をめぐる人びとの記憶：岩手県陸前高田市を中心として」『中央大学文学部紀要』社会学・社会情報学24号（通巻253号）。

―――，2015「『なかったこと』にさせない思いをつなぐ営みとしての歴史叙述（3.11からの歴史学（その6））」『歴史学研究』通巻935号。

鶴見俊輔，2006「言葉にあらわれる洞察」『図書』第690号。

鶴見良行，1995『東南アジアを知る――私の方法』岩波新書。

渡戸一郎・広田康生・田嶋淳子編, 2003『都市的世界／コミュニティ／エスニシティ――ポストメトロポリス期の都市エスノグラフィ集成』明石書店。

Woolf, Virginia, 1929, *A room of one's own*, London: Hogarth Press. (＝1999, 川本静子訳『自分だけの部屋』みすず書房)

理論篇
惑星社会のフィールドワークにむけての
リフレクシヴな調査研究

惑星社会のフィールドワークにむけての
リフレクシヴな調査研究

新 原 道 信

　来る日も来る日も，私たちは慣習的な行動をとり，外的（external）であったり私的（personal）であったりするリズムに合わせて動き，数々の記憶を育み，将来の計画を立てる。そして他の人々も私たちと同じように日々を過ごしている。日常生活における数々の体験は，個人の生活の単なる断片に過ぎず，より目に見えやすい集合的な出来事からは切り離され，私たちの文化を揺るがすような大変動からも遠く隔てられているかのように見える。しかし，社会生活にとって重要なほとんどすべてのものは，こうした時間，空間，しぐさ（gestures），諸関係の微細な網の目のなかで明らかになる。この網の目を通じて，私たちがしていることの意味が創り出され，またこの網の目のなかにこそ，センセーショナルな出来事を解き放つエネルギーが眠っている。

　　　　アルベルト・メルッチ『プレイング・セルフ——惑星社会における人間と意味』
　　　　　　　　　　　　　　　　　　　　　　　　（Melucci 1996a＝2008：1）より

　あのフランス革命さえ民衆の日常生活にとっては，まるでさざ波のごときものにすぎなかった……人びとは，そういう風波のそよとも響かぬ深海に生を営み続けてつづけていた。日常性の根深さは，革命の一時的喧噪などものともしない，というように。……実際には，一揆のときだけが異常事態で，その他のときはすべて静謐であったかのように歴史を描くのは，当を得ていない。不平・不満・いらだち・愚痴・怒り・歎き・悲しみ・あきらめ・そねみ，その他もろもろのかたちをとる秩序

への違和感は，人びとのうちに不断に醸しだされてきているのが，むしろ常態で，その意味では一件の一揆は，無数の未発の一揆の延長線上にある一つの波頭としての性格をもつ。"平時"においてもそのように未発の一揆が反芻されるからこそ，一揆の記憶は伝統として生きつづける。そのヴォルテージの高まりが，ある瞬間に一揆として飛翔する。両者を完全に切断し，べつべつの領域に閉じこめるのは，歴史の真相を衝いていない。

鹿野政直『「鳥島」は入っているか――歴史意識の現在と歴史学』

(鹿野 1988：129) より

エコロジカルに持続可能な文明はいかにして望みうるのか？　"より速く，より高く，より強く"の代わりに，"よりゆっくり，より深く，よりやわらかく"。

A. ランゲル「エコロジカルな転換はそれを社会が望むときのみ確かとなる」

(Langer 2011：18) より

1．はじめに
——「3.11 以降の惑星社会のフィールドワーク」という同時代認識——

(1) 惑星社会のジレンマ

　本書は，二人のイタリアの社会学者 A. メルッチ（Alberto Melucci）と A. メルレル（Alberto Merler）との間で積み上げてきた社会学的探求，とりわけ「3.11 以降の惑星社会」に向けての調査研究の一部である。当初，本書のタイトルは，『惑星社会のフィールドワーク（Exploring the Planetary Society, Esplorando la società planetaria）』を想定していた[1]。

　「3.11 以降の惑星社会」という研究チームで着手した立川でのプロジェクトをすすめるなかで，過去の調査体験を生かし直すことの重要性を再認識した。「3.11 以前」に試みられた二つの「プロジェクト」（湘南プロジェクトと聴け！プロジェクト）では，結果的に長期間にわたるものとなったことによって，地域小社会，コミュニティ，あるいは集団内で起こっていたいくつかのささやかな生活の「断片」「諸関係の微細な網の目」がうごいていく場面に遭遇している。実はその場で，**惑星社会の諸問題**（the multiple problems in the planetary society）がもたらすジレンマに，すでに出会っていたのだと後になって気付いた。

　「3.11 以降」の惑星社会の諸問題に応答するためのフィールドワークをしていくための同時代認識をまず確認したい。なぜ「惑星社会」なのか。メルッチは，想像したり把握したりすることが困難な惑星社会への洞察が（倫理にとどまらず）論理的必然となった社会を私たちは生きており，惑星社会の諸問題に応答することが学問の使命だと考えていた。3.11 以降，私たちは，「複雑性のもたらすジレンマ」（「原発・震災問題」も含めた多重で多層，多面の困難）に対して「答えなき問い」を発し続けている。問題は可視化し顕在化しているのにもかかわらず，Think planetary ——眼前の問題を惑星社会の問題として意識し，いまこの場で，惑星そのものの命運を考え，パッショーネとともに，多面的に，懸命に行動すること——は，なぜ困難なのか。

「よりゆっくり，より深く，よりやわらかく」という言葉は，イタリアのエコロジー平和運動にとって象徴的存在だった A. ランゲル（Alexander Langer）が，「エコロジカルに持続可能な」社会への転換を願望し企図した報告[2]のなかで発せられたものだった。

しかしながら，メルッチよれば，環境問題に関する論議の背後には，高度に複雑化した選択，不確実性，リスク，人間の体験智と知的認識の「淵」に位置するところの「惑星社会のジレンマ」が存在している。

第一に，自然とテクノロジーのジレンマが在る。私たちは，「環境的観点から見た正しさ」を実践しようとしても，消費水準を下げられない。

第二に，核や遺伝子工学が暗示しているような自律性と管理制御のジレンマ，さらには人間のシステムそのものへの自己介入の衝動と自然が課す制約を引き受けようとする要求との間のジレンマが在る。しかしながら，解決不能な問題に直面しているのに，両極に対立する二つの選択肢からどちらか一方を選択するという「絶えざる意志決定」によって対処することで，こうしたジレンマそのものを隠蔽している。

第三に，科学的知識の不可逆性と選択の可逆性のジレンマが在る。すでに獲得してしまった科学的知識を取り消すことはできないが，何かをやりなおしたり取り戻したりする選択と行動様式の可能性を持ってもいる。

第四に，包摂と排除のジレンマが在る。国々も文化もグローバル・システムの内的次元となり，少数の中心以外の周辺的文化が持つ差異は平板化され，この流れに抵抗するものは排除される（Melucci 1996a＝2008：173-177）のである。

(2) J. ガルトゥングの「Sinking with Style（優雅に品よく没落する）」[3]

メルッチが指摘しているように，いま私たちは，原子力発電まで含めた核の恐怖，環境汚染などの惑星規模の問題から，戦争，暴力，差別・抑圧，排除など社会の亀裂の問題，さらには，病，自死，殺人個々人の心身レベルで現象する内面崩壊の問題，そしてこれらの問題を解決する「処方箋」としつづけた科学技術の在り方をめぐる体験と認識の限界に直面している。

経済学者 E. F. シューマッハー (Ernst Friedrich Schumacher) の後継者としてシューマッハー・カレッジを運営する思想家 S. クマール (Satish Kumar) が編集した The Schumacher lectures. Vol.2 には，平和研究者 J. ガルトゥング (Johan Galtung) の Sinking with Style (「優雅に品よく没落を」) という論考が収録されている。

ガルトゥングによれば，「危機」と呼ばれているものは，第三世界との貿易に深く依存した「西洋帝国主義」にとっての「危機」なのであり，西洋以外の国々が，「世界資本主義システム」というゲームをよりうまくこなしていくようになっているだけである。西洋社会が，市場での競争力を確保するための高い生産性を追求した場合，そこにはおよそ以下のようなコストが存在している。

①官僚・経営者・研究者というテクノクラート（資本あるいは「問題」の管理者，「問題」を処理して解決方法を見つける専門家）の複合体が管理する社会となること。既得権益を占有する階層を中心にこの体制を維持するために「必要とされる人間」は，高生産性が必要なことは理解するが，「国際政治，歴史，文化，自然，人間」についての理解を欠くことが「出世の条件」となる。
②少数の官僚・経営者・研究者によって管理・保護される「それ以外の人間」には，「強制的自由時間，非自発的余暇，無意味な労働」がもたらされ，能力の実現と人とのつながりが奪われる。
③システムの「周縁部（margin）」でなく中心部における「ストレス」と「汚染」（身体が受け付けない化合物）がもたらされることによって，精神障害，心臓疾患，悪性腫瘍といった「文明病」に直面する。

これらのコストをもたらす「必然的に没落へと至る内なるプログラム」の背後には，(1) 中心と辺境という空間概念，(2) 進歩や成長の概念（時間概念），(3) 知識の概念化（複雑な問題を操作可能な単位にまで「X-Y関係」に還元し，演繹関係に基づく知的ピラミッド造りをする），(4) 人間と自然との関係における人間中心主義，(5) 白人・男性の優越，垂直的統治，(6)「普遍的かつ排他的な存在，唯一の中心」といったコスモロジーが存在してい

る。すなわち，「成長の観念」「知識体系化の方法」「自然との関係を組み立てていくやり方」や「他の民族，他の性，他の年齢集団との関係を組み立てていくやり方」と，西欧的宗教への信条との間には，「内的一貫性」が存在している。

　この問題の立て方を根本から組み直すためには，「より低いレベルの生産，職人的・労働集約的・創造性集約的な生産の試み（どの分野でなら生産性を下げることができるのかの議論とともに）」「皆がもっと手仕事をする」「物質的豊かさの限界を自覚する」「予測困難なパターンの未来」「決まり切ったライフ・サイクルからはずれた生活を営む可能性」「自家消費のための生産，物々交換のための生産，生活必需品を選ぶのに最低限必要な貨幣に交換するための生産」を試みるという可能性を提示し，「仏教の宇宙観」という言葉とともに論考を結んでいる（Galtung 1984 = 1985 : 3-28）。

　この論考は，ガルトゥング本人が日本語版のために7本の論考を選んだ著作である『グローバル化と知的様式』（Galtung 2003 = 2004）がもつ「実践志向性」と「根底的批判性」の基点となっているものだと考えられる。ガルトゥングは，眼前の惑星社会の問題の背後に，「中心と辺境（空間概念）」「進歩や成長（時間概念）」「知識の概念化」という非意識的な「知的様式（intellectual style）」の問題が在ることを，一貫して指摘している。

(3)　関係性の危機と生態的関係的カタストロフ[4]

　そしてまた，ガルトゥングによれば，「西欧の危機」と呼ばれているものは，実は，ローマ帝国の没落によってすでに経験ずみの事態であるという。ローマ帝国を成り立たせていたのは，三つの方向に向けての搾取であった。すなわち，①外的プロレタリアートからの搾取：帝国の属領からの搾取，②内的プロレタリアート（奴隷）からの搾取，③自然からの搾取：穀物栽培の後の「砂漠」「荒れ地」化をともなうローマへの「パン」の供給，下水道から地中海への余剰の廃棄と環境汚染，エネルギーの蕩尽，飢餓と飽食との隔絶であり，特権的な消

費と娯楽の水準を維持できなくなったローマ帝国が没落していったのは，搾取すべき，土地とひと，自然を消失させていったこと——属領や奴隷の反乱が起こり，自然が荒廃し，「原野」や「フロンティア」，「外部」を確保できなくなったからである。④近代西欧社会は，開拓し搾取するべき「原野」「フロンティア」「外部」がなくなることで没落していくという道を避けるために，ローマ帝国にはなかった科学技術によって，高生産性を確保し続けるという「処方箋」を特徴としているとした（Galtung 1984＝1985：7-8）。

　技術革新と高生産性の追求による「成長」「発展」は，原子力工学や遺伝子工学，金融工学，バイオ，ナノ，IT，神経科学などの「複雑性の超高度化したテクノロジー」と結びついていた。手近なところにある資源は枯渇していったとしても，新たな「エネルギー（オイルシェール，シェールガス，メタンハイドレート，レアアース）」が地下や地底や海底に広がっている。あるいは分子や原子，素粒子レベルまで含めたナノ世界への遡及や，地球規模のシステム化やネットワーク化によって，まだまだ私たちには，新たな「原野」「フロンティア」「外部」，「前人未踏の地」が開けていくのではないかという期待が残されていた。そしてまた，科学技術は，モノに向けられるだけでなく，ココロやコトバ，人間や社会をどう認識するかという問題にも向けられるようになった。

　科学技術という「武器」を持った社会システムは，個々の人間の意志や意図をこえ，それ自体の力で独自の方向性や法則性を持って動いていくようになり，そこに生きる私たちは，社会システムを構成する「端末（ターミナル）」の「点」となる一方で，遺伝子操作・産み分け・クローンなどによって「人間」の境界線は揺らいでいる（Cf. 新原 2013a；2013b）。

　メルッチは，この「西欧の危機」の背後にある近代物質文明が直面する根本的な危機について，「生体的関係的カタストロフ」という言葉で表している。

　　いまやカタストロフは，単に自然の問題ではない。単に核の問題でもなく，人間という種そのものが直面する，生体そして関係そのもののカタストロフとなっている。いわゆる「先進社会」のより先端部分で暮らすひとたち

の半分が『悪性新生物』という異物によって死ぬ。さらにその半分は，心疾患で死ぬ。これはまさに，現代社会のシステムがそこに暮らすほとんど四分の三の人々の生体に社会的な病をもたらすという「劇的な収支決算」となっている。この個々の生体のカタストロフという面から現代社会をとらえなおさねばならないと私は確信している。まだ多くのひとによっては語られていないことなのかもしれないが，この"生体的関係的カタストロフ"は，まさにより深く根本的なものだ（Melucci 2000a＝2010：47）。

上記の言葉は，「今日の社会紛争，社会運動，意味の産出にとって，もっとも重要な闘技場である身体」というテーマで行われた2000年5月の日本での講演において発せられた言葉である。メルッチは，複合化し重合化する現代社会の変動の全景を把握しようとするのと同時に，個々人の身体の内側の声を「聴くことの社会学」の構築を試みてきた。「私たちを誘惑すると同時に脅かすような可能性を前にして，私たちは意思決定に伴うすべてのリスクを引き受けざるを得ない（それが核によるカタストロフであれ，環境のカタストロフであれ，カタストロフとはこうしたリスクの極端なイメージでありメタファーである）」（Melucci 1996a＝2008：61）。その際に，身体の声を聴くことは，「限界を受け容れる自由」「変化に対する責任と応答を自ら引き受ける自由」を獲得するための道であると考えていた[5]。

この生体そのものの危機も含めた関係性の危機という観点から，前述のローマ帝国の衰退についてのガルトゥングの議論を〈関係性の危機〉の問題としてとらえ直してみよう。

①の「属領からの搾取」は，〈都市と地域の関係性の危機〉として，②の「奴隷からの搾取」は，「外国人労働者」「非正規雇用」などの〈ひととひとの関係性の危機〉として，③の「自然からの搾取」は，〈惑星地球と社会システムとの関係性の危機〉として，今日に至る問題である。そして④の高生産性の追求は，本節冒頭の一文のように，「エリート／非エリート」の双方における「文明病」，〈社会システムと個々人の身体との関係性の危機〉を引き起こしている。

前述の高い生産性の「コスト」によって，関係性に無自覚なテクノクラートと，関係性を奪われた「それ以外の人間」が生み出される。さらには，そうした人間の生体そのものには，「劇的な収支決算」としての「社会的な病」がもたらされる。

　メルッチの「生体的関係的カタストロフ」という指摘は，自然や社会といった「大きなもの」の話にとどまらない。「思想」や「価値」や「秩序」の話だけでもない。〈**生体そして関係性そのものの危機**〉の話である。これはマクロに対するミクロという二元論とはことなる次元に存在しているものであり，「制度」や「体制」の深奥，根底，背面――特定の社会や個人を成り立たせている根の問題と深くかかわってくるのである。

　とりわけ，本書の本論部分（【実践篇（モノグラフ）】）に登場する「移動民の子どもたち」は，〈生体そして関係性そのものの危機〉をわがこと（cause）として，うっすらとした予感ではあれ，感知していたのではないかと考えられる。そしてまた，最初は「ボランティア」という意識でかかわり，場に引き込まれ，かかわり続けていった大学生たちにもまた，うっすらと感じる（ahnen）ところがあったというのが，現時点からの理解である。

2.　〈生体そして関係性そのものの危機〉に立ち向かう学問

　ではこの〈生体そして関係性そのものの危機〉に立ち向かう学問はいかなるものとなるべきかという点を真摯に考えた先達の言葉を辿ってみたい。

　(1)　R. N. ベラーの「公共哲学としての社会科学」[6]

　現代アメリカの私的・公共的性格をめぐる中産階級の言語と道徳的推論に関心をもったR. N. ベラー（Robert N. Bellah）たちの研究グループは，「共通の関心をめぐっての同胞市民との対話ないしは会話」「能動的なソクラテス的なインタビュー」による共同調査研究を行った。この共同研究は，専門家たちのみならず公衆を対話の世界に引き込むことを目指し，インタビュー調査におい

ては，調査者側の存在を意識させないようにするのでなく，むしろ調査者側が持つ「先入見（preconception）や問いを会話に持ち込み，その答えを聞き出しながら，それを言語に現れた面のみならず，出来る限り話し相手の人生（実生活）のなかで理解するように心掛け……話し相手が暗黙のままにしておきたかったかもしれないものを浮かび上がらせようと試みた」(Bellah et al. 1985 = 1981 : 364)。『心の習慣』というタイトルが付けられた刊行書には，「公共哲学としての社会科学」という「付論」が付けられた。ここでは，アメリカという「新世界」にふさわしい新しい科学，新しいアプローチを模索したトクヴィルにならって，「新しい現実を扱うための新しい方法を見出」すため，下記のような問題提起をした。

　専門科学は，単一の変数の抽出を理想とする，還元主義的な形態，全体の存在を否定し社会をばらばらの個人と集団の集積物と見る。全体への責任，他の部分についての責任を負わない個別科学から，社会科学と哲学との境界がまだ閉ざされていなかったころの社会科学をいまいちど学問へと復権させたいと考え，哲学的でも歴史的でも社会学的でもあるような総観的（synoptic）な見方，古い伝統を生かし直し，取り戻す（reappropriating tradition）ために，トクヴィルのような「人文的・人間的な素人（humanistic amateur）」の智を再評価する。
　こうした広い見方は，データの収集と活用という観点から不備を随伴していたとしても，社会全体に対する認識，家族，宗教，政治，経済の相互の結びつき，社会と国民性との相互影響関係についての認識の深さがある。哲学的な社会科学は，実質的な伝統へのコミットメントに基礎をおいて社会を理解しようとする。個々の事実は，全体についての概念に形と輪郭を与えることのできる準拠枠のもとで解釈される。これは，学際的な研究によってこと足りるものではなく，学科や分野相互の境界，とりわけ人文科学（文化的伝統の継承と解釈）と社会科学（純粋観察という特権的地位をもつ）という恣意的な境界をこえることを必要とする。

それゆえ，公共哲学としての社会科学は，「価値自由」ではありえず，社会自身の自己理解あるいは自己解釈の一形態となる。つまり，社会の伝統，理想，願望と，現在の現実と並置する。公共哲学としての社会科学に携わるものは，学者が語る物語と社会一般に流通している物語とを結びつけ，両者を相互的な討論と批判にさらすよう努力する。こうした調査研究の途上では，社会の理解と自己理解，調査結果の分析と道徳的な推論とが同時に起こり，調査者は彼が研究している社会の伝統との間に折り合いをつけねばならないのである（Bellah et al. 1985 = 1981 : 357-364）。

ベラーたちの「哲学的な社会科学」に関する根本的考察は，「分析知」ではとらえきれない「生身の現実」を，大きくつかむ（begreifen）ことを要求している。「純粋観察という特権的地位」から立ち位置をずらし，個々人の知覚（Wahrnehmungen）と学者の分析との関係を結び直すことの「折り合いを付けようとする（come to term with）」のである。

(2) 矢澤修次郎の問題提起[7]

この「大きくつかむ」学問の再構築という観点から，矢澤修次郎は以下のような認識を提示している。2013年2月26日に成城大学グローカル研究所で行われた報告「グローカル研究の可能性——社会学の立場から」は，矢澤がこれまで研究の柱としてきた知識社会学（知識人論，知の生産とかかわる社会理論）と国際社会学についてふりかえり，西欧の社会科学を「翻訳」し非西欧社会に「適応」するという「理論のグローバリズム」に対して，いかに「新たな智（alternative knowledge）」を生産するのかという文脈で行われた。

(1) いまの時代は，大航海時代のような知の転換点なのかもしれない。「グローバル化」によって「外」（「フロンティア」や「荒野」）は消失し，「外」のない空間の形成（delocalization）が起こっている。また，線形に予測される未来が失われ，「未来のない永遠の現在の成立」が起こった。すべて

がローカル，逆立ちしたグローバルなシステムが共同体として存在している。外のない惑星となり，逃げていく場所はもはやない，ここから原子力の問題を考えたほうがいい。「世界社会（world society）」「グローバル社会（global society）」「惑星社会（planetary society）」——社会は，グローバリゼーションによって断片化，流動化，ネットワーク化しているということを考慮に入れる必要がある。

　一つの「地域」（というメタファー）にクリアな境界線を配置することによって成り立ってきた（19世紀の理解にもとづく）社会概念は，終焉の危機を迎えている。現に起こっている事例の意味をとらえることができていない。「国際化」「グローバル化」といった言葉によって，社会の認識を責務とする研究者がとらえようとしてきた現象は何だったのか？「国際社会学」には，可視的な外交制度等に着目する国際関係の社会学（「国際・社会学」），海外の具体的な地域を研究する海外の地域研究の社会学（「国際地域研究」）があったが，見ることも想像することも困難な「国際社会」そのものに関する「学」は十分ではなかった。新たな，いままでにない現実をとらえる理論，概念，カテゴリーを必要としている。

(2)　そのためには，社会科学，社会学を，存在論・認識論までさかのぼって再構築する必要がある（ウォーラースティン等）。社会科学者は，経験的リアリズム（自らの「知覚」のみがリアルだとする実証主義）か，観念・概念こそがリアルだとする超越論的観念論（カント，ジンメル，アドルノなど）にしばられている。「事象に底在する構造とそのメカニズム」こそがリアルなものと考える超越論的リアリズムは興味深い。想像したり把握したりすることが困難な社会というまとまりを仮定する。その存在を，そのまま知覚することはできないが，確証することはできる。社会の構造と個人や集団は，位置や実践を通じて関係づけられる。

(3)　グローバル化を可能とした資源としての情報。言葉のちがう人間の間のコミュニケーション。閉じた共同体と共同体の間。セントリズムでないグローバル研究。個々の身体の経験の理論化。概念（新たな名前，言葉，

コード) を生産していく。グローバルなシステム＝共同体のなかの「ターミナルとしての個人の質」の重要性。過去の静態的で閉じられた共同体から動いていく。何かと何かの境界に立ち，グローカルな状況・状態，その特性を明らかにすること。境界に立つグローバル社会運動を研究する必要がある（新原 2015a：4-5)。

矢澤の問題提起は，同時代認識，その認識に応答すべき学問，同時代をつくる主体と調査研究者の在り方 (Ways of being) のすべてにわたって，根源的な応答を要求するものである。「知の転換点」と「すべてがローカル，逆立ちしたグローバルなシステム＝共同体」「外のない惑星」に対しては，メルッチの予見的認識としての惑星社会論を通じて，「事例の意味をとらえることができていない」ことへの応答として，リフレクシヴな調査研究による過去のプロジェクトで入り込んだ場のうごきをふりかえる。そして，「存在論，認識論までさかのぼって」の再構築の試みとして，集団的に言葉を創り直していく試みを行い，「ターミナルとしての個人の質」とその方向性を考えるために，うごきの場で生起していた「個人の質」をとらえ直すことを試みたものであった。

(3) 古城利明の問題提起

矢澤の問題提起に加えて，本研究チームの前著『"境界領域"のフィールドワーク』において，古城利明もまた，根源的な問いかけを，私たちの課題として遺している。本研究チームは，「新たな，いままでにない現実をとらえる理論，概念，カテゴリー」を構想するため，グローバル・イシューズが衝突・混交・混成・重合するローカルな「場所 (luogo, place)」である境界領域 (cumfinis) のフィールドワークを行い，『"境界領域"のフィールドワーク——惑星社会の諸問題に応答するために』(新原 2014a) という共著を刊行した。

同書の「縦糸」となっていたのは，初期シカゴ学派，P. ブルデュー (Pierre Bourdieu)，A. メルッチ (Alberto Melucci)，A. メルレル (Alberto Merler)，宮本常一，鶴見良行等によってなされた，社会と個人の深層にまで入り込む質的

調査研究の遺産を受け継ぎつつ，これまで30年ほどの歳月をかけて練り上げてきた境界領域のフィールドワークの〈エピステモロジー／メソドロジー〉の到達点を診断するという意図であった。

　他方で，「横糸」となっているのは，「惑星社会」という同時代認識とかかわる問題意識であった。すなわち，現代社会は複合・重合的な一つのまとまりをもった有機体として形成され，私たちは，「社会的行為のためのグローバルなフィールドとその物理的な限界」という二重性を持つ惑星社会を生きている。ヨーロッパ，地中海，大西洋，日本，アメリカなどの各地の「端」や「果て」から，境界領域のフィールドワークを行い，惑星社会における生存の在り方と社会の構成のされ方を見直すという企図であった。

　メルッチの「限界を受け容れる自由（free acceptance of our limits）」[8]を基調とする同書は，刊行時点からすでに，自らの到達点限界をあきらかにすることを眼目としていた。しかしながら，「3.11」は，この「縦糸」と「横糸」を編み合わせていくという「感性的人間的営み（sinnlich menschliche Tätigkeit）」に対して，当初の予想以上の根源的な性格をもって，再審を要求するものだった。同書の終章第2節「『3.11以降』の"境界領域"と"惑星社会"」において，古城利明は，これまでの私たちの調査研究が持つ「限界（our limits）」について，下記のように問いかけた。

　　"境界領域"論がこの「物理的な限界」を取り込む「エピステモロジー／メソドロジー」を充分に練り上げていないからではないか，あるいは先送りしているからではないか。だが，すでに触れた「3.11以降」の状況を踏まえれば，この問題をいつまでも先送りするわけにはいかない。さしあたりそれは，新原のいうように，「"生存の在り方"を問う」なかで，また「人間の境界線」の揺らぎを問うなかで自覚的に取り上げられるべきであろう。だがその「エピステモロジー／メソドロジー」とは何か。ここに残された課題があるように思う。「惑星社会」から「惑星」を展望に入れた「エピステモロジー／メソドロジー」，それは宇宙論を前提とした身心論なの

か，空無を覗き込んだ現象学なのか，課題は深い（古城 2014：442-443）。

それゆえ，『"境界領域"のフィールドワーク』以降の課題は，すでに出会っていた惑星社会の諸問題に真っ正面から取り組み，とりわけ「3.11 以降」の惑星社会と人間の限界から始めることである。つまりは，定型化した「問題解決」によって向き合うべき根源的な課題をやり過ごし「先送り」していくという思考態度（mind-set）からぶれてはみ出すこと。手元に蓄積された知慧（sapienza）や智恵（saperi）を全否定するわけではないが，これまでの「知」の枠組みや組成を一度は手放すことを恐れないこと。ひとまず解きほぐす（un-learning）ことへの勇気を持って，「人文的・人間的な素人」（ベラー）として，学問を普請し直すことが，「3.11 以降」の焦眉の根源的な課題となった。

(4) 身心論と現象学的アプローチ[9]

古城は，惑星社会のフィールドワークに向けての「課題は深い」としたうえで，「『惑星』を展望に入れた『エピステモロジー／メソドロジー』，それは宇宙論を前提とした身心論なのか，空無を覗き込んだ現象学なのか」と述べた。メルッチは，惑星社会論の可能性を示唆はしたが，〈生体そして関係性そのものの危機〉に立ち向かう学問として具体化する前に亡くなった。その遺志を引き継ぎ，私たちが惑星社会論に基づくフィールドワークを行うにあたって，手元に何があるかを確認したい。

古城のいうところの「宇宙論を前提とした身心論」に関していえば，『プレイング・セルフ』第4章「内なる惑星」には「心身／身心」という小見出し，そして第9章「地球に住む」には「限界と可能性」という小見出しが立てられ，物理的な「惑星」と「心身／身心」との共鳴・共振についての考察がなされている（Melucci 1996a＝2008：80-96, 177-178）。「空無を覗き込んだ現象学」という言葉の念頭に置かれているのは，青井和夫の深層理論，とりわけ『小集団の社会学』所収の「禅と社会学」である（青井 1980：293-353）。

小集団研究の視点から深層理論を展開した青井は，東洋思想，とりわけ「禅」

の問題提起を受け入れ，社会理論の身体（論）的深化を図った。「表の世界だけをみて論理と法則，価値と欲求を分離・拡散させ，裏の世界でそれらが互いに結びついていることを見のがすなら，現実を十全に説明できないのではあるまいか？　集団のライフ・サイクルを考察してみると，それを再生する原動力は，個人と社会が無意識の低層に沈潜し，聖なる高層を超越するところにあった。また個人と社会が思考の論理と物質の法則から来る既存の必然性を『のりこえる』のも，裏の負の世界を通じてであった。世界は表の半球と裏の半球を合体させてはじめて完全な球として完結する」（青井 1980：273）のであると述べた。

　この青井による小集団の死と再生に関するものの見方によれば，【実践篇】で後述する「湘南プロジェクト」と「聴け！プロジェクト」は，かたちを変えつつうごいていき，そのなかに複数の「沈潜と超越」のライフ・サイクルを含み込んでいたと考えられる。

　メルッチが，生体的関係的カタストロフという言葉でとらえようとしたのは，身心のレベルにおける危機とそれへの深いところからの応答であった。「惑星地球」，そして「内なる惑星」という生体のレベル双方の生体的関係的フィールドは，私たちに有限性の問題を突きつける。二重の「惑星」レベルでの「物理的な限界」に直面し「人類史の岐路に立つ」現代人が，異質性も含み込んで生存可能な場をいかに創るかという根源的な問題を正面に据えたものだった。

　それと同時に，惑星社会においては，「ごくふつうの人々（la gente, uomo della strada, ordinary simple people）」が意味を生産し，誰もがいつでもどこからでも「創造力」とかかわることが可能となったというのがメルッチの同時代認識だった（新原 2014a：408-417）。意味の生産という創造的活動に向けての「リフレクシヴな調査研究」は，安定した関係性を常に突きうごかし，調査者－調査対象者といった関係性を流動化させる。「調査対象の当事者における創造力を調査研究するということは，その創造のプロセスを理解するための認識の方法を研究グループ自身が創造しているのかという問題も含めてリフレクシヴとならざるを得な」（Melucci 2000b=2014：103）いのである。

　だとすると，惑星社会を生きる生身の個々人の深層を探求し，生存の在り方

を問い直すという試みは，対象と研究期間を限定したうえでの「明晰さ（Klarheit, intelligible）」をめざすというよりも，生身の現実を大きくつかむ（begreifen, comprehend）ことができる「難解さ（Dunkelheit）」をめざす試みであるかもしれない。ここでの「難解さ」とは，「暗く，どんよりとした，暗所，不明瞭な（oscuro, obscurus）」な深層（obscurity, oscurità）にふれようとすることを意味する。深層はまた，遠目に「鳥の目」から眺望するのでなく，「虫の目」でその「穴」あるいは「淵」に臨むものの眼からすれば，底のないもの（abyssus, abyssos）という意味で深淵（abyss, abisso）でもある。「新たな問いを立てる」という試みは，場合によっては，新たな答えに向かうことなく「底なし沼」へと入りこんでいくリスクを引き受けることでもある。

(5) 「限界を受け容れる自由」と「いくつもの可能性の空」

　メルッチは，遺稿「リフレクシヴな調査研究にむけて」において，「創造力というテーマに即しての，私のエピステモロジーへの関心は，内に在るのと同時に外にも在るような，観察に固有の新たなコードに関する知への関心として表現し得る」（Melucci 2000b＝2014：102）とした。内にありつつ外にあり，外のものでありながら内にくいこんでいるような学問は，完結した分析能力を持つことが実は義務付けられている「参与観察」（そこにはただ在る自分と分析する研究者の二つが論理的に必ずしも明確な関係性をもたないままに併存している）における場との接し方とは違ってくる。

　それゆえ，「問いに対する私のアプローチは，現象学的にならざるを得ない。というのも，観察者は自身が叙述しようとするフィールドの外側に立つことはないのだし，ましてやそのフィールドにおける労苦や情熱に巻き込まれることを躊躇すべきではないからである。体験の内容だけでなく，そのプロセスにも注意を向けることから，私の視線は，人間の行為の様々に異なった領域が相互にふれあい，相互浸透しているような場所である境界領域に集中することになるだろう。このフロンティアこそが，私が読者を招き入れ，ともに旅をしたいと思っている場所である」（Melucci 1996a＝2008：7）とした。

いま見えていないだけでなく，いままで見過ごしていたということを確認することは，心地よくはないが，そこに希望がないわけではない。「見知らぬ明日(unfathomed future)」の常態化は，宿命論でも観念的な自由でもなく，一つの可能性でもあるというのが，メルッチ，メルレルとの共通認識である。生存の場としての地域社会を探求するためには，微細な動きとして潜伏する社会文化的プロセスの移行・移動・横断・航海・推移・変転・変化・移ろいの道行き・道程に着目し，そこに生起する複合・重合的で多重・多層，多面のうごきをとらえ，個々人と社会のメタモルフォーゼの条件を析出する営みが求められる。

「無常」や「宿命」，あるいはその逆に「想定」を前提とした「想定外」の無益な「論戦」でもなく，高みから裁くのでなく，地上から，いま・ここから始めるための認識枠組みと言葉を選んでいく。

サルベージ（沈没，転覆，座礁した船の引き揚げ）――渉猟し（徹底して探しまわり），踏破し，掘り起こし，すくい［掬い／救い］とり，くみとること。いずれは意味をもつ旋律となるかもしれないデータやエピソードを対位法的に収集・蓄積し，「あくまで可能な筆写のひとつ」（メルッチ）を遺していくこと。つまりは，関係性の根（roots of relationship），関係性の道行（routes of relationship），関係性の動態を感知する（perceiving the passage of relationship）ことである。

「限界」の認識の端には，構造決定論でも認識主体の無限の自由でもなく，多系の領野が在る。ただこの，多系の動きとして存在しているものを，自らの認識もまたうごいていくなかでとらえていくには，「近代的な認識主体が現実を線形にとらえる」ことからぶれてはみ出す必要があるのかもしれない。そう考えると，「未発」を常態とする「見知らぬ明日」は，「いくつもの可能性の空」（Merler e Niihara 2011＝2014：86）として在り続けているのかもしれない。

このように見てくると，「問題解決」というよりも「新たな問いを立てる」という「創造的活動」であった神奈川での二つのフィールドワークをすすめるなかで，「限界を受け容れる自由」と「いくつもの可能性の空」が混交する状態に出会っていたと考えられるのである（この点については，【実践篇】で具体的に述べていく予定である）。

3. 「未発の状態」に居合わせる[10]

　では、この「いくつもの可能性の空」の基点そして起点となるものは何か（何を対象とすべきか）。対象とするのは、「未発の状態」である。「未発の状態（stato nascente, nascent state）」という言葉で、考察を深めたいと考えているのは、顕在化し可視的なものとしてとらえうる「出来事」の水面下に潜在しつつ流動し、変化しつつ蓄積されている状態と、その社会文化的プロセスをとらえるための理論と方法である。

　グローバル化・ネットワーク化と同時に、根源的な有限性の問題を抱える惑星社会とそこで地域生活を営む具体的な個々人の内面から構造をとらえたい。しかしながら、調査者にとっても日常生活者にとっても、いままさに生起しつつある社会文化的プロセス（processi socio culturali nascente）を洞察することはきわめて困難である。なぜなら私たちは常に、過去の思考の形式・準拠枠によって、現在を見ている（たとえば、個人や構造を外側から見る思考や、ミクロをミクロとして見るような「知的様式」によって拘束されている）からだ。

　私たちの「日常」は、社会的大事件のみならず個人の病、死も含めて、未発の事件によって満たされている。「日常生活」を生きるものにとって、「想定外の」災害や事故、「予期せぬ」病気など、いわば「見知らぬ明日」は、閉じたいと思っていた目をこじ開けるようにして「まったく突然に」やって来る。このとき私たちは、たった一人で異境の地に降り立つような感覚を持たざるを得ない。すなわち、やって来るものとして知覚される事件（events）は、実はすでにそれに先立つ客観的現実の中に存在していたのであって、ただ私たちが、眼前の兆しや兆候に対して「選択的盲目」を通していたにすぎない。

　「生まれつつある、生起しつつある（nascente）」という言葉を「未だ発せられたり現れたりはしていない」という意味の「未発の」と訳したことには、理由がある。私たちは、既存の「知的様式」の枠内で「生まれつつある、生起しつつある」という「線」と、「事件」という「点」を分けて考えてしまう[11]。

ここから,「前」と「後」という思考態度 (mind-set) が生じる。しかし,私たちの「直接的な現在」は,この地点に来るまでの「旅」によって媒介されているものである。その旅の途上では,はっきりと知覚されるものではないにせよ,様々な兆しや兆候に遭遇していたかもしれない。知覚としては,「未だ発現していない」ものではあるが,予見［的認識を］するとはいかないまでも,やって来る事件をうっすらと予感することはあるのではないか,そして自分でも十分な「自覚」や「意識」をもたなかったとしても,非意識的な心身・身心現象としては,微細な動きを起こしてしまっているのではないか。すなわち,〈内的なプロセス,目に見えない,当人にしか体感し得ない,生理的・感情的なプロセス〉と同時に,〈顔の表情やしぐさ,雰囲気などの身体表現〉によって,潜在的にもしくは身体表現として感知しているのではないか。

それゆえ,「未発の状態」であるとされた局面をもう一度見直していくと,実はすでに「そこに在った」ものをサルベージ（沈没,転覆,座礁した船の引き揚げ）することが出来るかもしれない。さらには,ある特定の条件のもとで「生まれつつある,生起しつつある動き (nascent movements)」をとらえることも出来るのではないかと考えた。

さて,この「未発の状態」という言葉には,いくつかの背景 (roots and routes),すなわち,アルベローニからメルッチにいたるイタリアの社会運動研究,そして,政治思想史家の鹿野政直による日本の民衆史と社会史のとらえ直し,その他,「ペリペティア」[12]などが在る。

以下では,探究・探求の技法として,対位法 (contrapunctus) を採用する。社会文化的プロセス,社会現象を因果関係のみから解釈するあり方を相対化するため「対位法的読解 (contrapuntal reading)」を試みた E. サイード (Edward Said) は,その著書『始まりの現象』のなかで,『新たな学 (Principi di scienza nuova d'intorno alla natura delle nazioni)』(初版1725年,二版1730年,三版1744年) の著者 G. ヴィーコ (Giambattista Vico) と「対話」しつつ,「始まり (beginnings)」とは何か,それはいかなる「活動 (activity)」「瞬間 (moment)」「場所 (place)」「心構え (frame of mind)」を持つものかについて考察している

(Said 1975＝1992：xiv ページ)。

　顕在化し可視的なものとしてとらえうる「出来事」の水面下に潜在しつつ流動し変化し蓄積されている状態とその社会文化的プロセスという，測定あるいは把捉の困難・限界を抱える対象に対して，［何かを］始める (beginning to) ためには，異なる境界線の引き方，補助線の引き方を提示することでメタモルフォーゼを誘発する必要がある。「新たな学 (scienza nuova)」を構想した哲学者 G. ヴィーコが生きたバロック時代のヨーロッパの音楽は，低音部の音の進行を司る「通奏低音 (Basso continuo)」とそれぞれの旋律が多声をつらねるかたちで音楽を形成していく「対位法 (contrapunctus)」が基本であった。ヴィーコの同時代人であり，「通奏低音」と「対位法」を重視したバロック時代後期の音楽家 J. S. バッハ (Johann Sebastian Bach) は，楽曲の構造のみならず，楽器や演奏する建築物の構造までもよく理解していた。ここでは，バロック時代の智者であるバッハやヴィーコ，そして同時代人サイードに敬意を払いつつ，自前の対比・対話・対位の方法を始めることを意識しつつ，具体的記述へと入っていきたい。

(1) 「発生期」と「未発の一揆」の対位法

　「未発の状態」という言葉は，イタリアと日本の社会と社会運動を対比・対位することを含意している。

　1960年代後半，「イタリアの熱い秋」のなかで，社会学者アルベローニ (Francesco Alberoni) が提起した「発生期 (stato nascente)」は，社会運動におけるミクロな動き（情動的な体験）とマクロな動き（集合行為）の結節点となっている「場」を表そうとするものだった (Alberoni 1968; 1989)。心理分析と構造分析を架橋するという試みは，その二つのアプローチに実は通底していた，社会運動の生成期・成長期・沈静期を「線的」にとらえるという枠組みに拘束されていた。

　しかし1968年以降の現代社会の動向と重ね合わせて考えてみるならば，異なる社会認識の文脈でとらえかえされることになるだろう。すなわちこの問題提起は，線的な移行過程の一段階であるというよりは（たとえば「固有性の消失」

から「画一化」へという単線的な経路［ルート］ではなく），一見かかわりのなさそうな，「些末な意味しかもたない」とされていたものが，それぞれに固有のうごき方をしていき，同時に多方向的に，複数の異なる仕方で，メタモルフォーゼ（changing form）していく。こうした「状況」がむしろ常態となりつつあるという意味での「未発の状態」が顕在化することが，現代社会に固有の「条件」となっている——このような見方から社会の「発展」を理解するための問題提起として再評価し得る。

メルッチは，集団行為における個々人における意味の形成に着目し，「目に見えやすい集合的な出来事」の背後で生起する社会文化的プロセスをとらえたいと考えていた。本章冒頭の「来る日も来る日も…」というエピグラフにもあるように，人々の情緒や情動的な体験は，「集合的な出来事」や社会的な「文化を揺るがすような大変動」とは切り離され，「単なる断片」とされてしまいがちである。しかしその，見えにくい，「諸関係の微細な網の目」のプロセスは，「センセーショナルな出来事を解き放つ」社会文化的プロセスとして，微細に，秘めやかに，個々人の奥深いところに潜在し，可視的な現実の奥底で，生起し続けている。それは，扇状地に浸潤していく「伏流水」のように，目に見えやすい河の流れである「表流水」とは別の流れをかたちづくり，「衝突・混交・混成・重合の歩み（percorso composito）」を続けている。

鹿野政直『「鳥島」は入っているか——歴史意識の現在と歴史学』からの言葉を借りれば，「一件の一揆は，無数の未発の一揆の延長線上にある一つの波頭としての性格をもつ」（鹿野 1988：129）ものである。そして，「一つの波頭」の背後に，無数の砕け散った波や水面下の海流があるように，ある特定の「出来事」の背後には，「未発の社会運動」（新原 2014a：47-51）とでも呼ぶべきものが棲息し，地中にひろがる地下水脈のように，ゆっくりと，社会そのものの地中を流れている。

鹿野によれば，1970年代以降の社会史における「空間」への関心は，「管理された空間のイメージにたいし，それらを拒否するとともに，その場に根をおろしている人びとが造りだした自由な空間の伝統を掘り起こそうとする立場を

打ちだしている。こうして空間の主人公としての人間がクローズ・アップされる」(鹿野 1988：142)。さらには,「従来まったく別物と考えられていた正常と異常,先進と後進,理性と狂気,健康と病気,生と死等々の概念が意外に近いばかりでなく,むしろ一個人内でも一社会内でも交錯しているのがかえって常態との意識は,こうして瀰漫しつつある。そのことは,人間や社会が,みずからも問題をかかえる存在と認めるのを迫られていることをも意味する。しかも行手が定かにみえぬままに,岐路に立っているという予感に間断なく襲われつつ,いやそれだけにまず,いまを認識しようとの意志,確認したいとの渇望が,高まっているといってよいだろう」(鹿野 1988：146)。

鹿野による「空間」への関心の指摘は,心理分析アプローチでも構造分析アプローチでもない「未発の状態」の動態把握を企図したメルッチと共鳴していると考えられる。

(2)「未発の状態」の認識と構造

以上の背景をふまえて,「未発の状態」に関する理解の小括を試みる。心理分析(あるいは療法)アプローチと構造分析アプローチ,臨床社会学と社会運動論,社会史と政治思想史など,多重・多層・多面の二項対立的な知的認識を架橋する場(フィールド)として,「未発の状態」は設定された。
①もともとこの言葉は,化学反応における「発生期状態(nascent state)」という意味を持っている。物質が化学反応のなかで高い反応性を持つ状態であるが,「不確定性原理」と組み合わせて考えてみるならば,化学反応が顕在化する瞬間を観察しようとすれば,その観察行為によって対象には再配置(reconstellation / ricostellazione)が起こってしまい,変化の道行き・道程(移行・移動・横断・航海・推移・変転・変化・移ろい)を「線的」にとらえ「予測」「想定」することはできない。しかし,一定の「配置図」で「事」や「物」が置かれることによって,メタモルフォーゼを誘発する可能性が高い状態におかれるというものである。
②状態(stato, state)には,「状況」と「条件」のアンビヴァレンスを内包する。

中世ラテン語の situare に由来する「状況（situazione）」の，situs は positua，つまり，位置，もののあり方，置かれ方，配置，ひとの姿勢，姿態とかかわる。ラテン語の condicione から来ている「条件（condizione）」は，いっしょに（con），言う（dicere），同意する（convenire），契約＝同意のうえで決める（stabilire di commune accordo）とかかわる。どちらの言葉にも，人間の主観／主体的側面と客体的側面があるが，「条件」には，相互承認／間主観の契機がある。

③それゆえ，「未発の状態」は，認識論としては，社会文化的プロセスの連続性のなかでの認識主体の側の根本的な転換となる。そこには，「想定」のコントロールの不可能性，メルッチが言うところの「変化に対する責任と応答を自ら引き受ける自由」「限界を受け容れる自由」の問題がある。

④構造の問題としては，「構造の矛盾」から単線的・自動的に社会運動が「線形」に起こるわけではないが，「未発の状態」の顕在化という「状況」として理解される。

⑤「未発の状態」の継続を認識する「条件」，すなわち主体の問題としては，メタモルフォーゼの道行きのなかで，実体主義か異種混交かといった対立からも身体をずらして，肩の力をふっと抜いたときに，少しだけ姿を現す。微細な変動をし続けながら，ぶれて，はみ出しつつ，軸をずらしながら，不均衡なうごきのなかで，それでもバランスをとりつつすすむ「プレイング・セルフ」（メルッチ）の要素である。メルッチは，このアンビヴァレンスとパラドクスの豊かさを，静態的にではなく，うごきのなかでとらえ表現しようとしていた。既存の社会運動研究や地域社会研究の「フレーム」にはなかなか入ってこなかったが，「3.11 以前」からすでに居続けた具体的な人間のなかの微細なうごきであり，地域社会に暮らす「小さな主体」（新原）の「記録」としてモノグラフには書き込まれているはずである。

⑥それゆえ，「3.11 以降」の課題は，十分にはとりあげられてこなかった「うごきの場」の社会文化的プロセス，「諸関係の微細な網の目」をとらえるためのリフレクシヴな調査研究（Reflexive research for perceiving the rhythmic relationship）が必要となってくると考えた。

4．うごきの場の「未発の状態」における社会文化的プロセスをとらえる方法としてのリフレクシヴな調査研究[13]

(1) メルッチの企図

　メルッチは，共同研究の成果である『創造力——夢，話，プロセス』(Melucci 1994)，理論的主著である『プレイング・セルフ』(Melucci 1996a＝2008) と，社会運動に関する共同研究である『チャレンジング・コード』(Melucci 1996b) をとりまとめていた。これらは，師匠であるA.トゥレーヌの「社会学的介入」を批判的に乗り越えようとするなかですすめられた社会運動に関する共同調査研究の成果であった。メルッチは，『プレイング・セルフ』と『チャレンジング・コード』の間で，「対位法 (contrapunctus)」を試みている。集合行為に対する集団的な研究である『チャレンジング・コード』は，アンビヴァレンスを縮減するという構造的発想からの現代社会論を単著としてまとめたものだが，背景には療法なプロセスの関係性をもった多くの人たちの不協の多声を内包している。これに対して，『プレイング・セルフ』では，アンビヴァレンスを生きる身体の側から惑星社会を展望した。

　しかしながら，調査研究の方法論についての集大成である『リフレクシヴな社会学のために』(Melucci 1996c) を完成させた後，メルッチは，若い共同研究者たちと作って来た調査研究グループを解散させている。これまでの調査研究をひとまず「完結」させ，「定式化」したことで「未踏の地」が見えて来たのだと本人は語っていた[14]。本研究チームは，メルッチが「晩年の様式 (late style)」として遺してくれた「リフレクシヴな調査研究」を，「未発の状態」がうごいていく場をとらえるための方法と考えた。そのため，前回の刊行書『"境界領域"のフィールドワーク——惑星社会の諸問題に応答するために』において，遺稿「リフレクシヴな調査研究にむけて」を収録した (Melucci 2000＝2014)。

　ここでメルッチは，「創造力」をテーマとした共同研究 (Melucci 1994) をふりかえり，「自らに対してもリフレクシヴな観察をすすめるなかで，関係性が

つくられていくプロセスが持つ固有の性質を認識したいとすることから生じるジレンマ」に直面した。「創造力」という，簡単には計測が可能ではないテーマに取り組むことによって，「ジレンマ」が顕在化し，既存の枠組みの見直しをせざるを得なくなる。「システム化」された調査研究の方法によって，範囲を確定した対象として「創造の要素」を分節化・分析し，その「度合」を「計測」することの困難に突き当った。

　こうして，「内的かつ自発的，高度に主体的な活動」に対する「想像力」と「創造力」が問われることになる。ここから，理論は，出会った現実に応答していくなかで生成していくものとならざるを得ず，「解釈の配置変えをしていくことに対して開かれた理論（teorie disponibili）」となる。そのプロセスでは，「回帰」や「反復」を甘受し，「エピステモロジーのジレンマのなかで生きていくしかない」のである。そして，「創造力という概念には複数の意味が組み込まれたものとなり，この認識のあり方が調査研究グループ内部にも組み込まれ，これまでの調査研究のプロセスそのもののなかにある多重性が顕在化した」（Melucci 2000b＝2014：102-103）のである。

　ここでの「多重性」というのは，調査研究グループ内部も含めて，かかわった場，そこに集い，居合わせた個々人の多重性，多層性，多面性であり，それゆえ，自らに対してもリフレクシヴな調査研究の実践をすることが必要とならざるを得ない。つまりは，うごきの場に居合わせることで，かたちを変えつつ動いていった個々人とその関係性の動態についての，「多元的で双方向的」な把握が求められることとなった。

(2) リフレクシヴな調査研究の位置付け

　メルッチの師であったA. トゥレーヌ（Alain Touraine）が考案した「社会学的介入（intervention sociologique）」は，研究者たちが，社会的活動の担い手たちと直接関わり，行為者たちが自らの活動を社会運動として理解していく手助けをする。社会運動（声，行為）と社会学（まなざし，分析）との往復運動によって，もともと自らの内に在る歴史的役割へと行為者自身を導くことを企図

したものだった（Touraine 1978＝2011：340）。

たとえば反原子力運動への介入においては，(1) 行為者によって構成されるグループが，対話者（運動の支持者，敵手，専門家，政治家，組合活動家，産業界の人々，エコロジストなど）と議論する。(2) 社会学者は，行為者グループを助ける役割と，距離を保ちコメントする役割とに分かれて，行為者自らによる行為の条件と意味についての分析を促す。(3) 社会学者は仮説を立て，行為が持つ最も高次な意味を示し，この視点からの行為の理解を促す。(4) 社会学者は報告文を作成し，行為者たちと討議し，ここでの分析が行為者たちの実際の行動プログラムにどのように還元されるのかをみていく（Touraine 1980＝1984：23-24）。

この方法は，価値中立的に「ありのまま」をとらえようとする方法でもなければ，活動を改善するための手段でもない。社会学者は，最初から自分たちの分析内容を開示し，個々の行為者もまた自己分析を深め，相互のやりとりのなかで分析がつくり直されていく。この方法は，集団による膨大な時間とエネルギーを必要とするが，社会学者と行為者が取り結んだ社会関係をも含めて分析観察する方法である。完全には関心の重なり合わない二つの主体がそれぞれに分析を行い，相補的に知的創造を行うための場を人工的につくることで，二つの立場の間の矛盾を乗り越えることを企図したものである。

トゥレーヌは，運動の基盤が脆弱であるか強固であるかよりも，その創造力にこそ意味があり，異議申し立て運動のなかで生起する文化と社会の発明こそが重要だと考えた。そして，社会的な異議申し立て運動と文化的革新行為が一体となった文化的かつ社会的運動を見出そうとした（Touraine 1980＝1984：304-309）。

社会学や社会調査の理論と実践について膨大な議論を積み重ね，社会学上の新しい事実発見と解明によって都市コミュニティへの寄与を企図した初期シカゴ学派，あるいは，K. レヴィン（Kurt Lewin），O. ボルダ（Orlando Borda），P. フレイレ（Paulo Freire）などの流れを汲むアクション・リサーチ，臨床社会学分野におけるナラティヴ・セラピーなどは，これらの流れと類比可能なもの

である。

　これらに対して，メルッチは，集合行為を整合的な実体としてとらえるのではなく，政治的動員などの可視的局面と日常生活における体験などの潜在的局面とに分けてとらえた。動員と運動そのものは異なるものであり，可視的な動員が起こっていない局面においても，管理や支配への抵抗，社会の問題への応答力は，個々人や集団の経験の中に存在しており，特定の条件下でのみ可視化する（Melucci 1989＝1997：4-32, 77-78）。それゆえ，可視的な動員の背後にある「不可視の行為」（Melucci 1982：40），社会運動の「可視性と潜在性との間の生理的結合」（Melucci 1989＝1997：77）のダイナミズムを理解するには，個々人の声を聴くこと，さらには声にもならない未発のうごきの胎動を感知することが重要であるとした（Melucci 2000c＝2001）。

　リフレクシヴな調査研究は，C. W. ミルズ，A. グールドナー，P. ブルデュー等の「リフレクシヴな社会学」（「社会学の社会学」「科学の社会学」「反射的反省性（réflexivité réflexe）の社会学」など）の流れのなかに位置付けられる。「社会調査（social research）」は，現になされてきて，現在もなされている調査実践，調査の「メソドロジー」（「データ収集」と「解析」において採用される「統計的方法」あるいは「事例研究法」など）とかかわる言葉である。地域社会問題への応答を志向し，特定のコミュニティをフィールドとして，統計的方法のみならず観察法や面接法を駆使する「社会踏査（social survey）」も，参与的行為調査（Participatory Action Research），あるいは，療法的（Therapeutic）側面を持っている。

　これに対して，「リフレクシヴな調査研究」は，「メタ・コミュニケーション」の在り方（関係性の切り結び方）とかかわる言葉であり，メルッチによれば，「対話のなかで，解釈の配置変えをしていくことに対して開かれた理論（teorie disponibili）」である。従って，「療法的でリフレクシヴな調査研究（Therapeutic and Reflexive Research（T&R））」，あるいは，「［対話的にふりかえり交わる］リフレクシヴな社会調査（Reflexive social research）」という表現には，調査実践の「メソドロジー」と「メタ・コミュニケーション」をどのように接合させる

のかという「エピステモロジー」への「問い」が内包されていることになる。

5．本書成立の経緯

(1) 何をやろうとしているのか，してきたのか，その方法はどう創られたのか？[15]

図　社会学的探求／リフレクシヴな調査研究／探求型社会調査の位置付け

社会学的探求（Sociological Explorations, Esplorazioni sociologiche）	
リフレクシヴな調査研究（Reflexive research, Ricerca riflessiva）	
コミュニティを基盤とする参与的行為調査（Community-Based Participatory Action Research（CBPAR））	療法的でリフレクシヴな調査研究（Therapeutic and Reflexive Research, Ricerca terapeutica e riflessiva）

　W. F. ホワイト（William Foote Whyte）のアメリカ社会学会会長就任演説「人間の諸問題を解決するための社会的発明」において，「どんな種類のものであっても，外部から組織やコミュニティの内部にもち込まれる，ある何ものか」，すなわち「外から」「上から」の〈介入〉に対して，「外部からのいかなる直接の影響にもよらずコミュニティもしくは組織に出現する可能性をもち，またしばしば現に出現する」ところの「社会的発明（social invention）」を対置した（Whyte 1982＝1983：233-234）。調査研究の方法そのものを，眼前の問題に応答するなかで革新し，その方法自体を社会の現場で「発明」していくという発想は，トゥレーヌの「社会学的介入」の「乗り越え」を企図したメルッチ，あるいは，メルレルの〈エピステモロジー／メソドロジー〉と共鳴する点が多い。

　〈「外」「上」対「下」「内」という対立図式そのものをゆるがす根本的な問題提起〉として〈危機が持続するなかでの社会的発明〉を構想するという認識のもとに，先へと進むことにしたい。「社会学的探求（Sociological Explorations／Esplorazioni sociologiche）」は，〈エピステモロジー／メソドロジー／メソッズ

／データ〉と〈価値言明〉を含みこんだ，なんらかの学問的かつ「感性的人間的営み，実践 sinnlich menschliche Tätigkeit, Praxis」の位相である。「リフレクシヴな調査研究（Reflexive research, Ricerca riflessiva）」は，〈エピステモロジー／メソドロジー〉の位相であり，「探求型社会調査（Exploratory Social Research）」は，「うごきの場」で練り上げてきた〈メソッズ〉の総称である。

探求型社会調査としては，メルレルとの間で，「コミュニティを基盤とする参与的行為調査（Community-Based Participatory Action Research（CBPAR））」[16]を，メルッチ夫妻との間で，「療法的でリフレクシヴな調査研究（ricerca terapeutica e riflessiva, Therapeutic and Reflexive Research）」[17]を創ろうとしてきた。

メルレルたちの研究グループ FOIST の研究実践は，W. F. ホワイトが『ストリート・コーナー・ソサエティ』の「参与観察調査」の経験を発展させ提唱した「参与的行為調査（Participatory Action Research）」——「参与的行為調査は，調査者が研究対象の組織のメンバーを招き，データの収集と分析を通しての調査計画や，調査での発見を実際に適用していくという調査プロセスのすべての段階において，共に参加し研究するというひとつの方法」（Whyte 1993＝2000：358），あるいは近年注目されている「参加型アクションリサーチ」「コミュニティを基盤とした参加型研究方法」とも類比可能な調査方法である[18]。

メルッチは，『リフレクシヴ・ソシオロジーにむけて：質的調査と文化（Verso una sociologia riflessiva: Ricerca qualitativa e cultura）』（Melucci, 1996c）において，社会運動研究を中心とした質的調査研究の方法をとりまとめた。その後，「聴くことの社会学（sociologia dell'ascolto）」を最晩年の課題としたが，その途上でこの世を去った。「療法的でリフレクシヴな調査研究」は，メルッチ最晩年の企図を，アンナ夫人との間で再構成した調査実践の方法である。

(1) やってはいけないことの基点——「主人公への回収」——

メルッチ，メルレルとの間で，定型化した「問題解決」からぶれてはみ出し，学問を普請し直すことをめざしていくなかで，〈価値言明〉や〈エピステモロジー〉などの位相を共有しつつも，その願望を，どのように実践・実現してい

くかという〈メソッズ〉は，現場でうごいていきつつ創るのだという了解があった。その際にやってはいけないことの基点（anchor points）となっていたのが，「主人公への回収」とでも言うべき「介入」の在り方だった。

　地中海の島サルデーニャ北東部の観光都市オルビアで開かれたその会議は，EU の後押しで，社会的サービスの領域で移民たちによる「起業」の可能性を探るためのものだった。この会議を運営・組織した研究所は，これまでも，EU や自治体からの委託を受けイタリアの各地で在住外国人や精神障害者の支援プロジェクトをおこなってきており，若い研究員たちのほとんどは，ローマやミラノやボローニャの大学で法学や経営学や社会学を学んできていた。会場となったホテルでは，若い研究員たちによって，OHP やコンピューターを巧みに使ったテクニカルな報告が整然とおこなわれた。会場には地元の政治家や実業家が列席していたが，会議の内容には関心がない様子で携帯電話を使って自分の仕事の話をしつづけた。会議の最後に，「さあ主人公の登場です」といって，セネガルやチュニジアからやってきてこの街で暮らす若者達が招き入れられた。彼らのひとりは，紹介の言葉に対して「そうそうわたしたちは動物園の動物ですから」とマイクを通さぬ小声で応答した。そのつぶやきは前列にすわっていた数名のみに聞きとどけられた。

　この会議の後，サッサリ大学で社会を学び，卒業後は，サルデーニャにおける在住外国人支援プロジェクトの中核を担ってきた一人の女性が，この研究所を去った。研究所の「経営戦略」は，「外国人」という「主人公」を活用し，しかもそれはこの地方の政治勢力の利害関心と結びついていた。「この構図を放置することになってしまったことの責任を感じているわ」と彼女は言った。これまでも彼女は，サルデーニャ中北部の町で社会福祉関係のプロジェクトにかかわり，精神病院の地域開放にも打ち込んできた。地域でのプロジェクトにかかわり，そこから去るのは，彼女にとってこれで三回目となった[19]。

イタリアと日本で，こうした会議や委員会とかかわるなかで，(規定の枠内での)「問題解決」や「提言」とは，異なる道を選ぶことだけは確認していた。やるべきことは具体的に定まってはいなかったが，起点となるものは，やはり，イタリアでの体験から持っていた。

(2) やるべきことの起点——ともに壁をこえる——[20]

精神医療の領域における先駆者 F. バザーリア (1924-1980) は，精神医療制度への異議申し立て運動のなかで，1968年には，強制収容ではなく自らの意志で治療を行う可能性をもたらした法律 (431号法) を活用しながら，そしてついに1978年5月13日の180号法 (通称「バザーリア法」) を制定させた。イタリアの自治州の一つであるサルデーニャ州においても，「バザーリア法」を受ける形で，州法の改正がおこなわれた。まず1987年10月22日のサルデーニャ州法44号法は，サルデーニャ州に住む病者と精神薄弱者への経済援助と優遇措置 (具体的内容は月々の支給金もしくは病院以外の中間施設の宿泊費用の支払い等) に関する法律であり，続いて1992年8月27日のサルデーニャ州法15号法という新しい法律が施行された。そこには，コムニタのような中間施設への寄宿ではなく，市内での生活のための住居や職の世話，労働者協同組合の創設，家族もしくはホストファミリーへの信託，様々な地域サービスを受けるための交通手段の確保，文化活動，リクリエーション，スポーツ，自由時間の活動などが盛り込まれていた。こうして1904年の開院以来100年近い歴史をもってきたサッサリにあるリツェッドゥ精神病院も，ついに1996年12月31日をもって閉鎖されることとなった。

「壁をこえて (Oltre il muro)」は，1996年の春に，精神医療の分野において，精神病院にいれられている患者がかかえる困難と，隔離されているという問題への注意を喚起するために，サッサリ大学の数名の女子学生たちによって生みだされたアソシエーションであり，以後，自治体や諸官庁を動かし，1996年から1997年にかけて，精神医療従事者，地方政治家，大学人，専門科学者な

どを報告者として,「1996年12月31日の精神病院の閉鎖にむけて」というシンポジウムを1996年4月14日〜15日に行った。

さらに,1996年5月21日,バザーリア夫人のフランカ・オンガロ (Franca Ongaro Basaglia) を迎えて,シンポジウム「壁をこえて:精神医療改革の道程について」を行った。その後,「自立的な自己形成のためのセミナー」を1996年9月から11月にかけて開催し,精神医学の分野の構造,法制度,病理学,名誉回復などについて,学生・市民が学ぶ機会をつくった。さらに,サッサリ市,サッサリ県,地方衛生局の協力を取り付け,世論喚起のための週間「ともに壁をこえて」をリツェッドゥ精神病院内で企画し,学生・市民,元患者・看護士などが,一同に会することとなった。

病院閉鎖後は,病院の外に出た元患者達が外の社会の文脈のなかに入り込んでいくという試みには,様々なタイプの人間,様々なタイプのグループが必要であることから,こうした様々な人々が出会う場として「ともに壁をこえて」と名付けたワークショップを,精神病院跡でひきつづき開催していった。精神病院が地域に解放されたことによって,この病院がいかなる歴史を持ってきたのか(たとえばいかなる拘束具が使われたのか)ということを市民が知る機会ともなった。そこに在り続けたのにもかかわらず,長くて高い壁によって閉ざされていた病院のなかに入っていく瞬間は,多くの市民にとって「感動的」ですらあった[21]。

サルデーニャにおける「壁をこえる」試みは,わずか数名の女子学生たちによって,生み出されたものだった。時期的にも重なるかたちで,サルデーニャ島の北西沖に位置するアシナーラ島の(凶悪犯のための)特別刑務所やハンセン病療養所との間でも,同様の「壁をこえて」という試みをおこなった学生のグループもあった。

(3) イタリアにおける「社会のオペレーター (operatori sociali)」

彼女たちがこれまでおこなってきた仕事は,イタリアでは「社会のオペレーター (operatori sociali)」という名前で呼ばれている。「社会のオペレーター」

とは，人が社会生活を営むに際して必要とするようなすべての仕事，社会の維持にかかわるようなすべての仕事に冠せられた言葉である。たとえば，学校の教師や自治体の社会福祉職といった公務労働者，あるいは各種の問題をかかえた若者に職業教育をするための団体や作業所のような民間の諸組織，社会サービスを目的とした協同組合など，地域社会形成，地域の人間形成の営みにかかわるすべての人をさししめす言葉としてとらえられる。

　operareというときには，「操作する」といったような意味も含まれるが，イタリア語では社会のいろいろな諸要素を「つなげていく」，たとえばいろいろな事実をつなげていく，地域と大学をつなげていく，あるいは一見ばらばらに起こっているような医療，福祉，学校の問題とそれをかかえる人々をつなげていく，それらは異なっていながらも何らかの共通性を持っており，それを地域との関係のなかでつなげていくことを含意している。

　かつてボランティアがやっていたことが，下からの運動の力により制度化され，イタリアの自治体の多くが，地域社会福祉生活の専門職として社会学士，教育学士もしくは心理学士を「社会のオペレーター」として採用するようになった。そこには，NGO的な発想をもった人が制度の中でもその役割を果たそうと考え，"遊軍" のような存在として自治体職員になることへの願いがこめられていた。「社会のオペレーター」は，縦割りの行政の中で部分的な対応になりがちな社会的サービスの弱点を補うことを任務としている。つまり地域に住む個々の生活者（たとえば独居老人や外国人児童など）の話を聞き，深いところで理解し，その人にとってもっとも必要な社会サービスは何か，そしてそのサービスを受けるための行政的な施策としてはどんなものが利用可能かを見極めるという仕事である。とりわけ移民二世以降の家族がかかえる家族内外の文化やコミュニケーションの問題に対しては，「文化のメディエーター（mediatori culturali）」と呼ばれる異文化問題の「社会のオペレーター」が活躍している。

　社会学士の場合，学問的な方法と対象が教育学士や心理学士ほどには明示的ではなく，地域社会の問題に総括的かつ多面的にかかわることをその存在理由

としている。その意味では，社会学士であるということは，職場においても常にその存立基盤が問われ，また日々の仕事のなかで生成していかざるを得ないアイデンティティでもある。大学で社会学を学ぶこと，それが道具としての知ではなく，身体に埋め込まれた「臨場・臨床の智」であることが，自分の仕事や生活にとっても，地域社会にとっても意味あることだという意識は，むしろ卒業後に社会生活のなかで試され，「社会のオペレーター」としての自己を再形成する際の基点となっていった[22]。

(4) 日本社会の文脈における「社会のオペレーター」

このイタリアでの刺激から，日本社会の文脈における「社会のオペレーター」の条件を以下のように考えるに至った。

① 「社会のオペレーター」は通常私たちが分断させて考えている社会の諸問題をつなげ複合的に考える人間であり，そのことを可能としうるような「文化のメディエーター」の能力を他者とのかかわりのなかで育てていく人間である。
② ある土地に蓄積された智恵を掘り起こし再発見する人間であり，それと同時にすでに手元にある地域の社会文化的遺産と一見離れていると思われる相手との間に何か共通のものを探し，新しい関係を作っていく人間でもある。さらには，そうした新しい意味を産出する場をつくる人間である。
③ つまり「社会のオペレーター」は，教師であれ，社会福祉職であれ，民生委員であれ，なんらか専門的職種をもつが，自らが属する職場社会のなかでのみ思考と行動をするのでなく，「内的かつ外的 (endo-esogeno)」であるような存在，内にありつつ外にある，外のものでありながら内にくいこんでいるような存在 (outsider within)，そこに暮らすものにとってはあたりまえの光景のなかに異なる視野をもたらし，寄港地となった土地になんらかの記憶を残す存在である。

もちろんこうした役割は，世話好きなご近所の方や，ご老人，民生委員や主任児童委員といった方たちもまた果たしてきた。あるいは社会教育主事や地区社会福祉協議会の職員の方たちなどもそうであった。それゆえ，なにかまったく「新しい主体」というのではなくて，日本の地域社会の過去の遺産を生かし直し，新たな状況の下で，地域の文化や社会関係のつなぎ目を形成していく役割をする教師や自治体職員，民生委員，主任児童委員，外国人相談員，そしてまずなによりもふつうの地域住民として自分を再創造する人たちのことをここでは考えていた。

　「湘南プロジェクト」も「聴け！プロジェクト」も，このうごきの場に居合わせたもののなかから，さらには移動民の子どもたちのなかから「社会のオペレーター」が育っていくための土壌である「未発のコミュニティ」の種をまきたいという願望と企図が，活動の「舞台裏」に存在していた。

6．おわりに――未発のコミュニティにむけて――

　極限状況を超えて光芒を放つ人間の美しさと，企業の論理とやらに寄生する者との，あざやかな対比をわたくしたちはみることができるのである。……意識の故郷であれ，実在の故郷であれ，今日この国の棄民政策の刻印を受けて潜在スクラップ化している部分を持たない都市，農漁村があるであろうか。このようなネガを風土の水に漬けながら，**心情の出郷**を遂げざるを得なかった者たちにとって，故郷とはもはやあの，出奔した**切ない未来**である。地方を出てゆく者と**居ながらにして出郷を遂げざるを得ない者**との等距離に身を置きあうことができればわたくしたちは故郷を再び媒介にして，民衆の心情とともに，おぼろげな抽象世界である**未来**を共有できそうにおもう。その密度の中に彼らの唄があり，私たちの詩(ポエム)もあろうというものだ。そこで私たちの作業を記録主義とよぶことにする……と私は現代の記録を出すについて書いている。

　　　　　　石牟礼道子『苦海浄土』「あとがき」(石牟礼 2004：359-360) より

本書における調査研究の導き手（メンター）となってくれていたのは，イタリアの思想家・運動家たちが持っていた「願望と企図の力（ideabilità e progettuabilità）」であった。想い願い続け，それを実現するための具体的方策を提示し続ける力，あきらめない気持ちを持ち続ける力（power of idea），様々な困難や壁，境界線を横断し突破していく力（Einbruchskraft），構想力（Einbildungskraft）や練成力（Be / Ausarbeitungskraft）ともかかわる力である。

当面の戦いに勝利する（vincere）武力ではなく，ともに（cum）困難を乗り越える（superare）力，納得し確信し自らの過ちを悟り，人を説得し揺りうごかす力（capacità di convincere e agitare gli altri）である。すなわち，一つの理念を想い描く力と同時に，観察したり分析・解釈したりするときに，あらかじめ（pro）我が身をその場に投げ出す（gettare）。（我が）身をフィールドに投じ，その理念が実現していく可能性と道筋を他者に得心してもらう（convincere）「投企（Entwurf, projet）」の力でもある。そしてまた，この願望と企図の道程への誠実さ（fedeltà）こそが人間の道（真理）であるというかまえ・流儀，すなわち道を信ずる力でもある（「誠者天之道也，誠之者人之道也（誠は天の道なり，これを誠にするは人の道なり）」『中庸』）。

しかしこの，「我が身を持って証立てる（sich betätigen）」（ヘーゲル），「我が身を投ずる」（上野英信）ことで，その場に居合わせた人がうごいていき，何かが起こったとしても，場を揺りうごかしたものの多くは，内にありつつ外にあり，外のものでありながら内にくいこんでいる（endo / esogeno, endo / exogenous）ような「内なるよそ者（outsider within）」で在り続け，「予言者は故郷に入れられず（Nessuno è profeta in patria）」という諺のように，その場に「居心地のよい場所」を持たない。

本書の冒頭でとりあげた「よりゆっくり，より深く，よりやわらかく」をモットーにイタリアのエコロジー平和運動を牽引したA. ランゲル（Alexander Langer）は，イタリア語，ドイツ語，ラディン語（アルプス山岳地帯ドロミーティで話される言語）の文化が共存する歴史的地域——イタリア語ではトレンティーノ＝アルト・アディジェ自治州，ドイツ語では南ティロル自治州と呼ばれる土

地の出身であった．亡くなる直前まで旧ユーゴスラビアの民族紛争へのコミットメントを続けた彼の発言は，エコロジー平和運動の担い手のみならず，ヨーロッパの内なる「先住民族的マイノリティ」（バスクやカタルーニャなど）や「言語的マイノリティ」（ラディン語やスロヴェニア語，サルデーニャ語など，国家言語とは異なる言語を話す人々）が暮らす諸地域[23]の，差異の権利を求める運動の担い手に，大きな影響を与えていた．

　メルッチは，「惑星社会のジレンマ」の実相を把握し直し，名づけ直し，自由を定義し直すこと，すなわち，所有する（have）ことの自由から，であること（be），異なって在ることの権利を認識し，受け容れることが求められるとした．「人類は，地球に住むことの責任／応答力（responsibility），そして種を破滅に導くような生産物に対して，絶対に侵犯してはならぬ境界を定めるという責任／応答力を引き受けねばならない．人間の文化は，存在しているものは何であれ，ただ存在するという理由のみによって静かに尊重されるようなテリトリーを，今一度確保すべきである．どのような人間社会も，そのような領域をそれぞれ独自の仕方で認めてきた．今や，自らを創造する力と破壊する力をも獲得した社会は，そのようなテリトリーを自ら定義し直さなければならない．惑星地球における生は，もはや神の秩序によって保証されてはいない．今やそれは，私たちすべての脆く心許ない手に委ねられているのだ」からである（Melucci 1996a＝2008：176-177）．

　冒頭で，「生存の場としての地域社会」と表現したイメージは，メルッチの言葉でいえば，「ただ存在するという理由のみによって静かに尊重されるようなテリトリー」となろう．このような「テリトリー」においてこそ出現するのが，異質性がぶつかり合い，切り結び，乱反射しつつも，「それぞれ独自の仕方で」「異なって在る」ものを受け容れるコミュニティである．このように，未だはっきりとはかたちをとって安定的に現れていないような「未発のコミュニティ」を，（人間という）「種の新しい文化」として創り出すことが，これからの実践的課題であると，ランゲルそしてメルッチは考えていた．

　メルレルは，このような「未発のコミュニティ」のなかで（こそ），その潜

在力を発揮するのが「移動民」とりわけその子どもたちであるとする。

　「グローバリゼーション」の名の下に迅速な反応が求められているまさにその時に，少し先を見越した応答としてきわめて重要なのは，実はこの，すでに手元にある，様々な声，表現，生活様式によって生成し続けている社会の"複合性・重合性"の存在を再認識することに力を注ぐことである。幸いなことに，「グローバリゼーション」は，すでに"混交，混成，重合"した複合的身体を有する"移動民"を，眼前に登場させ，規格化・均質化・画一化の夢を打ちくだく。「グローバリゼーション」がもたらす社会の複雑化は，まさにこの，明晰にしてシステマティックな「社会の複雑性」のゆえに，そのあくなきシステム化からすり抜け，染みだし，内側から異化するところの"複合性，混交し混成する重合性"が，分厚い実質と構造をもって，より現実的な意味をもつのである。それゆえ，この歴史的に形成された"複合性，混交し混成する重合性"は，こうした想念がイデオロギーに縛りつけられてしまった時代とは異なり，旧来のシステムに拘束されつつもすでに新たな社会を萌芽している現在の人間社会にとってきわめて具体的な社会形成の道標として，実質的価値ならびに新たなエティカ（etica）として存在しているのである（Merler 2004＝2006：74-75）。

　メルレルが言うように，「新たな社会を萌芽している現在の人間社会にとってきわめて具体的な社会形成の道標」「実質的価値ならびに新たなエティカ（倫理，道徳，哲学）」を探求するとき，既存の知のシステムからぶれてはみ出す，「移動民の子どもたち」の「様々な声，表現，生活様式によって生成」されつつある複合性・重合性に着目することが，惑星社会の諸問題を引き受け，応答するための重要な条件となる。
　なぜなら「移動民の子どもたち」は，「クレオール」と同じく，近代世界システムの展開のなかで，移動を余儀なくされた人々に対するメタファーである[24]。ヨーロッパからの移民の多くは，ヨーロッパの諸国家内部で，先住的文化的マ

イノリティである場合（島嶼社会の出身者など）が多かった。こうした先住民族的マイノリティが暮らしていた土地は，しばしば戦場となり，国境線の移動を体験し，政治的あるいは経済的な理由から移民（あるいは「難民」，「避難民」）となることを余儀なくされていたからである（Merler 2004＝2006：64-65）。

　あるいは，歴史学者・清水透が指摘するように，大航海時代のスペインにとって新たに「発見」されたインディアスは，「いかなる契約関係をも必要としない無所有の自然領域」であり「この領域は，神の意志を体現する征服者によって，必要である限りにおいて自由に利用され，必要でない限り〈荒野〉としてそのまま放置される」存在であった。スペイン人による都市の建設は，スペイン人居住区，そしてその外縁に非スペイン人居住区が設けられた。ここまでが，文明の支配領域であるとするなら，その外部にある自然領域のなかには，征服者によって再編されたインディオ社会と未征服空間が広がっていた。このように都市＝国家の側からの境界線の設定は，1970年代以降の人口流入によって脅かされている。同様の意味で「大東亜共栄圏構想から戦後の資本進出にいたるわが国のアジア諸国との関係の，ひとつの帰結」としてアジア系外国人労働者が激増しつつある日本社会もまた，この「非主体的存在としての〈内なる荒野〉＝『自然領域』という認識」に対する歴史的清算を迫られつつあるとしている（清水 1990：17-18）。

　近年のヨーロッパへの「難民」の「大量流入」の背後には，こうした衝突・混交・混成・重合の歴史が存在している。同様に，本書で重要な役割を担っている「インドシナ定住難問」も，突然やって来たのではない。20世紀は，たしかに「越境と難民の世紀」（樺山他 2001）であったが，少なくとも，明治以降の日本人は，「外国人労働者」として海をわたり，中国大陸，シベリア，東南アジア，ハワイ，南米，北米，太平洋の島々へと足跡を残してきた。世界の各地には，日本人が残した痕跡と，個々人の苦闘の歴史と体験が刻印されている。その一方で，足尾から水俣，ダムや基地の建設，震災，原発事故と，いま日本列島では，「身を切られる」思いで「出郷」してきた人たちが，うめき声をあげつつ，声を押し殺しつつ暮らしている。

水俣にはいま私たちが直面している「地球全体の問題の核がある」とした石牟礼道子は，「この国の棄民政策の刻印を受けて潜在スクラップ化している」都市と地域，そこに／そこから離れて暮らす「出郷者」を語った（石牟礼 2004：359-360）。「（故郷という）出奔した切ない未来」にむけての声なき声を描き遺した石牟礼の言葉，言い換えれば，水俣からの惑星社会の問題への問いかけは，存在としては，「3.11 以降」を生きる私たちすべてにとってのわがこと（my cause）とならざるを得ない。にもかかわらず，認識のレベルではひとごと（not my cause）である。

　地域社会は根こそぎに破壊され，「被災地」では「保障」をめぐって恣意的な境界線が引かれ，分断され，除外される。「ここに居る」（最首悟）[25]しかない人たちが，「心情の出郷」と「居ながらにして出郷を遂げざるを得ないもの」となっている。ここには，上野英信が追いかけ掘り続けようとした「棄民／棄国」[26]の問題，さらには，「廃棄物」に囲まれ，「安全」は「守られ」ず，地方の廃棄，不採算部門の廃棄，価値の廃棄，自然・地域・価値・願望，何よりも人間そのものの廃棄（dump[ing]）の問題が含まれている。この開発の構造の連続性と個々人の内的プロセスとしての亀裂・断裂は，ダム建設，基地，炭鉱の閉山，水俣，原発，その他の拠点開発などでもくりかえされた関係性であった。

　「限界状況（Grenzsituation）」は，ナチスの時代を生きたドイツの哲学者カール・ヤスパース（Karl Theodor Jaspers）の言葉である。死，病，痛苦，紛争，罪責，偶然など，膨大な時間とエネルギーを費やして人類がつくりあげてきた「日常」を粉砕してしまうような「限界状況」から，私たちは逃れることは出来ない。

　石牟礼が出会っていたような，「極限状況を超えて光芒を放つ人間の美しさ」，それはいかなる条件のもとで起こるのか。「その密度の中に『彼らの唄』があり，私たちの詩(ポエム)もあ」るような，願望としての「切ない未来」であるところの「自分の街」，すなわち，「受難者／受難民（homines patientes）」が生きる「未発のコミュニティ」をどこに見出すのか。それぞれに「居心地の悪さ」や「所在なさ」を抱えつつも[27]，たまたまその場に居合わせているような場を，誰がど

のように願望し，そのための企図を重ねていくのか。これが本書を貫く根本要素（Grundelement）であり，根本動機（Grundmotiv）である。

注

1) 本書の準備段階では，中村寛による「湘南プロジェクト」に関する論稿とニューヨーク・ハーレムに関する論稿，友澤悠季による「21世紀の鉱毒誌」，鈴木鉄忠によるイストリア研究，阪口毅と大谷晃たちによる立川プロジェクトに関する成果報告を構想していた。研究会を重ね，リフレクシヴな調査研究の方法によって，刊行すべき内容を絞り込んだ結果，現在進行中の調査研究との「対話」となるべきリフレクションに対象を限定するに至った。
2) 1994年9月8～10日に故郷ボルツァーノ自治県の町ドッビアーコで開催された『エコロジカルな豊かさ』に関するシンポジウムでの報告より。この報告は，「悲しまないでください。正しいことを続けていってください」と家族や友人に書き残して自殺した1995年7月までに発表した文書をまとめた遺稿集である『軽やかな旅人』（Langer 2011）に収録されている。
3) Sinking with Style については，（新原2013）で論じている。
4) 関係性の危機と生態的関係のカタストロフについては，（新原2014b）で考察している。
5) メルッチの「変化に対する責任と応答を自らに由る形で引き受けるという意味での自由（a freedom that urges everyone to take responsibility for change）」については（新原2009）を参照されたい。
6) ベラーの公共哲学を現代に「取り戻す，生かし直す（reappropriate）」という企図については，（新原2013b）で論じている。
7) 矢澤修次郎の問題提起および，A. メルッチ，J. ガルトゥングの問題提起については，（新原2015a）においても考察を重ねている。
8) メルッチは，以下のように述べている。「可能性のフィールドが，ある一定の範囲をこえて拡張すると，境界（boundaries）の問題は，個人的および集合的な生活にとって最重要となる。その背後には，選択，不確実性，リスクといった問題があり，この問題は，複雑性の超高度化したテクノロジーのシナリオのなかで，人間の体験の限界―そして自由―を新たなものにしている。社会が自らを破壊できる力を備え，何ら保証もない選択に個人の生活が依存しているような時代において，どこに私たちの境界線を置くのか，これが人間生活の向き合うべき課題である。今日では，私たちの境界線をどこに置くかは，意識的なことがらとなり，私たちが持つ限界を受け容れる自由ともなった」（Melucci 1996＝2008：78-79）。
9) 古城利明が，青井和夫の小集団論を想起しつつ問題提起した「身心論と現象学的アプローチ」については，（新原2014c）で考察している。
10) （新原2015b）において，「未発の状態」についてのまとめを行っている。

11)「線」「点」という言葉の背景には，人間が，「円（circle）もしくは循環（cycle）」「矢（arrow）」「点（point）」という三つのメタファーによって，時間を定義しようとしてきたとするメルッチの「時間のメタファー」についての議論がある（Melucci 1996＝2008：11-34）。メルッチの「時間のメタファー」については，（新原 2008；2011）などを参照されたい。メルッチと新原の理解によれば，「モダニゼーション」とは，「円や循環」の時間感覚が，「矢」にとって代わられるプロセスであり，「モダニティ」とは，「矢」という枠組みが個々人の中に内面化している状態である（「矢印」で時間を「理解」する「性向」）。さらにこの直線的時間は，接続されていない「点」の間での移動，時間が「いま」という「点」でのみ意味をもつような瞬間の連続，すなわち「点」の時間にとって代わられつつある（いま私たちは，「矢印」的な因果関係よりも，「先行きが見えない／を見ない」刹那的感覚のなかで生きつつある）。これがいわば，「ポスト・モダンの状況」なのだが，さらに，「モダン／ポスト・モダン」という軸とは異なる文脈であるはずの「グローバリゼーション」についての議論が，まさに「切断された点」として，偏在し散発し，消長をくりかえしている。この「切断された点」は，むしろ恣意的な結びつきをすることによって，「気がついたらすでに一定の『方向性』を造り出して」いく。だとすれば，必要なことは，「円／矢／点」の恣意的な結びつきが，「これまで」の予測をこえる形での様々な「異変」を生み出しつつある現代社会において，〈意味や要求〉と〈権力と社会統制〉が実際に「ぶつかり合う」個々の場面を，具体的によく見ていくことである。

12) ここでは詳しく言及しないが，ファシズムの時代の格闘のなかでつかみなおされた概念である哲学者・真下信一の「ペリペティア」も背景として在る。1930年代から「8.15」にいたる道行きを生きた真下信一は，イプセン，G. ルカーチの系譜をふまえつつ，以下のように述べた。「八・六と八・一五は日本のファシスト的戦争劇における最大のペリペティアであった。……このような『結果としてあらわれ』たものが『客観的現実のなかにすでにとっくに存在』していたことを承認し，この確認にもとづいてあの『本質』をたぐりだし，その『本質』への自己のかかわり合いを明らかにしようとすること，このことが責任性の問題一般が生じうる必須の条件なのである」（真下 1979：165-167）。

13)「A. メルッチの「創造力と驚嘆する力」をめぐって―― 3.11以降の惑星社会の諸問題に応答するために（1）」『中央大学社会科学研究所年報』18号，2014年7月，pp.53-72。

14) 1998年頃から2001年6月にかけて，ほぼ三カ月ごとにミラノと日本で行った新原とメルッチとの対話による。対話の中身については（新原 2004）で紹介している。

15) 社会の現場（うごきの場）で方法を練り上げていくことの意味と方法については，（新原 2013a）で考察した。

16) 新原は，1987年よりメルレルたち FOIST の調査研究実践に共同研究者として関与し，調査研究方法を共同開発してきた（Merler-Vargiu 2008）。新原は，

サッサリ大学との共同調査研究をイタリア・ヨーロッパ・大西洋島嶼社会（アゾレス，カーボベルデなど）で行う一方，国内において，湘南団地，Eキャンプなどをフィールドとして調査実践を行ってきており，現在は，立川において新たなプロジェクトに着手している。これらに加えて，メルレルの共同研究者であるサッサリ大学のA. ヴァルジゥ（Andrea Vargiu）たちとの間で，地中海・ヨーロッパの諸大学の連携プロジェクトとしてすすめられている「臨場・臨床の智（living knowledge）」に関するワークショップ／サマースクールとの連携を図っている。

17) メルッチの死後，アンナ夫人，メルッチの臨床社会学的研究における共同研究者，筆者との間では，「療法的な聴きとり調査の成果としての「痛むひと（homines patientes）」とかかわるエスノグラフィー／モノグラフの蓄積（Quaderni di「homines patientes」），絵画・詩・舞踏などの創造活動の蓄積，メルッチがのこしたテープにより療法的でリフレクシヴな能力を身につけた「社会のオペレーター（operatori sociali）」の育成などを含めた「聴くことの場の工房（Centro studi - I luoghi dell' di ascolto）」を企図している。アンナ夫人とメルッチの臨床社会学の共同研究者だったフェラーラ大学のM. イングロッソ（Marco Ingrosso）たちが実施している療法的調査のワークショップとの連携を図りつつ，立川でのプロジェクト等で実践している。

18) 奥田道大との共訳で（Whyte 1993＝2000）を訳出した有里典三は，「参与観察法から参与的行為調査へ」（有里　2002），藤井達也は，「探求的野外調査から臨床社会学的実践」（藤井 2001），さらに「参加型アクションリサーチ」（藤井 2006）としている。「コミュニティを基盤とした参加型研究方法（Community-Based Participatory Research: CBPR）」は，「観察」と「参加・介入」の間のジレンマを架橋する方法として，保健衛生分野などを中心に注目されている（仲村秀子他 2012）。

19) この問題と「社会のオペレーター」については，（新原 2001）で考察している。

20) ともに壁をこえていく「境界領域の思想」については，（新原 1998）を参照されたい。

21) 新原は，こうした一連のうごきが準備されていく場に居合わせ，手伝いをしつつ，各種の相談を応じ，「ドブさらい」的な仕事を引き受けながら，場と時間をともにした。そしてまた，耕大な敷地を持つリツェッドゥ精神病院の頑丈で重い正門が開かれ，市民たちとともに，中に入っていく瞬間に居合わせた。

22) イタリアの社会学は，思弁哲学の影響とアメリカ社会学の影響による社会学理論と数量的な調査社会学の流れと，社会学が社会福祉を包含していることから生じる実学としての側面がみられる。トレント大学社会学部などの有力大学の社会学士に対しては，自治体，教育関係，企業の管理職クラス，たとえば病院に就職する場合に社会関係・社会組織の調整能力を生かして病院経営の責任者・幹部候補として採用される。サッサリ大学などの中堅大学の文哲学部などで社会福祉も含めて社会学を勉強した社会学士に対しては，とりわけ社会福祉分野における

NPO，協同組合，社会的企業などの担い手（コーディネーター，オペレーター），たとえば病院に付設された在宅ケアを委託された社会的協同組合の幹部などである。また，社会学士のコースでなく，社会福祉（servizi sociali）コースの勉強をした学生は，ケースワーカー，ソーシャルワーカーとして採用される。イタリアには大学教員によって構成されるイタリア社会学会（AIS）の他に，イタリア社会学士の会（SOIS）が存在しており活発な活動をおこなっている。イタリア社会学士の会（SOIS）のメンバーは，イタリアにおける青少年の非行の問題，とりわけ麻薬の問題に取り組むなかで，必要にかられて心理学や精神医学，行政学などの知識を身につけ，しかしそのことによってかえって，大学で学んできたデュルケムやウェーバーに関する原典研究が，自分の中でどうつながっているかを考えざるを得なかった。同じ悩みをかかえる社会学士が，理論と実践の境界領域にある緒問題をぶつけあう場所として，社会学士の会を設立，社会学士であることに誇りをもち社会学士として現実の問題に取り組んでいることを唯一の条件とするイタリア社会学士の会を発足させた。サルデーニャ・イタリアにおける社会学と社会学士の形成については，（新原 1997）において詳しく紹介している。

23）ヨーロッパの内なる多重・多層のマイノリティの実態とその意味については，（Merler 2003＝2004：273-284）を参照されたい。

24）「植民地化」と「労働力移送」の世界規模の運動は，同時に，絶えず混交・混成・重合してゆくクレオール化（créolisation）をもたらした。この社会文化的プロセスはいまや世界の各地にひろがっている。私たちがいま立ち会っているのは「逆転する植民現象」「荒野」として「発見」されたものたちの反逆であり，阻止しようとしてもできない不可逆的現象である。E. グリッサン（Édouard Glissant）たちの〈列島の思考〉と〈リゾーム型〉のアイデンティティは，ヨーロッパによって植民地化された土地との〈関係〉を再構築するための概念である（Glissant 1990＝2000；1997＝2000）（Chamoiseau & Confiant 1991＝1995）。

25）「3.11」から一年後，神奈川県秦野市の市民団体に招かれた最首悟は，「重度障害をかかえた娘を連れて急いでどこかに逃げ出すことは不可能です。どんな事態となってもここに居るしかありません。だから，地球上のすべての原発をゼロにすべきです。放射性廃棄物の入った瓦礫をあらゆる自治体・住民は全面拒否すべきだという極論を言いたいのです」と言った（Cf. 最首 1998）。

26）「まさに棄国とは，そのようにみずからを，この国のもっとも底部に生き埋めにした人間のみがとることができる行動であり，思想でこそあれ，単に棄民があれば棄国があるというような論理のあやではない」（上野 1995：41-42）と書いた上野英信は，なぜ特定のひとだけがこうした「決断」をしなければならなかったのかという問いを発している（これは，いま［3.11以降］に直面している問いでもある）。筑豊から南米へ，さらに「日系人」として日本の地方へという「ひとつの再帰的な旅」は，「棄民／棄国」と結びついており，これから続いていくであろう「受難民」の道行きのメタファーとなっている。

27）「…『ふさわしく』あること，しかるべきところに収まっている（たとえば本

拠地にあるというような）ことは重要ではなく，望ましくないとさえ思えるようになってきた。あるべきところから外れ，さ迷いつづけるのがよい。決して家など所有せず，どのような場所にあっても（特にわたしが骨を埋めようとしているニューヨークのような都市では）決して過度にくつろぐようなことがないほうがいいのだ」と言い，*Out of place* に立ち続けたサイードの言葉が想記される。「わたしはときおり自分は流れつづける一まとまりの潮流ではないかと感じることがある。堅固な固体としての自己という概念，多くの人々があれほど重要性をもたせているアイデンティティというものよりも，わたしはこちらのほうが好ましい」「それらは『離れて』いて，おそらくどこかずれているのだろうが，少なくともつねに動きつづけている」「時に合わせ，場所に合わせ，あらゆる類いの意外な組み合わせが変転していくというかたちを取りながら，必ずしも前進するわけではなく，ときには相互に反発しながら，ポリフォニックに，しかし中心となる主旋律は不在のままに。これは自由の一つのかたちである，とわたしは考えたい」（Said 1999＝2001：341）。

引用・参考文献

Alberoni, Francesco, 1968, *Statu Nascenti*, Bologna: Il Mulino.

──── , 1989, *Genesi*, Milano: Garzanti.

青井和夫，1980『小集団の社会学──深層理論への展開』東京大学出版会．

有里典三，2002「参与観察法から参与的行為調査へ」『創価大学通信教育部論集』5 号．

Bellah, Robert N. et al., 1985, *Habits of the Heart: Individualism and Commitment in American Life*, The University of California.（＝1991，島薗進・中村圭志訳『心の習慣──アメリカ個人主義のゆくえ』みすず書房）

Chamoiseau, Patrick & Confiant, Raphaël, 1991, *Letttres créoles: Tracées antillaises et continentales de la littérature, Haïti, Guadeloupe, Martinique, Guyanne 1635‐1975*, Paris: Hatier.（＝1995，西谷修訳『クレオールとは何か』平凡社）

藤井達也，2001「探求的野外調査から臨床社会学的実践へ──精神障害者福祉現場の経験」野口裕二・大村英昭編『臨床社会学の実践』有斐閣．

──── ，2006「参加型アクションリサーチ：ソーシャルワーク実践と知識創造のために」『大阪府立大学社會問題研究』55 巻 2 号．

古城利明，2014「再び"境界領域"のフィールドワークから"惑星社会の諸問題"へ」新原道信編著『"境界領域"のフィールドワーク──惑星社会の諸問題に応答するために』中央大学出版部．

Galtung, Johan, 1984, "Sinking with Style", Satish Kumar (edited with an Introduction), *The Schumacher lectures. Vol.2*, London: Blond & Briggs.（＝1985，耕人舎グループ訳『シュマッハーの学校──永続する文明の条件』ダイヤモンド社）

──── ，2003, *Globalization and intellectual style: seven essays on social science*

methodology.（= 2004，矢澤修次郎・大重光太郎訳『グローバル化と知的様式——社会科学方法論についての七つのエッセー』東信堂）
Glissant, Édouard, 1990, *Poétique de la relation,* Gallimard: Paris.（= 2000，管啓次郎訳『〈関係〉の詩学』インスクリプト）
——, 1997, *Traité du tout-monde,* Gallimard: Paris.（= 2000，恒川邦夫訳『全世界論』みすず書房 , 2000 年）
石牟礼道子，2004『新装版 苦海浄土——わが水俣病』講談社．
樺山紘一他編，2001『20 世紀の定義 4 越境と難民の世紀』岩波書店．
鹿野政直，1988『「鳥島」は入っているか——歴史意識の現在と歴史学』岩波書店．
Langer, Alexander, 2011, a cura di Edi Rabini e Adriano Sofri, *Il viaggiatore leggero: Scritti 1961‒1995,* Palermo: Sellerio.
真下信一，1979「思想者とファシズム」『真下信一著作集 第 2 巻』青木書店．
Melucci, Alberto, 1982, *L'invenzione del presente. Movimenti, identità, bisogni individuali,* Bologna: Il Mulino.
——, 1989, *Nomads of the Present: Social Movements and Individual Needs in Contemporary Society,* Philadelphia: Temple University Press.（= 1997，山之内靖・貴堂嘉之・宮崎かすみ訳『現在に生きる遊牧民——新しい公共空間の創出に向けて』岩波書店）
——, 1994, *Creatività: miti, discorsi, processi,* Milano: Feltrinelli.
——, 1996a, *The Playing Self: Person and Meaning in the Planetary Society,* New York: Cambridge University Press.（= 2008，新原道信・長谷川啓介・鈴木鉄忠訳『プレイング・セルフ——惑星社会における人間と意味』ハーベスト社）
——, 1996b, *Challenging Codes. Collective Action in the Information Age,* New York: Cambridge University Press.
——, 1996c, *Verso una sociologia riflessiva: Ricerca qualitativa e cultura,* Bologna: Il Mulino.
——, 2000a, "Homines patientes. Sociological Explorations（Homines patientes. Esplorazione sociologica）", presso l'Università Hitotsubashi di Tokyo.（= 2010，新原道信「A. メルッチの"境界領域の社会学"—— 2000 年 5 月日本での講演と 2008 年 10 月ミラノでの追悼シンポジウムより」『中央大学文学部紀要』社会学・社会情報学 20 号（通巻 233 号）において訳出）
——, 2000b, "Verso una ricerca riflessiva", registrato nel 15 maggio 2000 a Yokohama.（= 2014，新原道信訳「リフレクシヴな調査研究にむけて」新原道信編『"境界領域"のフィールドワーク——惑星社会の諸問題に応答するために』中央大学出版部）
——, 2000c, "Sociology of Listening, Listening to Sociology".（= 2001，新原道信訳「聴くことの社会学」地域社会学会編『市民と地域——自己決定・協働，その主体 地域社会学会年報 13』ハーベスト社）
Merler, Alberto, 2003, *Realtà composite e isole socio-culturali: Il ruolo delle mi-*

noranze linguistiche.（＝2004，新原道信訳「"マイノリティ"のヨーロッパ――"社会文化的な島々"は，"混交．混成し，重合"する」永岑三千輝・廣田功編『ヨーロッパ統合の社会史』日本経済評論社）

――, 2004, *Mobilidade humana e formação do novo povo / L'azione comunitaria dell'io composito nelle realtà europee: Possibili conclusioni eterodosse*.（＝2006, 新原道信訳「世界の移動と定住の諸過程――移動の複合性・重合性から見たヨーロッパの社会的空間の再構成」新原道信他編『地域社会学講座 第2巻 グローバリゼーション／ポスト・モダンと地域社会』東信堂）

Merler, Alberto and A. Vargiu, 2008, "On the diversity of actors involved in community-based participatory action research", in *Community-University Partnerships: Connecting for Change*: proceedings of the 3rd International Community-University Exposition（CUexpo 2008）, May 4–7, 2008, Victoria, Canada, University of Victoria.

Merler Alberto e M. Niihara, 2011a, "Terre e mari di confine. Una guida per viaggiare e comparare la Sardegna e il Giappone con altre isole", in *Quaderni Bolotanesi*, n.37．（＝2014, 新原道信訳「海と陸の"境界領域"――日本とサルデーニャを始めとした島々のつらなりから世界を見る」新原道信編『"境界領域"のフィールドワーク――惑星社会の諸問題に応答するために』中央大学出版部）

仲村秀子・永井紀子・片桐 成美・酒井昌子・鈴木知代，2012「コミュニティを基盤とした参加型研究方法（Community-Based Participatory Research: CBPR）を用いたコミュニティ・ニード調査」『聖隷クリストファー大学保健福祉実践開発研究センター年報』第3号．

新原道信，1997『ホモ・モーベンス――旅する社会学』窓社．

――，1998「境界領域の思想――『辺境』のイタリア知識人論ノート」『現代思想』vol.26-3．

――，2001「"内なる異文化"への臨床社会学――臨床の"智"を身につけた社会のオペレーターのために」野口裕二・大沼英昭編『臨床社会学の実践』有斐閣．

――，2004「生という不治の病を生きるひと・聴くことの社会学・未発の社会運動―― A. メルッチの未発の社会理論」東北社会学研究会『社会学研究』第76号．

――，2008「『グローバリゼーション／ポスト・モダン』と『プレイング・セルフ』を読む――A. メルッチが遺したものを再考するために」『中央大学文学部紀要』社会学・社会情報学18号（通巻223号）．

――，2009「変化に対する責任と応答を自ら引き受ける自由をめぐって――古城利明と A. メルッチの問題提起に即して」『法学新報』第115巻第9・10号．

――，2010「A. メルッチの"境界領域の社会学"――2000年5月日本での講演と2008年10月ミラノでの追悼シンポジウムより」『中央大学文学部紀要』社会学・社会情報学20号（通巻233号）．

――，2011「A. メルッチの『時間のメタファー』と深層のヨーロッパ――『フィールドワーク／デイリーワーク』による"社会学的探求"のために」『中央大学文学

部紀要』社会学・社会情報学 21 号（通巻 238 号）．
―――，2012「現在を生きる『名代』の声を聴く――"移動民の子供たち"がつくる"臨場／臨床の智"」『中央大学文学部紀要』社会学・社会情報学 22 号（通巻 243 号）．
―――，2013a「"惑星社会の諸問題"に応答するための"探究／探求型社会調査"――『3.11 以降』の持続可能な社会の構築に向けて」『中央大学文学部紀要』社会学・社会情報学 23 号（通巻 248 号）．
―――，2013b「"境界領域"のフィールドワーク（3）――生存の場としての地域社会にむけて」『中央大学社会科学研究所年報』17 号．
―――，2014a『"境界領域"のフィールドワーク――惑星社会の諸問題に応答するために』中央大学出版部．
―――，2014b「A. メルッチの『限界を受け容れる自由』とともに――3.11 以降の惑星社会の諸問題への社会学的探求（1）」『中央大学文学部紀要』社会学・社会情報学 24 号（通巻 253 号）．
―――，2014c「A. メルッチの『創造力と驚嘆する力』をめぐって――3.11 以降の惑星社会の諸問題に応答するために（1）」『中央大学社会科学研究所年報』18 号．
―――，2014d「『3.11 以降』の惑星社会の諸問題を引き受け／応答する"限界状況の想像／創造力"――矢澤修次郎，A. メルッチ，J. ガルトゥング，古城利明の問題提起に即して」『成城社会イノベーション研究』第 9 巻，2014 年 12 月．
―――，2015a「『3.11 以降』の惑星社会の諸問題を引き受け／応答する"限界状況の想像／創造力"――矢澤修次郎，A. メルッチ，J. ガルトゥング，古城利明の問題提起に即して」『成城社会イノベーション研究』第 10 巻第 1 号．
―――，2015b「"未発の状態／未発の社会運動"をとらえるために――3.11 以降の惑星社会の諸問題への社会学的探求（2）」『中央大学文学部紀要』社会学・社会情報学 25 号（通巻 258 号）．
―――，2015c「"受難の深みからの対話"に向かって――3.11 以降の惑星社会の諸問題に応答するために（2）」『中央大学社会科学研究所年報』19 号．
Said, Edward W., 1975, *Beginnings : intention and method*, New York: Basic Books.（＝1992，山形和美・小林昌夫訳『始まりの現象――意図と方法』法政大学出版局）
―――, 1999, *Out of Place. A Memoir*, Alfred A.Knopf, New York.（＝2001，中野真紀子訳『遠い場所の記憶 自伝』みすず書房）
最首悟『星子が居る――言葉なく語りかける重複障害の娘との 20 年』世織書房，1998 年．
清水透，1990「〈内なる荒野〉と都市の〈インディオ化〉中央アメリカにおける近代と在地の民衆」『歴史学研究』通巻 613 号．
上野英信，1995『出ニッポン記』社会思想社．
Touraine, A., 1978, *La voix et le regard*, Paris: Seuil.（＝2011，梶田孝道訳『新装 声とまなざし――社会運動と社会学』新泉社）

――――, 1980, *La prophétie anti-nucleaire*, Paris: Seuil.（＝1984, 伊藤るり訳『反原子力運動の社会学――未来を予言する人々』新泉社）

Whyte, W. F., 1982, "Social Inventions for Solving Human Problems: American Sociological Association, 1981. Presidential Address", *American Sociological Review*, 47-1, 1-13.（＝1983, 今防人訳「人間の諸問題を解決するための社会的発明――アメリカ社会学会, 1981年会長就任演説」,「社会と社会学」編集委員会編『世界社会学をめざして 叢書 社会と社会学Ⅰ』新評論）

――――, 1993, *Street Corner Society: The Social Structure of An Italian Slum, Fourth Edition*, The University of Chicago Press.（＝2000, 奥田道大・有里典三訳『ストリート・コーナー・ソサエティ』有斐閣）

実践篇（モノグラフ）
うごきの場に居合わせる

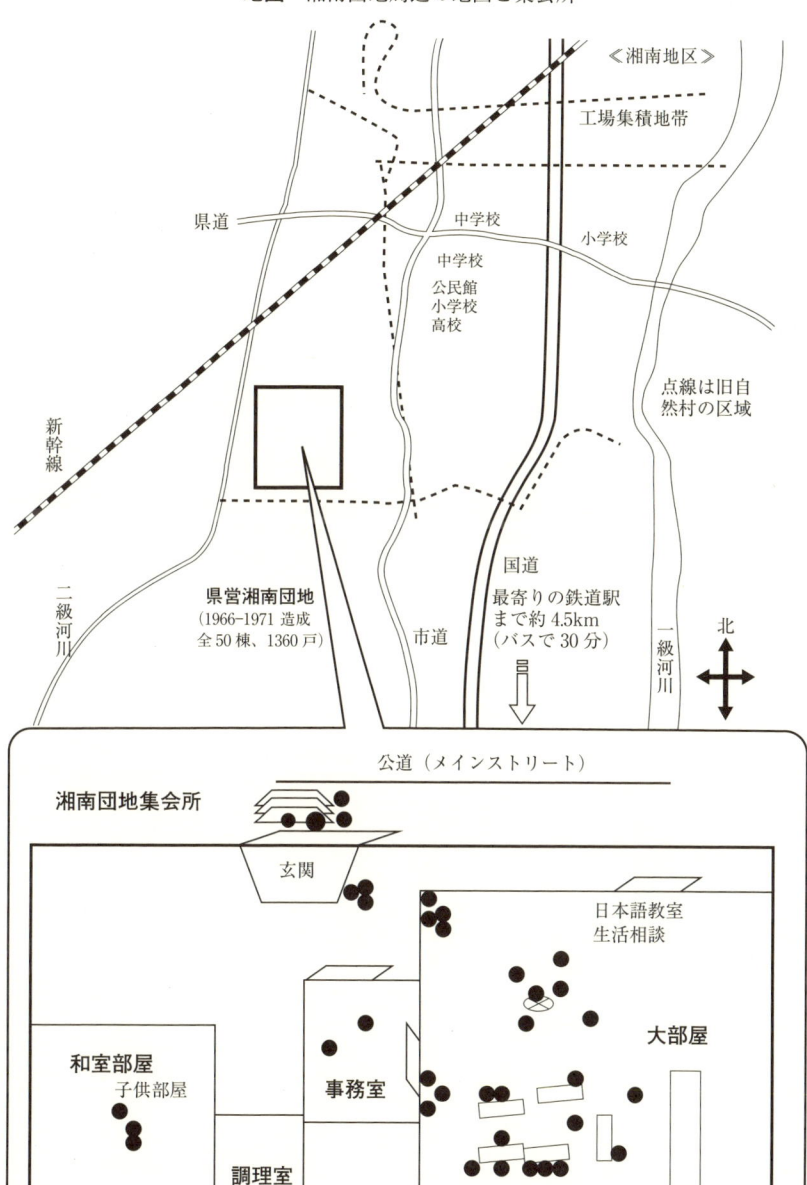

地図　湘南団地周辺の地図と集会所

≪湘南地区≫

工場集積地帯

県道
中学校
中学校　小学校
公民館
小学校
高校

点線は旧自然村の区域

新幹線

県営湘南団地
(1966-1971 造成
全50棟、1360戸)

市道

国道
最寄りの鉄道駅
まで約4.5km
(バスで30分)

二級河川
一級河川

北

公道（メインストリート）

湘南団地集会所

玄関

日本語教室
生活相談

和室部屋
子供部屋

事務室

大部屋

調理室

プロローグ
この「街」の世間師と移動民の子どもたち[1]

新原道信

　あなたは，ある日，その路線バスの停留所に降りたつ。交差点を緊張しつつ直角に曲がって真っ直ぐに進むと，やがて団地のマーケットから発してくる東南アジアの惣菜の香りが右手の方から強烈に眼と鼻孔を撃つのを経験するだろう。この「街」の匂い。建物のあり方が示すそこに流れた或る時間の長さ。「とっぱさ」が「かっこよさ」と共存している空間で，必ずしも「行儀」がよくないかもしれない人々が見せるたたずまい。そして，そのたたずまいに深く刻まれた歴史の痕跡。「この街は私のものだ！！」。湘南駅からの小旅行の末にプロジェクトの根拠地である集会所にたどりつく道のりのなかで，あなたは思わずそう叫びたくなるかもしれない。

　小さな部屋で様々な事柄が決められていくそのあり方は，この「街」が作られて以来「集会所」と呼ばれるその部屋で，おそらくは多くのささやかな夢が報われることなどあらかじめ度外視されつつ語られたこと，または深い絶望がここに集う人々によってさりげなく分有され，あるいはされえなかったであろうことを想像させる。この「街」の風景がこの地にたたずむ者に無言のうちに示すのは，それらすべてのモノや事柄の背後にある人々の「かかわり」の痕跡だ。その痕跡のひとつひとつが，あなたをして言わせはしないだろうか，「この街は私のものだ！！」と。

　私が子どもの頃に住んでいた「街」は，東京郊外の米軍基地に隣接した公営団地だった。そこには，何人かの朝鮮人住民がいたのだが，彼らがそ

こにいられたのは，いくつかの朝鮮人部落から強制退去させられることの見返りに住むことを「許された」からだった（1960年代当時「外国人」は公営団地に住む権利を有していなかった）。高度経済成長とは，朝鮮人部落のような，都市のなかの異形を，アスファルトと無菌室の箱と電飾で塗りつぶす「プロジェクト」だったといえるのだとしたら，私の「故郷」はそのような「プロジェクト」（具体的には東京オリンピックというプロジェクト）によって消されてしまったのだ。

その「街」にはほかの棟よりひときわ小さい二つの類型の棟があった。ひとつは5階建てのアパートでひとつひとつの間取りが一回りずつ小さくできていた。私が小学生の頃にそこに住んでいたボブという知人をはじめ，その棟の住民はみないわゆる「母子家庭」なのであった。「母子家庭」という徴(しるし)をつけられた人々が間取りのひときわ狭い空間にきれいに配置させられていたことに，義侠心の強い私の母親は，自分のことのように憤慨していた。自分の子どもたちに「しょうゆご飯」を食べさせながら……。生活保護を受けざるを得ない老夫婦のいずれか一方が死去した場合に，支給される金額がきっちり半額になるのと同じような算術が，「最大多数の最大幸福」の名のもとにそこでもおこなわれていたのだろうと思う。

もう一つの類型は，平屋のアパートで，総体的には貧乏人の居住区であるその「街」のなかでも，おそらく最も低い所得層の人々の住居としてあてがわれたものだったのではないかと思う。いまでも，場末の温泉街の片隅などに，そうしたたたずまいが生息しているのをかろうじて眼にすることができる。トナミくんはそんなアパートの住人だった。トナミくんはうまく話せない。つねに吃音がでてしまう。多分20歳くらいにはなるはずなのに，10歳も年下の私たちと野球の勝負をしていた。手加減することを知らない彼はいつも真剣に勝負するためクレームがつくこともあったけれども，大概は「仲間」として私らと野球をした。

たまに基地の塀を乗り越えて米軍基地から「自由の国」の国籍を持つ子どもたちがこちらの「街」に乗り込んでくることがあった。あちらがこち

らに来るのは「自由」だけれど，こちらがあちらに行くのは「不自由」だ。そんなアンバランスな世界のなかで少年たちはいつしか石つぶてを投げ合っていた。気がつくと，ボブの額から鮮血が流れていて，トナミくんが大声で何か叫んでいる。トナミくんにも「自由の国」の子らの投げる石は当たっていた。「不自由の国」に生きるボブの額から流れた血が私の指先を伝って地面に落ちた。彼の頭髪が縮れていること，肌が褐色であることの意味をその当時の私はまだ知らなかったが，私はあのときの血の匂いをいまでも忘れない。それは「不自由」な「自由」の匂いだった。

いうまでもなく，日本の多くの地からこのような「風景」はすでに失われてしまった。私の「街」もいまは無菌の箱たる高層アパート群をつくる「プロジェクト」によって全面的に姿を変えさせられてしまった。そのようにして私たちは失われたあまたの「風景」の「死」を踏み台にして「いま」を生きている。そんな「いま」を生きる私たちにとって，「湘南プロジェクト」に「かかわる」ということ。それは恐らく，そうした失われた「風景」との対話を取り戻すことなのではなかろうか。少なくとも私にはそう思えてならない。

「この街は私の街だ！！」。私の魂がそう叫んで以来，私は再び足を運ぶ機会を持てずにいる。そんな私は，そしてもしかしたらあなたは，これから「湘南団地」で，幾人の「ボブ」や「トナミくん」と出会うことができるだろうか。さまざまな「旅」の末にこの異形の「街」にたどりついた彼らといま……。

金迅野「湘南プロジェクトにかかわって」（湘南プロジェクト 2000：42-44）より

(1) 立川と湘南の公営団地

この文章は，湘南プロジェクトの主要メンバーであった金迅野（現在は在日大韓基督教会横須賀教会牧師／川崎市ふれあい館スタッフ）による「粗描」である。金迅野は，「東京オリンピックというプロジェクト」によって，東京都心に存在していた「朝鮮人部落から強制退去させられることの見返り」として「住む

ことを『許された』」立川団地[2]で，少年時代を過ごした。その彼が，はじめて湘南団地を訪れたとき，1960年代の立川団地の「風景」が蘇ったという話が，この文章のもとになっている。プロジェクトの初期段階が終わりかけた頃に作成された冊子のなかで，この「風景描写」は，とりわけ湘南団地で暮らす人たちのこころを揺りうごかした。

　この二つの公営団地との「出会い」とその後の「付き合い」は，計画なものではない。にもかかわらず，1964年の東京オリンピックによる都心の「整備」，安保体制下の高度経済成長，ベトナム戦争のもとでの公営団地の建設という大きな社会のうねりが，生身の一個人の移動の経路（ルート）に刻み込まれている。かつて立川団地が「都市のなかの異形」の「受け入れ先」となったように，湘南団地もまた，「インドシナ定住難民の受け入れ先」となった。

(2) 本論部分の基礎資料，偏りと限界について

　本論部分（【実践篇】）の基礎資料となっているのは，「湘南プロジェクト」と「聴け！プロジェクト」にかかわったメンバーによって書かれたフィールドノーツ，会議や打合せの記録，メールのやりとり，それぞれの時期に作成した申請書や報告書，フィールドの人たちから寄せられた文章などのデジタルデータと印刷物，写真，映像，手稿などである。

　メルッチやメルレルの背中から学んだ方法を自らのフィールドで練り上げていこうと考え，在外研究からの帰国後の1995年より，横浜市，神奈川県，海外・国際交流協会，社会福祉協議会などの「在住外国人支援事業」とかかわりをもった。そして，社会調査をする以前に，それを可能とする関係性をつくるための場所をつくることにかかわり始め，（デイリーワークとしての）「参加型調査」としての「湘南プロジェクト」が始まった。中里，中村，鈴木の三名は，最初は学生ボランティア，後に新原の共同研究者として，一連の「参加型調査」にかかわってくれた。

　フィールドでの記述においては，できる限りその瞬間において生じたひっかかりやとまどい，違和感を残す形をとっている。つまり客観性をこころがける

というよりも，その場にあった個人のもっている偏り，偏狭性，相対的辺境性を残した記述を重視した。偏りはあるもののその記述の中には確実に書き手（観察者であり参加者）の立ち位置（Stand Point）が刻印されるからである。あるひとつの場所で生起したことがらについての複数の証言の提示という性格を持っている。それゆえ個々の記録のなかには，読み手にとって不当な，不適切な，誤解を含んだ記述が多々みられるはずである。記録は，その内容について様々な角度からの吟味を前提としている。

　本論の執筆者がカバーしている範囲には，偏りと限界が在る。

　「湘南プロジェクト」に関しては，新原の場合，初期の段階でかかわった自治会役員や外部からの年長のメンバーの動向についての理解が中心となっている。中里は，初期の段階から，2000年代後半まで，もっとも長い期間中心的にかかわり，移動民の子どもたち，とりわけ女性たちのフィールドに深く入り込んでいる。中村は，ニューヨーク・ハーレムに旅立つまでの一年半ほど，中里とともに，「プロ日本語教師」が去り，この場が岐路に立った困難な時期を支えた。鈴木は，自然発生的に始まった「教師なき教室」を中心に，移動民の子どもたちの世界とボランティアにやって来た大学生たちの世界の双方についての深い理解を持っている。しかし教室でのかかわりが中心であり，その他の生活の場（例えば，家庭や学校など）での子どもたちの状況，彼らの親世代を取り巻く環境や関係，団地自治会の人々，女性のネットワークについては，理解が及んでいない。

　「聴け！プロジェクト」においては，金迅野と新原が，結果的に構築してしまった男性たちとの関係性と機縁を中心に記述している限界が在る。その場に居合わせていた女性たちの内面や関係性については，ほとんど理解できていない。

(3) 本論の眼目

　本論においては，こうした偏りと限界を認識したうえで，下記の点を眼目としている。

①メルッチが遺してくれた「リフレクシヴな調査研究」についての断章に基づ

き，二つの「プロジェクト」における集団内の「乱反射」や「齟齬」や「軋み」，「亀裂や断絶」「否定性」を，「創造的活動」の研究におけるジレンマという観点からふりかえってみる。

②「舞台（scena）」として設定され，「介入」を試みた「在住外国人の声を聴く」の「舞台裏（retroscena）」で起こっていた社会文化的プロセスについての知見をすくい取り，考察する。その際には，「介入」の方法自体が，「舞台」の上での「問題解決」以上に，「舞台裏」における「創造的活動」の萌芽を重視し，何らかの「創造」を触発するための起点として，「舞台」の設計と運営をしていたことを念頭におく。

③とりわけ，重視した場面は，「喪失からの創造」である。膨大な時間とエネルギーをかけて作られてきた「教室」や「キャンプ」が形骸化し，「喪失」に直面したときに起こった，個々人の内なる変動と，この毛細管現象とつらなるかたちで起こった場のうごきを，現時点で再構成することを試みる。

注

1) 「プロローグ」のタイトルは，阪神・淡路大震災 15 年特集ドラマとして 2010 年 1 月 17 日に放送された『その街のこども』（NHK 総合テレビ，NHK 大阪放送局制作）から着想を得ている。

2) この文章は，金迅野が父親を失った直後に執筆したものである。金迅野の父親は，東京・深川で生まれ，1946 年に「済州島に帰還」するも，「4.3 事件」に遭遇し，親族で唯一の生き残りだった姉と二人で日本へと密航して辿り着いた。済州島では，「社会主義者を出した村」そのものの存在が「抹消」され，いまではただの野原や穴となってしまった場所に漂う想いを，なんとか次の世代に残そうと格闘し，描き遺し，2000 年 6 月に倒れた。2001 年 8 月 10 日に，遺品整理のため母親が一人暮らす「実家（立川団地）」に向かう金迅野に同行したのが，立川団地への最初の訪問となった。「3.11 以降」，立川でのプロジェクトの「寄港地」となる場所と，実は出会っていたことを後から理解した。これもまた，探求型社会調査の後からやって来る理解の特徴の一つである。

注記：本書を通じて湘南市という仮称を用いるため，調査対象の地名や人物が特定されうるような文献資料は，本章の引用・参考文献に掲載していない。しかしながら，各節の内容や統計数値は，市の発行する広報，郷土史資料，在住外国人政策に関する各種委員会がとりまとめた報告書，「湘南プロジェクト」が作成した冊子に基づいて作成している。

第 1 章
湘南市の概況と「研究委員会」のうごき

鈴木鉄忠・新原道信

1. 東京圏の郊外地域の発展——工業化と都市化——

「湘南プロジェクト」の「フィールド」となる湘南市は、東京中心部から50km 圏に位置する人口約 26 万人(2015 年現在)の郊外都市である。近世に東海道の宿場町として栄えたこの町は、明治以降から現在に至るまで、東京圏の形成過程に強く影響をうけながら発展してきた。明治期半ばの 1880 年代後半に、東京と湘南市をつなぐ鉄道が敷設され、駅を中心に市街地が形成された。20 世紀初頭、軍需工場が立地したことが近代工業の始まりであり、その後は工業都市として発展した。戦前・戦中期には、「帝都」東京の郊外に分散していった多数の軍需工場が集積した。戦争末期には、軍需工業を中心とした町を大空襲が襲い、市街地の大部分が焦土と化した。戦後は、戦災からの復興が最重要課題となり、商業・住居・工業地域の土地利用計画が立てられ、道路網の計画的な整備が行われた。

高度経済成長期には、東京圏を中心とした都市化という止めどない「遠心力」を、いわば「求心力」に変えながら、市の労働人口の増加と工業化の実現が目指された。1950 年代半ばの市町村合併により、周辺の農村集落を組み入れることで市域を拡大させ、現在の市域面積約 86 万 km^2 となった。新市建設計画では、労働人口の増加、工業誘致の促進、市街地中心部の商店街の発展が重要

視された。民間企業に払い下げとなった旧軍需工場の跡地には，自動車関連工場が集積した。河川岸部の豊富な工業用地には，積極的な企業誘致を通じて，重化学工業を中心とした工場が数多く立地した。また，1960年代末には，東名高速道路が完成し，湘南市は東海道メガロポリスの交通動脈の一環に位置したため，輸送の利便性があることも，工業集積に有利に働いた。

こうして，1950年代半ばから1960年代半ばまでに，市の人口構成と産業構造は大きく変化した。人口は1950年代半ばの約6万7千人から10年後には約13万5千人へ倍増した。人口構成は，労働力の大量流入を反映して，生産年齢人口が全体の大部分を占め，男性が労働人口の7割を占める都市型に移行した。増加した人口は，市街地中心から周辺地区へ広がりをみせはじめた。産業構造については，とくに第2次産業の伸長が著しく，1955年に約28％だった比率は，1966年には約44％にまで増加した。また，第1次産業の比率はその10年間で約24％から約10％に大きく低下，第3次産業はやや減少して約45％だった。よって，湘南市は，戦後復興から高度経済成長への移行期に，商工業を中心とした都市へと急速に変貌した。

こうした急激な人口構成の変化と産業構造の変容は，地域社会に様々な問題を引き起こした。そのなかでも，地価の高騰と無秩序な住宅の増加を背景にした住宅問題は，市政の焦眉の問題となっていった。それゆえ，不足する住宅地をどのように計画的かつ効率的に供給できるかが主要な課題となった。1960年代半ばには開発公社が発足し，「計画的な住居地域の開発と住宅難の緩和」を目的として，大規模な集合住宅の供給に本格的に乗り出した。1960年代半ばから1970年代半ばにかけて，市営および県営の集合住宅が市街地周辺地区に造成された。こうした公営住宅は，高度経済成長期における大規模な国内の人口移動によって，東京圏郊外の工業集積地に就労機会を求めて全国各地から辿りついた多くの労働者の住居を用意することになった。

2．都市近郊農村から近郊市街地へ
——公営団地の造成と団地住民の自治——

　県営湘南団地は，こうした人口流入の「受け皿」として造成された。1960年代後半から1970年代初めにかけて，かつて農地だった97㎡の面積に，全50棟・1370戸の4階建て中層団地が林立した。県営団地としては，市内最大規模を誇る「マンモス団地」であった。また，周辺部では民間による宅地造成が行われたこともあり，団地の周りには日常用品を扱う程度の商店街が形成された。1970年には，団地の敷地を含む地区の約半分の面積が市街化区域に設定されたが，その中には少なくない農地が散在していた。その他の区域は農用地が大部分を占める市街化調整区域にされた。そのため，新しく造成された団地周辺に形成された都市的な生活圏域と，以前からある戸建て住居と農地が混在するような景観がつくられた。また，市内の工場が集積する河川地帯は，団地が造成された立地からそれほど遠くない場所に位置していた。そのため，就労の場としての工業地帯が近接するという利便性と，生活の場として求められる，ある程度の静けさと都市的環境が存在していた。

　湘南団地は第2種専用の公営住宅に区分された。そのため，低所得の社会層を想定した入居資格が求められた。初期入居者の出身地は，北海道から沖縄まで，全国各地に及んだ。入居者の大半は，核家族の子育て世帯であり，4人前後の世帯人数が約80％弱を占めた。団地住民の多くは，周辺ないし市街地に位置する工場地帯の労働に従事し，製造業を中心とした第2次産業への従事者が約49％を占めた。それに続いて第3次産業への従事者も多く，小売業やサービス業への就労割合は約47％だった。こうして県営湘南団地は，この地域が都市近郊農村から近郊市街地へと急速に変容する一つの象徴的な存在になっていた。

　他方で，県営湘南団地は，いくつもの意味で「周辺性」という特徴を帯びてもいた。団地が建てられた場所は，市内では1950年代半ばに合併された周辺地区で，市街地中心部へは約6km（バスで所要時間約30分）と物理的に遠く離

れていた。団地造成初期には，駅に向かう最寄りのバス停留所は地区に設置されておらず，隣接地区まで徒歩で行かなければならなかった（初期には，自動車を所有していないことが入居条件の一つだったため，距離のある移動は，もっぱら公共交通機関に頼らざるを得なかった）。

団地が造成されたのは，二つの河川の流水によって形成された沖積低地が広がる農村地帯の一画であり，旧村落のなかでもしばしば河川の氾濫が起きる一帯だった。神社や本家分家の家屋が立ち並ぶ旧村の「上（かみ）」の地区に対して，造成地は，田畑が中心で住居の少ない「下（しも）」とされる場所であった。団地建設当時には，大雨が降れば水たまりがいくつもでき，職場やバス停に向かう団地住民を困らせた。

団地を含む一帯には，自然村を中心とした村落共同体の構造が，なお残っていた。地付きの「旧住民」からみて，団地入居者は「よそ者」「流れ者」に映った。両者の間には，農業従事者と賃労働者，老年層と若年層の比率，昔からの持ち家と公営団地の借家，本家分家が隣接する複数世代の集まる世帯と団地一戸の核家族など，少なくない相違があった。

しかしながら，地付きの旧住民と団地の新住民の間には，様々な隔たりを越える働きかけや，交流も存在した。何より，団地建設が実現にいたったのは，都市近郊農村が過疎化していくなかで地域活性化を進めていくために，団地の積極的な誘致を行い，行政や周辺住民を熱心に説得した，ある地元の住民の尽力があったからだと，初期の団地入居者は回顧している。団地では入居開始直後に，自治会が結成された。地区には，伝統的に村運営を担ってきた自治会が四つあったが，新たな自治会として団地自治会が加わった。戸数は団地が1370世帯，その他が約900世帯で，旧住民をはるかにしのぐ住民規模だった。こうして団地は，古くからある「村」の運営と新しい団地の「まちづくり」を担うことで，地域社会にとって必要不可欠な一部となっていった。

1970年代初めに入居が開始されて以降，団地自治会がまず取り組むことになったのは，住まいや交通の不備の解消と生活環境の改善だった。路線バスに頼るしかない交通事情のもと，バス会社と交渉を重ね，バスの本数や路線経路

上の不便さを解消していった。

　核家族世帯が暮らすにも十分の広さとはいえない 30 ㎡に間取りされた住居での共同生活のなかで，全国各地の集合住宅で起こったのと同様に，騒音問題が起こった。この問題が深刻な衝突や事件をもたらしたことをきっかけとして，団地各棟で座談会が開かれ，対話の努力が重ねられた。そして，騒音問題がありながらも共同生活を続けていくための関係がつくられていった。団地入居者の女性たちが中心となった消費者運動も盛んになり，東京や隣接の市から安全な牛乳や野菜や生活物資などを共同購入する活動が行われた。団地敷地内の植樹や各棟の花壇づくりも盛んになり，緑のある団地の景観がつくられていった。その一方で，団地自治会内部では，運営の主導権をめぐって政党や宗教の事情がからんだ衝突にまで発展することもあった。そのため自治会主催のスポーツ大会などを通じて，離れつつあった住民と自治会の溝を埋め，関係を再構築する努力が続けられた。

　そうしたいくつもの試行錯誤のなかで，団地祭が始められた。全国各地から集まった団地住民，とりわけここで生まれ育ち，これから旅だっていくだろう子どもたちにとって，「団地が故郷となるように」という思いを込めて，また家にとどまったままでいることが多い「身障者」（団地の一角には，「身障者」が優先的に入居するための低層住宅棟が存在する）が「外に出る」ための機会として，毎年，団地祭が行われている。その「ハレの日」には，子どもたちが叩く太鼓の音，山車や神輿が祭りを活気づけた（なお 2015 年現在，諸々の事情により，団地祭は中断されている）。

　こうして，団地建設初期にあった様々な生活問題は，自治会や住民の応答力によって解決の方途が見い出されていった。1969 年には団地敷地内に保育園が開設，1970 年には団地に隣接した場所に小学校が開校，1980 年には高等学校，1985 年には中学校が創設された。小中学校の学区は団地の圏域とほぼ重なるため，団地の子どもたちのほぼすべてがこの小中学校で学んだ。そのため，後に述べるように，団地に外国籍住民が増加して以降，外国籍の児童への支援や問題解決に際して，近隣の小中高の教員がかかわる関係がつくられるこ

とになった。

3．東京圏の形成——二つの特徴——

　ここでは，団地が造成され地域社会に根付いていった時期を，東京圏の形成過程と湘南市の変化のなかに位置づけておきたい。都市社会学者の倉沢進と浅川達人をはじめとした研究グループは，その労作『新編　東京圏の社会地図』のなかで，1975年から1990年の東京圏の空間構造とその変動を，社会地図分析から詳細に解き明かしている（倉沢・浅川編2004）。本章との関連では，「東京圏の同心円構造の明確化」と「人口再生産地域の分化」という二つの知見が重要である。

　第1に，「東京圏の同心円構造」とは，階層別の居住分化という意味ではなく，機能的な土地利用のパターンのことを指す。具体的には，同心円の中核となる東京23区を複合市街地域（都市的要素が複合的に含まれた地区）が占め，郊外地域に相当する人口再生産地域（出産・子育てを行う核家族が多く，複合市街地域を取り囲むように広がる住居地域）がこれを取り囲み，両地域を合わせて東京圏の市街化地域を構成する。「明確化」とは，1975年の時点で不完全な同心円構造をしていたものが，1990年には南関東北東部地域を市街地化することで，同心円構造が形成されたことを示す。

　こうした東京圏の同心円構造の形成過程のなかで，湘南市はどのように位置づけられるか。1975年の社会地図では，湘南市全域はすでに人口再生産地域になっている（倉沢・浅川編2004：12　図2A1）。これは，1975年の時点で東京圏の準・同心円構造に組み込まれていたことを意味する。実際に，湘南市に隣接する南関東南西地域は，この時点ですでにほぼすべてが市街地化している。その要因を探れば，この地域が高度経済成長期に発展した太平洋ベルト工業地帯の一環をなしていたため，国家レベルでの工業化のなかに組み入れられていたこと，そして市レベルでも積極的に工業誘致と労働人口の増加を進めたこと，こうした「上から」と「下から」の工業化の帰結が大きいと考えられよう。

人口動態の変化からも，そうした点が指摘できる。湘南市の1960年から1975年までの人口増加率は約72％であり，これは東京圏50kmの平均約20％をはるかに上回る増加率である。一方，1975年から1990年までの湘南市の人口増加率は約30％であり，東京圏50kmの平均とほぼ同じである。1960年から30年間の湘南市の人口増加率は約124％であり，同圏の平均50％を2.5倍しのぐ。それゆえ，高度経済成長期の人口流入がいかに大きかったかがわかる。生産年令人口層を中心とした急激な労働者の流入が，すでに1975年の時点で人口再生産地域になったことに寄与したといえる。

第2に，このように形成された人口再生産地域の「分化」ないし「結晶化」が重要である。東京圏の社会地図分析によれば，1975年には未分化だった人口再生産地域は，1990年には三つの地域，すなわち，工業地域，ブルーカラー地域，ホワイトカラー地域に分極化する。三つのいずれに分化ないし結晶化するかは，法則的な分布とはならず，「むしろそれぞれの市町村の固有の特性を反映するモザイク型の分布」を示すと指摘している（倉沢・浅川編2004：44）。

では，湘南市はどうかといえば，1990年には人口再生産・工業地域に分化している（倉沢・浅川編2004：22　図2A3）。1975年には同様に人口再生産地域だった隣接地域は，多くがホワイトカラー地域に変化し，続いて多いのはブルーカラー地域への変化である。工業地域は，神奈川県の相模原市などを除けば，一つもない。モザイク状の変化はまさしく，「市町村の固有の特性」を示すものだろう。すなわち，高度経済成長期に急速に工業化した湘南市は，低成長期においても，市の産業構造のなかで工業の比重を維持したということである。1980年代以降に東京圏中心部で進行した脱工業化と経済のグローバル化のなかで，隣接する周辺地域は軒並みホワイトカラー地域へと脱工業化するのだが，湘南市は依然として工業地域として発展した。そして後に述べるように，1980年代半ば以降に増加していった団地の外国籍住民の多くは，こうした工場を職場とした。

1990年代以降，湘南市の人口増加は鈍化していった。2015年現在，人口は

約26万人で飽和に達し，今後は人口減少が見込まれている。それに伴い，生産年令人口の減少，少子・高齢化の進展，地域社会の縮小などが市政の大きな課題となっている。また，2000年代半ば以降，製造業の成長は減少に転じている。かつての軍需工場跡地に転用された工場の一部が，量販店スーパーになるなどの変化も進行中である。こうした動向をふまえて市政は，駅を中心とした商業エリアと，河川沿いの工業地帯を中核として，今後の産業振興を計画している。

4．「黒船」となったインドシナ定住難民の衝撃

1980年代半ばには，団地への入居者数は一段落し，生活環境も落ち着きをみせるようになった。しかし時期を同じくして，思いもよらない出来事が進行していた。それは，ベトナム戦争後に発生したインドシナ難民をはじめとした，外国籍住民の集団流入だった。1975年4月，南ベトナムのサイゴン陥落により南北ベトナムは統一され，15年続いたベトナム戦争に終止符が打たれた。「戦争終結」によって引き起こされたのは，ベトナム，カンボジア，ラオスからの144万人に及ぶ難民の発生だった（内閣官房インドシナ難民対策連絡調整会議事務局 1996：6）。「インドシナ難民問題」にどう対応するかが，国際社会，とりわけベトナム戦争の開始とその長期化に深くかかわった西側先進諸国にとっての大きな課題となっていた。1975年には，第1回先進国首脳会議（サミット）がフランスのランブイエで開催され，「難民問題」への対応が協議された。サミットのなかでアジア唯一の参加国だった日本は，その他の加盟欧米諸国と比べれば，ベトナムは相対的に「近い」ため，積極的な対応を求められることになった（田中 2013：165-166）。

日本には，1978年5月にベトナムから最初のボート・ピープルが上陸し，政府は一時的な滞在許可を出した。しかし，国際社会からはさらなる積極的な対応を迫られた。そして1978年4月，訪米を直前にひかえた当時の福田赳夫首相は，ついに難民定住許可の方針を表明した。その後，当初設定された500

人の定員枠は1万人に拡大され，対象者はベトナムに加えて，ラオスとカンボジアからの難民も含めることになった（最終的に，受け容れ終了の2004年までに，約1万1千人のインドシナ難民が日本に定住した）。なお，日本が受け容れたインドシナ定住難民の総数は，最も多い米国の約82万人（全体の約63％），オーストラリアとカナダのそれぞれ約13万7千人（各10％強）と比べれば，全体の1％にも満たない（内閣官房インドネシア難民対策連絡調整会議事務局 1996）。

インドシナ難民は，戦後の「在日日本人」中心の社会制度の在り方に大きな転換をもたらしたことから，「黒船」だったとよばれる（田中 2013：162-186）。なぜなら，1970年代当時まで，在日外国人に対して極めて閉鎖的かつ差別的だった法制度や行政慣例を，根本的に変革する「外圧」となったからである。1979年の国際人権規約の批准により，日本国民にのみ入居が限られていた公共住宅が，外国人にも開放された。さらに1981年の難民条約の批准は，「在日日本人」のみに限られていた「鎖国」状態の社会保障制度の抜本的な改正をもたらした。在日外国人問題に長年取り組んできた田中宏は，「国籍」ではなく，「居住」を基準にした社会保障立法への大転換を引き起こすことになったと，その重要性を指摘している（田中 2013：174）。

「黒船」というたとえは，戦後日本における米国の強い影響力をいみじくも言い当てている。サイゴン陥落から間もない1978年5月，米国船に救助された9人のボート・ピープルが千葉港に入港するが，彼らを乗せた小さな漁船が「黒船」とされるのは，その背後に米国の意向が存在するからである。戦後，米国のアジア戦略と日米安全保障条約のなかにしっかりと組み込まれた日本は，米国の先導したベトナム戦争への協力と敗戦後の後始末に，無関係でいることはできなかった。インドシナ難民の受け容れに際して，法制上は（*de jure*）定住許可を決定したものの，事実上は（*de facto*），日本政府にとって「心ならずの定住許可」だったといえる。

インドシナ難民の定住許可という政治決定を受け，国は難民事業に着手した。1979年に難民事業本部が設立され，インドシナ難民への対策を行った。1980年前後には，神奈川県大和市と兵庫県姫路市の全国2か所に定住促進セ

ンターが設置された。そこで一時滞在中の衣食住の提供，日本語教育，退所後の住居や職業の斡旋が行われた（定住促進センターはいずれも1990年代後半には閉鎖された）。退所後の住居先としては，退所者合計の約1万人のうち，定住促進センターの立地する神奈川県（全体の約37％の3,668人）が最も多く，続いて兵庫県（約17％の1,582人），またそれらの周辺地域が多数を占めた。退所後の就職状況は，全体の半分弱にあたる約4,500人が就職し，そのなかでは製造業の中小企業への雇用が圧倒的に多かった。また，そうした定住難民の住宅は，当初，就労先の会社が用意したり，会社を保証人として借り入れたりする民間の賃貸住宅が多かった。しかしながら，住宅のみならず生活も会社に依存したかたちになりうること，思うように転職ができないこと，あるいは，会社の仲介なしに不動産を探しても保証人問題が解決できないこと，家族世帯で住める広さの物件は家賃が高いなどの理由により，公営住宅への入居を希望する人々が増えていった。

「心ならずの定住許可」という国の消極的な姿勢は，定住許可後の難民支援政策の不十分さに現れていたといえる。例えば，定住促進センターでは，難民の入居期間は原則6か月と定められ，定住難民は，わずか4か月間の日本語教育の後，地域での生活を始めなければならなかった。センター入所期間中，外出にはセンター所長の許可が必要であり，外泊にいたっては親族以外の場合は「事故を避ける観点から，原則認めない」など，入居者の自由より，施設の規則が優先された。生活費として，1日1人当たり900円（16歳以下は500円）が支給されたが，朝食は各自で用意することが求められ，昼食と夕食は「難民が授業に専念できるようにとの配慮から外部の業者に委託」し，支給された生活費のなかから「食事代として1日550円（16歳以下は320円）」が徴収された。適当な就職先が決まらない場合は，引き続き3か月までの滞在が許可され，職業訓練を希望する場合は6か月まで滞在が許された。裏を返していえば，最大でも1年の滞在しか認められなかった。退所時には「定住手当」として，10万7千円（16歳未満にはその半額）が支給された。こうした日本の難民支援政策について，「きめの細かい定住促進事業を進め，来訪したUNHCRや米国な

ど諸外国の難民問題関係者の注目を引いた」という自己評価が，難民受け容れから 20 年目に作成された冊子のなかでなされている。しかし，もしそれが「成功」だったのならば，次で述べるような，センター退所後の定住難民の経済上および日常生活上の苦労は，少なくとも緩和されていただろう。実際には，定住難民の抱える様々な問題とそれに対して行き届かない対策の「しわ寄せ」は，彼らが居住先とした地域社会のなかで噴出した。

5．「内なる国際化」と湘南団地

「団地が出来てから約 15 年，1985 年頃になると，黒人の顔，黒人の子どもをよくみかけるようになった。年々外国人の数は増えて，一時は気味の悪い存在と思われた」——2000 年代の団地自治会長は，当時の様子をこのように思い出している。ここで「黒人の顔」とされているのは，インドシナ半島からきた東南アジア系の定住難民である。湘南団地は，全国 2 か所しかない定住促進センターのうちの 1 か所が設置された神奈川県大和市から，定住難民を受け入れることになった。外国籍住民が団地で増加していった 1990 年代前後に自治会長を務めていた男性は，「当初は言葉は通じない，生活のパターンも全然違う外国の人たちとどのように対応していけばいいのか，生活指導をしようにもほとんど伝わらない。本当に手探り状態のなかで私たちの交流は始まりました」と，当時の苦労を吐露している。また，長年にわたって民生委員を務めてきた男性は「市は，絶対に外国人問題に関しては動きません。市の担当者に相談しても，返ってくる返事は『困ったことですね。そのうちに，なんとか県の方からの指示で，何かの動きがあるでしょう』ばかりだった」と述べ，行政の無策と「丸投げ」状態の容認に対して強い憤りを感じていた。「外国人のつくる料理の臭気がたまらない」「ベランダからものを投げる」「道路にたむろして恐ろしくて通れない」「夜遅くまで騒いでうるさい」といった苦情の電話が，早朝真夜中を問わず，団地集会所内の自治会事務室に鳴り響いた。

団地自治会は，外国籍住民との共同生活を続けていくために，外国籍住民の

各国代表者が参加する「国際部」を自治会内部に設置した。外国籍住民に向けた生活上の苦情に対して，担当の役員がトラブルの仲介にあたり，双方の意見を聞き，役員会で議論をし，対応策を講じてきた。「『郷に入ったら，郷にしたがえ』とありますが，それを彼らに押し付けても無理なことで，少しずつ理解を求め，ゆずるところはゆずり，守るべきところは守るように」と，外国籍住民との自治組織の役員を務めた男性が語るように，忍耐の要する取り組みが一つずつ積み重ねられた。そうして団地内の外国籍住民とのトラブルは徐々に解決されていった。

「そしていつの間にか，団地住民の中に『難民』という言葉が消えてなくなっていました。今までは双方とも意識のし過ぎ。自然体で付き合うのが一番良いようです。言葉の問題，文化の違い（食文化も含めて），まだまだお互いに理解し合わねばならないことはいっぱいありますが，焦ることはありません」。拙速に解決策を出すのではなく，寄り道をしながらもゆっくりとしたかたちで相互理解と信頼を築き，問題への応答がなされた。

1990年代初めには，団地を学区とする小学校に「国際教室」が設置され，外国籍児童への対応が模索された。その後も増加する外国籍住民は，インドシナ定住難民に限られず，近郊の工場で働く南米の人々や，中国からの帰国者家族も住むようになった。1990年代末には500人を越え，それは団地全住民数の15％を占めるまでになり，多文化・多言語団地へと変貌した。2000年代には，外国籍住民の入居者は全体の20％に達した。この比率がいかに大きいかは，当時の日本，県，湘南市の外国人登録者数が，いずれも全体の1.5～1.9％で推移していたのと比べれば，一目瞭然だろう。

かつて働き盛りだった初期の団地入居者たちは「熟年」となっていた。団地の少子・高齢化と外国籍住民の増加のなかで，今後の団地と自治会運営の在り方をどうしていくかが，次第に大きな課題となっていった。団地初期から自治の力で様々な問題を解決してきたが，もはや役員や住民個々人の力では対応できないほどの問題が山積していた。こうした状況のなか，団地自治会は，地区の民生委員・児童委員とも相談し，団地内で「外国人リーダー」と呼ばれる「世

話役」的な外国籍住民にも声をかけ，「外部の力」を借りることで団地が直面している課題に取り組むことを考えるようになった。そうした「外部の力」として，県と市の社会福祉協議会，市国際交流協会，県住宅管理課，小学校，保育園，日本語教育者，難民事業本部の関係者，NPO団体，市民ボランティア，大学教員，大学生などが，湘南団地とかかわることになった。そのきっかけとなったのは，次節で述べるように，1990年代初めに神奈川県と湘南市の社会福祉協議会が設置した在住外国人生活支援の委員会であった。

6．行政の側からの「内なる国際化」への対応

1990年に入り，「内なる国際化」という現実に対して，行政の側からの対応が始まった。横浜駅近くの神奈川県民センターや，横浜市海外交流協会，横浜国際交流ラウンジ，青葉国際交流ラウンジ，保土ヶ谷区国際交流の会，各地の地区センターや，公会堂，小中学校，教会などを集まる場所として，各種の国際交流ボランティアに取り組むボランティアからも，「日本人が外国人に援助というのでは認識不足なのではないか」という意見があがった。行政の施策としては，外国語による情報提供，生活相談・生活支援，国際交流ラウンジの整備・運営，留学生に対する生活支援，教育，外国人市民にも暮らしやすい街づくり，医療・福祉，人権啓発活動の推進などが見られた。しかし，こうした自治体レベルの施策の背後には，個々の住民の日々の取り組み，そして個々の動きの底流をなす心意現象のレベルでの揺れが存在していたと考えられる。すなわち，住民が身近なところで出会う「ちょっとした異文化体験」から，自らをとらえかえし，うごき始める。現場で種々の困難に直面している当事者はもちろんのこと，個々の自治体職員や教師や民政委員やボランティアの人々などにつらなりが形成されていくことで，自治体レベルの施策の方向に影響を与えていった。神奈川における「外国人市民支援施策」の動きは，こうした市民各層の目に見えにくいうごきや，その背後にある個々人の意識の流れとは決して無縁ではない。

横浜市総務局国際室など，自治体レベルが直接かかわる事業もあったが，多くは，横浜市海外交流協会（現在は横浜市国際交流協会），神奈川県国際交流協会（現在はかながわ国際交流財団）などの外郭団体を中心に施策が展開されていった（横浜市総務局国際室 1996a；1996b）（横浜市海外交流協会 1996；1997）（新原・金 1999）。

そのなかで，地域社会における福祉の推進を目的として設立された神奈川県社会福祉協議会は，1992 年に，在住外国人の生活問題の解決を地域福祉の新たな課題として位置づけ，1993 年に「在住外国人生活支援方策策定委員会」を設置した。1980 年代以降に県内の在住外国人が増加傾向にあるのを背景に，外国人労働者の職場や医療の現場など，労働や生活のなかでいかなる問題が発生しているかを把握し，生活支援の方策を策定することを目的とした委員会である。16 名の委員には，県内の市町の行政職員，社会福祉協議会の職員，医療・福祉分野の従事者，国際交流協会の関係者，在住外国人支援団体の幹部，市立学校の教員，弁護士，委員長には，福祉分野が専門の大学教員が選ばれた。2 か年の事業終了にあたる 1995 年には，在住外国人の生活実態調査に関する報告書と生活支援の方策についての提言がまとめられる。

この委員会の委員の一人であった湘南市社会福祉協議会職員の Tk 氏は，後で述べる「湘南プロジェクト」にも，長期にわたって参加することになった。実態調査の集計報告にかかわり，在住外国人の声を知った彼は，「めまいがおこるような衝撃（とんでもないところに来てしまった…）」と，そのときのショックを振り返っている。そこには，「とにかく言葉ができないことで何をしても困難を感じる」「子どもが大きくなって家が狭いが，家賃が高く，そもそも貸してくれるところもない」「仕事がない。あっても給料が安かったり，危険であったりする」といった声をはじめとして，社会保障，労働，医療，住宅，子育て，情報格差といった，生活全般にかかわる切実な問題で埋め尽くされていた。

同委員会による報告書がまとめられたのと同じ 1995 年，県営住宅を管理する県土地建物保全協会は，住宅問題を専門とする学会に調査を依頼し，湘南市

の県営団地の自治会役員から話を聞き，通訳者を同伴して外国人入居世帯へのヒアリングを行い，調査成果の報告を行っている。そこでは，インドシナ定住難民の第1世代にかかわる実態が報告されている。例えば，6か月間の定住促進センターの生活で日本語を学習した後すぐに日本社会で暮らすことになったが，夫は単純労働に従事することが多いため日本語が上達しにくく，妻は子育てのために家庭にいる時間が長く日本人との接触が少ないことなどが理由で，たとえ日本で10年以上暮らしていても，日本語での意思疎通に困難を感じている，という内容である（稲葉2003：152-153）。

こうした生活実態調査をもとに，県社会福祉協議会は，前年度に取りまとめた『課題と提言』の具体化をめざして，1995年には「在住外国人生活支援ネットワーク会議」を定期的に開催し，支援事業のニーズがどこにあるかを探った。そのなかで市町村を基盤とした生活支援に焦点を当てる方針を採用し，1996年に「在住外国人フォーラム研究委員会」を発足した。この委員会には，大学教員，弁護士，ボランティア団体の代表，県国際交流協会の職員，市町の社会福祉協議会の職員など8名が委員となった（座長には，都市・地域社会学を専門とし，イタリアでの地域調査経験をもつ新原道信が選出された）。地域密着型の生活支援を具体化する目的から，県内二つの地域が選出され，湘南団地の立地する湘南地区がそのうちの一つに選ばれた。そして，年度末には，同地域にて「在住外国人フォーラム」が開催された。

湘南市の「在住外国人フォーラム」は，湘南団地から距離のある，市中心部の行政機関が集まる会館で開催された。開催の目的は，「在住外国人支援」とかかわる湘南市職員，地域のボランティア，湘南市民などに，湘南団地の実情を伝えることにあった。団地住民側には，湘南団地で起こっている多文化・多言語化に伴う諸問題が，湘南市の他地域で暮らす人々のみならず，行政側からも「他人事」であるとされてきたという感覚が在った。これを機会に支援を求めたいという思いがあり，会議は，自治会長からの声に，他の登壇者がどう応えるのかというつくりとなっていた。基調講演とその後の議論のコーディネーター役を委員会座長の新原が行い，その後のシンポジウムには，県営団地自治

会会長，地域のボランティア代表2名，市職員の4名が登壇した。

団地自治会会長から，県営湘南団地が直面している実情が報告された。それは1980年代半ばから10年以上にわたって，この団地が直面してきた「内なる国際化」に対する試行錯誤の連続と，そこから積み重ねた自治の力についての「証言」となっていた。

「私たちは少し見方を変えなければいけないのではないか，と気づくのに5年かかりました」——シンポジウムに登壇した団地自治会会長は，こうふりかえる。「当初，私たちは難民の人を見る目が日本人として，自分たちは文化も知識も上だという考え方で対応していて，何かをしてあげよう，という蔑視した目でした。だから，向こうはおっかなびっくり，こちらは見下げたような態度でした」と，団地住民と定住難民との初期の接触をつまびらかに話す。団地で頻発する些細なトラブルへの対応で，自治会役員が調停や注意のため，「おっかないから，何人かで一緒に行く」と，「外国人は，何か事が起きれば，情報がパッと伝わり，向こうもすでに何人かで並んで」待っていた。そうして話し合いになり，難しい問題になればなるほど，「言葉がわからない」「常識だ」という言い合いになり，良い結果は生まれなかった。様々な問題を解決していくなかで，自治会側も「私たちの取り組み方を変えよう」と話し合い，担当の日本人住民と外国籍の各国代表者が定期的に参加する国際部を自治会内部に設置した。「外国人リーダー」は，外国籍住民との「パイプ役」になることが期待された。こうして団地の一住民であり，自治会を担う正式な構成員として，外国籍住民との関係が築かれていった。

「要するに，地元の人から見れば，私たちは異邦人なのです。外国人と一緒なのです。異邦人が湘南市という所に集まって生きているのだ。そのなかで，どうやってここを良くしていこうかということを考えた方がよいのではないか」と，団地自治会会長は述べた。とりわけ「子どもを育てやすい環境を大人が一生懸命作るということが，地域を作る大きな要素である」と強調する。日本人か外国人かという区別ではなく，住民という共通の生活基盤と子どもという将来の可能性に視点を移す重要性を述べた。「それには自分の目の色から変

えていかなければならないということです。態度ではなく，目の色からです。すぐには変われませんが」と聴衆に訴えた。

　会議のなかでは，「問題をはじめて知りました。たいへんですね」という声があったが，「具体的に誰がどうしたらいいのか」というところでは，話は進展しなかった。「駅前のビルで開催されている国際交流協会の行事や日本語教室に来てください」という市職員，ボランティアと，外国人住民にとっては心理的にも距離的にも遠い場所ではなく，日々そこで暮らしている「団地のなかに入って来てくれ」という団地側との距離が明らかになった。いまふりかえるならば，このフォーラムは，後に，「事業」の範囲をこえ出て，団地のなかへと入っていく起点となっていた。

7．団地のなかへ

　前述の「在日外国人フォーラム」を契機として，湘南市の社会福祉協議会は，1997年度より，「在住外国人生活支援研究委員会」を設置した。定期的に開催された委員会のなかで，団地自治会からの参加者であった自治会長，民政委員，児童委員，保育園園長などから，「視察や調査でないかたちで地域に入って来てほしい」との声が発せられた。他方で，湘南市在住の行政機関や関係団体からは，明瞭な言い方ではなかったが，湘南団地のなかへと入ることに固有の困難があるという意味の話が繰り返された。緊張感の伴う議論の果てに，1998年冬，委員会の複数の委員が，湘南市の県営湘南団地の敷地内にある湘南保育園を訪れた。

　県営湘南団地の保育園に初めて外国籍児童が入園したのは1985年だった。園長は以下のように述べている。「当園で初めて子どもをお預かりした頃は，外国人保育の手引書もなく，手探りの保育でした。生活習慣，言葉，様々な文化の違いに戸惑いながら，職員全員でいろいろ知恵を出し合い保育にあたってきました」。国家や地方行政による外国籍児童支援はないに等しかったと同時に，児童を預かる保育園の側への支援も存在していなかった。文字通り「手引

書」のない保育に取り組まなければならなかった。

「そうした保育のなかで最も気をつけていたことは，子どもたちや保護者の方々を，特別視することではなく，子どもたちや保護者が何を求めているのかを考え，日本の生活に無理に同化させるのではなく，その国の様々な文化を受け入れながらの保育でした」と，園長は語る。当然ながら，保育園だけで解決が難しい問題も発生した。「解決できないことも多々あり，専門機関との細やかな連携，行政・地区自治会との連携を取りながら一つ一つ対応してきました」。園長をはじめとした保育園のスタッフは，保護者との連携，保護者の多くが暮らす団地や近隣の関係機関との連携を意識的に構築していった。しかしながら，それでもなお容易に解決しない問題として，「子どもの内面的な部分になると，思うように伝わりにくく，子どもは日本語で話してくれますが，母親が子どもの話の内容を理解できないことも多々ありました。保護者は子どもの様子で，何か嫌なことがあったということはわかるようですが，細かな点まで理解できなく，とても心配していることがうかがえました」と指摘している。

この「子どもの内面的な部分」に注意を払う姿勢は，先の「在住外国人フォーラム」で団地自治会会長が述べたことと重なる方向性を指し示しており，その後の「湘南プロジェクト」の重要な課題となっていった。なお，保育園に入園する外国籍児童は，1988年頃より急増し，1999年当時には，全児童160名の約30％を占めるようになっていた。

湘南団地訪問に先立つ1998年5月頃，新原は，県と市の社会福祉協議会の職員，さらには保育園園長や現地の関係者とも話し合い，湘南保育園を拠点として，同園に通う外国籍児童とその家族がどのように暮らしているかを調査する計画を立てていた。すでに複数の実態調査が行われ，「協力したのにもかかわらず，その後はまったく何の応答もなく放置された。そんな『調査』はもうたくさんだ！」という声があることは委員会を通じて明らかとなっていた。それゆえ，調査手法としては，聞き取りやアンケート，半構造的な質問項目によるインタビュー調査などを行うが，一度きりで終わらせず，かかわった家族との間で長期的な関係をもちつづけることで，調査対象者およびその背後にある

コミュニティについてのトータルな理解を目指そうとするものであった。

　上述の家族単位の調査は，結果として実施されず，湘南団地へと入るグループは，ボランティアや社会福祉協議会職員，団地住民，外国人リーダーなどを中心とした構成となり，調査研究グループとしての性格は，きわめて弱いものとなった。家庭内暴力や貧困，重病，犯罪など，迅速な対応が求められる問題は山積していた。これに対しては，自治体等による具体的施策にも組み込まれず（組み込んでもらえることもなく），生活相談というかたちの「手弁当」で対応しながら奔走していた。「社会調査」からも「社会改良」からもはみ出し，その傾向は，かかわりが深くなるほど強くなっていき，「プロジェクト」そのものが一つの「生き物」のように発育していった。

　一面では，当初の調査計画の挫折，あるいはコミュニティ形成の頓挫であった。しかしながら，より長期的な日々の営みとして，かたちを変えつつうごいていくコミュニティとのかかわりを尊重し，その場に居合わせた異なるタイプの「異邦人」間の関係性の動態を理解していくことがもっとも重要であることを予感してもいた。

　すなわち，①（リサーチ・クエスチョンを明確化した一定期間での集中的な）調査計画がうまく機能しないことの意味も考えつつ，行政とのかかわりを含めた「事業」に積極的にコミットメントすること（事業がうまくいかない理由を理解する助けとなるため），②個々の現場とそこで関係性がつくられていく中長期的な過程に継続的にかかわること（何かが「起こっていない」時期にもかかわりつづけていることで，コミュニティにおけるなんらかの質的変化の瞬間に居合わせる可能性が出てくるため），③さらには調査のフィールドに身を置く調査者自身を集合的にふりかえるプログラム（複数の眼で観て複数の声を発し，記録し，繰り返し見直していく）を組み込んでいた。

　こうして「支援事業」と「調査研究」という二つの目的が同時に追求されることになった。多文化共生コミュニティの形成が「支援事業」の大きな目的であり，その条件の理論的・実践的な検討と調査のリフレクションが「調査研究」の主たる目的となった。別の言い方をするなら，コミュニティがつくられてい

く場のうごきに応答するかたちで，調査者自身も，調査研究の在り方自体も，その場に引き込まれ，変化していくという試みであった。

　ここで「支援事業」と「調査研究」をつなぐ役割を果たしたのが，集まりの場の記録を残すという方法だった。これは議事録とフィールドノーツの中間に位置するようなものだった。そこには，起こったことの報告と，書き手の印象や意見などが書き加えられた。こうした記録は，機会があるごとに，活動にかかわるメンバーや団地住民に開示された。こうして蓄積された複数の書き手による記録は，「支援事業」の進度を見定める中間報告書の役割と，「調査研究」の展開を集合的に検証する資料となった。

　1998年9月，「在住外国人生活支援研究委員会」の委員と関係者は，今後の進め方にかかわる本格的な話し合いを行うため，県営湘南団地を訪れた。団地の集会所で行われたその会議は，「当初の調査計画」が予定したとおりに進まないことの始まりでもあった。「湘南プロジェクト」という名前はまだなかったが，団地自治会とのこの最初の接触のなかに，この「プロジェクト」の方向性が潜在的に準備されていた。

8．「湘南プロジェクト」の始動

　1990年代，神奈川の各地で，日本での暮らしの困難に直面する在住外国人の深刻な肉声に接し，各種の問題と格闘している人たちがいた。各自治体などにおいても，日本の都市・地域社会研究[1]においても，「内なる国際化」という視点が注目され，「在住外国人支援」の制度化が進んでいった時期であり[2]，異なる団体・組織に属するこうした人たちが，頻繁に開催されたシンポジウム，調査，日本語教室，生活相談など，様々な場で，しだいに知己となっていた。

　そのなかで，各種の「在住外国人支援」関連の行事や事業を通じて，湘南団地の民生委員，主任児童委員，団地自治会役員と，横浜，川崎，綾瀬，相模原，津久井などを活動の場としている大学教員，小中高の教員，学生，自治体職員，社会福祉協議会職員，国際交流関連団体職員，ボランティア，NGOの

活動家，日本語教師などが出会った。当初は，「在住外国人支援」「多文化共生」といった問題に対する「理解」の在り方の違いでぶつかり合ったが，シンポジウムや委員会などでの膨大な討議の後に，通常の「委員会のやり方」の範囲をこえて，湘南団地のなかに中長期的に入っていくこととなった。公的に招集された委員会の業務からはみ出してしまったため，自前の団体名が必要となり，「湘南プロジェクト」という名で，自治体や県，近隣の学校，ボランティアや日本語教師などに向けて働きかけをすることとなった。

それぞれのめざす方向や価値観などで違いをもちつつも，委員会で感じた徒労感とともに各氏のなかでゆるやかに共有されていた感覚があった。それは，①短期的・対処療法的な支援ではなく，長期的視野に立ったコミュニティ形成にかかわること，②当初のコミュニティ形成にかかわった外部の支援メンバーが消え去った後に，地域社会で暮らす人たちが，自ら地域の問題を発見・理解し，そのために必要な諸活動を続けること，③そうした自治・自立を可能にするための土台づくりが，現実の場でなされることの必要性だった。

自らの名称に，「プロジェクト」という言葉を選んだのは，「外部からの支援メンバーは，時期を見て消えていく」「『この場所』を自己が承認されるための『テリトリー』とする人々にとっては居心地の悪い場とする」「もしグループそのものの存続へと目的が固定化し組織が形骸化した場合には勇気をもって解体する」という企図（プロジェクト）に，先んじて（pro），我が身を投ずる（gettare）という意味がこめられていた。

1990年代半ばから現在まで続く「湘南プロジェクト」の歩みには，いくつかの画期となる時期や出来事が存在する。時期区分を設けるとすれば，大きく**4つの時期**に分けることが可能である。

第1期は1990年代半ばから末にかけて，日本社会の都市部や郊外を中心に「内なる国際化」が進展し，行政や自治体のなかで「多文化共生」の政策が行われた。「湘南プロジェクト」の「前夜」にあたり，在住外国人支援の研究委員会や会議の場での話し合いが頻繁に持たれた時期である。

第2期は「湘南プロジェクト」が本格的に始動し，「プロ日本語教師」によ

る教室の設立と崩壊，そして教室が新たなかたちで再出発した1999年度から2002年度に当たる。特筆すべきは，湘南団地の集会所を拠点とした移動民の子どもたちの「コミュニティ」の萌芽が現れたことだった。

　第3期は，日本社会全体で「治安強化」の動きが進み，「プロジェクト」をめぐる環境が「多文化共生」から「外国人問題の発見」「管理」へと急速に変化した2003年度から2008年度の時期である。この時期に数の多かった学生ボランティアを中心に教室は運営された。新しい体制となった自治会との交渉，プロジェクトのメンバー間の意見の違い，大学生ボランティア自身の葛藤などが顕在化した。「プロジェクト」初期から参加した移動民の子どもたちは，青年期や成人となり，「湘南ガールズ＆ボーイズ」たちが育っていった。

　第4期は，諸々の事情により，初期のメンバーや学生ボランティアの多くが集会場に通う頻度が少なくなり，少数の地域ボランティアによって教室が運営される2009年度から現在に至る時期である。

第1期：前史　1995年度から1997年度

　「在住外国人」委員会の混沌と蛇行のなかで，地域社会が直面している諸問題に揺りうごかされていた人々が少なからずいた。1995年3月にイタリアから帰国した新原は，「社会のオペレーター」を育成する場づくりを企図する。1995年から1996年にかけて，横浜市総務局国際室と横浜市海外交流協会から委託された調査とシンポジウム，神奈川県社会福祉協議会での「在住外国人フォーラム研究委員会」などが設定される。1997年から，委員会で決定した湘南地区とT地区に入っていく。湘南地区でも委員会が発足し，湘南団地の自治会役員や，湘南市国際室，地元ボランティアなどが集まる。

第2期：集会所での「教室」の発足と閉鎖，「自然発生的教室」へ
　　　　1998年度から2002年度

　1998年から，神奈川県，横浜市，社会福祉協議会，県民サポートセン

ター，公民館と日本語教室，湘南市国際交流課，難民事業本部とその委託団体などが利害関係者となり，湘南での委員と同時に，湘南団地に入り，保育園や小中学校の先生，外国籍住民たちとの会合を開く。1998年5月から1999年3月にかけて，「聴け！プロジェクト」のメンバーである移動民の子どもたちとの集中的な集まりを横浜・神奈川の各地で重ねる。

　1999年に難民事業本部に申請し，日本語講座を発足させる。1月から3月まで日本語教室が開設される。1999年4月より神奈川県国際交流協会の助成金で，日本語教室・子ども教室・生活相談の体制を出発させ，2001年3月まで，この体制を続ける。

　2001年4月より，「プロ日本語教師」グループなき後の教室存続のための各種の試みが瓦解し，新たな体制を模索する時期を過ごす。5月，市からの支援の依頼を自治会が断り，「自然発生的教室」を，外からの学生ボランティアと地元ボランティア（湘南地区および湘南市の他の地区在住の住民），団地在住外国人家族の親たちや子どもたちの有志によって，迂回・蛇行しながら「普請」していく。教室は，その日やって来た親たち，子どもたち，地元の元教師などのボランティアと外からの学生ボランティア，生活相談は民政委員 Td さんと事務局（新原と Tk さん）によって，毎回が実験的に行われる。この場に，「聴け！プロジェクト」のメンバーだった若者（とりわけ「聴け！ボーイズ」）が通って来る。親たちや子どもたちが自分たちで教室のちらしをつくり，小学校などで配布していく。「湘南ガールズ」は，団地祭やふれあい祭の出店で，カンボジアのお好み焼きと南米のエンパナーダをつくり，ストリートダンスを披露する。また進学ガイダンスで体験談を話したりする。「聴け！ボーイズ」が車椅子講習会を企画し，「湘南ガールズ」が手助けをする。

　教室開催を月曜と金曜から月曜のみに縮小する。「湘南ガールズ」たちも定期的に「集会所」に集まり，彼女たちにつられて「聴け！ボーイズ」も神奈川各地がやって来て，「月曜の集会所」，とりわけ玄関前の階段付近には，「教室」とはまた異なる流れをもった「コミュニティ」の芽が生ま

れていく。

　団地祭やふれあい祭での料理作りやダンスでは，「湘南ガールズ」が，学生ボランティアたちを「厳しく指導（！？）」する。社会福祉協議会職員の Tk さんの企画で，「禅の集い」を，外国籍住民支援ネットワーク代表の Kt さん率いる子どもたち（「聴け！ボーイズ」の弟分）たちと合同で行う。2003 年 3 月，これまで場作りをともにしてきた自治会役員が役職を退く。「プロ日本語教師」による「教室」の「喪失」に続いての，「年長組」の「喪失」であった。

第 3 期：「治安強化」の拡大　2003 年度から 2008 年度

　2003 年度以降，横浜市立大学の大学生たちが，毎週，教室に通ってくる。政府は「治安水準の悪化と国民の不安感の増大への対処」として治安強化の方針を打ち出す。9 月，団地集会所では団地自治会と警察官による初めての見回りが行われる。この時期を一つの「画期」として，外国籍の子どもたちは，団地敷地内で行われる排外主義的な街宣デモ，外国人差別の発言，警察による摘発といった出来事を日常生活の中で体験する。TV 番組では「外国人問題への対処に成功しているコミュニティ」として取り上げられ，「湘南ガールズ」は危機感をつのらせる。

　2004 年度には，日本語教室に勉強以外の目的で子どもたちが集まっていることへの「苦情」が自治会に寄せられる。「集会所使用上の注意」が貼りだされ，集会所の備品の座布団に子どもの手による落書きが発見される。幾度かミーティングがもたれ，今後はさらに子どもたちの成長と自立を支援する方針が確認される。当初通っていた大学生たちは半数以下になるが，何名かは毎週通い続ける。

　2005 年度から新たな国際部長に交代する。子どもたちによる集会所の利用をめぐって，再び自治会と「湘南プロジェクト」の間で意見が食い違う。教室の運営は，高校教員などの地元ボランティアと学生ボランティアの数名で行われる。「プロジェクト」初期から通って来ていた子どもたち

は青年期になり，教室運営に協力する姿も見られるようになる。団地の「湘南ガールズ」のSpが病気で入院し，彼女を慕う子どもたちや「聴け！ボーイズ」が見舞いに行く。次世代の中学生男子はブレイクダンスで存在感を示す。この年，Ktさんがお亡くなりになる。

　2006年度以降は教室に通う人々が10名も満たないときも多くなる。教室のボランティアは，数名のボランティアでほぼ固定される。教室運営や祭りの企画運営をめぐって，学生ボランティア間では，理解や意見の隔たりが顕在化する。

第4期：2009年度から現在に至る「未発のコミュニティ」

　これまで毎週通っていた学生ボランティアは，就職や転居などの理由で，教室に通えなくなる。教室は，地元高校教員のTn先生と数名の地域ボランティアを中心に運営される。元学生ボランティアたちは，集会所に通う頻度が少なくなり「湘南プロジェクト」全体の状況把握ができなくなるが，個々のメンバーのパーソナルネットワークを通じて，湘南団地の住民や移動民の子どもたちとの関係が現在も続く。

　もっとも，ていねいに人に接し，人のいやがる「ババつかみ」の仕事を率先して行い，周囲から信頼されていたFnくんが，重病を患い，奇跡的に何度も「生還」し，最後の最後まで懸命に生き，夭逝する。この闘病の間も，この場に居合わせた何名かとの間で，きわめて強く，深いところからの「網の目」が創りだされ続けた。

　湘南団地での活動の初期，とりわけ1998年度から2001年度にかけては，一年間に70回以上も集会所に集まり，日本語教室・子ども教室・生活相談とスタッフによる打ち合わせ，その他の活動等をともにした。それ以後も，後述する危機的時期（一度は確立したやり方・在り方を「手放し」，ゼロからつくりなおすという試みをせざるを得なかった時期）をくぐり抜け，今なお地域のメンバーによって活動が続けられている。以下の章で提示されるエピソードと文章はすべ

て，この活動のなかで記録され，書かれたものである。ここで提示されている意味は，個人に帰属するものではなく，むしろ出会いそれ自体のなかで与えられるものであり，個人の記録というよりは，人と人，人とうごきの場との「間」にあるものである。

注

1) 日本の地域社会，コミュニティ，都市エスニシティ研究は，1980年代から1990年代中後期において都市や地域の内なる異質性・多様性，複合性・複数性が意識されるなかで最初の試行錯誤がなされた。これはいわば20世紀末の日本社会における都市エスニシティ研究の第一期であったともいえよう。しかしエスニックコミュニティの急速な形成過程に追われるかのように，日本の地域社会の根本的な変動をふりかえるという営みは不十分なまま，いつのまにか既存の科学の枠の内側（差別，市民権，住民組織，自治体の施策など）に組み込まれ，そこでは「同質性」と「同化」を前提として（あるいはあくまでその枠内での「文化の複数性」）によって語られる。それは都市エスニシティ研究のあまりにも「迅速な」制度化であった。しかしいまふりかえってみれば，定義され「型」が与えられる以前の段階で試行錯誤していた研究者たちは，実はこの社会のなかで現に生きられている「異質なる身体」を理解しようとする試みの渦中にあった。そんな体験が，この時期の研究にかかわった社会学者たちには共有されていた。

2) この時期，（横浜市総務局国際室 1996a；1996b）（横浜市海外交流協会 1996；1997）（神奈川県社会福祉協議会 1998）（神奈川県国際交流協会 1999）（新原・金 1999）（湘南プロジェクト 2000）（新原 1996；2001）のような調査や委員会，各種の施策や試みにかかわっている。これらの活動を通じて出会った人たちとのつながりが，「湘南プロジェクト」の基盤となった。

引用・参考文献

稲葉佳子，2003「外国人の住宅・居住問題」駒井洋監修・石井由香編著『移民の住居と生活』明石書店：133-182ページ。

神奈川県社会福祉協議会，1998『「在住外国人フォーラム研究委員会」報告書』。

倉沢進・浅川達人編，2004『新編　東京圏の社会地図1975-90』東京大学出版会。

内閣官房インドシナ難民対策連絡調整会議事務局，1996『インドシナ難民受入れの歩みと展望——難民受入れから20年』。

新原道信，1996『横浜の内なる社会的・文化的"島"に関する実証社会学的研究』かながわ学術研究交流財団研究奨励金成果報告書。

———，2001『多文化・多言語混成団地におけるコミュニティ形成のための参加的調査研究』科学研究費基盤研究（C）研究成果報告書（研究代表者・新原道信）。

新原道信・金迅野他編，1999『聴くことの場』神奈川県国際交流協会。

湘南プロジェクト編，2000『多文化共生コミュニティにむけて――湘南団地での取り組み』．
田中宏，2013『在日外国人 第3版』岩波書店．
横浜市海外交流協会，1996『国際文化都市ヨコハマの再生に関する調査報告――横浜市における多文化ネットワークの形成』．
―――，1997『くらし・ことば・つながり』．
横浜市総務局国際室，1996a『外国人市民生活実態調査 報告書』．
―――，1996b『外国人市民生活実態調査 ヒアリング結果のまとめ』．

第 2 章
「湘南プロジェクト」の胎動[1)]
―――不協の多声のどよめき―――

新 原 道 信[2)]

一年に一度の「街」――33回目をむかえた団地祭に――

　ランドマークタワーの給水塔，駐在さん一家が住む交番，東南アジアの野菜をとりそろえている横須賀出身のご夫婦が経営する八百屋さん，タイ料理の出店，等々が並ぶ「街」のメインストリートには，この日，いつもにまして，「異形」のものたちがあふれかえっていた。金髪，茶髪，栗色の目，浅黒い肌，リーゼントにとさか頭，車椅子，痙攣する身体，杖をつき揺れながら歩きステージ前の水まきをする老人，ゴザの上にぺたんと座り込み斜め上を凝視したまま動きを止めた「ボリビアからやって来た（沖縄風の）オバア」，八頭身の子ども，西瓜より大きな頭にびや樽の腹の三頭身の大人，薄い髪の毛にちょび髭でアロハシャツ，特攻服，ふだんはきっと夜のお店で使われているレモンイエローのジャケット，それぞれの陰影と，においと，生々しさを発散しているひとびとが闊歩している。身なり，しぐさ，ファッション感覚，表情，生命力があふれかえる目線，唾しぶき，におい，他者へのふれかた，サンパウロの町中を歩いているのかと錯覚するほどに，異なる位相の「異形」のものたちが，「縁日」のメインストリートを闊歩している。「縁日」の屋台，金魚すくいやタコ焼き屋さんのずっと奥におかれていた，妖しき「見せ物小屋」の「ろくろ首」や「鶏を喰う女」に相応する「異形」のものたちがいまだ，ここでは棲息して

いる。「施策」や「対処」や「支援」や「認可」や「庇護」という形で保存液を注射し壊死させてしまおうとする力が働いていても尚,「浄化」されたり「漂白」されたりしてしまいきれない，生々しさ，汚濁，混沌がここには残存している。

　この「街」にはまだ，ハレとケが生きている。年に一度のハレの日に，この「街」に住む「異形」のものたちがみな，ステージや街路へと湧き出てきたのだ。十代の子どもたちは回遊魚のように通りを行ったり来たりし，男たちは胸をはりすぎてそっくりかえりそうになりながら，ヨロヨロと道を歩く。みんな，目一杯のお洒落をして，この特別な日に，50ｍ足らずのメインストリートを日がな一日徘徊する。

　この「街」の「一大勢力」であるラオス「チーム」は，リーダーの指揮のもと，いつも通りの焼き鳥の出店と，カラオケコーナーを，通りの両端にしっかりと確保している。ベトナム系のひとたちは，給水塔の下にゴザをひいて50本近くの缶ビールを地べたに並べて話し込んでいる。交番の真ん前には，「中国人女性が作る本場の味」と書き込まれた屋台の車が「鎮座」している。

　自治会役員の面々は全体の状況を見渡しつつ，祭りを盛り上げようと甲斐甲斐しく働く。イベントステージの司会を十数年つづけてきた事務局長は，あざやかな話術での司会の合間に，三十三回を数えた団地祭が，この「街」の住人にとっていかに意味をもち感慨深いものであるかの話を織り込む。自治会長は，きわめて生硬なユーモアのある話し方で，「ここには祭りが好きな方も好きでない方もいらっしゃるかと思いますが，より住みやすい街をつくっていきたいというわたしたちの願いのためには，ぜひとも必要なイベントなのです。ですから好きでないひともどうかこの二日間は目をつぶって楽しむようにしてください」と挨拶する。大正琴の演奏中にはラオスのひとたちのカラオケパーティーを「いったん中止しなさい」と言うけれども，ラオス「チーム」がステージにあがる時には「みんなで盛り上げてください」という一言を添える。子ども好きの国際部長は，二日にわたる西瓜早食い競争，西瓜割り競争の折に，参加したくてもその一言を言い出せなくいる子どもの気配を察して声をかけ，

「お手伝いをお願いします」といって，老人会の面々の出番を作るのを忘れない。

　日曜日の夕方，一時間のラオスショーが始まった。ステージ上のリーダーは，機知に富んだ話しっぷりのなかにも，いつも以上の神妙さが見て取れた。ステージでは男女の求愛の踊りが演じられ，周囲のものから，艶のあるかけ声や口笛が贈られる。「一年に一度ですからねえ，さあみんな，カンボジアもベトナムも中国も南米も日本も踊りましょう」。ステージの下でも，みなが踊り出す。ただその場にいたという理由だけで，このメインストリートを闊歩していた，様々な「異形」のものたちが踊る。ステージに引っ張りあげられるもの，ステージ下の踊りの輪に引っ張り込まれるもの，盆踊り風の手の動きで踊っているもの。

　いろいろな立場のひとたちがなぜか集まり，この場が作られていくために，それぞれにできる限りの，やわらかさをもって，互いにふれていた。樹形図やネットワーキングの図表で表されるような単線的組織図では決してない。液体でも物体でもない，しかもいまだ混じり合っていないゲル状の有機体同士が，衝突したりかけ声をかけたりしながら，なんとか同じ場をともにしようと努力し，そのための徳を陰で重ねる。衝突を呑み込んでの相互浸透。不均衡な均衡。未発の一揆。未発の社会運動。ことなる「異形」のものたちの生命の力で練り上げられる社会が織りなすあらたな共同体は，この流動性の中でやすらぐ。猥雑で，無秩序な，妖しさのエネルギーを殺さないままに，ゆったりとした時間が流れた。こんな顔の「街」は一年にそう何度も現れないだろう。

（新原 2006 a：341-343）

1．「現在を生きる名代」の背中
――「世間師」「移動民の子どもたち」「社会のオペレーター」――

　上記の文章は，数年間にわたる各種の「委員会」での「混沌」と「蛇行」を経て，この「街」に通い始めてから6年目，2001年夏のある瞬間の粗描（スケッ

チ）である．これまでずっと，その日その時に生じた新たな「火種」や「問題」への対応に追われつつ，何度も直面した「立ち消え」の危機に不安な夜を過ごし，なんとか道を探り，か細い糸のような営みを続けてきていた．なぜかこのとき，うだるような蒸し暑さのなかで，一見バラバラに起こっているように見えていたことがらのなかにあるつながりが「わかった」ように感じた．理解が言葉として「降りて」きたのを，必死に記憶し，書き留めたことを覚えている．

本章において描き遺したいのは，第一に，「現在を生きる名代」のなかでも，自分が見届けないかもしれない場の形成に，「（我が）身を投じてしまった「世間師」たちの背中である．第二には，その場に居合わせ，後から育っていった「移動民の子供たち」の顔である．現代の「世間師」は，日本列島に育ったものであれ，遠方よりやって来たものであれ，メディエーターとして衝突し，出会い，切り結び，浸透・混成していく．しかしこのプロセスは常に，「発見」「庇護」「承認」の圧力にさらされている．「世間師」のぶつかりのなかでかろうじて瞬間的に立ち現れ続ける場のなかで，「移動民の子どもたち」は力を蓄える．

「社会のオペレーター（operatori sociali）」は，新原たちがこの場に持ち込んだ概念である．その意味では，「外挿」された言葉であり，言葉としては定着しなかったが，すでに在る「個人の質」（矢澤修次郎）とは共鳴する部分が在った．自治会役員や民生委員や地区社会福祉協議会職員，地元と外からのボランティア，地元教師や外国人家族の大人や子どもたちのなかには，「世間師」や「名代」という言葉で表現し得るような，地域社会のつなぎ役（fill-in, riempitivo），あるいは媒介者（medium, mezzo）となる人たちが存在していたのである．

湘南団地は，高度成長期に東京圏や関西圏の都市近郊に建設された大型公営団地の一つであり，「比較的低所得者向けの集合住宅」「様々な地域から集まってきた人々の間の内部的葛藤，団地住民と旧住民との葛藤など様々なレベルの衝突」が起こっている場所であると理解されていた．そして，かつて働き盛りだった団地住民が高齢化した頃に，いくつかの団地に集中的な形で，様々な文化・言語・地域的背景をもつ人々が流入し，より複雑な文化衝突に直面すると

いう事態が生まれた。団地近隣の地元旧住民との関係，団地内での日本人住民と外国人住民との関係，また外国人住民同士の関係，世代や性別，日本語の識字の度合いによる違いなど，同団地の内部には，多文化・多言語，多重かつ多層の異文化接触体験をもった人々による衝突が存在していた。神奈川県のY団地，愛知県のH団地などとは異なり，湘南団地は，「コミュニティ形成」や「まちづくり」，「日本語教育」や「在住外国人支援」，「内なる国際化」や「多文化共生」などをテーマとする研究者や行政から，なぜか注目されなかった。

時折，視察や調査のために「一度だけやって来る」人たちはいても，具体的取り組みからはほとんど「無縁」の状態で置かれた[3]。各方面に窮状を訴えても，「へえ，たいへんなんですね。がんばってください」と言われ，「孤立無援」の自治会役員と外国人リーダーは，特に望んだわけでも意図したわけでもなく，「たまたまお役目」で，弾の当たる場所に立たざるを得なくなった。そして，日本人団地住民と外国籍住民それぞれの「名代」として，他者との交渉，自分とは異なる理解の在り方を持つ相手を理解するという「渦」のなかに投げ込まれ，衝突をし続けた。

気がつくと，言葉のうえではこれまでと同じ語り口で「あの人たちは信用できない」と話しつつも，身体感覚のレベルでは「混交」が起こっていった。自治会役員は「耳学問」だけでカンボジア情勢や沖縄から南米への移民の歴史を理解するようになり，他方でこの団地の暗黙のルールを理解するに至った外国人リーダーは，自治会の集まりに参加するようになった。最初に自分たちで問題を把握し，ぶつかりあった人々の間では，相互浸透と連帯感が生まれ，リーダーたちは，この「街」から出て行った後も，「応援団」あるいは「遊軍」として，団地に残る高齢者や子どもたちをめぐる問題にいっしょに取り組むという形で，その交友は続いていった。団地祭は，この「街」を寄港地とする「異邦人」たちの再会の場となっていき，この「街」に縁のある移動民の子どもたちが呼び寄せた友人たちが，神奈川・日本国内の各地から，時には海外からも集まってくる場所となっていった。

10年余の「孤軍奮闘」の後，60歳前後から70歳前後の自治会役員と30歳

前後から40歳前後外国人リーダーたち，「異文化衝突第一世代」は，困難に直面した団地住民の「名代」として，「公」の場である「委員会」に出て行き，その実情を訴え，外部の協力者を「口説き落とし」，この場所へと「引っ張り込んだ」。引っ張り込まれた30代後半から50代の面々は，それぞれの場ですでに精一杯の活動をし，それら対外的活動の背後でそれぞれが親の介護や仕事など，複数の困難をかかえていた。しかし，「第一世代」の熱意に引き込まれ揺りうごかされ，「火中の栗を拾うつもり」で団地に足をつっこみ，「逃げ出せずに」，そしてまた新たに，引き込まれていく人を募り，しばらくは残り続け，しだいにこの場をあとにしていった。

　こうして，不況和音の絶えない雑多な集まりが，それでもなお活動を続けていくための「プラットフォーム」として，「湘南プロジェクト」という不定形な動きが始められた。その後，何度かの「実態調査」や「視察」の「波」をかぶることもあったが，「さしたる具体的成果もあがっていない」「目的が明確でない」「参加者の間での相互理解がない」などとされ，注目されることはなかった。

2．多文化・多言語混成団地におけるコミュニティ形成のための参加型調査研究

　3章での詳細な描写にあるように，「委員会」「課題と提言」という「型」への違和感，他方で距離を縮めて現場に入ることへの躊躇があった。熱気に引き込まれ，いざその場に降り立ってみると，そこには「おまえに何ができるのか！」「すぐやらないのか！」という厳しい問いかけがあった。他方で，集会所の外からは「外部からの暴力的介入だ」という批判があり，集会所を一つの場として，新たな試みを始めることへの複数かつ多方向からの異なる力の緊張関係が存在していることを体感した。国際交流や日本語のボランティアの世界に固有の文脈があること，そのサークル（「界」）に属している人たちが，あえて「一人だけ集会所に通うとなると，今後，この地域での『多文化業界』では

やっていけなくなるかもしれない」という不安があることを理解した。そこで，これまでの湘南市の「業界」における関係性から離脱し「何かを始めるための起爆剤」として，湘南市から地理的かつ人脈的にも距離を置く As さんたち「プロ日本語教師」グループの招請を決断した。

この活動のなかでは，体験したことがないほどの高額の資金を必要としたため，各種の助成金に応募し活動資金を確保した。資金を運用する母体としての「湘南プロジェクト」の構成員となったのは，新原道信（当時，30代），社協職員の Tk さん（40代），金迅野（30代），民生委員の Td さん（60代），民生委員・主任児童委員の Yk さん（50代），プロ日本語教師 As さん（40代），外国籍住民支援ネットワーク代表の Kt さん（50代），外国籍相談窓口の Ty さん（50代），院生・JICA 嘱託職員の Okn（20代後半），院生の中里佳苗（20代）などであった。海外からの協力者として，メルッチ，メルレル，イタリア社会学士の会（SOIS）の会長 R. シーザ（Remo Siza）たちも名前をつらねていた。

1999年度は，毎回のミーティングや教室の集まりの一回ごとが，空中分解の危険をはらみつつ，散会後の一週間ずっと，どのようにすべきかを苦悩しつつ過ごしていた。「ここで，結局何をするのか」という声に応えつつ，助成金を獲得するための「武器」でもある文章として，「多文化・多言語混成団地におけるコミュニティ形成のための参加的調査研究」と題したメモを，1999年夏から秋にかけて，新原が執筆している。以下で紹介する文章は，いずれもこの場に居合わせたものが，「うごきの場（Field, Nascent moments, momenti nascenti）」のなかで書く（writing in the field, writing while committed）ことで蓄えられた〈データ〉である。

①本調査研究は，「在住外国人支援」をテーマとして，横浜市総務局国際室，横浜市海外交流協会，かながわ学術研究交流財団，神奈川県社会福祉協議会などの自治体レベルや民間レベルの諸団体，ボランティア，NGO，民生委員，自治会役員，小中学校教員などの方々との間ですすめてきた協同作業をふりかえり，一つの区切りをつけることを目的としている。とり

わけ今回のプロジェクトで明らかにしたかったのは湘南団地におけるコミュニティ形成の可能性である。……団地近隣の地元旧住民との関係，団地内での日本人住民と外国人住民との関係，また外国人住民同士の関係，世代や性別，日本語の識字の度合いによる違いなど，同団地の内部には，多文化・多言語，様々な異文化接触体験をもった人々による混成社会が存在し，団地内外で多重かつ多層の緊張関係が存在している。このような場におけるコミュニティ形成の可能性を今日考えることは，これまでの都市社会研究の主要な研究課題であった〈都市への流入者と旧住民との間の接触・衝突による異質性を含みこんだコミュニティ形成〉に，根本的な革新をもたらすはずである。

②1996年度より湘南市社会福祉協議会の主催による在住外国人生活支援研究委員会の活動をすすめるなかで，もっとも顕著な外国人集住地区である湘南団地とかかわる様々な立場の方々と議論を重ね，当面は，以下のような知見を得た：(1) 在住外国人の中でもとりわけ子どもたちがかかえる問題に着目すること：なぜなら，子どもたちが日々感じ考えていること，そこで問題となっていることは，日本の地域社会の根本的な問題と深くかかわっているはずだからである。(2) 複数の文化を内にかかえ，日本社会の中で格闘するこうした子どもたちの中から，「社会のオペレーター（身近な相談役として地域の具体的な問題の解決への方策を知っている人）」が育っていくための環境を整備していくこと。

③イタリアの共同研究者であるA. メルッチ，A. メルレル，「社会のオペレーター」育成に取り組むR. シーザと連絡を取り合いつつ湘南団地におけるコミュニティ形成活動に参加し，(1) 湘南団地におけるコミュニティ形成の可能性を協力者や当事者とともに探る中で，(2) 日本社会における異質性を含みこんだコミュニティと社会のオペレーター形成のための先行条件と，(3) それにふさわしい「参加型調査研究」[4]の方法を明らかにする。

④上記の「湘南プロジェクト」の事務局構成員に加えて，湘南団地の自治会役員，外国人リーダー，外国籍住民，地元の保育園，小学校，中学校の

先生，国際交流親善課，国際交流協会，保健婦，民生委員，主任児童委員（以上は在住外国人生活支援相談委員会のメンバー）メンバーをプロジェクトチームとして，ミーティングを毎週継続的に行い，院生を中心に記録を作成・共有し，記録をもとに実践的課題とその意味についての解釈も含めてふりかえりつつすすめていく。

⑤生活相談のような火急の実践的課題に加えて，成人向けの日本語教室と学習支援のための子ども教室を設定することの意味は，多方向的なリフレクションの場，聴くことの場の設定にあると考える。すなわち，「日本の社会で生きていくためには実践的な日本語の力が必要で，そのために系統的な日本語のトレーニングも必要である。しかしそれと同時に，言語や文化の壁がある日本社会で生きていくためには，そのような異境の地にあるのだけれど，身構えなくてもよい場所，とりとめのない自分を出しても平気な場所が求められる。教室には，トレーニングへの欲求だけではなく，とりとめのない自分を出すことで，自分をふりかえる場所を求めてくるということもある。『居場所』を求めている相手に『教え込もう』とした時には，出会いは悲劇的なものとなる。一人の人間が，ただ相手を受け入れるという役割と，トレーニングをしてくれる教師という二つの役割を同時に担うのは，きわめて困難である。それゆえ日本語ボランティアには，教えられる知識以上に，相手の望んでいるもの，いまだ言葉としては発せられていないような願望をきこうとする力，察する力が求められる。その上で，相手により，技術的な要求にこたえたり，その人の『居場所』となったりしなければならない。このような意味での他者理解能力を培おうとすることは困難であると同時に，おそらく日本の社会のあらゆる教育現場にいるものにとっての指標ともなる試みである。本研究においては，この場に集い，居合わせたメンバーそれぞれがリフレクションする場としての『教室』を団地の集会所に設定する。設立・運営をめぐる相互関係，日本語教授を通じてなされる相互対立・相互承認そのものについて記録し，検討材料とする[5)]。

⑥地元住民とぶつかりあう中でコミュニティ形成を実現させてきた川崎市桜本地区の在日韓国・朝鮮人，自治体職員，ボランティア，NGO との交流をおこなう。また，移動民の子どもたちを支援してきた外国籍住民支援ネットワークのもとで育ちつつある若者（聴け！プロジェクトのメンバー）たちとの交流を図る。日本社会において異質性をもつものが，他の地域住民と同等の権利を主張し，また異質であることの権利を獲得し，さらには自らがその地域社会に存在することの意義についての新たな解釈を獲得するという意味形成の運動をしていくプロセスをかさねあわせる。

⑦移動民の子どもたちの成長を考えるためには，その背景となる環境，すなわち家庭や学校，地域における「受け皿」が必要である。この場合の「受け皿」とは，いつもそこにいったら誰かいて話すことが出来る，この人になら話せるというひとがいる場（「聴くことの場」）である。具体的には以下の場を設定する。

⑧**成人むけの「日本語教室」**：湘南団地には，様々な形で，日本語に困難をかかえる親と日本社会で育ってきている子どもというパターンの家族の流入が不可逆的に進行している。子どもは親との意志疎通の困難，また親のため通訳などの責務をかかえつつ，日本の学校社会への適応をせまられている。子どもたちは支配的文化である日本社会の文化により適応していくことによって，自分の親や自分の社会的・文化的な「根」の部分に対して尊敬を抱けなくなり，アイデンティティの危機に直面する可能性が高い。このような子どもたち（とりわけ外国籍児童たち）が日本社会で生活を形成し，地域社会のコミュニティ形成さらには後からやってきたものたちへの文化の通訳・翻訳者と成っていくための，当面の環境を整える必要である。そのため，子どもたちの親にむけての日本語教室を開催し，自国の子育ての考え方と日本社会における子育ての考え方の両者をふまえたうえで，自信をもって子どもに接することが，子どもの成長にとって何よりも重要であると考えた。

⑨ **「子ども教室」**においては、下記の課題を追求する：(1) 学校でなされている教育の補修をおこなうこと。親からの教育がきわめて困難な環境にある子どもたちにとって、「自分だけのことを考えてくれる大人（日本の社会・文化についての「乳母」のような存在）」が必要である。単に学校のカリキュラムについていくだけではなく、なぜそのような勉強が必要なのかという勉強の内容そのものをのせている社会・文化についての理解をうながす必要が生じる。(2) したがって、学校教育の補修のプログラムに加えて、子どもたちにむけての日本社会・言語・文化講座に相当するものが必要となる。これは親たちにむけての日本語教室のなかでも、取り組まれるべきプログラムであり、子ども教室と日本語教室は、日本社会で生きていくための異文化セミナー（日本社会・言語・文化講座）という共通の土台の上に立って、それぞれの課題（日本語の理解・自己表現能力の形成）に取り組むことになる。とりわけ子育てにとって重要だと思われるのは、同じ場所を共有しつつ親が熱心に学ぶ姿にふれることによって、またこうした諸活動をささえている様々な「大人」たちをみることによって、子どもたちがその背中から「公共性」「公共哲学」を学ぶ可能性である。

⑩ **生活相談**：子育てのための環境作りという点から、さらにおこなうべきことは、生活相談と子ども教室、日本語教室が結びつけられたプログラムを開催することである。これまでの経緯からすれば、生活相談と子ども教室、日本語教室でのかかわりを通じて、湘南団地に暮らす外国籍住民が、自分はいまいかなる問題に直面しているかを自覚的に発見しそれを日本語で表現していくことは、決して外国籍住民のみの問題にとどまらない。それは同時に、子育て家庭や独居老人や高齢者が、日本社会に生きていく際にかかえている諸困難を象徴している。したがって、住民の声にもっとも近い場所にある民生委員、主任児童委員の方たちとともに、子育てのための、こうした総合的なプロジェクト（子ども教室、日本語教室、生活相談）に取り組むことは、いま日本の地域社会が直面しつつある課題（多文化・多言語混成地域におけるコミュニティ形成のための生活支援事業）にとっても大

きな意味があると考えられる。

⑪都市近郊・郊外型の地域であり，多文化・多言語化が不可逆的に進行する湘南地区において，今後ますます地域社会の中で生じるであろう文化衝突に対応するためのコミュニティセンターとそこに常駐すべき社会のオペレーターは，コミュニティ内部の矛盾や問題を抑え込むのでなく，ぶつかりあいながら新たなものを生み出していけるような力，身の回りの状況を分析・判断する力をもつ必要がある。本調査研究によって，多文化・多言語地域に生じている諸問題への「対処療法」ではなく，日本社会全体での新たなコミュニティ形成の可能性とつながりうるような方向性を明らかにすることが効果として予想される。

⑫社会学という観点からも，参与観察的な研究者，実践研究者（Action Researcher），臨床家，実践家などの複数の視点と文脈を自らの内にもつ臨床社会学の構想と実践についての関心が高まってきている。臨床社会学者の必要条件は，複数のディシプリン，複数の社会・文化体験もしくは認識であり，さらに，ともすれば解体・拡散する危険性もあるそれらの複数性を，なんらかのまとまりをもった複合的な学として構築していくことを十分条件とする。本調査研究グループのメンバーは，すでにこうした調査研究活動，臨床実践の先駆者として，複数の学問のディシプリンを自らの内部に形成しつつ，眼前の問題との格闘によって生じる異文化体験を交流させるという，きわめて動態的で不定形な学を追求することをむしろ固有の特徴としている。ここで「内なる異文化」と呼んでいるのは，単に異なる言語や文化「根」をもつ人々，あるいは複数の文化的な「根」をもつひとのみを念頭においているのではない。むしろ「内なる異文化」という視角から，今日の社会をとらえなおすことを考えている。この視角からするなら，老人の世界，病院の世界，刑務所，外国人の家族が暮らすアパートの部屋のなか，等々…意識しなければ見えてこない身近なところにも「内なる異文化」は存在している。老い，病，障害…ただふだんは気がつかないだけ，あるいは見ようとしない，足元にある「内なる異文化」のすべて

が,「臨場・臨床の智」のフィールドとなる。大学の研究者のみならず, 臨床家もまた, まさにこのような意味での「臨床社会学者」であることが求められており, 本研究は, 大学のみならず現場の社会のオペレーター形成のための先行条件を明らかにしたい。

　このような文章を, プロジェクトとかかわるすべてのメンバーに提示し, ミーティングなど様々な場で, くりかえし伝えようとはした。社会調査という点については,「教室の場づくりをこわさない範囲で舞台裏で試みることは黙認する」, すべてのメンバーの一致点は社会的実践であり, それ以外の思惑も, 場をこわさないものであればおたがいに認めるという, 一種の「契約」のもとでプロジェクトがすすめられていくこととなった。

　しかしながら, 月曜日と金曜日, 集会所での週二回の教室が「船出」をしたこの時期には,「共通認識」をもった集団とはなっていなかった。当初の緊張感はなくなることなく, 声をからしてぶつかり合い, お互いの理解の在り方の違い, 言葉の違いが際立つかたちで, 居心地の悪い場で在り続けた。とりわけ「プロ日本語教師」からの「具体的な計画（ロードマップ）を提示せよ」という声は, 常に存在しており, 他のメンバーにも,「何のためにやっているのか, 何につながるのか」という不安が生じていた[6]。

3.『多文化共生コミュニティにむけて』(2000) の冊子づくり ——感覚と理解の交わり——

　「立場も思惑も年齢も職業も違う人たちが無心に」ぶつかりあい, なんどもなんども蛇行しながら進んでくるなかで, この場に居合わせた人たちには, うっすらとした共通の感覚が芽生えていった。すなわち, 〈行政などからの「支援」とひきかえに, エネルギーのありあまった子どもたちを一つの「鋳型」にはめていく,「矯正」していくという方向性は,「場をこわす」ことである〉という共通感覚である（たとえば, 以下のようなものなのだが, ここでの言葉は, 参加

者各自の言葉の端々から構成している）。

　◇「短期的・対処療法的ではない土地とのかかわり方，存在との契りの結び方――これがなによりも，この試みがなされる場に集ってきているひとたちに共有されているものであり，その姿・背中を，特に子どもたちに見せることによって，『教室内の学習者』という枠に収まりきれないエネルギーをもった『生活者』がやって来る場での智恵の伝達がゆっくり起こっていくはずだ」。

　◇このプロジェクトにかかわる人たちは，次第にいれかわっていかざるを得ない。その意味では世代継承を繰り返しつつ進んでいくしかない。「気をつけなければいけないのは，『善意』によってささえられたボランティア活動や，行政による『支援』が，当人たちの意図をこえ，あるいは意図に反して，コミュニティを破壊することもあるということだ」。気が付かない内に，ある土地や人とかかわるものの中に，「序列」がつくられ，「成功例の報告書」と引き替えに，「主人公」とされた子どもたちがこころに傷を受けることも起こり得る。

　◇この場にかかわる人たちの多くは，「利己的」でも単に「利他的」でもない。自分が埋め込まれているその場所にとって，何が必要か，誰になにをすることが自分の役目なのかを考え行動することがあたりまえだと，考えて口に出す前から身体が動いている。気が付くと，そういう人が，この場にのこってくれているのではないか。

　「仕事や家庭の事情からも，肉体的にもかなりたいへんなのだけれど，いまさら抜けるわけにもいかないし，なぜか気にかかるのよね」ということで，通い続けている。では「なぜこの場所に通い続けているのでしょう」というテーマで，冊子をつくってはどうかという話になった。これは，「外」の人たちに自分たちの状況をしらせるための冊子づくりではあったが，同時に自分たちが何をしてきたのか，どんな坂道，曲がりくねった道をどのように歩いてきたの

かを知りたいという要求が背後にあった。

　以下は，1999年から2000年にかけて作成された冊子（『多文化共生コミュニティにむけて――湘南団地での取り組み』）に寄せられた文章のなかの「はじめに」にあたる文章として新原が執筆したものである（湘南プロジェクト 2000：2-4）。

　　田園地帯の一画に建設された工場群に隣接する湘南団地は，誕生以来，この地にたくさんの働き手と子どもたちを送り出してきました。日本国内の様々な地域から集まってきたひとたちが顔を突き合わせて暮らすなかで，予期せぬ「問題」が起こったりもしたのですが，団地自治会はむしろ困難をのりこえるなかで自治の力を高めてきました。1980年代の後半，ラオスやベトナム，カンボジアのひとたちが，大和の定住促進センターからこの団地へとやってきました。そしてまた，中国からの帰国者家族，近郊の工場で働くブラジル，ペルー，ボリビアなど南米系のひとたちもやってきました。さらにかれらの家族や友人が集まり，いつの間にか，この団地は在住外国人の間でよく知られる団地となりました。

　　日常生活の中での異文化接触は時に衝突となり，団地自治会役員は，県保全協会や湘南市に対策を求めましたが，これといった手だてもないまま10年近くが経過しました。しかしそれでも自治の力の蓄積によって，日本人住民と各国代表による自治組織として自治会連合会の中に「国際部」を創設し，外国人リーダーたちは同国人と日本人住民との橋渡しを，日本人役員もまた外国人住民と日本人住民との橋渡しをおこなうようになりました。

出会う，ぶつかりあう，他者を識る
　1970年代に働き盛りでいまや「熟年」となった初期の団地入居者たちは，いまのところなんとか自治会を運営しているけれど，10年後には外国人のなかからもっともっと自治会役員，ひととひととをつなぐ役割をはたすひとが出てきてほしいと思っています。

「外国人」の親たちは，なんとか仕事を確保して，暮らしを維持することで日々を過ごしています。とにかく忙しいし，なにをするにも「日本人」よりもエネルギーを必要とするので余裕はありません。生活上の言葉としての日本語をどうにか獲得して自分はかろうじて生きていけるけれど，子どもの将来はどうなるのだろうかと不安を感じています。また機会があれば自分も勉強がしたいと思っています。子どもたちは，まず第一に自分に愛情と関心をふりそそいでくれる人を欲しくて，先のことについても団地の外の世界で生きていくためにはものすごいエネルギーが必要となることをうっすらと感じてもいます。

たしかにこの団地には，「日本人」「外国人」のわけへだてなく接してくれるひとたちがいました。しかし住民個々人の力だけで持ちこたえるのはもはや困難だと判断し，「外部の力」を借りることを考えるようになりました。そして，貴重な時間を使って，自治会長や事務局長や民生委員の方々が，「在住外国人支援のための委員会」に参加し，声を枯らして窮状を訴えました。「外国人だけでなく日本人も助けてくれ！」と。具体的な動きは何一つないまま数年が経過し，「委員会」はなにごともなかったかのように「課題と提言」を出して終わりとなるはずでした。しかし，自治会長たちの肉声が身体の芯に突き刺さった「委員」もいました。「一度始めたらなかなか止められないけれど，本当に出来るのか」……次々と沸き上がる不安と迷いの果てに，「ええい，ままよ」と，「委員会の守備範囲」からぶれてはみ出すことを覚悟した何名かの委員が団地にやってきました。

しかしこれまで，県や市，諸団体から見て見ぬふりで放置されてきたこの団地が抱える「問題」はあまりにも山積みかつ深刻で，SOSの訴えが溶岩流のように押し寄せてきました。「本気でやる気がないならすぐに帰れ！」と，ものすごい緊迫感で，何度も話し合いがもたれました。「県知事を呼んでこい」「ラオス人のための建物をつくれ」「車を買ってくれ」といった「依頼」に応えることは無理でしたが，なんとか決裂せずに続けら

れた話し合いのなかで，お互いに何ができるのか／何をしたいのかが少しずつ見えてきました。

　それは，「この国でただ日々の生活をすることが十分に闘いだ」という親たちにとって，「自分たちや子どもたちが，少しでも日本語や日本社会のことを学ぶ場が団地内に欲しい。駅前や近くの公民館じゃだめなんだ。だってこの団地だけが私たちの『寄港地』なのだから」というものでした。

　こうして，団地内の集会所が休みとなる月曜日に，日本語教室と子ども教室，さらには生活相談のための場をつくることになりました。そして，この場を維持していくために，団地設立当初から自治会を支えてこられた方たち，「外国人リーダー」の方たち，「割にはあわない仕事」にあえて足をつっこんでくれた福祉団体の職員や民生委員，主任児童委員，市会議員，保育園や小中高の先生，地元あるいは遠くから通ってきてくれたボランティアの方たちが，膨大な時間とエネルギーと「我が身を投げ出す」ことになったのです。

　それからはずっと，みなが「手弁当」で，それぞれの力を寄せ集めるという骨折りをしていくことになりました。教室が開かれるのは週に一度（時には二度）でしたが，とりわけ最初の立ち上げの頃は，打ち合わせのために何度も集まり，それ以外にも子どもや外国人家族の方たちに困難が生じたときには，病院や学校や，様々な場所を行脚する日々が続きました。他方で，活動資金を獲得するために，いろいろな団体に協力を要請し，書類をつくりました。ある自治会役員の方は，半分冗談まじりに，「人様のことにばかり首をつっこむので，妻とはケンカばかりです」とおっしゃっていました。

　ここに集う「大人」や「子ども」も，それぞれが親の介護や仕事や学校などで，複数の困難をかかえているのに，なぜかこの場に来てしまう。その不思議な感覚のみを共有するひとたちが集う場所でもありました。この場がつくられるにあたって起こった大切なエピソードを，いくつかみなさんにご紹介できればと思います。

この導入部の文章は,「湘南プロジェクトの自画像」としてのイントロダクションであり,本論部分では,この場に居合わせたもの各自による自己表出(「わたしは何者か」のみならず「どんな意味があるのか」まで)が展開されていく。

4. 不協の多声のどよめき

以下では,2000年にまとめられた冊子『多文化共生コミュニティにむけて』に,この場に参集した様々な立場の人たちが,「名代」として寄せてくれた文章を,新原が居合わせ,粗描したエピソードと組み合わせながら見ていく。この場に居合わせた「立場も思惑も年齢も職業も違う人たち」の属性により,いくつかに分類していく。

(1) 自治会役員

まずは,会長,事務局長,国際部長など,自治会役員の言葉だが,あらかじめ打合せや役割分担をして書かれたわけではないのにもかかわらず,湘南団地という場が,誰のいかなる努力によって形成されてきたのかについての理解を,文章をつらねるかたちで表出している。これらの人たちは,1996年度以降の「委員会」で出会い,おたがいの異質性を体感し,ぶつかりつつ,理解を少しずつ創り合った間柄である。

二度にわたって会長をつとめたAtさんは,この30年の歴史の「証人」として,湘南団地30年の歩みを概観する文章を寄せている。

> 私がこの団地に移り住んだのは1969年5月で,第三次の入居であった。この辺は田圃だったところであり,ちょっと大雨が降ると川が溢れ,田圃一面が水浸しとなって,百姓泣かせの土地であった。団地が造成され入居が始まったのは1967年の4月,5棟くらいで約110世帯,同年12月に第

2次の入居があり，13棟で約320世帯，その後第3次，第4次と続き，身障者用の1棟を含めて50棟，1,370戸分の団地が完成したのは1971年のことだった。

当時，団地のまわりには田圃は沢山残っていて青田鳴く蛙の声が一時期うるさいほどだった。団地が造成されて間もなく大々的な堤防の改修工事が行われ，川沿いの住民にとって洪水の心配は一掃された。自治会結成の動きは69年に既に始まっていて，同年12月団地全体で自治会結成総会が開かれた。その後各棟毎に自治会組織がつくられ，棟会長，常任幹事，会計の三役員選出されていった。翌年には湘南団地連合自治会と改称し，各棟の常任幹事が連合自治会の幹事となり，各々各専門部の部員となって連合自治会の運営が進められた。

連合自治会の活動，環境の整備と住民の足となる交通問題の対策が大きな課題であった。団地の入居者は自家用車の持てない人に限定されていたので交通の手段は路線バスに頼る外なかった。71年，神奈中対策委員会が設けられ，バスの利用者，バス通勤者の実情の調査，神奈中と交渉等を重ね住民の不便さが解消されていった。

その後マイカー時代がきて，今度は路上は路上駐車をなくすため，駐車場の必要性に迫られた。自治会は駐車場対策特別委員会が設け，団地周辺の空き地を借りては駐車場を開設していった。しかし管理の面で限界があり，自治会としては直接，地主に駐車場をつくってもらい，自治会が利用者を紹介するという形式をとった。車の台数も増え続けたが，子どもの数も増えつづけた。小，中学校の生徒数も増え，各校とも校舎増築などが行われた。1975年の湘南小学校の生徒数は1,180人を超えていた。

住宅建設が加速的に進んだとき，各地で騒音問題が起こった。当時の一主婦の声に「このせまいスペースの中で生活する資格は，耐えること，許す心があること，ただ目をつぶって許すのではなく声をかけ合い，そして理解すること，そうしなければ，またいつの日か争いの中にはけ口を求めるようになる」とあった。……棟毎に座談会等を開き，住民同士の対話に

よってお互いに理解し合える雰囲気づくりが進められた。やがて全体的に対話の努力が実って危機をはらんでいた騒音問題もおちつき団地の中に平穏さが戻った。

　78年頃は植樹も進み，花壇づくりが各棟で盛んになって緑豊かな団地となり，心にもゆとりのある生活がおくれるようになった。……その後数年が経つと，子ども人口は徐々に減少していった。団地が出来てから約15年，1985年頃になると，……年々外国人の数は増えて，一時は気味の悪い存在と思われた。言葉がきちっと通じない面もあって，自治会も外国人の対応には苦労が大きかったと思う。……そして10年，外国人の増加と同時に，一方では少子化，高齢者化が急速に進んでいた。外国人の問題については，各関係者の献身的は働きによって改善され，比較的入居の早かった人たちは，すっかり団地の生活に溶け込み，人種差の意識もないほどになっている。団地は小さな合衆国として，それぞれの国の文化も尊重しあい，お互い手を取り合って団地の諸事情を大いに盛り上げていけるようになるのも間近いものと思っている。

　当初，本書のタイトルの英語版として候補にもあがったWitnessing the Field in Motion——（うごきの場に）居合わせて，そのうごきを見てきたという意味で，二度にわたって会長をつとめたAtさんは，この30年の歴史の「証人」として，湘南団地の歩みを概観し「証言」している。そして，このAt会長も含めて，事務局長として7人の会長と活動をともにしたSiさんも「証言」を寄せている。Siさんは，最初に団地に入っていた初期の段階から開示していたフィールドノーツや会議の記録（新原や中里やOknが作成したもの）に対して，何度も「苦言」と細かな注意を与えてくれた人でもある。

　団地建設当時，誘致に多角的に地域を説得し力を傾けた，今は亡きHm氏が曰く，湘南公民館長時代に「これで湘南の人口は倍になり，地域活性化につながるが，反面，外の人間が多くなり，生活環境を含め国際的な面

で，公民館活動を考えていかなければならないだろう」と，15年前私に語ってくれたことが，頭の中に鮮明に残っている。

……苦慮する活動の中で現在も続いているのは，団地祭。その祭りでさえ意見の対立があり，毎晩喧々囂々としていた。私の主観は，「この団地は，北は北海道，南は九州沖縄と，故郷を持つ人たちの長屋所帯である。故郷に帰れば，その町その町特色の祭り也，納涼祭がある。団地で生まれた子どもたちは，団地が故郷ではないのか。それであれば，団地は団地の特色を考えていかなければならない」。活動のメインテーマとして「子どもたちに夢と希望」「老人と身障者に愛の手を」，2項目のテーマが，団地祭が続けてゆく要因であった。

……母国において政治弾圧により，両親，更には家族を失う悲惨な出来事が，世紀が変わった今も繰り返されている弾圧を体験した多くの人々。湘南団地にも，難民申請を行い，生活をしていますが，実質的，心のやすらぎはどうであろうか？ 行政や企業の対応も，外国人ということだけで差別をし，「ここは日本だから」と一方的に，彼らの主張を受け入れていないのが現状である。連合自治会が，外国人対策として問題を取り上げた理由は，日本人住民から「食文化の違い」「生活習慣の違い」，具体的な例として「外国人がつくる料理の臭気がたまらない」「ベランダからものを投げる」「道路にたむろして恐ろしくて通れない」「夜おそくまで騒いでうるさい」。これらの事例は，日本人同士であればなんの問題もないことであるが，早朝真夜中問わず連合自治会に「なんとかしろ…！！」の電話。常識外の本数で，役員の心労が重なった。少なからず，気持ちの中に差別意識がある日本人。言葉が通じない，意味が理解できない彼らに，担当の国際部長がその都度出向き，理解を求めてきました。理解を求めると同時に，彼らの声を聞き，役員会にて検討，論議し，施策を講じてきました。

……（連合自治会としては，集会所を使用するにあたって）「短期ではなく長期に，又生活に密着した開設であれば無料で開放してゆく，葬儀の時は保育園で」という条件で，「湘南プロジェクト・日本語教室」が誕生！

連合自治会事務局の本音，今だから書けること。各国の人たちがいるので，指導者は？開設はしたが運営の予算は？10年はかかるだろう？と，様々な問題が頭の中をよぎり続けましたが，みなさんの前向きの姿勢により，明るい道が開けてきました。

国際部長のSkさんは，団地を歩くと，たくさんの子どもたちから「Sおじさん！」と声がかけられ，抱きつかれていた。

私が団地に住む外国人の方々と出会ったのは，かれこれ15年前ではなかったかと思います。……現在，総世帯1,323世帯，外国人169世帯です。内訳は，カンボジア42世帯，ラオス41世帯，中国37世帯，ベトナム19世帯，ブラジル15世帯，ペルー7世帯，韓国5世帯，台湾，スペイン，ボリビアと続きます。とりわけ私の住んでいる13棟は，カンボジア4，ラオス4，中国1，ベトナム1です。団地の中で一番外国人の多い棟です。……外国人の子どもたちは，私の姿や車を見つけるなり，大きな声で窓から手を振ってくれます。子どもたちの元気な声で呼ばれると，その日一日が爽快な気分になります。子どもを通じて，母親も保育園や学校との関わりから，少しずつ話しかけてくれるようになりました。子どもたちといえば目をみはるばかりの速さで日本語をマスターしており，日本の子どもたちとなんら遜色ありません。昔から「郷に入ったら，郷にしたがえ」とありますが，それを彼らにおしつけても無理なことで，少しずつ理解を求め，ゆずるところはゆずり，守るべきところは守るように，長い目で見ないといけません。……彼らの心の傷を，少しでも和らげ，共生できる環境をつくることが大切なのではないでしょうか？

国際部長をはじめとした自治会役員は，月曜日となるといつも（初期段階では金曜日も）集会所に来てくれていた。「なぜ外国人ばかりに集会所を開放するのか」という声に対して，自治会としての取り組みであることを示し，「盾

となってくれていた。物理的にも精神的にも，いかにたいへんなことだったろうか。

このとき，Skさんの前任者である前国際部長Mkさんにも寄稿をお願いしたが，「お役目が終わったので」と固辞された。以下は，Mkさんが，1999年最初の教室開催のときのエピソードである。

「国際部長」に捧ぐ

　前国際部長のMkさんは，何度も何度も夜中に呼び出されて，それでも顔を出して，なぜカンボジアや中国やベトナムのひとたちがぶつかるのかということをつぶさに体験した。「おう，それでフンセンがさあ，あれした時だろう，ポルポトはどうなってたんだあ」と，カンボジアの政治情勢をまったく自然に話すMkさんは，身体でアジアの国際関係を学んだひとだ。ぶつかり合う中で育まれた「智恵」がそこにある。「突然国際部長をやらされて，最初は本当にどうなることかと思ったよ。これ以上，外国人が増えたらもう自治会役員の力じゃ無理だよ。まあ，リーダーたちがしっかりしてくれているから，かれらがいてくれて本当に助かったよ」。その日，はじめて大笑いするMkさんの姿を見た。

　教室が始まると，子どもたちや外国人リーダーたちもやってきて，クラスは結局4つ（初級，中級，上級，子ども）にわかれた。騒然としていたけれども，どうにか切り回せた。集会場には，これまで常だったピリピリとした緊張感はなく，ずっと待っていた「贈り物」をついに手にしたときの安堵感と満足感がただよっていた。大人たちも子どもたちも，みないままでこの場所で見たことのなかった顔をしていた。中学2年生のブラジル人少女が「もし漢字テストとかつくるんだったらわたしも手伝うから」と言ってくれた。いままで歩みをともにしてきたひとたちは，みな新しい顔をしていた。こんな瞬間に立ち合うことはそうないだろう。

　教室の終了後，「ちゃんと予算をとったから心配するな」といって天ぷら蕎麦がふるまわれた。Mkさんは「俺の分を食べろ」といって，外国人

144　実践篇

　リーダーの中でたったひとり残ってくれた Tp さんに丼をまわした。思えば，団地の集会場に始めて外国人住民のひとたちの声を聞きにいった時，先週の土曜日に意見調整にいった時，そして今日，天ぷら蕎麦はいつも目一杯の感謝のしるしだった。集会場が休みの月曜日にわざわざ集まってくる役員のひとたちは，「ここでやるなら絶対来ます，先生も楽しいひとだから」といってうれしそうにするひとたちの表情のひとつひとつに，不器用な言葉で，渾身の力で応答する。
　「このままじゃだめだ！」といって，感情をぶつけあった。気がついたら，いまこの団地の集会場に集っているひとたちの多くは，直接自分の「問題」でもないことに，かっかして，ぶつかりあい，何度も何度もここで出会っている。それぞれがちがっている。でもそこには「私」などなく，身を賭してぶつかりあうという，その一点だけでこの場に集う。
　「集会場が休みの日に本当にすいません」と言うと，「いや遠くからきてもらって本当にすいません」という言葉が返ってきた。もちろん次の瞬間，またぶつかり合っているだろう，直接「自分のこと」ではないことがらに，声を枯らし，身体を張って，真剣に，ものすごいエネルギーを内側から引き出しながら。本当に不思議だ。なぜか道が開けた。

(2)　民生委員と地区社協職員

　こうした自治会役員とは異なり，団地に暮らす民生委員の立場から，プロジェクトでの生活福祉相談において中心的な役割を果たしてくれたのは，Td さんと Yk さんだった。とりわけ，Td さんは，Ks 会長とともに，湘南市社協の委員会に出席し続け，声をからして，外部の人間を団地内に迎え入れようとし，「湘南プロジェクト」設立当初の屋台骨を支えた。午前2時に，悲鳴が聞こえる部屋に直接飛び込み，「それはプライバシーの問題で……」という人に対して，「なにいうとんねん。奥さんが旦那に殴られとんやで！」という人だった。そして，湘南団地連合自治会が集会所を無償で提供してくれるおかげで，この活動を始めることが出来ましたという感謝の言葉を常に言うという関係性

を，自治会役員との間に持っていた。

　……大人対象の日本語教室，小1～6と中1～3を対象とした子ども教室，そして民生委員独自の生活福祉相談コーナーでは，自治会の資料から抽出した外国人名簿を基本にして，「知り合いの人が何か困っていないか，あれば学校に相談に来て下さい」と，子ども教室の生徒たちに協力を依頼しました。やはり同国人の，呼びかけには反響がありました。職がなく，奥さんのパートのみの収入で子ども2人を育てているペルー人，中国残留孤児の家庭は夫がパートの鍼灸師で，月収10万円も稼げない（この人の場合，小2を頭に3人子どもがいる），タイの国境キャンプで1歳の女の子が，毒蚊に刺されて脳性麻痺になり現在も体重・身長もほとんど伸びずに，流動食のみで生きているなど……その他，1年を通じて39件の相談の事例がありました。行政関係の申告，学校関係の主に（修学援助制度）の申告，生活困窮世帯の抽出，生活保護の申請，国民保険で病院へ入る場合の病院への説明，悪質な雇用主による賃金の未払い等，列挙にいとまがありません。

　私たち民生委員と主任児童委員は，市役所又は病院，学校へと足を運び，解決に向けて努力しました。……行政（湘南市役所）へ数十回ケースを同道して，申告・相談に行きましたが，窓口の対応たるや，事務的の上に，窓口のたらい回し……「今私は緊急の相談と申請をお願いに来ているのだ」と頼むと，窓口は極端に渋い顔で「私たちにはどうしようもありません」と答えるのみ，湘南市に在住する，外国籍の人が何千人いるのかも知らない市議がほとんどで，私たちが知り合いの市議に状況を話をすると，彼らは「へー，驚きました，まあ，がんばって下さい」，その程度の認識です。……私は一度癇癪を起こし，某課長に対して「行政が何もできないのであれば外国人受付の看板など外してしまえ，湘南市に外国を受け入れる資格などない」と暴言を吐いたこともあります。とにかく，なんとか初期の目的は達成されました。……今後は，どれほどの相談があるのか，

何処まで私たちの力で解決できるのか,「とにかく, 頑張れるところまで頑張ろう！」を合い言葉で, この稿を終わります。

Tdさんに頼まれ, 心臓弁膜症の手術や, 精神障がい者手帳を持つ母親と二人暮らしの高校生の進学相談など, いくつかの相談にかかわっただけでも, 間に立ってつなぐこと（「社会のオペレーター」であること）の困難と蹉跌, もどかしさを体感させられた。Tdさんを助けた主任児童委員のYkさんは,「いくら国策とはいえ, 定住センターのたった6か月の教育で, 数百名の外国籍の人たちを, 送り込んでくるその異常さには, 私たちを含め団地自治会の役員も, 対策に毎日追われるのが実状です」と書き残している。

Tdさんとならんで, プロジェクトの事務局, とりわけ資金獲得や会計処理など, 実務的部分の大半を長きにわたって支え続けてくれた社会福祉協議会のTkさんは, 慎み深く, 思慮深い話し方そのままの文章を書かれている。

　私が在住外国人の関係にかかわったのは, 1993年5月に神奈川県社会福祉協議会に設置された,「在住外国人の生活支援方策策定委員会」の委員になったところからです。当時は, 1980年代から増加傾向が顕著となった, 外国人の労働や医療の問題を中心として, 日々の暮らしのなかで様々な問題が起きていた頃です。……在住外国人を支援する団体から選出された委員の方々の意見は, 日々の生活のなかで生々しい様々な問題が提起されました。私には, めまいがおきるような衝撃（とんでもないところに来てしまった…）だったことを思い出します。
　……そして, 市町村域における生活支援システムの構築にむけて, まず, 1997年3月湘南市において「在住外国人フォーラム」を開催しました。1997年度からは, 県社協での研究を踏まえた, 住民の生活基盤である市区町村域での生活支援について検討する目的から, 湘南市がモデル地域に指定され, モデル地域としての研究検討を始め……（課題として）, 特に「子どもの育ち」に注目することが確認されました。湘南団地自治会の方々と

の打ち合わせを繰り返し……子ども教室，日本語教室，生活相談を実施し，その間には，地域イベントである，団地祭やふれあい祭への模擬店出店，デイキャンプやバスハイクなどのリクリエーションを実施し，在住外国人の方々はもちろん，地域の人々とのコミュニケーションも深められ，相談はもとより，ニーズ・問題発見に結びついてきたと確信しています。……今までもそうでしたが，財源確保の難しさ，「子どもの育ち」という視点にともなう，当事者である子どもの中からのリーダー養成，子ども教室—日本語教室—生活相談という連携の難しさなどなど，まだまだ完成されていない課題は山ほどあります。しかし，この活動を通して少し見えてきたことがあります。それは，同じ地域で暮らす人々が，互いの文化や宗教，生活習慣などを尊重しあうとともに，認めあい，それぞれの悩みや困難を自分のこととしてとらえ，分かち合うことができるようになること。同時に悩みや困難を分かち合うだけでなく，「違う」ことを認めあい，多くの文化と出会える機会として楽しめることができる地域づくりが大切であることです。同じ地域で暮らす人々がつくりあげることはもちろん，生活問題がある以上，公的な相談対応や活動に対する資金援助が実現されることを強く希望します。また，働きかけを今後もしていかなければならないと思います。

「地元社協の職員」であり，僧侶でもあるTkさんにとっては，他の外部からのメンバーと違って，ひとたび湘南団地にかかわり始めたら，やめることは出来ないという決意を必要としていた。Tkさんに誘われ，自転車で集会所まで5分の距離に住むTkiさんなど，職場の後輩たちも通い続けてくれた。

「やれるところまではやるけどな」「とにかく，頑張れるところまで頑張ろう！」と，いつも口にしていたTdさんは，阪神淡路の震災で被災した後も調子がよくならない姉が心配だからと，神戸の長田へと「帰って」いった。その直前まで，他人のことばかりに奔走していたときのエピソードとして以下のものがある。

あたかも『忘れられた日本人』のように

　会議の終了後，Tk さんがしきりに，「じゃ，この後の『打ち合わせ』はどうしますか」と何度もいう。おかしいと思っていると，それは，自治会のみなさんといっしょに酒宴にいくという意味だったことがすぐに明らかになった。焼酎のお湯割り（梅干し入り）とハウスワインで乾杯をしようとすると，民生委員の Td さんは，「いや，わしゃこれから，カンボジアの F さんの奥さんのところに行くから失礼しますわ」といって，酒宴の途中で抜けていかれた。頭をわずかにさげ退席するその姿がとても美しく感じられた。「団地の代表を利益誘導型のひとにしては絶対いかんのです」と，日頃は温厚で魅力的な笑顔の新「国際部長」Sk さんの顔が，般若の面のようになったときにも，同じ美しさを感じた。「利己」でも「利他」でもない。宮本常一が対馬で出会った「総代」の「智恵」は，いまもなお，この団地のひとたちに残っている。それは，あたかも『忘れられた日本人』に登場する，日本の地域社会の奥深くに根付いていた民主主義（ひとの道）のようだった。

(3) 地元ボランティア

　教室を始めてからしばらく経つと，外からのボランティア中心だった子ども教室に，湘南地区に暮らす地元ボランティアの人たちが通ってきてくれるようになった。湘南地区で「生活学校」を主催し民生委員もされていた Kw さんもその一人だった。

　……20 年ほど前に湘南の生活学校の代表として，立場も思惑も年齢も職業も違う人たちといっしょに無心になって活動をしていました。年二回講師をよんで講演をしていただいていたのですが遠方より頼み込んできていただくのに，まだ当時は地方の町で 30 から 40 人の参加者を集めるのは容易なことではありませんでした。その時公民館長をしていらした Hm さんに色々お世話になり，各種団体と連絡を取り合いやっと人が集まりほっ

としたことがなつかしく思い出されます。またその当時 Hm さんが外国人の団地住民の世話をされていて、協力してくれるよう何度も頼まれたのですが、生活学校は100人くらいの会員を抱え毎月目新しい行事をする為に私は奔走していたので外国人とのかかわりまで出来る余裕はありませんでした。しかし何回か Hm さんが主催する会合に参加して団地にこんなに多くの20から40代の東南アジア系の男性がいるのかと驚いた記憶があります。聞けば Hm さんが一軒一軒お宅を訪問していらっしゃると伺い、たいへんだなあと頭の下がる思いでした。

　その後民生委員を引き受け団地の民生委員さん仲間から外国人とのトラブルを色々聞いていましたが、私の担当には外国人はいなくて直接かかわってはいませんでした。15年間つとめた民生委員を辞めてほっとしていたときに民生委員総務の Td さんから「子ども教室のボランティアに湘南地区の人が一人も参加していないのでやってくれ」と頼まれました。打ち合わせのために団地の集会場に行き、初めて団地の人たちにとって外国人とのかかわりがいかに深刻な状態になっているかを知らされました。自治会をはじめ、国際部、民生委員の人たちが日夜こんなに努力しているとは、同じ湘南地区に住みながら全く気が付きませんでした。

　……子どもたちのあまりのエネルギーに圧倒され家に帰って立ち上がれないほどくたびれてしまいました。本当に続けられるのだろうかと心配しましたが、そのうちに子どもたちも私たちも慣れてきて、お互いに居場所を何となく確保しつつあります。最初は先生を自分一人のものにしようとしていた子どもたちもだんだん落ちついてきて、ときどき確かめに来て関心を持っていてくれているのが分かると安心してくれるようになってきました。彼らと接していると、日本の子どもたちにはなくなってきた、たくましさ、人なつっこさに出会い、感心させられます。

　子どもたちにここに来て何かいいことがあったかと質問すると、口では何もないと言いながら、「じゃあ先生に手紙を書いて」と言うと「いそがしいのにいつもきてくれてありがとう。ずっと続けて下さい、お願い！」

と書いてはにかんでいます。この不況下で夜まで働いている親達が多い子どもたちにとって、やはりここはオアシスなのでしょう。小1から中3までの子どもたち30人くらいを数人の先生で見るというのは本当に不可能に近いと思いますが、それでも子どもたちが毎回来てくれると私たちも頑張らなくてはと思います。

　これだけ立場も思惑も年齢も職業も違う人たちが無心になって外国人のために尽くしている「湘南プロジェクト」が不思議でなりませんが、リーダーたちの人柄なのだろうかと思いつつ私もひきこまれています。

　20年前に夢中で生活学校をやっていた時のメンバーが、今湘南の各団体の中心になって互いに助け合いながら活躍しています。10年20年会ってなくても、会うと昨日会ったような感じで「楽しかったわね」と話しかけてくれます。この日本語学校の子どもたちも20年、30年たってから再会しても昨日会ったように話し合い、日本人と外国人との橋渡しが出来るような大人に育ってくれることを夢見て、私も又一年頑張って通っていきたいと思います。

　ボランティアで参加してくれた年長の「大人」たちの多くは、Kwさんのように、子どもたちに接するなかで、自分たちがかつて体験してきた企図の果実が後からやって来ることに気付かされ、子どもたちの「未来」と対話してくれていた。「アンケートをとったら、まな板のない家がいくつかあることがわかったの。奥さんも働いていて、ある程度お金はあるんだけれど、料理の仕方をあまりよく知らないということらしいのね。それで料理教室を開いたり、公民館で読書会を開いたりしたんだけど、おかげで二度ほど倒れたわ。身体もいたわらなきゃと思ってしばらく身をひいていたんだけど、なんかまた足をつっこむことになっちゃったわね」というKwさんは、息をきらせながら通ってくれていた。

　たとえば、元教師であったIiさんは、「わからない所をわかるまで教えてあげたいと思っても」、数人のボランティアで対応しきれないもどかしさを感じ

つつ，「でも勉強の合間に，学校や家での様子を話してくれたり，私のことを聞いてきたりと，だんだん親しくなり，スーパーで会っても声をかけてくれるようになりました」となり，「リーダー育成の場ともしたい」と考えたデイキャンプでは，「この活動を通して，人参嫌いの弟のことを心配する子，上履きを忘れた未修学児の弟が体育館に入れてもらえるのか心配する子など，日頃みられない良い面がみられとてもうれしかったです」と書き残した。

(4) 小中高，そして保育園の地元教師

Ii さんは，「湘南小の先生方がお忙しいのにいらして指導して下さった事は，とてもありがたかった。子どもにとっても励みになったと思います」と書かれているが，地元の小中学校の先生たち，そして初期段階から現在に至るまで，ずっとこの活動を支えてきてくれた Tn さんなどの高校の先生たちが，継続して集会所に顔を出してくれていた。そのなかでも，近隣の学校の国際教室を中心とした地元教師の直接的あるいは側面支援の基点となっていたのは，湘南保育園の Hs 園長であった。

　　湘南保育園は，県営湘南団地の建設とほぼ同じ時期に開園し，湘南団地の方々をはじめ地域の方々と共に歩んできました。当園に外国籍を持つ子どもが，入園してきたのは 1983 年に 1 名（カンボジア籍）が最初でありました。その後徐々に増え，1988 年代後半には急激に増加し，1999 年度は述べ人数で全児童の約 30％にあたる 48 名の児童が外国籍をもって在園していました。最近では外国籍の労働者等の増加に比例して，来日する子どもが増加していることから，外国籍を持ち日本で生活している方々のことをマスコミでも，多く取りあげられるようになり，また各団体のボランティアの活躍で，様々な支援を受けられるようになりました。
　　当園で初めて子どもをお預かりしたころは，外国人保育の手引書も無く手探りの保育でした。生活習慣，言葉，様々な文化の違いに戸惑いながら，職員全員でいろいろ知恵を出し合い保育にあたってきました。そうし

た保育の中で最も気をつけていたことは，子どもたちや保護者の方々を，特別視することでは無く，よりこまやかな関わりを大切にし，子どもたちや保護者が何を求めているかを考え，日本の生活に無理に同化させるのではなくその国の様々な文化を受け入れながらの保育でした。それは私どもがモットーとしている一人一人を大切にする保育にもつながることでもありました。

外国籍のある方々とかかわりを持つようになって17年になりますが，その中で特に感じたことは，日本で生活をして行くうえで，言葉がうまく通じない即ち意志の疎通が図れないという不安があったと思います。数ある問題の中でも子どもが「けが」をした時，「病気」になった時の対応で病院に行くにしても病院がどこにあるのかまた医師との話しがうまく出来るのか等など，大変な苦労だったと思います。

保育園で起きる諸問題については保育者と保護者間で解決できるものはよいとしても，解決できないことも多々あり専門機関との細かな連携，行政・地区自治会との連携を取りながら一つ一つ対応をしてきました。当保育園は，保護者の責任において子どもの送り迎えをお願いしている関係もあり，保護者と接する機会が比較的多くあり，子どもを迎えにきた時などを利用して出来るだけ子どもの一日の様子を話すように心がけてきました。理解が得られないと思われた時は，通訳者（外国籍保護者・大和定住センター職員）を交えて話し合いもしてきました。

しかし子どもの内面的な部分になると思うように伝わりにくく，子どもは日本語で話をしてくれますが，母親が子どもの話の内容を理解出来ないことも多々ありました。保護者は子どもの様子で，何か嫌な事があったということは分かるようですが，細かな点まで理解できなくとても心配していることが伺えました。

保育園在園中は，保育者と保護者間で子どもの一日の様子について，お互いに比較的情報交換が出来ているが，学校へ行くようになったときにはという不安も隠し切れないものがあるようでした。今保育園を卒園した子

どもたちは，小・中学校・高校・専門学校や大学生，またはすでに社会人になっている方等，それぞれに自分の道を選び進んでおられることは，喜ばしいことでもあります。子どもたちや保護者の方々が日本の社会で生活をしていく上で，まだまだ多くの問題を抱えているであろうと考える時，その問題に対しての解決策は，行政や乳児期を預かる施設，小中学校，地区自治会，民生委員，児童委員の方々と密接な連携を取りながら対応していくことが，これからの課題と考えられます。当地区で行われている，日本語教室・子ども教室・生活相談などの事業がより充実されることを期待し，一層の発展を願っております。

幼児教育の専門家であることに誇りを持っていたHs園長，その園長のもとで「育った」保育士さんたちは，「移動民の子どもたち」に出会い，どう対応していいかわからず，行き詰まったという。それでもなんとかせねばと，タイのカオイダン難民キャンプに行った経験のある牧師さんにわざわざ静岡から来てもらったりして，自ら学び，自分たちの側の「保育の枠組みを変えていかざるを得ませんでした。だって，目の前の子どもたちにあわせてうごいていくのが保育でしょう」とおっしゃっていた。「集会所が使えないときはどうぞ保育園を使ってください」と申し出てくれたHs園長からは，かたちを変えつつうごいていく（changing form）ことへの勇気を学んだ。

(5) 「外国人リーダー」と移動民の子どもたち，そして大人たち

団地に暮らすそれぞれのエスニック・グループは，「内戦」の影響があり，内部の対立や緊張関係も存在していた。エスニック・グループ内部，グループ間，日本人住民や自治会役員との間で，「世話役」や「つなぎ役」となっている人は，必ずしも年齢とは関係なく，「世間師」としての力を持っていた。それぞれ個性が極立っていた「外国人リーダー」のなかでも，Tfさんは，とりわけ知的な印象がともなう人だった。

今年私は36歳になりました。普通はこの年齢の人々は家族のため，将来の生活の準備のため皆がんばって仕事をする時だけれども私にとってまだまだで仕事をしながら高校通信教育の勉強もしています。普通に考えてみればおかしいが，よく考えると正しいかもしれません。一つの有名な英語のことわざである Never too old to learn。日本語で，学ぶは年齢に関係なく誰もが受けられることです。実際は仕事をしながら勉強もすることは大変だけれど，自分の良い将来に向かえるでしょうか。まだ知りたいことも沢山あるので，私は勉強をしなければなりません。学ぶことは，理解できる科目の時はうれしいが，わからないときは悲しい。世の中人間は誰も苦痛と快楽などの人生の事実にめざめ，両方あることだと思います。自分の要求による道程を選びました。私にとって悲しいことか，楽しいかなどでなく，人類にとって正しいか，相違か，自分で区別できることが満足です。友人からよく聞いた言葉「確かにお金は現代最大幸福の王座だ」。もちろん金は人間の天使様だけれど，私がイギリスの経済哲学者ジェームズ・ミルは快楽には精神的な快楽と感覚的な快楽があるとし，つぎのようにいう「満足した豚であるよりは不満足な人間である方がよく，満足した愚か者であるよりは不満足なソクラテスであるほうがよい」。つまり，人間の幸福にとって大きな要素となるのは「精神的快楽」でしょう。「確かにものは豊かな社会なのかもしれないが，金持ち人間だけがそれを享受出来，そうでない人はダメというのはおかしい」。私にとって知識が大好きなので，勉強のことはお神様から贈り物で，出来る限りがんばって行きたいと決心します。実に勉強は一朝一夕になるものではない。知識と能力の目標を達成するまで，時間もかかるし，本人も精一杯忍耐力を懸命し，仲間同士との談笑をも犠牲にしなければなりません。一番困っている科目は，日本史，国語，倫理などで，特にむずかしい日本の文章を読んだ時に僕の頭の中にめちゃめちゃ理解ができなくて，勉強のことをやめるくらいに思いました。おかげさまで集会所で外国人に日本語を教える「日本語教室」のボランティアの先生方から学科を学んだりして，通信教育のレポートを

わかるようになりました。これからも僕はまだ勉強をつづいているつもりなので、日本語教室の先生方からも指導と応援などをいただいてよろしくお願いします。

Tfさん以外にも、Tpさんなどのリーダーたちは、団地から巣立った後も、夏祭りなどで再会した。ラオスやカンボジアの屋台で串し焼きを買い、手わたしてくれながら、「同国人や他の団地住民の人たちのことがいつも気になっています」と話しかけてきた。そして、実際に「世話やき」をしたりもしていた。

集会所で日本語教室を開催することが本決まりとなった夜に

ラオス人リーダーのTpさんは、レザーパンツと派手なシャツ、原色のネクタイをつけて会場にあらわれた。日本語の先生が話すのを見て、「おもしろい先生だね。いいですとても」と言い、その一方で「日本で生まれてもインドシナ難民」と言われる子どもたちのことを言葉をふりしぼるようにして語った。集会所で大人と子どものために教室を開くという約束がやっと果たせて、酒宴が実現した。日本に来る前にタイの村で、「仏教の修行」をしたことを語り、社協職員のTkさんと宗教論争をはじめた。「ぼくの友達はいろいろな言葉や文化のことを知っている。とても頭がいいんです。でもいま工場で働いている。彼の能力を発揮するチャンスがあってほしいんです。ちゃんとした日本語をおぼえたいんです」と、まじめな話をしたかと思うと、すぐに変な話へと飛躍する。駅伝の話、サッカーの話、もてる話、等々。あっという間の変化、上昇と下降、魅力的な笑顔、ひとを引きつける。支離滅裂な会話をずっと続けた。「今日は楽しかったから私が払います」とTkさんが言って立ち上がった時には、夜の12時近く、深夜の商店街を彷徨し、ファミリーレストランで朝を待ち、始発で帰宅した。

小学生や中学生たちもまた、この冊子に、言葉を寄せている。

◇算数のわり算ができなかったけど，教室では先生がゆっくり教えてくれたので，今ではわかるようになった。教室のある日は必ず行くように決めました。　小4
◇お母さんが日本語教室に来ているので，僕は家でお父さんと二人でいるのが嫌なので，ついてきました。子ども教室はいつもいっぱいです。最初は怖かったけど，友達が二人できました。上級生にいじめられると思ったけど，みんなやさしいのでうれしいです。七夕祭りのかざりを作ったときには，みんなで一緒に作ったので，楽しかったです。みんなのスリッパをきれいに揃えると楽しくなります。教室のある日には必ず行きます。　小2
◇お姉ちゃんが集会所の子ども教室に行ったので，僕もおもしろ半分で行きました。はじめは，何をするのかわかりませんでした。先生たちと絵を描いたり，しゃべったりしていました。僕は算数の引き算が苦手で困っていたけど，先生がやさしく教えてくれるので，僕もなんだか楽しくなり，教室のある日には必ず行っています。僕の楽しみは，ときどき先生がくれるお菓子です。やっぱりうれしいです。　小4
◇私は中学二年生，女の子です。去年の二月に，集会所のスピーカーからの教室の案内を聞いて，友達二人とはじめて参加しました。最初は「どんなひとがきてるのかなぁ。どんなことを教えてくれるのかなぁ」と，不安と期待で参加してみました。教室に足を踏み入れて最初の印象は「小学生がうるさいなぁ」でした。「もう帰ろうか」と，友達と話していると，中学生の男子生徒が二人来たので，なんとか1時間ほど過ごし，その日は帰りました。その後，中学生の友達が二人，三人と来るようになったので私も楽しくなり，ついつい教室に行くようになりました。最近は，中学生も男子，女子両方とも教室のある日には参加するようになりました。学校は生徒全員に教えているから，わからない人はついていけません。でも，子ども教室は，先生が自分のペースに合わせてくれるので，私も英語と数学が遅れていたけど，ひとつひとつ教えてもらいながらなんとかついていけるようになりました。私の家では，両親が働いているので，買い物とかい

ろいろ忙しくて，手伝いが終わってから7時からの子ども教室に参加してます。友達もたくさんできて，それが一番うれしいことです。上級生が下級生の面倒を見るのも，最近は当たり前になってきたけど，最初はいやでした。けど，今は小学生もみんなともだちです。小学校の低学年の子が「この絵をあげる」と，似顔絵を持ってきてくれたとき，うれしくて泣きそうになりました。子ども教室で知り合った友達と，親に相談しにくいこととかを話したりして，ついつい時間を忘れて，うちに帰ってからしかられたこともありました。とにかく，教室のある日が楽しくて待ち遠しいくらいです。

このとき中学2年生で文章を寄せてくれたLnは，「湘南ガールズ」の「リーダー格」の一人となっていく。彼女以外にも，集会所で声をはじけさせる少年少女たちの，ものすごいエネルギーが，教室のみならず廊下や集会所前の階段に渦巻いていた。

惜しみなく与う

　その日は，この団地に暮らす10代の女性（「湘南ガールズ」）たちの発案で，団地祭の出し物についての話が自然発生的にすすんでいった。勉強も恋の相談もすべて自然の流れ。誰が「先生」か「生徒」かというのは以前に比べ本当にわかりにくくなった。誰かが話し合いの輪に入っていないと見ると，彼女たちは「ほら，おいでー，アタシたちの間にいれてあげるからー」と言って誘う。あっちにいったりこっちに来たり，寄り道ばかりの和気あいあいの話の結果，ボリビアのY嬢が代表となってエンパナーダ（肉や魚などの具の入ったパン）を作ること，みんなで民族衣装を持ち寄ってファッションショーをすることが決まった。

　この頃，「湘南団地の集会所」は，近隣の市町村で暮らす「外国人」のひとたちにとっても，とても大切な場となっていた。この日，工場で働きながら日本語教室に通うカンボジア人の姉妹と集会所からの帰りをともに

した。彼女たちは，後ろの席から運転席と助手席の間に身を乗り出して，
「これたべる？」と言ってお茶のペットボトルを差し出した。「仲間が京都
に修学旅行にいったのでその土産」と言ってキャンディーやお菓子をすす
めてくる。「おかあさん，ごはんつくる，にちようひま？」と聞いてくる。
カンボジア料理をごちそうしてくれるということらしい。自分が持ってい
るものすべてを惜しみなく与える。仕事の後に日本語を勉強するため湘南団
地に通う「おとなしい姉さん」と，はじけるように笑う妹は，駅前で母親
の迎えの車に乗り込んだ。

そして大人たち。

◇勉強したくても日本語教室が遠くて通うのは大変でした。1993年に団
地に引っ越してきました。団地に日本語教室が在るのは小さい子どもがい
るのでとても助かりました。
◇日本語の勉強楽しかったです。先生たちに色々質問したり，あとで，相
談ボランティアの人たちにいつも助けてもらいました。みんな本当にあり
がとうございます。
◇わたしは集会所に来た時には日本語をなにも知らなかったのです。でも
先生のおかげで少し日本語ができます。先生はみんなやさしいです。わた
しは勉強たくさんほしいです。
◇わたしは日本に5年前きました。いま，湘南団地に住んでいます。わた
しは仕事が9時から5時までです。子どもは保育園にいっています。わた
しは難しい勉強をしました。いまわたしは日本語が大好きです。日本語を
勉強してよかった。先生がよかった。
◇2年前に日本へきました。今，湘南団地に住んでいます。今日，湘南の
日本語教室へきました。とてもうれしかった。日本語むずかしかった。で
も，楽しかった。先生たちはとてもやさしかった。
◇はじめて日本にきて湘南団地にすんでいます。わたしは日本語わかり

ません。いろいろ大変です。わたしは日本語の勉強を毎週２回したいです。先生お願いします。書く勉強もしたいです。わたし，うちでも勉強します。

　大人たちのなかには，夫婦そして子どもたちと，家族全員で通ってくる人たちもいた。ベトナムからやって来たAuさん一家もそうした家族の一つだった。小２の息子Nyくんは，「お母さんが日本語教室に行くようになったので，ついて行った。最初は，上級生の人が怖かった。みんなのぬいだスリッパを揃えていたら，先生がほめてくれたので，うれしくなって，いつも揃えてます。勉強も少しはするようになった」と書き残している。日頃，温厚な笑顔を浮かべ，口数も少なかったAuさんの夫であるLeさんから言葉がほとばしり出た瞬間があった。

喉につかえていた塊（かたまり）

　週に一度のわずかな時間，学校や仕事を終えてから急いで勉強しにやって来る。ひたすら不正解でも次々と新しい問題をやりたがるひと，一つの疑問にこだわるひと，自分でやろうとするひと。先行きの不安をかかえているはずの（10代後半で学校にもいかず仕事もない）「ブラジル軍団」は，屈託のない笑顔で，ここでの時間を楽しんでいる。日焼けした背中をボランティアのTn先生にたたかれ逃げ回り喜ぶ。和室もやけに静か。一室は遊び部屋となっているが，もう一部屋では熱心に勉強する子もいる。

　いつも礼儀正しく，黙々と勉強するAuさん夫妻。しかし今日は，自分たち家族とベトナム難民について，言葉につまりながら話そうとした。日本語での困難な挑戦の後に，「英語で話してもいいですか」の一言，そして喉につかえていた塊を英語で語り始めた。「最初はベトナムからインドネシアにいきました。国連が難民として認めてくれました。日本に来て10年経ちました。私と奥さんで毎日働きます。二人で一月に25万円の収入です。息子と三人で23万円使います。２万円貯金します。ベトナムに

帰りたい。でも飛行機代だけで25万円かかります。おみやげとか買うと100万円かかります。とても無理です。でも悪いことしているひともいます。働いてないのにお金を持っている。三か月もベトナムにいく。警察はこのことしりません。いい人は貧乏，悪い人はお金がある。だから，若い子たちは，真面目に働くより悪いことしたくなる。私は外国人の若い子たちにそれではいけないと注意したい。でも日本語でうまく言えない。日本の若い子たちにも悪い子がいる。でも，この国は私たちを受け入れてくれた。仕事もある。感謝している。だから，遠慮するのです。息子は10歳になりました。おとなしくてとてもいい子だったのに，最近は悪い仲間とつきあっている。前は私たち夫婦といっしょにこの教室に来てましたが，いまは悪い子たちと夜出歩く。息子に注意したいけど聞いてくれない。息子が心配です。私はいろいろ話したかったです。でも遠慮していました。また来週来てくれますか。

(6) 自分が見ないであろう未来への「少し先を見越した応答」

このような「ほとばしり出る瞬間」は，予測した予見したりすることはできない。居合わせるなかで，突然起こり，「見過ごして」しまうことも多々あった。思い通り，予定通りにはいかない，未だかたちをとることのないコミュニティの未来にむけて「少し先を見越した応答」（Merler 2004＝2005：74）を準備していたひとたちも，この場に集ってくれていた。

まずあげなければいけないのは，直接お会いすることはなかったが，湘南の地で場をともにした複数の人たちから口伝えで語られた，湘南地区公民館長Hmさんの「背中」だった。団地の誘致に尽力し，「外国人」が地区で問題とされたときにも，「ひとりひとり，一軒一軒を訪ね歩いて，話をしていったのよ」と語るその人たちもまた，ひとりひとりに面と向き合いながら，「われもひとなり，かれもひとなり」を体現していた。直接かかわってはいないHmさんの「引き受ける」という営みが，「湘南プロジェクト」の基点であり起点となっていた。

次に，6章で言及する「聴け！プロジェクト」での基点であり起点となっていたKtさんもまた，以下のような言葉を寄せている。Ktさんは，最初はこの場にかかわることを躊躇していた新原やTkさんの背中を押すと同時に，盟友であるTyさんとともに，遠方から（こころのなかでは期間を区切って）通い続けてくれた。

　湘南団地，いつのころからかこの地名について親しみとそこにすむ人たちの顔を思い出せる。それ以上に心に焼き付いているのは夏の夕暮れに車の窓越しに見た大きな富士の姿であろうか。とにかく馴染み深い。今年も七夕の季節になった。湘南団地へは久しく行っていない。S市の外国籍の子どもたちの学習教室と同日に開催されるため，行きたくとも行けなくなった。先日，衆議院選挙の日に，S市在住のカンボジア人が主宰して6月の骨休めパーティと称して，県内のカンボジアの人びとが三々五々集まり，食べて歌って踊って日頃の疲れを癒す会があった。料理やカラオケセットを持ち込み1日楽しく過ごした。その中に湘南団地のなじみの顔がいくつか見えた。音が大きい，匂いがする，子どもがうるさいなどと，何処でも良くされる一通りの注意を受けながらも，思い切り楽しんでいた。子どもと青年の数が前にも増して多く見える。嬉しいことである。生き生きと成長して欲しい。その様な願いが湘南団地へのかかわりを私に強く勧めた一因でもある。
　「湘南プロジェクト」はその経過を考えてみると，想像を超えた新しい発想と試行錯誤のなかに道をつけつつ進んでいる。新雪に一歩を踏み出した時の記憶がよみがえる。その行為は危険でありながらも美しさに惑わされる。この「一歩」がもつ全くの手探りの状態に似ていた。目標値は明らかでありながらそこにいたる道の遠さと多様さが迷路になり兼ねない。協同と協動と共同が渾然一体となって進んでいる。息の長い活動である。
　団地自治会役員・民生委員・学校関係者の方々の誠意と努力は並々ならぬものがあり，私のように時折参加して子どもたちと時を過ごすものと，

常にそこを生活者としているものとは必然的に思いが異なり見方も異なる。当然ながら衝突は用意されたがごとくに起こる。しかし、そこに集う人々の気持ちが少しずつ重なり合って今の姿がある。アメーバのように常に姿を変えながらもかたちあるものに変容している最中でもある。地域が変わって行く、少しづつではあるが横のつながりが団地に集う子どもたち、大人たちの中に見え始め、人々の和が大きくなりつつある。「湘南プロジェクト」にかかわる人々がともに歩むこと・語ることで、その意味と知恵を互いに共有しつつ運命共同体を形成しているといっても過言ではない。

　神奈川県内には湘南団地のように多文化の人口構成をする団地が多く存在し、それぞれ課題を抱えつつ日常的に時は流れている。今回のプロジェクトは次世代を担う子どもたちの生長と共にある。この視点から親との共同・地域との共同が大きな課題であり、そこをより有効な方法論で展開するための最初の一歩といえる。そして次の一歩は地域行政との連携である。コミュニティ形成に関して、外国籍を含む様々な弱者といわれる地域住民への行政施策が生まれていく必要がある。地域住民を含め私たちがその事を十分わかっていることなので、10年先を見た具体的な提案を行政に対してすべきであろう。教育、福祉をはじめとして人権を基盤にした施策展開を湘南市に期待したい。そのためのチャンネルをプロジェクト側も持つ必要があり、更にその情報収集と調査研究も重要な課題をなる。手法は多様にあるだろうが、湘南団地にしかない方法と語り合いによって、紡ぎ出されていくことなのだろうとぼんやり感じている今日このごろである。

　ボランティアとして実際的な問題に対処しながら、その手法の背後に在る根本的な在り方を創ることの意味を理解していた人であり、ともに居る人たちが、自分の居なくなった後も自ら学び考えていくための「隙間」を遺して謎めいた言葉を発する女性だった。S市から遠路はるばる通ってきたKtさんや、P.フレイレの識字教育を実践してきたTyさんとならんで、願望と企図の力を発揮されたのが、市議会議員をされながら「票とは結びつかない」子ども教室

のボランティアに通い続けてくれた Ok さんであった。

　湘南団地で民生委員をしていた友人に「外国籍の子どもの学習の手伝いをしてもらえないか」と言われた時，私は二つのことを思いだした。一つは大学4年，インドネシアからの国費留学生の化学の補修を手伝ったことだった。自国の大学を修了した彼らは，国で指導者になるための応用化学と農芸化学を学んでいたが，日本語の授業だけでは修得が難しいのだった。もう一つは，病弱で不登校がちな児童との出会いから，湘南団地の自室で小・中学生向けの学習塾をはじめたことだった。当時，私たち夫婦には，この街に一人の縁者も知人もなかった。出産や子育て，学習の指導中に私の子どもの面倒をみてくれたのは，全国各地から出郷して，団地に住むことになった隣人たちだった。

　そこで，言葉や文字を覚えるのにハンディを持つ子どもへの学習指導なら，出来るかもしれないと引き受けたのだった。ところが最近になるまでこのプロジェクトを充分に理解してはいなかったが，ボランティアとしての私の役割は，出かけてくる子どもたちの求めに答える学習のサポーターだと思ってきた。

　夏が過ぎ，正月が過ぎ，学年末まで特別な用事がない限り，通い続けられた。私自身は四期目の議員活動に入ったり，介護度三の義母への対応など，夕食前からの二時間を充てるには厳しさがあった。それでも一年，続けられたことの意味を自ら考察しておきたい。それは回を重ねるごとに，子どもたちの顔を覚え，名前を覚えて，他所で出会っても声をかけ合えるようになったこと。夏祭りや七夕飾り，凧作り，デイキャンプなど，子どもたちと作り上げるイベントへの参加そのものが充実感を与えてくれたからに違いない。もう一つは，湘南団地という土地柄にあるような気がする。団地が出来上がったとき私は，毎日新聞の「湘南のまちづくり」という特集座談会で公的施設の外，子どもが集える公園やコミュニティセンターと安全な食品を扱う商店の多い街を求めた。それがきっかけになっ

て，連合自治会づくりに連動して女性部会を発足させることになった。当時は食品公害が社会を騒がし，狂乱物価の時代に突入していった。私たちは牛乳やトイレットペーパー，石鹸，洗剤の共同購入を始め，青年生産者と連携して，新鮮な野菜の「湘南団地朝市」の毎日曜開催など暮らしを支え合う行動を重ねた。県と市は牛乳をストックするセンターを創ってくれた。

過去の出来事になったけれども，度々マスコミも取り上げたあのときの行動は，その後の私の人生を方向付けてくれた。私は7年住んだこの湘南団地から，生きるエネルギーと助け合うことのよろこびを得た。これが私をこのプロジェクトに引きつけるゆえんかもしれない。

さて「子ども教室」にはたくさんの課題がある。子どもたちがどの程度「来てよかった」と思えているだろうか，手ぶらで，遊びたいからやってくる『騒ぐ子』と，学びたいとやってくる子が，小さな和室で一緒に時を過ごすことでよいのだろうか。いや，おしゃべりでも，大人とふざけることでも，そのことのためにやってくる子には，それが果たせればいいのかもしれない。ただボーっとしていても，みんなの声が行き交うこの場が，その子のいやしになるのならそれでもいいのではないか。などなど私自身が，子どもの状況に戸惑いながら考えが揺れている。小学一年から中学生まで，文字を覚える子，足し算引き算の問題をつくってくれという子，朗読を聴かせてくれる子，マンガを描く子，さまざまである。それぞれ自由気ままに見えても，「知りたい」時には，熱中もできるから，これが子ども本来の自然で，この環境が，子どもをたくましく育てるのかもしれない。ある時，女の子が「いじめ」が始まりそうな学校の気配を，感じたまま話してくれた。どうすれば良いか，同学年の四人と話し合った。

子どもたちは，どこから来た子もどんな身なりの子も，みんな同じ人間だという思想を純粋に持っていた。決して誘導してはならないけれど，私はそんな『子どもの意思表明権』を大切に育てたいと思った。そして，子どもが提供してくれる課題を一緒に悩み，一緒に考える大人の一人であり

続けたいと思う。

　このプロジェクトは，子どもたちが地域コミュニティの中核となれることを目指す，末長い取り組みだという。その性格から，私は新しい指導員にバトンタッチして次へつなぐ必要があると考えている。その時が来るまで，彼らに必要とされるサポーターになりたい。

　郷里を遠く離れ，最初に暮らした湘南の地で，周囲の人たちとともに，外部を巻き込み，生活の基盤を創っていったOkさんは，自分の役割を「つなぎ役」（メディエーター，オペレーター）であると最初から自覚し，いかに引き継ぎ，退くかを考えながら，奮闘してくださった。この後，「市民派の市長」として選出されてからも，この姿勢は，まったくぶれることがなかった。
　最後に，プロジェクトの初期段階から最前線に立ち続けたKs会長は，このときもまた，外部にむけてのメッセージとしての文章を寄せてくれている。「自分たち団地住民の理解の変化を認識したうえで，未来を見透している。鳥肌が立つ文章だ！」とこのとき思った。

　　湘南団地に永住を前提としたアジア系外国人の入国が初まってから，早15年の年月が過ぎました。其の間，歴代自治会役員の方々の並ならぬ努力と，地域住民の協力で何とか曲がりなりにも共生への道を少しずつ，辿ってまいりました。現在団地戸数は1,300戸其の内2割弱の240戸ほどが外人さんです。今日では自治会国際部を中心に色々と共生関連活動が行われています。特筆したいのは二年前より団地集会所で実施されている，日本語教室や生活指導又は複数の国の方々が合同での楽しい懇談会など。県や市から人材的にも資金的援助を受け，公の行事として行われるようになりました。歴代国際部長さん，あなたたちの長年の努力がやっと日の目を見ましたね，ご苦労様でした。また，一緒に御協力いただいている皆様の努力に感謝致します。
　　さて，15年前に戻します。当初は，言葉も通じない，生活のパターン

も全然違う外国の人たちとどのように対応していけばいいのか，生活指導をしようにもほとんど伝わらない。本当に手探り状態の中で私たちの交流は始まりました。カンボジア，ラオス，ベトナムなど最初はいわゆるアジア系難民の方々でした。それを迎える私たちは自分たちの方が経済的にも文化的にも知識も教養も進んでいるという思い上がった感覚で，「可哀想だ，何かしてあげよう助けてあげよう」という言葉の表現の範囲内での対応でした。そんな考えが頭の中にありますと，目に出ます。自分では気づかずに難民の家族を蔑視の目で見ていたのです。それでなくても多くのハンディを背負いながら，見知らぬ国，日本人社会の中に，「オハヨウ」「コンバンワ」ほとんどそれだけに近い言葉を頼りに放り込まれてきた人たちです。淋しくて小さくなるか，仲間を集めて構えるかでしょう。思い上がった日本人と，寄る辺を無くした外国人。もろに感情だけのぶつかりあいになったことも度々ありました。これじゃあ旨くいきっこありません。相手の生き方を理解しようとか，心からの思いやりではなく，ただ単に，今日の私たちの生き方を一方的に押しつけていただけでした。個人的で核家族，近隣との交流などほとんどなく，下らない常識を鼻の下にぶら下げて，他人の目ばかり気にしながら小さく纏まってしまった私たちの生き方を。

　外国人の方々は自分たちだけだと大らかで伸び伸びと明るく生活しています。団地に来ればわかります。飛び交っている言葉は外国語。道路を挟んで大きな声で挨拶を交わしているのは外人さん。いつのまにか五人十人と集まって，道路の端で井戸端会議。日本人は怖くて横を通れません。なんてことはない，私たちだって40年，50年前までは，そっくり同じことをそこら中でやっていました。人が通れない，迷惑だなんて言っている人もいますが，むしろ団地住民全体がそんな生き方をして欲しいものです。私たちが時代の流れの中で落っことしてきた，温かくて大切な生き方を，あの人たちはまだ持っているんですね。

　そんな姿を見ていると，今まで私たちがとってきた対応の仕方，取り組

み方を変えなければ、と気づきました。なんと気づくのに7，8年もかかりました。どう変わった、こう変わった、と言えるものは何もありません。ただ、肩を張らずに自然体で事に当たっている自分たちがいたんです。そしていつの間にか、団地住民の中に「難民」という言葉が消えて無くなっていました。今までは双方共に意識のし過ぎ。自然体で付き合うのが一番良いようです。言葉の問題、文化の違い（食文化も含めて）、まだまだお互いに理解し合わねばならないことはいっぱいありますが、焦ることはありません。何しろ現在では、自治会行事又は組織の中で、役員として活躍されている外人の方々が随分多くなってきました。

　地域社会で自治会が果たす役割の中で、最も大きなものは、子どもたちが伸び伸びと育つ環境を、大人たちがみんなで懸命に作っていくことで、千年も万年も昔から変わることなく受け継がれてきた事だと思います。外国人との共生問題もそういったとらえ方の中で、双方が一緒になって取り組んでいけばよいと思います。今の子どもたちが大人になる頃は、この湘南団地では外国人という言葉さえなくなっていることだってあるかもしれません。また、五百年、千年先の地球上には国境なんてものは消えて無くなっているでしょう。そんな明るい未来を見ながらペンを置きます。

Ks 会長の言葉は、前出（理論篇第6節）の「実はこの、すでに手元にある、様々な声、表現、生活様式によって生成し続けている社会の"複合性・重合性"の存在を再認識することに力を注ぐことである」（Merler 2004＝2005：74）とだぶって聞こえてくる。Ks 会長についてのエピソードは、他にもたくさん残っている。

「私」などそこにはいない！
　会長の Ks さんは、最初にお会いした時から、ボランティアや行政の人間に対しては「外国人だけじゃなく日本人居住者のことも考えろ」と言い、団地では外国籍のひとたちへの配慮に尽力してきた。テープ起こしされた

言葉には,「外国人への偏見や差別」が一杯つまっているということになるだろう。しかし, その日常的実践においては誰よりも, 長きにわたって身を投げだしてきた。「われわれがやっているのは運動ではない」と言う。たしかに, これまでの歩みは, 働き暮らす中で起こってきた問題に, じっくりと (その「強面」のポーズにだまされてはいけない。「しょうもない連中だ」と言いつつ, 実に粘り強くやわらかくふれている), ただただ応答してきた。自分のためではないことに, とても真剣にぶつかりあい, わかりやすくはっきりとした形をすばやくとって「対処」したり「処方」したりすることへの誘惑から逃れつづける努力をしてきた。

　この日, 湘南地区の自治会役員の懇親会があったためか, やや赤い顔をしながら, 集会場の会長席にすわり, 会計の仕事をしつつ, プロジェクトの面々の話に耳を傾けていた Ks 会長が, 突然話しはじめた。「思えば, 長いつきあいになりましたね, 私なんぞはいろいろなところにいって吠えているだけだけど, 長く通ってきてくれて本当にありがとう」。

　最初の頃, はじめて外国人リーダーたちと出会ったとき, Ks 会長は,「きれい事は言うな, 出来ないことは出来ないと言え, しつこく通ってきて, 出来ることだけやれ, それが出来ないのならすぐに帰れ!」と厳しい言葉を発しつつ, 他方で,「こんな若造やチンピラじゃなく, 県知事を呼んでこい」と言って興奮するリーダーたちを,「一度言って何かができるわけじゃあないの, 何度も何度も気持ちをこめて訴えるんだよ」と言ってなだめ, すべてが終わった後に, 集会場の壁に手をかけて背中を丸めながら, 大きなため息をついていた。

　利害関心と打算ばかりの狭知に満たされた「私」などそこにはいない。「打算抜きにはっきりものを言える人」という理由で「この街の名代」に再選された Ks 会長は, いまもまた, 各所に足を運び吠えまくる。核実験に怒るゴジラのように。

Ks 会長は,「私たちがやっているのは運動じゃない」と繰り返し言っていた。

後から「識る」こととなったのだが，Ks会長は若き日に三池での労働組合運動に「敗北」し，この地に降り立った人物であった。「公の仕事としての役員」という意識でなく，自分でない誰かのためになにごとかをするのは「お役目」だということを非意識的に選択し，「利益誘導もしてくれずにバカ正直すぎる」と批判されるような人たちは，多かれ少なかれ，その若き日，なんらかの「敗北」の経験を持っている人たちだった。その自らの若き日の体験を参照点として，眼前の，「遠方よりやって来た若い人たち」を理解し，それぞれに固有の公共哲学により行動していた。「わたしはやる，あなたはやるのか」という問いかけ，人を説得し揺りうごかす力がここには在る。

　湘南団地は，来訪するものたちにとって，「反逆する対象」であった。かかわりを持ったのは「心地よさ」があったからではない。むしろ，その場所に首根っこをつかまれ，拘束され，逃げることができなかったのだ。それは，常に存在していたのでなく，現在のある個別の瞬間，危機の瞬間のひらめきとして，時として場所を選び現れた。そこで出会った人々は，過剰に声を発する「(反逆する) 対象」だった。しかし彼女ら／彼らの声は，自己の存在証明を貫く形で発せられながらも，「もの言わぬ対象」であることを余儀なくさせられてきた「受難民 (homines patientes)」の怒りと願望を引き受ける形でなされていたのである。

(7) うごきの場からの「共創 (co-creation)」

「はじめてまだ10年？　歴史があさいですね。何か成果があがりましたか？」などと聞かれ続けた自治会役員や外国人リーダー，この場に引き込まれ，居合わせたものたちのなかでは，この冊子の執筆・編集作業を通じて，共通の理解が言葉となっていった。そしてこの冊子のなかの言葉は，それ以後の活動の「背骨」となっていった。冊子にむけて，それぞれが書いた文章を読み合わせたりしたわけではないが，以後，この「背骨」に沿って，「自然発生的教室」への転換などが起こっていった。このときに共有されていたであろう理解をまとめると，以下のようなものとなる。

①施設化の問題：公営住宅法の改正により，公営団地は行政が障がい者や外国人や高齢者（を押し込めるため）の完全な「受け皿」となってしまった。しかもその施設内でもわかりやすい（可視的な）形で，障がい者の棟などは隔離されていたりする（団地の「障がい者棟」は，川べりで鉄塔が近くにある）。そこには在住外国人だけではなく，老い，障がい，少年少女など様々な境界線が複雑に交じり合いぶつかり合っているのだが，実際はひとくくりにされて判断されている。

②個人的努力による対応の限界：「外国人や障がい者がいるところには問題がある」というふうに捉えられるため，その問題解決を一方的に任されるのが，自治会である。また，「難民」で日本に来た人々は，国，都道府県，市町村のそれぞれのレベルからの移譲が生じて，最終的には，実際に外国人が定住する団地の自治会の人たちが引き受ける。自治会の人々はほぼ無給で苦労の多い活動をしなければならない。自治会活動を続けていく人はごく少数しか残らない。そのような状況を理解することなく，ボランティアや行政は，自治会がすべてを行なうのが当然だと考える（実際に団地に住んでいる自治会役員の人たちの生活実感と，週に一回団地に訪れるだけのボランティアの実感とは全く異なるにもかかわらず）。その結果，自治会は非常によく頑張る少数の人々によって運営されることとなる。国，自治体，自治会という抑圧移譲の一方で，自治会役員と「外国人リーダー」は，「英雄視」され「模範例」とされる。するとその人は，「模範例としての○○さん」という役割をはみ出すことを許されない圧力にさらされる。

③「愛すべき外国人」の「囲いこみ」：外からやって来るひとたちは，「かわいそうな外国人のみなさんのために」と連呼する。それに対して，「高齢者や障がい者など，他の住民のほうが，若くて元気な外国人よりずっとかわいそうだ」などと言ったりすると「外国人差別だ」と怒られる。しかしそこには実際問題の渦中にいて，日々あまたの問題と接さざるを得ない状況にあるか否かの違いが出てきている。外から来るひとは手におえない事態が起きたときはそこから逃げることができる。しかし住んでいる人に

はそのような選択肢はない。ともに住んでいることで相手のよい面も悪い面も両方見ざるを得ない。ぶつからざるを得ない。そのような日々の衝突の体験を通じてより実感のこもった現状感覚と現状認識が蓄積されており，そのような背景があって言葉は生み出されている。逆にそのような衝突の体験がない人の発言は「差別はよくない」となるか「外国人はこわい」となるかの極端になる。

　ボランティアの人たちは，「日本で苦労している外国人のために何かをしてあげる」ことで自己満足する。自己満足のためにお金を使うボランティアもいる（外国人に「なにかを買ってあげる」）。そのようなボランティアの「好意」を受け取る外国人もいる。「ああしてあげたい」「こうしてあげたい」と自分の「好意」を押し付け，外国人を意のままに操ろうとする（「囲い込む」）ボランティアもいる。もしその人の期待に背けば「こんなに私はがんばっているのに何で理解してくれないのかしら」となる。一見，利他的に見えるが，ボランティアされる側を支配することにもなる。ボランティアされる側は，ボランティアする人が心の底で望んでいること以外のことは許されないことを察し，恩恵を享受するためその意に従う。その果てには何かをしてもらうことに慣れてしまう。自分で何かを生み出す力が萎えてしまい，常に依存する癖がついてしまい，庇護してくれる人を探そうとする。「熱心な」ボランティアと「従順な優等生外国人」という不幸なカップルができてしまう。だから「湘南プロジェクト」では，プロジェクトを作っていく段階で，そのようなことを望むボランティアや外国人を，かなり意識的にいづらくした。

　④第一世代として異文化と搭闘した「初代」から，第二波へ：南米からの移民にしろ，インドシナの難民にせよ，第一波の移民の人々は「初代」として，すべての道を自分自身で切り開いていかざるを得なかった。しかし，移民の第二波（呼び寄せ）になるとその様子も変ってくる。インドシナや南米の奥地の町にも消費欲求が浸透している。そのため，日本に行って数か月，数年間働いてお金を稼いで国に帰って「いい生活」をしようと

考える人間や，日本で「いい生活」をしようと考える人間が増える。そうすると，日本に労働者としてやってくることになる（必ずしも思い通りになることはない。当初は帰ろうと考えていても，そのまま日本にいついてしまうこともある）。お金を求めて日本に来た出稼ぎの外国人たちは第一波が苦労して切りひらいたものをできるだけ利用し，「ただのり」しようとする。第一波の外国人の間で「○○は住みやすいらしいよ」などの話が回ると，第二波もそれをたよりにして動く。いくら入管や行政が外国人を管理しようとしても，外国人は外国人の間で流布している噂などを頼りに行動する。同じ国から来た人とのつながりを最も頼りにして行動する。さらに，子どもたちは，親たちとも異なる独自の「地図」と「眼」を持ち，背景とする国や言語・文化をこえた関係を築いていき，新たなネットワークをつくっている。神奈川に無数に存在する多文化のネットワークのなかで，「湘南団地」は重要な拠点となりつつある。

何か「芽」のようなものが育ちつつある。それなら，この「お役目」を誰かに引き継いでもらうまでは，次の世代へのバトンタッチを準備しながら，身体の続くかぎりは活動していくしかないかと，このとき「つなぎ役」たちは，考えていた。

5．拡大する「治安強化」のなかで

こうした「背骨」を共有する「入会地」のような場所として，「集会所」での「航海」はなんとか，むしろ「日本語教室」の「喪失」後はよりしぶとく，続けられていった。にもかかわらず，さしたる注目を浴びることもなかった湘南団地は，ある日突然「発見」された。それは，「手を焼く部下を何とかしたい」「マンションでペットを認めるか」「住宅街を狙うネズミにチュー意」「女性の敵　ひったくり犯罪から子供を守れ」「平和を乱す　ハトのフン」「ルール無視！歩道を暴走する自転車」「油断大敵！マンションの防犯」「お年寄りの閉じこも

り解消大作戦」といったテーマを扱ってきた TV 番組の中で,「どうする　外国人とのご近所づきあい」という特集が組まれたことによる。「同じ団地に住む外国人がスタジオで,本音対決！　外国人と仲良くなって,騒音やごみ問題を解決した方々を招き,新しいご近所さん「外国人」と,つき合う妙案をご紹介」というものだった。そしてこの団地自治会は,「防犯や防災はもちろんのこと,団地祭などの折には自警団を結成するなど,自主管理の伝統をつくって」きており,「ここ 10 数年の間に顕著となってきた外国人居住者の増加に対しても,迅速に対応し,自治会組織の中に各国の住民代表によって構成される国際部を設け,文化衝突や外国人支援活動に関して自助努力をつづけてきた」ことから,「妙案」として紹介された。

　以下の記述は,2003 年の夏頃,初期メンバーの尽力によって,比較的安定した時期が続いた数年の後,この場が,「内なる国際化」や「在住外国人支援」の場から,「多発する少年犯罪,外国人犯罪に対しての治安強化」「地域や学校などにおける治安維持」という文脈で「再発見」されつつあった頃に,プロジェクトのメンバーにむけて書かれたものである。

　　みなさまへ　湘南団地で場をつくることを企てたとき,最初にかかわったのは,自治会の役員の方たち,民生委員の Td さん,社協職員の Tk さん,ボランティアの Kt さん,Ty さん,金迅野,中里佳苗,Okn,新原といったメンバーでした。つまり団地の住民の中で状況を把握していたひとたちと,外部の人間でした。この 5,6 年で,かかわるメンバーは,ずいぶんといれかわり,外部からの様々な干渉や影響も受け,紆余曲折もありました。そしていま,この国そのものの変貌の中で,「少年」と「外国人」は,治安強化の対象として「再発見」されつつあります。このような政治的社会的力の衝突・緊張は,各所に存在するものではありますが,それは湘南団地においても,固有の形で顕在化し偏在してきました。

　　しかし,私たちの歩みにとって,大切だと思われることを以下に述べたいと思います。

①本日の豚汁と春巻き作りの中心となった，Sb たちは小学生の時から今に至るまでの成長をともにしてきたということ，その彼女たちが，湘南団地という場所で，他者とのかかわりを自分たちで創りつつあること。そしてまた，自分たちで，この成長の軌跡の意味について自覚しつつあるということ。

② Kt さんのもとで育った S 市の若者と，不思議な相互浸透が起こっていたこと。

③ベトナムの Au さんご一家がずっと，この場とかかわり続けてくれ（ボリビアの In さん一家についても同様のことがいえるかと思います），そのおかげで，最初は「先生」のつもりだったボランティアや大学生たちが，実はただこの場を楽しむことで学びつつ変化していることに，うっすらと気付きつつあること。

④このような変化の中で，最初は身体をはって，成長のための舞台を作っていた「大人」たちは，少しずつ後景に退きつつあります。「プロ日本語教師」がいなくなったのに続いて，「自治会長や国際部長の勇退」によって，自治会役員の方たち，その背後の団地住民の方たちとの関係についても，この場に集うメンバーが考えざるを得ない状況が生まれつつあり，そのような「危機」を自覚し，彼女たちは「だってねえ，やるしかないでしょ」と立ち上がりました。

⑤もちろん，最初からかかわり続けた人たちは，遠巻きには力を発し続けているのですが，それでも少しずつ後景に退いていくのでしょう。むしろそうすることによって，この場とかかわるものたちが，繰り返しやって来る新たな危機に，備えることが必要なのだと考えています。

今年の団地祭

　初日は台風の中，二日目はこの夏一番の暑さの中，団地祭がとりおこなわれました。今回もっとも活躍してくださったのは，ベトナムの Au さんご一家でした。Au さんは，「日本語教師」の撤退が決まり，そこに集まっ

てきているひとたちで教室をどうするかの厳しい議論をしていた時，声をあげてくれたひとでした。Au さんのご主人も，息子さんも，集会所にずっと通いつづけてくれています。日本で暮らしはじめた一家の歴史と集会所はもはや深い結びつきをもつようになりました。昨年も一昨年もなにかできないかといってくれ，今年はついに，ベトナムの古都フエの宮廷料理でもあるバインベオの出店の準備・販売を一家総出でしてくれました。

現在，湘南ガールズの「エース」である Sb は，ガソリンスタンドでのアルバイトの合間をぬって（「このまえ間違ってガソリン車に軽油いれちゃったよーヤベー！？」とか言いながら），カンボジアのデザートづくりの「総指揮」をとり，さらにその背後には，「立派な社会人」であり，職場の不当に対しても声をあげてたたかう，Sp や Sby たち，まだ 10 代後半の「お姉さん」たちがひかえてくれていました。

よく笑い，話し，しかもよく働く女性たちを尻目に，ぞろぞろとあたりを徘徊し，「おい，少しは役に立てよ」と言われる S ボーイズ。Kt さんが，何度も何度も怒りそして抱きしめて育てた S 市のラオス系ボーイズは，仕事の休みにやってきて，「俺たちはお客だよー」といいつつ，女性たちに「なにいってんだよ。働きなよ」と言われれば，ちゃんと汗して働き，年若い子達に「おまえたちも働け」と声をかけてくれていました。

さらに下の世代に目をうつしてみれば，出会った頃は引っ込み思案だった Au さん夫妻の一人息子 Ny 君は，ご両親が一時期心配された「反抗期」も通過し，いまでも口や手足は攻撃的ではありますが（ちょっとすきを見せると男性の局部をねらってのケリか，ワシヅカミをしかけてきます），その一方で，料理を売り込んだり，終日にわたって休むことなく，母さんの手伝いをしてくれていました。そのほかの子どもたちもまた，蹴りやパンチの奇襲攻撃をしかけてくるのと同時に，微細な変化を感じ取ることもできました。たとえば，パンチの後に相手のダメージが激しいと感じると「あ，ごめんね」といったり，「あんだよ，てめーはよー」としか言わなかったのから，「ひさしぶりだね，いま何年生」と聞けば，「しるかよー」でなく「中

学二年生です」と答えたり。これは、昔日の「阿鼻叫喚（？）」をしるものにとってはとても感動的な変貌であると思えるのです。

育ってきた「湘南ガールズ」

たしかに湘南団地の子どもたちは育ってきています。かれらの親にとって適応が困難なこの国では、親にかわって早く「大人」になり、この社会とたたかう必要にせまられています。幸いこの場所には、自分なりのしかたで子どもに全身で接しようとする様々な「大人」たちが集まってきてくれました。子どもたちは、集会場をウロウロする「大人」たち、やさしい人、こわい人、かたい人、変な人、等々、様々な大人の背中を見てきました。朝早くから工場で働き、疲れた身体で、子どもの食事の準備などをすませてから教室にやってきてくれる人たちや、子どもたちから見て少し上の世代の「学びつつ働くお姉さん」たちが、含まれています。この場所で、ゆるやかに、じわっと、子どもたちにしみこんでいく「心の習慣」のようなものがきっとあるはずです。

風紀を乱す？　いい子を育てる？

この祭りの最中、民生委員の Td さんが突然来られいつも以上に興奮して話をされました。「あーセンセあんたしらんのかい、16歳で子どもを生んだことが、自治会で問題になっとるで、風紀が乱れるっちゅうことや、しかも相手の男はよそからやって来て、日本語教室で知り合ったというとる。あそこの姉妹は別に勉強にきとるんやのうて、ただうろうろしとるだけや、それを目当てに男がやって来る。いままではなあー、Sk さんちゅう外人に好意的なひとが役員やっとったけど、この二月から変わったひとたちは『常識人』や。子どもたちが集会場のものこわしたり、風紀を乱すようなことばっかりやっとるのは、みんな教室が悪いっちゅうことになるわけや。わしゃなんとかあと2年くらいはつづけたい思うとるんで、役員や学校の先生たちに、『もう二度とこのような不祥事は起こさせないよう

にいたします』とあやまらなあかんで。まあ，べつにセンセにおこっとるわけやないで，でもきっと苦情いわれよるで，老婆心からの忠告や。まあ，センセの一存なんやけど，アブナイのは出入り禁止にして，勉強するいい子だけ集めるようにせなあかんで。ええ顔ばっかりしてられんでえ」。

「自治会の新役員のみなさんには，こう言いましょう。『勉強するいい子だけ集めるというのはいいアイデアではありますが，現実には，場所を開放すればいろいろな人間がやって来ます。また一人の人間の中に様々な面や時期があります。目に見える『問題』を見えなくするためには教室を全面的に閉鎖するしかないでしょう。ただしそうしたら，いま起こっている以上の様々な問題が実際には水面下で起こるはずです』と，あるいは『集会場に「不純異性交遊はよしましょう！」とか「備品はこわすな！」とかの張り紙をする』と言いましょう。この場所をどうするかということは，いままでここにかかわってくれて，大切だと思ってくれている Sb たちに一肌脱いでもらって，どうするかを決めましょう」と答えました。

かたわらで話を聞いていた Hd は，「うーん16歳で結婚はあたりまえなんだけどお」とコメントしました。たしかに，Td さんや主任児童委員の方たちは，これまでのスタッフの打ち合わせの中でも，「いい子を育てる」という主張で一貫していました。おそらくその対極の意見としては，たとえそれが「悪への発展？」であったとしても，その子なりのいろいろな面が開花するのをオロオロしつつみとどけるというものだったと思います。ただこうした意見の違いがありつつも一致していたのは，いずれにせよ，じっくりとやらねばならないという点においてでした。他の場所において，自分の見ている場所では，のっぺりとして「優秀な子どもたち」を促成栽培するという傾向があることから比べれば，この「迅速」の力がかろうじて浸食しないできたことは奇跡に近かったと思います。

「ささえの構造」

しかし，よく考えてみると，毎週この集会所にひとが集まってこられた

のは，自動的に成立したわけではありません。自治会役員として尽力されてきた Ks 会長たちは，日本人住民からの苦情と外国人家族の諸事情の双方を理解したうえで，周囲の人間に対して声をあげ，たたかい，忍耐し，支えてきてくれました。Ks 会長，そしてその次の At 会長，再び Ks 会長と続いた自治会の体制は，長きにわたって防波堤の役割を果たしてくれました。教室が安定したのは，国際部長の Mk さん，Sk さんの理解とご努力がなによりも大きかったと思います。Sk さんのおかげで，自治会とその背後の日本人住民の方たちとの衝突からずいぶんと守られてきました。今回の祭りの出店でも，集会場の真ん前のいい場所が当然のように確保されていました。恥ずかしながら，このひとときの安定が何に由来するのかを忘れていたのかもしれません。

　いまのこの場は，どのようにして支えられているのでしょう。自治会に頼れるひとがいました。Tk さんたちがいてくれました。そして団地外から通ってきてくれるひとたちがいました。育ちゆく子どもたちに気を配ってくれる 10 代の「湘南ガールズ」たちや「S ボーイズ」たち，かれらの後ざさえをしてくれるひとたち，つまりは，外界との関係では，様々な組織・立場・地域とのつながりがあり，湘南団地の生活世界内では，世代をつらねるゆるやかな「ささえの構造」がありました。とりわけこの内的世界におけるつらなりを大切にしてそれを守るためにこそ，外界にむけての陣形が組まれていくべきなのでしょう。これはおそらく，湘南団地とかかわり始めた最初の頃，Ty さんとよくお話をしていた「文化衝突（コンフリクト）のリソースセンター」の母体となるものだと思っています。

みなさまへの切なるお願い

　祭りの日，いつにもまして，教室に縁ある外国籍の大人や子どもが，集会場前の階段に「たむろして」いて，何度も何度も「ジャマだからどきなってば」と怒られていました。既に何度か「あなたたちが外人を集めてやってるんだから，ちゃんと責任もって管理してくださいよ」と注意を受けて

います。「面倒を起こしたり苦情が来たりするのはかなわん。それがない範囲ならば認めてやってもいいが，外部の人間が，風紀を乱す行為を野放しにしているといわれるくらいならやめてもらうかきちんと責任をもって管理してほしい」となっています。

　認識すべきは，いちどは「あたりまえ」となった「教室に集まる」ということが再び困難に直面したということです。しかし，他方で，他の地域で起こってしまっているような子どもたちの「囲い込み」と「消費」をこの場所でしてはいけないと思います。今後ますます，「多発する少年犯罪，外国人犯罪に対しての治安強化」という名目のもと，「団地内や学校内における治安維持」への圧力がかかり，湘南団地にも「迅速なる対処」を売り物にするひとたちがやって来る危険性があります。まことに恐れ入りますが，この手紙をお送りしている方たちへの切なるお願いです。どうにか維持されてきた「願望のKANAGAWA」の芽をつぶさないために力をお貸しください。どうかよろしくお願い申しあげます。

6．未発の「第二次関東大震災・朝鮮人虐殺」

　この手紙を書いた2003年頃には，周囲の状況が大きなうねりをともない転換していき，「移動民の子どもたち」は，「治安強化」の対象として「発見」されていった。この頃，すでに自覚的に，「この社会の不条理とたたかう」のだと考え始めていた移動民の子どもたちと協力し，中里，中村，鈴木とともに，「未発の『第二次関東大震災・朝鮮人虐殺』の予見をめぐる調査研究」(新原2007b)という計画に着手した。奇異な（?）タイトルを持つこの調査研究は，本書の主要なフィールドとなっている湘南団地をはじめとした神奈川でのフィールドワークにおける「出来事」から着想されたものである。

　その「出来事」とは，「人権」や「環境」や「国際」にかかわるボランティア活動をしている複数の「在日日本人」から，「○○のような人間は，もし大地震が起こったりしたら，関東大震災のときみたいに，きっと殺されてしまい

ますよ」という言葉が発せられたというものであった。どちらかいえば，「立派な市民」であり，「礼儀正しく親切な」部類に属し，悪く言う人はほとんどいないその人たちの差別性・危険性を警告し続けていたのは，「移動民の子どもたち」だった。

　この研究の眼目は，今日のグローバル化のもとで，日本社会の深部において進行する内面崩壊と異端排除に関する予見的認識を持つ方たちへの識者調査を通じて，内面崩壊と異端排除の構造と動態の全景把握を試み，ミクロな場で生み出される暴力縮減の方向性を探究することにあった。

　α）そのために，今日の日本社会において常に潜伏し，時として噴出するところの暴力，抑圧移譲，選択的盲目，他者認識の欠如，交渉の抹消といった一連の兆候は，「未発の第二次関東大震災における朝鮮人虐殺」を惹起するという仮説のもとに，災害，噂，事件等の「危機」の顕在化の折には，自らが「内なるよそ者（outsider within）」として根絶・排除の当事者となることを予見する人々（具体的には，これまで研究代表者が長期にわたるリフレクシヴな調査研究によって関係を創ってきた定住難民・外国籍住民，とりわけ女性，障害者，若者の方達）とその近くあるひとびとが，「日本社会の今日的病」をどうとらえているかを探るための識者調査をおこなう。

　β）こうした内面崩壊と異端排除に関する予見的認識の個別具体的把握に基づく形で，今日の日本社会の成員が直面する内面崩壊（社会の病）の暫定的な全景把握を試み，その分析結果から，いま必要とされる「社会の医者」の条件を提示することをめざした。

　それゆえこの研究は，「第二次関東大震災・朝鮮人虐殺」というメタファーによって表現されるような，一見まだなにも起こっていないように見える日常の些事の中から，「未発の事件」の兆候を察知し，予見的に認識する社会的マイノリティへの識者調査を行うことを調査研究の主眼として，5年から10年かけて信頼関係を培ってきたフィールドでの関係性（ある種の「盟約」）を基盤として，コミュニティ内部の社会・文化的コンフリクトの生成・変容と抑圧移譲，「治安強化」と「外国人，障がい者，青少年問題」の「発見」，家族内の暴

力と抑圧移譲などについての調査研究を行った。

ここでの調査研究の方法は，行政とのかかわりなども含めて，積極的にガバナンスそのものへのコミットメントをするのと同時に，個々の小さな場所に持続的にかかわり（少なくとも十年単位），場合によっては，自らがかかわるフィールドそのものの場がつくられていくことへの「参加型調査（ricerca partecipativa, Participatory Research）」[7]を行い，そしてさらに，それらの「参加型調査」に対して，反射的反省性をもってふりかえり，知見を蓄積するというリフレクシヴな調査研究であった[8]。

「第二次関東大震災」は，2003年頃の「予見」，そしてこの報告書刊行の時点であった2007年から2015年にかけて，「未発の状態」にある。しかし，この十数年で，「移動民の子どもたち」は，「内なる国際化の主人公」から，いつのまにか「治安強化」さらには「ヘイト・スピーチ」の対象となっている。この「暗転」への「予感」を，Sbたち湘南ガールズは，2003年の時点ですでに抱いていた[9]。TV番組収録時に「移動民の子どもたち」が発した声は，複数のメンバーのフィールドノーツ（鈴木やFnくんたち）によってのこされている。

　　……湘南団地が「上手くいっている」理由は何かという質問がなされた。前国際部長のSkさんが，プロジェクトは10年や20年といった長いスパンで考えており，対症療法を目的にしているのではなく，「社会のオペレーター」の養成が主であるという話をしてくださる。単発的な目標や理念を作らないで，この場所を維持し続けるのが目標であることを告げる。「目標・評価・その理由」という一般的な調査項目の流れが潰れたところで，それまでこちらの様子を伺いながらウロウロしていたちびっ子が，興味深そうにちょっかいを出してくる。顔を覗き込むようにして「こんにちは」と言い，子供たちが駆け去っていく。……やっとSbたち（湘南ガールズ）の「島」に飛び込んでゆくと，最初から「TV取材って何？」という話になった。Sbが，一言「これは許せない」と，誰に向かってでもない怒りをあらわにした。私は，そのような怒りの前で戸惑い，適切な答え

が返せなかった（私にもテレビ取材のことは殆ど知らされていなくて，全く何が起こるかわからないという言い訳がましい，準備不足の答えをしてしまう）。確かに，根本的に，「外国人のいるところには問題がある」という自動的な思考回路が私達の中には存在している。Sbの怒りは，私にも突き刺さっていた。

……SbとHdが来てくれる。Sbは風邪をひいたようだ。「むかつく。なんでみんな映しに来たひとに従っているの」ということを言っていた。Hdは「南米」に分類され，「南米」の人たちのグループに入れられた。ゴルゴが来て，「カンボジア」に分類される。ゴルゴも珍しく眉間にしわをよせて，加わったがいいけれども何も話していない様子だった。「もっと笑顔で」とカメラマンが言っていた。無理矢理喋らされている。Hdは明らかにきつそうに，こわばった面持ちでそこにいた。

……8時半過ぎに撮影は終了。集会場入り口にてSbとHdは「実感として以前に比べて明らかに事態が悪化している」といっていた。Sbは自治会のある男の人の排外的で威圧的な態度（以前は優しかったという）に心底怒っていた。Sbはくやしくて涙を浮べているようにも見えた。もしTVの取材が断れない状況ならば，次の段階では何をどのように見せるのが最も被害が少ないのかをSbなどとも話して考えねばならないと思う（新原2007b：148-153）。

集会所の廊下や階段付近を居場所として自分たちの「コミュニティ」を形成してきていたSbたちは，この撮影の間ずっと顔をしかめ，警戒感をあらわにしていた。すべてがTVの視点とリズムで進んでいき，むしろ団地内でも悪い印象をもたれている人たちが代表として出演し，「いい格好」をしている。「外国人」と「日本人」，「外国人」と「外国人」，TV（＝名誉）と「対象」——何重もの視線が絡まりあったところにSbたちは立たされている。彼女たちは，怒っていた。それは，特定の誰かに向かってではない，「外国人」（帰化したとしても）であるというだけで向けられる周囲からの視線，「外国人のいるとこ

ろには問題がある」という思考態度すべてへの怒りだった。

7．願望の KANAGAWA
――Stepping aside with Style（優雅に品よく身を引く）――

　2003年頃，民生委員のTdさんは，姉さんの世話のため，この団地から出て行くことを予感しながら，行く末を考えてくれていた。実は，さらに時間を遡る1999年12月，教室の体制を「普請中」であった時期に合宿研究会を行い，外部から入った「第一世代」が，「やるべきことをやった後，いかに身を引くか」について話し合っていた。このときはまだ，おたがいの理解は，バラバラであったが，その後の「散会」を予感しつつの集まりであった[10]。このなかでも，最初に湘南団地に対して，「あきらかなる介入の暴力を自覚し罪責感とともにその自らの業を引き受ける」つもりで入っていったKtさん，Tyさん，金迅野，新原は，それぞれに「出立」の時期を深慮しつつ，この場に集まっていた。このメンバーは，「湘南プロジェクト」のメンバーのなかでも，「聴け！プロジェクト」もあわせて，「未発のコミュニティ」が棲息し得る「願望のKANAGAWA」を企図しているグループでもあった[11]。以下では，そのときの（いわば「乱反射」する）討議の様子を一部再現する。

合宿の意図
　新原：今回の合宿は，いつもはその場その場の対応に追われて考える余裕の無いような，50年後，100年後のことを話す場にしたいと思います。……今まで自分が培ってきたノウハウなどが全く通用しない場所として湘南団地があり，そこへ通っています。委員会で湘南団地の自治会の人々と知り合い，「一体兄ちゃん，あんたに何が出来るんだ？」と何度も言われました。それは，自治会の役員の人だけじゃなく，集会所に集まってもらったラオスやカンボジアの人々にも言われ続けました。おそらく，その場に居ると裸の人間として自分がいかに無力で傲慢な存在であるかという

ことを思い知らされるから通っているのだと思います。「かわいそうな外国人を助けるのではない」——私たちは，このように集まって，未だかたちはとってはいない一つのコミュニティが創られていくんだという一致点を持ってやってきたわけです。そのためには，記録と記憶を武器とする。膨大な時間を割いて我々や団地の人々，外国人の人，子どもたちが活動してきたことを少しでも言葉にして残す，今後の活動への武器になるように「遺す」ということを考えています。だから，今回の合宿の話し合いも，報告書を書くことをにらんでやりたいと思っています。

　教師だった私の父親は，一人の子どもについて，小中高の教師や地域のひとなど，複数の人間が，様々な場所で，その子どもの歴史を知っているということ，そうした人々が集まって一人の子どもを多面性，多層性，多重性，そしてかたちを変えつつ動いていく姿を理解するための勉強会を続けていました。湘南団地にはじめに入ったとき，湘南保育園のHs園長にお会いして，「卒園した子どもたちが小・中・高・大学と進むとしたら，地域の各場所で出会った人々，つまり一人の子どもの歴史を知っている人々が，何度も集まってくるような……そういう形のサポートは出来ないだろうか」という話をしました。その時のイメージは，大きな歴史には残っていない，自分の父親達の教育運動が前提にあった訳です。いま「湘南プロジェクト」での身体の動き方には，こうした小さな歴史，それぞれのひとに固有の生の軌跡があるはずです。それを持ち寄って，場をつくっていきたいと思っています。

地域に「外様」が入る意味
Kt：最初にTyさんが言った，「入るってことが，部外者であってもしょうがない」ということは，私はそこはすごく理解できる。その地域に住んでいないと確かに，シェアできない，本当に理解し合えないところが存在する。でも想像することはできるじゃないですか。そこら辺の力というのがすごく試されるんじゃなかなと思っている。

金：今，川崎で市民活動が何らかの形で成り立っているとすると，それを支えているのが8割方，「外様」です。Oknくんが湘南に家を借りて入り込んでいるけれど，たとえば「ふれあい館」でもそういうタイプのひとがいます。移動する人々が何か新しい空気を持ち込んで来る。それで育ったのが，地元のSuなんです。つまり，Suを生むために，20年，30年かかったんです。「湘南プロジェクト」は，その流れとして考えられるのかなと思うんです。そのためには，決して乱暴にではなく，寄り添うなかで作られたものというのは，確実に残るんだと思う。もちろんそれは，毎年・毎時，検証されて，形はどんどん変わって行くんだけれども……そんなことが，今始まったんじゃないかなという気がします。こういった試みって，僕は他には知らないし，だからこそ，学者は今までそういう形で入り込めなかったんじゃないか。何かがうごいていくという意味で，「寄り添う」とか「聴く」とかを運動として誰かがとらえ，ここで初めて行われているんじゃないかなと思う。

Kt：地元の人というのは，何も最初はうごかないんだよね。今色んなことをやっている人というのは，外から入ってきていて，気付いて，という形でうごいている。

金：何かが生まれる瞬間を，人間としても，コミュニティの形態としても作っていこうという風に僕は話を聞いていて感じたんだけど。つまり，かかわる人間が，「地」であるかどうかということではなくって，あれかこれかではない，真ん中あたりが持つ価値観を大事にするという営みなのかなと思う。

Kt：ふれあい館のうごきをずっとみていると，湘南は，同じような発展過程，うごきをしていくような気がする。湘南はいずれモデルになって行く。そのモデルを軸に，外側の制度へ働きかけて行く。湘南から大きな形のくくりのものへ，一つずつステップアップしていくものなのだと思う。

「多文化主義」の先に

新原：Su みたいな人が出てくるのは，30年くらいかかると思っています。1968年にイタリアの社会運動が盛り上がったときに，社会を急速に変えようと思って挫折した人たちの一人であったサルデーニャのCa神父は，もっと長期的なこと，人を育てるとか，次の世代を育てるということをしていった。特に，麻薬の問題，麻薬中毒になった子どもたちに働きかける運動があって，何人もマフィアに殺されているわけです。だから運動は命がけで行われていました。Ca神父は，「周囲から危ない」と止められるなか，たった一人でそういう子どもたちの中に入っていった。30年かかってやっと，次の世代のためにチューターをやりたいという若者が出てきたわけです。その「たった一人」は，一人で入っていって，その場所で仲間を集り，何かを創るような人なんですよ。最初から集団や組織体ではないんです。その途中で，なにか制度的なものを獲得したりということはあっても，やはり個人の人間的な力がないとだめだと，僕は思っている。集団を作っていくという時の，その基点や起点となる個人が大切です。私たちの予想の範囲をこえて，社会のどこかで新しいもの切り開いていく人が一人でも出てくればいい。というところの，何分の一かやって倒れると……。

Kt：いずれ倒れることが大事です！

Ty：だから私，焦ってんのよ。

新原：このメンバーで出来ることというのは，3年，5年か，いずれ人は入れ替わって，何人残っているか分からないですよ。でも，受け継いでいって何世代かかかって，はじめて子どもたちの中から，ホントに一人でも局面を開けるような人物が出てくるでしょう。ここにいるメンバーは，結果を見ないと思います。その方がきっと成功なんですよ。

Kt：ただね，Tyさんが何か足りないと言った気持ち的なものを理解すると，多分，公的なものの何かが足りないと，感じているんじゃないかなと思った。

新原：これだけ長時間話しても，みんなバラバラですね。一つの統一したロードマップなんかないんです。一緒に一年やってきて，違ったことを違う方向で考えながらも，バラバラでも，かろうじて大ざっぱにはこっちの方向に進んでいるという感じになっている。それで空中分解せずになんとか続いているという場の「浮力」で，外的な状況の変化に対応できるわけなんです。これは，ファシズムに行かない道だと思います。

…僕たちは，しばらくは「多文化」の枠内で，ことを進めていく必要はあるでしょう。しかし，「多文化」ということをいいながら，その背後で生まれつつある複数の意味を，どんな風に育てていくかを考えないといけない。

Kt：「多文化主義」は大きいCで考えているから，そこに当てはまらないものが生まれてしまうわけでしょ？

新原：はい。コソボのような場所では「多文化主義」は機能しにくいと思います。それは，どこまでも細かく分けていっても，当てはまらない人が沢山出てきてしまうから。

Ty：だけど先生，多文化主義で彼ら彼女らの市民権が与えられたということでしょ？今私が日本の多国籍住民たちの問題だと思うのは，彼らたちに市民権がないというところなんです。彼らはそこに住んで，いろんなことを主張できる権利というものを手に入れなくてはならないでしょ。

金：僕のような人が，フィリピンから来た人と結婚して子どもが産まれたとすると，「何人？」と言われる。そうすると，その人は自分を語るときにすごく複雑になっていくんですよね。

Kt：日本の社会というのはそういうのを予測していなかったというのは事実なんだよね。

金：でも，現実はそれをどんどん乗り越えていってしまっている。この前，僕たちが『聴くことの場』という冊子をつくったでしょ。そこでKJは，「（いずれ「ニューカマー」も）俺達と同じようになるだろう」という予見をしている。そのことを，僕はもっと広げていきたいと思うのだが，そ

れをどう表現したらいいのか，言葉がまだ無いんじゃないかな。
新原：言葉を生まなければいけないんです。
Kt：先生としては，「多文化主義」の先をみて考えてらっしゃるのでしょう。
金：新しい言葉が生まれることによって，具体的なある事態がもう始まったと言えるわけで，それが形になって力をもったと言えるわけだと思う。でも，新原さんのいうように，そういう言葉がまだない。それをみんなで生み出したい。……複雑にストレートに言っても分かるようなコミュニティを目指さないと，窒息する人間が出てきてしまうのは確かです。

　この場で発言したのは，ほとんど，Ktさん，Tyさん，金迅野，新原であった。他のメンバーにとっては，具体的計画とはかけ離れた「空中戦」と思われたかもしれない。「外様」として入っていった人間による，不況の多声，ズレやザラツキのある願望と企図の表出でもあった。後述する「聴け！プロジェクト」で出会った若者たちに対したときほどは，直接的な語りはしなかったが，間接的なかたちで，イタリアの社会運動家，A.ランゲルの言葉のように，ゆっくりと，やわらかく，深く，新たな何かが生まれる準備をしながら，このうごきの場から「身を引」こうという点では，上記の4名は，一致していた。
　ここに登場する「子どもたち」でKtさんを知らないものはほとんどいない。女子大の最高峰で教育学を学び，「社会的に恵まれた環境」で暮らすKtさんが，実は「中国大陸からの引き揚げ者」だと識ったのは，親しくなってからかなり後のことだった。Ktさんは，志半ばで夭逝された。サンパウロ大学で臨床心理学を学び，P.フレイレの強い影響を受けたTyさんは，ブラジルへと「帰還」した子どもたちが，「母国」の文化になじめずに精神的に病んだり自殺したりするという問題に引っ張られるように，ブラジルへと旅立った。金迅野は，この後，牧師となり，ふれあい館でも子どもたちや老人のもとで働いている。いずれも，自分ではない他者のことがらにいつも真剣に向き合い，「鶴の機織り」のように，惜しみなくすべてを与え，ひるむことなく，声を発し，抱きしめ，

たたかう人たちだった。

8．むすびにかえて
―― 「現在を生きる名代」の肉声のつらなり ――

　「3.11」以前に発せられた，「現在を生きる名代」の肉声のエピソードをふりかえってきた。これらの声は，膨大な時間とエネルギーと蹉跌をともにするなか，うごきの場で偶発的に発せられたものだ。湘南団地の集会場に集った人たちは，自治会役員であれ外国人リーダーであれ，ボランティアであれ，子どもたちであれ，過剰に声を発する人たちだった。

　彼女／彼らは怒る。いつも真剣に，「場違いに，一方的に，断言的に，勘違い」をともないつつ。しかし，その怒りが，自分だけが被った差別や不利益に対するものであったことはない。怒りは常になにごとかを「代弁」していた。極端に自己主張が強い無私の人たちであった。

　エピソードのかたちで置かれた肉声はどんな意味を持つのだろうか。肉声に応答し共鳴したのが，なんらかの意味で「すねに傷をもつ」人たちであったのも決して偶然ではないだろう。「現在を生きる名代」は，「危機の時代」の地域小社会で，ぶつかり，つながり，つらなる。個々人の深層で起こりつつある毛細管現象は，個々人の内なる社会変動，すなわち構造やシステムからぶれてはみ出す不協の多声の雑唱によって，地域小社会において，地域をこえる胎動を起こす。それはまた，時として，二者から三者へのつながりが突然つくられるうごきとしても立ち現れる。つまりは，一つのうねりのなかに，一者と二者と三者（個々の身体と個々人の関係，地域，社会）の相互作用とそれぞれの位相における微細な動きが存在していることに，「現在を生きる名代」の肉声は気付かせてくれる。

　「湘南プロジェクト」は，特定の場面が起こり，「現在を生きる名代」の肉声が発せられる機会を創るため，その蓋然性を高めるための「舞台裏」の構築に，膨大な時間とエネルギーを費やした。本章にかろうじて収録した言葉は，その

氷山の一角でしかない。

<h1 style="text-align:center">エピローグ</h1>

　湘南ガールズとSボーイズは，集会所とは別の場所でもよく集まるようになっていった（6章でもふれるように，この二つの場所から巣立ち，国籍も文化もこえて家庭をつくったカップルもいる）。湘南団地の教室で育ったSpやBpたちは，他の団地に引越し，あるものは若い母となり，それぞれ「（湘南団地の集会所というコミュニティから）外に出てゆく」という経験が，徐々に重なっていった。またその背中を見て，若手のエース格だったSbやLnも，「外に出てゆく」心の準備をだんだんとしていっていった。彼女たちは，物理的な場所にこだわらずに，これまで湘南の子どもたちの居場所であり，一つの（心の）コミュニティの意味で，何かできないかと考えている。

　最初の出会いから12年ほどした2012年，AuさんとLeさんの息子のNyくんから連絡が届いた。20歳となり，アメリカに語学留学中であり，両親はそのまま（アメリカで「難民」となった）親戚の家に寄宿し，アメリカの大学を卒業してほしいと言う。しかし，彼は，日本に「帰って」，小学校の教師になりたいと言うのだった。

　　自分は湘南団地に住んで15年以上が経ちます。自分がこの団地で暮らしてきて思ったり感じたことは，なぜか湘南団地に住んでいる多くの外国籍の子どもたちが非行に走っていく様子が伺えると思います。自分なりの意見としては，彼らは単純に寂しかったのではないのかと思います。日本の学校に行っても，日本人にとっての当たり前が彼らの親がそれを理解できず，そのまま仕事の疲れを理由に無視して，自己主張をするあまり周りを見なくなり，子どもたちが何も分からない状態になったのだと思います。また親は自分の子どもに頭ごなしに「勉強しろ」だけ言ってそれ以外は何も見ず，何もかまわず，子どもたちは自分の居場所なかったんだと思

います。

　毎週月曜日に先生たちがいらっしゃった日に，子どもたちは，みんな先生たちに甘えたり，先生たちが帰った後，夜遅くまで集会所付近に居残るのも，居場所がない証拠だと思います。自分はこのことを考えていくうちに小学校の教師という目標を見つけました。もし自分が小学校の教師になれば，自分の経験を生かせますし，グローバル化していく日本に外国籍の子どもも増えていくと思い，このような子どもたちにも柔軟に対応できると思ったからです。……両親の意見は自分がアメリカに留学に行ってアメリカの大学を出てほしいとのことです。アメリカの大学を出れば世界のどこでも通用できるからです。……また，自分は元々外国籍で，たとえ日本国籍に帰化しても，たとえ採用試験等を通過しても，元々外国籍だと知られるので絶対に落とされると言っていました。自分はそれだけでは納得がいかないので教育委員会に電話して「元々外国籍でも帰化していれば，小学校の教師になれますか」と聞きました。向こうの人は「なれます」と言いました。このことを両親に伝えたらそれは嘘だと言って聞いてくれませんでした。これが直面している現実です。ご意見お願いします。

　彼には，具体的な方策とともに，以下のようなエール（yell）を送った。「あれほどやさしく，がんばり，気配りのあるご両親のもとで，そして湘南の仲間とともに育ったのですから，君はきっと大丈夫です。君には自分の感情を客観視できる力（冷静な分析能力）があります。これにくわえて，ものごころついてから育った日本という異境の地以外に，新たにアメリカという異境での体験を持つことで，よりやわらかな智慧——よりゆっくりと，やわらかく，深く，耳をすましてきき，勇気をもって，たすけあう力が身につくはずです」と。

　15年前に，Kt さんたちと仮想していた「未発のコミュニティ」がいずれ，自分が見ていないところでよいから，なんらかのかたちで，立ち現れてくれることを願いつつ。

注

1) 本章は，湘南団地をフィールドとするリフレクシヴな調査研究と探求型社会調査の試みについて，これまで部分的な紹介をしてきた論文（新原 2006a; 2012）などを再構成し，新たなエピソードと分析を加筆したものである。
2) 本章は，新原道信を著者として「仮置き」しているが，背景となっているフィールドでの試みにおける知的生産の担い手であったのは，「教室」への参加者も含めて，「湘南プロジェクト」に居合わせたすべての人たちであった。6章と同じく，正確には，湘南プロジェクト著，構成・新原道信という内容である。
3) このスケッチを描いた日にも，「多文化共生」をかかげた委員会の座長や行政職員が「視察」に訪れ，日影でしばらく涼んだ後に，キーパーソンを素早く発見しインタビューを開始した。そして「なにかあったら力になりますから」と名刺が渡された。その後，この「フィールドリサーチの成果」は，「課題と提言」としてとりまとめられ，発表されている。
4) このとき「参加型調査研究」という呼び名で行っていた調査実践に基づき，「コミュニティを基盤とする参与的行為調査（Community-Based Participatory Action Research（CBPAR））」と「療法的でリフレクシヴな調査研究（ricerca terapeutica e riflessiva, Therapeutic and Reflexive Research ）」という二つの探求型社会調査の中身が整えられていった。
5) この文章を執筆していた 1999 年当時，メルッチとメルッチ，それぞれとの間でしつづけていた「リフレクシヴな調査研究」の在り方についての対話から，湘南団地での試みには，参加者それぞれ（調査者のみならずフィールドの当事者たちも含めて）がふりかえりつつすすめる社会的実践かつ社会調査の方法を練り上げるという意図がこめられていた。
6) 「プロ日本語教師」グループのひとりの「先生」は，以下のような言葉を遺している。
……プロジェクトの全体像が見えなかった私には，今までの経験を頼りに授業を組み立てるしかなかったのです。地域の特性も生かせず，外国人の実生活に合わせることもできず，ただ教えることだけに終始したのです。スタート時点で，プロジェクトの基本理念の説明を受け，私自身が納得していれば，日本語をどう提供すればよいかと考えることも，教科書や教材を彼等に合わせるよう試すことも出来たでしょう。……授業中や終わった後にぽつりと悩みを漏らす学習者。しかし，私はそれらを聞き流すだけで終わってしまった。聞いたこと，感じたことをプロジェクトチームの皆さんに，気楽に話せる機会があったら，そして彼等が呟いた本音が，組み込まれる体制が出来ていれば，もっとよかったと思います。授業中の学習者の真剣なまなざしにたじろいだこともありました。日本語習得の切実さを感じました。「日本語教室はとても楽しい」と喜んでくれる彼等に，励まされもしました。だが，私の役目は，彼等の日本語習得の手助けは当然として，日本語を通じ，「どう共生するのか，どう共生したいのか」を共に考え，実践する機会を提供することでもあったと思います。このことからも事前に，プロジェ

クトの基本的な考え方が分かっていたかったし，他の地域で行われているプロジェクトの勉強もしていたらと，残念です。……このようなプロジェクトは，事例もすくなく，また地域によって問題点も大きく異なるため，遂行される方々のご苦労は余りあるものと察しております。今後のいっそうのご発展と，プロジェクト成功をお祈りします。
7) 参加型調査については，メルレルの共同研究者でもあったG. ジラルディ（Giulio Giraldi）の「民衆が参加する調査法（ricerca partetipativa popolare）」から多くを学んだ。キューバやニカラグア，チアパスとのかかわりの中から練り上げてきた調査研究の方法を練り上げてきたG. ジラルディは，1926年エジプトのカイロ生まれで，「イタリア人の血」も流れている。「社会主義のためのキリスト教徒」の提唱者であり，「人民法廷」のメンバーでもある。とりわけニカラグア，キューバの先住民の運動と深くかかわってきた。
8) ここでは，「治安強化」に対して「移動民の子どもたち」から発せられた危機意識の様態を中心に，中里が「異質性を排除する習慣に関する一考察」，鈴木が「地域社会の『治安強化』『隠れた権威』に対置する主体」，新原が「"異端の予言者"論ノート」を執筆している。さらにここでの調査手法をふまえる形で，中村が個別におこなったニューヨーク・ハーレムでのフィールドワークをもとにした「暴力の発現形態をめぐって」，中里が個別におこなった暴力被害者保護のための中間施設におけるフィールドワークに基づいた「異文化接触と他者への排除」を収録している（以上，新原 2007 b）。
9) 本章においては，蓄積と整理双方の不十分さからなし得ていないが，今後の課題として「移動民の子どもたち」の予見的認識を，今一度掘り起こす必要があると考えている。
10) 参加者は，Tk，新原，Ty，Kt，金迅野，As 他「プロ日本語教師」，Okn，中里佳苗であり，記録は中里が作成してくれた。
11) この不定型な関係性は，2000年前後に神奈川ですすめられた外国人実態調査における官民学（県，ボランティア，学者）の連合に対抗するという企図をきっかけとして，明確にグループ化した。Kt さん亡き後も，メンバーは入れ替わりつつ，現在に至るまで継続し，危機的瞬間に呼応するかたちで参集し続けている。

引用・参考文献

神奈川県社会福祉協議会，1998『「在住外国人フォーラム研究委員会」報告書』。
Merler, Alberto, 2004, *Mobilidade humana e formação do novo povo / L'azione comunitaria dell'io composito nelle realtà europee: Possibili conclusioni eterodosse*.（= 2006, 新原道信訳「世界の移動と定住の諸過程——移動の複合性・重合性から見たヨーロッパの社会的空間の再構成」新原道信他編『地域社会学講座　第2巻　グローバリゼーション／ポスト・モダンと地域社会』東信堂）
新原道信，1996『横浜の内なる社会的・文化的「島」に関する実証社会学的研究』かながわ学術研究交流財団研究奨励金成果報告書。

———，2001『多文化・多言語混成団地におけるコミュニティ形成のための参加的調査研究』科学研究費基盤研究（C）研究成果報告書（研究代表者・新原道信）。
———，2006a「序」「現在を生きる知識人と未発の社会運動――県営団地の「総代」「世間師」そして「移動民」をめぐって」「あとがき」新原道信・奥山眞知・伊藤守編『地球情報社会と社会運動――同時代のリフレクシブ・ソシオロジー』ハーベスト社。
———，2006b「いくつものもうひとつの地域社会へ」「あとがき」古城利明監修，新原道信他編『地域社会学講座　第2巻　グローバリゼーション／ポスト・モダンと地域社会』東信堂。
———，2007a『境界領域への旅――岬からの社会学的探求』大月書店。
———，2007b『未発の「第二次関東大震災・朝鮮人虐殺」の予見をめぐる調査研究』科学研究費補助金基盤研究（C）調査報告書（研究代表者・新原道信）。
———，2007c『21世紀「共成」システム構築を目的とした社会文化的な「島々」の研究』科学研究費補助金基盤研究（B）学術調査報告書（研究代表者・新原道信）。
———，2012「現在を生きる『名代』の声を聴く――"移動民の子供たち"がつくる"臨場／臨床の智"」『中央大学文学部紀要』社会学・社会情報学22号（通巻243号）。
新原道信・金迅野他編，1999『聴くことの場』神奈川県国際交流協会。
湘南プロジェクト編，2000『多文化共生コミュニティにむけて――湘南団地での取り組み』。
横浜市海外交流協会，1996『国際文化都市ヨコハマの再生に関する調査報告――横浜市における多文化ネットワークの形成――』。
———，1997『くらし・ことば・つながり』。
横浜市総務局国際室，1996a『外国人市民生活実態調査 報告書』。
———，1996b『外国人市民生活実態調査 ヒアリング結果のまとめ』。

第 3 章
「湘南プロジェクト」・前夜
── 「入る」という困難，「入る」ことの困難 ──

中 里 佳 苗

1．はじめに

　本章は，1998年から2007年まで，筆者が湘南団地をフィールドとして行った参与的行為調査を通じて得られた知見に基づいている。ここでは，湘南団地を異質な人間達が遭遇し共存を迫られる状態を意味する「コンタクト・ゾーン」(Pratt 1992) という概念で捉え，以下の二点に焦点を絞り考察してきた。

　①湘南団地の住民間や周辺地区の住民との間に存在する，階級・階層，人種，民族，世代，性別といった様々な内なる社会的境界の衝突・混交・混成のダイナミズムとして団地内で生起したことがらを理解する。それら社会的境界は，個人の中に複数存在し，個々人は社会的境界の束として他者に対面する。その場に居合わせた人間の組み合わせや状況によって，様々な形をもった緊張関係のダイナミズムとして現われてくる。すなわち，コミュニティの成員があたかも一つの境界内に位置づけられる同質のinsiderであると認知される状況とはことなり，一人ひとりの相手に対して，個別に自分を再定義し，時にはことなる応答を同時多発的に行うことが迫られる。この，個々人のなかに存在する複合的な社会的境界の衝突・混交・混成のダイナミズムを理解し，また記述するために，メルッチの構成

主義的な認識論と方法論を参考にした（Melucci 1989＝1997）。メルッチによれば，個々人の中にある境界は，本人にも言語化・意識化されていないような身体のレベルに深く刻まれたものであり，また，人間の相互行為を通してその場限りの現在に現れ，軸をずらし（playing），変容し（change form），変異する（metamorphosis）ものである（Melucci 1996＝2008）。こうした観点から，プロジェクトの活動の場に集う人間それぞれの，ジェスチャーを含めた動きを明細に観察・記録して，研究代表者や他の参加者とともにふりかえりつつ解釈をするリフレクシヴな調査研究の作業を進めていった（中里［山田］2001：32-245）。

②このような個人の中にある様々な境界は，時に，互いに対する差別意識や無関心による排除といった暴力を生み出す。だが一方で，複合的な緊張関係の中でいくつもの衝突を重ねてゆくことにより，かえって湘南団地の住民たちは「共生の作法」（奥田・田嶋1991）を構築している。奥田道大は，郊外へと移住した新中間層と地元農民層の混住地域や，池袋や新宿に居住するアジア系外国人と地元の住民の研究から，「さまざまな意味での異質，多様性を認め合って，相互に折り合いながら，自覚的，意識的にともに築く洗練された新しい共同生活の規範，様式」（奥田1983）の存在を明らかにし，「共生の作法」という言葉で名づけている。これはまた，アンダーソンの言うところのStreet Wiseでもある（Anderson 1990＝2003）。こうした一連の調査研究を参照しながら湘南団地におけるそれを明らかにしていく作業を続けた。またこの際に，規範や様式の「自覚的・意識的」なレベルに着目するだけでなく，無意識的に「共生の作法」が培われている身体レベルから理解することに注意した。湘南団地では，日常的な直接の接触を通じて，異質な人々の間に多様な相互作用が交わされている。そうした相互作用を通じて，人はそれぞれに自分の振る舞いを即興的に変化させていく。その即興のやりとりは，不一致を顕にしつつも，折衷的な文化や行動様式を新たに生み出してゆくものである。このような身体的なレベルの

即興性の積み重ねを記述することにより，「共生の作法」が構築される過程を明らかにするように努めている。

2007年現在，湘南団地の住民・元住民の間に「コミュニティ」のイメージが言語化され，共有されていくのが観察できるようになった。差異を含みながらも個々人にゆるやかに共有されている「コミュニティ」というイメージの形成は，「湘南プロジェクト」と長年にわたって深い接触のあった難民・移民の子どもたちが成人し，湘南団地から他の地域に転出していくにつれて徐々に行われていったように思われる。成田龍一（成田1998）は，農村から都会に向かって移動した労働者たちにとっての「故郷」とは，都市的体験を通じて創り出された一種の幻想であったと指摘した。「コミュニティ」もまた，そこで育ったものが他所に出てゆくという過程を通じてその輪郭が形成される。湘南団地から転居した個々人の新しい日常生活における異質な経験が「コミュニティ」を語らせ，これは「記憶の共同体」（Bellah 1985＝1991）として形成されていく。また，そうした新しい体験が個々人の内にある「コミュニティ」の差異を生み出していく。このような着想を得たときに，「コミュニティ」が差異を含みながらもゆるやかに共有されるのであれば，その差異と共有のダイナミズムを追うことにより，「コミュニティ」で培った「共生の作法」が個人の中で変容されながらも引き継がれてゆく側面を描くことができるのではないかと考えるようになった。

コミュニティの「共生の作法」は特定の場所・特定の階層でしか通用しない「心の習慣」であり全体社会の公共性から見れば取るに足らない問題とされるかもしれない。しかし，ここでの考察の対象となっているのは，境界の束が錯綜し軸をずらしつつ変容・変異しつづける諸個人の衝突によって形成されているところの可変的で動的な場所である。まさにその，日常的なことがらとして，衝突・混交・混成のありかたそのものが変異していく場所で，いくつもの「作法」が重合し混成され再構成され練成されていく過程を探求してゆくことは，異質なるものの複層的・複合的な衝突に直面せざるを得ない現代地域社会に

とって，構想されるべき新たな「公共哲学」の方向を示唆する可能性をもつものである。

現在は，上記の二点の検証を重ね合わせることによって，「コンタクト・ゾーン」において，個々人の中に存在する様々な社会的境界はいかに変容し，自分とは異質な人間との連帯を内発的に練成していく可能性の萌芽を，具体的な記述を通して検証している。また，今回採用した「リフレクシヴな調査研究」という方法は，その場所で動いている調査者自身をどのようにとらえるかという意味で，「客観／主観」という二項対立を越えた認識論を要求するものである。

本章では，異質なものの複層的・複合的な衝突に直面せざるを得ない現代地域社会にとっての「公共哲学」の模索という研究課題に従い，その前段階として，「異質性への排除」が具体的にどのような状況でどのように起こっているのかということを把握する。具体的には，1998年から2007年までに行った調査のうち，1998年7月から1999年1月までの記録を再構成する。湘南市に住む，とりわけ外国人支援活動を行っている住民たちによって繰り広げられた出来事を記述することにより，湘南市域の相関関係を把握してゆくのと同時に，「異質性への排除」のあり方を考察してゆく。

なお，本章では，フィールドノーツからの引用とノートの断片から再構成した記憶，その他の記録からの引用は全て文字下げにして記した。また，フィールドノーツの一部は，調査報告書としてまとめられているため，出典とページ数を記してある。なお，記録の中に出てくる「山田」は，筆者の旧姓である。

2．「在住外国人生活支援活動研究委員会」への参加

(1) 1998年度第1回「在住外国人生活支援活動研究委員会」

はじめて湘南市に足を踏み入れたのは，1998年7月13日のことであった。「足を踏み入れた」という表現を使うと，いかにも調査やフィールドワークのためにそこを訪れたという印象を持たれるかもしれないが，私の場合，ここが

第3章 「湘南プロジェクト」・前夜 199

その後 10 年以上に及ぶフィールドワークの拠点となるとは，その時は想像すらしていなかった。7 月 13 日に，湘南市を訪れることになったきっかけは，大学のゼミナールでお世話になっていた当時横浜市立大学の教員であった新原道信先生[1]に，一つのお誘いをいただいたことだ。私はその時のお誘いに，こんな返事を送っている。

　　　13 日の湘南市フォーラムに，ご迷惑でなければ参加させていただきたいと思います。　　　　　（1998 年 7 月 5 日：山田から新原先生へのメール）

　1996 年から 1997 年にかけて新原先生は，神奈川社会福祉協議会の「在住外国人フォーラム研究委員会」のメンバーとして，神奈川県の在住外国人の研究をされてきた経緯を伺っていたため，その研究と関連する「何か」に，私は誘いを受けたということは分かっていた。多文化共生まちづくりなどに関連した「何か」なのであろう，と。その頃，自分が生まれ育った鶴見と川崎の境にある小さな区役所にて，外国人労働者たちへ日本語を教えるボランティアを続けていた私は，なにやら「外国人」や「多文化」といったことへ関心があり，半ば興味本位で，そのお誘いを受けたのである。実際に誘いを受けた 7 月 13 日の会場で行われる「何か」に関しては，それ以上想像をすることもなく，「湘南市フォーラム」という名前を勝手につけて，後は言われるがままに誘いにのった。この「湘南市フォーラム」が，その後，私に，小さな地域で生きる人々との様々な出会いと別れをもたらしてくれる，フィールドワークの出発点となるとは知る由もなく。
　1998 年 7 月 13 日，15 時少し前。湘南駅に集合したのは，新原先生と横浜市立大学大学院に所属されていた Okn さんという院生，そして私だった。湘南駅の東海道線のホームは嫌に長く，プラットホームの両末端に，二つ改札がある。ホームに降りた私は最初，集合場所とは異なる改札に出るが，あまりにも暗く周囲には何も無い改札口であったので，もう一方へ不安と伴に歩いていった。もう一方の改札口は，小さな駅ビルらしきものがあり，改札口を通過

する人間も多かった。先生たちと合流し，改札口から続く駅ビルの横の階段を降りてゆくと，全面にバスターミナルが広がっている。新原先生に「引率」されながら，バスターミナルの横に設置された小さなタクシー乗り場から，タクシーに乗り込む。神奈中バスと書かれた大型バスの横をすり抜けるようにタクシーは，「湘南市福祉会館」という場所を目指して進んでいく。駅からワンメーター強の場所に，めざす「湘南市フォーラム」の会場があった。

　湘南市福祉会館の会議室に連れられてゆくと，スキンヘッドに背広姿，その割に物腰のやわらかそうな男性が，私たちを出迎えてくれる。会議室は，50名程収容できる大きさで，「コの字」型に20名くらいの席が用意されていた。既に会場には，セミフォーマルないでたちをした初老の男性たち3名が，席についていた。新原先生とその男性たちが挨拶をし，世間話を始めた。会議室を見渡すと，そこには，「オブザーバー」という肩書きのついている自分の名前が用意されており，私は「オブザーバー」として参加するのだと初めて理解する。そして，席に近づくと，綺麗にとじられた資料がおいてあり，そこには「平成10年度　第1回在住外国人生活支援活動研究委員会　次第」と書かれていた。私が連れてこられたのは，「湘南市フォーラム」ではなかったのだ。当初，神奈川県社会福祉協議会の「外国人」に関係する「何か」であると思いこんでいた私は，このような形で，湘南市の委員会に自動的に参加することになった。

　この瞬時には覚えられない長いネーミングの委員会のメンバーらしき人々が会場に集うと，最初に私たちを出迎えてくれたスキンヘッドの男性が，物腰のやわらかい丁寧な口調で「今日は皆様，お忙しいところをご参集いただきまして…」という挨拶を始めた。この司会進行役の男性は，湘南市社会福祉協議会の職員で，Tkさんという名前だ。この委員会の中では，事務局という役割を担っていることが分かった。Tkさんの進行に従い，綴じられた資料の名簿にそうようにして，各々の自己紹介が進められていった。紹介を聞きながら名簿を眺めると，「湘南」という文字がずらっと並べられていることに気付いた。「湘南団地連合自治会会長」から始まり，「湘南地区社会福祉協議会役員」「民

生委員児童委員」「主任児童委員」,そして「湘南保育園園長」と,湘南小学校,中学校の教諭。さらに,「当事者」という欄に記載されているカンボジア人の男性の住所も,「湘南」となっている。この会議に出席している委員15名の内,約半数が,「湘南」という地区になんらかのかかわりを持っている。「湘南」地区以外の委員は,「湘南市家庭児童相談室」「湘南市健康課」「湘南市国際課」「湘南市国際協会」という行政機関に所属されている方が4名,アドバイザーとして他地域から来ている方2名と学識経験者1名というメンバー構成であった。この「湘南」という地区は,なにやら特別な場所なのだろうか? (表3)

表3　在住外国人生活支援活動研究委員会名簿

選出区分	氏名	役職名	住所
自治会	Ks	湘南団地連合自治会会長	湘南
地区社協	Im	湘南地区社会福祉協議会役員	湘南
民生委員児童委員	Td	湘南地区民生委員児童委員協議会	湘南
主任児童委員	Y	湘南地区主任児童委員	湘南
保育園	Hs	湘南保育園園長	湘南
小学校	●●	湘南小学校教諭	湘南
中学校	Ms	湘南中学校教諭	湘南
関係団体	Nk	国際協会日本語部長	●●
行政機関	●●	湘南市家庭児童相談室相談員	●●
	●●	健康課健康づくり係主任	●●
	Kr	国際課主管	●●
当事者	Tn	元日本語指導協力員（カンボジア）	湘南
学識経験者	新原	横浜市立大学	横浜
アドバイザー委員	●●	横浜市●区●●学校	●区
	Ty	●市教育委員会　横浜いのちの電話	●市

出典：「平成10年度第1回在住外国人生活支援活動研究委員会次第」をもとに作成

(2) 湘南団地の人々との出会い

「では,Ks会長」というTkさんからの呼びかけに応じて立ち上がったのは,誰よりも早くに会議室に着席していた男性グループの1人であった。シルバー

グレーの髪をきちんとまとめセミフォーマルないでたちの男性は,「団地の自治会長を勤めております, Ksと申します。昨年より, この会議を数回に渡って行っていくにつれて, 湘南市の皆様に団地への関心をもっていただけたことが何よりの成果だと思っています」と発言された。この委員会は, 過去に数回行われていたことが判明した。委員会の資料をめくってみると, 過去5回にわたってもたれた委員会のまとめが掲載されていた。委員会記録の最終ページには, 外国籍住民に関する「問題点」と「課題」が整理されており,「湘南市社会福祉協議会の取り組み」と「地域の取り組み」の二つに分けた図が載せられている（平成10年度第1回在住外国人生活支援活動研究委員会次第）。

それによると, 昨年の委員会の目的は, 現存する湘南市内の様々な「地域の取り組み」に対し, 市社協が支援協力すべき項目を明らかにしてゆくことであったのだろうと想像がついた。さらに,「第5回在住外国人生活支援活動研究委員会の記録」という詳細資料に目を通してみると（平成10年度第1回在住外国人生活支援活動研究委員会次第）, 主に湘南市役所に外国人相談窓口をどのような形で作るかという話し合いがなされており, この委員会は, 湘南市域全体にかかわる議題を扱っているのであろうと考えた。しかし, 湘南市とは別の地域からやってきた私は, 湘南地区から選出された委員がその場の大半を占めているという偏りと, さらにKs会長による「湘南団地への関心を得られたことが委員会の成果だ」という発言によって, この委員会の中では「湘南」という場所が何か特別な意味を持っているということを感じとっていた。

Ks会長の自己紹介の直後, 湘南地区の民生委員児童委員をされているTdさんという男性が, 少ししゃがれた関西なまりで言葉を連ねた。彼も, Ks会長と同じく, 会議室に早くから来ていた人物だ。

> 湘南は, 行政からもなんの支援も受けられないまま, 何十年も経っとるんです。この団地の住民の約3割が, 外国人という状態にあります。団地の問題は, 自治会長さんらや私たちだけでは, もうどうにもならないところまできてしまっております。
> 　　　　　　　　　　　　　　　　　（1998年7月13日：山田メモ）

第3章 「湘南プロジェクト」・前夜　203

　この日に書き取ったメモ書きを読み返すと，この発言は，丁寧な言葉で話されていたことが分かる。しかし，発話自体は，語調の強い口調であったと記憶している。他の委員たちが，自分の所属や活動についての自己紹介をすんなりとこなしている中で，どことなく怒った口調で熱っぽく語ったTdさんの発言が，とても印象に残っている。行政にかかわりのある委員が半数近くいる会議の場で，「行政は何もしてくれない」という内容の発言は，挑発的にさえ映った。先の，Ks会長の「関心をもってもらったことが成果だ」という発言に加えて，「なんの支援も受けられない」といった明らかに行政機関の人々を敵対視した発言に，私は衝撃を受けていた。湘南団地からの委員が大半を占めているというこの場の異様さに，さらに輪をかけるようにして，湘南地区選出委員とそれ以外の委員の間に「亀裂」が走ったように感じた（図3-1）。

(3)　委員会内部の「亀裂」

　今日は果たして，この委員会では何が話されるというのだろうかと，どこか居心地の悪さを感じていると，委員会座長であった新原先生が議題を話され

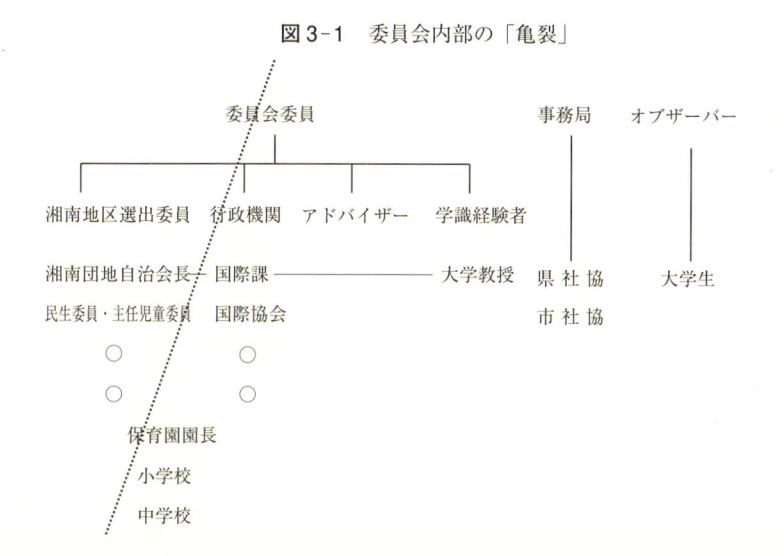

図3-1　委員会内部の「亀裂」

```
                    委員会委員                    事務局      オブザーバー
        ┌───────┬──────┬──────┬──────┐
    湘南地区選出委員  行政機関  アドバイザー  学識経験者
    
    湘南団地自治会長   国際課─────────大学教授      県社協      大学生
    民生委員・主任児童委員  国際協会                   市社協
         ○              ○
         ○              ○
         保育園園長
         小学校
         中学校
```

た．補足資料として配られたペーパーには，「湘南市・湘南団地での調査について」と書かれている（1998年7月13日：委員会資料）．それは，1998年5月28日と7月6日の，調査に関する事前打ち合わせのまとめであった．打ち合わせの場所は，横浜市立大学と湘南保育園となっている．新原先生，神奈川県社会福祉協議会のTkzさんと湘南市社会福祉協議会のTkさん，そして湘南保育園Hs園長が主体となっている．新原先生の説明によれば，湘南保育園に通う子どもたちとその家族がどのように暮らしているかを，丁寧な聞き取り調査によって明らかにしてゆく．調査は，湘南地区の「学校」を核にして，徐々に「家庭」と「職場」へと広げてゆくのだということが分かった．

「学校の中で日常的に取り組んでいただいている活動を他の視点から改めて考察し，テーマとしてまとめ，湘南以外の地域の方にも成果として伝えられればと思います」（1998年8月20日：平成10年度第2回在住外国人生活支援活動研究委員会次第）と述べた新原先生は，少し早口で，この調査のために今日は学生を連れてきたのである，と付け足した．その場にいる委員たちの視線が，大学院生であるOknさんと私のもとに集中した．今回の委員会を「湘南市フォーラム」だと思い込んで何も考えずに参加し，この地域に関して無知である私が，その後10年以上も湘南団地へかかわりをもつようになるとは，この時は，自分自身では全く想像ができないことであったが．

新原先生による調査の説明に対して，それぞれの委員が調査を行ってゆく方向で話がまとまりかけた矢先に，割り込むようにして口を開いたのは，それまであまり発言をしていなかった湘南団地自治会長Ksさんであった．会議記録には，下記のように残されている．

　　何かを調査して何らかの手を差し伸べてあげるといった状況からちょっと進んだのではないでしょうか．少なくとも生活の基盤といったところではそのように感じます．
　　（1998年8月20日：平成10年度第2回在住外国人生活支援活動研究委員会次第）

（湘南団地は：筆者補足）生活の場であり，（外国人を：筆者補足）湘南の人民として扱ってほしい。（中略）興味本位，助けなければという発想はやめて欲しい。

（1998年8月20日：平成10年度第2回在住外国人生活支援活動研究委員会次第）

　この発言は，猜疑心のようなものを感じさせる口調で，その場に出来かけていた調査に対する意気込みを，反転させてしまった。他の委員たちが，他の地域における調査やその調査に基づいた支援のあり方などを報告し，調査に関しては積極的・好意的な態度を示していたなかで，彼の発言は，調査への苦言だけではなく，その調査を通じて関与してゆくであろう者たちの裏側に在る「発想」への問いかけだった。その頃の私は，調査というものは，調査対象の何かを，時空を越えて多くの人々に伝える手段・何か新しいものを開発する手段であると信じて疑わなかった。そのため，Ks会長の発言の意味が，この時は理解できないでいた。誰よりも早くに会議室にやってきていたにもかかわらず，周囲の人々への強い猜疑心を露わにし，他の委員たちとの間に亀裂をもたらし続けるこの湘南団地の人々に対し，漠然とした違和感を持っていた。一体この人々は，何を求め，何をしたいために，この場所にいるのだろうか。この違和感が，その後1998年から2000年に渡って7回ほどもたれることとなる委員会やその後の湘南団地での調査において，湘南市という地域を理解するための根幹になってゆくとは，この頃の私は想像すらしていなかった。

(4)　1998年8月20日第2回在住外国人生活支援活動研究委員会

　「湘南という場所への調査を今後することになるのだろうか？」という不安を抱えたまま，1998年8月20日，第2回目の在住外国人生活支援活動研究委員会へ参加する。私たちのような学生のオブザーバーは，新原先生からの紹介により，湘南団地への「調査協力者」という身分として，ひとまず「居場所」を与えられた。前回の委員会で議論されていた調査が具体化していくなかで，先生の指導の下で働く要員として，委員会のメンバーからは承認を受けたので

あった。

　第2回の委員会の冒頭にて，新原先生が「調査」の構想についていくつかの提案をした。記録には，このように残されている。

>　　今日の委員会以降は，具体的にいろいろな活動を始めたいと考えております。私の方から提案することは，2点あります。この委員会は，小学校から中学校，保育園，あるいは団地，ボランティアといったように様々な取り組みをなさっている方が一堂に会している非常に有意義な場所だと考えております。そのようにいろいろな立場の人たちが集まっている委員会で，どういったことができるのかということの確認です。湘南市でできそうなこととして，①学校間のつながり，②拠点をつくること，③湘南という場所，在住外国人のことに関心をもっていない人たちへインフォメーションをしていくこと。湘南市の地元のものではないのですが，私ども大学の大学院生も参加しながらいろいろな問題を討論したり，考えたりしていければと思います。ボランティア活動を通じて，小学校や中学校，保育園を通じて，あるいは団地を通じてできる限り協力したいと考えております。私自身がやろうと考えていることですが，湘南で保育園に通ってきた日本人も含む日本で生まれた子どもが，一体どんなふうに周りの社会とか大人を見ているのかについて，一人ひとり聴いていきたいと思っています。これはアンケート調査ではなく，10年くらいかけてじっくりとお付き合いをして話を聞いていきたいと考えています。ですから恐らく，湘南のある子どもの話を聞こうとすると，その子が10歳の時に話を聞き始め，20歳30歳と付き合っていくということです。それくらいのテンポでやらないとよく理解できないと思います。
>
>　　（新原：1998年10月19日：平成10年度第3回在住外国人生活支援活動研究委員会次第）

　この提案に対して，真っ先に手を挙げたのは，少し神経質そうだが快活な印象を持った50歳前後の女性であった。前回の委員会は欠席であったので，

ネームプレートを見て名前を確かめると,「国際協会日本語部長　Nk」とある。

　　国際協会や市国際課の方でも外国人相談窓口を作るためにはどうすればよいのかといった話をしている段階で,具体化に向けて一歩進んでおります。
（Nk：1998年10月19日：平成10年度第3回在住外国人生活支援活動研究委員会次第）

　市役所の事業の代弁をしたこの話の内容からして,湘南市の役所の人間なのだろうか？と思った。しかし,他の役所の職員たちはグレーや紺の背広姿である中で,Nkさんだけは,エスニック風のシャツに鮮やかな色のロングスカートという出で立ちであった。彼女の肩書きの「日本語部長」というのは純粋に市役所の職員というわけではないようだ。そんな彼女の印象を記憶する間もなく,この発言にかぶさるようにして,湘南団地のKs会長が口を挟んだ。

　　この委員会が発足してから2年経っておりますが,専門的な分野ごとの検討がなされておらず,総括的な話しあいにとどまっています。情報交換としての委員会は,もう限界であり,いらないのではないでしょうか。それよりも,専門的な立場から湘南団地に入ってきて欲しいと思います。
（1998年10月19日：平成10年度第3回在住外国人生活支援活動研究委員会次第）

　私はこの発言を,「Ks：とにかく湘南団地にきて欲しい。湘南団地に,行政の相談窓口を作れ」（Ks：1998年8月20日山田メモ）とメモに残している。実際に,Ks会長の発言は命令口調ではなかったが,私にはそのように聞こえていた。先に発言をしたNkさんと市役所へのピリピリとした批判を,感じていたためである。この「湘南団地に,行政の相談窓口を作れ」というKs会長の発言に対しては,Nkさんをはじめ,他の委員やアドバイザーたちも黙ってはいられないような空気となった。

本来は自分の住んでいるところで問題解決できるのが望ましいが，逆に地域の窓口であると相談に行きにくくなる場合もある。
(Ty：1998 年 10 月 19 日：平成 10 年度第 3 回在住外国人生活支援活動研究委員会次第)

　地元で相談窓口を開設すれば全て解決するかというと，解決できることも多いでしょうが，深刻な問題はなるべく誰も知らないところへ行って，そっと解決したいというのが人情です。とりあえず，距離をおいた国際協会から相談窓口を作るというのはどうでしょうか。
(Nk：1998 年 10 月 19 日：平成 10 年度第 3 回在住外国人生活支援活動研究委員会次第)

　国際協会がつくる相談窓口は，団地の外に作っておいた方が良いと思います。楽しいことは団地内でも良いのですが，自分のまずい話は地域の中で話したくないものです。だから学校にも相談がくるわけです。
(Ms：1998 年 10 月 19 日：平成 10 年度第 3 回在住外国人生活支援活動研究委員会次第)

　まず場所を決めないで，いろいろな人達と連携してから決める方が良いと思います。相談窓口は困った人達を助けるためのものですから。
(Tn：1998 年 10 月 19 日：平成 10 年度第 3 回在住外国人生活支援活動研究委員会次第)

(5) 「外国人相談窓口」をめぐって

こうした意見を聞くうちに，「外国人相談窓口」なるものを，特別に湘南団地という場所にも設置して欲しいと言った Ks 会長の言葉は，どこか，利己的な発言のように聞こえてきた。この時の私は，市役所が主体となって開設する相談窓口は，特別な地区に設置するよりも，もっと「公共的」な場所で，より広く提供すべきサービスであるのではないか？などと考えをめぐらせていたのだ。また，相談したい人間は「自由」に相談する時間と場所を選べる権利があるはずなので，実際には窓口の場所はどこでもよいとすら思っていた。「調査に湘南団地へ行く」と言えば大声で「湘南へ来るな」という苦言を呈すが，公

的サービスなどの利益が得られそうなことに関しては「湘南へ来い」と言う Ks 会長に対しては，どこか，「つかみ所の無い，押しの強い，我が儘な，コロコロと変化する」という印象を持ったのであった。そのように，当時の私は感じていたのだ。このような私の戸惑いをよそに，それでも Ks 会長は，くりかえし，何度も，湘南団地は特別な場所であることを強調していた。そうした攻防を見かねたように，湘南地区に住んでいる民生委員の Td さんが口を開いた。

　　湘南団地は，まだまだ貧しい家が多いのが現状です。交流はそれはそれであっても良いと思いますが，それよりも大切なものがあるかと思います。まず，11 人いる国際部の方々に困っていることなどを聞いて欲しいと思います。
　　(Td：1998 年 10 月 19 日：平成 10 年度第 3 回在住外国人生活支援活動研究委員会次第)

　話の中で度々出てくる「11 人いる国際部」というのは，「国際関係」や「国際社会」などの言葉と何か関係があるものなのかどうか？という新たな疑問が湧き上がったが，実際に湘南団地に行ってみたら分かるだろうと考えた。特別な場所であると強調される湘南団地という場所への興味が，沸々と湧いて来ていた。
　そして，この発言を受けて，座長である新原先生が口を開き，「お話を伺っていることを総括しますと，Ks 会長のおっしゃるように，この委員会の出張委員会といった形で，11 人の国際部のリーダーさんとお会いしたいと思います」(1998 年 10 月 19 日：平成 10 年度第 3 回在住外国人生活支援活動研究委員会次第)とまとめた。結局，この一声によって，委員会の面々が湘南団地へ出向く方向性が決定されることとなる。「外国人相談窓口」なるものをどこに作るかという議論が白熱し，当初の議題であった「調査」の話は殆ど忘れ去られてしまっていたが，とにかく，湘南団地への訪問だけは決まった。
　安堵したような表情でコメントをした Ks 会長を一見し，私も少しホッとした。それだけ，緊張感が続いていた会議であったからだ。そして，この瞬間，

Ks 会長の言った「とにかく湘南団地に来て欲しい」という最初の発言を思い出す。それは「とにかく」といった会長の想いが，激しい駆け引きを内に含んだ紆余曲折の後に一巡し，みごとに結実した瞬間だったのだ。ただし，正確には，「行政側」の人間が湘南団地を訪問するわけではないのだが，Ks 会長が「行政側が絡む」と強調した意味は，その後の団地を訪問した際に明らかとなる。

しかし，委員たちの間からは，湘南団地への訪問に関して，「最初は，新原先生おひとりの方が良いかもしれない」（Ms：1998 年 10 月 19 日：平成 10 年度第 3 回在住外国人生活支援活動研究委員会次第）という意見が出された。大勢で団地を訪問することは，逆に相手に対して失礼であろうという「常識的」な見解が述べられていった。結局，この意見は採用され，湘南団地訪問をする者として，新原先生とその学生，社会福祉協議会の事務局，委員会のアドバイザーをされている Ty さんが選出された。これが，「最初」の湘南団地への訪問メンバーとなる（図 3-2）。しかし，現在の地点から振り返ってみると，これは「最初」であって，「最後」でもあった。この委員会における「とにかく湘南団地へ来て欲しい」という会長の熱のこもった発言に，この時点で応えることとなった数名以外は，その後一度も，一緒に湘南団地を訪問することは無かったのである。

3．湘南団地に「入る」という困難

(1) 1998 年 9 月 14 日と 1998 年 9 月 28 日，1998 年 10 月 19 日の湘南団地への訪問

湘南市社会福祉協議会の委員会事務局 Tk さんより，1998 年 9 月 7 日付，湘南市社会福祉協議会会長の名前を通し，「『在住外国人生活支援活動研究委員会』県営湘南団地における現地打ち合わせ会の開催について」の書類が送られてきた。「打ち合わせ会」は，9 月 14 日 7 時から，湘南団地集会所にて開催される。18 時半，湘南駅のバスターミナルとは反対側にある未だ工事中で薄暗い木

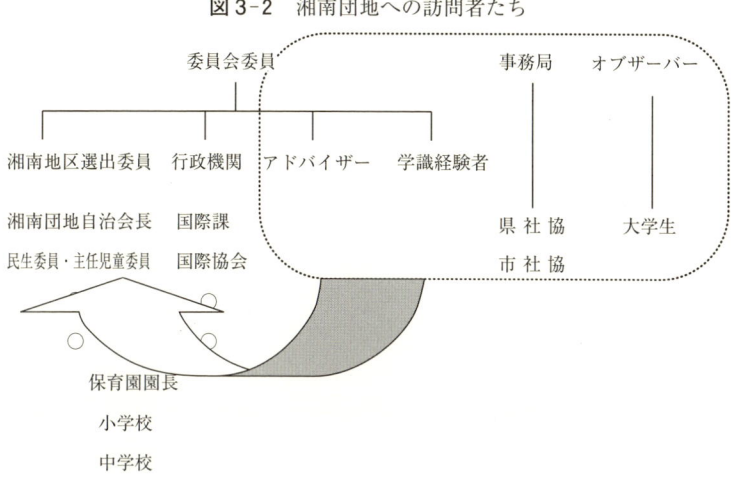

第 3 章　「湘南プロジェクト」・前夜　211

図 3-2　湘南団地への訪問者たち

委員会委員　　　　　　　事務局　　オブザーバー

湘南地区選出委員　行政機関　アドバイザー　学識経験者

湘南団地自治会長　　国際課　　　　　　　　　　　県 社 協　　大学生
民生委員・主任児童委員　国際協会　　　　　　　　　市 社 協

保育園園長

小学校

中学校

　製の改札口にて，新原先生・Ty さん・Okn・山田のメンバーが，Tk さんを待った。Tk さんの車で，湘南球場の周囲に広がる湘南ゴムや N 産などの工場地帯を走り抜けると，右手には，農地が広がっているのが分かった。その田畑の中に，薄暗く立ち並ぶ建物の陰が，灰色の固まりとして浮かび上がってくる。

　田畑が途切れた先にある小さな川をまたぐと，すぐに団地の敷地内部に入ったようで，そこからはずっと，左右から 4 階建てコンクリートの住宅に圧迫される。建物が途切れるとそこには，大きな「給水塔」のシルエットがあり，その横のプレハブ 1 階建ての小屋の前で，車が停まった。プレハブ小屋の前には滑り台があり，小屋の奥をのぞくと，ブランコらしきものが見える。その当時は，本来の団地集会所は修繕中で，仮の集会所としてプレハブ小屋を使用していたのだ。入口の横の小部屋から Ks 会長が出てきて，「ここは事務室で，あそこがホール」などと一通り説明があったのち，12 畳ほどの和室に通された（図 3-3）。

　そこには，既に，7 名ほどの外国人らしき人々が席についていた（図 3-4）。ジャージ姿のずんぐりむっくりとした体型をした初老の男性が，外国人たちと話をしている。その男性の横に座った Ks 会長より，「国際部長」の Mk 部長

との紹介があった。委員会にて，何度も「団地の国際部の話を聞いて欲しい」と団地の人々が訴えていた「国際部のリーダー」である。Mk 部長の説明によると，「国際部」というのは，団地自治会の一つのセクションであり，国籍別のリーダーたちで構成されている。自治会主催の行事への協力をしたり，公的な情報を回覧するための窓口などの役割を持っている。

この「打ち合わせ会」には，神奈川県や湘南市の役人は一人も来ていない。しかし，Mk 部長は，初めて湘南にやってきた私たちに対して，「県や市」としての態度や意見を求めてきていた。しかし，その場の誰一人として，「ここには役人はいない」といった訂正をすることもなく，湘南団地の自治会の人々や外国人のリーダーたちの話に耳を傾けていた。外国人のリーダーは，日本語の未習熟の問題や，通訳や勉強をする環境が整備されていないこと，学校や職場でのいじめの問題を口にする。彼らの話を受けて，Mk 部長はこう続けた。

> 外国人世帯が 120 もある団地には，相談所くらいあってもいいんじゃないかと思う。日本語教室と，相談所を市が作るべきですよ。そうしないと，自治会が彼らのめんどうをみないといけないから。
>
> （Mk 部長：1998 年 9 月 14 日山田メモ）

Mk 部長の発言は，「外国人を日本人同様に扱いたい」や「彼らのめんどうをみないといけない」などと，どこか外国人を軽蔑しているかのような，乱暴な口調が特徴的であった。「扱う」や「めんどうをみる」といった表現には，

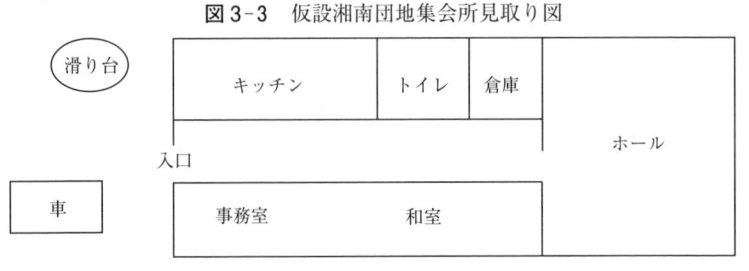

図 3-3 仮設湘南団地集会所見取り図

図3-4 1998年9月14日「打ち合わせ会」の席順

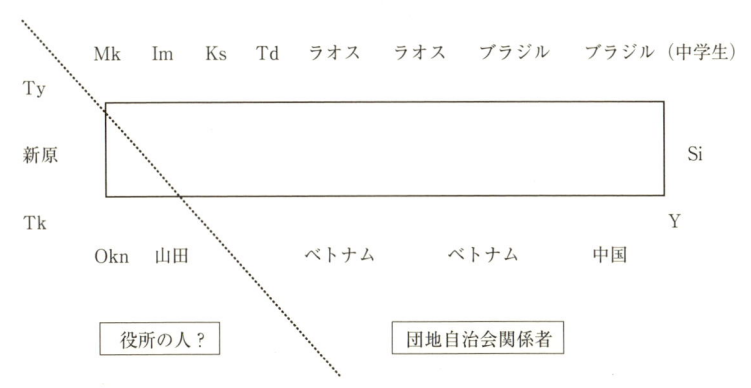

```
                                                              和室入口

         Mk   Im   Ks   Td   ラオス   ラオス   ブラジル   ブラジル（中学生）
Ty ┌─────────────────────────────────────────────────────┐
新原│                                                     │Si
Tk └─────────────────────────────────────────────────────┘ Y
         Okn  山田         ベトナム   ベトナム        中国

         [役所の人？]              [団地自治会関係者]
```

相手が弱者であるということが前提されているからだ。ここに集っている外国人の人々を目の前にして，なんて横暴な言い方をしているのだろうと，少々冷や冷やしていたのだった。そんなMk部長の言葉に続けて，中国のリーダーと呼ばれる「中国帰国者」[2)]である男性が，下記のような発言をした。

　「外国人」と言い，言葉教えるのもメンドクサイと言う。「外国人何もできない」と，会社で半年間いじめられた。言葉の暴力だと思っている。「外国人何もわからない」と日本人は思っているが，言葉はわからなくても心は分かる。頭だってきちんとしている。　　　（F：1998年9月14日山田メモ）

「Mk部長に対する苦言か？」と思い，発言者の顔を見ると，彼の目線は，Mkさんに注がれているのではなく，新原先生やTkさんの方をしっかりと見据えていた。明らかに，外国人のリーダーたちも，Mk部長らと同じ方向性を持って，発言をしているのであった。この場所では，「県や市」の役人として位置付けられている，「我々」に対して，「彼ら」は訴えかけをしているのである。外国人リーダーたちは全員，新原先生や私たち外部から来た人間たちへ，じっと真剣なまなざしを向けていた。私たちの「出かた」をうかがうような，圧迫感のある視線であった。新原先生が，それらの視線に促されるように，

「市の施策に結びつけるのには時間がかかるが，地道に聞き取り調査をして，市に対する要望を出してゆくなどすれば，動きがあるかもしれない」と発言した。すると，Ks 会長が Mk 部長の発言を補足して，こう言葉を返した。

> 6，7年前に問題が既に出てきていたくせに，市や県からは何にも対応がなかった。事情聴取のような形で終わった。湘南地区では，行政が「生活ふれあい相談」をやっているが，公民館のみ。日本語ボランティアも，公民館といった公的施設にのみこだわってやっている。湘南団地にたくさんの外国人が住んでいるのだから，住民であることを考えて，生活相談を，しかもこの団地で実施してもらえないだろうか。
>
> (Ks：1998年9月14日山田メモ)

(2)「一枚の紙」

Ks 会長の発言に応えるようにして，新原先生が「また，このような場をもてればと思うので，集会所の確保はできますか？」と聞くと，団地自治会の人々が大きな声で相談をし始めた。「月曜日ならば大丈夫だろう」「集会所は休みだから日曜日か祝日でもよい」「祝日ならば昼間」「平日は夜からだったら開けられる」「会場さっそくとっといて」……。2週間後の月曜日に「打ち合わせ会」が行われることに決定し，私たちは，再度この団地を訪問することになった。

そんな帰り際のこと，「役所の人たちが帰るから，あれ急いで渡したって」と Mk 部長が言い，自治会の事務局の方から，一枚の紙が渡された。それは，外国人の入居者状況を示した，手書きの表であった。調査主体は，「湘南団地連合自治会」と記載してある。現在になって，その手書きの表を眺めると，そこに，この時の団地の人々の想いが込められていたのだと分かる。本来は，行政が調査・管理しなければならない県営団地の入居者状況を，自治会の人々が，団地住民の一人ひとりの数を国別に調べて明細な表にしなければならなかったことを想像すれば，いかに，この県営団地が，行政からの支援を受けていなかったか理解できる。そして，その一枚の紙を，「役所の人たちが帰って

しまう」と言って，慌てて配布していた理由もだ。

　彼らにとっては，私たちの正体が誰であるかなどは，あまり重要なことではなかった。あの時に重要だったのは，小さな一つの県営団地において発せられた声が，何十年も要求をしても全く無関与であった市や県へ，もしかしたらこの機会に届けられるかもしれないという可能性だったのであろう。訪問した者たちは，団地側の人々にとって，「可能性」そのものだった。だから，私たちは，あの場では，彼らが一番声を届けたいと切望していた「役所の人」でなければならなかったのではないか。

　しかし，その時の私は，役所の人間であると勘違いされたままであるという居心地の悪さのみ持ち帰っていた。「役所の人」に対する，試すような痛い視線が，体にまとわりついているような感触だった。そして，自分が本当に役所の職員であるかのごとく，「県や市が何も対応をしてくれなかった」という発言だけを，くりかえし思い返していた。

(3)　1998年9月28日第2回「打ち合わせ会」

　1998年9月28日，第2回目の「打ち合わせ会」が，前回同様，湘南団地の集会所にて19時より行われた。前回は，国際部の外国人リーダーが参加していたが，第2回では，ラオスのリーダーが集めたというラオス住民が，23名ほど集っていた。中には，残業を切り上げてきたというラオス男性もいた。前回と同じように，訪問をした私たちを「県や市の人」と位置付けたMk部長は，「自治会や県・市政に対して，また，小学校の校長への不満，質問があったら言ってください」(Mk：1998年9月28日山田メモ)と，ゆっくりとした口調で，ラオス住民らに声掛けをした。今回は，湘南団地の義務教育下の児童が通う，湘南小学校の校長と湘南中学校の教諭も来ていたため，団地住民たちの相手としては，県と市，そして教育機関の職員という役者が揃えられたことになる。

　「まず，個人的なことではなく，大まかな考えなどを話してください」(新原：1998年9月28日山田メモ)という挨拶をした「役所の人」を前にして，ラオスの住民たちは，日本の法制度・福祉制度・教育制度の疑問点などが，日常生活

において困ったことの具体例を挙げながら，それぞれに発言していった。しかし，会議も30分をすぎると，発言は，徐々に，小さな問題に終始してゆくようになった。

湘南小学校の校長先生が「湘南小学校には557名中8カ国80人の外国人がいるが，学校からの手紙などは翻訳して渡したい。ラオス人で翻訳してくれるボランティアはいないか」と，ラオスの人々へ声をかけた。しかし，ラオス住民たちは，「仕事があるので，ボランティアは無理。時間が無い」と，躊躇無く，きっぱりと断ったのだった。その瞬間，「子どもが通っている学校のことなのに，なぜ，協力しようともしないのだろうか。あんなに，翻訳・通訳が必要と言っているのに，なぜ，自らやろうとしないのだろうと，私は思った。その横から，Ks会長が，「通訳で飯は食えるのか」「だから言ってるでしょ」と呟いたのが聞こえてくる。すると，一人のラオス男性が「仕事の差別がある」と切り出した。大きく目を見開いたMk部長が，言葉をかぶせるように言った。

　　42世帯の中で，何人失業しているのか，ちゃんと調べてください。もし，多いのなら，団地の草刈りなどをやらせて，協力するから。会長，それでいいよね。協力してやらなきゃよ。　　（Mk：1998年9月28日山田メモ）

Mk部長に肩をつつかれているKs会長も，「自治会も出来ることは協力する」と，大きく頷いていた。私は，この時に起こったことが，その場では理解できなかった。しかし，外国人の労働条件や残業や夜勤といった拘束の多い生活リズムを知るようになった今から振り返ってみると，あの場に集っていた人々の間には，確実に，外国人の現実を知っているかどうかの温度差があった。ラオスの男性らが「ボランティアはできない」と言ったのも，Ks会長が「通訳で飯は食えるのか」と言ったのも，外国人の生活がどのようなものであるのかという現実を反映させた言葉だったのである。そして，自治会の人々は，外国人のことを「がめつい」と吐き捨てるように言いながらも，彼らの生活が厳しい時には，仕事を自ら生み出してでも，助けようとする人々であったのだ。

そして，とても現実的な方法で，応答してゆく人々なのだ。そのような試みを，ずっとやり続けてきた人々なのである。それが，「草刈りなどをやらせて」という言葉に結実していた。

(4) 1998年10月19日第3回在住外国人生活支援活動研究委員会

　第3回在住外国人生活支援活動研究委員会が持たれた。湘南団地の「国際部」のリーダーやラオス住民らとの「打ち合わせ会」にて得られた方向性を，委員会に持ち帰って話し合うという趣旨であった。
　「役所の人」として湘南団地を二回訪問し，「何もしてくれない」という視線を浴び続けていたからか，このKs会長の言葉は，重くのしかかってくるような感覚を持った。訪問をしたメンバーの一人であるTy委員が，まずは団地の内部に日本語教室を作って，そこを相談の場所にしてゆくのはどうかという提案をした。委員会として，何かをしなければならない，そのような意味が込められていた。すると，それに反発するように発言をしたのは，湘南市国際協会の日本語教室でボランティアをしていた，Nk委員であった。

　　　湘南公民館では，Trさんという人が日本語教室をしている。Trさんの方が，私よりもよく湘南団地のことを知っていると思う。ただでさえ，国際協会の日本語教室は，ボランティアの手が足りていない。手伝えるとしても，湘南公民館までで，手一杯だろう。
　　　　　　　　　　　　　　　　　　　（Nk：1998年10月19日山田メモ）

(5) Ks会長の怒り

　この発言に対して，Ks会長が怒りをあらわにして，返した。

　　　なぜ，団地の話をしているのに，またもや公民館の話が出てくるのか？「制度」からはみだせないで，ボランティアをやってゆくという姿勢をどうにかしていただきたい。　　　　（Ks：1998年10月19日山田メモ）

Nkさんの補足説明によると，湘南市国際協会においては，1994年から毎年，日本語ボランティア養成講座を開催している。湘南公民館でボランティアをしているTrさんという人物も，こうした日本語ボランティア養成講座から出発し，湘南日本語の会というグループを作って，日本語教室を開催しているのだという。だが，それぞれの教室では，ボランティアの定着率が悪いのも問題として上がっている。また，今回アドバイザーとして参加していた，Ktさんの話によると，日本語ボランティア養成講座などは，（財）難民事業本部の支援事業の一部であるらしい。難民事業本部とは，外務省の外郭団体で，インドシナ難民の受け入れと定住までの支援事業を行っている。湘南市への関りとしては，コミュニティー活動として，湘南市に住む難民の相談会やカンボジアの正月行事などを行っているが，湘南市政との関りは薄く，住民となった難民のアフターケアには疑問が残っているという話がなされた。Ktさんの提案では，ボランティア団体（湘南日本語の会＝難民事業本部）・行政・当事者が三位一体となって，日本語教室を団地の中に作ってゆくべきであるという。

こうした話を受けて，Ks会長は，

> 自治会は，外国人だけではなく，日本人との共生も考えていかねばならない。だから，場所の提供はできても，それ以上のものはできない。例えば，教育のこと，職業のこと，行政との関わりなどまでは，手に負えないと思います。そのことに，自治会の力の無さを感じているが，同時に，物事のしっぺ返しは自治会に来ることも分かっている。
>
> （Ks：1998年10月19日山田メモ）

他のボランティア団体に対しては，枠組みを超えて協力しろと苦言を述べた矢先に，自治会は「場所の提供」のみに徹するというようなこの発言には，違和感を覚えた。なぜ，とたんに，自治会は保身に入ったように，「場所の提供」だけと言っているのか？

そんなことを考えていると，突然，Ks会長が溢れんばかりの苛立ちを込め

て立ち上がった。そして，「やるのかやらないのか，はっきりしてほしいと言ってるんだ。私はさっきから，あんたに何ができるかと聞いている！！」と，大声で怒鳴りあげた。

　痺れを切らしたようにまくし立てた Ks 会長の声には，「煮え切らない」委員たちに対する苛立ちと，「もう後戻りはできないところまできている」という重圧が篭っていた。冒頭で，「我々には責任がある」といった言葉を，自分自身で噛みしめるかのように。「場所の提供だけしかできない」，「しっぺ返しは自治会にくる」などと言い出したのも，決して保身からではなく，他の委員たちからの反応を，あえて試したということだと気付いた。湘南団地の外国人を前に，「何かが変わるかもしれない」という希望の星である「役所の人」を連れて行ってしまった時点で，既に何かが走り出してしまっているからだ。この委員会のこの瞬間に，会議という場所とは不釣合いな「怒鳴りあげ」も，Ks 会長の責任のとり方であったのだろう。その場の状況を理解できていない私ですらも，さすがに，会長が「怒鳴りあげた」意味は，肌で理解できた。

　Ks 会長から「あんたに何ができる！！」と指をさされた，新原先生は，少し体を前に乗り出した姿勢で会長をまっすぐに見据え，「何もできなくとも，湘南のみなさんに，『来るな』といわれるまで，通い続けます。何年でも，何十年でもです」とハリのある声で返した。

(6)　Hs 園長の「投企」

緊迫した空気のなかで，それまでおし黙っていた湘南保育園の園長が，静かに口を開いた。

　　　日本語教室をまずつくりましょう。外国人の方々には，個別対応してゆくような形で，口コミで信頼を勝ち取ってゆけばよいのではないでしょうか。集会所が駄目なら，保育園を使ってください。

(Hs：1998 年 10 月 19 日山田メモ)

この園長の言葉が，その後何年も続いてゆく，湘南団地の「教室」の第一歩を，後押しした。湘南保育園は，湘南団地の入口のすぐ隣に位置している。団地の幼児たちの殆どが，この保育園を通過していく。そんな場所で園長をしてきたHs先生は，湘南団地の自治会や住民たち，そして子どもたちが，どれだけ緊急に，外からの支援を切望しているかは，痛いほど分かっていたのであろう。そして，団地自治会の事情も，理解していたのだろうと思う。「保育園を使ってください」というのは，単なる，親切心からではなかったはずだ。

自治会が，外国人のために，集会所という場所を確保するためには，どれだけの苦労をしなければならないかということを，この園長先生はよくわかっていた。外国人への反感が強い団地において，外国人のためだけに公的な施設を使うことが，いかに大変なことであるのか。園長の言葉は，団地自治会が「場所の提供」だけで精一杯であること，それでも尚，何かを外国人のためにしようとしているという切迫した状況を理解した上での，一声だったのである。

しかし，私がこのことを理解できたのは，後に，Ks会長が団地自治会長を引退する間際，自治会長選挙のエピソードを見聞きするようになる，ずっと後のことだ。新原先生やHs園長の言葉を受け，嬉しいというよりは，また新たな重荷を背負ってしまったかのように肩を落としているKs会長に，Tdさんが，「ま，会長，がんばらな」と声をかけている姿が，とても印象に残っている。

その同日の20時より，湘南団地仮設集会所にて，第3回目の「打ち合わせ会」が持たれた。委員会にアドバイザーとして参加していたKtさんも，「打ち合わせ会」に呼ばれた。カンボジア・ベトナム・ラオス・中国・ブラジルから，7名の「国際部」の外国人リーダーたちが集っていた。彼らに対し，Ktさんは，アジア福祉教育財団難民事業本部の関係者として紹介された。難民事業本部とは，外務省が，1975年にインドシナ難民の定住促進支援を委託した財団である。新原先生は，迷うことなく，「今回は，前回の約束どおり，国の人を連れてきました」と続けた。つまり，Ktさんは，これまで役割としての「県や市の役人」であった私たちを補強するような形で，「国の役人」として登場したのであった。

いつものように,「生活で困っている人は話してください」という号令から始まったが, 前々回・前回のような反応はなかった。外国人リーダーにもどこか倦怠感漂う空気があり, 国際部長 Mk さんが「中国のおとうさん, 何かありませんか？」とたずねても,「あとで」と返事をする。すると,「2, 3分いただきます」と言って, Ks 会長がおもむろに立ち上がった。

(7) Ks 会長の献身

いつになく, ゆっくりとした口調で, Ks 会長は「当事者のあなたたちの声が, 一番重たい。何回でも声を発し続けて欲しい」と熱を込めて話した。それは, 本当に3分間のスピーチとなっていた。話が終わったとたん, その場に集っていた外国人や, 自治会関係者の間から, 拍手が沸き起こった。全員が, 顔をあげて, 拍手をしていた。私も, つられて拍手をした。ある時は, 外国人の声を聞いているその場で,「小さなことごちゃごちゃ言っても始まらないのにな〜ア」とうんざりしたような声で吐露し, ある時は, 市域の外国人支援をしている人々の前で「あんた方に何ができるか！」と怒鳴りあげ, その後うなだれていた会長の姿が, フラッシュバックして, 正直, 私は混乱していた。でも, 私は, 拍手をしていた。

今, このように, Ks 会長の発言を振り返ってみれば, 彼の発言はすべて, 文字通りの「音頭とり」であったのだ。Ks 会長の心情は, 正直なところ, うんざりしたような吐露やため息, うなだれていた姿に表現されていたものであったに違いない。しかし, 団地の3,291名の住民, 8カ国の国籍を持った外国人住民をまとめる人間, そして, 団地以外の場所の人間たちとの「関係性」をコントロールして, 破綻しない程度の均衡を保ち続ける役割である「自治会会長」という責任を, Ks 会長は実践していた。その場, その場の状況に従って, その時その場で, それぞれの個人がしがみ付き・閉じこもりたがっている公的・私的の領域の境界を打ち砕く。そして, 個々人を無関心ではいられない状況へといざなって鼓舞し, 人をうごかしてゆく力だ。いつも喧嘩腰のその音頭は,「いざなう」というよりは,「追い込む」「叱咤激励」と表現した方がしっ

くりくるだろうか。

　Ks 会長の，人をうごかしてゆく技法，過激ではあるが見事なまでの「音頭とり」は，個人的な興味関心を達成するために，なされたものではない。むしろ，偏見や体が受け付けないという限界に対峙しつつ，本当は，やらずにいたら個人のなかの葛藤も持たずにすむという地点に立ち，うごくかうごかないかの選択で，うごく方を選び続けてきた。だからこそなのか，個人的な興味関心や利害のみで，一つの葛藤もなく帰属できる集団の内部に留まっている個人，そして，そうした場所を渡り歩くことによって活動領域を拡大してゆく個人に対しては，強い口調で苦言を述べ，揺さぶりをかけるような発言を，容赦なくし続けることができたのではないか。

4．団地に「入る」ことの困難

(1)　1998 年 11 月 2 日　湘南市・国際協会との会議

　市や県，時には国の「役所の人」として度々湘南団地を訪れていた訪問団は，一方で，本当の市の職員たちと話し合う機会を作っていた。1998 年 11 月 12 日，Tk さん，新原先生，記録係として Okn，山田というメンバーで，湘南市の分庁舎にある国際課へ出向く。M 分庁舎は，かつて，市営の M 保育園であった建物をそのまま再利用しており，トイレやゲタ箱，ドアや壁などの背丈が，異様に低い。市民活動や外国籍住民への支援等を目的とする国際課は，市役所の各部署のなかでも，この建物のごとく，どこか周辺的なにおいを漂わせるところであった。

　事前の打ち合わせをしている際，新原先生が，「全てのことを達成するということではなく，このプロジェクトにかかわりを持つ組織や人間の配置を，出来るだけ多くのメンバーに全景を理解してもらうために，あえて地道な交渉をともにするのだ」ということをおっしゃっていた。日本語教室の開設に向けて，具体的な事業目標を立ててこなしてゆくということをイメージしていた私に

第3章　「湘南プロジェクト」・前夜　223

は，新原先生のお話の意味が理解できずにいた。

　M分庁舎に移動すると，国際課の部長Krさん，そして，在住外国人生活支援活動研究委員会で馴染みとなった国際協会Nkさんが待機されていた。小さな会議室（保育園の教室を改造したもの）に入ると，Krさんが，「外国籍市民相談窓口」と表紙に書かれた資料を配布し，湘南市では1999年度より「相談窓口」を開設予定であることを説明し始める。訪問者からの要請を聞くのよりもまず先に，行政側の立場を説明するのは，「役所の人」の特徴であろう。

　Tkさんが，湘南市社会福祉協議会の事業と湘南団地を訪問した経緯を説明し，新原先生が，事業の配分を見直し，湘南団地に直接入ってもらいたいと述べた。端的に，「団地の中で日本語教室を作ることになった場合，モデル地区として，市役所からも協力を得たいと考えている」と話しをする。

　すると，Nkさんは，団地に住む外国人の支援をしたいが，団地の自治会の体質と「そり」が合わないので，出来ないと言っていた。この時私は，確かに，団地の自治会の人々は，物腰が強くてなかなか話し合いができなさそうだ，と思った。しかし，今ふりかえってみると，先に記述してきた団地の外国人，少なくとも団地「国際部」の外国人リーダーたちは，団地自治会と，喧々諤々なコミュニケーションをしている人々であった。殆ど一歩も引かない押しの強さで，「ラオス人だけが住める，ラオス棟を作れ」というような要求をし，団地自治会の会長らを戸惑わせていたくらいだ。

　自治会とコミュニケーションができないというとなると，そんな彼ら，外国人との体質が合うかどうかも疑問ということになるが，しかし，私はこの時，そのようには思わなかったのである。なぜなら，この時の，Nkさんと同じように，私のなかにも，「外国人はみんないい人で付き合いやすいが，団地の自治会のおっさん（日本人）たちはどこか苦手である」という感覚があったからだ。私のなかに，そのような無意識の偏見があることには，後々になってじっくりと気付いてゆくことになるので，偏見の中身については，後に述べることにする。Nkさんは話を続け，こう言っていた。

国際協会と湘南日本語の会は，協力してやってくことが難しいように思う。湘南日本語の会は，国際協会が行政として「何もしてくれない」と幻滅しているところがある。だから，協力するにしても，湘南日本語の会とは，期間を区切って，2年間交代で湘南にかかわるなどの方法を考えて欲しいなと思っています。あと，湘南日本語の会に話に行く時は，自治会を通してじゃなくて，外国人に協力してもらって協力を求める方が上手く行くでしょうね。

(Nk：1998年11月12日メモ)

(2) 湘南市内のコンフリクトと境界線

上品な口調で，押し黙って聞いていた，国際課部長 Kr さんが口を開いた。

行政もこれまで，湘南には関与してこなかったというのが，反省すべき点だと思っております。しかし，行政の事業は，公的サービスを提供するのが目的でありますので，なかなか特定の地域だけに関与するということは難しいというのが現状です。特に，湘南団地という場所は，湘南市域においても，少し特殊な場所であるといいますか，もともと団地入居者は階層が低いというイメージがありますし，また，在住外国人や，インドシナ難民が多く住んでいるということで，他の地区とは少し異なるという感覚もございます。ですので，そこだけにサービスを集中させるということになりますと，正直，湘南市民たちの抵抗があるという事情もございます。

(Kr：1998年11月12日山田メモ)

この発言を聞いて，私は少し嫌な気持ちになった。Nk さんとの発言とは，少しだけ違うトーンがあった。少しだけ違うトーンというのは，「低所得者層」という言葉で括られた人々のなかに，Nk さんが「体質が固い」と表現した自治会の日本人の姿が，巻き取られるような感覚を覚えたからだった。

私は Nk さんのくくり，「外国人」と「自治会の人々」というなかには，実際にその人々と出会って持った感触（偏見も含め）がある。しかし，Kr さんの

表現は，「在住外国人」「インドシナ難民」「低所得者層（日本人）」という無機物な「対象」としてのカテゴリーに感じた。そして，その湘南団地の人々に対して，湘南市民たちがどのようなイメージを持っているかに関しても，驚きをもった。湘南市社会福祉協議会の委員会と湘南団地の自治会という場所の往復しかしていない「よそ者」の私にとっては，湘南団地が，どのように他の区域と区別されているかは，自明のことではなかったからだ。

　Krさんから配布された資料の最終ページには，「相談窓口の図式」というのが作図されていた。それによると，外国人支援をしている民間団体がいくつかある。そのなかで，Nkさんの発言をもとに，互いに反目しあっている団体を表記してみると，図3-5のようになった。

　Krさんは，最後に，このように付け加えた。

　　　直接，湘南団地の方へ行政が個別に顔を出すのは避けたいと思っています。ボランティアを支援するような形で，下地を作ることには，ご協力したいと考えております。　　　　　　　　（Kr：1998年11月12日山田メモ）

「特定の地域に個別的に入ってしまうと平等でなくなる」という考え方は，団地自治会の人々とは全く別のベクトルを持っている。抽象的で空虚な「平等」観念は，生身の「外人」たち，そして生身の，偏見むき出しの日本人住民たちと，日々体をはって，四六時中付き合っている自治会の人々の持っている感覚の前では，さらに空虚に響く。生身の人間達の生々しい何重ものコンフリクトの中で編み出された「偏った平等」とでも言うべき平等観念は，「中央」と「周辺」という配置を転換させている。市役所のKrさんが，「直接顔を出すのは避けたい」と言って回避しようとしていたのは，この配置転換そのものだったのではないだろうか。

図 3-5 市役所「相談窓口の図式」とボランティア団体のコンフリクト

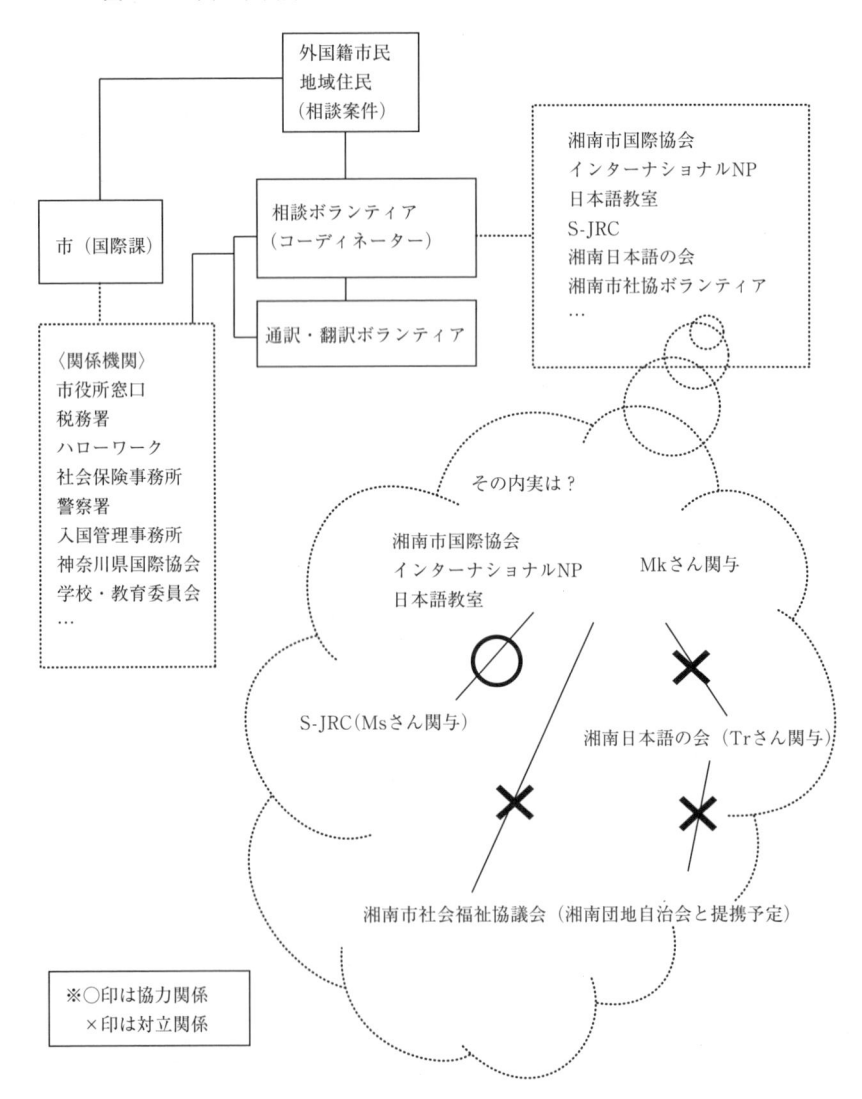

```
                          外国籍市民
                          地域住民
                          (相談案件)
                              │
                              ▼
                         相談ボランティア ────→  湘南市国際協会
   市(国際課) ──────→   (コーディネーター)         インターナショナルNP
                              │                    日本語教室
                              ▼                    S-JRC
                         通訳・翻訳ボランティア      湘南日本語の会
                                                   湘南市社協ボランティア
                                                   …
  〈関係機関〉
   市役所窓口
   税務署                              その内実は?
   ハローワーク
   社会保険事務所           湘南市国際協会
   警察署                   インターナショナルNP        Mkさん関与
   入国管理事務所           日本語教室
   神奈川県国際協会                    ○                ×
   学校・教育委員会
   …                   S-JRC(Msさん関与)       湘南日本語の会(Trさん関与)

                                          ×              ×

                              湘南市社会福祉協議会(湘南団地自治会と提携予定)


  ※○印は協力関係
    ×印は対立関係
```

(3) 1998年12月4日　第4回「打ち合わせ会」――「島」としての湘南団地――

　湘南市の国際課や国際協会の人々の話に，度々登場してきていた，湘南団地の近くの公民館で日本語教室を行っている「湘南日本語の会」とのミーティングが持たれた。場所は，湘南団地集会所のホールである。「湘南日本語の会」からは，代表者であるTrさん，Htさん，Knさんの女性たちと，小学校非常勤教師をされているSsさんという男性が出席していた。新原先生が，湘南団地での日本語教室創設に関する話をすると，湘南地区に住んでおられるHtさんという女性が，前置きもなしに，このように話した。

　　湘南団地は「島」だと思います。地つきの人からも差別されてきた場所です。ここで暮らしてゆく意味について，考えてしまいます。
　　　　　　　　　　　　　　　　　　(Ht：1998年12月4日山田メモ)

　この時の「打ち合わせ会」には，「湘南日本語の会」の人々のほかに，新原先生とTkさんを中心とした団地以外の場所に住んでいる者たちと，唯一，団地住民であるラオス人のTpさんが参加していた。これらの人々を目の前にして，団地は「島」という言葉で表現された。これまで，団地以外の場所に居住する湘南市の住民たちが，やんわりとほのめかしていた団地に対する感覚が，外から来た者たちに対し，イメージとして伝えられる。しかし，なぜ突然，このような話を切り出したのか，不思議な印象を持った。
　「湘南日本語の会」Trさんがこの話に対し，湘南団地にて，そうした場所を創設することの困難を話し始め，この場に参加していた外国籍住民であるTpさんへ「集会所で何かをするのは，抵抗ないですか？」と話しかけた。
　Tpさんは，「別にないですね。みんなにきいて，みんな勉強したいと言っていましたから。週2，3回はやってほしいです。やはり，近くだとみんないきます」(Tp：1998年12月4日山田メモ)と言った。

これに対して，Trさんは，「はじめて日本に来た人にとっては，団地の外は，どんなに近くでも『外国』だものね」と応えた。この「団地の外は外国」という言葉には，少しひっかかりを持った。それは，最初にHtさんが団地を「島」と表現した言葉と，同様の意味が込められているように思ったからだ。この発言は，Trさんが団地の内部で日本語教室を行うことの問題点を外国人当事者の声を引用しながら指摘し，それが，Tpさんという当事者によって否定されたという文脈の中で発せられた。Trさんとしては，Tpさんの否定的な発言を，先ほど引用した当事者の声と同様に尊重しようとして，自分なりの理解を示そうとしたにすぎない。

　その過程で，「団地の外は外国」という言葉が出た。「団地の外は外国」という言葉には，外と内，国内と国外という，境界線があるのだという意味が込められている。これは，先にTrさんが話していた，集会所で日本語教室を行うことの具体的な問題点といった事実からの団地への理解なのではなく，具体的には説明できないが，何となく感じているというレベルの感覚からなされた発言だった。その発言が無意識的に，そして，善意をもってなされた発言だったからこそ余計に，Trさん自身は意識していないが確実にもっている境界線が見えたという感覚を，私は持った。団地は，地域社会のなかで，出入りの際には抵抗感のある場所として，感覚されているのだろう。それは，市役所の国際課のKrさんが説明していた，湘南市民の持っている感覚の露呈である。

(4)　責任の所在と「未来予測」

　しかし，現在の地点から振り返ってみると，しかし，Htさんの「島」とTrさんの「団地の外は外国」という言葉は，内容は同じであったとしても，使われ方が異なっていたことが分かる。Trさんの発言は意図的に何かを達成させるために発せられたものではないが，Htさんは，「打ち合わせ会」の冒頭で，「島」という言葉で団地への理解を述べていた。団地という場所を，他の地域から線引きするという意図が見え隠れする。そして，その線引きによって，Htさんは何を達成しようと考えていたのだろうか。

TrさんとTpさんのやりとりに対し，Htさんが口を開いた。

どんどん外国人が多くなって，日本語教室に問題が起こったときに，「湘南日本語の会」が責任をかぶるのは困ります。市の方が守ってくれないと。
(Ht：1998年12月4日山田メモ)

つまり，責任の所在をはっきりさせよ，という要求である。私はこの発言を聞いて，団地のKs会長が「責任」ということを話していたことを思い出し，責任をかぶりたくない，という態度に対してイラッキを覚えていた。なぜ，これまで会ってきた住民たちは，市役所の人も，ボランティアの人々も，責任をかぶりたくないといい，湘南団地に対して非協力的なのだろうかと，その足踏みをしている姿に反感を持った。

しかし，今解釈をしてみると，「市の方が守ってくれないと」という言葉に対してもっと深い理解をせねばならなかったと考える。つまり，彼らが，責任を回避しようとする根底にあるものを，である。他の場所では，何の後ろ盾も必要とせずに民間で日本語教室を行っているのに，湘南団地では「守ってくれないと」困るという意識の内実は，どのようなものなのであろうか。

Htさんは，「島」という言葉を使うことによって，湘南団地が地域社会のなかで差別されてきた場所であると語った。Htさん自身は日本語教室を行い，湘南団地の外国人とのかかわりがあるので，特別な団地への差別意識を持っているとは自分自身では意識していないであろう。しかし，実際には，差別されてきた場所へかかわりを持つには，誰かに「守って」もらわねばならないという意識が働いている。その根底には，恐怖心がある。差別されてきた場所への，恐怖心が。

そこには，日本社会にある「同質性の我々と異質の彼ら」という図式が強く働いている。また，同質性の我々を守ってくれるのは，日本の公的な機関である市役所であるという想定がある。すなわち，市役所は，我々である「市民」を守る役割であり，異質な彼らを守る立場には無い。そして，自分たちにとっ

て異質である者たちを差別することの裏側にある恐怖心は，異質なものたちが「いつか問題を起こすだろう」「今後何をするか分からない」「きっと厄介ごとを強いられることになる」という無根拠な未来への予測から形成されている。

その「未来予測」による恐怖心は，現在には未だ起こっていない問題に対しての反応であり，「問題は起こらないかもしれない」というもう一つの未来予測の可能性を打ち消してゆく。Htさんは，「同質性の我々と異質の彼ら」ということが「リアルではない」という可能性を打ち消すために，最初から「島」という言葉で自らにバリアをはっていたのではないか。「島」ということで，団地で日本語教室を創設することへの協力はできないということを，最初から表現していたにすぎない。

そのような枠付けから始まった話し合いは，当然のように平行線をたどった。「湘南日本語の会」は，「委員会のモットーや目標が明確ではない」「自治会との調整ができるのかどうか」「責任の所在がハッキリしていない」「ボランティアの人数が足りるのか不安だ」「多くの外国人が集った場合に対処できるのか」という，未来への危険予測を口にしていた。これらの対話に応じていた委員会のメンバーは，「問題が起こった際にはその都度考えてゆく」「まず，湘南団地という場所へ入って行くことの意義」を強調していた。それは，「同質性の我々と異質の彼ら」という図式からくる恐怖心や，それを根拠とした「未来予測」を一つずつ乗越えてゆこう，という意味が込められていたのである。

しかし，最終的に，「湘南日本語の会」は，「島」へのかかわりを持たないという道を選んだ。

5．むすびにかえて

これまで1998年7月〜1999年1月までの具体的な湘南市住民たちのやりとりを記述してきたが，その記述を，「異質性への排除」という強い言葉で解釈してゆくのは不適切ではないかという印象をもたれるかもしれない。

湘南市域以外に居住している「よそ者」である筆者は，当初，湘南団地が地

域社会において外部からの支援を得られない状況においやられているという話を耳にした際，湘南市住民による湘南団地への差別や排除のあり方を観察しようと考えていた。だが，湘南市域の住民たちが，眼に見えるような差別や排除を湘南団地に対して行うといった場面は一度も無い。むしろ，特定の地区への差別をしたくないという正義感や，困っている人々を助けたいという善意を表出させながら行動していた。湘南団地は，湘南市の住民にとっては，常になんらかの関心を持たざるを得ない場所としてあり，差別と同時に庇護の眼差しを抱かれる場所であることが分かってきた。単発的なインタビュー調査を行った場合，おそらく，湘南団地が地域社会の中で孤立的な状況にあることの理由は，なかなか把握できなかったであろう。なぜなら，湘南市に住む多くの者が，湘南団地が差別されていることは知っていて，その差別に対して，「自分は反対の立場をとっている」と述べるからである。おそらく，湘南市住民の大多数が，意識的も非意識的も，自らは差別をしない者として在ろうとしている。

　しかし，そのように善意や正義を語っている個人が，具体的な場面においては，湘南団地へのコミットメントをしないという選択をした理由はどこにあったのだろうか。本章では，湘南団地に日本語教室を創設するという事態をめぐって，湘南市や住民たちから湘南団地が再「孤立化」していくプロセスを見てきた。様々なエピソードのなかに現れた個々人は，行政機関や民間団体のどの部署に所属しているかにかかわらず，湘南団地へは「なんとなく近寄りがたい」という共通の感覚を持っており，その感覚の根拠に関しては明確な説明や正当化ができない。差別や排除といった強い言葉では表現されないが，個々人を拘束している感覚レベルの「心の習慣」が存在している。

　それぞれの個人がそれぞれの文脈で示した「近寄りがたさ」が，地域社会のなかに存在している，「同質の我々と異質の彼ら」を分ける境界線をの明確な根拠を説明できず，恐怖心を元にした未来への「危険予測」という形で露呈していた。自らがなぜ，そのような「未来予測」をしてしまうのかに関する自覚はなく，湘南市住民は，「同質の我々と異質の彼ら」という図式に支えられた「未来予測」のなかで，現在の自らが持つ関係性に従って行為を選択していっ

たにすぎない。

　今回の記述から考察すれば，これまで湘南団地が「島」として差別され，「孤立化」していった経緯には，このような，静かな「異質性への排除」の力が作用していたはずである。「異質性への排除」は，直接的な暴言や暴動などのような形で必ずしも顕在化するとは限らない。むしろ，このような，「なんとなく近寄りがたい」といった「心の習慣」のレベルで起こっており，それは，個々人の持つ力でもあり，個々人が拘束されている社会構造の力であるといえる。

　一方で，ここでの記述に登場する，「近寄りがたい」と思われている側の団地住民たちが持っている「心の習慣」は，上述の「異質性を排除」するものとは性質が異なっていた。彼らのなかに線引きが無いというわけではない。彼らのなかにも「同質の我々と異質の彼ら」という図式は存在し，存在しているからこそ，他者との関係において度々，対立を引き起こしてもいた（図3-6）。

　しかしながら，湘南団地へのコミットメントを結果的に避けた人々とここに居残った人々が異なるのは，自らの異質なものに対する恐怖心への絶え間ない自覚と，その恐怖心から来ている「未来予測」に対して，異なる可能性に賭ける「余地」を持っているという点である。そして，その場その場の状況に応えてゆくという意味での「責任能力（responsibility）」を持っているという点だ。

　「異質性への排除」の「習慣」，それに対置されるような「習慣」に関しての考察は，今後の課題としたい。今後は，観察を行っている研究者自身のなかにも，相互行為によってなされる個々人のなかの，軸のずれ（playing），変容（change form），変異（metamorphosis）が起こっていることを表現してゆく試みを通し，認識論における主客問題を考察したいと考えている。

第 3 章 「湘南プロジェクト」・前夜

図 3-6 湘南市域の外国人支援をめぐる相関関係図（1998 年 7 月〜 1999 年 1 月）

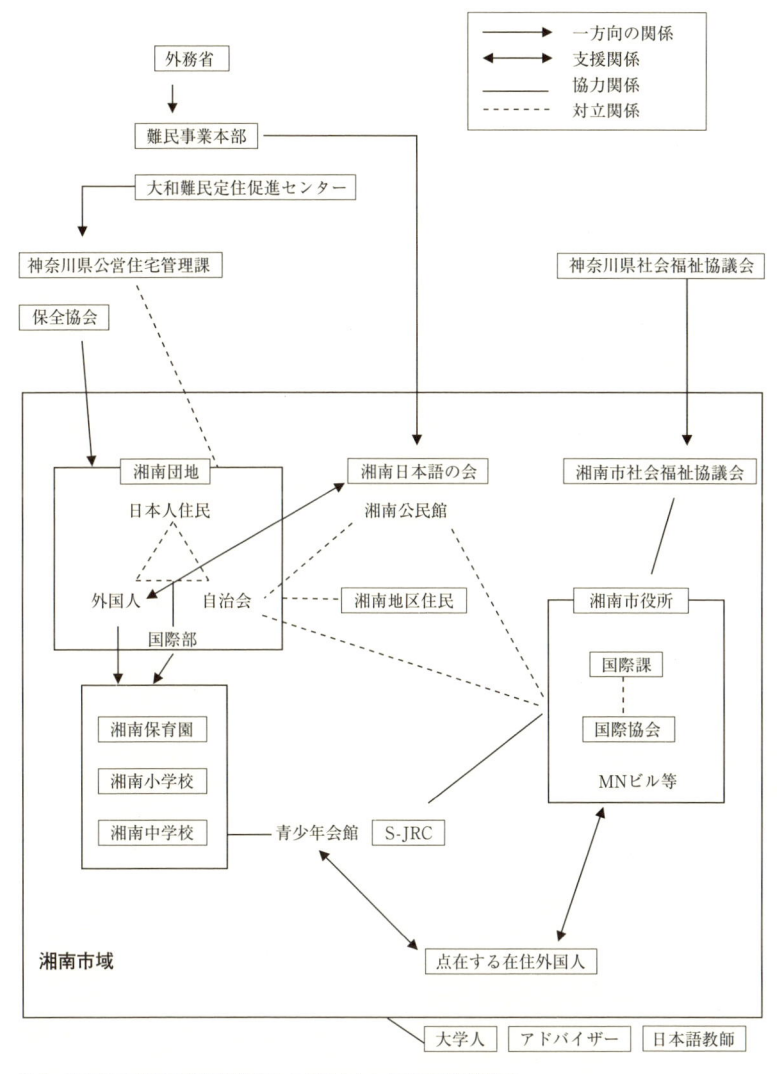

凡例：
→ 一方向の関係
↔ 支援関係
── 協力関係
─── 対立関係

［関係図：外務省 → 難民事業本部 → 大和難民定住促進センター／神奈川県公営住宅管理課／保全協会／湘南団地（日本人住民、外国人、自治会、国際部）／湘南日本語の会／湘南公民館／湘南地区住民／神奈川県社会福祉協議会／湘南市社会福祉協議会／湘南市役所（国際課、国際協会、MNビル等）／湘南保育園／湘南小学校／湘南中学校／青少年会館／S-JRC／点在する在住外国人／大学人／アドバイザー／日本語教師／湘南市域］

出典：1988年10月23日新原道信先生の板書をもとに報告者加筆作成

注

1) フィールドノーツを再構成している本章では，その場の関係性を出来る限りそのままのかたちで残すことを重視し，「先生」という呼称や敬語表現をそのまま採用することにする。
2) 中国のリーダーに，中国帰国者が選出されていることから，団地の中国国籍を持つ住民の多くが，中国帰国者への「特例処置」を通して団地入居していったことが分かる。

引用・参考文献

Anderson, Elijah, 1990, *Street Wise: Race, Class and Change in An Urban Community*, Chicago&London: The University of Chicago Press.（＝2003，奥田道大・奥田啓子訳『ストリート・ワイズ——人種／階層／変動にゆらぐ都市コミュニティに生きる人びとのコード』ハーベスト社）

Bellah, Robert N. et al., 1985, *Habits of the Heart: Individualism and Commitment in American Life*, The University of California.（＝1991，島薗進・中村圭志訳『心の習慣——アメリカ個人主義のゆくえ』みすず書房）

神奈川県社会福祉協議会，1998『「在住外国人フォーラム研究委員会」報告書』。

Melucci, Alberto, 1989, *Nomads of the Present: Social Movements and Individual Needs in Contemporary Society*, Philadelphia: Temple University Press.（＝1997，山之内靖・貴堂嘉之・宮崎かすみ訳『現在に生きる遊牧民：新しい公共空間の創出に向けて』岩波書店）

——, 1996, *The Playing Self: Person and Meaning in the Planetary Society*, New York: Cambridge University Press.（＝2008，新原道信・長谷川啓介・鈴木鉄忠訳『プレイング・セルフ——惑星社会における人間と意味』ハーベスト社）

中里［山田］佳苗，2001「湘南団地フィールドノート」『多文化・多言語混成団地におけるコミュニティ形成のための参加的調査研究』科学研究費基盤研究（C）研究成果報告書（研究代表者・新原道信）。

——，2007「異質性を排除する習慣に関する一考察——神奈川県営湘南団地におけるコミュニティ形成プロジェクトへの参加型調査を元に」『未発の「第二次関東大震災・朝鮮人虐殺」の予見をめぐる調査研究』科学研究費補助金基盤研究（C）調査報告書（研究代表者・新原道信）。

成田龍一，1998『「故郷」という物語——都市空間の歴史学』吉川弘文館。

新原道信，2001「"内なる異文化"への臨床社会学——臨床の"智"を身につけた社会のオペレーターのために」野口裕二・大沼英昭編『臨床社会学の実践』有斐閣。

奥田道大，1983『都市コミュニティの理論』東京大学出版会。

奥田道大・田嶋淳子，1991『新宿のアジア系外国人』めこん。

Pratt, Mary Louise, 1992, *Imperial Eyes : Travel Writing and Transculturation*, London: Routledge.

湘南プロジェクト編，2000『多文化共生コミュニティにむけて——湘南団地での取

り組み』。

Whyte, W. F., 1982, "Social Inventions for Solving Human Problems: American Sociological Association, 1981. Presidential Address", *American Sociological Review*, 47-1, 1-13.(＝1983, 今防人訳「人間の諸問題を解決するための社会的発明──アメリカ社会学会，1981年会長就任演説」,「社会と社会学」編集委員会編『世界社会学をめざして 叢書 社会と社会学Ⅰ』新評論)

第 4 章
生きた「吹き溜まり」
―― 「湘南団地日本語教室」の創造まで ――

中 里 佳 苗

1．はじめに ――「湘南プロジェクト」全体のイメージから ――

　かつて，湘南団地の集会場へ集っていた人々は，ほとんど団地に残っていない。多くの団地住民は転居してゆき，ボランティアたちは他の土地で活動を行っていたり，また，亡くなった人もいる。もはや，この世で再び会うことはないであろう人たちとの，ある土地でのささやかなかかわり合い。そのかかわり合いを，どのように解釈し，意味付けして，表現してゆけばよいか，私は何年も何年も迷っていた。しかし，一言では言い表せないこの豊かなかかわり合いは，「根なし草」と表現されるような外国人の子どもたちを，いつも温かく見守り，社会の中でたくましく生きてゆく術を彼らのなかに育む土壌となったということ，これだけは，初めに表現しておいても間違いではないであろう。

　この論文を通して，ある一時期に，ある場所で，人々はどのように出会い，そしてどのように関わり合い，大きな歴史には残らないけれどもどんな人間ドラマを繰り広げていたのか，それを表現してみるつもりだ。そこには，私自身の解釈や理解をこえた多くのことが，表現されるかもしれないし，また，そのように読んでもらえることを期待してもいる。ここに登場する人々が，私自身の小さな器では表現しきれないほどの人間くささを，それぞれが有していたこと，私の稚拙な表現によって消してしまわないようにとつねに願っている。

ただ，私が目撃し，体を通して味わい，今も体に刻まれている，あの団地での豊かな人間模様は，私の小さな殻の中に閉じ込めているよりも，一つひとつの文字に託した方が，意気揚々とした出来事のまま人に渡すことができるのではないか。そのように考えられるまでには腐るほどの時間がかかってしまったが，想いを託して，表現の世界に挑戦したいと思っている。

(1)　全体のイメージ

　最初に，この湘南団地の関わり合いの，大ざっぱで大まかなイメージを，ここで述べておきたい。私自身が，このイメージをつねに念頭に置いて，長年にわたって起きた出来事を書ききることができるようにすることと，時系列で並べて書いていくという表現の仕方に対し，少しでも真実のための隙間を作りたいからである。湘南でのかかわり合いのイメージは，一言でいえば「吹き溜まり」のようなイメージだ。それは，枯葉の吹き溜まりなのではなく，青々とした緑の葉が，大雨や風でやむなく落ちてしまい，吹き溜まりとなり，ところどころは水にぬれていたり，一部は腐ったりしてもいる。

　葉っぱは重なり合い，反発するものもあれば，空気など含んで落ち着いているものもあり，淀みながらもまだ生きている。団地にて，数多くの人が出会い，影響しあい，ぶつかり合い，かかわり合いを持った，そのイメージは，中心を囲い込むような集団のイメージでは表現しきれない。上手い表現は他にもあるかと思うが，私の低い知能で一番しっくりくるのは「吹き溜まり」のイメージなので，素直にここではそれをいつも念頭におきたいと思う（図4-1）。

　湘南団地で関わり合った人たち（人々のかかわり合い，起こったこと全体を，以下「湘南プロジェクト」とする）は，「外国人支援」や「多文化コミュニティ」といった枠組みで，外部からは理解されてきたし，参加者もそのように自分たちを理解していた。また，共通に育む「プロジェクト」の理念としても言語化され，形作られてもきた。だけれども，そのような方向で形作られた何かは，「目標」として誰もが確かに描けているのに，その手立てがほとんど皆無に近いという，そんな狭間に成り立っているものだった。かつて「湘南プロジェク

ト」の日本語教室にて，日本語教師をしていた女性が，会議の場でいつもヒステリックにこう叫んでいたものだ。「このプロジェクトの目的は，『水を与えるのではなく井戸を自分たちで探して掘る方法を外国人に与える』ということは分かったが，では，具体的に何をどうしたらいいのですか？」。

当時20代そこそこの私は，「井戸を自分たちで探して掘る方法を…」のくだりが気に入って，「私たちがしていることは与えるだけの支援ではない，自立をサポートするのだ」という，少し素敵なことをしているような自負を感じたものであった。だけれども，この日本語教師の言葉の内部にはらんでいる自己矛盾は，外国人の住民らも含め，「プロジェクト」に参加した私たち全員が抱えていた矛盾であったと思う。また，その矛盾は，私たち全員が少しずつズレた構想やかまえをもってこの「プロジェクト」に参加し，場を幾重にも意味のあるものとして練り上げていった核となるものであった。

図4-1　「湘南プロジェクト」を形成していたもの（かかわり合い）のイメージ

「青い葉の吹き溜まり（ところどころ腐ってもいるけど生きている）」

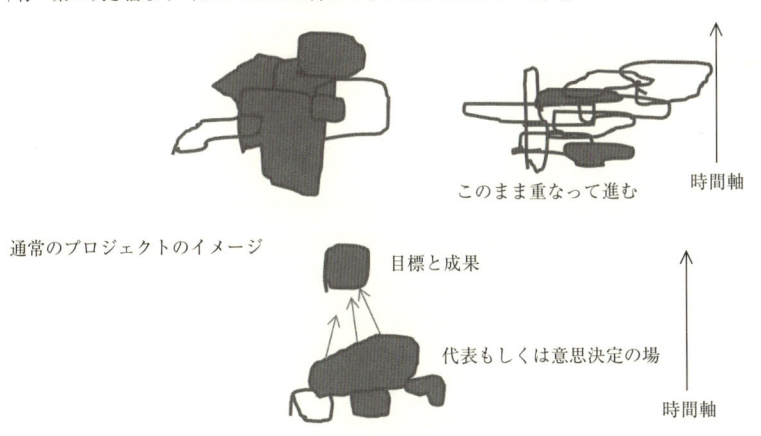

このまま重なって進む　　時間軸

通常のプロジェクトのイメージ

目標と成果

代表もしくは意思決定の場

時間軸

(2) いくつもの呼び名

それは，この「プロジェクト」が，一つの名前で呼ばれなかったことからも，読み取ることができるだろう。通常，何かの企画や計画は，共通の名前を持っているものだ。しかし，私たちは，それぞれの立場や意識，行動の仕方やそれぞれの想いから，自然に小さなグループを形成し，「プロジェクト」をそれぞれの呼び名で呼ぶこととなった。

団地に我々ボランティアを誘致した自治会の人々や，外国人の大人たちは，「湘南プロジェクト」のことを「日本語教室」と呼んでいたし，外からボランティアとして行く人々は，シンプルに「湘南」と呼んでいた。大学や社会福祉法人の人々の間では「湘南プロジェクト」が総称であったが，実際に現場に通っている者たちは，外部からのボランティア同様に，「湘南」と呼ぶ傾向があった。日本語教室で働いていた日本語教師たちは，「湘南の日本語」「地域の日本語」，市内の行政の人たちやボランティアの人たちは，「団地の外国人支援」とか「団地の日本語教室」と呼んでいた。外国人の若者や子どもたちは，単に「教室」とか「集会所」と言っていた。例外的ではあるが，日本語で表現するのが面倒だという外国人の住民たちは，いつも「あそこ」と，親指を横にしたポーズで集会所を指差した。

誰も，同じ呼び名で呼んではいなかったが，一つの場所，一つの事柄をさしていた。しかし，異なった呼び名の通りに，一つの場所，事柄をさしたものであっても，その意味内容は，少しずつ違っていた。そして，その呼び名が同一ではないことに，誰も違和感を持っていなかったところが，振り返ってみれば，この「プロジェクト」の最大の特徴だった。その動きは，蛇行気味に前に進みながら，横にズレて広がりをみせる。

通常は，「外国人支援」，「多文化コミュニティ作り」といえば，日本語学習の支援，子どもの学習支援，相談生活支援…そのような支援の課題設定や枠組み規定がきっちりとまずあって，その対象と解決方法を見出し，取り組んでいくものだ。そしてその先に，成果と報告がある。しかし，「湘南プロジェクト」

の場合は，そのような「支援すべき課題」は曖昧模糊としていて，最後まで，共通の一つのものとして規定されなかった。かかわった人々が，それぞれの目標や課題設定をしていた。またその多くがイメージ通りに遂行されなかったし，思った通りの成果も出なかった。

　それでも，「湘南プロジェクト」は進んでいった。一つひとつの事柄に，それぞれ個々人が意味を持たせながら。たとえ自分の思った通りのことが起こらなくても，かかわり合いの中で生起した出来事のすべてに，喜びを感じ，喜びを共有できる人々が隣にいることをいつも感じながら。だから，そのため結局，あの「プロジェクト」のことは，誰もが自分が呼びたいように呼んでいた。誰も呼び名を一つにはしようという発想すら持たなかったし，おそらく「言われてみれば」という感想を持つだろう。しかし，このことが，「プロジェクト」の全体像を表現してもいる。

　誤解のないように述べておくが，「湘南プロジェクト」は，共通の目標や課題設定を持たないという選択をしたのではない。むしろ，共通の一つの目標を持つ努力は，初期の「プロジェクト」発足当初，約2年間にわたって，毎週1回1時間ずつのミーティングを通して行われていた。しかし，これだけの時間を費やして話しをしても，結局，手元のメモにいつも残るのは，先ほどの日本語教師の言葉だった。「このプロジェクトの目的は，『水を与えるのではなく井戸を自分たちで探して掘る方法を外国人に与える』ということは分かったが，では，具体的に何をどうしたらいいのですか？」。最初は「井戸を自分たちで掘る方法を与える」が目的だと言っていたのに，それを言葉に出した瞬間に「何を」が破壊されて問わねばならなくなる。自問自答，試行錯誤の「プロジェクト」。それを揶揄して，今は亡き「プロジェクト」の発足メンバーだったボランティア Kt さんは，ミーティングを「毒廻会（ドクエンカイ）」と名付けていた。

　ミーティングにて残された言葉は，「具体的に何をどうしたらいいか？」という問いが大半をしめているのだが，それでも「プロジェクト」は，表面的にはダイナミックに，つまりは「部外者」にはとても分かりやすい形で歩みを進める。1999年1月には，それまでは何もなかった団地の集会所に，「日本語教

室」，「子ども教室」，「生活相談」の三つの場が設置され，ボランティアの人々が各部署の配置についた。多くの外国人住民が日本語教室に参加したし，その年の団地のメイン・イベントである「団地祭」には，中国系の住民たちが餃子の屋台を作り，自分たちの存在をアピールした。その後も，子ども教室の外国人の子どもたちがイベントを自主的に企画し参加するなど，団地内外での「湘南プロジェクト」の活躍は目覚ましいものがあった。この経緯を時系列に並べてみると，「湘南プロジェクト」の「展開」をとてもきれいに描けるであろう。

(3) 青葉の「吹き溜まり」

だが，実際にその場にいたものとしては，このシンプルさは嘘だと感じてしまう。共通課題や目標を作るためのミーティングで，「具体的に何をどうしたらいいか」といういつもの問いにつねに引き戻されてしまうという蛇行気味の「毒廻会」自体が，この「プロジェクト」の要として生成されていたのだと考えたい。写真に残されるような，表面上の見えやすいイベントの類は，そうした「プロジェクト」の要の生成を物語るものではない。数々のイベントの系列をプロジェクトの「成果」として表現するのであれば，どれだけ立派な報告書が書けることか。しかし，「プロジェクト」は前に進みつつも，横にはみ出し左右にぶれ，何度も引き戻り，出会った人や物事すべてをできるだけ取りこぼさないようにという想いで動いていった。本章では，そのような動きをする「吹き溜まり」のような人々の絡まりそのものを，「湘南プロジェクト」の魂を，できるだけ表現してみたいと思う。

とはいえ本章は，「湘南プロジェクト」の一部の時期，主に，1998年〜2001年の出来事でまとめざるを得なかった。2001年以降の「湘南プロジェクト」に関する記述は，別稿にて行う予定である。また，全体として，どうしても起承転結のような流れとなってしまった。描かれたエピソードが，原因と結果のような関係にもとれるかもしれない。だけれど，それは，ほんの一部の関係性なのであって，全ては，人々の日常のなかの，ささやかなかかわり合いであり，それぞれに異なるつながりと異なった意味付けを含み持っている。

本書では，他の著者によって，それぞれの「湘南プロジェクト」が描かれている。私が描こうとしているそれが，それらと共鳴し合い，新たな「吹き溜まり」の一部となるようにと願っている。私の大学の恩師である新原道信は，この論文を書くことが，私の使命だと言った。私はこの「湘南プロジェクト」に負債を負っている。その返しきれないほどの負債を，少しずつでも返していくことが，おそらく，私自身の「プロジェクト」なのではないかと考え，本章を書いていこうと思う。

なお，本章では，フィールドノーツからの引用とノートの断片から再構成した記憶，その他の記録からの引用は全て文字下げにして記した。また，フィールドノーツの一部は，調査報告書としてまとめられているため，出典とページ数を記してある。なお，記録の中に出てくる「山田」は，筆者の旧姓である。

2．始まりのひとひら――「湘南プロジェクト」の発足――

(1)「委員会」への参加

　　彼らは，いつもスーツ姿で，会議に来ているのだった。お役所スタイルの役人にも，Tシャツとジーパン姿の大学教授にも，こぎれいなボランティアたちにも，誰にも引けをとらないように。そして，この声が誰かに届くようにと，そんな願いが，彼らの一張羅に込められていた。それは，1998年の夏のことだ。暑い夏が，始まりだった。彼らはいつも，車で30分かかるような場所から，汗だくになりながら誰よりも早くに来て，会議の席に座っているのだった。会議はいつも，昼下がりの午後2時から始まった。彼らのスーツが，浮いていた。そんな光景が，生々しく生きている「吹き溜まり」の，始まりのひとひらとして，私の中に存在している。

湘南市社会福祉協議会（以下，市社協）が，神奈川県社会福祉協議会（以下，県社協）の5か年計画を受けて委員会を立ち上げたのは，1998年のこと。それ

には，外国人支援の「在住外国人生活支援活動研究委員会」（以下，委員会）という名前がつけられていた。会議は，1996年から新原先生が県社協の担当者とともに，主に「研究委員会」という形をとって，神奈川県の外国人支援の現場の声を聴き，1997年には外国人フォーラム開催や報告書などの形でまとめてきた調査研究の一環であった。1998年からは，県社協の計画は市社協レベルに移行し，その現場にT町と湘南が選ばれた。

1998年7月13日，私は，第一回委員会を見学させてもらう。そこには，県社協の職員，市社協の職員，湘南市の国際課部長，湘南市の行政ボランティア，県国際協議会の職員と，神奈川県内各地で外国人支援をしているボランティア，そして，湘南地区の民生委員，主任児童委員，湘南団地の自治会長，事務局長，団地の住民（外国人代表），湘南保育園の園長らが一堂に会していた。外国人住民の支援について話し合うという趣旨のものであった。

私はその当時，地域で日本語のボランティア活動をするなど，外国人支援に興味のある学部生であった。縁を得て，新原ゼミに所属することになり，社会学に魅了され，大学院進学を考えるようになっていた。そんな矢先，「勉強になるから来てみないか」という先生からの誘いを受け，特に主だった情報も，またその先の計画も聞かされないまま，その場所に行くことになった。

大学院生も数名呼ばれ，私はそのうちの一人だった。院生にはもっと詳しいことが事前に話されていたのかもしれないけれど，私は「外国人支援の会議に行く」ことしか知らされていなかった。よく分からないけど，でも，それでよかった。支援をする人々は皆，ハートフルで，奉仕の意識を持ち，穏やかに手を取り合っているようなイメージを私は抱き，そのような場に呼ばれたという幸運とこの先の生き生きとした可能性に，とても胸がワクワクしていた。

ところが，この会議の最初の印象は，「生き生きとした」，というよりはなんだかドンヨリするという感覚のものであった。何かが激しく起こったわけでも，かといってスマートにまとまったものでもなく，当時の私には理解しがたかった。それでも，ある一点だけは，よく理解できた。湘南市には，「湘南団地」という外国人住民がたくさん住む低所得者層向けの団地があって，その団

地の外国人住民と，どのように暮らしてゆくか，が話の争点となっているのだと。

(2) 緊張感あふれる「委員会」

けれども，まさに争点となっている団地に住まう自治会長や民生委員などは，他の委員が支援の話をまとめようとすると，それにイライラした口調で反発をし，いちいち話を混乱させる。私は思った。外国人支援に関し，いろいろな立場の人たちが建設的な意見を出し合っているのに，なぜ，この人たちは，節操もなく，まるで八つ当たりのように話を覆すのだろう。「団地の外国人住民に対して支援がほとんどない」と怒っているが，それは，このような人たちが窓口になっているからじゃないのか。その人たちは，真夏であるのに，糊のきいたシャツにスーツを着て，会議で声を張り上げていた。委員会の会議の様子は以下のような様子であった。

> ボランティア：交流協会や市交流親善課の方でも，外国人相談窓口を作るためにはどうすればよいのかといった話をしている段階で，具体化に向けて一歩進んでおります。
> 自治会長：この委員会が発足してから2年経っておりますが，専門的な分野ごとの検討がなされておらず，総括的な話し合いにとどまっています。情報交換としての委員会は，もう限界であり，いらないのではないでしょうか。それよりも，専門的な立場から湘南団地に入ってきてほしいと思います。在住外国人のことを理解し合うのは，何十年もあるいはかかってしまうかもしれませんが，交流することは1日でもできます。とにかく場所を作り，実際にその中に入ってもらえればと思います。湘南団地に800人という外国人がいる現実をふまえ，行政側が月に1回，週に1回でもよいから相談場所をもうけ，積極的に中に入ってきてほしいと思います。今までは生活の問題という視点から，団地の住民で何とか解決してきましたが，やはりそれぞれの専門的な問題が浮き彫りになってきておりますの

で，今後この問題に取り組んでいただければと思います。行政のなかでやらなければならない問題，住居の問題，手続きの問題，教育の問題など専門的な対応が必要です。総合的に解決しようとするのではなく，時には踏み込んでいって問題を解決することが必要ではないでしょうか。生活の中での交流は，基盤ができています。あとは私どもができない，隣近所ができない専門的な問題が残されています。なるべく早く，各国の代表，自治会の国際部の皆さんと話し合いをしていただき，その中から問題点を拾い上げ，踏み込んで解決を図ってほしいと考えています。

ボランティア：本来は自分の住んでいるところで問題が解決できるのが望ましいことですが，専門的な問題については必ずしも地域で相談にのる必要はないのではないかと思います。逆に地域にあれば，相談に行きにくくなる場合もあります。

団地自治会長：そうはいっても，行政の書類を子どもを通じて先生に相談している現状を忘れてはいけません。まず，在住外国人にある具体的な問題を知ることが大切です。

座長：一見意見が食い違っているようですが，相談者がどうすれば相談をしやすいかについて考えているものです。

ボランティア：ボランティアさんの意見は，決して湘南団地の中に相談窓口を作ろうということを否定するものではありません。まず第一歩として交流協会で相談窓口をつくろうとしています。（中略）地元で相談窓口を開設すれば全て解決できるかというと，解決できることも多いでしょうが，深刻な問題はなるべく誰も知らないところへ行ってそっと解決したいというのが人情です。とりあえず，距離をおいた交流協会から相談窓口をつくるというのはどうでしょうか。

団地自治会長：ただし，湘南団地は特別なところです。1,200世帯の内，200世帯が外国籍という地域です。行政側としてもそれなりの対応をお願いしたいと思います。相談窓口を作る際，ぜひそこに住んでいる人たちとも話し合いをしていただきたいと思います。それから問題が広がっていき

ます。
(1998年7月13日：平成10年度第1回在住外国人生活支援活動研究委員会次第)

「です，ます」口調の文面だけを並べてみると，なんだかその時のムードが柔らかなものになってしまう。しかし，会議は，のっけから喧々諤々とした雰囲気で，私は正直ドキドキした。私自身には，団地自治会長の発言の意図が理解できず，他の委員が述べていることの方が，まともに思えた。この件に関しては，相談窓口や相談者は，生活者と距離を保ち，秘密を守れるような立ち位置でいるのがベストだと思えたし，そもそも，「団地にとにかく来い」「団地住民と会え」というような団地に固執した，「団地中心」の考え方を，脅し付けるような態度で述べる自治会長に，あまりいい印象を持てなかった。なぜ，自分たちの場所のみに固執し，利益を得ようとするのか。サービスは，もっと公平な場所で，全住民が平等に利用しやすいような形で提供されるべきだと思った。湘南団地の荒くれた自治会長と，それを常識的な見解でなだめる委員たち。過激な自治会長と，冷静な他の委員たち。そんな印象を持った。

(3)「県や市の人」として湘南団地へ

団地自治会長への印象が自分の中で変わっていったのは，一体いつからだったのだろう。はっきりとは，分からない。だけれども，彼の面影，スーツ姿で前かがみになって，いつも会議で大声を出していた自治会長が，今の私にはとても真っ当で，すごく立派に思える。何が真っ当だったのか。それは，一言では言い表せないけれど，この団地のたどった歴史，団地住民たちがどんな日々の暮らしを強いられてきたのかを描いてみることで，少しは表現できるのではないか。

喧々諤々とした会議の後，委員会は，湘南団地を訪問する方向で動き始める。翌月の9月14日，団地における「現地打ち合わせ会」が行われることとなった。湘南市社会福祉協議会職員，新原先生，他地域のボランティア1名（外国出身者），院生1名と私というメンバーで，平日の19時から，団地住民たちと

の会議が予定されていた。市社協の車に乗り込み，車で20分ほどのところに，その団地はあった。18時半すぎに到着するも，まだ少し明るく，小さな商店や郵便局などが並ぶ団地のメイン通りを少しだけ散策する。同行したブラジル出身のボランティアは，八百屋に立ち寄り，ズッキーニや外国の食材がおかれていることに感動していた。八百屋の隣には，タイ料理の屋台や昔ながらの和風スナック，少し奥まったところにはベトナム人が経営するタイ食材店があった。境界線があいまいだけれど，その隣には，駄菓子屋と服や海外の缶詰などを売っている雑貨店が見えた。新原先生と院生（Okn）は，こうした生活のなかにいろいろな文化があると話しながら，珍しい食材などを購入していた。

市社協の職員に誘導され，湘南団地の自治会集会所に向かう。湘南団地の集会所はちょうど改装中ということで，団地メイン通りから少し外れた公園に，プレハブの臨時集会所が作られていた。30畳くらいのホールと，12畳くらいの和室，8畳程度の立派なキッチンと自治会事務所が備わっていた。委員会でおなじみの，団地自治会長や湘南地区の民生委員が出迎えてくれ，和室に通される。しばらくすると，小柄なガテン系の男性がやってきて，「国際部長です。4年目になります」と挨拶をした。

外国人が団地に多く流入するようになり，自治会は10年ほど前に「国際部」という部を設けた。団地には，カンボジア・ラオス・ベトナム・中国・ブラジル・ペルー・韓国の外国人が155世帯，503名住んでいる。団地の総人口が3,291名，1,310世帯だから，ざっと15％程度が外国人である（1998年9月現在。湘南団地自治会調べ）。言葉の問題，生活習慣の問題等があり，日本人のみ

図4-2　9月14日現地打ち合わせ会の座席

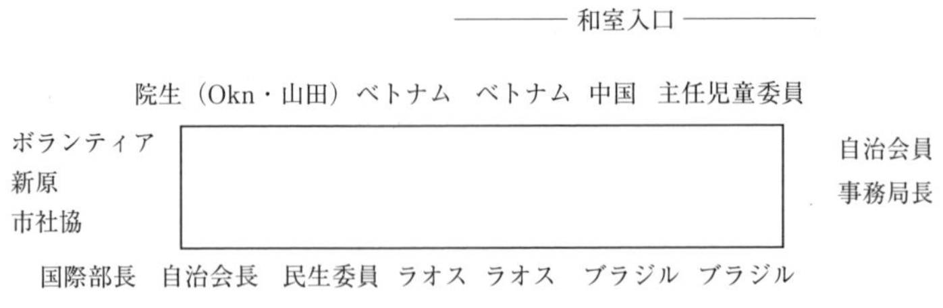

———— 和室入口 ————

　　　　　院生（Okn・山田）ベトナム　ベトナム　中国　主任児童委員
ボランティア　　　　　　　　　　　　　　　　　　　　　　　自治会員
新原　　　　　　　　　　　　　　　　　　　　　　　　　　事務局長
市社協
　　　　　国際部長　自治会長　民生委員　ラオス　ラオス　ブラジル　ブラジル

の自治では難しくなったことから，各国から1～2名ずつリーダーを選出し，その代表者11名で作る組織を「国際部」という。リーダーは，多少日本語が理解でき，団地のルールを周知したり，住民のトラブルの仲介などを引き受けている。このリーダーたちも会議に参加するとのことで，仕事帰りの「国際部」の外国人たちが，いそいそと和室に集った（図4-2）。

　会議の趣旨は，「実際に団地に暮らしている人たちにまず話を聞く」ということであったが，最初に挨拶した国際部長の発言は，とりわけ印象深いものだった。これは，市社協等の公的な記録には記載されていないのだが，私のフィールドノーツには衝撃的な感覚とともに，残されている。

　始まりはこうだった。

　　外国人のリーダーにいろいろと協力を要請してきたが，日本人は未だに外国人に対して不満を持っています。外国人を日本人同様に扱いたいと思ってやってきたが，コミュニケーションがうまくゆかないこともあって，外国の人は日本では遠慮しちゃうところもある。なかなか理想通りには進まない。こういう状況に対して，今日は，**県と市がどう考えているのか，態度や意見を聞きたい**。

　　　　　　　　　　　　　（国際部長：1998年9月14日フィールドノーツ）

　明らかに，国際部長が我々訪問者の方を向いて，「あなたたちの態度……，意見を述べよ」という投げかけをしていた。投げかけというより，それは挑戦だった。それも，「県」や「市」の代表として。しかし，そこに座っていた私たちは，大学教授とその学生，地域のボランティアと市社協職員で，一人も「県」や「市」の人はいなかった。この矛先を間違えた，とんちんかんに思える投げかけに対し，私はとても驚愕した。しかし，この時のトーンは，この後に持たれた団地での会議に，一貫して持ち込まれるのだった。9月28日の会議は，各国の代表ではなく40代～20代のラオス人が16名ほど集まり，自治会の人

たちと我々訪問者メンバーと，近隣小学校の校長が参加した会議だった。

その会もまた，

> 連合自治会もしくは県・市政に対して，また，小学校校長への不満，質問を言ってください。　（国際部長：1998年9月28日のフィールドノーツ）

から始まる。そして会議は，日常的なルールの困りごとから，家族の「呼び寄せ」に関すること，子どもの教育に関して，日本語教育，通訳制度，仕事のトラブルに関してなど多岐にわたった。やり取りはこのような感じである。

> ラオス人：近所づきあい，昼間，うるさいと言われる。遊びに来た友達の車を空いている駐車場に置きたいが，おかせてもらえない。日本人はいいのに。差別ではないのか。
> 国際部長：棟の会長の許可をもらうこと。それでもダメな場合，自治会に電話してください。夜9時までやってます。そもそも駐車場は一家に一台と決められている。もし，自治会の規則を守っていれば，そんなに苦情はこないのでは？
> ラオス人：自転車が盗まれて困ってます。
> 国際部長：それは警察に行ってください。ここじゃないでしょ。
> ラオス人：給食費を免除してほしい。（免除基準など）日本人と同じにしてほしくない。貧乏な国から金持ちの国にきたのだから。ゼロから始めたのだから。
> 民生委員：日本人の貧乏な方にはおとなしい人が多い。つつましいし，補助が出るとわかっていても申請しない人もいるのに。外国人の方がもらえるものはもらおう，とする。遠慮が無い。
>
> 　　　　　　　　　　　　　　　　　　　（1998年9月28日フィールドノーツ）

外国人と自治会の人々のやりとりは，外国人の話しを自治会の人々がピシャリと封じるような形で，険悪なムードだった。しかも，我々訪問者は，口をはさむ余地がほとんど与えられないという，自治会主導の会議であった。「外国人はがめつい」「ルールを守らないで要求ばかりしてくる」「日本人の方が小さくなって逆差別だ」など，自治会の人々の発言には耳を疑う部分もあった。あげく，やりとりの煩雑さにもうウンザリだという口調で，自治会長は，

　　小さなことをごちゃごちゃ言っても始まらないのになあ。
　　　　　　　　　　　（自治会長：1998年9月28日フィールドノーツ）

とボヤいた。その様子を見て，私は憤りを覚えた。全体の枠組みとしては，「外国人の生の声」を「県」や「市」に訴えるという場であるのに，そもそもの「生の声」を「聴」こうともせずに，偏見のまなざしからピシャリとやりこめる自治会の人々が，とにかく粗暴に思えたのだ。

(4) 「ごちゃごちゃ言っても始まらない」と「あきらめるな」の間

　結局，2回にわたる現地会議をもってしても，「市」や「県」に訴えるという内容は，全く具体化されなかった。そして10月19日の会議に引き継がれた。今回は，アジア福祉教育財団難民事業本部の人という肩書で，Ktさんが訪問団に加わった。正確にいえばKtさんは，地域で活動するボランティアなのであるが，難民事業本部の日本語教育事業などにかかわりを持っていることから，「国」レベルの人ということで紹介がなされた。架空の「市」や「県」に，「国」が加わったのである。そして，ラオス，カンボジア，ベトナム，中国，ブラジルのリーダーたち7名と，いつものメンバーでの会議が執り行われた。会議も3回目となり，外国人リーダーたちの倦怠感というか，少し億劫さが見え隠れする雰囲気で，会議は始まる。

　国際部長からの「中国のお父さん何かありませんか？」というふりに，中国人が「あとで」と答えたその瞬間，自治会長が，「2, 3分いただく」と言って

声を大にした。

> 何回やっても同じじゃないかとみんな思っても，前回の声は県や市のほうへいっている。だから何回やってもダメだと思うな。何回でもいいから，声に出して言わないとダメ。当事者のあなたたちの声が一番重たい。必要である。　　　　　（自治会長：1998年10月19日フィールドノーツ）

なぜか，堰を切ったように，プレハブの和室に拍手が響いた。外国人も日本人も，その場にいる全員が拍手していた。私も圧倒されて拍手をしてしまったが，その拍手の意味が，実はよく理解できていなかった。拍手の意味がというよりは，「ごちゃごちゃ言ってもはじまらない」と会議中にボヤき，外国人の人たちの声を聴くどころかことごとく説教をするような人が，「あきらめるな。当事者の声が一番重たい」と訴えかけた，その矛盾が，私には理解できなかったのだ。もっと言えば，その言動の矛盾の「間（あいだ）」にあった，自治会の人たちの「理（ことわり）」を。外国人との煩雑で厄介なやりとり，そのような日々の生活の中で，経験として編み上げてきた，外国人の受け容れ方，そして支え方を。

(5) 見なくてもよい場所

「ごちゃごちゃ言ってもはじまらない」と「あきらめるな」との間には，自治会長のみならず，湘南団地の自治会の人々や外国人，日本人の住民たちの，疎外された歴史がある。湘南団地は，45年ほど前に旧湘南村の空き地に，低所得者層向けのマンモス団地として設立された。二つの川に挟まれた湘南という地区は，昔から「水の出やすい」土地であり，かつて河川敷には火葬場や屠場などがあり，湘南市のなかで，どこか辺境に位置付けられる土地柄だった。一方で，1970年代には，近隣住民同士の騒音トラブルで殺人事件が起こり，顔の見えにくい居住形態やプライバシー侵害など，同時代の抱える問題のメルクマールとしても存在してきた。その直後，1980年代からは，難民となった

インドシナの外国人，1990年代からは日系ペルー・ブラジル人などの大量流入時代がやってきた。

　湘南団地がインドシナ難民の受け入れ居住地となる際，「県」や「国」の説明としては，「日本語や日本のルールは勉強してきているので，大丈夫」ということだったという。ところが，蓋を開けてみれば，日本語がほとんど分からない人が多く，生活習慣の違いから起こる問題——ゴミの放棄問題や食べ物に起因する生活臭，聞きなれない音楽や声という騒音——に，自治会のみならず，団地の住民全体がストレスを抱え込むことになった。「匂いなどの外国文化にとけこめず，引っ越した人6人」(自治会役員：1998年9月14日フィールドノーツ)というように，流入してきた各国の文化に馴染めず，転居を余儀なくした世帯も数件あったという。

　団地内部の中に，住民同士の互いへの無理解と攻撃，そして妥協，それでも日常的に無視できないというフラストレーションが積もっていった。団地の外の住民からは「治安が悪い」「外国人がいっぱいいて危ない」「近寄らない方がいい」場所として視線を浴びてきた。また同時に，地域社会のなかで歴史的な背景から，社会の汚物を引き受けるという土地柄でもあったことから，そこは当然「見なくてもよい」「行かなくてもいい」とされる場所であった。日常的には見なくてもよい場所であるが，意識的に語らねばならない時には，奇異の目で語られる。湘南団地は，そんな場所だった。たまたま流れて住み着いた場所に，たまたま外国人たちが流れて来た。一般市民は無視することを選択できるけれど，その場所に住まざるをえない人々は，どうしても意識させられる。自分たちは選択できない，だけれども，見捨てられていると。

　それでも団地の住民たちは，団地住民同士の交流会をしたり，見回りの活動などを取り入れ，自分たちの場所を守ってきた。自治会はすべて，ボランティア活動で行った。外国人の大量流入という事態へも，「国際部」という自治組織で対応するよう努力してきた。しかし，現実の日常は，自治会活動の限界をあっさりとこえてしまう。問題が多岐にわたり，解決する術もほとんど持ち合わせていなかった。彼らは，地域社会のなかで存在を「消されて」いる場所か

ら，せめて「県」や「市」といった公から支援をしてもらえるよう要請をした。

しかし，「県」や「市」からは，1980年代以降の外国人流入という「事件」に対しては，何の回答も得られなかった。地域社会のシステムの一部として，意図をもって建設された「掃きだめ」団地。「安心安全な」市民社会を維持するために「見なくてもよい」場所として設立し，汚物処理の機能を団地の人々に担わせてきた「市」や「県」の公組織。「なぜ，回答をもらえないのか」「このまま放置され続けるのか」，そうした不安が，強いられた孤島の地で団地の「自治」を担ってきた自治会の，焦りや怒りとなって，団地の中に，彼らの発言の中に，積もっていったとしても不思議ではない。

自治会の人々が語る団地の小さな歴史は，大体このような内容だった。これらは，記録にこそ残っていないが，折にふれ，私が団地の中でくりかえし聞いていた物語である。ただ，これは，自治会側の被害妄想的な物語にとどまるものではない。実際に，本物の「県」と「市」の役人が団地にやってきた時の様子は，この物語を，生々しく肉付けるものであった。

(6) 本物の「県や市の役人」が湘南団地へ

それは，1999年1月11日のこと。この日は，いつものような湘南団地の会議として出向いたのだが，集会所にはすでに「県」や「市」の職員が数名着席していた。訪問した者は，「県」や「市」が来ることを聞かされてはいなかった。しかし，誰が，どのような目的や経緯で，このお役人たちを団地まで連れてきたのか，問う者もいなかった。自治会の人々の険しい顔を見て，すべてを了解した。図4-3のような役人メンバーが，席についていた。

第4章 生きた「吹き溜まり」　255

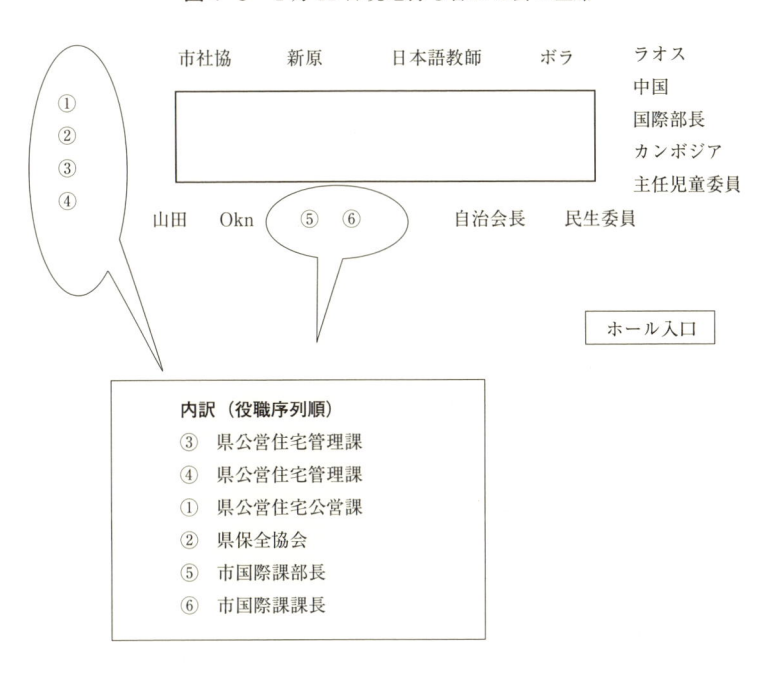

図4-3　1月11日現地打ち合わせ会の座席

```
          市社協    新原    日本語教師    ボラ    ラオス
                                                中国
  ①                                              国際部長
  ②      ┌─────────────────────────────┐        カンボジア
  ③      │                             │        主任児童委員
  ④      └─────────────────────────────┘
          山田    Okn    ⑤    ⑥        自治会長    民生委員

                                                ┌─────────┐
                                                │ ホール入口 │
                                                └─────────┘

          ┌──────────────────────────┐
          │ 内訳（役職序列順）          │
          │  ③ 県公営住宅管理課         │
          │  ④ 県公営住宅管理課         │
          │  ① 県公営住宅公営課         │
          │  ② 県保全協会              │
          │  ⑤ 市国際課部長            │
          │  ⑥ 市国際課課長            │
          └──────────────────────────┘
```

(1999年1月11日フィールドノーツ)

団地自治会，国際部長が以下のように質問を投げかけた。

> 日本人は，話しのできない外国人が，道端に集まっているのが怖いと思っている。そのことで，日本人から苦情がくるんです。本当は，怖くなんかないし，日本人だって外国にいったら集って行動しているのに，それが分からない人たちがいる。日本人の一番の関心は，この団地に，外国人はまだ増えますか？ってこと。　　（1999年1月11日フィールドノーツ）

県公営住宅管理課が，このように応えた。

> 公営住宅の入居基準として，一定の収入以下というのが設けられていま

して，それに見合う人で在住資格があれば，基本的に無制限です。そこは，日本人と平等です。　　　　　　　　（1999年1月11日フィールドノーツより）

団地自治会事務局長，

　団地には，とにかく外国人がいっぱい入ってくる。今後も，外国人の入居率の制限はないというのか。だったら，県と市に，この団地の現状を知ってもらいたい。私たちは，仲間として外人をみているが，その仲間へのケアを，県も市も，何もしていないじゃないですか。仲間たちが困っていることが，いっぱいあるんですよ。　（1999年1月11日フィールドノーツ）

これに対し県公営住宅管理課は，

　湘南団地は，他の団地よりも，外国人の入居率は高いだろう。彼らの就職先などが近くにあるという立地条件と，団地に入った外国人たちが仲間を集めようとすることが，相乗効果となって湘南団地に来る。外国人の入居を制限することは，差別なので，制限はできない。ケアについては考えている。保全協会に，相談窓口を設けていますので。

（1999年1月11日フィールドノーツ）

国際部長が怒った。

　団地自治会だけでは解決できない問題を，相談窓口に言うと，あんたがたは，「県の方へ問い合わせて下さい」と，たらい回しにするじゃないか。
（1999年1月11日フィールドノーツ）

保全協会の役人が「その件は，保全協会の職員に，注意しておきました」と返答をした。国際部長は続けた。

自治会では，棟の会議を開くが，その時の恒例として，日本人が外人を嫌い，差別的な発言をする。いつも，外人をかばわなきゃならないのは，国際部長と事務局長だ。こういうのを，4，5年繰り返してきた。
(1999年1月11日フィールドノーツ)

民生委員からも，

　民生委員として，2年半かけて，何百回もおたくらに，なんとかしてくれとわしは言うてきた。実際に，団地に外人がくるとトラブルが出てくる。毎日，4，5回苦情の電話がくるの，そういう地域の問題を，おたくら知らんでしょ？ノイローゼになりそうだった，朝も夜も関係なくくるから。外人差別するないうても，団地に住んでる年寄は，そうはいかんのですよ。それに，県に電話すれば，「何の権限があって電話してきたか」と聞かれる。やってられんのですよ。　　(1999年1月11日フィールドノーツ)

団地自治会事務局長は，

　自治会も民生委員も，みんなボランティアだ。ボランティアの人々が一生懸命やって，上の人（県や市）を回していこうと思ってやっているんです。その反応がほしい，対応がほしい。それに，我々は，湘南市にいながら，県の建物の中にいるという，中間の位置にいる。だから，どちらでもいいから，どこかが何か対応して欲しい。なんでそれができないのかと思っている。　　　　　　　　　　　(1999年1月11日フィールドノーツ)

ふたたび民生委員は，

　ここの会計，おたくら知ってるか？ 1,380世帯あって，1世帯400円年

会費を取る。全部で年間 120 万。この中で，外人に使う金は，12％〜25％。これじゃあ，困っている老人に使いたくったって，使えない。優遇されているのは，外人。そういうのに文句たれる住民もいっぱいおる。自治会長と国際部長の配慮があって，かろうじて今，外人に金を回せとる。でも，逆差別みたいになっとるとわしは思うとるし，そういう反発も住民から出てるのも事実あるんですよ。なんとかならんのか，市！！

(1999 年 1 月 11 日フィールドノーツ)

これまで県の陰に隠れていた湘南市の役人に，とうとう，ボールが投げられた。ちょっと下向き加減に，市の国際課部長がこのように答えた。

助成金は，市全体の中であります。例えば，中央のボランティア団体にはお金は出ていますが。特定の地域に個別的に入ってゆくことはできません。平等など考えると。　　　　　(1999 年 1 月 11 日フィールドノーツ)

(7) 手助けをしつつ訴え続ける

私は思った。自治会の人たちは，このような口調で，ずっと団地から外に向けて訴えてきたのだろう。そして，ことごとく，上のような役人たちの生ぬるい返答で，やりすごされて，無視され続けてきたのだろう。20 年も前から外国人の流入問題が起こって，自分たちでなんとかしようとしてきた団地の人たちは，それでも出来ないことを県や市に訴えてきた。ある時は，自分たちの負担を軽くしてほしいと，またある時は，この外国人の困りごとをなんとかしてやってほしいと。でも，何にも変わらなかった。団地内部で起こった問題はすべて（個人的な困りごとから就労問題といったことまで），自分たちの自治会で対応しなければならなかった。訴えは，怒りに満ちたものだった。無視され続けるということに対する怒りと，自らが作り出したものであるのに「見なくてもよい」としてしまっている行政機関の没思考（背景への無責任さ）に対しての嫌悪感。そんななかで，自治会の人々は，朝から晩まで，団地の問題に対応し

てきたのだ。
　しかし，そのような挫折の連続にあっても，諦めるということはなかった。チャンスがあれば，どのような相手に対しても，怒りの声を投げつけ，現状を訴え続けてきたのだ。「外国人問題」を外側のものとして訴えるのではなく，困っている外国人に対して，昼も夜もなく，頭をひねり，手助けをし，我々のこととして対応しながら，訴え続けてきた。
　朝は失業中のラオス人たちに，自治会の仕事をつくって生活費の足しにさせ，夜は「自転車が盗まれた」という外国人を交番へ連れていった。効率的な方法，スマートな方法には程遠い，不器用でぶっきらぼうな，手取り，足取りのやり方だった。でも，強制的に社会的な弱者とされている外国人にとっては，そんな四六時中の手厚い支援が，必要でもあった。そして，自治会の人々は訴え続けた。そんな現状を。届かないことが分かっていて，今回もまた聞き届けられないであろうことも分かっているが，それでもやめない。隣人に対する手助けを続け，訴え続けることが，彼らに残されたただ一つの抵抗だった。
　私は，今，理解する。私たちが，団地へ赴く際，「市」や「県」の人でなければならなかった理由を。自治会長は，我々が団地に赴くという話を聞いて，委員会の場で，こんな風に言った。「今まで国際部長は，他の防災部などの部と違って行政と結びついていませんでした。行政側がからんでくるとなると非常に国際部長も喜ぶことと思います」（1998年8月20日，平成10年度第2回在住外国人生活支援活動研究委員会記録）。自治会の人々は，おそらく，直接，市や県の職員が来るわけではないことを知っていた。だけれども，それでもよかった。ずっと，外部から疎外されてきた団地自治会にとっては，たとえ本物の市や県ではなく「行政らしきもの」「公のようなもの」であっても，貴重な外へのパイプを意味していた。それほどに，彼らは飢えていた。なんにでも喰らいついていくという気概が彼らのなかにはあった。それが，国際部長の「県と市の態度，意見を聞きたい」という，唐突ではあるが激しい挑戦となって表れたのである。
　自治会長の「ごちゃごちゃ言っても始まらない」と「あきらめるな」との間

に，私は団地住民の疎外されてきた歴史と，その中でもよりよく生きようとする住民たちの日々の葛藤，そして，その自治を担う人々の一歩も引かない抵抗の姿勢を見たのだった。

(8) 始まりのひとひら

このような怒りの声を上げ続ける住民たちの団地を舞台に，「湘南プロジェクト」が発足することになるのは，1998年10月19日のことである。公的な記録には一切その経緯は残されていないし，自分自身の記録にも明確な記載は残ってはいない。会議記録の中にある「奇妙な空白」と前後のズレだけが，その事実の根拠だ。その痕跡と記憶だけが頼りとなるが，私は「プロジェクト」の立ち上げの瞬間を，「この時」としたいと思っている。

それは，第3回在住外国人生活支援活動研究委員会でのこと。団地での外国人のリーダーたちとの会議を終え，本体の委員会に話が返された時のことである。団地自治会長が，厳しい口調で，第一声をあげた。

> 湘南団地の外国人は見返りを要求してくる。自治会の国際部長には，あれだけ言ったことへの応答があるのかどうかと，外国人が言って来ている。この委員会は，彼らに会った。会ったということは，その人たちへの責任を負うことだ。何かを与えないといけないという責任を。会ったからには，この会議の意味が変化してゆかないといけない。これができないと，むしろ，外国人との距離が大きくなってしまうかもしれません。
> 　　　　　　　　　　　　　　（1998年10月19日フィールドノーツ）

この声を受け，まずは団地の内部に日本語教室を作って，そこを相談の場所にしてゆくのはどうかという提案がなされる。すると，それに反発するように発言をしたのは，湘南市国際課の日本語教室でボランティアをしている委員であった。

湘南公民館では，日本語教室をしているボランティア団体がある。そちらの方が，私よりもよく団地のことを知っていると思う。ただでさえ，交流協会の日本語教室は，ボランティアの手が足りていない。手伝えるとしても，湘南公民館までで，手一杯だろう。
（1998年10月19日フィールドノーツ）

自治会長が怒りをあらわにして，返した。

　なぜ，団地の話をしているのに，またもや公民館の話が出てくるのか？　制度からはみださないで，ボランティアをやってゆくという姿勢をどうにかしていただきたい。　　　　（1998年10月19日フィールドノーツ）

　以上のような，誰が湘南団地の日本語教室の「担い手」としてやっていくか，そのような議論の最中に，自治会長は突然言い放った。委員会の座長である新原先生に向けて。ここからは記録に残ってはいないが，鮮明に残っている記憶である。

　やるのかやらないのか，はっきりしてほしいと言ってるんだ。私はさっきから，あんたに何ができるかと聞いている！！　できないならできないと，はっきり言え！！！

新原先生が応えた。

　そんなことを言って。せっかくここまでやってきたのに，本当にこれで誰も来なくなってしまいますよ，それでいいんですか？　確かに僕たちは，何もできないかもしれない。けれども，何もできなくとも，湘南のみなさんに，「来るな」といわれるまで，通い続けます。何年でも，何十年でもです。

そして、この後本当に、十数年にわたって、「湘南プロジェクト」は活動を続けていくことになる。様々な形をとりながら、様々な人がやってきては消え、やってきては消えしながら。その内容は、後述することになるが、どこがこの「プロジェクト」の「始まり」だったのかと聞かれれば、この「やるのかやらないのかはっきりしろ」という、自治会長の一喝だったと、私は答えたい。勿論、それを真正面から引き受けた人々の存在も、発足の一片として書き綴ることもできる。むしろ、そちらの方が美しい物語になりそうだけれど、でも、私は、団地の自治会の人々の、怒りをもって訴え続けるという姿勢自体が、「プロジェクト」の始まりだったと思う。これは、記録によって文字化されていないけれど、確かにあった、始まりのひとひらである。

(9) 支援の困難

補足的に述べておくが、湘南団地には、これまで一切、地域住民や行政から手助けがなかったといったら、そこには多少の嘘が残る。むしろ、心ある地域住民が、ボランティアとして、団地の中に日本語教室を作って一時期活動していたという記録があるし、市の関係の団体からもなんらかの協力の申し出があった。行政ボランティアも、民間のボランティア[1]も、湘南団地の外国人たちの支援を考える、心ある人々であった。「見なくてよい」とされてきた地域へ自らかかわろうとした人々であり、誠意がなかったわけではない。しかし、その試みは、すべて短期間で終わっている。果たして、一体それはなぜだったのか。

湘南団地への支援を試みた人々が、まず口々に述べていたのは、団地自治会との齟齬だった。外国人支援の前に、窓口となっている自治会とのやりとりが、どうしてもうまくゆかない。その証言の一端を、少し集めてみる。いずれも、「湘南プロジェクト」発足準備として、地域の関連団体への協力を求めるための挨拶まわりの際に、聞きかじった話である。

　　私たちも、日本語ボランティアとして湘南で何かせねばと思ってはきた

んだけれど，なかなかそこまで手が回らなかったというのが本音です。湘南団地の外国人の人々を支援したいのだけれど，その前に，団地の自治会との対話が難しいんですよ。なんというか，自治会の考え方は少し古いところがあるというか，外国人を管理しようとする部分が強いし，自治会長の体質も硬いっていうか，でしょ？なかなかコミュニケーションがうまくとれないところがあって，それが壁になっているという感じもしてます。

　　　（市ボランティア：1998年11月12日市国際課にて。フィールドノーツ）

　湘南団地は「島」だと思います。地つきの人からも差別されてきた場所です。ここで暮らしてゆく意味について，考えてしまいます。以前団地で日本語教室を開いたときに，トラブルがありました。自治会の人たちが，放送で『今日は日本語教室があります』ということを流してしまう。外国人ということを隠したい人もいるのに。湘南に住む外国人だと意識されたくない人もいる。自治会の人たちは，外国人だけがルール違反をしているようなことを言ったりもするので，考え方が違うし，上手くいかない。

　　　（民間ボランティア：1998年12月4日湘南団地集会所にて。フィールドノーツ）

　この地域ボランティアたちの発言からうかがえる状況は，想像に難くない。確かに，湘南自治会の人たちは，考え方が「古く」，偏っていて，他者への配慮といった繊細な動きや柔軟な態度とは程遠い，ぶっきらぼうな人々だった。その様子を，本章では繰り返し伝えようとしてきたが，何度描いても全然足りぬほど，彼らは喰えない人々だった。たとえば，以下のようなやり取りがあった。

　　ボランティア：母国語と日本語両方の言葉ができる子どもを育てたい。通訳になれる。
　　ラオス人（男性・30代）：しかし，子どもは日本語だけしか話せないから無理。
　　新原先生：大人になってからラオス語を勉強すればいいのかも。ラオス語

を忘れないでほしいですか。
ラオス人：すごくそうしてほしい。どちらも話したい。書くもできるといい。
新原先生：皆さんの子どもさんから通訳や相談のできる人を育てたい。専門的な仕事もある。
自治会長：**本当に，飯を喰える通訳になれるのか。本当に仕事の基盤はあるのか。外国人はボランティアじゃ来ないよ。**

(1998年9月14日フィールドノーツ)

ラオス人やボランティアたちの前向きな発言に対し，自治会長が「それで飯は喰えるか」と一喝し，話はそこでストップとなる。いつも自治会長は，こんな調子だった。自治会長や団地自治会の人たちは，ことあるごとに「外国人は怠け者だ」「要求ばかりしてくるが，我慢しない。努力しない」「日本人の方が我慢して苦労している人が多い。逆差別だ」ということを，乱暴な口調で口にしていた。けれども，同時に，外国人の人たちの戦争体験の悲惨さや，その後の「難民」としての苦労，また日本での住民としての生活苦も知っていて，そのことを，どんな時も代弁するのだった。だから，「それで飯は喰えるのか」と言ってしまうのだった。

自治会の人々は，外からかぶせられる外国人への「理想」や「支援すべき対象」といった幻想の類をはねのけ，彼らを人として扱い，彼らにとって実質的に意味のあることのみを要求するのだった。委員会にて団地への訪問が決定した際も，「生活の場であり，（外国人を）湘南の人民として扱ってほしい，興味本位，助けなければという発想はやめてほしい」(1998年7月13日：平成10年度第1回在住外国人生活支援活動研究委員会記録)と自治会長は言った。あんなに，「外」から人を団地へ呼びたかったのに，そのような発言で台なしになるかもしれないと分かっているけれど，言ってしまうのだった。

⑽　会長の「問いかけ」

　今，思い返す。自治会長が，とある冬の日に，こんな話をした。それは，湘南団地でのパーティでのこと。後に開設されることとなる湘南団地の日本語教室にて，カンボジア料理，ベトナム料理といった複数の国々の料理や，ダンスや音楽を楽しむ会がもたれた時のことだ。「山田さん，あんた女は色気だよ。勉強よりも色気が大事」と，いつものように，少し酒の入った自治会長が絡んできた。そして，各国料理を盛り付けた皿を，会長に差し出した時のことだった。

　　今まであらゆる場所で，「外国人との共生」とかについて話をしてきたけれど，自分は外国人の作る料理に一切口をつけたことがない。ご馳走されても，食べたことがないのだよ。美味しいのか，不味いのかも分からない。口をつけたことがないから。たいがい，こういう活動をやってる人は，外国が好きなのかもしれないが，私にはどうしようもない限界がある。偏見だとか言われても，仕方ない。だからといって，外国人のために何もしないというわけにはいかなかった。対外的には，一生懸命に彼らのために話そうと思って，駆けずり回ってやってきた。私の言うこと，分かるかな？

　いつになく優しい顔だったが，ちょっと意地悪な口調で話してくれた，会長の「問いかけ」は，私を長年にもわたって縛りつづける宿題となっていた。どこかでの講演を終えてから駆け付けてきた自治会長は，この日もやはり，クリーム色のスーツ姿だった。

　団地の人たちと，長年にわたってかかわり合いを持つようになった経緯は，ざっとこんな感じだ。他の親切な地域のボランティアたちがなしえなかったことで，もし，私たちにできたことがあるとするならば，それは，この不器用でぶっきらぼうな自治会の人々を，嫌だけどなぜか好きになり，また，彼らを知るにつれて彼らに敬意を抱かざるを得なかった，その点の違いによるのだろう。

ここに記したように，私が最初から彼らの言動の意味を理解できていたのかというと，そうではない。むしろ，それはまったく逆だった。最初は反感を抱き，嫌悪感も持っていた。だが，彼らの言動のなかに見え隠れする歴史，彼らが流れ着いた場所が持っていた土地の歴史と，その場所の磁場に引き寄せられるようにやってくる数々のドラマに翻弄されつつも生きてきたという小さな物語が，私の小さな殻を揺さぶった。歴史から滲み出すように生まれた矛盾多き言動に，私は揺さぶられて，吹きだまるように，ここにたどり着いた。

おそらく，ここに描いた自治会の人々も，意識的にこの土地を選び，この団地の自治会にかかわる選択をしたのではないであろう。流れ着いて住みついた場所が，たまたま，ここであった。そして，たまたま，インドシナ難民の定住先として選ばれたのが湘南団地で，外国人たちが様々な歴史を抱えてここにやってきた。みな，「たまたま」[2]，起きたことだ。だけれど，外国人たちを，自分たちなりのやり方で，受け容れ，支え，代弁し，外に向かって怒鳴り続けた，その自治会の人々の一つひとつの選択は，確実に「始まりのひとひら」だった。私たちは，この人たちの小さな吹き溜まりに，たどり着いたのだ。

3．「吹き溜まり」の隙間で
―――日本語教室設立から崩壊まで―――

「お手伝いできれば」という君の言葉は傲慢だ。何も知らない，なんの力もない学生である君が，自力で何十年も，誰の手も借りずに，必死で生きてきた人々を手伝えるはずないじゃないですか。手伝えることなんか何もない。そんな気持ちでくるなら，やめた方がましです。

私は，突然，怒鳴られた。17時をまわった通勤ラッシュの東海道線内。大声で怒鳴られたので，周囲からの視線もあったろうと思うが，周囲に目をやる余裕もなかった。忘れもしない，1999年1月29日。湘南団地の集会所での日本語教室開設後，第3回目の日本語教室の日。湘南に向かう電車の中で，新原

先生がおもむろに,「日本語教室ができて,少しはホッとしましたね。これからも,湘南に通ってきてくれますか？」と尋ねてきたので,「私にでもできることがあるのなら,お手伝いさせていただければと思います」と返答した。そのとたん,先生は体を震わせながら激怒した。突然の「げんこつ」をうけて顔面蒼白。待ち合わせをしていたボランティアが,「そんな風に怒るのはどうかしてる。返答の仕方だって,常識的だし,普通でしょ。むしろ謙虚じゃない？」と私を励ましたのだった。

数年後,新原先生はこの時のことを「団地の人たちに向けて一体自分に何ができるのか,と自分の無力さを真剣に考えていたから,あれは自分自身に向けての叱責だった」と話していたが,果たしてどうだろうか。私はこの章を書くために,「常識的」で「むしろ謙虚」な私自身を,少しでも出る必要があった。そのために,何年もかかってしまい,挙句,大学にはもはや居場所はなくなったが,そのおかげもあってか,あの「激怒」の意味を,多少は言語化できる気がしている。

この日本語教室開設から2年くらいの時期のことは,「湘南プロジェクト」の仲間内では積極的には語られない,少し苦い味のする独特の「色」をもった時期である。けれども,それもまた,人間のかかわり合いの一ページであり,生々しい吹き溜まりの一部を構成している。そこには激しくも静かなるぶつかり合いと,妥協と諦め,互いへの懐疑と批判,しかし,それでも共有しようとしていた小さな喜びも,またたくさんあった。それらの経験は,吹き溜まりのなかに,たくさんの足跡,その窪みを残した。当時の私自身が目撃していたものを,できるだけそのままに再現したいと思う。なので,私自身は「激怒」された顔面蒼白の学生として,書くための「碇」をおろす必要がある。本節は,「湘南プロジェクト」の「内部」が舞台となっている。対立の場が生まれて,そしてどうなったか,そういう変化が,「私」を出すことによって描き出されるのではないかと思う。必然的に,このような書き出しとなったことを許してもらえたらと思う。

(1)「日本語教室」の開設

　さて，1998年夏からの湘南委員会を経て，いよいよ1999年1月より，湘南団地には日本語教室が開設することとなる。最初の日本語教室は，1月18日。その時の日誌を，少し読み返してみる。

　　いよいよ，湘南団地での日本語教室が始まる。6時から授業をするということで，お金が難民事業本部から出ているのに，6時に行っても集会所の門は閉まっていた。そのため，日本語教師のAs先生は「仕事はきちんとしたい」と言って怒っていた。7時ころから外国人の方々が集会所に集まってきた。日本語教室開講のチラシをみると，確かに7時スタートとなっていた。そして，特別な挨拶も無く，As先生が授業を行った。少し意外だったのは，団地自治会長などが，日本語教室開会の辞を言ったりしないことだった。授業の前に，そういう儀式などがあると勝手に予想していたのだが。

　　まず授業は，ボールを投げて，受け取った人が名前を言うことから始まった。みんなで輪になっていた。なんだか楽しかった。特別な話などしていないのに，場が共有されている雰囲気があった。名前しか伝えていないのに，集った人の「顔」がみえていた。

　　その後しばらくしてからグループになり，As先生の出したクイズをグループで解くという授業をした。私の入ったグループはカンボジアの人々のグループだった。見渡してみると，50人ほどの外国人の人々が，ほぼ同じ国同士のグループをつくって座っていた。As先生の出したクイズは難しく，みんな苦戦していた。暫くの間，カンボジア語で議論が続いていた。そして，たまに私に「先生，答え知ってるでしょ」「教えて」と言うのだった。とても奇妙に感じた。なぜ，「先生」なのか…。そして，結構日本語で話はできるのに，カンボジア語で話をし，私が「日本語で話してください」と言っても，「話せない」と戸惑って，すぐにカンボジア語に

なるのだった。そして，たまに思い出したように「先生」と声をかけてくる。そのような感じで，クイズは終わっていった。

　ふと気が付くと，自治会の人が教室にいた。グループ作業に気を取られて，いつから傍らにいたのか，そして何をしていたのか全く分からない。けれども，そこにいらした。どんな気持ちで，日本語教室のスタートを見守っていたのか…。
(中里［山田］2001:92)

　団地の日本語教室の第一日目は，このような様子であった。50名程度の外国人が集い，日本語教師のAs先生を中心に教室が進んでいった。As先生の授業は，遊び心のある躍動的な授業で，日本語のレベルや母国語がなんであれ，誰もが引きこまれ，いつの間にか教室の一部になってしまう。そんな，魅力的な授業であった。会場は団地集会所の大きなホールだったが，熱気に包まれていた。一人の日本語教師を中心に，会場が湧いた。そう，湘南団地の日本語教室は，この頃ブームであった「ボランティアによる日本語教室」という形態から外れ，「プロ」の日本語教師を雇い入れてのスタートを切ったのである。でも，そこには少しだけ「からくり」がある。
　実は，上の日誌には続きがあった。

　授業が終わった後，送迎の車に乗り込むと，難民事業本部の視察にきた方と，新原先生が少し気まずい雰囲気を醸し出していた。その様子に，はらはらしてしまった。内容はよくわからないが，どうやら，難民事業本部へ提出した書類と，今日の授業内容が異なっていることについてらしかった。駅についても，難民事業本部と先生の話し合いは続き，お店に入ってコーヒーを飲んだ。
(中里［山田］2001:92)

(2) 「日本語ボランティア養成講座」

そもそもお金のない団地自治会や，日本語教室の予算などとってはいない市社協は，時給6,000円程度の日本語教師を雇い入れることは不可能だった。時は，年度の終盤のことである。そこで，策を練ったプロジェクトメンバーは，「今」利用可能な助成制度として，難民事業本部の「日本語ボランティア養成講座」助成を選択する。「これ以上話していても仕方がない」「私たちは何十年も待ち続けた」という外国人や団地自治会からの生々しい圧力に応えるべく，「いま，できること」をしたのだった。

ただ，プロジェクトメンバーの間では，湘南での試みの大きな方向性として，外国人の子どもたちのなかから，地域の問題を考え，人をつなげていくようなリーダーを育成していくというという構想が話されていた。そのなかでも団地自治会は，やはり「相談窓口」などを団地内に作ってもらうことを望んでもいたが，子どもたちの育成によって，将来的には自助的な相談窓口ができるであろうという可能性に賭けた。しかし，実際には，問題は複合的であった。たとえば，子どもの育成を考えようとすると，親の失業問題や日本語能力のなさからくる孤立等も絡んでくるのであって，全体を網羅するようなプログラムはすぐには用意できなかった。ただ，「いま，できること」として，最初は大人の教室を開き，団地の抱えている複合性にアプローチしていくという方向に舵をきることとなる。

まず，県の他地域で外国人支援のボランティアをしているTyさんやKtさんのネットワークから，「場所づくりを行いながら日本語を教えられる教師」として，プロの日本語教師As先生が推薦された。As先生は当時，日本語教育専門学校での経験を経て，県の各地域のボランティアたちを養成・指導する仕事をしていた。先に述べた，湘南市の日本語ボランティアたちも，この先生の養成講座やブラッシュアップ講座を受けている人が大半である。当初，このように養成された日本語ボランティアらの活用も考慮されたが，地域の実情を踏まえたうえでプログラム全体を考えられるような専門の教師が必要というこ

とで，プロの日本語教師が選出されることになる。そして，年度途中でも利用が可能であった，難民事業本部の日本語ボランティア養成講座の補助制度を利用し，「プロ教師」を雇い入れる体制を整えた。

　養成講座への参加者としては，国際部の外国人のリーダー数名と学生である私などがエントリーしていた。また，団体名として「湘南団地外国人協議会」，ラオス人のリーダーが代表者として，申請書面に記載されることとなった。外国人リーダーが中心となり，他の外国人に日本語の支援をしていくという自助グループ構築として起案された。その指導者が，プロの日本語教師 As 先生という構図だった。湘南の日本語教室は，正確には「日本語ボランティア養成講座」としてスタートを切ったのである。

　そんな日本語教室の初日，助成元の難民事業本部から視察があった。「日本語ボランティア養成講座」は，通常，日本語教授法についての話がメインで行われる。実際に私は，2000 年春に開講された，As 先生による「日本語ボランティア養成講座」を受講したことがある。他地域のボランティア団体が主催したものだった。最初は，ボランティアの心構えという概論から入っていき，最終的には，日本語教授のための教案作りと実践までの訓練がなされる。特に，As 先生は，日本語教授法のなかでも特殊な訓練が必要である「コミュニカティブ・アプローチ」を使用していたため，教案作りとシミュレーションには熱心であった。

　「コミュニカティブ・アプローチ」は，複数の国の出身者がいる集団において，母語や第二外国語に頼ることなく日本語を教えていくという，地域の日本語教室にはうってつけの教授法であるが，その分，習得は難しい。なにより，日本語がわからない相手に日本語のみで教えるため，教材の提示の間合いやタイミング，言葉のコントロール，ジェスチャーなど，コミュニケーション能力全般が要求される。教案は，「目標」「文型」「分析」「学習項目」「手順」「教具」といった項目で作成され，「導入」の仕方と「ドリル」や「練習」方法も考案せねばならない。また，それを綿密にシミュレートしていく。教案作りができるようになったら，模擬授業による実習を行い講座は終了するのだが，なかな

かのボリュームである。12回程度のプログラムが一般的だ。難民事業本部の視察者も，このような「日本語ボランティア養成講座」を想定してきたに違いない。

もちろん，難民事業本部へ申請したメンバーも，「養成講座」の枠に準ずるような配慮をしてもいた。日本語教室がスタートする前に配布された「日本語クラスのお知らせ」は，「初級がだいたいわかる人のクラスです」となっている。中級程度の人向けに，日本語の教授法を伝え，自分たちで場所を築きあげていくという方向性も頭にあった。ただ，実際に集ってきたメンバーは，「9割が初級レベル。残りの1割のよく話せる人も，中級の下か，よくて中の中くらいの日本語」とAs先生が表現していたように，「日本語ボランティア養成講座」に耐えうるようなレベルの人たちではなかった。

そのなかには，挨拶が一言二言できる程度で，ほとんど日本語を理解しない人もいた。赤ちゃんを抱えて参加する，日本に来て間もない女性もいた。だけれども，みな，工場などでの立ち仕事や肉体労働を終えてから，食事もとらずに日本語教室にやってきた。化学薬品や埃まみれの体を，大急ぎでシャワーで流してから来た人もいた。難民事業本部へは18時から開始の申請となっていたが，実際には19時スタートとしたのも，彼ら外国人の生活をよく知る自治会の人々の配慮だった。そして初日から，様々な国の人たちが50名も集った。それほど，日本語教室を，湘南団地の外国人は必要とし，また歓迎していた。そして，自分よりももっと日本語教室を必要としている人たちがいるのだと，帰り際に熱く語った外国人もいた。自治会の人々は，多くは語らなかったが，温かくそれを見守っていた。

この風景を目撃した難民事業本部の視察者は，「どのように上司に報告すればよいか分からない」と言った。だけれども，この場所で最も必要とされていることを，ノートとえんぴつをもって「とりあえず集まる」という表現で示した50名の外国人がいた。制度的な枠組みなどはあっさりとこえられてしまったことを，視察していた職員は感じたに違いない。新原先生からの説得も加勢し，その後湘南日本語教室は，無事（？）「日本語ボランティア養成講座」の

枠組みの中で，最初の根っこを張ってゆくのであった。

(3) プレハブ教室の日本語教師たち

　日本語教室の会場である団地集会所は，当時はまだ仮設のプレハブ造りだった。冬は隙間風が容赦なく入ってくるプレハブ集会所で，日本語教室はその教室の扉を，いつもしっかりと閉めていた。白い一枚の引き戸によって，教室をかき乱すような「侵入者」を防ぎ，純粋な教室活動ができるように維持されていた。微妙に隙間の生じてしまう玄関や，いつもだらしなく開けられたままのキッチン，つねに半開きになっている和室や自治会室などの中で，日本語教室の扉だけが閉められていた。日本語教室の室内にいると，そこがプレハブの仮設集会所だということを，忘れてしまうほどだった。

　1999年1月18日からスタートをきった日本語教室であったが，その後，2001年3月まで，プロの日本語教師であるAs先生を中心とした日本語教室が運営されることとなる。日本語教室は，As先生の色を前面に押し出した教室となってゆくのだが，As先生は当初，こんな構想を持っていた。以下は，他団体の日本語ボランティアに，湘南団地での試みを説明しているくだりである。

　　ボランティアKtさん：実験的ではあるが，今まで日本語教室でやってきたものを変えて新しいものを作り出す。ボランティアも在住外国人自身も一緒になって作りあげる。当事者が自分の思っているものを作り上げる力をつけていくのが，As先生のやり方だろう。日本語が表面に出ているが，これはそういう場づくりです。
　　As先生：そう簡単にできないことだとは思う。他の場所でやってきたが，2年くらいかかった。
　　他団体の日本語ボランティア：例えば朝鮮人は，朝鮮総連が一切の面倒をみてくれるといったことか。
　　As先生：「面倒みてくれる」ではなく，外国人自身が自分で問題を解決で

きるようにしていきたいと考える。結果として日本語を覚えた，というのが理想的。日本語ができる人もできない人も，一緒に考える場所にするのが理想。時間をかけて，「誰かにやってもらう楽しさ」から「自分でやる面白さ」にしていく。難民事業本部からも，難しいだろう，こういううごきはなかなかない，と言われる。今回の教室自体も，20回のプログラム全部を私一人で講師になってやろうとは思っていない。考え方の違わない誰かを呼んできて，その回の講師になってもらうこともあるだろう。極端に言えば，私が気に入らなければ，場所だけ確保して，私を追い出して，気に入った先生に講師にきてくれるよう交渉する。そういった力をつけてもらうことが目標だ。 (1998年12月14日フィールドノーツ)

(4) 水を与えるのではなく

記録には残されていないが，よく彼女は語っていた。「水を与えるのではなく，井戸を掘るための方法を教える」。「水を与えるのではなく」は，新原先生が彼女との雑談の際に話していたことと記憶しているが，As先生のなかでも，それは一つの標語となっていた。この「水を与えるのではなく」は，先の発言のように，外国人が自主的に場を作っていくための教室とするという目標となり，その後の教室作りに影響を与えていった。

「外国人の自立支援」「自助的な居場所づくり」という枠組みのなかで語られる日本語教室の構想に，私自身は大きな共感を持っていた。また何よりも，「プロの日本語教師」という専門職へのあこがれ，通常のボランティアとは違うということへの羨望を，その後は抱いていくことになる。当時の地域の日本語ボランティアによる日本語教室の市場のなかでは，「プロの日本語教師」と「自主的な場づくり」ということが，先駆的・先進的な二つの「掛け金」になっていた。当時，ボランティアたちによる手作りの教室が主流で，そこに外国人の人々が通ってくるというスタイルが一般的であった。私は，そのような背景のなかで，あっさりと，As先生のカリスマ性にのみこまれていくのである。

1999年1月25日 授業は,初級を Ys さん,中級を As 先生が担当した。私は Ys さんの授業を補佐しながら見学をさせてもらった。内容は「お名前は」「お国は」「お住まいは」である。

　ここで思ったことは,様々に活動している日本語ボランティアの授業内容に,差がありすぎるのは問題だということだ。というより,学習者のレベルにあった,外国語としての日本語を的確に判断し,教授していくことを真剣にしなければならないということ。…ボランティアの日本語教師はたとえ素人であるとはいえ,決して授業やクラスの運営に妥協してはいけないのだと思った。ボランティアの人数が足りないことや,何も話せない人に対して教えかたが分からないというのは,学習者のニーズを考慮しないでいいという理由にならない。できないならば,As 先生のように,「こちらが設定したレベル以外の人は来るな」と言うほうがまだましだと思った。日本語ボランティアの意識の低さを感じる。やはり,日本語教室の運営は,始めはプロが関わって,教室を軌道にのせることが必要だと思う。プロの講習をうけたボランティアは,日本語はそれなりに教えられても,教室の運営までは本当はできないと思う。なぜなら,外国人の気持ち,何を求め,何をしに日本語教室へ足を運んでいるのかを訓練してないから。そういう経験がないから。その点を全く反省出来てないから「かわいそうな外国人」に日本語を教えていい気になるのだ。私も As 先生に色々学んで,ばかなことはしないようにしたい。　　　　（中里［山田］2001：101-2）

　日本語教室は常時 50 名ほどの外国人が通ってきていた。上級クラスと中級クラスに分かれて進めていくため,日本語教室には Ys さんという教師が加わった。Ys さんは,As 先生の日本語ボランティア養成講座の「生え抜き」的存在で,As 先生の地域での教室を手伝ってきた人だ。授業はつねに,完璧に作られた教案をもとに,プロの教師が完璧なパフォーマンスするという,非常にシステマティックな雰囲気の中,進められた。その下で働く教師も,教案作

りは当たり前であり，それへのシミュレーションを事前に As 先生にチェックしてもらい，それで OK が出れば授業ができる。FAX でのやりとりを何度も行った上で，一回一回の授業をするのだった。プレハブの教室の扉をきっちりと閉め，邪魔の入らない場所で完璧な授業を行うよう努めた。私は，勤勉でストイックな教師たちの姿に，魅了されていった。また，こうした授業の見学だけでなく，教室が終わった後の雑談，喫茶店での反省会，帰りの電車のなかでの会話などを通し，私のなかでの日本語教室への解釈枠組みと判断基準が養われていく。

> 1999 年 1 月 29 日　帰り道，コーヒーを飲んだ。ここでの話題は，もっぱら「日本語ボランティアのあり方について」であった。Ys さんも，実はボランティアの一人である。彼女はプロ（As 先生によると「プロ」とはお金をもらう人のことで，プロとアマの教師としての実力の差はあまりないらしい）ではない。しかし，ずっと日本語ボランティアを続けていて，日本語ボランティアの問題点をためこんでいるようであった。Ys 先生の話のなかで印象的だったのは，「日本語ボランティアを志願する人は，大抵コミュニケーション能力がない」ということだった。また，Kt さんも過激で，とにかく今の日本語ボランティアはダメ！！と言っていた。ボランティアそのものの変革はいかにして可能か…とても考えさせられた。
>
> （中里［山田］2001：103）

自身がボランティアでありながら，そのボランティアを批判している風景は，外側からみるととても滑稽である。けれども，こうした話のトーンは，そこにいる誰もが疑問を持たないほど，当時，当たり前になされていたことであった。おそらく，どこのボランティア団体においても，このような話は出ていたと思う。この時代は，難民受け入れから 30 年が経ち，これまでの支援のあり方を，国レベルから市民団体までが反省を迫られた時期であり，新たな支援の方法への転換が叫ばれていた時代である。大まかにいえば，一つは，日本

の暮らしに慣れてきた外国人による「自主的」な運動への転換と,もう一つは,そうした運動へ寄り添えるような支援者への意識改革が,求められていた時代だといえる。

　ただ,そこには,自らを反省的に変革していくようなベクトルは存在せず,自分以外のボランティアや団体の試みを批判するという形で,自己の存在証明をするという,歪んだ反応があった。また,そのような転換期に,新たな解決方法として,「プロの日本語教師」が活躍するという隙間が生まれつつもあった。勿論,すべてのボランティアやボランティア団体がそうであったとはいえない。が,私が出会ったのは,こうした時代の流れのなかで,無意識ながら,もがき続けているボランティアたちだった。新参者のボランティアである私は,ボランティアたちの存在証明と,それを背後から援護するプロの日本語教師との共依存,外部への批判を媒介にした結束関係のなかで,自らの居場所を確保することに奮闘していった。

　まさにちょうど,新原先生から冒頭のような叱責を受けた頃の話である。そのような恩師からの「警報」をよそに,私はぴったりと閉じられたプレハブ「日本語教室」のなかで,プロ教師率いる日本語ボランティアとともに,椅子をどのように獲得していくかというゲームに興じていくことになる。

(5) 閉じられたプレハブ教室

　プロの日本語教師とその支配下にあるボランティアたちは,次第に仲間を増やし,最終的にはYsさんの他に4名のボランティアたちが湘南団地の教室に通うことになった。いずれも,As先生の養成講座を得て,他地域にて日本語ボランティアとして活動している人々であった。先進的な「水を与えるのではなく」という自主的な場づくりを,「勉強させていただく」ために,最初は見学から,そして徐々に,自らがクラスを担当して貢献するという流れのなかで,日本語教室は肥大化していった。

　「水を与えるのではなく」という授業は,果たしてどのような形であったか,日誌を振り返ってみよう。

1999年2月15日　湘南団地で3月6日に行われる予定の日本語教室パーティについて。15日は，上級クラスと中級クラスの日であった。中級クラスで，As 先生が「パーティを自分たちできめて」という話をしだす。「いつやったらいいか」「どこでどのようにやるか」「食べ物はどうするか」「会費はいくらにするか」などの質問を As 先生が投げかける。反応は「先生がきめて」とか集会所の使用について「先生がきいてきて」だとか，どうしても「自分たちで」という感じにはならない。一番明確に表れたのは，パーティの食べ物の話。「何食べたい」と先生が質問すると，カンボジア料理とかベトナム料理とか，外国人が互いの国の料理の名前を意気揚々とあげていった。

　しかし，「誰がつくる」という話になると，とたんに沈む。As 先生が「日本料理は作ってくるよ」と意気込みをアピールするが，のってくるのは中国人だけだった。「他の国はなぜ料理をつくろうとしないのか」と先生が質問すると，「仕事である」とか「作れない」とか，あまりグッドエクスキューズにはならない答えが返ってくるばかりであった。ちらほらと上級クラスの人が話し合いに参加してくる。彼らが先頭となって，場の雰囲気を変えてくれるかと思うと，「女がやればいい」という始末。重々しい雰囲気の中，3月6日，集会所にて，6時から9時までパーティ，会費1,000円，子どもも可，料理は中国と日本料理，買い出しもする，ということが決まった。

　As 先生は，この時のことをふりかえって「あんなひどいのはじめて」と言った。私は外国人の人たちのことを「そんなものか」と理解していたのだが，As 先生によると，彼らの中に「自分の力で何かをしよう」とか「人のためにやることが自分の能力の成長になる」という意識が無いのだという。As 先生と Ys さんによる大和市での試みでは，外国人の主体的に行動する能力が，どんどん開発されていったという。パーティの例ではないが，日本語教室の運営を外国人がするようになった時（2年かかってここまできた），外国人同士の衝突が起き，やめてしまった人が出た。

けれどもその人たちは，新たに会場を借りて，先生を呼んできて，独自の日本語教室を立ち上げてしまったのだという。今回の湘南団地での出来事を「そんなものか」と思ってしまった私は，As 先生に，様々な外国人への理解の蓄積や知恵とノウハウを学びたいと思った。

(中里［山田］2001：111-2)

1999年2月19日は初級クラスと上級クラス。上級クラスの最後に，パーティの話し合いがなされた。私はそこにいなかったが，As 先生の話を記録に残しておきたい。先生が学習者たちに「何かやりたければ自分たちでやっていかなければならない」と話した時の反応。「鶴間のパーティでは何もしなくてよかった」「ラオス料理をつくってもいいが，お金はもらえるのか。売ってよいのか（行政がらみのイベントでは，料理を作れば金になるらしい）」と言ったという。授業が終わると，As 先生はかなり怒った様子であった。私も話を聞いて，イライラしてしまった。外国人の人たちもイライラしたことと思う。

(中里［山田］2001：112)

このパーティの結末がどうであったかは，残念ながら記録が欠落していて，定かではない。「パーティは無事に終わりました」という新原先生への報告のみが，記録に残っている。「無事に」，「自主的」なパーティが開催されたようである。この後，日本語教室では，夏休み前や年末などの節目ごとに，数回パーティが開かれており，記憶のなかではカンボジア料理，ベトナム料理，ラオス料理も振る舞われていたから，おそらく，この回のパーティも，様々な国の料理が並んでいたことと思う。料理よりも，実際に自主的に行われていたのは，各国の音楽を大音量で流し，皆が輪になって独特な踊りに思いおもいに興じる場面であったが，そのことに対する日本語教師らの評価は低かった。

日本語教師たちのなかには，授業の教案作りとシミュレーションの段階で作りあげたシナリオがあり，そのような反応が得られない場合は，学習者らの「力不足」「意識不足」となる。おそらく，外国人の人たちは，特段，パーティ

などには興味がなかっただけのことであり，自主的な動きをする力や意識がないということではない。大して仲が良いわけでもない，「知り合い」程度の人たちによるパーティは，仕事や育児に追われ，金銭的に余裕のない外国人にとっては，有難迷惑であったろう。準備にかけるだけの関心はなかっただけだ。

だが，もともと「パーティ好き」「しょっちゅう宴会をやっている」とされるラオス人，カンボジア人，ブラジル人らは，いざパーティ会場に入ると，音楽やダンスで場を盛り上げる力にたけてもいた。日本語で一言も話せない男性も，この時ばかりはと，はつらつと日本人に絡み，ダンスをリードするのだった。なかには，「先生かわいーね」と言って，ナンパしてくる男性陣もいた。日本語教師の思惑を超え，また「外国人」という枠を超えて，パーティでは生々しい人間の姿があちこちに表出していたのだが，そういうものは捨象され，私の記憶の片隅にしか残されていない。

(6)「湘南プロジェクト」の発足

1999年4月からは，「日本語ボランティア養成講座」の枠組みからは抜け，本格的な日本語教室が開始される。プロの日本語教師を雇う図式は変わらず，予算はいくつかの助成金を組み合わせる形で，合計200万程度が準備された。プロの日本語教師As先生は，時給6,000円，他のボランティアは1,500円，その他交通費という給与体系であった。週2回で合計74回，一回につき2時間の授業を考えると，約半分がプロの人件費に消え，残りの予算を，数名のボランティア（日本語ボランティアのみではなく，後に説明するように，子ども対応や生活相談をするボランティアも含む）でシェアする形となっていた。このような有償の枠組みを整え，いよいよ湘南団地の試みは，1999年4月より「湘南プロジェクト」という名前を採用することとなる。「湘南プロジェクト」の正式な発足は，書面上，この時期だった。

「湘南プロジェクト」がスタートした1999年は，団地住民へのアピールに力を注いだ年でもあった。そもそも，団地集会所を，ある団体が週に1回どころ

か2回も利用するということは，住民の反発をかう行為であった。それも，「よそ者」の外国人のため，ということであれば，反感を持つ住民も多かったのである。教室は，月曜日と金曜日の19時からもたれていたが，その曜日と時間にも，自治会の人々の配慮があった。月曜日は，そもそも集会所が休みの日であり，いわば自治会の自主的な活動として，自治会が管理運営する「特例」の場として確保していた。金曜日は，外国人の強い要望から確保せざるを得なかったものであるが，集会所の閉まる17時以降という時間帯限定で，利用を許されたのであった。「湘南プロジェクト」にかかわった自治会長や事務局，国際部長らが，交代で，鍵の閉められた玄関を開けに来て，終わったら戸締りをする。このような，彼らの努力の上に，かろうじて確保されていたのである。彼らは，無償で，住民の反発から日本語教師やボランティアを守り，そのような場所の維持に努めていたのだ。

(7) 団地祭への参加

「湘南プロジェクト」が発足して間もなく，1999年8月に，日本語教室は団地祭へ出店することになる。団地祭とは，集会所を利用して活動している自治サークル，老人会や子ども会，障がい者の会などが屋台を出し，テキヤなども呼んで，団地メイン通りをふれあいの場にしようという試みである。毎年お盆の時期に開かれるが，カラオケやフラダンスを披露するような大きな舞台がくまれ，祭り最終日には，「彫り物会」と呼ばれる刺青を背負った男性たちが神輿を担いで練り歩くなど，なかなか見ごたえのある祭りであった。

この祭りへの出店は，自治会長らによる陰ながらの調整活動の一環であった。日本語教室を安全・安心だと，住民に対してアピールする機会として，提案されたのだった。助成金の関係から，この時に前面的に調整役をかってくれていたのは，湘南地区の民生委員と主任児童委員であった。主任児童委員が「団地の人に受け入れてもらうために，ワンステップおきたい。外国人が物を売ると言った時に，団地祭の参加者の間ではうーんという反応だったから，日本人が売ることにしてほしい。初めての試みなので，慎重にやってほしい」

(1999年7月26日フィールドノーツ)と言うほど,日本語教室という存在自体が,団地において緊張の「種」であったのである。

そのような,陰ながらの調整や奮闘をよそに,日本語教室は,積極的に祭りの参加を授業のなかに取り入れていく。私自身は,この4月から,日本語教室専属の有償ボランティアという地位が与えられたこともあり,このような祭りへの参加を,「授業の格好のねた」としてとらえていたところがある。私がつけていた日誌も,これまでのなるべく全体を記述するようなスタイルから,日本語教育のための記録に,転換していった。その一部を,団地祭のことと絡めて見てみよう。

1999年7月5日
Dクラス：As先生 「8月7日,8日の団地祭でつくる料理を決める」
学習者：T（中国人女性30代）,Y（中国人男性30代）,S（中国人女性30代）,Au（ベトナム人女性40代）,R（カンボジア人女性30代）,その他3名

As先生：餃子でいい？
S：うんいい,男の人も作れる。
T：どうやってつくるか。
Y：なべもってくる。水餃子だったら。
As先生：材料とか教えてよ　どこで作る？
Y：作りながらしないと味がかわっちゃう。
T：面白そう,やりたい。
Y：具は作っておいて,皮はその時つくってつつんでやる。
As先生：その時は,中国人が先生だからね。
〈材料〉ぶたひき肉,ピーマン,ニラ,白菜,セロリ,ネギ,こしょう,塩,味の素,しょうゆ,ごま油,サラダ油,小麦粉,鉄板,鍋（大）,コンロ2個,ボール,のし棒。
Y：中国からもってきたこしょうある。

T：先生，中国のRさん来た（注：Rさんは餃子づくりの名人で，この日は遅れて登場した）。

As 先生：R先生，こちらへどうぞ（Iさんが，Rさんに中国語でこれまでの内容を通訳）。

R：卵も入れる。

Y：どれくらい売れるかな。

As 先生：10万だよ，10万！！売るのは若い女の子がいいいかっこしてね。

Y：みんないいファッションきてよ，水着きてさー。

As 先生：何個くらい売る？

R：10個500円。

Y：高いよ，みんな買わない。

As 先生：7個で300円はどおよ？売上金はどう使う？

T：パーティがいい。

As 先生：鉄板持っている人はいる？

S：湘南公民館にあるかもしれない。

Y：ふたないから一ふたないと水入れて。ないならふつうのフライパンでいいよ。

As 先生：もし鉄板が無かったら水餃子だけね。

S：OK。

As 先生：あと，どこで作るかだけど。

S：公民館は？7月20日までに申し込まないと使えない。

As 先生：野菜を切って肉とまぜるのは，7時から9時はどお？もし公民館が使えない場合はどうしますか？

T：Yさんの家。Yさんの家大きい。

Y：みんな団地だから，同じ。でもいいよ。

As 先生：だんなさんに言っておいてね。

Y：やさい何にするかきめないと。

T：白菜はいま高いんじゃない。

Au：今，安いよ！
　　Y：白菜とセロリまぜても大丈夫。
　　As先生：何個くらい作ったらいい？
　　Y：もう計算したんだけど…4,000個。
　　T：あまったらどうするよ。
　　As先生：一日何パックくらい売れるかな？
　　S：50くらいかな。
　　As先生：えー！！一日200パックくらいは？2日で400パック，300は売ろうよ！4万から5万は絶対儲けよう！！じゃあ，どのくらい材料を買うかは，次回決めましょう。

　　　　　　　　(1999年7月5日フィールドノーツ。出身国と性別・年齢は加筆した)

　このような話し合いが3回ほど続き，団地祭の準備が進められていく。当日の団地祭では，男性陣が中心となり屋台のテントを組み立て，女性陣が餃子を作るというフォーメーションを組んで，4,000個の餃子を作りあげ，2日間で純利益は5万円程度になった。様々な野菜の入った具，注文が入ってからこねる餃子の皮の，そして茹でたての水餃子は，今思い返しても，絶品であった。中国人が中心となるが，他の国の人々も協力し，一緒に餃子を作っていった。日本人は，買い出しの担当であった。

　餃子づくりのメイン会場は，結局，ベトナムのAuさんの家を借りることになった。他の国の人々は，自分の家を開放するのをいやがった。キッチンは，粉だらけ油まみれ，足りない材料はAuさんの台所から調達することもあった。真夏の最中のこと，開けっ放しの玄関をよそに，クーラーをフル稼働して，みなの作業を支えた。このベトナムのAuさんは，上級クラスの学習者であったが，そもそも静かな性格の人であるため，As先生の授業においては発話の少ない人であった。上の記録でも，一度しか発言していない（「白菜，今安いよ！」のみ）。「真面目なんだけど，勘が悪い」「反応がにぶいんだよね」と，As先生からは酷評されていた人だった。

おいしい水餃子と自治会の人々の配慮（カラオケ大会にプロジェクトメンバーを出場させるなど）により，第一回目の団地祭は無事終了した。「湘南プロジェクト」の日本語教室が，団地住民たちに受け入れられることに一役買った。住民による外国人への嫌がらせなどもなく，「中国の餃子おいしいね」「日本語教室，頑張ってね」などの声をかけてくれる住民もいた。この団地祭は，この後，主役を様々に変えながら8回にわたって続けられる団地祭日本語教室出店の土台を作った。湘南団地の外国人の若者たちが，本当の意味で自主的に参加したあの団地祭は，まだまだ先のことであるが。

パーティに加え，団地祭などの開催を「外国人の自主的な参加の成果」としてカウントしていった日本語教室は，その後，順調に2000年の日本語教室に発展していったように見えた。2年目の日本語教室である。当時の私は，As先生による「日本語ボランティア養成講座」を受講し，実際に，湘南の日本語教室でも教える機会をもらっていたため，盲目的に，日本語教室の発展と継続を望んでいた。そんな私には，この教室がいずれなくなるということは，予想だにしないことであった。

(8) 団地祭の後に

ところが，上述した水餃子の中国人が，自営業の中国料理店を構えた時のことである。それは，2000年5月1日。中国人のRさんが，日本語教師のメンバーと，クラスの友人数名（中国，ベトナム，カンボジア，ペルー）を，自分の店に招待してくれたことがあった。プロジェクト代表の新原先生にも誘いがかかり，小グループで，中華料理を囲みながら開店のお祝いをしていた時のことだ。この時の記録は残っていないため，記憶をたどっての記述となる。

プロの日本語教師As先生とボランティアたちが，日本語教室の学習者たちと，「以前は全然，みんなのって来なかったよね」「団地祭とかできる状態じゃなかった」などと昔をふりかえる話をし，「今後も団地祭など頑張って，教室を続けていこう」という話で盛り上がっていた。As先生がおもむろに「それにしても，中国人は力あるよね。こんなお店を作っちゃうんだもん。他の国の

外国人とは違うよね」と,「他の国の外国人」がいる前で話し出した時だ。いきなり新原先生が,目を閉じて,その場で寝だしてしまった。そのような様子を見て,しきりに日本語教師たちが,先生に「お疲れですか？」と声をかけるが,少し目を開けてうなずくも,黙ってすぐに無表情のまま寝てしまうのだった。「これは,怒っている。どうしようもないくらい,怒ってしまっている！！！」と,弟子である私は焦った。

　新原先生は,怒りによってその真意を伝えることがよくあったが,怒りが臨界点に達している時は,口を閉じて黙りこくり,こちらからの働きかけを一切無視するのであった。眠かったから,疲れていたから,寝ていたわけではない。怒っていたのだ。寝ている先生を横目に,日本語教師たちはその存在を無視し,外国人の学習者とともに,「中国人」をほめたたえながら,中国料理を堪能した。「祝いの場で,あんな態度をとるなんて幼稚すぎるよね」と,帰りの電車でAs先生が呆れた口調で言い放ったことを覚えている。

　この時を境に,新原先生は,As先生ら日本語教師のメンバーに対して露骨に嫌な態度をとっていくことになる。私自身は,プロ日本語教師As先生の枠組みのなかで,「湘南プロジェクト」での自分の役割の確保と,その後の「立身出世」を目論んでいたため,願わくば「両恩師」の対立をなきものにしたかった。ただ,その願いをよそに,2000年3月末で,プロの日本語教師の作った日本語教室は,幕を閉じることになった。

　引き際は,案外あっさりしたもので,「辞めないで」という外国人に対し,「お金が無くなったから,仕方がない。もし,私を日本語教師として雇いたいんであれば,自分たちでそういうお金をとって,手紙をください。そのようなことができる力を,あなたたちに教えたつもりだ」と言って,As先生は引退していった。表面上は「お金が無い」ということで教室終了は説明されていたし,新原先生も「あなたたちを雇うお金が来年度はありませんと伝えたら,As先生はそれを受け容れた」と話していたのだが,本当の退陣の理由はもちろん違うところにあった。その当時の私は,なぜ,「プロ教師」たちが辞めなくてはならないのか,半分はプロジェクト全体の「空気」で感じていたけれど

も，それを分析し，理解する能力も持ちあわせてはいなかった。ただただ，4月からは日本語教室は開けないという現実にぶち当たり，右往左往するのであった。

しかし，現実は，私以外のプロジェクトメンバーの多くが，プロ日本語教師たちとの縁をいつ終わりにするかということを，まさに1998年1月日本語教室スタートの時点から，議題としていた事実がある。これは，次の節で語ってみたいと思う。隙間風の入るプレハブの集会所で，外からの風を一切遮断し，As先生が思い描いた枠組みのなかで，学習者たちが「自主的」に活動してゆくという純粋なる日本語教室は，あまりにもあっさりと，その幕を閉じた。皮肉にも，彼女たちの去った2000年4月より，湘南団地集会所は，プレハブ造りの小屋とさよならし，新しい集会所へと移行した。新しい集会所は，団地のメイン通りに面した立派な棟の中につくられ，隙間風の入らない，設備の整った集会所として生まれ変わったのである。ただ独り，とり残された私は，心はまだ，プレハブの日本語教室の中に，閉じ込められたままだった。

(9) 集会所の隙間風

当時のフィールドノーツを読み返してみると，今更ながら気付くことがある。閉じられた日本語教室にとらわれていた私であるが，それでも，フィールドノーツのなかには，あのプレハブ集会所のなかで，隙間から染み出し，傍らにおいやられ，それでも息づいていた人々の存在が見え隠れしている。そして，そうした隙間にあった「隙間風」のような人たちが，いつの間にか，かつてのプロ日本語教師による「華麗なる日本語教室」にとって変わり，「プロジェクト」のメインとして，2000年4月から精力的に活動していくことになる。

いや，隙間にあった，と思うのは，閉じられた日本語教室から覗いた世界なのであって，ある人から見れば，ずっと中心的に存在していたと言うに違いない。むしろ，「私」以外の大半のプロジェクトメンバーが，そのように答えるに違いない。プロジェクトメンバーの多くが，As先生の日本語教室のあり方に対し，まったくもって初期の時点から，疑問を抱いていたのだから。

日本語教室への疑問視は，1999年1月23日の記録に登場する。なんと，日本語教室がスタートしたのは1月18日のことだから，まさに第一回目の直後から，プロジェクトの中には密やかな対立が生まれていたのだ。以下は，私が出席していない会議での記録で，私と一緒に現場に入っていた院生 Okn さんが残していたものである。その当時は，私は，この記録への「選択的な無視」を行い，見ないようにして日本語教室への適応を急いでいた。

1999年1月23日の打合せ　参加者：新原・市社協 Tk・団地国際部長・民生委員・団地事務局長・主任児童委員・ラオスのリーダー O
※1999年1月18日第一回目の日本語教室が終了し，その時点での課題についての話し合い

新原先生より前回についての報告。難民事業本部との兼ね合いについて：難民事業本部は，あと3年で閉じられる。視察者より，書類上はボランティア養成だが，実際は単なる日本語教室ではないのかと言われており，難民事業本部との関係上，10回の講座終了後に，初級レベルに対応できるような講師が一人なり二人なり成果として育成できていないといけない。
市社協 Tk さんより日本語教師 As さんから伝えられた今後の進め方について：対象のレベルの設定を初級上から中級にするのは（それ以外は入室禁止），今後教える側になりうる人につなげていくためである。面白くしていくため，日本語に興味をもってもらうためには，子どもに聞かせたくない話も出てくるので，子どもは遠慮してほしい。やるのは18時からにしたい。最初の1時間を，日本語の教え方を教える時間にしたい。今回の対象からもれる外国人に関しては，他の団体へ行くようにいいたい。もっと積極的になってほしいという意味もある。
事務局長：定住センター閉鎖，難民事業本部閉鎖で，これから先，外国人のフォロー体制をどのようにしていくか。現場と組織（県・市・難民事業本部）との溝が大きい。As 先生の言う「他の団体」については，2年前に

交渉したがだめだった。

　国際部長：外国人の日本語教室は，基本からやってほしい。初級の人たちを受け入れてほしい。子どもは基本的には話せるが，教える能力はない。子どもたちの育成をどうするのか。日本語教室の講座をみていると，As先生のしゃべりがはやすぎる。われわれは普段もっとゆっくりとしゃべっている。やり方に疑問を感じている。

　新原先生：この場は我慢してください。

　　　　（中里［山田］2001：93，1999年1月23日Oknさんの記録に一部加筆修正）

⑽　すでに在ったズレ

　この会議では，日本語教師As先生の作ろうとしている教室が，完全に自治会の人々の想いからズレているということが語られている。特に，「初級レベルの人は対象外」「子どもは入室禁止」とする日本語教師As先生に対する反発は，大きかった。団地のプロジェクトの母体である委員会では，「子どもの育成」とその先にある自助的な相談窓口ということが，自治会の人々の願いをくんだ形で構想されていたため，「子どもは入室禁止」という発言には反発が起こった。

　また，「定住センター」などの閉鎖という大きな流れの中で，「日本語を全く理解しない新たな外国人たちの流入」という課題が予見されている今，「初級レベルは対象外」というAs先生の言葉は，自治会の人々のなかでは怒りの種となっていたに違いない。国際部長は「As先生のしゃべりがはやすぎる。われわれはもっとゆっくり話している」と語っているが，これは，日本語教育の技術云々の話ではない。団地は初級レベルの外国人住民がほとんどであり，今後はもっと基本も知らない外国人がやってきてしまうのだという団地の「実情」を伝えようとした，精いっぱいの表現なのである。

　このように最初から勃発していた互いの齟齬を，新原先生は，「今は我慢してください」となだめながら，場所をなんとか維持する役割を負っていた。冒頭で述べたような「あなたは傲慢だ」という私への叱責は，こんな状況のなか

で発せられたものであった。自治会の人々らの抱いていた憤りに「選択的な無視」をし続けていた私であったが，新原先生は，当時の私の送ったフィールドノーツに，コメントを残してくれてもいた。長い師弟関係のなかでも，フィールドノーツにコメントが付けられたのは，後にも先にもこの時だけだ。精いっぱいの「信号」を，送り続けていたのだろうと思う。「たとえ今分からなくても，後で分かるように」と，印を残してくれていた。その「コメント」が挿入されたノートを，たどってみよう。

　1999年2月1日　As先生が中級クラスを担当。上級クラス（漢字など）は新原先生，初級クラスを私，自然と集まってきた子どもたちの学習補習はOknさん，Tyさん，Ktさんが担当した。本来の予定では，初級クラスの学習者は，湘南集会所へ来ないはずだった。しかし，どのように間違いが起こったか，ほとんど日本語を話すことができない，ラオスの人DさんとBさんがやってきた。Bさんは，中級クラスのEさんの伯父さんで，彼女に連れてこられたようだった。他のクラスがどのように行われたのかは全くわからない。自分の担当したところに集中していたので，全体の様子は記録に残すことはできなかった。
　初級クラスでは，「お名前は」「お国はどちらですか」「お住まいは」という文の型を練習した。これは前々回のYs先生の授業をまねて行った。授業を行って分かったことは，DさんもBさんも，難民センターで学んだのか，ひらがな50音は記憶し，習字を読むことはできるということ。しかし，簡単な挨拶すらできない。名前も言えない。だから，授業が始まった時には，なんだか照れくさそうで，戸惑った表情をしていた。けれどそれでも，「授業」をしようと思い，Ys先生の教え方を真似て練習した。
　暫くしてから，私から多少覚えていたタイ語で挨拶をしてみた。すると急に二人の表情が変わり，「タイ語，分かる？」と日本語で質問してきた。分かると返答すると，今度は彼らがラオス語で言うとこうなるとか，ラオス語で書くとこうなるとか，ほとんどラオス語の授業になってしまった。

こんな授業をしていたら As 先生からお怒りをうけるかもしれないと思ったが，ラオスの人たちが「日本人と日本語で話す」という緊張から少しでも抜け出せたならよかったと思う。特に B さんは，日本語の文法も単語もめちゃくちゃだったけども，彼の家族構成を，聞いてもいないのに，必死に語ってくれた。この会話を読解するのには一苦労したが，お互い通じたときには，とても親近感がわいた。

またこの会話が終わった後で，続いて D さんが話しだした。「仕事が無い。だから仕事をみつけてください。奥さんもいない。日本で恋人ほしい。23歳です」という内容だった。どのようなフレーズで彼がそれを伝えたのか，なぜ私がそれを理解できたのか今は思い出せないが，B さんの協力で，彼の言いたいことが分かった。いつから仕事がないのか，いつ団地へきたのかも，「いつ」「カレンダー」を彼らが学んでないので，不明で終わってしまったが，D さんが日本語で話そうとしたのは大きな進展であったような気がした。[新原の書き込み→とても重要な体験となるはず／ここには対話が生じている／両者の関係に相互浸透が起こっている]

(中里［山田］2001：106)

⑾ 「対象外」とのあらたな出会い

プロの日本語教師 As 先生や Ys さんが教壇に立つシステマティックな日本語教室の傍らで，私はこの日，ラオス人の男性二人と勉強をしている。教室の「対象外」とされた，本当に日本語が片言である外国人。その受け皿として，手の空いていた私が指名され，彼らと日本語を勉強したのだ。ふりかえると，こういうことが数回起こっている。いつも，日本語教室の片隅で，小さな机といすを並べて，私たちは「勉強」していた。でも，その内容は「As 先生に怒られるかも」という恐れを抱くほど，まったく系統だっておらず，日本語の勉強にはなっていないやりとりだった。

しかし，「対象外」とされた人々は，つねにやって来ていた。そして，思いおもいに，それぞれの話したいことを，語りかけてくる。家族のこと，戦争の

こと，難民センターのこと，仕事のこと，恋のこと。わけのわからない，日本語で。国際部長が，外国人には「もっとわれわれはゆっくり話す」と言った通りに，私もゆっくりと，なぜ通じあうのかわからないような言語で，彼らの話を受け止めていたのであった。

また，このような日誌もある。

1999 年 2 月 5 日（日本語教室に，市の人たちが見学にきてくれた日のこと）…特に今日は，市役所係長 Kr さんの一面を垣間見た気がしている。子どもたちの勉強を見るという理由で，私とボランティアさんが和室にいた。子どもたちが来て，女の子をボランティアさん，男の子を私が主に担当した。けれども，男の子たちは勉強道具を一切持っておらず，おもちゃのカードで遊びだしてしまった。仕方なく，一回だけと言うことで，その遊びにつきあう。終わった時に，「前の兄さん（院生 Okn さんのこと）はどうしたの？」と聞くので，日本地図の勉強に結び付けようと思い，クイズ形式に県などをいわせていた。そのうちに，彼らは飽きだし，動き出す。収拾がつかなくなった頃，市の係長 Kr さんがやってきて，私の横に座り，自ら子どもに話しかける。そして，おもむろに近くにあった紙で，紙飛行機を折りだした。子どもは，「なんだかそんなの作って，自慢っぽい」とか言っていたが，みんな興味をもって，「自分も作れる」などと言って遊びだした。

今まで，市の係長 Kr さんは見学などしてうろうろしているだけだったけど，自分から行動を起こして手伝ってくれた。その瞬間，彼の表情には「役人」の顔はなかった。その時，係長 Kr さんがどう思っていたのか分からないが，私自身が Kr さんのことを，「役人」という意識ではみていなかった。それに会話のなかで，私は Kr さんのことを「おじさん」と言ってしまった。少し失礼だったかもしれないが，特別気にならなかった。「おじさん」と呼んでも構わないような雰囲気がそこにはあった。

行政の人間が，湘南団地に足を運ぶということは，確かに市と地域のか

かわりを作ることで意味があると思う。けれど，もっと個人的なレベルでは，行政の人もボランティアも，大学の人間も湘南団地に集うことで，ごちゃ混ぜになっていくということを体験することの方が，私はなんだか大切なような気がしている。新原先生はよく委員会で「様々な立場の人が持ち寄りでつくっていく場」というような表現をする。そのことの本質は，まだよく分からないが，お互い整理整頓されたタンスからもち札を出し合うのではなく，混沌としながらでも，自分のもっているものをとりあえず出し合う…みたいなことではないかと思った。そういう場では，本当は「立場」など関係ないのだと思う。場が混沌とすればするほど，そして異質な場所であればあるほど，人は研ぎ澄まされて，新たな出会い？を体験する。[新原の書き込み⇒組織人であっても個人として対するということ／しかも個人のなかに埋め込まれている複数の水脈に眼を向け，声をかけること／よく知っている彼や彼女に対してだけではなく彼らのなかの見知らぬ他者にも眼をとめ耳をすまし，声をかけること／それはあらたな出会いをもたらすための土壌となる]　　　　　　　　（中里［山田］2001：107）

⑿　子どもたちの入室

　この日誌からも分かるように，日本語教室には入室禁止とされていた子どもたちが，実際には集会所に集っていた。子どもが初めて来たのは1月29日。

　1999年1月29日　今日も引き続き，6時から日本語教室についての講義。その後，As先生の授業を見学する。学習者はラオスのAsさん，中国のWさん。ふと振り返ると，院生Oknさんが子どもを相手に，「惑星」「衛星」などと黒板に書いて話をしている。しばし，Oknさんと子どもたちを観察していると，子どもたちがOknさんの顔をじっと見ていることに気が付いた。またAs先生は，子どもたちが日本語教室に出入りすることに関して，あまりいい気持ちはしていないようであった。しかし，Oknさんが個別に対応してくれることで，何とか乗り切れないものかと切に

願った。教室が始まる前から,誰よりも早くに来て,私たちがやってくるのを待っていた子どもたち。そのような子どもには,やはり「来るな」とは言えないと思った。　　　　　　　　　　　　（中里［山田］2001：103）

「誰よりも早くに来て,私たちがやってくるのを待っていた子どもたち」に対処するために,最初は,日本語教室と同じホールで,その一角を借りて,大学院生 Okn さんを中心に勉強の場が設けられた。ホールの片隅で,小さくなりながらの対応であった。ただ,プロの教師 As 先生の教室の邪魔になるという理由から,As 先生自身が強く言って,2月からは集会所の和室にて,子どもへの対応をすることとなる。「子ども教室」という新たな場所として,即興的に運営されることになり,一応「勉強する場」として,彼らの居場所が作られた。勿論,子どもたちは,大人しく和室にとどまるはずもなく,日本語教室に侵入しようと試みたりして,たびたび怒られてもいた。徐々に,ピッタリと閉められたホールの扉を開くことはなくなっていったのだが。

それでも,和室からはすぐに出て,玄関ホールでだらだらしたり,集会所の前の階段付近でうろうろしている子どもたちが大半であった。そのような子どもたちとのやりとりも,また「勉強」とはほど遠い,ごちゃごちゃなやりとりであった。でも,毎回,集会所の鍵が開けられる前から,彼らは玄関先で待っていた。鍵を開ける自治会の人たちは,この外国人の子どもたちを追い帰そうとは,一度もしなかった。むしろ,外国人の子たちが,19時〜21時という時間帯にもかかわらず,外をうろうろしてしまうということを心配していた。夜勤や夜の仕事をこなしている外国人親世代の事情もよく了解していて,「家に帰っても誰もいないからしょーがない」と言って,黙って集会所の中に迎え入れるのだった。

新原先生のコメントを拾うまでもなく,このような,まるでプレハブの隙間風のような形でやってくる人々こそ,実は,自治会やプロジェクトメンバーが対象にしていた人々なのであった。「人」と表現したが,「子ども」「初級クラスの外国人」といったカテゴリーではなく,背景に,様々な事情や歴史を抱え

た,「人そのもの」のことである。「プロジェクト」は,将来自助的にソーシャルコーディネートができるような子どもの育成を構想してもいたが,そのような理想的なリーダーになりうるような「勤勉」で「意識の高い」子どもなどは,端から想定していなかった。

　突然殴ってきたり,あちこち侵入を試みようとする多動な子たちを,むしろ,受け容れ,その背景をまるごと理解し,10年,20年といったスパンで見守り続け,そのなかからたった一人でも,リーダーが出現したらよいという大きなかまえがあった。そのために,たとえ言葉が通じなくとも,外国人の親世代や,これから何の訓練もうけずにやって来るであろう外国人たちをも受け容れ,実情を把握し理解する必要を,自治会の人はもとより,「プロジェクト」のメンバーたちは実感していた。先が長く,ほとんど「賭け」に近い,「プロジェクト」なのであった。ただそれが,「プロジェクト」のメンバーたちの大半が共有していた,暗黙の了解事項であったのである。

(13)　構想とかまえの相違

　このような,「プロジェクト」のメンバーがぼんやりと共有していた構想とかまえは,日本語教師 As 先生のそれとは異なっていた。As 先生は,「自主的」という名の教室運営のなかで,「水をとってくる井戸を掘る」ということをさせようとした。外国人は,確かにこの枠組みにのっかって,「団地祭」などのイベントを大成功させたりしたのだけど,それは,上述したような,「人そのもの」を排除した上での成功なのであった。

　システマティックであるが,単純で分かりやすい枠組みの日本語教室が,あと数年続いていたら,もしかしたら立派な「井戸」が掘れたかもしれない。その枠組みが単純であるがゆえに,As 先生が理解しうる範囲での「外国人」,理解しうる範囲での「自主的な活動」と,ほぼ自動的に,またそのスピードもものすごく速く実現していったはずだ。しかし,そこから排除される,いや,排除しなければならない,「理解しがたい」湘南団地の外国人,自治会,子どもたち,住民たちは,取り残され,まさに歪な形で「井戸」掘りに駆り出された

ことだろう。

　As 先生の率いる日本語教室は，あの複雑な背景をもった人々が住まう湘南団地に，長くはとどまってはいけないものだったのである。「プロジェクト」の誰もが，日本語教室の初日から，それを感じ取っていた。「中国人は力があるよね」と，表面的なレッテル貼りをする習慣しかもたない As 先生の「退陣」は，いつも念頭におかれていた。新原先生が，それをする役をかって出たのであるが，誰もそれを止める者はいなかった。

　冒頭で述べた，新原先生の私に対する激怒は，まさに，この点に起因したものだ。私は，当時の私でも理解し易かった As 先生の枠組みに，とにかく適応することばかりを考え，その場で動いていた。ただ，一つだけ幸いだったのは，私自身が，プロの日本語教師 As 先生の「お眼鏡」にはかなわず，彼女の教室の「対象」ではない「初級レベルの外国人」や「子どもたち」と一緒に，教室からは排除されていたということだ。私はまったく気付かずに，日本語教室の方ばかりを向いていたけれど，実際には，教室からはじき出されており，「隙間風」のようにやってくる「対象外」の人たちと，たくさんの時間を共有していた。私自身が，「隙間風」だったのだ。けれども，この片隅においやられていた時間こそが，後々重要な気付きを私に与えてくれた。排除されていたからこそ，排除されている人々のことを，フィールドノーツに綴り（新原先生が「全体を書け，全部書け」と言っていたから生真面目にそれに従っただけなのであるが），書き残すこともできた。

　新原先生が私のフィールドノーツにつけたコメントを今たどってみると，ものすごく的確に，また正確に，「むしろ，これが大切なのだ」という場所のみに，つけられていたことがわかる。それは，師匠からの，ずっと先の私に向けて残されたメッセージでもあった。

4．「吹き溜まり」の足跡に——日本語教室再生に向けて——

(1)「プロ教師」引退後の「日本語教室？」

　上述したように，今でこそ As 先生らの「退陣」の真相は理解できるが，当時は私はまだ，閉じた日本語教室の残像のなかで過ごしていた。2001 年 4 月。新しい，綺麗な集会所に引っ越しをしたが，「果たしてこれから何をやろうか」「子どもの支援にかかわることになるのかな？」などと，新しい自分の居場所を求めて，私は集会所をさまよっていた。

　「プロジェクト」のメンバーは，日本語教師 As 先生の引退後，「子ども教室」と「生活相談」をメインに，湘南団地での「プロジェクト」を再出発させる。地域の高校の現役教師や，元教師，かつて団地住民であった議員さんなど，ボランティアに来てくれる人々も徐々に集まってきており，そうした人々を中心にした「子ども教室」と，自治会役員や民生委員を中心とした「生活相談」で，前節で説明したような「排除されてきたもの」(人の複合性そのもの) をくみ取ってゆくような方向性で，新たなスタートを切る。運営資金として，日本財団やトヨタ財団，神奈川民祭交流基金などが候補にあがっていたが，年度初めには間に合わず，結局は皆，まったくのボランティアで「プロジェクト」の活動に従事した。

　湘南市社会福祉協議会の助成金で，教材費などはまかなった。そのため，かつては週 2 回の日本語教室であったが，この年から，週 1 回の活動に切り替わっていく。集会所は，かつてのプレハブの建物と同じような配置で，ホール・和室・自治会室・キッチンに分かれていた。「子ども教室」と「生活相談」を広いホールで行うこととなる。かつて，ホールで行われた「日本語教室」の気配は，一掃されていた。

　しかし，2001 年 4 月のプロジェクト初日。遅れて行った私は，目を見張った。日本語教室は「もうお終い」と言ったはずなのに，数名の，かつての学習

者たちが，ホールの片隅に座っていたのである。その横に，子どもたちや生活相談に追われている，他のボランティアたち。そのため私は，日本語の勉強の「島」に座ることになった。外国人たちも，かつて日本語教室にいた私の方が，他のボランティアよりも馴染みやすかった。次第に騒がしくなってゆくホールでは日本語の勉強ができなくなり，自治会の人たちに急きょ和室を借りて，日本語の勉強は和室で行うことになった。

2001年4月16日　今日の湘南メモ
(日本語教室？に来た人：ベトナムのAuさん，Sさん，カンボジアのO兄弟)
Auさんは，自分で持ってきた「日本語検定2級」のテキストを自習。
SさんはO兄弟と少しだけテキストを勉強したところ，動詞，形容詞などの活用は未習のようだった。したがって，あえてレベル分けすれば，日本語初級の前半になる（→必要であればそれらのテキストを探すこと）。
そのうちに，漢字の勉強に興味があることが判明し，その後，漢字の勉強に移る（→漢字の勉強であれば，私独りでも対応可能であったが，今後はどうか。単調な漢字の勉強ではなく，もう少し識字教育っぽいこともしたいなあ）。

(日本語教室という枠組みを外して見えたこと)
①カンボジアのO兄弟は，昨年の9月に来日。弟は中1，兄は中3。昨年から日本語教室に通ってきていた。弟は特に，子ども教室に来ている男の子たちと仲が良く，そちらに気を取られながらも，日本語教室にいようとした。なぜか。外国人住民の間には，来日年数による棲み分けがあるのではないか。
②兄の方は，たわいのないおしゃべりのなかで，私が日本語よりも英語を教える方が得意だと思ったようで，英語をもっと勉強したいと漏らした。なので，今後は英語のテキストを持ってくるようにと言ったら，来週は修学旅行で「来れない」が，次は旅行のお土産をもってくると，楽しそうに答えた。日本語教室にいながらにして，英語の方を勉強したいと言いた

かった理由はどこにあるか。私が「子ども教室なら英語が勉強できるよ」と言わなかった理由はどこにあるのか（→弟と同様，彼が日本語教室にい続けることの意味をもっと分かろうとすること）。

③AuさんとSさん（21歳）は，友人同士らしい。Sさんは妊娠2か月で，まだ医者にいってない。今はまだ健康なので，4か月くらいになったら行く予定である。Auさんは母子手帳のことなどよく分かっているので，今後の出産にあたり，Sさんの助っ人になるだろう。今まで彼らの関係は，「上のクラス」「下のクラス」とわかれていたため，不可視になっていた（→グレーゾーン，混沌が垣間見せる関係がある）。

④今年1月に来日したカンボジア人の男性がいる。25歳。ほとんど日本語はしゃべれない。O兄の通訳で，帰り道，彼と話をする。彼はほとんどしゃべれないので，他のみんなについていくことが難しいと思うから，和室で勉強するのはひかえたいと話していた。O兄に，今日のようにカンボジア語を媒介にしてみんなで勉強することもできるよ，と通訳してもらった。そうしたら，次から，和室で勉強する（ひらがなをやりたい）と言い，帰っていった。

(2001年4月16日フィールドノーツ)

フィールドノーツにも「日本語教室？」とあるように，それはかつての日本語教室と比べれば，全く統制のとれていない，何をやるのかもはっきりしていない，その場に居合わせた人たちが単に机を並べているだけの場所であった。しかし，そこにいた外国人は皆，雑談をしたがっていて，互いの国の言葉を交えながら，色々と話していた。しかし，このような話から，これまでプロの日本語教室As先生のもとで勉強していた学習者たちの，新たな顔や関係性が見えてきた。私は，そのことの意味をはっきり理解してはいなかったけれど，何か大切なことが起こっているのではないかと，察知した。ノートの続きにはこうある。

あえて，グレーゾーンのなかに入り込むことによってしか，見えないもの

があるのではないか。この状態を，先を急いで，システマティックな状態に移行していくことには，ものすごい抵抗を感じてしまった。私たちは今まで，グレーゾーンに居続ける時間を，おそろしいほどとってこなかった。彼らの世界は，私から見ればグレーゾーンと思えるところにある秩序なのだとすれば，私はそのなかに入っていかないといけない。それはどのように可能であるのか。

しかしこの後，もう少しこの状態が整うまで，日本語の勉強をしたい人を受け入れるのを控えることとなり，「4月23日，5月7日の日本語教室はお休み」という連絡が，外国人住民に伝えられる。5月14日からならば，大学院の友人（中村寛）が手伝いにきてくれるということもあり，それまではお休みとなっていた。休みの後に，日本語のクラスを細々と続けていくような計画で，「プロジェクト」のメンバーは了解していたのだが，「日本語教室はやっているか」という電話が頻繁に自治会にかかってくる状態でもあった。

> 2001年5月7日　教室に入ると，Pさんと中学生が机を並べて，Tn先生を囲んでいた。その横に，ベトナムのAuさんがテキスト持参で来ており，私の顔を見て「よかったー」と言った。国際部長が来て，「和室も使えるよ」と教えてくれる。それを聞いた中学生が，「大人のクラスをここでやるなら，和室で勉強したい。和室の方が静かだし」と言うので，Tn先生も同意し，中学生とTn先生が和室に移る。その際，Pさんが，「Wさんが日本語教室を今日はお休みしますと伝えてくれと言っていた」と私に言う。今日は教室がそもそもお休みなのに…と戸惑ってしまったが，どこからか，教室が細々と続いているという情報が流れているんだなと思った。
> 　　　　　　　　　　　　　　　　　　（2001年5月7日フィールドノーツ）

(2)　無くなった「教室」

上の日誌に見られるように，外国人の人々は，日本語の勉強をしに，集会所

に来てしまうのである。「教室は無くなった」「教室は今日は休み」ということもお構いなしに。私一人きりで，レベルも国もばらばらな外国人の大人たちと日本語の勉強を行う。かつての「プロ教師の日本語教室」に閉じこもっていた私は，半ば強制的にその扉を開かれ，ぐちゃぐちゃな状況のなかに放り込まれたのであった。これは，おそらく，他のプロジェクトメンバーたちも予想してはいなかったことだろう。ただし，この「なし崩し的」に再スタートしていった，「日本語教室？」は，必ずしも外国人たちが望んだ形とはいえなかった。

とりわけ，枠組みのしっかりした As 先生の日本語教室で，2 年ほどしっかり勉強してきたベトナム出身の Au さんは，プロの日本語教師への愛着が強かった。この Au さんは，「中国人の水餃子」の団地祭のときに，粉だらけになること覚悟で家を開放してくれた，あの Au さんである。日本語教師たちからは，「まじめだけど勘が悪い」と酷評されていた，あの人である。

　2001 年 5 月 7 日　Au さんが，今後日本語教師 As 先生はくるのかというので，今のところその予定がないことを話す。「プロジェクト」も日本語教師を雇うのに十分なお金を準備することに苦労しているという突っ込んだ話をしてみる。Au さんは，「私が働きます。お金もらう。日本語の先生，日本語教え働きます，お金もらいます。ああ，そうですか。お金無いと，日本語の先生来れませんか，ああ，そーう」と妙に納得した表情になる。
　「じゃあ，先生誰も来ない？」と聞かれたので，新原先生や私は来るし，ボランティアの先生が来てくれるかも，と話す。「その先生はお金どうですか？」というので，それは「ただ」だと話す。しかし，その先生たちは，As 先生よりも教えかたは上手じゃないかもしれないと話す。というと，「As 先生が教えると，私すぐわかる。As 先生はほんとうに上手だった。だから，きっとお金も高い。『ただ』の先生は，あー残念残念。」と Au さんは答えた。
　Au さんは，昼間仕事をしていて，その上内職もしていること，息子の世話とご飯の支度に追われていること，そして，この教室に来るときだけ

は，お風呂にも入らず，ご飯も作らずに駆けつけてくることを話し出す。そこまでして勉強したいのは，息子の学校からの手紙を読みたいからだと言った。毎日，2，3通，学校からの日本語のお知らせがきて，何が書いてあるか分からないから不安だという。唐突に，「ただの先生はいつ来る？」と言うので，私たちがみんなでお願いしないと来てはくれないと伝えてみる。困ったなという顔をして，彼女から笑顔が無くなる。

「山田さんは来るでしょ？」と言うので，私は来るし，男の人（中村寛）ももう一人来てくれるが，日本語の先生じゃないから上手くは教えられないというと，「そうか」と残念そうに言う。私たちは，Auさんが勉強したい自分で持ってきたものを一緒に勉強するくらいしかできないと伝えた。「じゃあ，自分でこういうの持ってきて，来週からやります」とAuさんは応えた。「来週またきます」と言って，Auさんは帰っていった。

(2001年5月7日フィールドノーツ)

このような反応はベトナム人のAuさんに限ったことではなく，以前の日本語教室に通ってきていた人々はほぼ同じような落胆を抱えていた。かつて団地祭を成功に導いた中国人たちは，教室を覗くやいなや「日本語教室ができそうになったら呼んでくれ」と電話番号を渡してきたり，道で会えば「教室無くなって残念」と笑顔で話しかけてくるラオス人たちは，自習ならできるよと伝えてみても，「私，仕事忙しいからね」と返してくるのだった。

(3) それでも教室に集まる人々

しかし，一方で，この日本語教室とは認識されていない教室に，不思議と外国人の人々が集ってきた。特に，日本語教室を再開するというお知らせは打たず，正式なインフォメーションもなかったのだが，上述したようなAuさんとの対話があった次の週には，なんと11名の外国人が教室に集った。それは，かつての教室で勉強した数名の外国人と，かつての日本語教室からは「対象外」と言われていたような人々，多くが難民らの「呼び寄せ家族」であったが，日

本語の初歩の初歩も知らない人々であった。なかには，伯父の家が湘南団地にあるのでという理由もあり，秦野の自宅からわざわざ来た者もいた。カンボジア語も理解できるベトナム人 Au さんのネットワークが背後にあり，ベトナム人，カンボジア人が教室を埋めた。それは，誰もが予想していない事態であった。

　この現場を手伝いに来てくれた唯一のボランティアである，大学院の友人・中村寛と私は，目の前の現実にほとんど準備のないまま向き合うことになった。日本語教授に関する素養も経験もほとんどない我々にできたことは，とりあえず，「名簿作り」と「話しをすること」だけだった。外国人のなかには，自習用のテキストもノートも持っていない人もおり，また，集会所には日本語教材などほとんど揃えてはいなかったから，私には，日本語の勉強ができる状況には思えなかった。

　2001 年 5 月 14 日　中村君に手伝ってもらい，名簿作りをする。その傍らで，名簿が書き終わった人々と机を囲んで，先週，ベトナムの Au さんにしたような，これまでの日本語教室の土台を準備していたプロジェクトの存在と日本語教室の今後についての話し合いをする。かつて日本語教室の生徒だった，カンボジアの R さんとベトナムの Au さんが，日本語をまだ理解できない人に，積極的に話を通訳してくれた。しかし，ほとんどの人が，通訳なしの状態であっても，その場の雰囲気で何が話されているのかを徐々に理解していった。

　As 先生を中心にプロの日本語教師に，謝礼と交通費を支払って，ここまで来てもらっていたことを話す。「そのお金は，誰が払っていたのか」と，Au さん。教室内をうろうろしていた新原先生を指差すと，みんな「あぁー」と驚きの声をあげる。そして，新原先生や Tk さん，自治会の人々が協力して，県や政府に書類を出してお金をもらい，そのお金で日本語教室を開いていたことを，ゆっくりと説明する。今年は，そのお金が準備できなかったし，今後も必ずもらえるわけではないことを伝えると，「じゃ

あ，どうしようか」とRさんが言う。
Auさん，Rさん：「団地祭でお金を稼いで，そのお金をAs先生の給料にする」「団地祭では，5万円くらいしか稼げないので，もっと安い材料を使って10万円くらい稼げないだろうか」という案に，皆がうなずく。今まで団地祭を経験したことがない人に対しては，経験者が団地祭でやったことを話してくれる。机の上を，ベトナム語，カンボジア語が飛び交う。この案は，ひとまず実行に向けて採用され，As先生が湘南団地に来れる状態であるか，どれくらいのお金できてくれるかを私がきくことになる。
Lさん：「みんなでお金を出して，先生をよんで，勉強できないか。月に500円くらい。」
Auさん：「お金を少し出してもいいかもしれない」
Rさん：「今までお金を払っていなかったので，みんな出すとは思えない」「お金が安いかどうかは問題じゃない。今まで『ただ』だったから来ていたのに，みんな来なくなると思う」という意見にはみんな納得する。やはり，団地祭でお金を稼いで用意した方がいいという意見にまとまる。
Auさん：「先週話してくれた，『ただの先生（注：日本語ボランティア）』に来てもらうのもいいのでは」となり，ボランティア募集の案を，Auさんがみんなに話してくれる。補足として，日本語ボランティアは湘南地域に住んでいる人が多いので，みんなでチラシを作って，市に持っていったり郵便局などに貼ったらどうかという提案をしてみる。この提案にはみな賛成で，「チラシの日本語の書き方は，山田さん教えて」ということで，やってみようという意見にまとまる。チラシを作って募集をし，実際ボランティアがあつまるかどうかはここでは愚問のように思えた。そういう雰囲気だった。
8:00で話し合い終了。いつの間にか，遅く来た人も話し合いに加わっていた。来週はチラシづくりをすることになる。女性たちは，食事の支度があるからと言って，早めに帰る。テキストを持ってきたので勉強したいという人だけ残り，その人々と，私，中村君で日本語の勉強をする。帰り

際，Sさんが外に来ていた。日本語教室の状況を話すと，「来週は行くよ」
と言って帰っていった。　　　　　　　（2001年5月14日フィールドノーツ）

(4) 自分たちで名前を付ける

　思わぬ方向で，自然発生的に「話し合い」が成立していた。それも1時間も話し合いだけが行われた。多くが日本語をほとんど理解できない人ではあったが，なぜか全員が流れを理解し，「日本語教室？」を「日本語教室」にすべく誰もが知恵を絞り，意見を言った。日本語で話せない者は，うなずきや渋い表情，母国語でのつぶやき等で意見を言った。ただ，私は，一体何が起こっているのか，何が起こったのかを，正確には理解できずにいた。果たして，この「話し合い」によって日本語の勉強ができずに帰っていった人々は，来週再び来てくれるのだろうか。愛想をつかして，もう来なくなってしまうんではないかと，思っていたのだから。しかし，次の週も，13名の外国人が，集会所に集った。前回のメンバーに加え，ペルー人とボリビア人，2名が新たに参加した。

　　2001年5月23日 大人のクラスに来た人：13名
　　　今日は先週話し合いで決まった，チラシづくりをする。先週とほぼ同様のメンバーだったので，「チラシはどのように書こうか」という話から始まる。山田が集めた様々なチラシをモデルにして，何をチラシに書いていけばいいかを，順々に決めていった。「男の若い先生募集」「若い女の先生がいい」など冗談混じりに，グループワークは進められた。特に，教室の曜日について，当初「月曜日」と書くつもりであったが，メンバーから「金曜日は教室使えないだろうか」という声が上がり始める。
　　　カンボジア語やベトナム語がしばらく飛び交った後，「先生がいなくとも金曜日も勉強したい」という意見が飛び出す。ちょうど，教室に顔を出してくれた民生委員さん，自治会の国際部長に，金曜日は教室が使えるかどうか，ベトナムのAuさんが確認する。自治会がOKしてくれたため，メンバーからは歓声が上がり，チラシには「月曜日」の他に「金曜日」と

付け足すことになった。日本語の先生やボランティアが来るか来ないか分からない状態であっても，教室をとにかく週2回で確保しようとする情熱がほとばしっていた。

　チラシの問い合わせ先について，山田の電話番号がいいのではという意見がでた。Sさんから，いつも山田さんが電話に出るのは大変だから，集会所に自分たちがいるときに電話に出るようにしようという提案がなされる。ただ，集会所にいない時の連絡先として，山田の番号も一緒に載せておくことになる。問い合わせ先の名称は，「湘南団地日本語教室」に決定する。

　チラシに書くべき項目が出そろったところで，全員がそれぞれチラシを作成する。中村君と計画していたのだが，日本語を書きなれている人がえんぴつで書き，それをマジックでなぞる人，えんぴつの文字を消す人など，分担して進めようと思っていた。しかし，自然と全員がペンを持ち，それぞれのチラシを書き始める。自分の名前すら日本語で書いたことがないという人も，チラシを漢字まじりの日本語で書きあげていった。

(2001年5月23日フィールドノーツ)

　ここで作られたチラシは，集会所のコピー機で何部か刷られ，各々が，日本人の友人に渡したり，中学の先生に渡して保護者会で配ってもらったり，自分たちのアイデアで思いおもいに配布していった。ある人は，小学生の子どもにチラシを託し，状況を理解してない子どもが担任の先生に「はい」とだけ言って渡してしまったものだから，先生から山田の方へ問い合わせの電話が入ったりもした。日本人は，市役所の日本語ボランティア団体にチラシを送り，ボランティアに渡してもらうよう手紙を書いた。結果からいえば，このチラシを見て来てくれたボランティアは，たったの1名だけだった。けれども，それはゼロではなかった。

　この記録を書きながら，改めて思う。私はこの時，「話し合いだけしていたら外国人は来なくなるんじゃないか」と思っていたが，それはまったく逆だっ

た。むしろ，外国人の人々の方が大人で，状況をより深く理解していた。集会所は，もはや，As 先生や私といった「日本人」のものではなく，そこを必要としている人たちが自力で獲得してもよいものへとなりかわっていたのである。獲得することに，まったくの躊躇はなかった。13名の外国人が集い，話し合い，おのおの「チラシ」を書き，「金曜日」という新しい学習日を即興的に獲得し，チラシを配った。そして，それに「湘南団地日本語教室」という名前を自ら付けたのだった。

　プロの日本語教師が率いた「日本語教室」は，このようにして「湘南団地日本語教室」へ生まれ変わった。誰のものでもない，誰のためでもない，自分たちの場所として，外国人たちは教室を創り上げた。「自主的な場」を創るための，予定調和のシナリオなどは一切存在していなかったことは，上の日誌を読めば分かる。旧「日本語教室」に囚われたまま，そして何の代案もないまま「どうにかしなければ」と頭を抱えていた私は，その外国人たちのうねりに巻き込まれ，引きずり出されるようにして，新たな教室の生まれ行くさまを，ただただ「目撃」し続けたのであった。

(5) 「プロ日本語教師」をめぐって

　こうして「湘南団地日本語教室」が新たに生み出されたわけだが，私たちの物語はそんなにシンプルにまとまるものではない。ボランティア募集のチラシを作っても，依然，プロの日本語教師 As 先生の人気は不動で，その後もしばらく波紋を呼ぶのだった。

>　2001年5月23日　8時すぎからペルーの Y さんが来る。みんながチラシを作っているのを見て，何をしているのかと言うので，これまでの経緯と状況説明をする。Y さんは「先生，計算機もってる？」「As 先生の給料はいくらか？」と聞いてくる。教室の人数を数えて，日本語教師の給料の合計をその数で割り，一人一か月1,600円くらい出せば，As 先生に来てもらえると言い出す。なぜ As 先生がいいのかと質問すると，「MEDODO」

と筆記する。彼女によると教授法がいいからみんな日本語を早く覚えられるのだという。団地祭でお金を稼いだら，そのお金を使うとして，その前までは一人1,600円払うことにしたら，みんな文句は言わないと思うと意見した。

　他のメンバーのチラシ作成がほぼ終わりかけていたので，Yさんの方から，上の話をみなにしてもらう。メンバーは先週の話し合いでお金の徴収には賛成していなかったので，多少，目が白黒している。チラシを作ってもボランティアの先生が来なかった場合の対策も考えようと，私から提案する。「7月までであれば，みんなお金を出すかもしれない」と意見がちらほら出る。そのうちに，Sさんが「欠席した人がいた場合，その人のお金はどうなるのかが問題」「みんな仕事もあるし，来れないときも多い」。Yさんは「みんな大人だし，休んだ人はその人の責任。学校もどこでも，休んだからってお金払わないというのはない」「休んだ日の授業のコピーをもらうか，友達に授業を教えてもらえば問題ない」と反論。この二人の攻防がしばらく続く。9時近くなっていたので，次回に持ち越すこととなる。皆が机を片付けている間，SさんとYさんは，片隅でしばらく議論を続けていた。
　　　　　　　　　　　　　　　　　　　　（2001年5月23日フィールドノーツ）

　また，この頃，「日本語教室」のメンバーは，つねに20名以上になっていたことと，金曜日も開催され教室回数が増えたこともあり，実際には，ボランティアは人手不足だった。一方，日本語教室再生と時を同じくして，市役所の国際課と市の日本語ボランティアが団地を訪問し，自治会の人々に向けてこんな申し出をしてきた。団地の日本語教室がなくなったという話を受けて，市の日本語ボランティアたちが協力をする。新しい教室を作るために，市も全面的にバックアップをするというのだ。教室を去ったプロの日本語教師As先生から市の方へ情報が入ったようで，整った「空き地」を占領するかのごとく，素早い動きで市の人々がやってきた。

　だが，自治会の人々は，即座にその申し出を断ったと聞いている。後から

知ったことだが,「子ども教室」や「生活相談」などといった試みも含めた日本語教室をやっていきたい，今の「プロジェクト」のメンバーとやっていきたい，という返答だったという．当時の私は，この意味がよく分からず，あんなにも,「市」や「県」といった行政の介入を求めていたのに「プロジェクト」を選んだ自治会の人々の想いに感動を覚えたけれども，正直，ボランティア不足の状況をなんとかしたかったのにと，少しがっかりもした．

だけれど，私以外の「プロジェクト」のメンバーは,「湘南団地日本語教室」がむくむくと手作りされていくその様を，私以上によく分かっていたのだ．その歴史的な意味の大切さを．何十年も待っていた自主的な外国人のムーブメントを．その姿に寄り添うように，当時「子ども教室」を担当していたボランティアさんや自治会の人々が，少しずつ日本語教室のボランティアを引き受けてくれるようになった．人は少なくても，そうした人々で，新しい日本語教室を支えていった．

私の目が完全に開いたのは，この直後のことである．プロの日本語教師 As 先生が，とうとう自ら動き始めたのだ．まず，先の記録に出てくるペルー出身のYさんに，As 先生が電話をかけてきたという．それは7月5日のことだった．外国人との電話の後，ヒステリックな様子で私に電話がかかってきた．As 先生の主張は，団地の外国人に慕われている日本語教師を「プロジェクト」が排除した．経験も実績もある日本語教師を排除したあげく，代わりにボランティアで教室をやろうとしている．日本語ボランティアには経験がなくて任せられないから，私を呼んだのではないか．団地の外国人たちは私を求めているのに，なぜ，「プロジェクト」はそれを理解し，彼らが本当に必要としている場所を作らないのか．そのような内容である．私は，現場はもはや，「誰が」日本語の先生を担うかという段階ではないと反論をした．湘南団地では，外国人が自分たちで教室をどうするかという議論を始めていたところだったからである．

7月7日　新原先生へあてたメール：As 先生は昨日，夜中3時まで5時

間くらい話続けました。「お金を払わないと来ない先生である」と学生たちに誤解されていることが気にくわないということでした。Yさんとの個人的な電話で知った、「金曜日の先生たちはダメだ」と学生たちが言っているとも聞きました。久々に、私は心底ブチ切れて、激しい喧嘩をしました。今、日本語教室は、先生の教えた外国人の人たちが自分たちで教室を作ろうとしているから、これ以上邪魔はしないでほしい。温かく見守っていてほしいと伝えました。最終的にAs先生は「ボランティアたちが日本語を教えるのが下手でも、ボランティアに時間をあげてほしいと学生たちに伝えるね」と言っていました。ペルーのYさんたちに、今日ミーティングがあるから何か伝えたいことはあるか聞いてみました。「As先生に電話している時に、先生はお金がなくても行くと言っていた。来たいとも言っている。だから、As先生を呼びたい」「山田さんが言っている（As先生を呼ぶにはお金がかかる）のと、As先生は違うね」と言いました。とてもショックでした。とにかく、「そのことボランティアさんに話してみて、みんなで考えよう」と促して、その話を、金曜日のボランティアさんたちに聞いてもらいました。　　　　　　　（2001年7月7日フィールドノーツ）

(6) 「選択」の岐路

　この後、プロのAs先生を日本語教室に呼びたいと訴える外国人を前に、「プロジェクト」のボランティアたちは、「なぜ」そうしたいのかを何度も尋ねていたことが印象的だった。何か反論したり、意見を言ったりすることもなく、ただ、ボランティアたちは、Yさんらの外国人の話を聴くことを優先していた。結論が出ないまま終えたこの話し合いの後、私は、次回はどうしたらよいのだろうと考えていた。

　Yさんのような、日本語教師As先生の復帰を求める声に対して、どのように何を話せばいいのだろうか。ただ、これが正解だという答えはないけれど、「間違っている」という感じがしていた。今は、「As先生」は選択してはいけない。誰が「教室」の「先生」としてふさわしいのかを考える方向性自体が、

間違ってはいないか。外国人の人々が何度も集まり，議論をし，教室をどうするかということを話し合っている状態こそが，教室になっているのではないかと，そんな風に感じていたのだ。

そうしたうごきにひたすら寄り添い，何を言われてもひたすら耳を傾け，また後ろで見守っているようなボランティアが数名，この「プロジェクト」には来てくれている。そのような人々とともに，私はやっていきたいと思ったし，そのことを外国人の人々も望んでくれることを，ひたすら祈るばかりだった。しかし，当時の私は，彼らを説得できるだけの確信も言葉も持ち合わせてはなかった。

ところが，次の日本語教室の日，渦中のYさんが，誰よりも早く日本語教室に来て，私と話したいと言うのだった。

2001年7月10日 Yさんが，誰よりも早くに今日は来ていて，授業前に20分ほど話をしに来てくれた。まず，ボランティアさんに対して，恥ずかしいことをしてしまったと，何度もくりかえしていました。「ボランティアさんが来てくれているのに，As先生がいいと言ったのは，本当に私恥ずかしい」と，繰り返していました。「As先生が来ても，ボランティアさんと一緒にやりたいと思う。みんな一緒にやれたらと思う」と言うので，日本語教室のメンバーと話し合おうということになりました。

南米の人が「As先生が来たいと言っている。As先生に来てほしいですか？」とみんなに伝えました。ベトナムのAuさんは「As先生はお金が必要じゃないのか？」と返答し，南米の人々が「ただで来てくれると言っていた」と伝えました。Auさんは，「おかしいな」という顔をして黙っていました。私は黙っていられず，「As先生は，なぜやめた？ 今は，来たいと言ってるけど，なぜやめたの？」と何度も聞きました。みな，「分からない」「きいてない」「なんでだろう」。Auさんは「お金無いから，来なくなったでしょ」と言いました。「それもあったかもしれないね。でも，お金なくても来たいと，今，言ってるのはなんでかな。一回やめたの

に」「やめた理由を，先生に聞いたらいい」と伝えた。

　私は「今いるボランティアさんは，みんながAs先生の方がいいと言っても，来てくれる」「簡単にはやめない」「黙ってやめていくことはない」と言いました。南米の人が，「ちょっとまって，なんでやめた？　お金無いから，来なくなった？　As先生はボランティアじゃないの？　お金もらってたの？」と聞いてきました。「そうだよ貰ってたよ」と言うと，Yさんは「でも，As先生はお金もらってないと言いました。だから私，ボランティアだと思いました。誰がお金払ってた？」と聞くので，「自治会の人，民生委員，新原先生，社協の人たちがお金を県とかからとってきて，払いました」。

　新原先生がちょうどいらしたので，書類を書いて，3年で500万円ほど日本語教室に使ったことを話してもらうと，みんなから「500万？！」というどよめきが起こりました。助成金は宝くじのようなもので，今年は当たらなかった，だから，交通費を自分で払ってみんな来ているのだという話を，先生がしてくれました。Yさんは，「来ている人はボランティア，As先生はプロフェッショナル」と言うと，ベトナムのAuさんが「そうですね」と言った。

　Yさんは「もう分かった。私知らなかった，As先生はボランティアだと思っていた。だから，他のボランティアさんと一緒に，As先生も来させてあげたいと思った」「なんで，お金払ってたこと，今まで言わなかった？　知ってたら，As先生の日本語教室，みんな時間通りに来た。As先生は休憩ばっかりで，それではお金がもったいなかった」「知らなくて，ごめんなさい」と言い，ボランティアたちと教室をやってゆこうという話で落ち着く。他のメンバーは，半ば「何をいまさら言っているのか」という顔をして頷き，話し合いが終わった。（2001年7月10日フィールドノーツ）

　おそらくプロの日本語教師As先生は，無償のボランティアでも来たのではないかと思う。それは「自分」の日本語教室に執着してのことだ。「お金をもら

わないと来ない先生だと学生たちに誤解されていることが気にくわない」と電話をかけてもきた。自分の承認欲求が満たされる場所，自分への執着がある限り，彼女は過去に築き上げた自分の「帝国」に，いつでも舞い戻って来たのではないかと思う。「先生」でいられる場所に，彼女は固執していたからである。しかし，もはや，湘南団地の日本語教室は，教室をどうしようかと話し合い，ボランティア募集のチラシを自分たちで作っていく過程で，「先生」を必要としない教室となっていた。すでに，自分たち自身が，先生だったからである。

(7) 「先生」を必要としない教室

　ペルー出身のYさんは，このような場の転換を，おそらく対話の中で見ぬいたのではないかと思う。そもそもYさんは，「As先生はプロフェッショナル」ということは，最初から知っていた。計算機を使って，一人一か月1,600円という額もはじき出していた人だ。だから，上記の言葉は，半分が演技だったのではないかと，今は思う。日本語教師As先生が辞めざるをえなかった真の理由を了解し，機転を利かせ，誰もが傷つかない方法で，その場を収めたのだろう。おそらく，ベトナムのAuさんや他のメンバーも，「なぜAs先生が辞めたのか」については，「お金の問題ではない」ことは分かっていたのだと思う。

　ただ，「あっちの人の方がいい」と，面と向かって言われても来続けるプロジェクトのボランティアたちの方をパートナーとして選んだ。たった1〜2名しかボランティアがいないのに，20名もの外国人のためにひたすら教材のコピーをとり，走り回る，そういう「プロジェクト」のボランティアたちを，見捨てることはできなかった，といってもいいかもしれない。自分たちの教室を自分たちで運営していくことを，ただそれに寄り添ってくれる日本人と一緒に行う。湘南団地の外国人たちは，この時，この方向を選んだ。

　ベトナム出身のAuさんは，かつて，「どんくさい」「勘が悪い」と評価されながらも，日本語教室のために，団地祭用の餃子作りで「粉まみれ」になってしまうこと覚悟で，自宅のキッチンを提供した人だった。日本語教室がなくなったと知り，そのことを心配し，真っ先に駆けつけたのも彼女だった。テキ

ストは持ってくるけどいつも自分の勉強は後回し。それでも「日本語教室が必要だ」と訴え続けたのは，彼女自身のためだけではなかった。

　人のためにうごく，たとえ不本意であっても状況の流れに寄り添いうごいてしまうというAuさんは，「湘南団地日本語教室」の土台作りをした団地自治会や「プロジェクト」のメンバーたちが持っていた魂に共振した。そんなAuさんが中心となっている新しい日本語教室には，プロの日本語教師As先生が入り込む余地は，もはや残されてはいなかった。

　私自身は，この一連の出来事を通し，ようやくかつての「日本語教室」の長い呪縛から解かれていった。私自身が闘っていたのは，As先生と同じく，承認欲求のゲームからの支配である。それを，茫漠としながらも，はねのけたいともがいていたら，いつの間にか，ベトナムのAuさんや外国人のメンバーが傍らにいてくれた。そして，その時には気付かなかったけれど，私は彼らに理解され，教えてもらっていた。「すべてをのりこえる」ことの意味を。げんこつを受けて顔面蒼白である学生の，ここに記した奔走そのものが，境界をのりこえることだったということを。かつて恩師は，顔面蒼白の弟子に向け，このようなメッセージを送ってくれていた。

　　境界線や枠をつくって自分を保とうとしているのはボランティア（受け容れ側の「日本人」）のほうで，うごく人は，そうした境界のりこえかたをからだで知っているのだと思います。ぼくがときどき，すべてをのりこえていきましょうといういいかたをするときがあるでしょう。それは，外にある困難をのりこえるという意味だけでなく，一見自分の外にある壁にぶつかりそれをのりこえようとする賭けを通して，自分の中にある様々な殻，それもかたくしこった殻を内側からうち砕き，ともすれば境界線をつくり，その内側でやすらごうとする自分自身をのりこえていこうという意味でもあるのです We shall overcome（われわれはすべてをのりこえる）は，Flüssigkeit, in sich ruhe（流動性の中でやすらぐ）ことでもあるわけです。

　　　　　　　　　　　（1999年2月11日：新原先生からのメール）

5．あとがきにかえて

　プロの日本語教師たちは，「プロジェクト」のメンバーたちの「吹き溜まり」に，大きな足跡を残し，去っていった。何度も何度も，再来しては，足跡は深くなっていく。でも，そこに，水を溜めた，外国人たちがいた。井戸を掘ろうと意識したわけではない。まるで，葉っぱについた蒸気や雨の滴を，丁寧にたぐり寄せるようにして，少しずつ水を溜めていったのだ。そして，どっからか，新しい若い葉が飛んできて，そこに着地した。生き生きとした吹き溜まりに貯められた水は，新しくやってきた葉のための新たな土壌を作り，それらは先に溜まっていた葉っぱたちと共鳴し合った。

　外国人のメンバーが再建した「湘南団地日本語教室」は，その後どうなったのかということは，今回の論考の中では書ききれなかった。しかし，彼らの教室は，15年以上たった現在も，同じような魂をもった人々を新たに呼び寄せ，今も同じ場所で継続し続けている。かつての，葉っぱたちは，もはや死んで土になってしまったものもいるけれど，でも，吹き溜まりは，新しく溜まっていて，いつも生きている。

　最後に，外国人たちの作った土壌の恩恵を最も直接的に受けたのは，彼らの子どもたちであったことを述べておこう。かつての「日本語教室」「子ども教室」は，仕事をしていてかつ日本語を勉強したい親世代か，もしくは日本語は分かるが勉強の遅れをなんとかしたい小・中学生などの子どもか，という二つの選択肢しか与えられていなかった。

　だけれども，「湘南団地日本語教室」は，その自主性に支えられ，カテゴリーがあいまいな人たちを受け入れる度量を持っていた。それが，私がその後に出会っていくことになる，外国人の若者たちである。彼らは，何らかの学校に所属しているような「子ども」をすでに卒業し，仕事などしていて，日本語教育は必要としていない人々だった。日本で育ったがゆえに，戸籍のある国の言葉はむしろ上手く操れない人々。みな，彼らの親世代とも異なり，また日本で生

まれた世代とも違っていた。それは，うっすらと，難民キャンプの記憶や，難民定住センターで過ごした日々のことを覚えている若者たちだった。

　彼らは，途方もなく，どっちつかず，どこにいても落ち着かない「根なし草」だった。そんな彼らが，「湘南団地日本語教室」にやってきた。「子ども教室」には入れない年齢だが，日本語教室であれば，いても違和感がなかった。最近こちらにやってきたという親戚などの「付き添い」として，日本語教室に来るのだった。私はそんな若者たちと出会い，彼らの世界にまたもや引きずり込まれるようにして，様々な出来事を経験していくのだが，これは今後書いていくことにする。若者たちの見せてくれた世界は，とても豊かだった。彼らも「湘南プロジェクト」の「吹き溜まり」の一部となるが，その「性(さが)」からか，特定の場所に留まることを知らず，けれども必ずそこにあるような，不思議な形態をもっていた。これ以上は書くことができないが，この豊かさは，上に記された，どのような出来事のピースを失くしてしまっても，育まれなかったのである。「湘南団地日本語教室」は，若者世代の外国人の母胎となったが，その教室は，「吹き溜まり」となった人々，またそこに足跡を残した人々，その窪みに水をはって自らも一部となった人々の，人間らしいかかわり合いのなかから生まれてきた。それは，どれも，取るに足らない，ささやかなかかわり合いだが，これからも吹き溜まってしまうであろう葉っぱたちに向けて，この記録を残したいと思っている。

注

1) 湘南市国際課においては、1990年代初頭から毎年、日本語ボランティア養成講座を開催している。1999年の時点では、市内には、国際課が管轄する駅前の日本語教室と、難民事業本部の助成をうけつつ運営している湘南公民館の日本語教室、そして、赤十字が母体の中央公民館の日本語教室があった。こうした日本語教室のボランティアは、その多くが日本語ボランティア養成講座を受けている。日本語ボランティア養成講座は、(財)難民事業本部の支援事業やそれぞれの自治体によるもの、ボランティア団体が主催したもの等、様々な形態がある。

2)「たまたま」は、全くの偶然で起こったことという意味ではなく、構造的な要因によってその出来事が起こりやすい位置にあったが、本人の選択にはそうしたことへの意識はなかったという状態を表している。

引用・参考文献

中里［山田］佳苗，2001「湘南団地フィールドノート」『多文化・多言語混成団地におけるコミュニティ形成のための参加的調査研究』科学研究費基盤研究（C）研究成果報告書（研究代表者・新原道信）。

第 5 章
「教師」のいない「教室」
――「治安強化」のなかで苦闘し葛藤する学生ボランティア――

鈴 木 鉄 忠

1．はじめに――「二つの未来」の分岐点――

(1) 閉ざされる「内なる国際化」のなかで

　県営湘南団地における多文化・多言語化が本格化し，「湘南プロジェクト」が始まった1990年代後半以降，日本社会の行方を批判的に見つめていた人々にとって，この社会が一つの転換期にあると感じられた。そうした変化の先端部に位置する大都市インターエリアでは，その後の都市エスニシティ研究の嚆矢となった作品の副題「回路を閉じた日本型都市ではなく」が示唆するように，これまでの「閉じた」日本型都市の在り方とは異なった，アジア系外国人を中心とする「ニューカマーズ」の流入と定住を通じた変化が進んでいた（奥田・田嶋1995）。「回路を閉じた日本人ではなく」（大江1995：187-204），「日本を開く」（鶴見1997）といった表現によって，「内なる国際化」を日本内外に問いかける試みが行われていた。日本史研究家のテッサ・モーリス＝スズキは，1990年代が日本にとって「二つの未来の中から一つを選択する分岐点」，すなわち一方は，「より開かれた日本に向かう道であり，『内なる多文化主義』に対する認識が高まり，アジアの近隣諸国やその他の国々との文化的・社会的結びつきが強まる方向」であり，他方は，「閉ざされた日本に向かう道であり，ナショ

ナリズムが高揚し，軍備が拡張され，他者への恐怖心や近隣諸国との摩擦が増す方向」の岐路だったと振り返っている。そして現在は，「少なくとも政府レベルで，後者の道をたどっているのは明らか」で，「もう一つの開かれた方向への道はほとんどかすんでしまっている」と述べている（Morris-Suzuki 1998＝2014：iii）。それから１年後の「戦後70年」の現在，「過去の侵略」「謝罪」「積極的平和主義」といった言葉の内実を巧みに骨抜きにして発表された首相談話，憲法学者の違憲判断や全国的な市民デモの反対を「憲法解釈の変更」と「数の力」によってかわした安全保障関連法案の成立，ヘイトスピーチ規制法案の成立の今国会見送りといった象徴的な出来事によって，「閉ざされた方向」への力は，より徹底しているようにみえる。

　本章で描かれる「湘南プロジェクト」の2000年代初頭から後半は，まさに「分岐点」だった日本社会が「閉ざされた日本に向かう道」へと舵を切っていく時期に一致する。「内なる国際化」や「多文化共生」といった用語の本来の意味が示す他者理解は，国家レベルや世論のなかで，急速に失われていった。そのなかで在住外国人という他者は，支援の対象としてではなく，管理の対象としてみなされるようになる。それに伴い，県営湘南団地の自治会を中心に培ってきた「内なる国際化」への取り組みと，「湘南プロジェクト」がさらに推し進めようとした「多文化共生コミュニティの形成」は，試練にさらされることになった。そうした矛盾をもっとも強く受ける位置にいたのは，団地で暮らす外国籍の子どもたちだった。

(2)　「教師」のいない「教室」における関係性の変化

　本章では，「湘南プロジェクト」の日本語教室で起こった出来事を中心に取り上げる。集会所で毎週月曜日の夕方に開かれた教室では，「二つの未来の中から一つを選択する分岐点」がどのようなかたちで現れていたのか，それがどのような力学によって変化していったのかを検討する。なぜなら，こうした力学が日本語教室で起こる様々な出来事や関係を規定する構造的な拘束要因になっているからである。そのなかでとくに焦点を当てたいのは，日本語教室に

おける外国籍の子どもたちと日本語教室の学生ボランティアの関係性の変化である。この時期——第1章の8節で設けた時期区分でいえば，第2期から第3期への移行期にあたる——につくられた「日本語教師のいない教室」のなかで，欠かせない存在となっていったのは，外国籍の子どもたちだった。それと同時に，国家および地域社会における「治安強化」の対象とされたのも，そうした外国籍の子どもたちだった。また，この時期にもっとも高い頻度で集会所に通い，教室運営を実質的に担ったのが大学ないし大学院に所属していた学生ボランティアだった。「治安強化」が強まるなか，教室に集う「在住外国人」の子どもたちとの距離感に戸惑い，異なった出自と価値感に葛藤した「在日日本人」だったのが，そうした学生ボランティアだった。

学生ボランティアの一人であった本章の筆者は，2001年11月に行われた団地祭のときに，初めて湘南団地を訪れた。「外国人が多く暮らす団地の祭りで，カンボジア出身の高校生の女の子たちが出店をするから，手を貸してほしい」という，大学の先輩だった中里の誘いがきっかけだった。「よくわからないけれど，楽しそうだから」という程度の気持ちで団地に向かった。経年で灰色かかった中層団地が林立する湘南団地の敷地内に入ったとき，私はどこかで以前に見た感覚を持った。というのも，1980年代に幼少の一時期を過ごした横浜市郊外の団地の風景に似ているように見えたからだった。しかしそれはすでに過去の体験だった。なぜなら，私を含めて，そこに暮らしていた友人・知人——全員，「在日日本人」だった——のほとんどは，よりよい居住環境を求めて，庭付き一戸建てが並ぶ新興住宅地か，都心部に近い分譲マンションに居を移していたからだった。駅から20分ほどで中里の運転する車が湘南団地の一棟に停車した。懐かしさと不安の入り混じった感覚で車を降りた。団地棟の内外を隔てる扉はなく，エレベーターのない簡素な階段の踊り場がむき出しに目の前にあった。すぐの横の郵便ポストには，外国人の名前が手書きのカタカナで記され，各種チラシが無造作に挟み込まれていた。「懐かしさ」は一挙に吹き飛び，「日本社会の（内なる）外国」に迷い込んだ不安に襲われた。

「いらっしゃい！　姉貴，待っていたよ」と言ってドアを開けたのは，東南

アジア系の顔立ちをした女子高生の姉妹だった。玄関からすぐの場所に見える台所のテーブルには、カンボジア風春巻きが皿に山積みにされていた。屋台の看板にする派手な垂れ幕と彼女たちの写真の切り貼りも製作済みだった。これらはすべて昨日までに、「姉貴」と慕われていた中里と、団地に暮らす外国籍の女子高校生5名が準備したものだった。「姉貴の紹介」ということで、彼女たちは私をひとまず「一員」として受け入れたようだった。しかし私の方は、一種のカルチャーショックを隠しきれなかった。「流ちょうな」日本語で交わされる会話、垂れ幕の漢字、写真を撮るときのポーズなど、「日本の女子高校生とまったく変わらない」にもかかわらず、「外国人の顔をしている」からだった。「日本人である」もしくは「日本人でない」という、これまで意識しなかったモノの見方、「自然的態度」が揺るがされたように感じた。そうしたショックが解消される間もなく、団地祭りの屋台の設営と調理の準備、食材や調理器具からラジカセの搬入、春巻きの調理と販売、祭り後のファミリーレストランでの打ち上げと続く状況に、息つく間もなく巻き込まれていった。

　後日になっても、自身が感じたカルチャーショックとその場の喧騒は消えず、むしろ増幅していくようだった。それに引き寄せられるように「もう少し通ってみよう」という気になったことと、「フィールドワークの訓練を積みたい」という希望があったことから、2002年5月から2007年8月まで、毎週の日本語教室へ学生ボランティアとして通うようになった。そして2003年4月頃からは、「湘南プロジェクト」の新原が受け持っていた横浜市立大学の学生も通うようになった。学生ボランティアが通い続けるという状況は2008年頃まで続いた。

　本章で引用される記録は、その当時に書いたフィールドノーツである。教室で起こった出来事と、外国籍の「大人」たちと「子ども」たちとのやりとりが記述の中心となっている。記録は、おおよそ翌週の教室開催日までに、「湘南プロジェクト」のメンバーに送信するのが慣例となっていた。教室に通うようになった学生ボランティアも、同じようにフィールドノーツを記し、メールで共有した。年度末には送られた記録を整理し、「湘南プロジェクト」の活動記

録としてまとめられた。本章で引用される記録は，私を含めた学生ボランティアのフィールドノーツによるものである。

「日本語教師のいない教室」は，「先生」と「生徒」という通常の教室にみられる役割分化がたえず不安定化する場だった。そのため学生ボランティアと外国籍の学習者，そして外国籍の子どもたちの間に，先生―生徒，支援する側―される側の関係が安定化しがたい特徴をもっていた。役割が定まらない場に投げ込まれることで，「教室の運営はこれでいいのか？」「このままでよいのか？」といった，意味に関する問いを，学生ボランティアは常に突きつけられることになった。そうしたなかで初めて，様々な問いが新たに立てられ，徐々に，外国籍の子どもたちとの関係と相互理解が築かれていった。そうしてつくられた関係や理解は，「治安強化」という「閉ざされた日本に向かう道」への抗いがたい力学のなかで，「より開かれた日本に向かう道」への兆しを示していたのである。

2．「日本語教師のいない教室」

(1) 教室の運営

2000年代の初頭から後半の「湘南プロジェクト」は，不安定な気流を突き進む飛行機のように，何とか安定状態を保ちながら前進していった。プロジェクトの主な活動の一つに位置付けられた日本語教室については，とくにそのようにいえた。毎週月曜日の19時から21時まで，湘南団地の建て替え工事で唯一高層化された団地棟の1階に造られた集会所には，通常，思い描かれるような「日本語教室」の「型」——黒板に向かって整頓された学習机と椅子，専門的知識をもったプロの日本語教師，習熟度別にコース分けされた受講生，決まったカリキュラムと共通の教材，学習進度にあわせた個別補習など——はなかった。第4章で述べられたように，これらの「型」は，前年度での補助金の打ち切りと再申請の見送りによって失われた。

「日本語教師のいない教室」で「先生」の役割を担ったのは，主に団地外部から訪れるボランティアだった。ボランティアのリクルートは，主に三つの経路を通じて行われた。一つ目は，湘南市の社会福祉協議会による募集だった。随時公示される募集案内をみて訪れたのは，市内在住の奉仕活動に高い関心を持つ主婦，福祉分野もしくは日本語教育への就労を希望し経験を積みに来た20〜30歳代の女性が主だった。しかし団地が駅から遠距離だという理由などもあって，月あたり1名が来ればよいほうで，そのなかでもわずかな人しか定着しなかった。

二つ目は，市内の小中高校の教員のネットワークだった。湘南団地近隣の小中高校には，外国籍生徒の多くが入学してくるため，すでに1990年代初頭から，学校の現場では，「日本語を母語としない」生徒たちへの様々な取り組みが始まっていた。そうしたなかで，外国籍児童の置かれた環境やかれらが直面する様々な問題に関心を持つ教員が，集会所を訪れた。日本語教室にかかわるということは，学校での本来の仕事に加えて対応を求められることになり，また平日最初の夕方の時間を割くことを意味していた。そのため来訪できる人数はごく限られていたが，そのなかでも，熱意と時間を注いで定期的に通う教員は，通常授業の補習や試験対策に加えて，普通高校や定時制高校への進学相談，生活上の個別相談にも親身に応じ，集会所を訪れた子どもたちや親たちの大きな信頼を得ていた。

三つ目の経路は，「湘南プロジェクト」のパーソナル・ネットワークによるものだった。メンバーの個人的な「つて」で，団地を訪れた人々だった。とりわけ多かったのは，学生ボランティアだった。プロジェクトの代表を務める新原の大学のゼミナールの学生や受講生が，丸ごとリクルートされることもあった。参加したのは，国際協力や地域活動の現実に興味を抱き，ボランティアに関心をもつ大学生であり，あるいは，地域社会やフィールドワークにかかわる調査研究を今後始めていこうとする大学院生だった。最も多いときでは10名，少ないときでも常時5名程度が参加していた。2000年代初めから半ばの時期に，他のボランティアと比べて人数が多く，定期的に通ったのは，こうした学

生ボランティアだった。

　なお，団地内部から日本語教室に訪れるボランティアは，後述する団地の子どもを除けば，ほとんどいなかった。他方で，日本語教室と同じ月曜日の夕方前に設置された子ども教室は，団地の民生委員や日本人女性がボランティアとなって運営していた。

　この時期に集会所の日本語教室を訪れた人々は，実に多岐にわたっていた。就労している年齢（20歳前後から60歳）であるという共通点を除けば，出身国も，滞在日数も，性別も様々だった。日本語教室は団地住民以外の来訪者も受け入れたため，近隣の集合住宅の外国籍住民も訪れた。団地外部から初めて教室に来た人は，同じ出身国や職場の知人といっしょに何人かで来ることが多かった。一方，団地住民は家族・親族単位での参加が多かった。

(2) 子どもたちが「占拠(オキュパイ)」した居場所

　「プロ教師の率いる日本語教室」からの「逸脱」によって生まれた「日本語教師のいない教室」は，いくつかの大きな変化をもたらした。第1に，日本語教室が，日本語能力の向上という目的以外にも開かれた場になった。以前の教室は，当然のことながら，日本語学習者のために設置された場として認知された。そこに通うのは，湘南団地に暮らす外国籍の成人——インドシナ定住難民の第1世代にあたり，団地に暮らす少年少女たちの親世代——がほとんどだった。それゆえ，第1世代やかれらの呼び寄せで来日した外国籍住民に対して，日常生活に必要な日本語能力を効果的に教授することに，主眼がおかれていた。しかしプロの日本語教師がいなくなることで，むしろ集まること，言葉や身振り手振りを用いてコミュニケーションをしながら，共通の何かを創っていくことに，その場の重点が移っていった。それによって，生活相談や個別的なトラブルや希望を互いに話すといった，一見すれば日本語能力の向上には結びつかないことでも許容されるような，関係と場が創りだされていった。

　それに伴い，メンバーの役割も変わっていった。「日本語教師のいない教室」では，これまで以上に，他者理解が重要となった。そしてそれは，「湘南プロ

ジェクト」の目指す取り組みに，近いものになっていた。日本語ボランティアは，日本語能力を向上させるために知識を教えるということ以上に，「相手の望んでいるもの，いまだ言葉としては発せられないような願望を聴こうとする力，察する力が求め」られ，「その上で，相手により，技術的な要求にこたえたり，その人の『居場所』となったり」することが，求められるようになったのである（湘南プロジェクト編 2000）。

　第2に，もっとも重要な変化だったのが，日本語教室の開設された時間の集会所に，外国籍の子どもたちの居場所がつくられたことだった。正確にいえば，「つくられた」というよりも，日本語教室の行われている大部屋の一角やそのときに未使用だった和室，そして集会所の廊下や玄関口，さらには集会所と外部の歩道をつなぐ数段の階段にいたるまでを，子どもたちが「占拠」した。外国籍の成人のための日本語教室でも，外国籍の親をもつ幼児のための子ども教室でもなく，小学校就学から思春期の外国籍の子どもたちが，居ることのできる空間がつくられた。日本で生まれ育ち，日本の学校で教育を受けたかれらは，すでに生活で必要な日本語能力を獲得していた。よってかれらの親世代が必要とする会話重視の日本語授業を受ける必要はなかった。また子ども教室は，小学校就学以前の幼児を対象としていた。そのためかれらの年齢に適した場とはなっていなかった。「占拠」した場所で，子どもたちは鬼ごっこで駆けまわったり，男の子たちは丸めた靴下をボールにしてサッカーをしたり，女の子たちは集まって恋愛話をしたり，学校の試験が近づけばプロジェクトの大学生ボランティアをつかまえて勉強をしたりした。

　こうした居場所は，日本語教室を訪れた人々をつなぐ役割も果たした。初めて教室にくる外国籍の大人にとって，言葉が通じない場所に足を踏み入れるのは勇気のいることであった。また日本語ボランティアは，来訪者の母語（多くがベトナム語・カンボジア語・ラオス語・ポルトガル語）にまったく通じていないため，初対面ではコミュニケーションが取れなかった。そうしたときに，日本語と異言語で意思疎通のできる唯一の存在が，外国籍の子どもたちだった。かれらは，程度の差はあるが，親世代の出身国の言語を会話レベルならば理解す

ることが多かった。来訪者が自分の理解する言語であると気付けば，集会所外部の階段から玄関口と廊下を通じて，日本語教室が行われている大部屋まで連れてきた。こうしてかれらの居場所は，集会場の外部と内部をつなぐ回路として機能していた。

　さらに「占拠」した居場所は，湘南団地の外部へも開かれていた。教室が開く時間になると，インドシナ三国や南米に出自をもち神奈川県各地に暮らしている「聴け！ボーイズ」(多くはすでに成人になっていた)が訪れた。団地の子どもたちとおしゃべりをしたり，プロジェクトの日本人メンバーと交流をしたりした。湘南団地の子どもがトラブルに遭ったときは，かれらの人脈と連絡網を通じて，協力して解決にあたった。集会所に出現した子どもたちのコミュニティは，外国籍の子どもたちの形成するパーソナル・ネットワークの結節点となっていた。

　また，平日夜間の集会所は，外国籍の子どもたちの避難所(アジール)になっていた。というのも，かれらの親は，理由や事情は様々であったが，平日の夕方から夜にかけて残業をしたり，あるいは夜から働きに出かけたりすることが少なくなかった。そのため，一般的に家族で夕食をする時間に，親は不在の場合があった。そのため兄弟姉妹もしくは独りだけで，平日の夜を過ごさなければならなかった。そうしたなかで，たとえ週1度だけでも，平日の夜に集会所が空いているということは，顔見知りの大人たちがいるなかで，孤独感や身の危険を感じることなしに，人と話をしたり，好きなことで遊んだりできる場所だった。

　こうして「プロ教師の率いる日本語教室」からの「逸脱」によって生まれた「日本語教師のいない教室」は，日本語能力の向上という目的以外にも開かれた場所となり，そうした転換期に生じた空白が外国籍の子どもたちに「占拠」されることで，かれらの居場所が集会所内外にいくつも創られたのである。

3. 混沌とした教室
―― 戸惑い，動揺する学生ボランティア ――

(1) 学生ボランティアの戸惑いと動揺

「日本語教師のいない教室」と外国籍の子どもたちに「占拠」された居場所が創られた時期と重なるようにして，数多く参加したのが学生ボランティアだった。そうしたボランティアは，第2章から第4章で詳しく述べられたような，団地自治会との厳しさをもった話し合いや骨の折れる準備作業などとは無縁だった。「日本語教師のいない教室」とはいえ，この時期には，教室運営に必要不可欠な団地自治会との信頼関係が築かれ，外国籍住民との間に一定のコミュニケーションが存在したため，以前のような手探り状態や教室運営にかかわる根本的な問題は，当面のりこえられていた。またそうした「苦労話」は，後から来たものが尋ねることをしない限り，初期のメンバーがあえて語ることはなかった。

「湘南プロジェクト」や日本語教室ボランティアに参加するためのマニュアルや研修会などはなかった。それゆえ，多くの学生ボランティアは，教室での活動を通じて支援の訓練を行うことになった。「外国人と何かやるのはおもしろそう」「ボランティアを経験してみたい」といった単純な興味関心や，「かわいそうな難民の子どもたちに何かをしてあげたい」という素朴な善意や，「先輩に誘われたから」「ゼミ活動の一環だから」という消極的な理由で，「ボランティアで外国人に日本語を教えるのが役目だ」という程度の理解のまま，湘南団地の集会所を訪れた。

団地に足を踏み入れた学生ボランティアは，教室に集う人々との「接触・遭遇（contact）[1]」によって，多かれ少なかれ，カルチャーショックを体験した。団地の祭りが初めての訪問だった筆者の場合と異なり，「日本語教師のいない教室」が初訪問となった学生ボランティアは，その場の混沌とした状況にショックや動揺を受けることが多かった。以下の記述は，学生ボランティ

アの Iw くんが，ゼミナールの学生たちとともに，初めて訪れたときの印象である。

　　初めて足を踏み入れた場所で，その大学生は何をどうしたらいいのかわからない。日本語教室と聞いていたが，黒板もなく，机も雑然と並んでいる。子どもがその辺を走り回っている。ゼミの先生からは，「大学生で固まらずに，動いてください」と言われ，その大学生とゼミ生は，ただオロオロと動く。…自分がどう動き，何をしたのか，まったく覚えていない。
　　　　　　　　　　　　　（2002 年 12 月 16 日：Iw くんのフィールドノーツ）

「何をしていいのかわからない」という戸惑いは，初回のみならず，それ以降も体験し続ける感覚だった。以下の記述は，日本語教室に通い始めてから 1 年ほどが経過したときの，学生ボランティアの Fn くんの記録の一部である。

　　教室に入ると大学生と地域のボランティア，外国籍の人が到着していた。子どもたちのほうに「湘南ガールズ」の Sb，Ls とその彼氏，Hd ちゃんたちがいた。僕はしばらく子どもたちのところにいた。僕は Ls や Hd ちゃんと話すことがなかなかできず，緊張してしまう。子どもたちと話すのは，緊張はしないが難しい。予想できないことを言ってくる。昨日，感じたことは大人に日本語教室で日本語を教えることなのだろうということ。テキストをいっしょにやって，少しおしゃべりをしさえすれば，その日の日本語教室を「無事」に終わることができる。しかし僕は未だ国際部長の Sk さんともまだお話することができない。昨日は事務所でコピーをとる時に何度か二人になったがほとんど口をきくことがなかった。何を話していいのかがわからないと考えていた。
　　　　　　　　　　　　　（2004 年 5 月 17 日：Fn くんのフィールドノーツ）

(2) 距離のジレンマ

　こうした学生ボランティアの戸惑いや動揺はどこから生じているのだろうか。それはA.メルッチがいうような,「観察主体」であるはずのボランティアが「観察対象」とする教室の生徒たちと適切な距離を保てないことに起因していた（Melucci 2000＝2014：93-97）。適度に「距離を保つ」ことも,また「距離を縮める」こともできないジレンマに陥った。というのも,「日本語教師のいない教室」では,「教師」という役割があらかじめボランティアに与えられず,自らその場で必要とされるような役割を探し出さねばならなかった。もし通常の日本語教室であれば,「教師」という役割で期待されることを演じ,その場に集まる外国籍の人々を「生徒」とみなすことで,お互いに適度な「距離を保つ」ことができる。教える技術や能力で問題に突き当たることはあっても,生徒との距離に関する戸惑いや動揺は少なかっただろう。しかし,教師―生徒という役割分化が否定される場においては,自らが動いて「生徒」に話かけねばならなかった。そうしなければ,何もやることがないまま,場をやり過ごすほかない。しかしそうした態度は,その場では否定的に評価された。またゼミナールや学生ボランティアという小集団のなかでも,評価される立ち振る舞いではなかった。

　　何かを教えてやるという態度ではなく,まず話しかけて,他のボランティアの人たちに様子を聴きながら,相手の希望を聴き,自分ができることを精一杯して下さい。一番まずいのは,みなさんだけでかたまって遠回しに見ていることです。たったひとりで異郷の地に降り立つときに,その人がどうやって生きてきたかがすべて出てしまいます。相手に見られているのです。

　　　　（2002年12月13日に新原がゼミのメーリングリストに送信したメール）

　湘南団地の見学を希望する学生ボランティアに対して,新原はこのような

「エール」を送って，学生たちを日本語教室に送りだした。また毎回の教室はフィールドノーツとして記録されるため，プロジェクトのメンバーや「先輩」から，一挙手一投足が観察されていると，学生ボランティアは感じざるをえなかった。

「距離を保つ」ことの困難により，当初は10名程いた日本語教室の学生ボランティアは，数か月後には半数にまで減った。それでも残りの何人かは湘南団地に通い続けた。そうした学生ボランティアは，今度は外国籍の学習者や子どもたちとの「距離を縮める」ことを試みた。かれらにできる限り歩み寄り，理解しようという姿勢を示し，かれらのニーズに応えようと努めた。それによって，かれらや「湘南プロジェクト」の初期のメンバーたちからの承認を得たいと思った。それこそが「日本語教師のいない教室」に溶け込むためにできることだと考えた。しかしそれは「子ども」に向けられた行動というよりは，学生ボランティアの属する小集団のなかで，承認を獲得するために方向づけられることが少なくなかった。学生ボランティア自身は，自らの行動が承認をめぐるゲームに影響されていることを，ほとんど自覚できていなかった。

「日本語教師のいない教室」における承認獲得は，学生ボランティアのなかで，教室の来訪者の要求をすべて引き受けるという行動として現れた。たとえば，かれらに何もかも教えなければならないと思った筆者は，カンボジア語やベトナム語や中国語を覚えなければならないし，日本語の基礎知識と教授技術を習得しなければならないし，中学生に教える数学や理科の勉強もしなければならないなどと考えた。他の学生ボランティアも，多かれ少なかれ，同じような考えをもっていた。しかしそうした教室の雰囲気を感じた社会福祉協議会のTkiさんは，「湘南プロジェクト」の立ち上げ以前からかかわってきた経験を通じて，間接的に「助言」するのだった。

以前はAs先生というプロの日本語教師がいて，講義形式でやっていたんだよ。あのときはきつすぎて自由がなかったなー。今はアットホームな雰囲気で僕はいいと思うよ。でも，外国人の人に1から10まで与えすぎ

てしまうのは，結局甘やかしていることになり，今度は外国人の方が自分たちで何かをしようとするのを怠らせる危険があるかもしれないからな。

(2003年9月8日：鈴木のフィールドノーツ)

　学生ボランティアにとって，教室に通う「大人」以上に「距離を縮める」のが難しかったのが，「子ども」だった。「大人」の学習者には，日本語を学習するという名目が一応はあったが，「子ども」に対してはあらかじめ決まった目的などはなかった。

　　19時頃に「湘南ガールズ」のLsたちがラオス出身の男性を連れてきてくれた。彼は日本語がほとんどできないということだったので，五十音の発音から練習しようとした。すると，Lsが「そんなことやるよりはやく『おはよう』とか文章の練習させなよ」と言う。彼女の友達らしい10代後半の男性が「まずはひらがなを一個ずつ覚えるのが先だよ。そうしないと文章が読めないだろ。俺もその練習からしたよ」と言う。僕も「先のことを考えると，ひらがなをしっかり覚えたほうがいいと思う」といった。するとLsは「なんか説教されているみたいでむかつくんだけど」と言って，どこかへ行ってしまった。僕は「あいうえお…」と声にだして彼と二人で発音していると，様子見に戻って来たLsは「もうここの空気には耐えられない」といって出て行った。彼女にとって日本語教室はどのような場，どのようなことをする場として意識されているのだろう？　どのようにあの場で僕がやったことがうつっていたのだろう？

(2004年4月19日：Fnくんのフィールドノーツ)

　学生ボランティアは，「日本語を教えること」と「子どもたちのニーズを理解すること」のジレンマに常に直面していると感じさせられた。前者を優先すると，子どもたちが自分から離れていってしまう不安に襲われた。その不安を減らすために，学生ボランティアは子どもたちの要求に何でも応えようとする

ことが多かった。しかしそうした「距離の縮め方」もまた，うまくいくことはなかった。なぜならばそれは，本当に子どものニーズを中心に置いた理解ではなく，ボランティア自身の不安を減らすか，表向きの承認を獲得したいという欲求が優先されたからである。

　　子どもたちは甘やかしすぎるのもダメだし，かといってきつく締め過ぎるのもダメ。学校でも，普通学級ではなく国際クラスがあると，本当は少し苦労してがんばれば日本語を覚えられるのに「おれ，日本語わかんないー」と言ってだらけるやつがいる。そうなると日本語を勉強する機会も逸してしまう。特に子どもたちは，見かけは外国人かもしれないけど，日本で生まれて日本で育っているので，中身は日本人とほとんど変わらない人が多い。その状況を逆手にとって，こちらが日本語を教えるばかりでなく，向こうからも何かを他の人にできるような，そんな存在になって欲しい。そのような年上の人の姿を見たチビッコたちが，今度はそのような橋渡し存在となってくれるというサイクルができればいい。
　　　　　　　　　　（2003年9月8日：鈴木のフィールドノーツ）

「甘やかしすぎ」でも「きつく締め過ぎる」のでもなく，子どもたちとどのように適切な距離を取ることができるのか。そのためには外国籍の子どもたちが，日本社会でどのように生きていくのか，生きていけるのかに関する，その人なりの理解，希望，見通しが必要不可欠だった。湘南団地の自治会の人々や「湘南プロジェクト」の多くの初期メンバーには，考え方の方向こそ違えども，そうした問題意識自体は暗黙の内に共有されていた。また団地に暮らす子どもたちは，そのようなことを意識しなくとも，自分たちがこれから日本社会で生きていくとはどういうことかを感じ取っていた。しかしながら，「日本語教師なき教室」に訪れた多くの学生ボランティアは，そうした認識にまで達していたとはいえなかった。

　子どもたちにとっては「適切に怒る」ことができるかどうかが，そのボラン

ティアが本当に信頼に値する人間かを判断する尺度になっていた。なぜならば「適切に怒る」ためには，子どもの全要求を受け入れるのでもなく，かといって自分本位の判断で距離を取るのでもない，真に子どもの「これまで」と「これから」を受け入れた上で，その瞬間に特定の側面について「否定する」という，繊細な接し方が求められるからだった。

　　僕は調理室よりも，教室の方に居ることにした。歩行マシーンみたいなもので遊んでいる女の子，太鼓をたたき出す男の子，黒板に落書きをして遊んでいる集団とその友達は二人で遊戯王のカードゲームをしていた。僕はどうするべきかわからずうろうろしていた。そうすると「湘南ガールズ」のSbが入ってきて，「太鼓叩いているの誰？　駄目でしょ」と叱りに来た。僕はSbに「駄目でしょ，いるんだったら注意しないと」と注意された。確かにその通りだ。先日，治安会議があったばかりで，特に子どもたちは注意の対象とされていたことをすっかり忘れていたし，なによりどうしていいかわからないまま，何も考えず突っ立っていた。子どもたちへの接し方は難しい。こちらから話しかけていっても相手にされることはない。ただ彼らは何か話しかけてくる。それは時には"カンチョウ"であったり，抱きついてくることでもあり，サッカーすることでもある。こちらから話しかけるのは（もちろん挨拶とかは別として），何か彼らが場を壊すようなことをし始めた時にそれを立ち止まらせる時でいいのかもしれない。
　　　　　　　　　　　　（2003年9月22日：Fnくんのフィールドノーツ）

(3)「在日日本人」と「在住外国人」の溝

　こうした距離のジレンマに直面し続けるなかで，学生ボランティアがうっすらと気付いていくことがあった。それは子どもたちとの距離を縮めようとするほど，日本社会でお互いが置かれた位置とその社会的距離に大きな隔たりがあるということだった。それは日本社会で生きていくという意味が，「在日日本

人」と「在住外国人」にとって大きく異なることへの気付きだった。

　団地に通うようになった学生ボランティアは全員，日本国籍を持ち，母語として日本語能力を身に付け，両親は日本人であり，生まれも育ちも日本という環境で生きてきた。それら四つの属性——国籍・日本語能力・出自・居住先——をすべて兼ね備えていることが「在日日本人」という日常的な感覚を作り出し，それによって「日本人である」「日本人でない」という「自然的態度」を身に付けてきた[2]。それが所与の属性であることを前提として生きてきた。

　しかし，教室で出会う人々や子どもたちにとって，それらは所与ではなく，むしろ切実な問題だった。ある属性は持つがある属性は持たず，それらの組成も複雑だった。それゆえ「在日日本人」ではないが，かといって「外国人」でもないという，どっちつかずの，グレーゾーンのなかにいると感じられた。たとえば，インドシナ定住難民の家族は，将来の日本での生活を考える上で，帰化申請をして日本国籍を取得するか否かの選択を行う状況に置かれていた。そうした親世代は，居住先は日本だが，日本語能力の習得で非常に苦労があった。それゆえ日本で育ち日本語会話は不自由なくできる子どもたちは，学校の配布物や日常生活で必要な用事を親に「通訳」する役目を常に担った。子どもたちのなかには，会話はできても日本語での読み書きは十分でない場合が少なくなかった。それが日本の学校・教育システムで不利に働き，授業の理解度に差を作り，結果的に高校進学の障壁となるものだった。

　「在日日本人」と「在住外国人」との間に横たわる構造的な隔たりへの気付きは，翻って，「日本人である」という「自然的態度」への反省を突きつけた。「日本人」の「大学生」が「在住外国人」に日本で日本語を教えることに，どのような意味があるのか。「日本語能力の向上」を目的としたボランティアの支援は，社会構造のなかでいかなる機能を果たしうるのか。「日本語の上手な外国人にさせること」が支援の唯一の目的ならば，確かに日本社会のなかで社会的資源の獲得のチャンスを拡大させることにつながるのかもしれない。しかしそれでは，両者の間に横たわる構造的な非対称性は解消されないのではないか。むしろそうした矛盾や不満や対立を縮減するだけではないのか。それに

よって「在日日本人」が多数派となるような社会構造を維持するだけではないのか。もしそうならば，日本語教室のボランティアは，在住外国人を管理的に統合するための「社会の代理人」という役割を担っていることになるのではないか[3]。日本語教室とは，日本社会における管理的統合の末端を担わされているのではないか[4]。そうした疑問が，子どもたちとの距離に悩み，それでも教室に通い続けて接触を繰り返すなかで，学生ボランティアのなかにかろうじて生じてきた。

大学を卒業し就職した後も，東京駅から下り電車にのって湘南団地に通い続けた学生ボランティアの Ns さんは，ある時期に苦みをもった気付きをこのように吐露している。

> 私は今までたんたんと生きてきたけれど，実は罪なことばかりをしているだけであって，そのことにも気付かずにひょうひょうと生きてこられたのだなと思います。…居心地のいい場所として教室を利用していたのかもしれないということ，自分が教室に日本語を学びにきている人たちを下に見ているのかということ，そんなつもりでなくてもそうかもしれないのだと思います。今はこの先で必ず自分はこうできるんだという確信もないし，自分の感覚すら信用することができないような気がします。
> （2005 年 6 月 27 日：Ns さんのフィールドノーツとメンバーへのメール）

自らのなかでこうした「気付き」が芽生えていったことを示す記述が，他の学生ボランティアの記録にも登場する。それは時間のズレをともなって生じてきた理解であった。こうした他者理解と自己理解は，「距離を保つ」ことができずに，数回の訪問で教室を後にした学生ボランティアには見られなかった変化だった。おそらくこの瞬間に，学生ボランティアと教室に通う外国籍の大人や子どもたちとの間に，「接触（contact）」から「契約（contract）」への相互変化が起こっていた。ここでの「契約」とは，A. メルッチがいうように，「紙面上のサインの話ではなく，お互いの距離を確認し適切な間隔を設定する」こと

を意味している（Melucci 2000＝2014：99）。このときにはじめて，管理的な社会統合を担う「社会の代理人」ではないかたちで，教室にかかわる可能性が生まれてきた。しかしながらそれはすぐに試練にさらされた。というのも，次に述べるように，教室を取り巻く環境が「治安強化」の方向へと大きく変化していったからである。

4．「治安強化」の下での教室[5]

(1) 「治安強化」の顕在化

2003年度は主に三つの環境変化が同時に進行した。

第1に，日本社会において「治安強化」が顕在化した時期と重なってくる。2003年8月に警視庁は「緊急治安対策プログラム」を発表し，「治安回復元年」と位置付けた（「緊急治安対策プログラム」平成15年8月警視庁「はじめに」参照；外国人差別ウォッチ・ネットワーク編2004）。また同年9月に当時の小泉純一郎内閣が「犯罪対策閣僚会議」を招集し，12月には「犯罪に強い社会の実現のための行動計画」を発表した。そこでは「治安水準の悪化と国民の不安感の増大」に対処するため，自発的な治安対策－地域社会・自治体での治安対策－国家の施策という3方向からの「治安強化」が提起された。重要課題として想定されたのは，日常生活で起こる軽犯罪，少年犯罪，来日外国人の犯罪などだった（「犯罪に強い社会の実現のための行動計画」平成15年12月犯罪対策閣僚会議「序」参照）。こうした国家レベルの「治安強化」対策は，多文化・多言語の湘南団地における「治安強化」に大きな影響を及ぼしてくる。後で述べるように。この影響はほとんどタイムラグなく湘南団地の日本語教室で現れており，さらに自発的な「治安強化」（そのなかには排外主義的な街宣デモや外国籍住民や子どもたちへの差別的な発言も含まれる）が日常生活のレベルで頻発していった。

第2に，湘南団地の自治会の変化だった。2003年度に，自治会は新しい役員による新体制がつくられた。それによって各種「研究委員会」の開催から「湘

南プロジェクト」の発足の全過程にかかわってきた団地自治会の会長・事務局長・国際部部長は，役職を降りることになった。そうした人々の配慮や理解に頼れなくなった部分は大きく，新しい自治会役員との間で信頼関係を築く必要に迫られた。しかしそれには少なからず困難が伴い，「日本語を勉強するための教室を運営して欲しい」という通常の教室の「型」が求められるようになった。

　第3に，メディアによってもたらされた変化だった。湘南団地における自治会と外国籍住民の取り組みが，初めて全国区のTV局に取り上げられた。番組では「外国人問題への対処に成功しているコミュニティ」として紹介された。これまで行政やメディアからさしたる注目を集めなかった団地の取り組みが，突然に「成功モデル」として表象されることになった。番組放映後には，メディアに取り上げられたこと自体への賛意，またその他のメディアの取材や調査研究の依頼が定期的に舞い込むことになった。しかし実際の現場では，TV局側のシナリオが優先された取材や番組が，団地自治会の国際部部長，外国籍住民，教室に通っていた人々や子どもたち，ボランティアに，少なからず戸惑いを与えた。実態とは異なった物語に回収されることへの危機感をつのらせることにもなった。

　第3の点については第2章でも論じられているので，ここでは第1と第2の点を詳しく検討したい。

(2)　「治安強化」はどのように始まったか？

　では，湘南団地の日本語教室において「治安強化」はどのように始まったのだろうか。以下の記録は，2003年9月，団地自治会と警察官による初めての「見回り」が行われたときの教室の様子である。このとき，教室は異様な緊張感に包まれた。少し長くなるが，以下に当日の記録を掲載したい。

　　2003年9月8日　鈴木の記録
　　　出席者：現・国際部部長Tmさん，元・国際部部長Skさん，社会福祉協議会Tkiさんともうひと方，高校のTn先生，中里，鈴木，学生ボラン

ティア Fn くん，Iw くん，「湘南ガールズ」の Sb，外部ボランティアで日本語教師志望の女性，日本語教室を「監視」に来た団地住民・警察官など合わせて 8 人前後

　日本語教室：大人：7 人前後，子ども：19 時ごろ少数，それ以降 0 人

　日本語教室の夏休みが終わり，今日から今年度後期の教室が始まる。その前に，難民事業本部への提出書類，後期教室の運営，大学ゼミの運営の3 点について，中里さん・Iw くん・Fn くん・鈴木の 4 人で小ミーティングを行う。中里さんが車で来て下さり，駅から 5 分ほど行った所のファミレスへ移動して話す。

　19 時過ぎに集会所に到着した。いつもは集会所前のメインストリートに駐車するのだが，今日は団地の住民や警察や役人が日本語教室の実態を「検査」するとのことで，団地敷地内に車を停めた。社会福祉協議会の Tk さんが中里さんへ事前にその情報を伝えて下さったという。

　集会所に入る。「湘南ガールズ」の Ls が集会場前にいて，中里さんと少し立ち話をする。事務室には，国際部長の Tm さんと，普段は見かけない 2 ～ 3 人が既にいる。恐らく今日の「検査」に参加する人たちだろう。大部屋には日本語を勉強しに来た人はまだいなかった。市社協の Tki さんがいらっしゃり，団地の子どもたちが数人いた。

　事務室にいた「治安部隊」は日本語教室が始まる 19 時から終わる 21 時まで，事務室を「占領」していた。いつもは一人もいない事務室に，今日は部屋の椅子が埋まるくらいの人数がいた。30 ～ 40 代頃の女性が 2 人ほど，年配の男性が 4 ～ 5 人いた。私は教材をコピーをしがてら，会話に耳をそばだてた。「日本語教室が終わった後，集会所の外で話をしている外国人がいる。あれはいかがなものか」といった類いのことが話されていた。国際部長の Tm さんは，意外にも，日本語教室を弁護するようなことを述べてくれていた。話し合いのなかに，制服を着た警官が一人おり，緊張し強張った顔つきをしていた。団地敷地内の派出所でみかける警官で，以

前は穏やかな人懐っこそうな表情をしていたが，今日は全く別人のようだった。他には，団地祭で何かの委員長をしていた人で，日本語教室の出店にあまり好意的ではないと感じた人だった。

集会所には「湘南ガールズ」のSbも来てくれる。中里さんと3人で少し話をする。今日，日本語教室の「検査」のために事務室で何やら話していることをSbが知ると，「ほんと意味が分からない。だっておかしいでしょ，そんなの。日本語教室が終わった後に集会所で少し話したりするのがダメだなんて。日本人のおばさんたちだってよく夕方や夜に何人かで立ち話しているのに。それは別に何にも言われないで，外国人がそうしているとダメなのか。しかももっと腹が立つのが，そのようなときに直接面と向かって，『うるさい』とか言ってくればいいのに，上の人に言って押さえつけようとする。なぜ文句があるならそのとき直接に言わないで，あとで上の人とかに言うのか。やり方が汚い。それ以外にも料理のにおいがくさいとか言う。日本の料理だって納豆とか臭いじゃないか。それに音がうるさいとかも言われる」。Sbの話から，こうしたトラブルやすれ違いに度々直面してきたことがわかる。直接面と向かって話すことができず，上の人に言いつけて「問題解決」するやり方は，団地に限ったことではない。おそらく日本社会の「異文化」への向き合い方にかかわる問題なのだろう。なお，Sbはまもなく団地から付近の一軒家に引っ越すそうだ。「引っ越してももちろんここには通ってくるけどね」。

事務室での話し合いが終わると，警官や団地自治会の関係者は日本語教室の部屋に入ってきた。そして勉強している人々の机の周りから声をかけながら「点検」している。いつも勉強に来ている外国籍の女性は，警官の方を怪訝な表情と不安が入り混じった鋭い眼つきで見上げていた。

21時前には終了。事務室で集まってきた人も解散となり外へ出る。しかし警官と先に事務室にいたおじさん3人は，私たちが帰るのを見届けるまでその場を動かない。警官は，そこに残っていた外国籍の子どもたちや，見た目が「過激」な金髪の少年に対して，「お前ら早く帰れ」とこわばっ

た表情で怒鳴る。

　高校の Tn 先生が私と Fn くんを駅まで車で送って下さる。高校でも教員に対する「引き締め」がここ 2, 3 年強くなっているという。駅のバスロータリーで降ろしていただく。

　今日の治安強化に「びびって」しまった私と Fn くんは，駅に向かいながら話す。今日は教室に理解のある方々が何人もいたからよかったが，私たちだけしかいないときはどうするのか。日常的に考えておかないと，対処できなくなる。　　　　　（2003 年 9 月 8 日：鈴木のフィールドノーツ）

　同日に居合わせた学生ボランティアの Fn くんは，以下のような記録を残している。

　今日は自治会の人たちと何人かの警官が団地の治安を守るための偵察会議を隣の部屋で行っていた。教室でベトナム出身の Au さんと完了形の勉強をしたり，ブラジル，カンボジア，日本生まれの中学生男子トリオと話をしていたりした。

　すると途中で一人の警官が入ってきて，勉強している外国人の人たちに何かを話しかけている。中学生くらいの子どもたちにはそれほど影響はないと思うが，Au さんたちはそのことをどのように思ったのだろうか？　外国人の大人にとって，室内で行なわれている日本語教室という場に警察官が入り込み，何かを言う。そのような場に警察官という権力を持った人間が入り込むということは，日本人である僕自身にもものすごく違和感があった。自分の考えすぎだろうか。

　その後，市社協の Tki さんと話をする。以前は子ども教室にいた Sb さんや中学生男子トリオが大きくなるのを直接見届ける楽しみで，町でたまたま会ったときに，声をかけてくれたときはとてもうれしいとおっしゃる。だが最近は，若者の風紀が湘南地区でも問題になっていることだった。

そうこうしているうちの 21 時になり，教室は終了。帰り際，駅まで送ってくださる Tn 先生を待つ間，自治会のおじさんから，「今日は静かだっただろ」「いつも子どもたちは言うことを聞くのか？」等と話しかけられる。警察官も子どもたちに「早く帰れ」としきりに声をかけていた。外国人の子どもというものがどのように意識されているかが初めて想像された。「外国人の子どもは風紀もわきまえておらず，常識もない。平穏無事な生活を破壊する人間だ」といっているように感じた。同時に治安強化を目の当たりにした感があった。

(2003 年 9 月 8 日：Fn くんのフィールドノーツ)

その後「治安強化」はさらに強化されたかたちで継続的に行われた。記録をたどれば，1 年以上経過した後も，「何人かの団地の子どもたちが話していたが，夕方になると団地集会所付近を警察官 2 名が巡回に来ているとのことだった」などの記述が見つかる。あるいは，「元・国際部部長の Sk さんから気にかかる話があったが，先日，湘南団地敷地内に大型バスが入り込み，不法滞在者の一斉摘発が行われた。また神奈川県で施行された青少年保護条例により，午後 10 時以降の 18 歳未満の子どもの外出に対して保護者に罰金が科されるようになった。団地の子どもたちによれば，『取り締まり』の強化を皮膚感覚で感じるという」とある。さらに「治安強化」は排外主義的な外国人差別としても顕在化した。2004 年 9 月の日曜日，湘南団地には「不良外国人は出ていけ」という差別的な発言を行う街宣車が 2 週連続でやってきたと，元・国際部長の Sk さんは話している。

「治安強化」の雰囲気と新たな団地自治会役員という大きな環境変化のなかで，日本語教室はこれまで通りのやり方を継続していくことが難しくなっていった。新体制の自治会は，「治安強化」という抗いがたい風潮，日本語教室に対して寄せられる団地住民からの様々な苦情，メディアで「成功モデル」とされるなかでできる限り問題の起こるリスクを減らしたいという気持ちなどから，日本語学習以外の目的での集会所の利用に難色を示すようになった。

2004年6月，団地自治会は，団地の他団体の備品を子どもたちが利用してしまうことや，集会所内でのボール遊びなどを禁じた「集会所の使用上の注意事項」を掲示した。これは以前まで「容認」「黙認」されていた教室の子どもたちの行動を明示的に制限するメッセージとなった。それによって，集会所内外に創られていた子どもたちの居場所は，存続が困難な状況になっていった。

(3) 「落書き事件」——問題か，メッセージか——

この時期を象徴する一つの出来事として，「座布団落書き事件」が起きた。これは日本語教室が行われている時間に，正式には使用が許可されていない集会所内の和室——事実上，子どもたちの遊び場になっていた——の座布団に誰かがペンで落書きをした，という出来事だった。

> 教室終了後，和室には自然と人が集まった。集まった順番では，国際部長のTmさん，社協のTkさん，学生ボランティアのIwくん，Fnくん，私，Nsさん，地域ボランティアの方，高校のTn先生，Kn先生，中里さん，自治会Ki会長だった。自治会長は，抑制しながらも強い口調で「公共の場である集会所を使用するという自覚を子どもたちにも持ってほしい。今まで月曜日は『湘南プロジェクト』の貸し切り状態だったが，今度からは18時以降の和室を他の団体に貸すことを検討している。私たちは集会所を使うなと言っているわけではないが，そのためのルールを守ってほしい」と注意する。その場にいた私や学生ボランティアは，どうしたらよいかわからず，とにかくこの場を収拾しようと，自治会長と国際部長に謝る。すると横にいた高校のTn先生は，意外にも笑顔で「これもそのことを教育するいい機会ですので，子どもたちに教えましょう。座布団はこちらで預かります」といって，その場を収めてくださった。
> （2004年6月21日：鈴木とFnくんのフィールドノーツ）

この「事件」から1か月後，新原の提案でミーティングが行われることになっ

た。「治安強化」と自治会の新体制のなかで「湘南プロジェクト」をどう進めていくのかを，話し合うためだった。その際のメールやり取りのなかで，高校のTn先生は「座布団落書き事件」の場を「笑顔で」収拾した意味をこのように書いている。

　　　座布団の上の，怒っているような，悲しんでいるような顔の「落書き」。こちらを見ている子どもたちの視線を感じます。こんなものが独り歩きしたら大変なので，「教育」とか普段使い慣れない言葉を使ってこちらで預からせてもらいました。これはまぎれもない子どもたちのメッセージだと思います。自分たちの「場所」が奪われていく不安感と怒りのようなものが伝わってきます。子どもたちの「居場所」とは何なのか，自分たちが歓迎されていないことを感じ始めている彼ら彼女らとこれから何をしていったらよいのか，ミーティングでいろいろお話できるといいですね。僕はいつでも都合をつけます。大切なものを共有する場所がつくられてきたということは，ほんとに「奇跡」です。

　　　　　　　　　　　　　　　　　(2004年7月1日：Tn先生のメール)

　「座布団落書き事件」のとらえ方は，その場に居合わせた人々のなかで共通の認識があるわけではなかった。「湘南プロジェクト」のメンバー間でも意見の隔たりがあった。「落書き」を「メッセージ」と受け止めた高校のTn先生と異なり，筆者を含めた学生ボランティアの多くは，それが「問題」であり，どのように「解決」できるのかという枠組みに囚われていた。問題解決主義的な距離の取り方ではなく，本当に「聴く」「耳を澄ます」とはどういうことかが，ミーティングを通じて話し合われた[6]。それは教室の「大人」たちが「治安強化」の避けがたい流れに直面するなかで，「子どもたち」とともにどのようなレジスタンスが可能であり，同盟を結んでいけるのかをお互いに探るものだった。

5．「治安強化」の下でのレジスタンス

(1) 不定形なミーティング——「大人」たちのレジスタンス——

「治安強化」と自治会の新体制への対応を話し合うために，「湘南プロジェクト」に実質的にコミットしていたメンバーが湘南市福祉会館に集まった。ミーティングの開催場所が団地集会所ではないことは，現体制の団地自治会と「湘南プロジェクト」との間にすでに生じていた微妙な距離感を象徴的に表すものだった。集まりには，すでに役職を降りていた国際部部長の Sk さんや外部のボランティア，また中里の誘いに応じて「湘南ガールズ」と呼ばれる団地の子どもたちも参加した（以下の発言や記録は，2004 年 7 月 23 日の鈴木のフィールドノーツより）。

ミーティングのなかで新原は，「座布団落書き事件」に触れながら，これまでの「プロジェクト」の活動と今後の方針について意見を述べた。

> 新原：座布団への落書きがあったということだけれど，普通なら「これはよくないことだ。だから取り締まるべきだ」という流れになってしまう。だけど，これは子どもたちが悲鳴を上げている兆候なのではないだろうかと思っている。集会所の大教室でサッカーをやっている子どもたちも，彼らなりに「もう少しやわらかいボールにしよう」とか工夫して，自分たちの居場所を確保してきた。
> 　実際，今までは自治会役員や国際部部長の Sk さんたちに守られてきた。Sk さんに守られているということすら忘れてしまうほどに守られてきた。確かに今の日本語教室を取り巻く現状は厳しくなっている。しかしそれは新しい自治会の新体制や役員個人の問題ではなく，日本社会の大きな流れが影響している。小泉首相が「今の日本の問題は少年犯罪と外国人問題だ」と言い，問題の焦点をこの 2 点に絞るという選択をした。少し前だったら「外国人と障がい者には『いいこと』をしよう」というのが「ブーム」だっ

た。しかしその「ブーム」に乗った人は，今やいなくなってしまった。そのときの「ブーム」に乗じたり，自分の手柄を証明する報告書の作成のために記念写真を撮ったりするような人が，団地に来にくいようにしてきた。結局，そのようなブームに乗らない人が残ってくれた。

　何回も何回も集まり，そして人が入れ替わった。実際にこの「プロジェクト」が動き始めてから9年近くも経過し，湘南団地の歴史と自分の歴史が混じり合っていった。ここに来ている人たちは，自分の利害や仕事とは関係なく，いわば真剣な"道楽"として湘南団地にかかわってきた。今後も目に見える「成果」や「形」を残すのではなく，「湘南ガールズ」たちが育ったように，いまの幼い子たちが自由に芽を伸ばしていけるようになればいいと思う。

　「プロジェクト」の最初の頃は，経験や蓄積がなかったこともあり，市社会福祉協議会のTkさんや私が頭を下げて助成金を取ってきて，プロの日本語教師たちに給料を支払っていた。助成金をとることを止めた2年後に，教室でも比較的静かに勉強をするほうだったAuさんたちが「今後も日本語教室を続けたい」と声を上げた。実は危機がいくつもあったのだけれど，「ブーム」に乗らずにゆっくりじっくり人が育つようにということをやってきた。Sbたち「湘南ガールズ」の子どもの世代が元気に育っていくにはどうすればよいのか，という視野で今後も考えたい。

　最初の頃は「型」にキッチリとはまったミーティング形式でやっていた。それをだんだんと崩していき，壊していった。そうして今日のようなあまり型のない不定型な（in-formal）集まりになった。Sbたちも今日は何が行われるかまったく知らされていないけれど，中里さんに誘われて来た。この寄せ集まり方が何よりの成果だ。

　「治安強化」と最近の教室の状況をめぐっては，団地の子どもたちからも直接意見が交わされた。

自治会の元・国際部部長 Sk：先日，団地の子どもたちから聞かされことだけれど，酔った日本人から「外国人は帰れ！」と言われたと。このことは今度，中学校の国際教室担当になった先生も耳にしていて，学校でも問題として取り上げられたようだけれど。

「湘南ガールズ」の Sb：私も集会場前で「うるさい」と言われたことがある。近くにあるスナックから出てきて，酔って騒いでいる人から罵倒されたこともあった。自分たちだってうるさくしているくせに，こちらにだけうるさいと言われるのは非常に腹が立つ。

「湘南ガールズ」の Ls：私たちは「うるさい」といって水をかけられたこともある。

新原：大人がためこんだストレスが子どもたちに向かってしまっている。日本語教室が始まったときや，前の Ks 会長や At 会長，国際部の Sk さんが自治会の役員だったころは，子どもたちを守るクッションになってくれていた。

市社会福祉協議会 Tk：今の国際部部長に言われて気になるのは，「日本語教室のボランティアがうるさい子どもたちを注意して管理しろ」と言ってくること。

元・国際部部長 Sk：集会所は子どもたちにとって息がつける大事な場所。そういうことを今の自治会役員たちは認めようとしない。

「湘南ガールズ」の Sb と Ls：なぜ今の国際部部長はそのように言うのか。最初の頃，あの人は非常に愛そうがよかった。逆にそれが嫌だったのだけれど。そして直接注意してこないで，裏で何か言う。直接言えよと思う。

新原：Sk さんが気にすると思って言わなかったけれど，今の自治会長や国際部部長からは，「私たちは集会所を貸しているのだから，そちらでしっかり管理して下さい」と言われた。

元・国際部部長 Sk：彼らは何もしないくせに，文句だけは言う。教室にも出てこないで，関係をつくろうとしないのに，口だけは出す。

新原：今の国際部部長は，本当は静かにして欲しいとは思っていない。ただ自分の監督不届きで上から責められるのが嫌だと思っている。警察の巡

査も「国策」によって人が変わってしまったようになる。

「湘南ガールズ」のSb：巡査のおっちゃんは前はすごくいい人だったのに。

元・国際部部長Sk：座布団事件は子どもの不満を現す兆候だと思うが，今の自治会役員の人はそこを汲み取らない。

新原：今の会長や国際部長にはこう説明している。「では皆様のおっしゃる通りしっかり管理して取り締まりましょう。教室もなくしてもいいですよ。でもそうすると子どもたちはどんどん『悪く』なってしまいます。癌細胞を放射線で殺そうと思ったら，ますます強い癌細胞がでてきてしまうように」と。

高校のTn先生：Sbさんたちは，今の日本語教室で居心地が悪くなったりしていることはない？

「湘南ガールズ」のLs：いまの教室には居場所がないよ。

新原：南米には「スクオッター」といって，無人の家を不法占拠して住んでしまうということがある。それは制度的に割りふられたものではなく，人が生きていくための住居のこと。子ども教室のボランティアの方も「子どもたちには勉強をさせないといけない」という態度だったけれど，随分変わっていった。もし教室で遊んでいる子どもたちがいなくなれば，それは問題だと思う。そうすると湘南駅前のビルでやっているような，秩序だった日本語教室みたいになってしまう。教室が"無菌室"のような状態にならないようにしたい。Ktさんが，秩序だった場からはみだしてしまった神奈川県各地の「聴け！ボーイズ」たちに目をかけたように，その想いを引き継いでやっていきましょう。

ミーティングで確認されたのは，「プロジェクト」を取り巻く環境が，1990年代の国際協力の「ブーム」から「治安強化」へ急転するなかで，これまで以上に，子どもたちのメッセージを「聴く」ことの重要性だった。またそうした「聴くことの場」を確保するために，「治安強化」や「外国人問題の発見」に対して，様々なかたちで「レジスタンス」する戦略を展開していかなければなら

ないということだった。

(2) 「子どもたち」のレジスタンス——自分たちで身を守る——

　団地の外国籍の子どもたちは，こうした時代の雰囲気を肌身で感じ取っていた。警察官の動きに対しても非常に鋭い感覚をもっていた。彼らから「警察」という言葉がでてくるのは「危険」「警戒すべき」という文脈であることが多い。警察は「市民の安全を守る」というより，むしろ「住民を管理する」といったほうが彼らの実感に近かった。教室へ警察官が巡回するとき，子どもたちにとっては，集会所が警察から「身」「自由」を守ってくれているという感覚を持っていた。

　ミーティングの後，すでに役職を降りているにもかかわらず教室終了まで残っていた元・国際部長のSkさんは，玄関で帰る準備をしている子どもたちに対して，「もし警察に何か言われたら，ちゃんと『集会所で勉強していました』って言うんだぞ」といって見送る。すると子どもたちは，Skさんの言葉の「真意」を理解して，(「それぐらいわかっているよ！　ありがとう！」という表情で) 笑いながら「そうそう！　おれたち勉強していたんでーす！　じゃあね！」と言って，集会所を後にした。

　子どもたちが日常生活で体験する「治安強化」の現実は，ボランティアが能動的に聴こうと思っても聴けるものではなかった。それは集会所の廊下や玄関，外部の階段といった場所で，子どもたちの「問わず語り」から発せられるものだった。

　　日本語教室はボランティアがあまりおらず大変そうだったが，私は「湘南ガールズ」がたむろしている玄関外の踊り場へ行く。LsとHdとSb，彼女たちの男友達のいる階段に座る。ときどき階段の横を通る団地住民の日本人は，「なんでこんな時間に階段で話しているんだ」という怪訝な表情を見せる。私は通りすがりの団地の人に「うるさい」「もう夜遅いのだから中に入れ」と言われるのではないかと，少しびくびくし

ていた。
　5人でとりとめない話をする。といっても、話すのは主に男の子とLsとSbで、私はほとんど黙って聞いている。「いま車で横切ったあの人は、友達の○○ちゃんのお母さんだ」「あの車はかっこいい、やっぱりシーマはかっこいい」「あの車はマフラーふかしすぎでうるさい」など、Lsは目の前の公道を通り過ぎる車を一台一台観察して、解説する。LsとHdのアルバイトの話と今後の夢について（給料で原付バイクの免許を取って、バイクを買う、服を買う、「車が欲しい。車さえあればどこでもいけるのに」など）、またSbの仕事や彼の話、団地祭のことなどが話題に上る。
　そのようなとりとめのない話の文脈で、彼女たちの「治安強化」「差別」の体験に及ぶ。つい先日、LsとHdが近所の量販店に自転車で向かっているとき、不審な中年男性に声をかけられたという。自転車に乗っている彼女たちをその男が自転車でついてきて、「止まりなさい、警察だ」（恰好や様子は全く警察ではなかった）といって追い回していたという。結局彼女たちは逃げ切った。Sbからも、このような被害（目に見える形での実害にはいたらなくても）に遭うことが少ないという。「外国人だから」という理屈で罵声を浴びせられたということもあるという。
　　　　　　　　　　（2004年10月18日：鈴木のフィールドノーツ）

同様に学生ボランティアのNsさんも、子どもたちが体験する日常の危険を記録している。

　19時前頃に湘南団地に着くと、まだ誰も教室には来ていなかった。国際部長のTmさんが事務室にいらしていて、ボランティアのFnくんが入っていく。私はフラフラと廊下を行ったり来たりして、外の様子などを見たり、廊下で催しのチラシを読んでみたりしていた。
　すると、そこにものすごい勢いで中学生くらいの女の子（先日、和室で遊んでいた子たちの一人だと思う）が玄関に入ってきて、私のところに走っ

てやってくる。私は彼女が鬼ごっこをやっていて逃げてきたのかと思い，土足で廊下に入ってきたことに対して注意すると，「違うの違うの，変なオヤジが外にいてキモイの！」と言って「ほら，あそこ！」と廊下の窓から外を指さす。見ると大人の男性と女性が話をしている様子が見えた。子どもたちに連れられて（このときボランティアの Iw くんも彼女の話を聞いてくれて，外に一緒に出る）教室の外に出ると，中学生 2 人が階段の下にいた。

　私たちが出てみると，女性が電話ボックスの近くでその男性と話を終えて，「大丈夫だよ，話しておいたから」と言ってこちらへ近づいてくる（その男性はどこかへ行ってしまっていた）。中学生たちはその男性に「外国人は日本に来るな」ということを言われたようだった。そこで女性が通りかかって，その男性とたたかってくれていたようだった。その男性は酔っ払っていたらしい，とその女性は言っていた。そして「気をつけなさいね」というようなことを言ってくれて，そして去っていった。

　中学生たちもその女性が通りかかるまでの間に自分たちでその男性に対して反論していたみたいだった。「外国人は日本に来るな」と言われたことに対して「じゃあなんで日本人は外国に行ってもいいの？」と言ったらその男性は何も言えずにいたらしい。私は彼らのその男性に対する対応の仕方に驚いた。　　　　　　（2004 年 6 月 28 日：Ns さんのフィールドノーツ）

　子どもたちは団地のストリートで直面する「治安強化」「差別」に対する様々な戦略を身に付けていた。正確に言えば，それは日本社会で生活していくために獲得せざるを得ない機知のようなものだった。集会所や外部の階段のような場は，団地の子どもたちにとって「とりとめのない話」ができ，ボランティアにとっては子どもたちのメッセージを聴き，理解する機会を提供していた。しかし，「治安強化」の時期にそうした場は縮小を余儀なくされるか，なくなっていった。

　それに対する子どもたちの反応は様々だった。まずはそうした場所から立ち

去るグループがいた。集会所に来ては和室や廊下といった「容認」された場所で遊んでいた子どもたちは，その後ほとんど顔を見せなくなった。あるいは集会所で「静かに遊ぶ」選択をした子どもたちもいた。彼らは遊びに熱中して大きな声を出すようになるとき，自分たちで注意する姿が見られるようになった。あるいは「大人たち」が勉強をしている横で，学校の予習復習などをする子どももいた。

(3) 関係性の「遊び」を学習する

学生ボランティアは，少しずつだったが，子どもたちの声に耳を傾けることがどういうことかを，実感として体得していった。

> 18時を過ぎ，子ども教室の後，一度集会所を閉めなければならないと思い，僕はとりあえずNyくんたち2人を外に出す。外に出ると大袈裟なアクションをつけて，さらに強烈な攻撃が続く。Kbくんは結構手加減なしだが，Nyくんはすこし手加減している感じをうける。結構痛く，やられっぱなしで少しむかついたので，少し怒ってみる。するとそこで攻撃はやんだ。
>
> Kbくんは前回，僕が子ども教室に出たときに，みんなで蕎麦屋に行くのをつけていたらしく，そのことを執拗に問うてきた。Nyくんは牛丼屋やファーストフード店の場所を熱心に教えてくれた。僕はNyくんの話しを聴いていないようにうつったらしく，何度か「聴きなさい」と言われた。Kbくんは「どうせ聴いても行かないんでしょ」ということを言いつづけた。子どもたちといえども，やはり人を見ているということを感じた。
>
> (2004年5月31日：Fnくんのフィールドノーツ)

子どもたちの言葉をその通りに受け止めるのではなく，言葉にはならないメッセージのようなものが存在するということにも，うっすらとだったが気付いていった。

教室の黒板で遊んでいた小学生の兄弟に話しかけに行った。2人で仲良く遊んでいた。最初は私のことを相手にしてくれなかった。初めて挨拶しても相手にしてくれないのはよくあることだった。しかしめげずに声をかけると返答をしてくれるようになる。こちらが恥ずかしがったり，自分を守ったりしたまま接しようとしても，子どもたちは相手にしてくれない。無邪気に遊んでいるかわいい兄弟は，ほどなくして私の相手をしてくれるようになった。そのうちおんぶや抱っこ，鬼ごっこ，かくれんぼとエスカレートする。お兄ちゃんのほうは，私に配慮してくれているのを感じた。私もとても楽しかった。大学院ゼミでの鬱憤は知らぬ間にどこかに吹き飛んでいた。自分の意識をいったん捨てて，子どもたちのいる世界の一部に入り込めるかどうかが大事のようだ。そうすると子どもたちも警戒しないで生き生きとしてくる。逆に自分を守ると子供たちは受け入れてくれないのだ。　　　　　　　　　　（2005年10月17日：鈴木のフィールドノーツ）

　学生ボランティアは，子どもたちとの交わりのなかで，メルッチが関係性の「遊び」と呼んだ体験を学習していった。それは，「調査者と当事者は，同じフィールドで調査という体験を共にするプレーヤーであ」り，「調査というゲームの規則を共有し，パートナーとして適切にふるまい，体験を共有していく」という意味での関係性の「遊び（gioco, play）」だった。そして「調査者も当事者も，自らの境界を揺り動かし，パートナーの動きと変化する周囲の環境に応じて動く」（Melucci 2000＝2014：100）ことになる。子どもたちは，ときには手荒な攻撃をしたり，ファーストフード店の場所を教えたり，一言二言の挨拶や遊びを通じて，目の前の「大人」に対して自らの境界をうごかしてコミュニケーションをした。学生ボランティアは，発せられる言葉をそのまま受け取るのではなく，明示的な行動，様々なジェスチャー，沈黙といった言葉にならないコミュニケーションによって，自らの認識と実践の境界が揺りうごかされながら，子どもたちに応じていった。
　そうした関係性の「遊び」には，非常に重要な社会文化的プロセスが進行し

ていた。メルッチは,「関係性の『遊び』とは,調査のなかでの両者の関係性それ自体が対象ともなるということを考えれば,メタレベルのコミュニケーションでもある。その関係性を見ないようにする,あるいは調査のプロセスから除外してしまうことは出来ず,両者の関係性そのものの動きを,リフレクションとメタ・コミュニケーションの場に含みこまざるを得ない」と指摘している (Melucci 2000＝2014:100-101)。集会所や教室の「大人」たち以上に,子どもたちのやりとりは,身振りや手ぶり,表情,感情といった身体的なコミュニケーションと,言葉にならないメタレベルのコミュニケーションの宝庫だった。

メルッチは,そのプロセスのなかに「調査していること以外の新たな認識も生まれている」事実に着目する。しかしそのためには,「距離の増大でも距離の除外でもなく,きわめて精密に細心の注意を払った接近の能力を生み出すこと,社会調査に恣意やイデオロギーが入り込む余地を縮減することが求められる」と注意する (Melucci 2000＝2014:101)。支援する側とされる側で容易に上下関係へと転化するような「距離の増大」でもなければ,構造的な非対称性を無視した「距離の除外」というユートピア的な状況でもない,距離の取り方が要求されるのだった。

「きわめて精密に細心の注意を払った接近の能力」は,言語化して伝達するのが困難な資質である。それは子どもたちとよい関係をつくれていると感じられるような人や場面から,こちらが「盗んで」習得するしかないものであった。少なくともいえるのは,特定の二者の関係性において発揮される資質であり,状況に応じたうごきを必要とするものだった[7]。

6．「治安強化」の下での同盟

(1) 大人と子どもたちの同盟——ダンス——

「調査していること以外の新たな認識」が生まれつつあったとしたら，それは子どもたちが，自分たちにしかできない存在感を示す瞬間に現れていた。その一つが，団地の祭りといったハレの舞台でダンスを披露するというパフォーマンスだった。その先陣を切ったのは，「湘南ガールズ」と呼ばれた団地で育った外国籍の10代の女の子たちだった。「治安強化」が本格化する直前の2002年の夏，当時中学生だったSbさん・Lsさん・Hdさんの3人は，「聴け！ボーイズ」や中里のサポートを受けながら，団地祭でダンスを披露することに決めた。それは大方の予想を「裏切る」ものだった。というのも，団地自治会が期待していたような「太鼓」でもなければ，彼女たちの両親の出自の国の「アプサラ・ダンス」「カポイエラ」といった民族舞踊でもないからだった。「大人たち」が期待するダンス——ともすれば「コスメティック多文化主義」(モーリス・スズキ 2002：181-196) に陥るリスクをはらんだ「伝統」「故郷」「文化」——は彼女たちによって「否定」され，その代わりに選ばれたのは，アメリカのポップスターのヒット曲（当時流行していたブリトニー・スピアーズのBaby one more time）に自作の振り付けをしたダンスだった。もっとも外国籍の子どもたちに理解があった自治会の人々も戸惑うような提案だったが，「素顔の多文化主義」を受け容れ，彼女たちに舞台を託した。

「湘南ガールズ」のダンスチームは，集会所や公園で練習を重ね，また学生ボランティアの中村と鈴木を猛特訓の末にバックダンサーに仕立て上げた。団地祭当日には，大型トラックの荷台を改造した舞台の上で，真夏にスーツにネクタイ姿で正装をした国際部長Skさんが5人のダンサーを紹介し，ダンスのパフォーマンスを披露した。遠方からでも団地祭には必ず駆けつけてくれる神奈川県各地の「聴け！ボーイズ」たちによるアンコールにも応えて，踊り終え

た。「最初は本当に実現するとは思わなかった」とLsさんが言い，ジュースで乾杯した。

「治安強化」が顕在化し集会所の子どもたちの居場所が縮小していったとき，ダンスが「復活」した。今度の主人公は団地で暮らす外国籍の中高生男子だった。それは全身を駆使して飛び跳ねるブレイクダンスであり，ダンスチームはいつの間にか集会所の一角をダンスの練習場にするようになった。学生ボランティアは，「勉強をしない」でダンスの練習をする子どもたちとどう接したらよいか，躊躇や戸惑いを抱えながらも，脇からサポートしようと思った。

記録を辿ると，2004年12月頃から，室内でサッカーをやっていた男の子たちがブレイクダンスをやり始めた記述が見つかる。それは一過性のものではなく，その後何年にもわたって続くことになる。「前例」となった「湘南ガールズ」たちのダンスをどこから見ていた男の子たちは，2005年の団地の秋祭りで，踊りを披露することを決めた。

「ふれあい祭り何かやらない？」と聞くと，Poくんが「ダンスやる」と言う。「ダンスやるべ，やるべ」とPoくんをリーダーにして，たちまちそこにいた男の子5人によるダンスチームが結成された。「ステージある？」と聞いてきた。ステージはない。「じゃ，ストリートだ。下にダンボール敷いてやろう」と決まっていく。チーム名は「チーム・アジア」「チーム・湘南」「シュウカイジョ・ダンス」などが候補となる。Poくんは「ここにいるやつはみんなアジアだしな。アジアとダンスとシュウカイジョ（集会所）の三つを組み合わせたい」と思案する。ダンスチームの名前に「シュウカイジョ（集会所）」が要素となることが驚きだった。「シュウカイジョ」という言葉は象徴的な意味を持ち始めているようだ。

Poくんにはかつて「湘南ガールズ」のLsさん，Hdさん，Sbさん，鈴木さん，中村さんのダンスチームのことが記憶に残っているようだった。「Lsたちの曲なんだったっけ？」と鈴木さんに聞いたりしていた。かつての団地祭での「先輩たち」のステージは，一つの「見本」となってい

るようだった。　　　　　　（2005年10月17日：Iw くんのフィールドノーツ）

　以前のダンス・パフォーマンスから変化していたのは，教室を取り巻く社会と自治会の環境だった。「プロジェクト」のメンバーには，手続きの不備という理由で，日本語教室の秋祭りへの出店とダンスの参加を中止するよう，自治会と国際部から伝えられた。これまでの祭りでは，「プロジェクト」の参加は，形式的な書類手続きではなく，国際部長との個人的な関係をパイプに慣習的に行われていた。「プロジェクト」のメンバーはこれまで通りのやり方で参加を打診したが，この年は手続きの不備を理由に参加見送りとされた。
　この自治会の決定を「日本語教室の排除」と判断した鈴木や Iw くんのような学生ボランティアがいる一方で，メンバー間では異なる受け止め方があった。たとえば，中里は「『正規の手続きをふめ』と言われたのですから，私としては，それだけ日本語教室はもう当然のこととして受け入れられ，集会所にかかわる1団体として認められたのだなという確信だけ，感じます。これまでは1団体として認めてもらうために祭りを利用したけれど，もうその必要は無い，ということだと思います。やっと，荷が下りたと思っています」と述べた。この時期，新体制の自治会と日本語教室の関係は，初期のものとは大きく変化していた。「口約束」「信頼関係」といったパーソナルな結びつきが強かった初期の在り方から，「書類」「手続き」といったよりフォーマルな形態に移行していた。
　それでも自治会には「団地祭は子どもたちのために」という思いが残っていたようだった。最終的に，祭りへの教室の出店は中止になったものの，子どもたちのダンスには理解を示した。国際部長は「本当は当日のダンスも中止ということになるはずだった。だが，ダンスは子どもたちが練習してくれているし，盛り上げてくれるのはかまわない。ダンスだけはやってもらいましょう」と述べて，ダンスの開催を許可した。
　祭りの当日は，中学生ダンサーたちが主人公となり，学生ボランティアは脇役として舞台裏に徹した。ダンスの一部始終は，高校の Tn 先生がビデオカメ

ラで撮影した。かつて「日本語の勉強以外で子どもは来ないで欲しい」と言っていた国際部長の Tm さんは，すでにその役職を降りていたにもかかわらず，団地の一斉放送で子どもたちのダンスの「客寄せ」をしてくれた。学校では「問題児」とされるダンサーもいたが，滑るブルーシートの下にダンボールを入れた急ごしらえの舞台で，一生懸命に全身で踊る姿は，それより歳の小さい子どもたちを魅了した。

　本日，湘南団地にてふれあい祭りが行われました。日本語教室の代表として出場した5名の中学生ダンサーたちは，2週間の準備期間という厳しい条件なかで今日を迎えましたが，本番は時計塔脇のメインストリート真ん中で飛んだり跳ねたりして周囲の強烈な注目を集めていました。ここ1週間は集会所や公民館，本番当日前は公園で練習していたのだそうです。時間通り11時には集合し，付近のスーパーで調達したダンボールを張り合わせ，手製の舞台をつくりました。12時過ぎ頃，部活の試合を終えて駆けつけたリーダーの Po くんが合流。本番直前には，以前の国際部長だった Tm さんによる団地の一斉放送でダンスの開催がアナウンスされました。小学生や中学生の観客が舞台の周囲を陣取り，遠巻きに大人が観賞しているなか，13時半からダンスが始まりました。彼らが選んだダンスミュージックにあわせながら，チームで踊るダンス，個人技，ペアで踊るダンスなどを披露し，途中休憩を挟みながら最後まで踊り通しました。舞台片付けを終えた後の反省会では，本番で照れが出たことで自分たちのダンスができなかったことを悔しがり，来年の団地祭ではもっと精度を上げて再挑戦すると意気込んでいました（なお散会した後も近くの公園にダンスの練習をしに行ったようです）。本番前にはメンバー内で険悪な雰囲気になることもありましたが，不思議なチームワークでまとまっています。リーダーとして先頭に立つ人，裏舞台でみなを説得してまとめる人，おふざけが抑えきれずにいつもリーダーに怒られる二人，寡黙に自分の持ち場をこなす人から成る個性豊かなダンスチームです。今後の活躍に注目です！

(2005年10月30日：鈴木がメンバーに送ったメール)

しかし彼らの考え出したダンスによる場所の確保は，翌日にはすでに危機にさらされた。というのも，自治会は，団地祭というイベントでのダンスには許可を出したが，通常の日本語教室でダンスの練習を続けることに難色を示したからだった。翌週の自治会の決定により，教室でのダンス練習は原則として，禁止となった。集会所は，日本語を学習する場として貸与しているという自治会の見解が繰り返された。自治会の要請と子どもたちの要求の間で窮地に立たされていると感じた学生ボランティアに対して，新原はこのようなアドバイスを送っていた。

　Ky会長の頃から，団地生活を潤滑にするための日本語教室をする役割のみ果たしてほしいという力が働いていました。つまり，子どもは管理されるべき対象だったわけです。しかし他方で，遠方から来てもらっているという敬意がありました。
　現在は，団地外からの「治安強化」のプレッシャーがあることと，過去の経緯をしらない役員の人たちは，自分の思い通りに動く駒であるべきだという考えを露骨に出して，力づくで言ってくるところもあります。しかし，役員の人たちも一枚岩ではありません（以前の国際部長のTmさんは相対的にいい方です）。「場所を貸しているのだから支障なく管理せよ」vs「遠くからわざわざ来ているのだから団地住民との調整はそちらで」となると完全な決裂となります。Ky会長の時は一定の信頼関係があったので喧嘩もできましたが，いまは困難です。かといって，唯々諾々と，相手の言うとおりになることもできません。
　真っ正面からいくのでなく，かわしたり，すかしたり，すりぬけたりする技が必要となります。当面はこのように言っておいてください。「私たちは，Auさんのように，日本語を真面目に勉強したいという大人の人たちに日本語を教えに来ています。しかし，この場所に子どもが来ることを

コントロールする力はありません。部屋に入ってきた子どもたちに『ここであまり遊ばないでね。勉強の邪魔をしないでね』とやんわり言うことはできますが，それ以上のことは，役員の方たちになりかわって，地域住民全般の管理運営をする力はないことをお含み置きください」「代表を出せということにふつうはなると思うのですが，上下がはっきりしていなくて，みなゆるやかにつながり集まっているので，責任を持って，誰かが判断したり意見をとりまとめたりするのが難しいので本当にすいません」。

「それではもう貸せない」という最後の言葉を言われる可能性がありますが，「まあじんわりと努力しますので」と鰻のようにぬるりと逃げてください。

そのうえで，子どもたちには，どのようにして，練習場所を確保するのか（他の場所を確保するのか，集会所をゲリラ的に占拠するのか）等を考えてもらうといいと思います。一定の方向に導くことはしないほうがいいと思います。いまの状況では，ダンスを盾にとられて，これまで創られてきた場所がなくなる可能性があることも伝えておいたほうがいいと思います。そして，子どもたちの先輩であるAuさんたちの自助努力によって，いまの場所は創られてきたこともできれば伝えたほうがいいと思います。

好きなこと言ってすいません。　　　（2005年11月13日：新原のメール）

高校のTn先生はこのような返信で集会所を支えていこうとする。

　ダンスの練習はいずれこうなるだろうと思っていました。子どもたちと知恵をだしあい，何とかすり抜ける方法を考える必要がありますね。一枚岩だと崩されやすいですから，各自，エチゼンクラゲ的対応がよいと思います。集会所は子どもたちのエンパワーメントの場所です。「学校」でさえ「総合的学習」というのをやっているくらいですから，いわゆる「勉強」はそのごく一部分でしかない。それにしても，「圧力」が直接子どもたちに及ばないようにうまくやることですね。今度ゆっくり相談しましょう。

(2005年11月13日：Tn先生のメール)

　おそらく，「治安強化」の時期に教室運営の中心を担った学生ボランティアたちに最後まで欠けていたのが，「鰻のようにぬるりと逃げて」「エチゼンクラゲ的対応」で応じる想像力と実行力だった。他方で，状況を理解した子どもたちは，他のスペースを見つけ出しては，ダンスの練習を続けた。まさに「鰻」「エチゼンクラゲ」のように動いては，自分たちで練習場所を探し出した。その成果を団地祭や学校の文化祭で披露するようになった。

　日本語教室に訪れた「2代目」ダンスボーイズの中学3年生の男子は，近況をこのように話してくれた。彼は「初代」ダンスガールズのSbさんの弟だ。彼を含めたダンサーたちは，今，忙しい部活の練習の合間をぬって，今年の団地祭にむけて練習に励んでいる。中学校では，ブレイクダンスは正式なクラブとして承認されていない。国際課の先生をつかまえて説得しては，学校のホールを使って練習しているという。湘南地区の公民館でも練習をしているらしい。そして団地の集会所でも仲間と話をしながら，ダンスの見せ合いをしている。彼らはダンスをしながら，ダンスの話し，女の子の話，サッカーの話で楽しんでいる。彼は今年高校受験を控えている。湘南市の工業高校への進学を希望している。

(2006年5月8日：鈴木のフィールドノーツ)

　2007年の夏の団地祭では，「2代目」ダンスチームが舞台でブレイクダンスを披露した。以前のようなアスファルトにブルーシートとダンボールを敷いた急ごしらえの舞台ではなかった。団地のシンボルタワーである時計塔下の交差点に停車した巨大トラックの舞台前がステージだった。それは団地のなかで正式に認められたパフォーマンスであることを意味していた。そこにはダンス専用のマットが敷かれていた。「これはおれたちの先輩が買ったもので，高校に寄付してくれた。それを借りてきたんだ」とダンスチームのリーダーは大事そ

うにマットを触りながら言った。2年前の中止寸前までいったときの団地祭で，誰もがしり込みするなか，貼り合わせのダンボール舞台で踊った「初代」ダンスチームのことが想い出された。披露されたダンスの精度は高く，見るたびごとに上手になっていた。初代ダンスガールズの Sb さんはビデオカメラで弟の雄姿を撮影していた。彼らのダンスからは「おれたちは，ここにいる！」という強い存在証明が伝わってくる。真夏の日の一番熱い 15 時に，ダンスで祭りを盛り上げる。かつてダンスの練習に難色を示していた自治会の方からは，「彼らへの差し入れに」と手で抱えきれないほどのジュースとお茶を持ってきて下さった。

7．日本社会で生きていくということ

　2000 年代末以降，日本語教室はごく少数の地域ボランティアによって運営されるようになった。教室運営を担っていた学生ボランティアは，就職，転居，大学院進学といった新たな生活環境のなかで集会所に通えなくなり，次第に湘南団地から足が遠のいていった。慢性的な人手不足により，2010 年以降には，「湘南プロジェクト」の日本語教室を閉じるか否かが話し合われた。しかし，数名の地域ボランティアと外からのボランティアである高校教師の Tn 先生の尽力と意向により，小規模ながら教室を続けていくことに決まった。

　「治安強化」の風潮が強まった時期に集会所に通っていた「子どもたち」は，各々の道を歩んでいった。県内の高校に進んだ者，大学まで進学して周囲を驚かせた者，工場で働いている者，夜の職業に就いた者，危険な仕事に手を染めてしまいみなを心配させた者など，ときおり耳にする便りで知った。また教室に通っていた個々人のパーソナル・ネットワークを通じて，連絡を取り合うこともあった。

　2011 年の年始には，Tn 先生から教室の様子を伝える便りが，新原と中里と鈴木と Fn くんに届いた。

年賀状ありがとうございました。いつも気にかけていただき感謝しています。湘南団地では，20日が昨年の最後の教室でした。Hさんのお孫さん2人を会わせて7人の子どもたち。昔日の喧嘩はありません。団地から近い湘南地区の場所に，外国につながる子どもたちの居場所をつくるフリースクールが開設されているのですが，Rsたちはそちらで「活躍」しているようです。教室では，時にAuさんが顔をだします。Nyくんが今年大学受験です。彼は小学校教師をめざして教育学部に進学することを目標に猛勉強しています。「帰化」した彼に，「でも，外国にルーツを持つことがこれから君の最大の強みになるんだ」と話をしたことがあります。

（2011年1月6日：Tn先生のメール）

　ベトナムを出自とするAuさんは，「プロの日本語教室」が崩壊した後の「自然発生的教室」を支え，その後も長期間にわたって教室を支え続けてきた。息子のNyくんは，両親が仕事後に教室で日本語を勉強したり，休日には団地祭の出店を切り盛りしたりする背中をみながら，湘南団地のなかで幼少期から青年期を過ごしてきた。2012年には，その彼から久しぶりの便りが届いた。残念ながら大学受験では思うような結果とならなかったが，アメリカに語学留学をすることになったこと，アメリカでの勉強が終わったら日本に「帰って」きたいことなどがつづられていた。そしてかつて教室で時間をともにした人々にも思いを馳せていた。次のようなやり取りがなされた。

　ご返信ありがとう。大学受験の経験，とても辛かったでしょう。友達がうらやましくみえるのも痛いほどわかります。Nyくんのこの悔しさ，寂しい気持ち，一生懸命がんばったからこそ，すぐには消えてくれないのも無理ありません。でもそのことを率直に受け止めようとしているNyくん，それは強さです。その暗闇から，この受験で何を得たのか，しっかりと見定めようとしているNyくん，悪いことばかりではありません，それは確固としたあなたの強みです。だれにでも向き不向きがあります。要領

のよさだけでは，人は信頼してくれませんから。またNyくんはよく気が付くという感受性もあります。それに礼儀正しさもあります。それはやさしい子ども思いのお父さんお母さんとのかかわりや，部活などで身に付けた力なのかもしれないと，私は思っています。

　大学に行ったとしても，その後の将来はやはり自分で探さなければいけません。あの頃に通っていた学生ボランティアもそれぞれの道を探しています。Twくんは，大学院を中退して，お笑い芸人をめざしていると聞きました。Iwくんとは久しく会っていないけれど，いま何を自分がやるか，大学院で探しているところだと思います。Nsさんは，いまは有機野菜をつくるところで農業をしています。

　そしてFnくんは，数年前に大きな病にかかってしまい，いまも病気とたたかって入院しています。何万人に一人の難病にかかってしまい，「なんで自分だけが」と苦しみ，私も見ていて本当に悔しい思いです。でもいまFnくんはこの病気とたたかおうとして，逆に私たちが励まされています。きっといまのNyくんの苦しみや悔しさをよく理解してくれる人だと思います。　　　　　　　　　　　（2012年5月2日：鈴木のメール）

かつて教室に通っていた学生ボランティアのFnくんが重い病にかかっていることを知ったNyくんは，その後にすぐにFnくんに便りを出した。

Fnさんお久しぶりです。俺のことまだ覚えていますか。
　俺も気が付いたら今年で二十歳です。先生に会ってからもう十年近く経ちますね。俺は高校のとき大学受験に失敗して，一浪して予備校に通って必至に勉強しましたけどまた全落ちしました。なんか努力が水の泡になった感じでした。そのときはものすっごく落ち込みました。
　でも鈴木さんからFnさんの難病のこと聞きました。Fnさんの難病のことを聞いたら，受験で失敗したぐらいで落ち込んでいる自分が馬鹿に見えてきました。そして自分に転機が来たのか，アメリカで語学留学すること

になりました。新天地でまた頑張ろうと思います。だからFnさんも頑張って病気を治してください。
俺と集会所に来た先生方もFnさんの病気が治ることを祈っています。
6月に向こうの学校の関係者の人たちに会って、日本に戻ってきて12月にまた向こうに行って、1月に正式に向こうで勉強することになります。
あんなに勉強嫌いな自分がまだ勉強を続けていること自体驚きです。でも一つ残念なのが一生に一度の成人式に出られなくなってしまったことです。でも長期間アメリカにいることになるので向こうでまた気持ちを切り替えて一生懸命がんばって勉強して大きくなって日本に帰って来たいと思います。

Fnくんは、他の学生ボランティアと同様、子どもたちとの距離に悩んでいた一人だった。彼は、ボランティアが少なくなった時期に頻繁に足を運び、子どもたちの機微に迫る観察と配慮を示し、子どもたちから信頼の得るようになっていった。当時中学生だったNyくんは、Fnくんに手加減した攻撃をしながらも、言葉や行動の背後にある声を聴こうとしていた彼の姿が脳裏に刻み込まれていたのだろう。
大手術を控えた前日、Fnくんは病床にパソコンを持ち込み、Nyくんに宛てて「エール」を送った。

こんばんは。ご無沙汰してます。心のこもった暖かいメールいただきまして、ありがとうございます。
文面からNyくんらしい真面目さと優しさを読み取ることができ、体も心も日々成長していくあなたの姿が鮮明によみがえってきました。
Nyくんのことなので一心不乱に大学受験に取り組まれたことと思います。その分結果がついてこなかったことは、すごく悔しかったのではないかと想像します。新たな道に進むことになったことは当初は予想外だったかもしれませんが、現在は自分自身の進むべき道として語学留学を選ばれていることにNyくんのたくましさとしなやかさを感じます。自分が置かれた

状況で，失敗しながらでも自分を信じて精一杯頑張れば必ず次の道が見えてくると思います。焦らずじっくり充実した語学留学を果たせることを心から祈ってます。

私は現在胸腺腫というガンと重症筋無力症という病気の治療で入院しております。明日は再発した胸腺のガンの摘出手術です。そのあとは抗がん剤治療を受ける予定で，おそらく今年の10月くらいまではほぼ入院生活をすることになると思います。3年前に病気がわかってから，鈴木さん，中里さん，新原先生，Tn先生，Nsさんをはじめ，多くの人に数えきれないほどの，また感謝しきれないほどの言葉や気持ちの贈り物をいただきました。励ましてくださる方々の顔を想起し，決して自分ひとりで生きているのではないということに想いを馳せることで，絶望的な状況から何度も立ち直ることができました。どんな時も必ず自分を支えてくれる人はいます。そのことのありがたさと心強さを感じることが自分自身の勇気につながっていくのだと思っています。

Nyくんも異国の地でつらい状況に追い込まれることがあるかもしれません。そのときはどうかみんなのことを思いだしてください。英語を教えることもできないし，私にできることなどほとんどないかもしれないですが，何かあったらいつでもメールをくださいね。

メールを送っていただき，本当にありがとうございました。

明日の手術はきっとうまくいきます。多くの人とのつながり，気持ちが成功に導いてくださると信じています。どうかご心配なさらないでください。必ず病気は治します。私よりも何倍もたくましく成長したNyくんに会える日を心待ちにしております。

アメリカに行ってもどうか無理だけはなさらないでください。体は大切にしてくださいね。それでは，Nyくんのご多幸とご活躍を心からお祈りしてます。

追伸　お母様とお父様にもくれぐれもどうかよろしくお伝えください。

集会所で子どもたちと向き合い，自分自身とも向き合おうとしたFnくんは，それから1年後の秋に，私たちを残して逝ってしまった。彼がNyくんへの便りを通じて伝えようとしたのは，Memento mori carpe diem… 死を憶えて，1日1日を大事に摘み取ろう，というメッセージだった。それは学生ボランティアが，教室の「大人」や「子ども」たちから学んだことだった。苦闘，悲しみ，痛み，よろこび，無念，後悔，配慮あふれる気持ち，心遣い，想い，祈り，すべてを抱きしめて，たとえ壁に直面しても，限りあるいのちを精いっぱい燃やして，1日1日を大事に，というあの場で出会った人々と自分自身に向けた「エール」だった。

8．おわりに——「日本語教師のいない教室」という"もうひとつの大学"——

本章では，日本社会で「治安強化」が進行した2000年代前半から後半において，「日本語教師のいない教室」で起きた出来事を描いてきた。そこではとくに教室に集う子どもたちと学生ボランティアの関係性の変化に焦点があてられた。間違いなく言えるのが，学生ボランティアにとって「日本語教師のいない教室」は，"もうひとつの大学"だった。そこでの「先生」は，団地自治会の人々であり，「プロジェクト」のメンバーであり，教室の「大人」たちであり，「子どもたち」だった。「教室」は，集会所の隅であり，廊下であり，外の階段だった。そこで学んだことは，日本社会で生きていくとはどういうことかということ，そして関係性は常に変化する可能性をもつ，ということだった。「在日日本人」の学生ボランティアと外国籍の子どもたちの間には，いくら距離を縮めようとしても，社会の構造的な非対称性が存在した。しかし，これから日本社会でどう生きていくかを決定しなければならないという点では，共通するものがあった。「外国人」とされる出自や，家庭や学業の事情から，多くの子どもたちは高校進学の壁に直面した。それゆえ彼らはすでに大学生以上に「社会に出る」ことに鋭い感覚をもっていた。働いて自活している10代の青年た

ちも何人もいた。そういった意味では,「子ども」たちのほうが大学生よりも「人生の先輩」の側面があった。「よい成績」「よい大学」「よい就職」を常に周囲から期待され,また自らもそれを望むような性向と無縁ではいられず,小集団内の承認獲得のゲームにいくども拘泥した学生ボランティアたちは,教室での接触から痛みをもって学ぶなかで,異なった価値観の葛藤に悩み,苦闘し,次第に将来の指針を決めていった。子どもたちは,よき相談者であり,導き手 (mentor) だった。

「湘南プロジェクト」の多文化共生は,多文化"共成 (co-becoming)[8]"とでもいうべきプロセスだった。それは,「観察者と対象者」「日本人と外国人」「大人と子ども」「先生と学習者」といったカテゴリーや地位や役割がたえず流動化していくなかで,いくども交わされる対面的な接触を通じて,「否定」の力を伴った気付きの末にようやく,相互浸透が生じ,他者理解と信頼関係が築かれ,お互いが共に (co-) 生成していく過程 (becoming) だった。そうした「相互」「共に」の理解は,二者間で共時的に起こるものではなく,時間的なズレを伴って起こる変化だった。「生成 (becoming)」が,どの方向へ向かうのか,そして,いつ起こるのかを予見するのは困難である。しかしながら,本章の出来事が示しているように,当初は予想もしなかったかたちで変化が起こることがあり,それは現状の「否定」として,時間と空間のズレを伴いながら,個々人の認識と行動を変える気付きや理解をもたらし,ひいては関係性の変化につながるものだったのである。

注

1) ここで「接触（contact）」は，三つの特徴を持った対面的な相互行為としてとらえられる。第1に，「まったく異なった文化」が物理的な遭遇と接触を交わすことを意味する。そうした対面的な相互行為が実際に起こっている場面に着目する。第2に，そこで成立する関係が「しばしば高度に非対称的」であり，それは「支配者と被支配者」「植民地化する側とされる側」として構造化されていることである。それゆえ，観察され記述された相互行為の構造的な拘束は何かという問いを設定することができる。第3に，「根本的に非対称的な権力関係のなかで」構造的な不平等があるにもかかわらず，「分離」ではなく，「共−在，相互作用，理解と実践の重なり合い連なりと結びつき」の観点から，「植民地化する側とされる側」の関係性を扱うことである。共通点などまったくないかに見える未知の接触・遭遇のなかに，共通の意味付けを行うことの可能性を見出そうとする。ここでは，第2の特徴を看過せずに，相互行為にのしかかる構造的拘束をとらえた上で，フィールドで観察される相互行為のなかに関係構築の対等性の萌芽を記述していこうという方向性が示される（Pratt 2008 [1992] : 7-8）。

2) 「在日日本人」というカテゴリーの構成要素は，（杉本・マアオ 1995 [1982] : 297）の考察に依る。

3) 日本語教室のなかでボランティアが社会統合の代理人の役割を果たす点について，イタリアの精神科医 F. バザーリアによる精神病院の「否定（negazione）」から大きな示唆を得ている（Basaglia 1998 [1968]; Zanetti e Parmegiani 2007; 鈴木 2007; 鈴木 2015）。精神病院の社会的機能を看破した『否定された施設』（Basaglia 1998 [1968]）の前書きで，F. オンガロ・バザーリア夫人は以下のように要点を紹介している。

　「『ノー』と声をあげることから，すべてが始まった。[『否定された施設』の]序論部分のなかで，フランコ・バザーリアは実験的試みの端緒の意義をこのように要約している。

・私たちは，自らが社会の代理人になることを弁証法的に拒否する。それは私たちに病人を人間以下の存在とみなすように要請するものだ。そして，自らが社会の代理人であることを拒否しながら，病人が人間以下の存在だということを拒否する。
・私たちは，病気の最終形態として，病人が人間以下の状態に成り果てる過程を拒否する。非人間化による破壊がどの程度進行するかは，収容所，施設，そこでの無力化と押し付けによるものだと私たちは考える。そうした施設内の暴力は，私たちを，社会システムが依拠する暴力，不正，無力化へ送りだすものだ。
・脱・精神医療化というのは，私たちの根本的な動機を表すものともいえる。それは未だコード化も定義もなされていない場で行動するために，あらゆる整理図式を括弧に括る試みである。始めるためには，私たちを取り巻くすべてのもの——疾病，社会の代理人，役割——を否定することはできない。否定するのは，私たちの行動のなかですでに一定の含意を与えうるようなものごとすべて

である。社会の代理人であることを自ら否定するその瞬間，私たちは不治の病に侵された病人という考えを拒否する。それによって，単なる看守として，また，社会の安寧の保護者として私たちに課された役割を拒否するのだ。
・私たちは病気を考慮に入れないわけではない。そうではなく，一人の個人と関係を築くために，当人を定義するレッテル貼りとでも言いうるものから独立してその人を位置付ける必要があると考える。私が「この人は『統合失調症患者』だ」（様々な文化的理由のために，この用語に含意されていることにもかかわらず）と言った瞬間，統合失調症という病気への解決の手立てが何もないことを痛感しながら，私は彼と特殊な在り方でかかわることになる。すなわち，私のかかわりは，ただ彼に相対する者によって「統合失調症的だ」とされた側面だけに限られ，そのように予期された当人との関係に限定されたものになってしまうだろう。このために，病気を括弧で括りながら，彼に歩み寄ることが必要になる。なぜならば，症候の定義というものが，今となっては価値判断の効力を持っており，病気自体の本来の意味を越えたレッテル貼りの影響力を有するからである。診断は，病人がどのような病状にあるかを否定するものではないにもかかわらず，差別的な判断を下す効力を持ってしまう。これが，病気を括弧に括ること，定義とレッテル貼りを括弧に括るということで，私たちが意味することだ。重要なのは，その人が私にとって一人の個人であること，その人が生きている社会的現実とはどのようなものか，当人と現実との関係はいかなるものであるのかということについて，意識を覚醒させることである。

　　この否定に基づいて——それは抽象的な定義に没入し，何かとそうした否定の責任を放棄している精神医療が実行する，精神障害者の否定を拒否するということである——，すべての勝負が行われる。それは，施設，レッテル貼りとしての病気，精神医学，ヒエラルキー，役割，社会を巻き込んだ根本的な否定に及ぶものだ。その出発点となったのは，『あらゆる面で行われる退行，病気，排除，施設化の源泉としての』権力を産み出すものは何かという分析だった」（Basaglia 1998 [1968]：3-5）。
4) 日本語教室は，地域における日本語学習の場だけではなく，国家における難民の実態を把握する場にもなっている。たとえば，2004年度に難民事業本部が開催した連絡会議では，「条約難民」が中心的な議題となった。「もし各団体の日本語教室に『条約難民』と思われる人が来ていたら，事業部に教えて下さい」と事業本部の職員は，出席した日本語教室の各代表に何度も周知した。「条約難民」は，自国での政治的・宗教的迫害などの理由によって国外での保護が必要と判断され，法務省が難民認定した人々である。日本国内での条約難民の動向を追跡して把握するために，日本語教室は条約難民に関する情報を提供する場として機能している。そのような意味では，日本語教室のボランティアは，難民の情報を提供する社会の代理人という役割を担うことになる。
5) 本節の内容は，（鈴木2007；Suzuki 2015）を基に記述と考察をあらためて行った。
6) 「解決主義的アプローチ」と「聴くことのアプローチ」の根本的な姿勢の違いに

ついて，メルッチが論じている（Melucci 1996＝2008：81）。聴くことをさらに発展させた考察は，（Melucci 2000＝2001）を参照。
7)「きわめて精密に細心の注意を払った接近の能力」の内実について，かつてメルッチが精神療法／心理療法について述べた知見が想起される。セラピストと患者の関係は，日本語教室における学生ボランティアと外国籍の子どもたちの関係として読み替えることができるだろう。「療法的な状況というのは，聴くことと歓迎することにかかわっていて，苦痛が否定されるのではなく理解されるような空間と時間に根ざしたものである。聴くことは，精神的な悩みを表現することを勇気づけ，拡げることにつながるのだが，かといってある理論に影響を受けないで聴いたり，この患者を助けてあげたいという欲望に溺れてしまわないように聴くというのは，セラピストにとっても至難の業である。精神療法／心理療法とは，二人の同意した人間からつくられるプロセスなのである。この自由がなければ，治療の状況というものは存在しない。この状況が立ち現れるのは，一方でそのような状況を甘受しようとする人がおり，そしてそれと同時にその関係性のなかのもう一方には，彼女／彼自身がもつ目標，様々な期待，恐れをともにするセラピストがいる場合においてのみである…精神療法／心理療法の成功を決めるのは，セラピストと患者の間での（持続した）出会いの質によるのである。つまり，成功するセラピストの重要な特徴には以下のようなものが含まれている。まずは，信憑性（authenticity），すなわち，セラピストが彼女／彼自身の近くにあって，彼女／彼の私的な欲求と目標に気づいているということである。そしてまた，他者を受け容れるということ，すなわち，セラピスト自身が患者にとって代わってやろうという全能感からくる野心がないということ。さらに，聴くことの力であり，『病者（sick person）』である彼女／彼の不安を声にするための時間と空間をつくる力である。患者にとって鍵となる療法の変数は，自分自身の弱さに立ち向かう力であり，そして実現可能で望ましいものとして変化を受け容れる力である。すなわちこれは，『弱さのなかにある強さ』であり，自分自身の資源を頼みとしつつも同時に自身を他者に託すこの力は，療法のいかなる成功においても決定的な要因であろう」（Melucci 1996＝2008：123-126）。子どもたちは学生ボランティアにとって「日本語教師のいない教室」における「先生」でもあった。それゆえ，子どもたちが「セラピスト」であり，学生ボランティアが「患者」であるという，療法的な関係が成立することも多々あった。
8)"共成"という造語については，イタリアの島嶼地域であるサルデーニャ，間国境地域であるフリウリ＝ヴェネツィア・ジューリアで行った共同研究『21世紀"共成"システム構築を目的とした社会文化的な「島々」の研究』から大きな示唆を得ている（新原 2007b）。

引用・参考文献

Basaglia, Franco, (a cura di), 1998 [1968], *l'istituzione negata: Rapporto da un Ospedale Psichiatrico*, Milano: Baldini & Castoldi.

外国人差別ウォッチ・ネットワーク編，2004『外国人包囲網――「治安悪化」のスケープゴート』現代人文社．

Melucci, Alberto, 1996, *The Playing Self: Person and Meaning in the Planetary Society,* New York: Cambridge University Press.（＝2008，新原道信・長谷川啓介・鈴木鉄忠訳『プレイング・セルフ――惑星社会における人間と意味』ハーベスト社）

――――，2000, "Sociology of Listening, Listening to Sociology".（＝2001，新原道信訳「聴くことの社会学」地域社会学編『市民と地域――自己決定・協働，その主体　地域社会学年報13』ハーベスト社）

――――，2000, "Verso una ricerca riflessiva", registrato nel 15 maggio 2000 a Yokohama.（＝2014，新原道信訳「リフレクシヴな調査研究にむけて」新原道信編著『"境界領域"のフィールドワーク――惑星社会の諸問題に応答するために』中央大学出版部）

Morris-Suzuki, Tessa, 1998, *Re-Inventing Japan: Time, Space, Nation*, New York: M.E. Sharpe.（＝2014，伊藤茂訳『日本を再発明する――時間，空間，ネーション』以文社）

モーリス＝スズキ，テッサ，2002『批判的想像力のために――グローバル化時代の日本』平凡社．

新原道信，2007a「未発の「第二次関東大震災・朝鮮人虐殺」の予見をめぐる調査研究」科学研究費補助金基盤研究（C）調査報告書（研究代表者・新原道信）．

――――，2007b「21世紀"共成"システム構築を目的とした社会文化的な"島々"の研究」科学研究費補助金基盤研究（B）調査報告書（研究代表者・新原道信）．

奥田道大・田嶋淳子，1995『新版　池袋のアジア系外国人――回路を閉じた日本型都市ではなく』明石書店．

大江健三郎，1995『あいまいな日本の私』岩波新書．

Pratt, Mary Louise., 2008 [1992], *Imperial Eyes: Travel Writing and Transculturation*. Second Edition. London: Routledge.

湘南プロジェクト編，2000『多文化共生コミュニティにむけて――湘南団地での取り組み』

杉本良夫，ロス・マアオ，1995［1982］『日本人論の方程式』ちくま学芸文庫．

鈴木鉄忠，2007「地域社会の『治安強化』『隠れた権威』に対置する主体――湘南団地におけるコミュニティ形成プロジェクトへの参加型調査を元に」新原道信『未発の「第二次関東大震災・朝鮮人虐殺」の予見をめぐる調査研究』平成17～18年度文部科学省科学研究費補助金基盤研究（C）報告書（研究代表者・新原道信）．

鈴木鉄忠，2015「"二重の自由"を剥ぎとる施設化のメカニズム――F. バザーリアの精神病院批判を手がかりに」『中央大学文学部紀要』社会学・社会情報学25号（通巻258号）．

Suzuki, Tetsutada., 2015,"Libri inediti dei tanti 'Marco Polo'. "Melita, Richter,

(a cura di), *Libri Migranti*, Isernia: Cosmo Iannone Editore.
鶴見和子，1997『日本を開く――柳田・南方・大江の思想的意義』岩波書店。
Zanetti, Michele and F. Parmegiani, 2007, *Basaglia: una Biografia*, Trieste: Lint.
（＝2016，鈴木鉄忠・大内紀彦訳『精神病院のない社会をめざして――バザーリア伝』岩波書店）

第 6 章
「聴け！プロジェクト」のうごき
──『聴くことの場』ふたたび──

新 原 道 信[1]

　日本の都市で現在を生きる少年少女たち。在日コリアン，イラン人，中国からの帰国者，カンボジアからの「定住難民」，上海からきた中国人の息子，日系南米人，学校から排除された在日日本人…，日本で暮らす中であいことなる異文化体験をもつ彼ら。日本人がつくる「純粋で正式で由緒正しい日本社会」という観念から見たなら，彼らは「他者」だ。他者，異人，異邦人，外国人，ガイジン，よそもの，半端物，片居の者，ろくでなし……。いわれのない理由で「完全な」「ちゃんとした」ひとたちからはじき出されている（？）とついつい自分でも思ってしまう。卑屈な自分。ザラツイタココロ。こんなみじめな自分を知りたくもないし，考えたくもない。できれば別のものに生まれ変わりたい。強いものにあこがれる。誰かを殴りたい衝動にかられる。陽気な自分。おだやかな自分。意識的に相手が期待する「他者」を演じる自分。突然わきあがるパトスの塊。

　不思議な場だった。彼ら／彼女らとはじめて会ったのに，いままでいちども人前で言葉にしたことのないことがらを語りだした。この社会で他のひとたちと同じ空気を吸い同じ感覚で暮らしているつもりなのに，時として否応なく感じさせられる，マージナリティ，自分の存在の不確かさ，根本的な不安定さ，そのことに気付いておののく自分。この自分に感づいたとき"とも"に出くわした。歳がはなれていても，国籍や民族が違ったとしても，動きの結果ここにいて，そして自分もまた動いていくのだと身体でわかっている"仲間"，この困難な日常を生きる"旅の同伴者"たち。「他者」であるとされている彼ら／彼女らは，じつは「わたし」だっ

たのだ。自分のなかの彼ら。複数の彼ら／彼女らの集合体であるような自分に気付いてドキドキした。ぶざまにおののいている自分というものに関しては多かれ少なかれ身に覚えのある"仲間"たち。そこから発せられる言葉，背後にうずまく想念を身体中の毛穴が感じ取って，こころが安らいだ。台湾の一家がやりくりしている中華料理屋にいってワインを何本も空け，グジャグジャになって帰宅した。途中からの記憶はほとんどない。恋愛についての（けっこう笑える）「悲話」，猥談，ほら話，怒った話，変なたとえ話，わけのわからない格言，そして突然，ものすごく鋭利なナイフで木の生皮に食い込むような切実さで発せられる根元的な問い…。それぞれが自分を語っているのに，その話から様々な情景が浮かんできて，ひとの話を聞いているはずなのに，いままで自分の奥底に埋め込んでいたはずのもの，生み出される寸前に埋葬していたはずの想念が，つきつぎと身体の奥底からわきあがってくる。そこでは相手がどんなことを感じて生きてきたのか，その悲しみ，悔しさ，歓喜，生への衝動を互いに感じ取っていた。なぜか皮膚感覚でわかった。言葉が記号でなく，ひとの想念や感触をつたえる力をもつ瞬間にたちあっていた。絞り出すようにこすりあわせるように，しかし流れるように生まれ出てくる言葉たち。

　翌日まったく別の「ちゃんとしたひとたち」の前で話をした。いっしょうけんめい言葉を絞り出したけれども，その不定形なイメージを聞き手に伝える力をまったく持っていなかった。聞き手の一人は，すでに確定したもののみかたやカテゴリーによって，あやふやな言葉を簡単に包囲していく。発せられた言葉はまだ幼子のようで，「良識ある大人」の世界では，あっという間に整理され組み込まれていく。生まれてすぐに，保存液を注射され，標本棚に整頓されてしまった言葉たち…。

『聴くことの場』「はしがき」（新原・金 1999：1-2）より

1．この社会で「他者」として生きること

　「湘南プロジェクト」も「聴け！プロジェクト」も，社会的痛苦の縮減を可能とする「生存の場としての地域社会」「異質性を含み込んだコミュニティの在り方」の探求を長期目標としていた。そして，このうごきの場に居合わせた

もののなかから，移動民の子どもたちのなかから，「社会のオペレーター」が育っていくための土壌づくりに賭けたいという願望と企図が，活動の「舞台裏」に存在していた。

　本章においては，「湘南プロジェクト」と「伴走」するかたちで試みていた別の願望と企図であった「聴け！プロジェクト」をふりかえる。この「プロジェクト」は，2章などに登場する金迅野，Kt さん，新原らの協業により，神奈川に暮らす「移動民の子どもたち（Children of immigrants）」の潜在力を引き出すための試みであった。立ち戻るべき「うごきの場（Nascent moments, momenti nascenti）」となっているのは，1998年から1999年にかけての『聴くことの場』作成と2001年夏のキャンプである。

　1998年末から1999年にかけて，この時期，国際交流協会で働いていた金迅野とともに，神奈川に暮らす20歳前後の若者たちと冊子づくりを行った。おなじ時期に，湘南団地で出会っていた子どもたちよりは10歳ほど年長の世代であり，湘南の子どもたちの近未来の姿でもあるような若者たちであった。冊子のタイトルは，メルッチ夫妻の著書『聴くことの場――青少年への助言』（Melucci e Fabbrini 1991）からいただいたものだった。メルッチは，「新しい社会運動とアイデンティティの不確定性をテーマとする現代社会理論の旗手」として知られると同時に，アンナ夫人との共同研究で青少年の個々人の内なる社会変動に関する膨大な質的調査と精神療法・心理療法の実践の成果を作品化してきた[2]。同書は，アンナ夫人とともに，心理学の改革運動（「治療主義をこえて」）を引き継ぎ若者への療法的な実践をするなかで，「トラウマを客体化し対処するというシステムから抜け出し，相互的・相補的に，場と関係性を創造する」ことの意味について語られたものである。

　この冊子もまた，「外国人の実態を客観的に俯瞰したり，課題をわかりやすく整理したもの」ではなく，「生の声」を「採集」したものでもなく，この社会で「他者」として生きるとどういうことなのかを，冊子づくりに参加したそれぞれが考えるための場でありそのための関係性だった。

　冊子としての『聴くことの場』作成という「舞台」の裏手で，メンバーが入

れ替わりつつ, その時その場に生起していた（生身の）「聴くことの場」には, 常に男女合わせて 10 数名の若者が出入りしていた。この若者たちは, 外国籍の子どもたちのための「E キャンプ出身者」だった。このキャンプの試みは, 湘南プロジェクトの初期段階を支えてくれた Kt さんを代表とする外国籍住民支援ネットワークと国際交流協会の主催で 1993 年に始まり,「E キャンプ」と名づけられた。当初は, 国際交流事業の一つとして「外国人の子どもたちの声を聴く」ための調査をするという話が持ち上がっていたのだが,「（自分たちの都合で）声を聴きに行くんじゃなくて子どもたちが話したい時に話せる形にしたほうがよいでしょう」と声を発し, 軌道修正をすることに尽力したのが金迅野だった。

このキャンプには二つの目的があった。第一に, 外国籍の子どもたちが抱える不満や悩み, ストレスを吐き出す場をつくること。そのなかで, 子どもたちに, 自分の周りで起こる出来事に耐え, 自分から発言し, 闘う勇気をもたらすことだった。第二に,「日本に来ているからもう幸せでしょう」と思っている日本人スタッフやボランティアに, この社会で「他者」として生きることの苦労を理解させることだった。

必死で働き, 生きる親たちを見て, 自分のことは自分でがんばらなきゃと思ってはいても, 辛さや口惜しさ, 悲しみは, 澱（おり）のように自分のなかに沈殿していき, 時として叫び出したくなる。そんな気持ちを表に出さないまま, なんとかやってきた。でもこのキャンプに来てみたら,「ああ, この国に来た時期も, 事情も, 来た国も, 言葉をちがうけど, 周りから『お呼びでない』と言われながら, もがいている奴が他にもいるんだと思えた。そうしたら, すっと肩の力が抜けて, なぜかぷっと吹き出してしまった」。タイプの異なる「不協の多声（polifonia disfonica）」が参集する場所としての「E キャンプ」は, 子どもたちにとって,「この三日があれば, 残りの一年を生きていける」といわれる場所となった。

交流事業は終了となったが, 援助金が尽きた後も,「E キャンプに育てられた子どもたち」の中から,「キャンプ再建」を目指すものたちが出てきた。

1998年にボランティアグループを結成し，説明会をして「国際」や「異文化」に関心のある日本人スタッフを募集し，大学祭やフリーマーケットで店を出し，自分たちで資金稼ぎをした。「真面目な青年」役のアリ，「ホストをやっていました」と語るディーンなど，「Eキャンプ」を運営する若者集団「E－JAPAN」の「創業者」たちは，容姿端麗，言葉巧みで，バンドを組んだりサッカーをしたりして，後に続く「子どもたち」と日本人ボランティアたちとをつなぐ役割を果たしていた。

　金迅野から紹介された「EキャンプOBOG」（「年長組」）たちと相談し，「この社会で『他者』として生きる『歩く異文化セミナー』の声を聴け！」という「運動（ムーブメント）」の母体として，「聴け！プロジェクト」を始動した。「歩く異文化セミナー」という奇異な言い方をしたのは，この時期，様々なセミナーやシンポジウムが開催され，彼らは「生の声」を語る役割として自分たちが登場させられることへの危機感を持っていた。そして，「俺だって日本人がきらいになりたくなかった」「中一の2学期，かっこいいと思ってモヒカンやった」「国籍そんなに大事とは思わない」「おれの机には『台湾人専用』と自分で彫ってある」「昨日，弟が泣いてた。弟は同級生の友だちがいない」といった言葉に秘められた生命力を，どうしたらそのまま殺さずに届けられるだろうかと考え，すすめていった。

　「OBOG」に集まってもらい，談話や対話を重ねた。何度も集まり，特定のインタビューといった形をとることなく，際限なく話し続け，少しずつそれぞれの考えをまとめていった。それゆえ，断片的な言葉を再編してひとつの冊子にするにあたっては，かかわったすべてのメンバーの膨大な智とエネルギーを必要とした。その後も彼ら／彼女らとの奇妙な友情は続き，冊子づくりのためにきわめて密度の濃い時間をともにした後も，ことあるごとに集まり，キャンプづくりの諸活動や各種の「事故」の後始末などをともにしている。冊子をつくるなかで，ブルデューやメルッチやヘーゲルの話をすると，「なんかそいつら，いいっすね。俺らと似てるっていうか」と話す若者たちだった。この冊子の最後に，参加者と相談し，それぞれの言葉の背後にある想念を編み合わせる

かたちで，以下のような文章を新原が書いた．

彼らは歩く異文化セミナーだ！！

ほとんどの人間はザラザラしたものを感じている．この感覚を鈍磨させて表面上はツルツルにしていくことで，社会とおりあいをつけ，居場所を確保して生き残る．これに対して彼ら／彼女らは，ザラザラなものを調整する能力に著しく欠けており，きわまった「鈍くささ」を持っている．あまりにも鈍くさいため，周囲とおりあいをつける可能性はほとんどないと悟り，途中からは開き直って，これでよいのだ，これでいこうという態度を社会に対して示すようになる．周囲の人々にとっては彼ら／彼女らは，きわめて不安定で愛憎半ばする（ambivalentな）存在である．見てみたいようであり，見たくない存在でもある．できれば存在してほしくない．彼ら／彼女らはまさに「きわもの（際 edge にいるもの）」，歩く境界領域（liminality），歩くどっちつかず（betuixt and between）だ．

複数の境界をこえ，境界線の束をかかえた身体ともに生きざるを得なかった彼ら／彼女らそれぞれの体験は，きわめて個別的でかつ深い．しかしそれぞれがまったくの固有性をもつのと同時に，共通性がないわけではない．第1に，支配的文化にいためつけられたという主観的体験もしくは認識を有している．第2に，強い承認欲求．ただし支配的文化のなかでの承認（その中での地位の上昇）以上に，代替不可能な存在（余人に代え難い）存在となることへの強い欲求をもつ．第3に，構造的には支配的文化の内部の周辺部に位置している（彼岸ではなく内部にいるからこそ驚異とされるのだ）．第4に，本当は「支配的文化」と自分との間に接点をつくる方法を知っているのに，わざと接点を示さず，ひとを動揺・混乱させることに喜びを感じる．

行動パターンの特徴は，不幸を語ること．しかしそれは何かを生み出すための過程として自覚されている．周囲から「病的」だといわれても，方法としての敗者，戦略としての敗者（たとえば山口昌男，鶴見俊輔，鶴見良行

等の戦略）をとる。気合いの入った後ろ向き。つねに複合的に考え，複線的な実践をする（理論においては多様だが，実践においては単様という通常のありかたとはことなる状況を身体的に表現する）。異常なまでの自己愛。その背後にはどうしたら自分を愛せるかという不安がつねにある。自分への執着。生への執着。そして自らの痛みをなによりの財産としている。痛みを愛おしみ，何度もふりかえり，ともに，そのかたわらにあり続けんとして一人立つ（Up standing!!）。

　彼ら／彼女らは，相手に「解答（alternative）」を示さないで，相手の理解を超えた「問い」を安定した場に投げ込む。「問い」の「毒」によって場は流動化し不安定となる。どんな場所にいても，そのひとがいることで，ただそこに存在するだけで，本人も周囲の人もザラザラとしたものを感じる。ただそこいるだけなのに，ひとはその存在を受け容れない（周囲の人間はこの異形のもの，「歩く異文化セミナー」の存在によって，自身の存立基盤が脅かされていると感じ，本能的な拒否反応を示すのだ）。「歩く異文化セミナー」にしてみれば，自身が生存可能な領域がどんどん狭くなっていくような危機感を感じるため，ひとたび開き直ると過剰なまでに生存証明へとむかっていく。

　こうした性向は，周囲との「和解」をかさねるなかでしだいに表面化しなくなり，自分を前に出そうとする力は弱まっていく。しかし前に出なくなったとしても「異形」のものであることから解放されるわけではない。

　しかしそれでもなお，伝わらないかもしれない言葉を発せざるをない。語りえぬすべてを語ることを試みる。表象の不可能性，表現の不可能性，相互承認の不可能性のなかでその可能性を希求する。ときには沈黙の言葉で，表情で，眼で，拳で，身体のあらあらしい動きで，静止で…，身体の奥底から言葉を発する。

（新原・金 1999：47）

2．1999年の『聴くことの場』で発せられた声

　彼らは，日々の「慣習的な行動」（メルッチ）のレベルでは，社会に適合する行動を選択する若者たちだったが，そのこころのなかには，「忍」という文字のように，常にこの社会への批判の「刃」を秘めていた。たとえば，「Eキャンプ」を運営する若者集団「E-JAPAN」の「創業者」であるアリは，自らの苦闘をふりかえり，以下のような文章を書いている。

　　家庭の事情で，故郷のイランの街を出て来日する事になり，一年間ずっと，学校にも行けず友達もいないまま弟と二人で横浜巡りをしていました。おかげでもう横浜は目を閉じても迷わないくらいでした。父の日本語の先生の紹介で私達兄弟はボランティア団体で日本語を習い始め，その三カ月後に先生方の協力で弟は小学校，私は高校に入学する事が出来ました。日本語の挨拶さえ分からなかった私達は一年後に皆と話せるようになり解放感を味わいました。私の学校は横浜市にあるT工業高校の定時制でした。入学の為色んな学校に行きましたが日本語やVISAの問題等の理由で学校に入学する事さえも出来ませんでした。だがここには外国の生徒も在籍していた為，英語，数学と面接の試験だけで電気科に入学，また新たな出会いが始まりました。きっと運がよかったのか，とてもいい人たちに恵まれながら四年間の高校生活を終えました。……来日してから最早八年，涙が出るような感動的な思い，忘れられない辛い思い。入国管理局や警察のガイジンに対する態度，対応の仕方や……。この様な出来事があったため『何で日本人が好きになれないの？』と聞かれた時，返事をする言葉がありません…だが『出来れば，俺だって日本が嫌いになりたくなかった』。

　いまひとりの「創業者」ディーンは異なる語りをしている。

両親から学んだものは外国語ですね。父親は文革のときに、学校いってなくて。ひとりでラジオで、電気の方と外国語を勉強して。文革終わって、みんな教育うけてないのに一人だけ英語がしゃべれた。その五年後に、ぼくが生まれるぐらいの頃、日本語を勉強した。……自分はすごく運がいいと思ってるし、今でもそうですけど、日本来られて、しかも家族で日本に来られているのは、うらやましがられる。そういう意味では感謝している。それは成功ではある。うちのおとうさんのおとうさんは、上海が栄えはじめてからはいってきた人。すごくギャンブル好きで。麻雀発祥の地で生まれた人なんですよ。その息子であるぼくの父親は上海から日本へ来た。そして今のぼく。……小学校の頃の夢がね、世界中の女の子を征服することだったんですよ。世界を征服すれば女の子は自分のもの、そう考えていたんですよ。

　あるいは、「創業者」たちと同じく、初期のキャンプから参加してきた「年長組」であり、多くの子どもたちにとっての「たよれる姉貴」でもあったサラは、こんな詩を書いている。

　1979年、カンボジアの戦争のまっただなかに
　母は私を無事にこの世に送ってくれた。
　私である一人の人間として私は生まれた。
　私はいま18歳です。

　アリやディーン、ソラの言葉の背後からは、固有の生の軌跡（roots and route）への理解を読み取ることが出来る。「私がベルリンに居るということは、私の直接的な現在であるが、これはここに来るまでの旅によって媒介されている」(Hegel 1970：157) というヘーゲルの言葉のように、「いま、ここに居る」ことが、自分のみならず家族や周囲の様々な力が渦巻く「旅によって媒介されている」ことに気付いている。そしてまた、かつての「引き揚げ者」や「た

またま生き残ってしまった」人たちが自らに感じる「存在の傲慢さ」[3]をも感じ取っている。

　金迅野は，この冊子の「あとがき」に，「自らの歴史，来し方としてのルーツ (roots)，そしてそれを包み込みつつ未来への『旅』の軌跡として描かれるルーツ (routes)。個々の『歩く異文化セミナー』たちのそれぞれの二つのルーツが『いま，ここ』で交わって飛び散った火花の束，この冊子はそうした火花の記録と言えるかもしれません」（新原・金 1999：47）と書いた。

　彼ら／彼女らは，50人ほどのボランティアスタッフを牽引して「Eキャンプ」という場を創り続けている最中であり，金迅野と新原も，「湘南プロジェクト」をはじめとして，神奈川の各地で場を創ることに走り回っていた。うごいていく場に深くかかわろうとする共通点があるとの信頼感と同時に，親の仕事の都合で日本にやって来た「イラン人」や「上海人」や「台湾人」，「帰国者の子ども」として中国からやって来たり，「日系ブラジル人」であったり，日本生まれの在日三世であったり，「インドシナ定住難民」であったり，「障がい者」手帳を持っていたり，寿町で育ったり，済州島からやって来た朝鮮半島からの「引き揚げ者」の息子であったり，「二つのルーツ」を持っていたり，それぞれの事情は異なっており，行動をともにしていても，「自分のこと」について語ることについての濃淡が存在していた。そしてもし，この「旅」の軌跡をぶつけ合うことになったら，おたがいに傷つく危険性もある「切り結び」となることを予感していた。

　この「切り結ぶ」という点について，前述のディーンは，この対話を始めてすぐに，「ここにいる人は，何か違う。共通点があると思う。しかし少しずつ違うんですよね。それを，なんていうかな，説明するときに，普通のひとでも分かるような説明の仕方が必要。ここだけだったら何となく分かることはあるが，こういう新しい分野はどうやって人に説明したらいいんだろう。……もっと広げたいなっていうか，わかりやすいようなかたちにしたいんですよね。架け橋のようなもの？　仲間内でだけにはしたくないんですよね」（新原・金 1999：5）という表現をした。このときすでに，彼は，自分たちが「取り戻そ

う」とした場,「生かし直」そうとした「Eキャンプ」を,話の通じない相手に対して「開いて」いかなければ,形骸化していくということを理解していたかもしれない。

この冊子づくりのプロセスでは,一見異なるもののなかにある共振や交感を確認することの歓びとともに,それぞれの「実存」へと切り込むかたちでの,厳しい切り合いと関係性の結び直しが予感されていた。この観点から,文章のかたちで遺されている言葉を辿りつつ,実はメタ・コミュニケーションのレベルで起こっていたことに,出来る限り目を向けていくこととしたい。以下では,実際の対話のなかから,いくつかの場面を取り上げていく（尚,以下の記述は,冊子に収録される以前のテープ起こし原稿,映像,録音などを参照したうえで再構成している）。

三日で一年を生きた

アリ：「Eキャンプ」を始めた理由についてなんですけど。国際交流協会がやった1993年のキャンプが終わって,次のキャンプからサブリーダーとして参加して,1994年のキャンプにね,その時はまだ楽しかった。1995年のときからリーダーで参加して。まず楽しかったこと,こどもと遊ぶのが好きで,それが楽しみで行っていたときもあったし。キャンプでは,前も話したとおり,普段は国のことはいわないけど,国のこととか言える。それで対話がはじまる。外で,もしどこから来たかと聞かれれば,他の国を言う。イランの人というと,イメージが悪いんだよね。言わないのはまず,いやな思いしたくないのと,けっこう愛国心があって,イランっていうとマイナスのイメージがあるから,言いたくない。キャンプは三日間の間だけど自由。自由な三日間。国境がないみたいな。一つの国みたいな。で,あの,みんな考えが違う。オレはこのためにやってるし,（他の人は）国際関係に興味があってやってるかもしれないし,こどもが来ているからやっているかもしれない,ただボランティアがやりたいからやっているのかもしれない。とりあえずみんな違う。それを一つに押し込

んだら，やっぱり効果がない。私は，とりあえず，この理由でやりたかったし，これからもやりたい。

エイセー：「Eキャンプ」はいいと思う。やりたいようにやればいいじゃない。英語でいうと，let it be。しゃべっていると楽しい，で，終わると空しい気持ちもするけど，でも，それが何かと繋がって，楽しいことが現れてくるんですよ。去年の夏休み，「Eキャンプ」が，金がなくてなくなったときすごく悲しんだんですけどね。でも，アリ君から，自分たちで金貯めてキャンプをつくるって話を聞いたときは，もう，全力で手伝おうと思ったんですよ。夏休みに二回やってもいいと思うんですね。自分は三日間でこの一年間生きていた。50年たっても続いているかもしれないよ。絶対不滅だと思いますよ。暴走族より，すごいかも。

リカルド：ぼくが「Eキャンプ」で思ったのは，希望を与えるもの。ぼくも初めて参加したときに，日本語出来なかったし。それで，やっぱり，日本に来たときに，独りになるって感じがするんですよね，朝起きて，学校に行ってもそこにいるだけ，家に帰っても，分からない日本語のテレビをただ見る。やっぱり淋しいよね。その時「Eキャンプ」の話を聞いたんですけど。なんて素晴らしい場所なんだと思いましたよ，パラダイス，っていう意識が強かった。じつは一人一人は淋しいんだけど，ここは遊び場だから，っていうのがあるんだよね。生活の見方が変わったなって。ああ，こんな楽しいところもあるんだなっていう，希望を与えられたんですよ。

ディーン：オレも書いてんだけどさあ。どこから書いていいか，何を伝えたいかわからなくなっちゃうんだよねえ。

エイセー：「Eキャンプ」が楽しみ。このために一年生きてきた。その三日間が終わらないかぎり，次の一年間が始まらない。

日本人スタッフ

ライフ：スタッフって大学生が多くてさ，日本人の割合が多いでしょ。すごく思うのはさ，逆に大学に入って，初めて何かをするというのが大問題

なのよ。それまでにやってこなかった，やれてこなかった，出来なかった。年齢的に認められないってのもあるだろうけど，ボランティアなんていつでも出来るんだけど，何かアルバイト感覚でやっているような気がする。いわれたことをやる。作っちゃうんじゃなくて，ここにいけば何か与えられるし，やるでしょ，受け身でしょ。あとねえ，普通に育ってこないと大学に入れないじゃない。大学に入ると，変なプライドがあるみたい，みょーな。なんかなーって，感じ。成績が良くて，お利口さんで，大学に入って，ボランティアに関して議論する。そのときに，まーあなたは育ちがいいのねえ，って見えてしまう。さっきの話じゃないけど，こんなことが伝えたい，って話をすると，分類っていうか。それはこんなことじゃないのー，とか，すり替えられちゃう。

ディーン：いわゆる普通のボランティアって，普通に育ってきた人でしょ。あんまり自分で考える機会が無かったと思うよ。

アリ：日本人と話してみると，何か経験がない限り，話にのってこない。外国の友だちが一人でもいるとか。クラスであまり友だちのいないメンバーと，ぼくは話が合う。外国の友だちがいる人とは話が合う。逆にね，日本人のグループの人は，話は聞いてくれるけど，ただ聞いてくれるだけ，ライフが聞いてくれるとは違う。今，ぼくが道を聞こうとしても，まず聞いてくれそうな人をずっと待つ。ふつうは聞いても教えてくれない。ちょうどあの，外国人を見るとエイリアンと思っている。……

KJ：専業主婦なんかが，「かわいそうな外国人」っていう感じで近寄ってくる。生活とボランティアがちょんぎれている。人によるだろうけど，家っていうのはゆずれない部分があるのかもしれない。家にまで入ってこられるとまずい，家庭の領域にまで踏み込まれたくないんじゃないかな。……

ライフ：オレたち，結局ボランティアグループ作っちゃったじゃない。一般的日本人に話すと，すごいねえ，って言うんだよねえ。みんな受け身体質で育てられているんだよね。先生が言ってるんだからそうなんだ，って。

無ければ作ればいいのに，ね。

自分を確認する

KJ：キャンプって非日常でしょ。終わって戻っていくと何も変わらないんじゃないかな。そこでやっぱりさ，キャンプは楽しいけどさ，自分のことを考えていくきっかけ。自分を確認する作業をしてほしい。

ライフ：オレもそういうキャンプにしたい，とおもうのよお。段階ってあるじゃない。今までは下は小学二年生からで，今回は対象年齢を上げたじゃない。だからそういうことができると思う。キャンプのなかでいろんな奴と話して，きっかけができたらいいと思う。中学とか，高校の時とかわかんなくても，今だったらわかることってあるじゃん。ちんけな光でもいいからさ。

KJ：エイセーはさ，いつも自分が台湾人と感じてる？。

エイセー：自分はいつもそう思っているけど，まわりは日本人と思ってる。

KJ：オレと立場が似ている。オレはね，自分が朝鮮人ということを忘れるときがある。だから，オレはねえ，ふだん忘れがちなことを確認してほしいんだよ。そうだとしたら。何をもって自分を証明するかだよ。……自分のなかで確認しておかなければいけないこと。自分のルーツ，じいさんが来て。日本に住んでるけど，日本国籍じゃないものとして，自分の立場として。だから確かに国籍に束縛されたくはないけど，確認はしておかなければならない。オレなんかは武器がないわけ。在日朝鮮人はさ。名前くらいしかない。例えば日本人に対して在日朝鮮人であることを，オレの中では求めている。オレは民族団体では確認できない。アリとか，在日外国人として，話を聞いてくれる，確認できる。ただ，やっぱり，キャンプのなかで外国人らしさを求められるときつい。オレとアリとディーンで入管に行ったときさ，帰化申請の時に。憤りというか怒りがこみ上げた。写真とったらおこられた。

エイセー：オレの机には，台湾人専用と自分で彫ってある。

KJ：学校には本名で行ってるんでしょ。外国人と思われてないの？

エイセー：どっちでもいいけど，中国のなかには上海語があっていろんな言葉がある。ただ中国のなかには台湾という，二文字の小さな国があって，そこには台湾語があって。ディーンとは普通の中国語でしゃべれるけど，オレは台湾人なの。正確にいうと中華民国（台湾）というわけ。オレは中国人でもいいし，台湾人でもいいけど，ぜひ台湾人でいたい。中国に縛られるから台湾に帰っちゃいけないけどね。徴兵もあるし。それも中国のせいだと思うし。オレたちが独立したら，オレもかえる。オレは台湾人として扱ってほしい。

KJ：名前はエイセーでいいの。日本の読み方じゃん。ディーンはそのままじゃん。

エイセー：読みにくいんだよ。でもエイセーって格好良くない？

(新原・金 1999：21-28)

　国際交流協会の一室，さらには中華料理店などで，長いとき半日近くも話を続けるとき，くりかえし話していたのは，キャンプというハレの舞台の背後には，「ここにいる人たち一人一人の軌跡がある。それは多方向にのびているから，外在的に一つの方向にまとめて整理するとその生命が生かされなくなる。だから，整った文章や言葉でなくてもいいから，持ち寄ることにしよう。話したことも残すし，書いたものも残す。そして，出来るだけ言葉の『隙間』をのこしつつ，最低限の必要性の範囲で『整える』。ゼロから何かを創っていくとき（たとえば，予算がなくなった後に「Eキャンプ」を生かし続けていくとき）に発せられた可能性の芽を，これから先，形骸化してしまったときのために記録し記憶しておこう」——といった話だった。

　ここに居合わせていたものたちにとって，共通の課題は，「他者」あるいはこの場で生まれた言葉で言えば「歩く異文化セミナー」としてこの社会で生きていくことだった。それゆえにこそ，いかなる戦略・戦術を選択するかについ

ては,「湘南プロジェクト」を始めた「大人」たちが厳しい「切り結び」をしていったように,真剣にぶつかり合わざるを得なかった。

「歩く異文化セミナー」の戦略

アリ:去年の川崎で「多文化フォーラム」をやったとき,リカルドが日本人の仲間に入るためには,言いたいことを言ってはイケナイって…。

リカルド:それもね,いろんな意見が出たんだよね。自分の文化を彼らに伝えるべきだとかさ。それは確かに立派だと思うよ,でも向こうに興味がなければ伝えてもしょうがないよ。じゃ,どうすればいいの。伝えなくていいや,っていっても何も始まらないんだよね。向こうからは来ないし,こっちからいかなければいけない,彼らがどういう話が好きなのか,ゲームの話だったら,そういう話を知っておく。

アリ:相手の話に合わせてるだけじゃん。

リカルド:でも,最初の第一歩はそれしかないと思う。初めて,仲間になる。努力しなければいけない。入ったときに,自分の意見が伝えられる,はじめて。そこまでは時間がかかる。日本に来ていきなり自分の文化を伝える,いきなりは無理,時間がかかる。初めは合わせていくしかない。

ディーン:バンドにはいるにしても,ギターが出来ないとバンドには入れないし。日本人でも同じだと思うよ。

アリ:オレはそうは思わない。

レイ:相手を日本人って意識しているの?

ディーン:いや,もし,向こうがファミコンの話をしてるなら,自分の知ってる範囲を全部言って,それでもダメならあきらめる。

エイセー:別に努力しなくてもいいんだよ。自分らしく生きた方が楽じゃん。

リカルド:それは確かだよ。当たり前のことだ。でもあのときのテーマは,入るためにはどうするかということですよ。それを考えてください。

アリ:リカルドが髪の毛染めたときに,眉毛も染めた。その時オレが聞い

たら，変って言われたから，って言ったじゃん。それは自分がやりたいからじゃなくて，合わせてるだけじゃん。髪の毛は自分がやりたいからかもしれないけど，眉毛は，もしそのひとにいわれてやったんなら合わせてるじゃん。
リカルド：それはやりたかったからだよ。それは自由だと思う。だから，合わせたいとか，合わせたくないとかじゃなくて。
ディーン：ひとりも友だちがいなくて，友だちが必要なのか。たくさん友だちがいて，もっと友だちが欲しいのか，いろんな条件で変わってくると思うんだけど。……
アリ：今まで日本に来てから，すべての考えをストレートに，閉じこめないで，表現してきた。高校のときサッカーやってたんですけど，年上だろうと，年下だろうと，嫌だったらかまわなかった。確かに，わがままだったけど，うーん…。自分はこれから先，会社とかいろんなところで，合わせていくこともあるだろうけど，それはしょうがないところですけど，自分の考えを変えることはない。逆に弟は，9歳の時からいるから，日本の考え方になっているんですよね。自分からみると，ちょっと弱く見える。自分の考えを言わなければならないときに，言わなかったり。ちょっとそういうところがある。それでは，イランに行ったら何もできない。自分も日本に来てから弱くなったと思う。今，意見言ってるって思われているかもしれないけど，日本に来た当時からすると全然弱い。高校に入った頃は，監督になんでもストレートに言い過ぎだと言われたんですよ。で，最近，一番最初に日本語を教えてくれていた先生と出会って，随分変わったね，といわれたんですよ。何でもかんでもはっきり言うことはなくなったね，って。それまでの間，随分自分を止めて言わずにきたせいで，身に付いちゃって。こういう場では言うんですけど，外の場面では…。
ディーン：それはあなたが大人になったってことじゃないの。
アリ：そうかもしれないけど，オレはそれがいやなの。
ディーン：逆にオレが日本に感謝しているのは，親を見ていてそう思う。

何でもかんでも怖がるからね。文革のときとか，ちょっとひいじいちゃんとかが偉い人だったりしただけで，家をめちゃくちゃにされたりしたからね。

レイ：うちは，もう，そのまんまだった。おばあちゃんが日本人で，おとうさんが学校に行けない時期があった。

ディーン：それはすごいわ，もう，ちょっと日本人の血が混じってるっていうだけですごいでしょ。

レイ：殺されなかっただけでも感謝しなきゃ。

ディーン：ほんともう，おとなしくしててもあんなんだから，今の日本に来たから，こんなにしゃべれるようになった。

アリ：私は，あの，文化っていいたくないんですよね，文化じゃないんだよね，考えてみると。でも，向こうにいたときは，グループを作って，ケンカしたり，成績は良かったですよ，一応。でも，毎回のように先生に呼ばれて，授業に出られなくて。なんか，うーん，大人になって，そういう考え方も入っているけど，言いたいこととか言えなくなっているんですよね。今はこのメンバーだと言いたいこといえるけど，外だといえない。

(新原・金 1999：17-19)

この話をしているときには，くりかえし，ブルデューの言葉などを紹介し，「異端の戦略」について話をしていた。「妥協したのではないかという嫌疑をあらかじめ甘受した上で，知的権力に対して，妥協が語られるその場で，相手がもっとも聞きたがらないこと，おそらく最も予想外のこと，その場にもっともそぐわないことを語ることによって，知的権力の武器を逆手にとるべきだ」(Bourdieu 1980＝1991：9) と。

「説明」「整理」「採集」あるいは「承認」の対象として，「相手に合わせるか，自分の意見を通すか。そのどちらでもない戦略がある。リカルドが髪を染めたのをアリは人に合わせたと思った，リカルドはそうやって考え方の違う人たちの中に入っていく，しかしどうも他の人たちにとってはリカルドのいう話はど

こか違うものを感じる。その場にそぐわない，その場にぴったりはまらない，外でもなく，完全に中でもなく。本当に怖い異端っていうのは，外にいるんじゃないんだよね。どんな組織とか集団の中でも，完全に外ではなく，はじっこにいる人の言葉によってその場の流れが変わってしまう。そういう人が異端だと思う。その意味では，今の議論は，入るか入らないかという選択として理解してしまいがちだけど，合わせようとしていたとしても，存在として異端となってしまう。そうとしか生きられないんだと思う。ある場所に居続けながら，違うことを言い続ける。危険だけど，つぶせないような，『ガン細胞』のような存在として生きるんだ」と話していた[4]。

聴け!!
KJ：「Eキャンプ」に参加するこどもたちのほとんどは，「自分の国」から来たこどもたちでしょ。つまりその，オレたちが二世三世の外国人だとしたら，ディーンたちは自分の育ってきた国の文化と日本の文化の違いに悩むと思うんですよ。でもオレみたいな在日外国人っていうのは，自分の中の居場所を求めることで悩むと思うんですね，日本の中でいかに朝鮮人であるかっていう。たぶんその差だと思う。だから，その気持ちを大切にしてほしいっていうのは，オレが自分の中ですごく悩んでいたって，いうものを感じてほしい。でも，実際キャンプに来る子どもたちの大半っていうのは，アリとかディーンとかみたいに自分のもってた文化と日本の文化の摩擦で悩んでて，それで，新しいキャンプをやれば，まあそういう日本人もいるんだっていうこととか，共通した子どもたちがいるんだっていうことに気がつく，その差がある。
金：正直言うとね，最初のキャンプやってるときに，在日の子どもを誘うように言われたの。でもね，ニューカマーの子どもを主人公にすることが大きな趣旨だったから無理にくっつけたりしない方がいいと思った。そんな単純なことじゃないって。いま在日の子がきたら，日本の子とどう違うんだみたいな話で，しゃーっと整理されちゃう気がするから。単純にね，

みんな一緒の「世界の子どもたち」みたいにはできないよって。最初にやったときから思ってたの。むしろ，子どもたちより先に，君たちと同じ世代の在日コリアンがこのキャンプにボランティアで参加して，君たちと出会って，自分たちの「在日」っていう枠組みを見直すことが先にあった方がいい。ぼくが言いたかったのは，「純粋な在日コリアン」などないってこと。純粋でありたくないと思っているっていうことを今の在日のコミュニティに伝えたいと思う。その役割はあると思っている。難しいけど時間をかけて。そして君たちと在日の三世四世の世代とが，今日の言葉のやりとりみたいなかたちで，出会えることがとても大事なことだと思う。それこそが，多様性だ。単純に，多文化とかさ，大人がよく使うけど，生きている動きだからさ。今本当の議論を，本当のスタートを，はじめたところだと思うんだよ。

KJ：ぼくが感情的になるのは，自分たちのことを知って欲しいということもあるんですよ。自分のような立場の人間を理解して欲しいっていうのが。で，確かに今回のキャンプで扱う子どもは，ほとんど外国人一世，ネイティブの子どもがほとんどだから，ぼくのいうことっていうのは，ほとんどナンセンスに近いんですけど，ただ，アリ，ディーンにいっておきたいのは，なんていうのかな，在日外国人は，オレみたいな人間にどんどんなっていく，そうしたとき，未来を見越したときに，それを頭の中に入れてほしい。だから今，一瞬だけなら，楽しい瞬間が得られるかもしれないけど，長い目で見たら，在日コリアンみたいにどんどん日本人化していく。その中に同化せざるを得ないようになる。そのときに，子どもたちが自分の国籍に対して，誇りを持っていけるか。だから，ネイティブ一世の子どもがほとんどいる中には，二世の子どももいるわけじゃないですか。だんだんこのキャンプを続けていったら，二世三世とどんどん増えていくわけだから，そうしたときの，先のことを考えたときに，やっぱり，在日コリアンという存在は先輩に，見本にはなるわけじゃないですか。オレはそうなってほしくないから，今の時点で今の在日コリアンを知ってほしい。

アリ：ちょっと，つながりないかもしれないけど，あの，KJや金さんとかと，オレやディーンとか，ね，状況が違うじゃん。それは結局，オレたちは親の都合で結局日本に来ることになった。100パーセントコリアンの人たちと，KJ はまた違う状況で，KJ たちをみてみると，他にも，日本の血っていうか，入っている人たちもいるわけだけど，そういう人たちはなんで日本に来たのとか，なんでこういう風になっているのか，とか，言いたくなるのよね。でも，前ディーンとかとも話してたんだけど，オレたちはあまり話したくないわけ。なんで日本に来たのとか。日本に来てからのことは，まあいいんだけど。向こうの状況とか，日本に来た理由とかは，話したくならない。この前ちょうど，ミーティングの時，KJ が聞こうよって，こんなに外国人がいっぱいいるのに，なんで質問しないのかって。その後に，別のやつから電話が来て，会って話そうっていわれて，結局，でも，あまり返事しなかった。で，そういうところも考えてほしいわけ。やっぱり，キャンプに来る人たちも，まあ，リカルドや KJ とかは，聞けばちゃんとこたえるけど，たとえばオレの弟でも，たぶん話はしないと思う。

金：考えてみればぼくらにとって，このメンバー構成で話をすること自体なかったんだよ。ぼくたちは誰と話をして，自分を作ってきたのか。いつも日本人と話しをして自分をつくってきたんだよ。その必要はどこにあるのか。ぼくはいつも在日コリアンと思わなくていいわけよ。つまり，いつも日本人を意識するから，「在日」コリアンになるわけでしょ。思想的には非常に冒険だっていう人もいるかもしれないけど，アイデンティティってさ，もっとグショグショなものでしょ。常につくりかえたりするもんじゃん。自然に君たちと出会えていることを考えると，在日コリアンというのは，古いカテゴリーになっていると思う。だから，ぼくの娘なんかはどんどん世界を広げてほしいんだけど，ただ一方で，独特のねじれがあって，「地球市民としてみーんな一緒」とかっていわれたら，ちょっと違うって気がする。そこをどう埋めるのかっていうことがぼくの課題。でも，も

うぼくは，君たちの前では，在日コリアンなんていわなくてもいいんじゃないかって気がしてる。

KJ：でも今の日本にはそういう状況ではない。そんな状況はないわけですよね。だからオレたちは，少しでも，今のような状態をなんとかしたいと思って…。「Eキャンプ」が一つのきっかけになってくれればいいと思う。日本人スタッフにとっても，それがスイッチになって欲しいんですよ。だから在日コリアンのことも知って欲しいし。

金：でも，辿ってごらんよ。一世の子どもたちがしんどい気持ちを持つことの背景は，オレたちと多分一緒だぜ。その部分でまず，古くからいるオレたちと，新しく来たみんなが何かを共有できればいいんじゃないか。多くの日本人にとってそういう背景についての質問っていうのは，ある程度の理解ができてから出てくるものであって，今はその前段階だと思う。「聴け！」って，根気よく言い続けていくことが大切なんだよ。

……

レイ：いい子にしてようとおもってた。いい子だったよ。

……

アリ：オレがこの時代を変えるんだ！　　　　（新原・金1999：29-33）

湘南団地のKs会長は，「湘南プロジェクト」で作成した冊子に寄稿してくれた文章で，「難民」や「外国人」という言葉，そして「国境」が無くなる未来を想像していた（第2章4節）。それと同様に，「在日」「日系」といった言葉がなくなる社会を構想することとかかわって，このとき紹介していたのは，マルティニーク出身の思想家フランツ・ファノン（Frantz Fanon），ポルトガル領ギニアとカーボベルデの独立運動の指導者だったアミルカル・カブラル（Amílcar Cabral），セネガルの文化人類学者シェイク・アンタ・ディオプ（Cheikh Anta Diop）や，クレオールの思想だった。

「いまこの場で話されていることは，パリやリスボンやトリノやミラノのカフェで，あるいは東京の喫茶店で，（旧）植民地の出身者達が話し合っていた

ことと近いのかもしれない。お互い違う状況の『正しい○○人』でない人たちが、『同じ』と『違う』がぶつかり合っている状態で話していたことと同じだ。本当にそうなるか、今はすべて分からなくても、育てていきたい。だから残したい。ここでの話にはエネルギーがあるんだ。すぐには分かってもらえないとは思う。でも、あきらめないで言うんだ。わからせてやるってつもりで言うんだ」と話していた。

3. 2001年夏の「Eキャンプ」で発せられた声

　しだいに、この「外国人の子どもたち自らが『主人公』となって開催されるEキャンプ」は注目を集めるようになり、各種の助成金を獲得したり、マスコミからの取材を受けるようにもなっていった。「E－JAPAN」には、「国際」「多文化」といったテーマに興味関心をもつ日本人大学生たちが大挙して参加してくるようにもなった。いつしかグループは、数名の「創業者」たちと日本人大学生という構成になっていき、最初は打ち合わせの会に参加していた「年長組」たちは、しだいに「本部」から遠ざかっていった。

　会が終わった後、横浜の街へと飲みに繰り出す「幹部」たちに取り残された、口もたっしゃでなく、お金もない「年少組」たちに、「おう、せめて牛丼でも食いに行こうぜ」といつも声をかけていたのがヤマだった。バイクで神出鬼没に移動し、「すねに傷」をもった「在日日本人」青年ヤマは、いつの間にか彼らの「兄貴」になっていた。「創業者」たちの「本部」から少し距離を置き、地域で子どもたちと時間をともにする彼らは、いつのまにか、交通事故や心臓の手術やヤクザからの脅しや夜の店でのトラブル、いつもなにか起こると、バイクや車を飛ばして集まって来る場となっていった。

　2001年の夏、「外国人の子どもたち」、ボランティア、役人、教師、自治体や各種協会の職員、研究者、TV局の取材班、等々、200名近い人間が集まった「Eキャンプ2001」で、誰も予想しなかった「反乱」が起こった。以下の文章は、「反乱の首謀者」とされた面々が、疲れた身体を引きずって集まり、

その場で何が起こったのかを，2001年の夏から秋にかけて，何度かふりかえったときの記録である。

(1) 突然の多声

最終日，大ホールに一堂が会した時，日本人スタッフの「流麗な発言」を遮って，このキャンプに育てられた「子どもたち」が，「恩人」や「先生」や「リーダー」たちの前で，ブルブル震えながら，たった一人で立ち上がり，喉から声をふりしぼり次々と声を発した。

声を最初にあげたのは「少女」たちだった。彼女たちは，周囲の状況を鋭敏に察知し，「怒り」の声をあげた。S市のKtさんのもとで育ったSボーイズや，川崎・鶴見の南米系ボーイズたちが，いつも「優等生」の役割をふりわけられていた「ラオス組」までもが，弾の当たる場所に立って，自分たちが大切にしてきた「キャンプを守るため」，声を発した。なんの打ち合わせもなく，言霊が木霊のように反響していったその後に，子どもたちの兄貴分のヤマが立ち上がり，演壇へと歩いていくと，子どもたちの視線はすべて，その大きな身体にむけられていた。ヤマがおずおずと話しはじめ，すぐに涙して声をつまらせると，ラオスやカンボジアや南米の子どもたちからの大きな声援と拍手が会場にあふれた。「人前で自分のことばかり，自分のためだけに話す『善魔』」とはまったく無縁のヤマたちは，いったい誰のどんな声の「名代」だったのだろう。

(2) 今年のキャンプがおもしろくなかったのはなぜか？

「最初のキャンプファイアーでは，五分刻みのスケジュール表が作られていた。三年前，はじめて参加した時のキャンプファイアーは，中に入り込んで踊りやすかったけれど，今回は『冷たい雰囲気』でやりにくかった。学校のキャンプよりひどい。(軍隊みたいな)修学旅行のほうがまだ楽しかった」。キャンプファイアーでは，日本人DJが自分の判断で曲を次々と変えていき，しかもマイケル・ジャクソンとかアメリカの曲ばかり流していた。ラオスの子どもたちはカセットテープを持ち込んだけれど「CDじゃないとだめだ」と言われた。

「すべてが日本人スタッフの目線によってすすめられていた」。詳細なスケジュール表が子どもたちに配られた。ヤマたちは，スタッフから「なぜスケジュール表通りに子どもたちを動かしてくれないのか」と言われたけれど，「こんなスケジュール表を子どもたちが読むはずがない！」。

一日目の夜は，キャンプファイアーで踊れなかった南米系の子どもたちが部屋で踊っていると「うるさい」と言われた。二日目の夜は，「スタッフの慰労会」のためにDJを呼んで音楽を流すからといって，自分たちの部屋から追い出されて眠れなかった子どもたちがいた。年齢がたいして違わないのに権威的にふるまう日本人スタッフに対して，子どもたちは「はいはい，わかりました」と答えた。しかしそれと同時に，母語のスラングで，「てめえ，ぶっ殺すぞ！」と悪口を言いまくっていた。

「子どもたち」との付き合いが深いヤマたちは，それがポルトガル語やスペイン語，ラオス語であれ，言いたいことをわかってしまうのだが，「どうしてあんなに自分に都合良く解釈できるのか。言葉でわからないとしてもなぜ気配を察することができないのか」と思った。スタッフはその場の空気を読み取らず，「はい」という言葉のみを切り取り，「よしよしわかってくれたんだね」と満足していた。何人もの子どもたちが，「あいつら，むかつくんでキャンプが終わったらやっちゃっていいですか」と，ヤマたちに声をかけてきた。

キャンプの最中に誰からともなく，メモ書きの「秘密文書」が，「子どもたち」の間で回覧され，消灯時間を過ぎた深夜に，キャンプ会場の一室に集まった。ぎゅうぎゅう詰めで顔を突き合わせ，「あいつらひでえ！」「わたしは虫じゃない！」「俺は『カワイイコ』なんかじゃない！」「あんたのこと好きでもなんでもないのに何いってんの！　ばっかじゃない！！」といった「毒廻会」を一通り行った後，特に「打合せ」などなく散会した。しかしもし，誰かが「口火」を切ったとしたら，後に声がつらなるだけの「種」は，すでに撒かれていた。異境の地で生きることの困難と孤絶を身体でわかっていて，だからこそ，数日のキャンプでのわずかな時間を，砂漠のオアシスのように慈しんでいた，「子どもたち」のなかで。日本人スタッフが，「わざわざ横浜から来てもらったプ

ロの DJ」と音楽で,「打ち上げ・前夜祭♪」をしていたまさにその時に。

(3)「隔たり」と「閉鎖」への怒り

　子どもたちは何に対して怒っていたのだろう。同じ場所にいたはずなのに,スタッフとはすさまじい「隔たり」があった。「オドオド,モゴモゴした男性スタッフ」たちの多くは,「子どもたちの生命力を恐れて,個人的な話しをほとんどしなかった」ので,ひとかたまりの「ガイコクジンのコドモタチ」に「命令」や「指示」を出すだけだった。「高性能の女性スタッフ」は,事務的な仕事をすべてしきっていく。涙を流しながら（！）,「みんなことが大好き！！」「生きるってたいへんだけど,がんばろうね！！」「わたしのこと応援してくれる？」「（そして返事がある前にすばやく自分から）ありがとう〜♪」「勉強になりました〜」と言ってしまえる。「ぜったいめげない。ゾンビのようだ！？」。

　子どもたちは,もっと自分たちに関心を持ってほしいと思っていた。「なぜここにいるのか,ただ生活するだけでどれほどのたたかいがあるのか,それがどんなにすごいことなのか」を識ってほしかった[5]。それなのに,最後のアンケートは,すべて日本人スタッフの人気投票に関するもので,「恋人にしたい」「結婚したい」「友達にしたい」日本人スタッフの名前を書くというものだった。毎年の恒例となっている色紙の交換についても,「自分の色紙に一言書いてください」と言えない子どももいた。そんな子どものことに気をかけなきゃいけないのに,スタッフは自分への「一言」を「収集」することに熱中していた。目の前にいるのに,「ステキナワタシ」に固執し閉鎖している。「まるで,ステキナワタシ（！）の発表会のようだった」。

　子どもたちは,酔っぱらうスタッフの目を盗んで各所に集まり,「今年のキャンプはなぜつまらないのか」という「集会」をし続けた。それが期せずして「予行演習」となり,最終日に声を発することができたのかもしれない。渾身の力で発せられた言葉に対して,各地からの引率ボランティアの「先生」たちの多くは,「一生懸命やってくれた人を悪くいうのはいかがなものかしら」「いろいろなやり方があっていいんじゃない」と言った。そして,スタッフか

らは「みなさん，いい体験をしてくれたと思います」「みなさんの発言は勉強になりました」「これからも（同じようにキャンプ）続けます」という答えが投げ出され，最後に，取材のため同道していたTV番組の制作責任者からの「ぼくは実は韓国人で，みんなのために上司にかけあってこの番組を作りました」という話でキャンプが終わった。

「散会」した後，炎天下のなか遠くの駅へと歩き始めた子どもたちに，スタッフは誰一人として付き添わなかった。小さな子どもたちにとって，キャンプ場から駅までの道のりは本当に遠かった。にもかかわらず，子どもたちが重い荷物と疲れた身体を引きずって，小一時間かけて駅に着いたときには，すでに自分たちの車で駅まで移動したスタッフたちが，あらかじめ予約してあった居酒屋で「打ち上げパーティー」を始めていた。帰りの電車賃を持たない子どもたちもいた。駅まで歩き通せない子どもたちもいた。それでヤマたちが，手分けして，子どもたちを家へと送り届けた。

キャンプからしばらくして，スタッフからは，「自分的にはキャンプはよかったと思います。でも参加者にあれだけ言われた時はショックだったけど……。でもその分来年いかせると思うので来年はもっといいキャンプにしましょう (>_<)」「いや〜，ほんとにいい経験させてもらいました♪ 帰ってきたら友達に『就職活動よりよっぽどいい経験したな』って，言われ，ちょっと嬉しかった!」といった声が寄せられた。

(4)　「創業者」たちはなぜ泣いたのか？

ヤマはどんな気持ちで立ち上がったのだろう。かつてはいっしょに「キャンプ」をつくってきた「創業者」たちが批判されるのはかわいそうだと思って，いろいろ不満はあったけれど，相手を立てる発言をしようと実のところは思っていた。「キャンプの最後で不満が噴出したのはなぜかを考えてほしかった。日本人スタッフには，『ガイジンはやっぱりだめね。文化の違いかしら』で済ましてほしくなかった」。「理屈が通ってない」と言われたのでもういいと思い話しをよした。「俺が泣いたのはむかついたからで，直接殴りにいこうと

思ったくらいだった。おまえらのこと言ってんだよ。もう言いたいことは言ったから，分かってくれないんならもういい！」。

　ヤマが立ちあがったとき，「ひな壇」に座っていた二人の「創業者」たちは，苦痛に顔をゆがめていた。冷静に司会を続けようとしてはいたが，声には微妙な揺れとざらつきがあった。なんとか「キャンプは無事終わり」として，散会した後，「予定どおりに」居酒屋で「日本人スタッフをねぎらう」会をしていた。すると，期せずして，小一時間かけて駅まで歩いてきた金迅野と新原が，店に入って来た。元気にはじける日本人スタッフの真横で，別の席にすわった金迅野たちをじっと見続けていた。ディーンが，「トイレ！」といって立ち上がり，『聴くことの場』をともにした仲間たちのもとにやって来て，目を見合わせた。そして，嗚咽が止まらなくなり，ただ泣いた。

　アリやディーンは，「事件」が起こる前に，くりかえし，スタッフにむけて注意を喚起していた。金迅野や新原にも，たびたび講師を依頼し，日本人スタッフへのメッセージを送り続けた。「ただの楽しいキャンプになりつつある」「スタッフがイベントの仕事に集中しすぎて参加者の相手ができてない」「キャンプ中はスタッフ同志で楽しむのもいいけど子どもたちから目を放さないように注意するべき」「スタッフの役割は，子どもたちに安全で快適なキャンプを提供することであると思うので，そのために子どもたちへの配慮を忘れてはならない。スタッフである以上，『お客さん』の気分での参加は遠慮します」「早めに名前を覚えること，自己紹介の内容をできるだけ覚えておくこと」「一人ぼっちになっている子への対応，積極的に話し掛けること。ゲームやプログラムに参加するように誘うこと」「根気よく話を聞く&必要ならばアドバイスをするのもよい。しかし，最後まで責任を持てる内容ではないなら，引率の先生方に相談すること」「時には怒ることも必要。ルールに反しているとき，何度注意しても聞かない時などは，スタッフの判断に任せるが，いつも笑顔で子どもたちのわがままを認めてしまうのはおかしい」「キャンプは参加者全員で作り上げるものなので，スタッフの無責任な行動ひとつでは子どもたちを傷つけてしまうこともある。逆に，スタッフの思いやりのある行動で，子どもた

ちは来年も来たいと思ってくれる。後者の話がたくさん聞けることを期待しましょう」。

アリやディーンのなかにある皮膚感覚から来る危機意識,「ふれるべきところ,とき」と「見守るべきこと,とき」等に関する判断のセンスをなんとか言葉で伝えようとし続けていた。しかし,「だいたいわかったつもり」のスタッフは,生身の子どもたちの前で,どう「分かっていた」のかを自らの言動で暴露してしまった。異境の地に降り立ち,あとから育つ小さきものたちのために,「リーダー」でなければならなかった「創業者」たちは,「正しさ」や「まともさ」の力によって自分たちの言葉が奪い取られると感じていた。

アリやディーンは,「リーダー」の役割を演ずることに苦闘しつつも,絞首台への道で発せられるようなぎりぎりのユーモアのセンスをもちあわせ,メールのやりとりのなかで,自らの内なる「毒」は失うまいとし続けていた。たとえば,アリからのメールの末尾には,このようなマークがいつも付されていた。

((／＾｜＾＼☆／＾｜＾＼))
　／／＼Ｒ／／＼
　＾＾　＼毒／＾＾

移動民の子どもたちが,「発見」の段階から日常生活のなかに組み込まれていくことで,かえって「看過」され,孤絶していくことから生ずる苦痛や苦悩を,自ら理解し言葉にして「自分から発言し戦う」ための場所を創ることと,そこで発せられた声なき声を「聴け!」というメッセージを受けとめる場を創るという二重の創造を,アリたちは自覚的に追求していた。アリたちの他者との結びつき方が,自らの欠けたること,自らの弱さを識ると同時に,自分とは異なる他者を識るプロセス,衝突することで出会うプロセスでもあるメルッチの「聴くことの社会学」とつながっていると直観し,最初の出会いからすぐに,『聴くことの場』というタイトルで冊子をつくることを決めたのである。

にもかかわらず,気がついたら,ずいぶんと,最初の志とは距離が生じていた。いつのまにか,彼らを取り囲んでいた「正しい人たち」の近くに立たされていた。そして,いまの自分は,「(この社会では)正しい(とされる)人たちの

代弁者」として，かつての自分であるような子どもたちの前に，現れてしまっていることに気づいた。だから，ヤマと対面したときに，どこにむけていいのかわからない激情が湧きあがり，苦しくてしょうがなくて，キャンプの「打ち上げ」をしながら泣いてしまった。「日本人スタッフ」から「いいよ，またがんばろうよ」となぐさめられたが，スタッフはもちろんこの涙の意味をわからないし，自分たちもまた，ヤマの涙と同じく，この涙が何の涙なのかはわからない。しかしきっと，自分たちもヤマたちも，同じもの見て泣いているのだろうということはうっすらとわかっていた。「子どもたちが三日で一年を生きる場所」を創るためにやって来たはずなのに，いま自分たちはどこを歩き，歩かされてしまっているのかと。

4．「喪失」の後に生まれつつあるもの

「聴け！プロジェクト」の面々が願望し，企図し続けた「Eキャンプ」は，2001年夏，実質的な命脈が尽きることとなった。しかしこの，「創業者」や「年長組」の感じた苦い目覚めのなかで，生まれつつあるものがあった。

「少年」たちが恐れる「お姉様軍団」の一人であるネルは，Ktさんの紹介で職を得て悪条件のなかで働く。同じ時期に就職したPtが仕事をやめてしまったことを強く怒った。そして，「後輩たちの面倒を見たい」と言った。

ヤマの「弟分」でラオス組の一人であるAdは，ビデオカメラを見て目を輝かせた。「返してくれ」といったら寂しそうな顔をして，なかなか離れようとしなかった。自分で撮ってみんなに見せて楽しんでいた。学習していた。新しいものに目を輝かせる。頭ごなしにいっても言うことは聞かない。「なんでおめえに命令されなきゃなんねえんだよー」と。でも，「手伝い」とかも，本人がやる気になるところまでつきあえば，その動作自体をおもしろがってやるようになる。

AdたちはTVに映った仲間のことを「ああいうやつだよ」と言って（ちょっと）うらやましがった（！？）。TV局の目線じゃなくて，Adたちにビデオや

写真を撮らせたら，まったく別の世界が描かれているだろう。Tボーイズなどの「ヨゴレ」系は，TVに写してもらえなかった。Adは彼らをとてもこわがっていた。「あいさつしてこいよー」と言うと「やだよー，こわいよー」。最初に話しかけるきっかけは「タバコミュニケーション」しかないと思い，話しかけたら以外に礼儀正しかった。スキンヘッドで肩に東南アジア風の刺青をいれて「これ，いいだろ」と言ってきた。

いつも少し悲しそうで勇敢な女性たち。「女子トイレ」の話に何度も盛り上がり，照れて笑い，ふざけて抱き合う「ばばつかみの少年」たち。TV番組の制作者や引率の先生や日本人スタッフの前で，「もしかしてカップル，できちゃった，子どももー？」「暗いでしょー，あんたのこころが暗いのよ」「(死にかけた蝉をみて)あんたもそのうちこうなるよ」と煙に巻く。そこには，単線的なストーリーへの「回収」を拒む「渦」がある[6]。

疲れ果てた面々は，最後にまた，ゆっくりとふりかえった。「今回は本当にがっかりしたけれど，それでもキャンプというと，どうしても楽しみにしてしまう」。仕事をやりくりして，午前3時に到着し，子どもたちの寝顔を見て午前6時には職場に帰っていった先輩（サラたち）がいた。そんな人たちの想いを大切にしたい。自分たちでなにをやるのか考えたほうがいい。来年のことを若い子たちと話そうと思う。もっと日常的に会って話せるようにしたい。やつらにも人を傷つける部分があるからそれが剥き出しにならないように，何かをつくることの大変さと楽しさを伝えたい。組織にすることのまずさはわかっているけど，見守っていてくれる大人が必要だとも思う。もともとの想いに何度も何度も立ち返り，ゆっくりすすめばいい。

また新しくはじめるということ。最初から参加していた子どもたちが，「リーダー」や「代表」になる前に，一人の子どもとして抱きしめていた想い，魂だけを引き継げばいい——こんな話をみんなでして，ささやかな酒盛りをした後，「ビッグマザー」のKtさんからメールが届いた。

　　ありがとうございます。実は皆で飲んでいたんでしょ。ネルは昨日も電話

してきた。私は少しでもキャンプを良くしたい。ただそれだけで，あの時発言した。言い過ぎたかなと。ことばをさがしながら，途切れつつ想いを語る。月曜日，年下の女の子たちは，思い出してはくすくす笑っている（思い出ができたのです。共通の）。「思い出すと楽しいよ。そのときはつまらないと思っていたけど」。ラオス組とカンボジア組で今回のキャンプを通して何か共通のことばを見つけたよう（これは女の子グループの話，男の子は何かと接近して共通，共有，共感していた）。どうなるかは予測が困難。日系の子たちは少ないけれど一人が十人分くらいに個性的な「野性」の子どもたち。個性が少しずつ出てきて原石の重さを残しつつ，きらっと光るものが互いに反射できる存在にまでになるのか。言葉が持つ力に気付いたかな。今回の経験を通して。

Ktさんは，これから数年後，志半ばで夭逝された。慣れない喪服に身を包んだ移動民の子どもたちが，鼻水でぐしゃぐしゃになりながら雄叫びをあげ，けんか腰でつかみ合い，泣いた。彼らはこれからどう生きていくのだろうか。

多くを語らずに死んでいった個人の生の軌跡と痕跡をうけとめ，果たされなかった想い，たたかいに敗れ，汚れてしまった試みに身を投げ出した人々の「個人」（の「所属物」として「想像」されていたところの意図や意思，思考や思想や信条や「いきざま」）からはみ出たり，染み出したりしてしまっていた願望と企図を受けとめ，すくいとる。たとえ，「創業者」たちの試みと対立するようなことが起きたとしても，「創業者」たちをただ「消費」することなく，自分ならその魂をどう引き継ぎいかなる実践をするのかを表し出してゆく。想いをもち続ける，あきらめない気持ちを持ち続ける力とともに，かたちを変えつつうごいていく。

多摩川の河川敷のサッカー場で，正月二日からボールを蹴る若者がいる。彼らは，「家族団らんで過ごすべき」この日に，「団らん」を欠いていることを唯一の共通点としてここに集まっている。「多発する少年犯罪，外国人犯罪に対しての治安強化」「地域や学校などにおける治安維持」という文脈で「発見」

される「地域で暮らす外国人少年」たち。練習の見学に来ていた「少女」たちも含めて，ほとんど休日なしに工場やガソリンスタンド，夜の店で働く。少ない時間をやりくりしてよく集まるが，「どこから，どのようにしてこの国に来たの」とは互いに聴かない。互いに聴くことはないが，相手の「事情」を察してもいる。みんなの「姉貴」であったSpが，職場の理不尽に対して首を覚悟で声を発し続け，灰燼を吸い込み（いまこの時代に‼）結核になった。だから，彼女の誕生日，丹沢山の高原にある病院に集まり，工場で働き始めたStやPtたち，「元少年」たちは，病院の芝生でサッカーに興じた。「元少女」たちはきついツッコミをいれる。無骨で繊細ないたわりあい，無邪気で愚かな気配りをしながら，彼らの「この国」での「ホーム」となった公営団地での日々の暮らしにもどっていく。

　ヤマは，「ツレ」の「里帰り」につきあってメコン河の夕日を見て，友の家族が，命がけでこの大河をわたったことを識った。パーティーやコンパ，フェスティバルとか，「なんかいい感じ？」になりそうな場所に顔を出したいと思っていたのに，気が付くと，「修羅場」や，糞尿やゲロの後始末みたいな場所（交通事故や心臓の手術やヤクザからの脅しや夜の店でのトラブル……）へと，身体が向かっていく。行ってみると，ふだん連絡をとってもいないのに，いつも同じような顔ぶれが集っている。それで，ラオス語の名前をつけて，「何人（なにびと）であれ誰であれ，この社会でどうしてもドツボにはまってしまう力をもつ（‼）連中」のための「（互助）委員会」をつくった。なにをどうするか，枠組みそのものを自分たちで考えるところから始める初代たれ（‼）委員会だ。

　ヤマの弟分，Sボーイズのラオス人青年Ptは，合宿先でパンツを忘れた。掃除で発見され落とし物として紹介された。「パンツ大臣‼　仕事は自分のパンツを管理すること，パンツ大臣の歌とパンツで旗を作ることです！」。「パンツ大臣」だった彼は，見舞いにいってもサッカーボールを蹴るだけだったのに，それから数年の後に，その「湘南ガールズのリーダー格」だったカンボジア人女性Spと結婚した。彼の「ツレ」のStは，ヤマをつれてメコン河のほとりへと「里帰り」をして，それでヤマは，はじめてとても長い手紙を近しい

人たちに書いた。

　　おひさしぶりーす。俺はラオスから帰ってきて早二週間が経ってやっと元の生活にも慣れてきました。……がはじめての外国旅行がStといっしょのラオスっていうのは俺にとってかなり濃厚な経験になりました。見るもの全てが新鮮でもありなぜか懐かしく感じた。赤土の大地の上を走る70年代前半の日本製の市バスや。今問題になっている盗難車の4WDは，後部座席を切られ荷台になっててそこに10人以上乗れるだけ乗せている。そして，ホンダヤマハの大陸限定バイクとそれを真似ている中国製の山葉のバイク……
　　街は首都なのにほとんど何も無い，ビルもラオスで一番高いのは七階建てだし，宿泊はStの親父側の親戚のおじさん家に泊まった。それがまたホテルみたいに広かった。かあちゃん側の親戚の家も歩いて五分くらいのところにあって飯はそっちで食ったりまた違う親戚の家に行ったりで，六，七軒は行ったかな。食事はゴザをひきその上で家族全員が食べるんだけど毎回ビールを飲まされ大変でした。メニューはとりあえず基本的に全て辛いが美味い……が日本人でラオス人と同じ辛さのものを食べれるのは珍しかったらしくかなりびびってた。
　　ラオスでは今，家の一部を外国人フランス人や日本人に貸すのが流行っていてその時に一番困るのが外国人は辛いものがだめだから特に日本人には特別メニューを考えるんだって……
　　でも俺は日本でインドシナ，韓国，中国，南米料理と辛いのは馴れてるからね。会話も何とか通じたし，子どもたちはなぜか言葉が通じてないのになついてくるし，かなり可愛かったよ……
　　でも親戚が多いからガキもわんさかいて……ここまできてもガキのせわかよって感じで……
　　大人たちはさすがにStの通訳がないと話せなかった，日本のことや先進諸国の話をいろいろ聞かれた。日本はかなり金のある国だと思われて

いる……

　日本にいけば誰でも金持ちになれると思っている。なんか仕送りで大変な思いをしてる St の親父のことを考えると複雑だった。しかし物価は笑いが止まらないくらい安くて，二週間で2万しか使わなかったよー。札が2，30センチも束できてさ……160万キープだって……ビールなんて一ビン60円くらいでさ，ケースで買っても700円くらい。

　St なんか暇さえあれば金数えてたよ。しかし驚いたのは社会主義の国でこんだけのスーパーインフレ起こしてる割にはストリートチルドレンや浮浪者の姿が余り見られないこと二週間で四人くらい見かけた程度だった。

　ラオスは農業国ということもあって金がなくても自給自足で暮らしていける。あとはギルドみたいに親戚同士や近所の人たちが助け合って生きてるらしい。だからそういう人達に対してもお金がある時は食事代くらい分け与えるのはあたりまえらしい。そうやって成り立ってるらしい。

　後はなんていってもメコン河は凄かった。河のすぐ向こうに見えるタイ……St たちは，嵐の中，この河を，両国の監視をふりきり命がけでタイに渡ったらしい……

　俺が馬鹿みたいに鼻たらして好き放題していた時にこいつらは幼い日にこんな経験をして日本に来た……メコン河の夕日はとてもきれいだったがなんかいろいろ考えさせられた……

　何日か経って遊びから帰ってくると，おじさんの息子，St の従兄弟が泣きながら俺らの帰りを待っていた，叔父さんがガンで血を吐いて倒れた……言葉はわかんなかったが St に一生懸命説明する様子で何となく俺にも分かった。泣きながら慰めあう St たちに対して何もできなかった。言葉がでなかった。別にラオス語が話せないとかじゃなかったけど，その時ほど言葉ができればと思ったことはなかった。朝までは元気だったのに……

　その後すぐ病院へいったけど結局，意識はもどらなかった。日本でいう

と脳死状態だったがラオスでは医療に関しても俺が見ても日本よりかなりおくれてる事がわかるほどだし，入院費も払えないからということで呼吸機をとった……

俺にとっても周りの誰かが死んだというのは物心ついてから初めてだった。10歳の息子は多分死ということがあまりわからないのか，意外とケロッとしてたけどそれが逆になんともいえなかった。

ラオスでは人が死ぬと葬式が終わる日まで家族親戚や仲間が集まり夜通しで毎日なぜかトランプで賭け事したり映画を見たりして朝まで過ごす。それには，まじでどうして良いか解らなかった。文化の違い？

とてもトランプや映画を見る気分にはなれなかったが，Stや息子達が気になるので結局朝まで三日間くらい徹夜したが皆「から元気」だった。葬式期間は気をつかってか昼はStの母方の親戚の人たちが俺らの面倒を見てくれた。いろいろ連れてってくれた。車の荷台の長距離旅行はかなり楽しかった。途中で食べた果物や，さとうきびジュースがめちゃ美味くて……

顔は赤土だらけで髪の毛なんてバサバサ，最後の方になるともうどうでもよくなった。おばちゃん側の親戚が全員集合して歓迎してくれて皆で食ってむりやり飲まされ，おばちゃんと踊らされたこと……

従兄弟達と変な言葉教えあいしたり……でも変なこと教えすぎてちょっと反省してみたり……

最後の日に若い連中が夜の街に連れてってくれて，調子に乗って飲みすぎてげろげろ吐いて，ラオスまできて自分のげろ掃除したり……ラオスの人でもあまり食わない生のすり魚一口食って腹壊したり……赤土の固いグラウンドでサッカーしたこと……お土産買うのに必死に値切ったこと……Stの従兄弟達と夜話したこと……見送りに親戚総動員で来てくれたこと……なんかとてつもない二週間だった。時間が過ぎるのがゆっくり感じるからもっといたように思える。日本に帰ってくると時間の流れが凄く速く感じた。

第6章　「聴け！プロジェクト」のうごき　411

　だからみんな流されるのかなきっと……帰ってメール見たらいきなり調査のメールが 20 件近く溜まってた時は発狂しそうになったよ……いままで何となく適当に生きてきて少し考えるようになって今の仲間に会って，その仲間の一人の生れた国に始めての海外旅行。俺にとってこの二週間は 22 年間で一番充実した時間一番いろいろ考えた二週間だったかな。とりあえず記憶や印象が新鮮なうちに誰かに伝えたかったんで……長くなりすぎて自分でもびっくりだ！
　　　　　　　　　　　　　　　　　　　　　ヤマ　「ラオス体験記」より

　これまで述べてきたのは，「E キャンプ」や「聴け！プロジェクト」，移動民の子どもたちなかで生まれつつあったもののなかで，たまたま居合わせたことの粗描でしかない。しかし，すべては伝聞でなく，誰かとの関係性によってその場に居合わせたうごきの「果実」でもある。このわずかな経験からいえることは，Kt さんたちの背中から伝えられていった智恵が，いまでは「大人」となり，自分や友人や家族を支え暮らす若者たちのなかに芽吹いていくことへの願望である。
　僧侶となったもの，スーツで出勤する恵まれた会社で「魂が死んでいくことに耐えられず」転職したもの，沖縄に行きまたもどって来たもの，ロスに暮らすもの，「一匹オオカミの社長」，「子だくさんで貧乏」だけれど，なんとかしっかり「軽く」幸せに生きているもの，家庭の事情が複雑すぎて心配されているもの，工場で地道に働くもの，消息不明者など……かつての仲間で，「15 年後の『聴け！プロジェクト』同窓会をやろう」という話が持ちあがっている。
　まだ，何かが確かめられたわけでもなく，「未発のコミュニティ」というより「未発の瓦礫」へと接近していっているのではないかと心配させるものもいる。しかし，すべてひっくるめて，「いくつもの可能性の空」（Merler-Niihara 2011＝2014：86-87）なのであろう。

　　（二つの「プロジェクト」をふりかえる文章である本書の草稿を読んで），「世間師」にはその土地の地層のなかで営まれてきた「蕩尽」の意味が皮膚で

感じられるけれども,「ちゃんとした説明」を求める人たちには, routes の「考古学」が無駄で役に立たない,「浪費」のように思えたということがひしひしと感じられます。……実のところは, 呑み込まれてしまっているような感じではなくて, 泥まみれになりながら誰かの飲み水のために井戸掘りをするような意味が,「ババつかみ」にこそあったのだと, かかわった人たちの言葉のなかから, もう少し表現されればよかったと感じました。複数の歴史的な文脈が, 交差して, ぶつかりあって, 常に動いていて, 互いを練り合って, 溶け合ったり, 飲み込みあったり, せめぎ合うという運動が進むなかで, 芽を出した「智」のようなものに名前を与えることが, あのときから, ゆっくり始められて, いまに至ったのだと思いました。

「聴け！」は, 野郎どもが, 彼らなりに少しでもましな人生を歩む方向を自ら探り出すための推進力をなにがしか担保した「火薬庫」のようなものだったかもしれません。同窓会は, 15年経って, 自らが背負うものの「質」に少しずつ気付きはじめた彼らが, 新たに負った傷口を, 互いに「かき乱し」ながら, あのときとは違うと自ら感じる「違和感」や「生きづらさ」をなんとかくぐり抜ける智を発見する場になればと, ヤマたちと会いながら感じました。さしあたっての応答ということでご容赦いただければ幸甚です。

2015年の晩夏に, 金迅野から, 上記の言葉が届いている。この言葉は, 金迅野と二つの「プロジェクト」の面々との関係性のなかから紡ぎ出されたものであり, 下記のメルレルと新原との往還ともつらなっている。それは,「複合し重合する私 (io composito)」が自らの意味に気付くことで築かれていく願望と企図である。

私たちは, 人間の知性が, 抽象的な思考を生み出すことを知っている。しかし, それと同時に, 私たちの身体は, この惑星地球という生身の存在に深く根

第6章　「聴け！プロジェクト」のうごき　413

をおろしている。こうして私たちは，記憶をたくわえ，その記憶を何度も何度も練り直していく——家族についての記憶，前の世代の記憶，どんな家に住んでいたのか，故郷はどんなところだったのか，どんな季候のどんな場所で育ってきたのか，少年時代，青年時代，青春をどのように過ごしてきたのか，誰と出会い，誰を愛し，誰を憎んだのか。どんな空の下で人生の意味を学んだのか，人生の方向を定める星座をどのようにつくったのか。どんな森，荒野，山の頂，雪，河や海で私たちは出会い，自分を，他者を識ったのか。

　私たちは，こうした追憶のフィルターとレンズによって，私たちのなかに深く根付いた生身の現実の意味を学び，問いを発する。「複合し重合する私」は，厳格に存在していかのように見える「境界線」をあまり気にすることもなく，いまとなっては慣れ親しんだ境界の束をこえていく。そして，自らの旅の道行きで獲得した固有の見方に従いながら，いくつもの異境を越え，「厳格な境界線」の限界を抜け出ていく。たとえ「ノーマルではない」「違っている」「マイノリティだ」「不適応だ」と言われても，異境を旅する力とともに生きてゆく。
　仮想の「正常さ」や「画一性」から見たらしっくりこない社会文化的な島々として，たとえこの真剣なコンチェルトの試みが，トータルには理解されていないとしても，より多くのひとの耳に，この不協の多声が届くことを願いつつ。
　　メルレル・新原「海と陸の"境界領域"」第4節「"島々"の上にはいくつもの可能
　　性の空が…」　　　　　　　　（Merler-Niihara 2011＝2014：86-87）より

注
1) 本章は，新原道信を著者として「仮置き」しているが，背景となっているフィールドでの試みにおける知的生産の担い手であったのは，金迅野，アリ，ディーン，サラ，エイセー，リカルド，ライフ，KJ，レイ，ヤマ，ネル，St, Pt, Adたちであった。3章と同じく，正確には，「聴け！プロジェクト」著，構成・新原道信という内容である。
2) メルッチは2000年5月16日に行われた一橋大学のセミナーにおいて下記のような発言をしている。「わたしの仕事の大半は，理論的なものだと思われている

のですが，むしろわたしは，その場所にいて，人々がなにを考えなにをしているのかを見て，"聴くこと"に力を注いできました。そのために，わたしは大きくわけて二つのことをしてきました。一つは，多くの研究者との間でおこなってきた社会運動などについての共同調査研究です。もう一つは，20年以上続けてきた精神療法／心理療法（psychotherapy）です。ここでは，様々な個々人や集団，若者，老人，成人男女の痛み（sufferenze e disaggi）を聴くという体験と出会うことになりました。そしてまた，他者の痛みとかかわる仕事をする人たち，臨床心理士，医者，看護者，社会福祉士などの人たちのための専門教育の仕事にも携わってきました。この仕事については，本当にたくさんの国々のことなる社会的文化的文脈のなかで仕事をしてきました。異なる文脈を生きる人たちとの仕事に，じつに膨大な時間を費やしてきたのです。こうしてわたしは，二つの顔をもって，つまり，フィールドリサーチャーと，（臨床家のための教育プログラムづくりもする）精神療法／心理療法（psychotherapy）の臨床家という二つの活動を通じて，ひとと出会い，ひとびとが考え行為していることの意味を考え，現実にふれるという営みをしてきました。それぞれの専門性の世界の境界はきわめてリジッドであることから，この二つの顔を結びつけていくことには常に困難がつきまとったのですが，なんとかこの二つの顔を近くにおき，対話をさせようとしてきました」（Melucci 2000＝2010：56）。

3)「存在の傲慢さ」という言葉は，新原の父の同級生で，朝鮮半島からともに引き揚げた詩人の大野新（1928-2010）からの手紙「私だったら引き揚げ以来潜在的に感じている，存在の傲慢さのような意識を，身体を張って償っているな，という思いで，一寸いたたまれなくなる思いです……」からの言葉である。大野新の代表的な詩の一つである「引揚者」には，「子どもは売られるか捨てられるかだった／引揚げの／ふなべりからひとりずつ／行儀よく水底へと／卵のぬめりにくるまれて／音もかすかな落下だった／私はふなべりでかわいた最後の子」（大野 2011：206）という一節があり，「移動民の子どもたち」の身体に刻まれた固有の生の軌跡（roots and route）を想起させる。

4) リカルドは，『聴くことの場』に，ギター演奏中の写真とともに「夢にむかって 最後まで あきらめないで いつかきみをまもれるような力がみにつけられるように」（新原・金他編 1999：44）という詩を寄稿した。その後，各種の国際交流事業や実態調査の下働きに献身してきた。大学を卒業し25歳となり，そしてついに，「ニューカマーとして採用」という話が持ち上がった。大学に入るまで日本名で通してきたが，ブラジル名で面接に臨み，いままでの体験を通じて，「移動民の子どもたち」のためになりたいと話した。一度はきまりかけていたはずなのに，突然の「どんでん返し」が起こり，リカルドの「夢」が絶たれた。2003年のことである。「聴け！プロジェクト」のメンバーの間では，「リカルドの悲劇」として記憶・記録されている。

5) 別の場所（公開講座）での話だが，「年長組」が勇気を振り絞って言葉を発したその後に，たとえば以下のような反応があった。

本日，在日外国人の方々のお話を大変興味深く聞かせて頂きましたが若干気になるところもあり，一筆啓上する次第です。気になったのは全体に雰囲気が暗いということです。内向的というか，極端な話，迫害を受けているものの結束といった感じです。……私が言いたいことは，仲間うちだけで慰め合うのも悪くはないが，もう少し外向的にそして物事に拘らず（差別のあるなし気にせず自然体で）生きた方が楽で良いのではないかということです。被害者意識・被差別意識はそのまま一般社会人に投影され同化の妨げになります。差別する側・される側がそれぞれその意識・発想をなくした時点で始めて差別は解消するのではないかと愚考する次第です。

6）キャンプを終えて帰宅してから数日後，金迅野，ヤマ，中里佳苗，中村寛たちに，以下のようなメールを送っている。

　　いま Ad の眼で見た E キャンプのビデオをダビングしているところです。わたしの身体の奥から噴出してきた生暖かい感触をなんとか言葉にて伝えます。それは「よい子が住んでいるよい街」のオフィシャルヒストリーでは決して認められない音域をもった，上昇と下降の産物です。ディドロの『ラモーの甥』の「誠実な哲学者」になったような気分です。「ラモーの甥」の度合いでは Ad たちに敗北感を感じてしまいます。しかしそれはすがすがしくもあり，妙にほっとし，Ad たちを愛おしく感じました。彼らはこの社会の中で，「看過」されることによってどうにかまだ棲息している。この生命力と毒が「浄化」されることから免れて生き抜くための場を創ることはできないだろうか。そして場を創ることの意味を識る人間もまた生まれ来るという願望と企図を現実のものとできないだろうか。金迅野やわたしの世代は，この願望と企図への試みに身を投げ出し，どこかで倒れるための存在なのだと思いました。そしてこのつらなりが，後の世代のなかでまた生まれれば本当にうれしくありませんか。たしかにそれは，孤絶し欠けたる存在として閉じられた，にもかかわらず身体のつらなりです。後から来て未踏の荒野に一人立つものたちに「ぴりっと」させられることを願いつつ。

引用・参考文献

Bourdieu, Pierre, 1980, *Questions de Sociologie*, Paris: Editions de Minuit.（＝1991，田原音和監訳『社会学の社会学』藤原書店）

Hegel, Georg Wilhelm Friedrich, 1970, *Werke in 20 Bänden mit Registerband: Bd. 8: Enzyklopädie der philosophischen Wissenschaften im Grundrisse 1830. Erster Teil. Die Wissenschaft der Logik*, Frankfurt am Main: Suhrkamp.

Melucci, Alberto, 2000, "Homines patientes. Sociological Explorations（Homines patientes. Esplorazione sociologica）", presso l'Università Hitotsubashi di Tokyo.（＝2010, 新原道信「A. メルッチの"境界領域の社会学"——2000 年 5 月日本での講演と 2008 年 10 月ミラノでの追悼シンポジウムより」『中央大学文学部紀要』社会学・社会情報学 20 号（通巻 233 号）において訳出）

Melucci, Alberto e Anna Fabbrini, 1991, *I luoghi dell'ascolto: Adolescenti e servizi di consultazione*, Milano: Guerini.

Merler, Alberto, 2004, *Mobilidade humana e formação do novo povo / L'azione comunitaria dell'io composito nelle realtà europee: Possibili conclusioni eterodosse*. (＝2006, 新原道信訳「世界の移動と定住の諸過程――移動の複合性・重合性から見たヨーロッパの社会的空間の再構成」新原道信他編『地域社会学講座　第2巻　グローバリゼーション／ポスト・モダンと地域社会』東信堂)

Merler Alberto e Michinobu Niihara, 2011, "Terre e mari di confine. Una guida per viaggiare e comparare la Sardegna e il Giappone con altre isole", in *Quaderni Bolotanesi*, n.37．(＝2014, 新原道信訳「海と陸の"境界領域"――日本とサルデーニャをはじめとした島々のつらなりから世界を見る」新原道信編著『"境界領域"のフィールドワーク――惑星社会の諸問題に応答するために』中央大学出版部)

新原道信・金迅野他編，1999『聴くことの場』神奈川県国際交流協会．

大野新，2013『大野新　全詩集』砂子屋書房．

第 7 章
乱反射するリフレクション
――実はそこに生まれつつあった創造力――

新 原 道 信

　脱・精神医療化というのは，私たちの根本的な動機を表すものともいえる。それは未だコード化も定義もなされていない場で行動するために，あらゆる整理図式を括弧に括る試みである。始めるためには，私たちを取り巻くすべてのもの――疾病，社会の代理人，役割――を否定することはできない。否定するのは，私たちの行動のなかですでに一定の含意を与えうるようなものごとすべてである。……私たちは不治の病に侵された病人という考えを拒否する。それによって，単なる看守として，また，社会の安寧の保護者として私たちに課された役割を拒否するのだ。……重要なのは，その人が私にとって一人の個人であること，その人が生きている社会的現実とはどのようなものか，当人と現実との関係はいかなるものであるのかということについて，意識を覚醒させることである。

F. バザーリア『否定された施設〔新装版〕』のバザーリア夫人による「序文」
（Basaglia 1998 [1968]：4-5）より

　私たちは，弱い立場に置かれており，また，マイノリティであるということからして，勝利すること（vincere）は出来ない。なぜなら勝利するのは，常に権力を持つ側だからである。しかし，私たちはうまくいけば説得すること（convincere）は出来る。説得したその瞬間，私たちは何かを勝ち取る。つまりは，そう簡単には元に戻せないような変化の状況を打ち立てることが出来るのである。

F. バザーリアの 1979 年 6 月 28 日リオデジャネイロでの報告
（Basaglia 2000：143）より

個人としての人間は文明を裏切ることがある。それでもやはり文明は，いくつかの決まった，ほとんど変質しない地点にしがみついて，自分自身の生活の仕方で生きつづける。(中略) 人間には，あらゆる山登り，あらゆる移動が許されている。人間がただ一人で，自分の名で旅をするとき，その人間と，その人間が運ぶ物質的ならびに精神的財産を止めることは何ものもできない。集団や社会全体となると，移動は困難になる。一個の文明はその荷物全部を移動することはない。国境を超えるとき，個人は慣れない環境で居心地が悪くなる。彼は背後に自分の属する文明を捨て，「裏切る (trahir)」。F. ブローデル『地中海』(Braudel 1966 = 1993：192) より

1．はじめに——「後からやって来る」理解——

本章は，一連の叙述とリフレクションの「結びの部位 (parte della conclusione)」である。長時間にわたって何をしていたのか，何が起こっていたのか，それらを後から理解し，次なる「賭け」，「投企」への基点かつ起点として書かれている。うごきの場に居合わせ，出会ったのは，危機的瞬間での想像力と創造力であったのだが，その「未発の状態」を明確にとらえられていたわけではなく，かなり後になって，「実はそこに在った」ことに気付いている。この，「後からやって来る」理解と出会うためには，不協の多声をともない「乱反射するリフレクション (dissonant reflection, riflessione disfonica)」を必要とした。

これまで私たちの調査研究グループは，メルレル，メルッチとともに一つの〈エピステモロジー／メソドロジー／メソッズ〉を創り上げようとしてきた。それは，「諸関係の微細な網の目」の社会文化的プロセスに居合わせることが出来る「舞台 (プラットフォーム)」づくりを行い，その舞台裏で生起したことがら (失敗や葛藤，衝突など) も含めて，長期にわたって記録・記憶していくという方法である。そのなかで，何度も挫折しつつも，くりかえし，「青空教室」「寺子屋」「掘っ立て小屋」「バラック」のような場所をつくろうとしてきた。その場にいたときは，ただ必死に，不器用に，無骨に，笑い，悲しみ，怒り，細かい記憶はのこっていない。しかし，ともにやってきたメンバーが遺してく

第7章　乱反射するリフレクション　*419*

れた貴重な記録がある。

　本書によって，この場で飛び散った，貴重な，乱反射する火花が砕け散ってしまわないようにしたい，なんとか少しでも，これまでの試みのなかに埋め込まれた智の萌芽をすくい取りたい。肉声が消されていくプロセスを，サルベージ（沈没，転覆，座礁した船の引き揚げ，salvage, salvataggio）──，渉猟し（徹底して探しまわり，scour, frugare），踏破し（traverse, percorrere e attraversare），掘り起こし（exhume, esumare），すくい（掬い／救い）とり，くみとり（scoop up / out, scavare, salvare, comprendere）たいと考えた。自然なかたちで集積してきた〈データ〉の間で，いつしか「化学反応」が起こり，何らかの理解がやって来るはずだと考えた。本章では，未だかたちをとらない段階から歩みを続けてきた一つのリフレクションによって，「後からやって来る」（新原 2011：153-163）方法そのものについての理解を記述することをしたい[1]。以下，1節と2節では，「何かを始める」際の起点となった先達（トゥレーヌ，初期シカゴ学派と奥田道大，メルレル，メルッチら）について確認する。

（1）「社会学的介入」との接点

　トゥレーヌの共同研究者であったF. デュベ（François Dubet）は，「社会学的介入」について，以下のように述べている。社会学介入は，「その行為がどのような点においては社会運動となるのか」「どんな社会的関係（ラポール）がそこに含まれているか」という問いに応えるための方法であった。この方法の特徴は，まず「熟考と議論のための空間を構築」することであり，行為者たちの「語り」以上に「自己分析」を重要視するものだった。すなわち，「行為者たち同士を厳密な研究条件下」におき，対話者，敵対者，仲間たちとの間で長期間にわたって会合を続け，研究者は，自分たちの分析内容を行為者たちに開示したうえで介入する。そのなかで，行為者たちは，自己分析のプロセスに入っていく（Dubet 2011＝2014：218-221）。

　この方法は，長期にわたって「心地よい」ものではない手法をとり続けることによって，「認識論的切断」（「知的な理解」と「自然的な理解」との間の切断）

を乗り越えることを企図したものであった。「この研究方法から人が無傷で生還することはない。とりわけ，この手法によって社会学者とその研究対象とのあいだに打ち立てられた人間関係から，何事もなかったかのように立ち去ることできない」，そしてまた，「研究者たちの関心と活動家たちの関心とが，互いにすっかり重なり合うようなことは，決してありえない」のである（Dubet 2011 = 2014：222-223, 226)。

イタリアでエコロジー平和運動や地域主義運動の調査を始めた1980年代後半，新原は，トゥレーヌたちの調査研究への姿勢，とりわけ「反原子力運動によって未来を予言するような役割を果たす人々」(La prophétie anti-nucleaire）という原題を持つ『反原子力運動の社会学』(Touraine 1980 = 1984) に，影響を受けていた。同書において，トゥレーヌは，「社会的異議申し立て運動と文化的革新行為が一体となった文化的，かつ社会的運動」の「運動の基盤の弱さよりも，その創造力の方が重大」であるとした。そこでは，行いそのものによってなされる「垂範的予言」「予言的異議申し立て運動のなかで進められている文化と社会の発明」こそが重要である（Touraine 1980 = 1984：307)。

二つの「プロジェクト」で出会っていたのは，「垂範的」な「異議申し立て」をする人たちによる「発明」と「創造力」であった。トゥレーヌの弟子であったメルッチは，自らの調査研究チームを率いるときにトゥレーヌの「介入」かつ「発明」に大きな影響を受けており，私たちは，そのメルッチに大きな影響を受けていた（理論篇の4(2)でも言及している)。

それゆえ，長期間にわたって「心地よくない」関係性を切り結び続けるという私たちの調査研究は，トゥレーヌやデュベたちの「社会学的介入」と重なるものである。他方で，大きく異なっていたのは，フィールドに入っていったメンバーが，必ずしも「研究者側」として整備・組織されていたわけではなく，「する側／される側」の境界線は必らずしも明確ではなかったという点である。「行為者たち同士を厳密な研究条件下」におく力はなく，「分析」というよりは「感想」や「印象」を提示し，むしろ，より分析能力や理解能力を持つ当事者・行為者たち（「子どもたち」も含めて）によって導かれていた。また，「会合」の

みならず，フィールドでの実践そのものを協業することによって，まさにその「うごきの場」で，居合わせたメンバーそれぞれの自己分析が開示され，突き合わせられ，「調査者と対象者」「ボランティアと当事者」「日本人と外国人」「大人と子ども」といった固定的な関係性が，くりかえし揺りうごかされ，配置変えを続けていた。この場に居合わせたもののほとんどが，それぞれのパルスとリズムで多方向へと向かっていく，常に空中分解寸前の飛行体のようなものであった。

(2) 初期シカゴ学派と奥田道大

初期シカゴ学派や奥田道大の研究姿勢との接点も無視出来ない。イタリアでの調査に着手する前，奥田道大たちの研究グループとの交流を通じて，初期シカゴ学派のフィールドへの入り方，関係性の切り結び方が常に念頭にあった。たとえば，シカゴ学派の流れを汲む H. ベッカー（Howard S. Becker）が，恩師 E. ヒューズ（奥田道大のアメリカでの恩師でもある）から学んだという姿勢である。ベッカーよれば，社会科学者の仕事は，「それ」が本当かどうかを判断することではない。「他者があるものを一定の貴重なカテゴリーから締め出そうとする」プロセスを明らかにすることである。そして，「（規範と効率性は常に追求され）ねばならない」という大前提（効率性とそれ以外に分割し，後者を残余カテゴリーとして扱い，「その他」と一括されたものは考慮しなくてもよいとする）を一度よしてみることで，効率性とカオスの中間に位置する現実を分析する可能性を確保すること，「トラブル，例外，適合しないもの」を探索することである（Becker 1998＝2012：194-200, 262）。

初期シカゴ学派の「職人芸」は，私たちがなんとかあきらめずに，「その他」（とされてしまいがちな事実）を拾い集め，「トラブル，例外，適合しないもの」の連続に対して，「野良仕事（フィールドワーク）」を続けていくときの力となってくれた。「野良仕事」とは，すなわち，院生・学生たちといっしょに，フィールドに出ていって，「ズボンの尻」を汚すかたちの泥くさいフィールドワークを行い，膨大な議論を積み重ねること。さらには，フィールドで出会った人た

ちとの濃密なやりとり・切り結び，人のつらなりのなかで，独自の調査研究スタイルを集団的に創り上げていくという営み，フィールドで，これまで依拠してきた枠組みを学びほぐしていく（learning / unlearning in the field）という営みである。

「プロジェクト」の半ば頃から，「移動民の子どもたち」に対する「管理」や「治安強化」の傾向が拡大してきた。この社会統制を補強する「体制」（行政－学者－ボランティアの結び付き）が存在し，自らもまたその枠組みに組み込まれていることを痛感させられていた。この流れのなかで，いかに彼ら／彼女の「棲息場所」を確保するかを考えざるを得なかった。その際に，導きの糸となっていたのは，奥田道大たちの新宿・池袋での「アジア系外国人」（奥田・田島 1991）（奥田 1995）へのかかわり方，とりわけ，奥田が立教大学から中央大学に異動してからの調査研究のスタイルだった。

奥田は，「必ずしも望んで入って来たわけではない学生たちが手弁当で，新宿や池袋で必死に暮らすひとたちの声を聴いてくれた。個人の生活に立ち入るような調査だったから，助成金をとることによって，目に見える成果を求める他の研究者に左右されることは避けざるを得なかった。個々人の私的な話を積み重ねる作業を，少数の学生と奥田という，まったくの個人的なつながりによって，細々とつないできた。『大きな話とつながらない，些末だ，見たいものしか見ない』と言われつづけた。『国策にのっとった研究』は資金的にも潤沢で，多くの院生・学生を動員し，論文や報告書を生産していく。こうした研究のなかでは，声をあげる機会も与えられず必死に生きている人たちの存在は一切無視されてしまうのだろうか。ここ数日，学生たちが残してくれた大学ノートの整理をしていた。『当代一流の社会学者』たちの仕事がすべて消え去った時に，むしろ貴重な資料としてこれらのノートが残っているのではないかと思っている。国家の視点の『高み』からでなく，『細々と』と個人的な場所から，これからも勝負をかけたい」と，語っていた[2]。

(3) メルレルとの「方法としての旅」

いま一つは，新原にとって，メルッチと並ぶ盟友であったA.メルレルとの間で練り上げてきた方法である「方法としての旅（viaggiare, comparare e pensare，旅をともにして，対比・対話し，考える）」（新原1997）である。「最初の『こだわり』は奥底に携えたまま，一度はそれと切れた形で他者の中に入って格闘してみて，その過程で自分が変わっていくことをよしとしつつ，もう一度，最初の地点とつき合わせてみて，自分が変わったということを自らの場において具現化してみせる旅」（新原2002：697-698）というのがまず第一義的な定義であるが，実際に「方法としての旅」を試みるなかで，およそ以下のような「かまえ」が蓄積されてきた（新原2009：138-139）。

①よりゆっくりと，やわらかく，深く，耳をすましてきき，勇気をもって，たすけあう（lentius, suavius, profundius, audire, audere, adiuvare），速度を落とし（スローダウンし），和らげ，深める（lentior, suavior, profundior）を基本的な「かまえ」とする。
②すべての事実を「迅速かつ効率的・系統的に収集する」という方法でなく（もちろん事前に出来る限りのことはやっておくし，調査の前後に調べ尽くすようにすることを前提としたうえで），奇偶と機縁，偶然出会った断片的事実，土地と人との特定の関係性を大切にする。
③その「断片」の意味を，一見隔絶されているように見える他の小さな場の意味と対比しつつ，なにをどう考えるのかというところから始める（枠組そのものを考えるところから始める）。
④異なる旅の経験をもった同伴者を得ることが出来た場合には，旅のなかでの「観察」と同時に，その「観察」とかかわる連想・想起・着想などの対比・対話・対位に，出来るかぎりの時間とエネルギーを割く。
⑤そうすることで，旅のなかでの知見・知覚の「自然な集積の結果」によって生まれた「化学反応や生体反応（reazione chimica e vitale）」を少しずつ

形にしていく。
⑥方法としての旅（フィールドワーク）の後には，日常的な不断・普段の営み（デイリーワーク）として，体験したことの意味（何と何が対比され想起されたか）を反芻する（remeditate, rimeditare）。

表舞台だけでなく舞台裏でもなされた微細なやりとり（メタレベルでのコミュニケーション）を記録・記憶し，その意味を考え，言葉を突き合わせていくというデイリーワークは，こうした先達からの刺激によって生まれた。

2．メルッチが遺したもの
――距離のとり方，関係性の配置変え，「契約」，「遊び」と「ジレンマ」――

以下では，「序」で提示した，①〜③の「居合わせていた根本的瞬間（the nascent moments in which critical events take place）」に歩みをとめつつ，メルッチの遺稿である「リフレクシヴな調査研究にむけて」（Melucci 2000＝2014）に即して，二つの「プロジェクト」の意味をふりかえっていきたい。

①その場にいて，目には見えにくい状況をなんとか他者に伝えようと苦闘した「名代」「世間師」「移動民の子どもたち」たちによる強い「声」と「どよめき」によって場が揺りうごかされていったこと（2章と3章で叙述を試みた）。
②行政や研究者によって「承認」されることがないなかで，かろうじて普請した「体制」（助成金の獲得による「プロ日本語教師」の招聘）を「喪失」する。その場に居合わせている人たちの相互作用によって，「あばら家（仕組み）」が立ち現れた瞬間，「喪失（否定性の自己運動）」とともに起こった何か，こわれていく瞬間，喪失した瞬間に起こったことに着目したい（4章と5章で叙述を試みた）。
③この異境の地でどう生きるかを考えざるを得なかった「移動民の子ども

たち」に揺りうごかされた（あるいはされなかった）若者（学生）たち――いまある「社会への適応にむけての合理的選択」との葛藤のなかで，他者との交感へと身体がうごいてしまうことの意味について見直すことをしたい（5章と6章で叙述を試みた）。

(1) 当事者との距離を保つ／距離を縮める

メルッチは，社会調査とは近代社会（産業社会）が自己認識をしようとして生み出したものだと考えていた。社会調査によって社会についての認識を生産する社会学者は，「観察主体と観察される対象の間のジレンマ」，すなわち，「調査研究者と当事者（社会的活動の担い手）との関係性」の問題に向き合わざるを得ない。

ここでの「ジレンマ」とは，二元論的な二つのモデル，すなわち，「自然科学が想定する客観性（対象性）を模して価値中立的に対象から切り離された観察」を行い，「可能な限りの距離と価値中立性を確保しようとする」モデルと，「特殊な形態の認識が持つ固有の状態をただそのままに受けとめ，さらには観察された社会関係のなかに自らも没し」，調査対象との「距離をなくし，相手の社会的世界の奥へと入り込み，その世界の特徴そして経験を深いところから理解しようと試み，なんらかの仕方で社会的世界を映し出す鏡，あるいは代弁者になる」モデルとの間のジレンマである。

前者の「距離を保つ」という「実証主義的モデル」においては，観察主体が観察の対象となっている社会関係のなかに組み込まれているというパラドクスを乗り越えようとしてきた。そこでの観察主体は，「出来る限り，距離を保ち，かかわりを持たず，仮に物理的な距離が近かったとしても認識においては対象から遠く離れ，あらゆるタイプの情動から自由でなければないという想定」のもとで立てられた。そして，量的データを数学的手法によって処理することで，社会学者の観察が持つ弱点を克服しようとした。しかしながら，ここでは，「洗練された統計的手法」を適用するために「厳格な収集・整理」をされた量的データが，実際のフィールドで，どのような観察者と当事者との関係性

のもとで収集されたのかといった問題が残る。それゆえ，きわめて洗練された量的調査においても，社会調査という認識の在り方が根本的に抱える人と人との関係性の問題は残ってしまう（Melucci 2000＝2014：95）。

　他方で，後者の「距離を縮める」という試みは，「フィールドに直接的に入り込み，経験をともにし，あるいはまたフィールドでの実践的活動にきわめて積極的に加担し，ほとんどそのフィールドの成員となるという」手法である。「この場合には，可能な限り，相手の言葉遣いや習慣や文化モデルのなかに入り込み，相手の生活のなかに深く没入し，感情的な調和のもとで，相手の内面や行為の意味を理解しようとする」ことになる。この試みから派生したものとして，「当事者たちの行動や体験に介入し，その場を作り変えていくという意図が組み込まれ」た介入的調査あるいはアクション・リサーチがある。

　メルッチは，「距離を縮める」という戦略の問題点について以下のように述べている。

　　当事者は，弱者もしくはマージナル，あるいは社会的資源から引き離されており，社会学的調査の介入によって，こうした状態からの脱却を促すというものである。暗黙の構成要素となっているのは，救済と伝導である。……有機的知識人は，抑圧され，搾取され，より弱い立場に置かれた人々の側に立ち，その知的な認識を，実は自分たちのものとして持つべきであった当事者たちにもたらす。当事者たちは，有機的知識人によってもたらされた知的認識によって，自らを解放する行為へと向かっていく。ここにも，救済と伝導の物語が見出される。こうした知的伝統からの社会調査には，社会を変革するという意志が吹き込まれており，政治的にはラディカルな性格を持つようになっていた。それゆえ，調査者と当事者の距離を縮める，さらには両者が一体化するという形態には，暗黙の内に，知的認識を持つものと持たざるもの，自らの識るところのものを伝導すべき使命を持ったものと，真実と認識が運ばれてくるのを待つものとの間のヒエラルキー（位階制）が残存し続けた。　　（Melucci 2000＝2014：96-97）

第7章　乱反射するリフレクション　427

　この発言は，イタリアの知識人，社会運動の担い手の多くが，政治的文化的エリートの家系であったことと関連している[3]。「逆説的ではあるが，この救済と伝導のモデルは，啓蒙的な教育の関係性として再編されていく。すなわち，真実にふれることの出来る少数者が，抑圧された他者に光をもたらす」という認識の問題点である。

　大半の理論において，行為者は対象であったり記号であったりする。むしろ科学（構造主義，システム論，解釈学など）は操作の対象として，個の声を隠蔽する作用を持っている。これに対してメルッチは，ごくふつうの人々が日々の特定の状況のなかで現実に応答し，その応答の連鎖のなかで自らの組成に変化を生じさせていく社会文化的プロセスは，「出来事」の背後に常態として在り続ける。社会の「草の根」として日々を奮闘するごくふつうの人々は，「確かにそうかもしれない」と疑問を抱きつつも，日常の課題に追われて暮らし，「きっとこれでよかったんだ」と自分に言い聞かせる。しかし，突然，うっすらと感じていた不安，未発であったはずの事件が現実のものとなり，せっぱつまって，「やはりおかしい！」「いてもたってもいられない」となる瞬間がある。

　メルッチは，このごくふつうの人々の「草の根のどよめき」[4]を一般論で語るのでなく，小さな兆しや兆候（segni, signs），あるいはシグナル（segnali, signals）を集めていく時間とエネルギーを厭わなかった。そして，個々人の体験のなかにある「可能性」を決して無視せずに，微細に観て，聴いて，察して，それを理解するためのかまえとしての理論と調査方法を創る努力を徹底して行った。そして，亡くなる直前まで，新しい社会科学の言葉を模索し，言葉になるかならないかのところで，想念を出来る限り描き遺すことを試みた。これは，イタリアの「知識人と社会運動」の枠組み（フレーム）から，ぶれてはみ出す試みであり，「いくつものもうひとつのコード（*Altri codici, Challenging Code*）」をもたらすことへの挑戦であった。

　私たちの二つの「プロジェクト」は，「聴け！プロジェクト」においては「療法的でリフレクシヴな調査研究（Therapeutic and Reflexive Research (T&R)）」，「湘南プロジェクト」においては，「コミュニティを基盤とする参与的行為調査

(Community-Based Participatory Action Research (CBPAR))」の側面を持っていた。その意味では，どちらの場合も，「距離を縮める」試み，「介入的調査あるいはアクション・リサーチ」に近いものであった。

(2) 関係性の配置変え

しかしながら，その一方で，調査研究者と当事者（社会的活動の担い手）との間，調査研究者間，当事者間における多重・多層，かつ多面的な「感情的な調和」とは遠く離れた緊張感，混乱，混沌が存在し続けていた。また，きわめて可変的かつ局所的に，ヒエラルキー（位階制）の転換や解体が起こっていた（とりわけ2章から6章を参照されたい）。

この点で，重要な指摘の一つだと考えられるのは，調査者と当事者という関係性が，生身のフィールド（うごきの場）においては，くりかえし配置変えされ続けるという指摘である。

メルッチによれば，調査者は「調査という特殊な条件を授けられた当事者」である。社会的活動の当事者は，自らの行為をふりかえり，「自分に関してのなんらかの認識を生産するという意味では調査者」であり，決して「自らがコントロールできないゲームに参加していることを自覚してしないチェスのポーン（こま）ではない」。「各々の体験の場に埋め込まれた当事者」たちは，「問題の当事者として，自らの行為の意味を認識し自覚的にふるまう」。

それゆえ，調査者と当事者は，「同じフィールドにおいて共有する部分を持つと同時に，その社会的位置付けの特殊性と，有する社会的資源の違いによって分かたれた」異なる主体である（Melucci 2000＝2014：97-98）。

本書の対象となったフィールド（うごきの場）では，この「配置変え」が何度も起こり，その流動化を固定化することを「断念」して，流れのなかでなにかを生みだそうとするうごきが複数起こっていった。他方で固定化に固執するうごきも起こり，去っていくものもいた（4章における「日本語教室」の崩壊，6章における「Eキャンプ」の崩壊など）。

湘南団地においては，団地内の「世間師」と当事者，団地外から参加したボ

ランティアおよび大学人（調査者かつボランティア）といった，個々人のなかで非対称性な当事者性と調査者性を持った人たちがぶつかり合っていたという理解が成り立つ。また「聴け！プロジェクト」に集った「EキャンプOBOG」たちのなかにも，すでに『聴くことの場』作成の段階で文字にも現れていたように，関係性の配置変えが起こっていく兆しが埋め込まれていた（6章2節における金迅野やKJの発言など）。

(3) うごきの場での「契約」

いま一つ，重要だと考えられるのは，デュベの言葉のなかにもあったが，なんらかの意味でのフィールドへの「介入」において，一時的にであれ形成される「契約」という側面についての指摘である。メルッチは，社会調査において，紙面上のサインの話ではないが，お互いの距離を確認し適切な間隔を設定するという意味では，それぞれの目的に応じたかたちで調査の結果をわがものとするための「契約」が取り結ばれているとする。

> ①調査者の使命は，その能力を，あくまで新たな認識を生産することのみに活用することである。
> ②当事者は，調査者の手元にはない有意の情報を調査者にもたらす必要がある。
> ③調査者は調査によって獲得した新たな認識をなんらかのかたちで当事者のもとに返す必要がある。そして調査に応じた当事者もまた他の当事者に新たな認識を返す必要がある。そこで重要となるのは，結果の伝達を通じての直接的なコミュニケーションそのものであり，もし直接的なコミュニケーションが困難な場合でも，書籍や報告書などを通じて，獲得した新たな認識を公共の場に開示することが必要となる。
> 　　　　　　　　　　　　　　　　　　（Melucci 2000h = 2014：99-100）

二つの「プロジェクト」においては，大学からフィールドに入っていたメン

バーによって記録が作成され，その内容は，出来る限り口頭で，また文章のかたちで開示された。しかし，この「作成」と「開示」は一方向にとどまらず，フィールドに暮らす，フィールドとかかわった当事者の出来るだけ多くの人たちによる発話，作文，解釈の提示が行われ，この場面においては，「調査者」が教育されていた。とりわけ「湘南プロジェクト」においては，団地自治会役員，民生委員，社会福祉協議会職員，外部のボランティア，調査者の間で関係性の配置変えが起こり，メルッチがここで「契約」と呼ぶ，共通理解が生まれた瞬間が確かにあった。

たとえば，3章3節の「Ks会長の怒り」と「Hs園長の『投企』」と4章2節の「始まりのひとひら」で記述されている，何度目かの「会合」の後に起こった，1998年11月のKs会長と新原との間の衝突（scontro）は，同時に，それまで数年間をかけて積み重ねられてきた「異質なるもの同士の対話」の後の，出会い（incontro）の瞬間であった。

実はこのとき，「咆哮」の後，集会所の廊下に手を当てて背中を丸めているKs会長に，「お気持ちお察しします」と声をかけると，「あなたは私たちが知らない世界を見てきている。私にはわからないけれど，あなたには，『あの人』たちのことを理解できるはずだ。そういう人たちが，この場には必要なんだよ」というやりとりがあった。これ以後も，Ks会長や民生委員のTdさんたちと「共通言語」がつくられたわけではないが，阿吽の呼吸の「契約」のごときものが生じた瞬間であったと考えられる。

その後，1999年1月に起こった4章2節の「本物の「県や市の役人」が湘南団地へ」では，これまでの〈外から入っていたボランティア・大学関係者vs団地側〉という枠組みから，〈湘南団地で何らかのプロジェクトをすすめようとするものvs管理者である県や市〉という配置変えが起こっている。そしてまた，4章4節の「『プロ日本語教師』をめぐって」と「『選択』の岐路」では，自治会役員たちが，「教室」存続の危機ではあるけれど，これまでいっしょにやって来た（異質な）メンバーで，「湘南プロジェクトとしての歩みをともにする」という理由で，湘南市からの支援の申し出を断っている。「教室」に通っ

ていた「外国人」たちも，「素人さんといっしょにやっていく」という選択をして，また新たな配置変えが起こっている。

(4) 揺れうごく関係性の「遊び」

　調査者と当事者は，同じフィールドで，調査というゲームの規則を共有し，パートナーとして適切にふるまい，体験をともにするプレーヤーである。この「契約」は，紙に書かれていないだけでなく，流動性を持っており，配置変えが起こっていく。このような関係性のうごきを，メルッチは「遊び (gioco, play)」という言葉で表している。ここでの「遊び」はネジの「遊び」という含意から派生しており，ゆるく固定されたピボット・ピンのように揺れうごく関係性の「遊び」は，調査そのものにも個々のプレーヤーにも起こっていくものである。

　調査そのものについていえば，調査のプロセスは，「アプリオリに決定されているものではない」。「経験的調査を体験したものなら誰しも，調査のなかで調査のプロセスそのものも変わっていくこと，実際に行われたことは，始まった当初のプロジェクトから異なることを知っている。「論理的かつ線形的」な仮説検証による社会調査は，実は，「当事者との間に起こる予想外の出来事や困難のなかでの関係性の修正に拘束されてもいる」。つまりは，「調査者も当事者も，自らの境界を揺り動かし，パートナーの動きと変化する周囲の環境に応じて動く」ものなのである (Melucci 2000＝2014：100)。この「遊び」のプロセスのなかで，調査者も当事者も，自らの立ち位置を変化させていく。

　メルッチは，社会調査における調査者と当事者との関係性の「遊び」が，実は，可視的なレベルのみならずメタレベルのコミュニケーションにおいても成り立っていることに着目している。そして，当事者の側のみならず調査者の側にも複数性と多重性があり，それぞれに固有性を持った個々人同士の二者の関係性が，揺れうごくなかでなされる営為として，社会調査をとらえた。この複合的なプロセスを見直し，複数の目で見て，複数の声を重ね，固有の二者関係をもとにして当事者にも調査結果を返していく（その意味で，お互いに切り結び，

照り返していく）という多方向へのリフレクションとリフレクスについての提案となっていた。

　メタレベルのコミュニケーションにふれようとするものは，自らの組成に配置変えが起こってしまい，もはや最初に持っていた枠組みでは，自らもうごきの場に埋め込まれているその状況について，表わしきれないことを感得してしまう。ひとたび，メタレベルで起こっているコミュニケーションの存在に気付いてしまったプレーヤーは，「その関係性を見ないようにする，あるいは調査のプロセスから除外してしまうことは出来ず，両者の関係性そのものの動きを，リフレクションとメタ・コミュニケーションの場に含みこまざるを得ない」。ここでは，「価値中立化も他者への同化の努力も意味をもたない。……本当の意味で調査者と当事者の間に適切な距離を得るためにはこのメタレベルの認識が必要である」（Melucci 2000h＝2014：100-101）。

　二つの「プロジェクト」に居合わせた人たちのなかで，「世間師」や「移動民の子どもたち」はむしろ，「メタレベルのコミュニケーション」，関係性の「遊び」の「潮目」を感知し，行動していたといえる。それは，とりわけ，「否定」的な発言を通して，立ち現れていた。冒頭のバザーリアの言葉にあるように，「未だコード化も定義もなされていない場で行動する」ことを始めるため，「すでに一定の含意を与えうるようなものごとすべて」を否定する言葉が発せられ（Basaglia 1998 [1968]：4-5），外からの「調査者」「ボランティア」，「公営住宅」「住民」「外国人」といった言葉の「含意」は揺りうごかされていった。当初の「研究委員会」は，湘南団地の人たちによって揺りうごかされ，「聴け！プロジェクト」では，「聴け！」という強いメッセージに揺りうごかされていった。「説得」され，「そう簡単には元に戻せないような変化」（Basaglia 2000：143）を起こされてしまったのである。

(5)　「創造」のジレンマ

　こうした関係性の「遊び」をともなう「変化」のなかで，何かが生み出されていったと，後から理解したとして，この場に起こった「創造」をいかにとら

えるのか，それは本当に何かの意味があるのか？　メルッチは，自ら行った「創造力」と「創造的活動」の構造と動態に関する調査研究（Melucci 1994）において直面したジレンマを以下のように述べている。

> ジレンマの第1は，創造力というテーマに関してシステム化された研究がそもそも可能なのか，この概念の設定そのものが矛盾ではないのかという疑問である。第2は，モラルにかかわる問題である。すなわち，きわめて内的かつ自発的，高度に主体的な活動である創造の要素を，個々の実際の行為のなかから析出し，そのプロセスを客観化することは困難なのではないかという疑問である。第3の認知する側の問題とかかわるジレンマは，その研究成果が，新たな知を生産しているのか，それともすでに自分たちのなかに埋め込まれているステレオタイプをなぞっているだけなのかという問題である。（Melucci 2000＝2014：102-103）

ここでのメルッチの「創造力」を，「うごきの場」において，当初の「予測」や「計画」からぶれてはみ出し，創発（emergence）してしまった「可能性の芽」という言葉に置き換えて考えてみるとよい。すなわち，システム化した調査研究の困難さから，まとまらない「介入」を行い，そのなかでの「失敗」や「喪失」を見つめざるを得なかった。また，何かが実は生まれていたとして，その社会文化的プロセスを客観化させることの困難から，実際になされたメタ・コミュニケーションを，丹念に拾い集めるしかなかった。さらに，この二つの「プロジェクト」の舞台裏での営みが，願望と企図の根幹にあったわけだが，「未発のコミュニティ」の萌芽であるような何ものかが立ち現れていく瞬間をとらえる〈エピステモロジー／メソドロジー／メソッズ〉を少しでも生み出すことが出来たのかという問いかけとなる。

　メルッチは，とりわけ社会運動の当事者による「創造」と「発明」（トゥレーヌ）の要素に着目したことから，「創造」についての共同研究をすすめた。そのなかでの「ジレンマ」に対して，「こうしたジレンマに直面したことによって，

創造力に関する実質的な定義を確定してしまわずに，当事者との対話や調査メンバー間の対話のなかで，解釈の配置変えをしていくことに対して開かれた理論（teorie disponibili）を創ろう」としていた。「調査のプロセスにおいては，大きく揺れうごきつつも，客観的な立場に立つということも，リフレクシヴでありつづけるということも，避けて通ることは出来ず，……このエピステモロジーのジレンマのなかで生きていくしかない」とした（Melucci 2000＝2014：103）。

私たちの調査研究もまた，「うごきの場」に「居合わせた」プロセスをふりかえり，その活動を理解しようとした認知のプロセスそのものにも焦点をあてつつ，「開かれた理論」を志向せざるを得なかった。

3．「世間師」「移動民の子どもたち」と葛藤する学生ボランティア

(1) 一つの再帰的な旅

イタリア北部の都市トレントに生まれサンパウロで育ったメルレルによれば，「ひとの移動」とは，「度重なる多方向への旅（帰還し，再び旅立ち，再び入植し，複数の場所の間で，一定期間をおいて繰り返し移動し続けること）を繰り返すという〈一つの再帰的な旅〉をし続ける状態を意味する。この観点からするなら，たまたまあるものが特定の土地に留まり『定住している』という現象は，この循環し再帰し多系的に展開していく旅の一場面を見ているということになるだろう」（Merler 2004＝2006：63-64）と述べた。

うごきの場に居合わせた人たちに，相互承認の瞬間が生まれていたとしたら，それは，「世間師」たちと「移動民の子どもたち」が，それぞれのなかにある〈一つの再帰的な旅〉を見ていたということであろう。湘南団地に集った「世間師」たちは，自らもまた「異人」として「この異境の地」に降り立っていたのだと，それぞれの表現で言葉にしていた。「聴け！プロジェクト」においても，「在日コリアン」とされる金迅野やKJは，「ニューカマー」たちの〈一

つの再帰的な旅〉を，自分たちの固有の生の軌跡（roots and route）と重ねていた。

(2) 移動民の子どもたち

「…それでもなお，伝わらないかもしれない言葉を発せざるをない。語りえぬすべてを語ることを試みる。表象の不可能性，表現の不可能性，相互承認の不可能性の中でその可能性を希求する。ときには沈黙の言葉で，表情で，眼で，拳で，身体のあらあらしい動きで，静止で……身体の奥底から言葉を発する」(新原・金 1999：47)——こうした「移動民の子どもたち」のジレンマを，「サルデーニャ出身」の「移動民の子ども」であるアントニオ・グラムシ (Antonio Gramsci, 1891-1937) と重ね合わせて考えていた。

グラムシの一族は，1821年にギリシアからサルデーニャに亡命した，アルバニア系ギリシア人難民の末裔であった。グラムシの父は，1897年の総選挙で島の実力者の対立候補を応援したことから，失職さらには投獄されてしまう。父親が不在であることに加え，グラムシ自身も身体的「障害」を背負い，生涯続いた頭痛・出血等に早くから悩まされていた。普通のサルデーニャの子どもと違って「イタリア語を正確に話せる」グラムシは，小学校の成績は優秀であったのにもかかわらず，小学校4年から働きに出て家計を支えなければならなかった。肉体の痛み，投獄された父を持つ「ひけ目」，断念せざるを得なかった希望，これらが彼の当時の意識を形成していたと思われる（新原 2004：329-331）。

1936年，獄中での闘争に心身とも衰弱しきっていたグラムシは，故郷サルデーニャへの「帰還」を計画したが，その翌年の4月27日，ついに「帰還」の夢はかなうことなく死去した。しかしその「故郷サルデーニャ」は，実は彼にとって，実体的な「先住の地」ではなかった。あたりまえのようにその場所にいる人間ではないものが，他者の予想を「裏切り」つつ声をあげること。グラムシが体現した複合性・重合性・流動性は，「移動民の子どもたち」にとって共通の根源的課題でもあった。

かろうじて獲得した奨学金でトリノ大学に学んだグラムシの背中は，日本の大学へとなんとか進学していった「聴け！プロジェクト」の面々の姿とも重なる。若き日のグラムシは，イタリア南部から北部の工業都市トリノにやって来た労働者たちに，こう語りかける。「学びなさい。わたしたちのあらゆる智を必要とする日が来るのだから。自らを揺りうごかしなさい。わたしたちのあらゆる熱情を必要とする日が来るのだから。ひととつらなるのです。わたしたちのあらゆる力を必要とする日が来るのだから」（da L'Ordine Nuovo, anno I, n. 1, 1° maggio 1919)。そして，獄中での日々を余儀なくされた「晩年」に，母親へと書いた手紙に，「当面のたたかいに勝利するという幸運に見舞われるようなたたかいを私はしてこなかった。だけれどもこうしたたたかいをしてきたものは，そのことを嘆く必要もないしまた嘆くことはできない。なぜなら誰が強制したわけでもなく，自ら意識的に選びとったたたかいなのだから」（8月という意味です1931年8月24日付）という言葉を遺している[5]。

　「移動民の子どもたち」は，いわば「異境の力（una capacità "di confine"）」とでもいうべきものを持っている。「異境の力」とは，第1に「異境で生き抜く力」であり，第2に，その固有の生の軌の意味をふりかえることによって，複数の異境の地を行き来し，生き抜き，尚かつその意味を理解し表現しきるという意味で，「いくつもの異境を旅する力」である。第3に，穴だらけで，不備や欠陥があったとしても，おおかたの予想を裏切り，「同郷人」たちをはっとさせるような新たな見方（nuova visione）を提示する力である。すなわち，異なる境界線の引き方，補助線の引き方を提示することでその場に居合わせたものの「変化（メタモルフォーゼ）」を誘発する「異境を創り直す力」である。

　「聴け！プロジェクト」と湘南団地の集会所に集った「若者」たちは，自らの内なる「異境の力」を自覚し，必要に応じて「出し入れ」しているという側面が見られた（3章で登場するSpやSbたち「湘南ガールズ」，6章1節の「彼らは歩く異文化セミナーだ！！」などを参照されたい)。「本当は『支配的文化』と自分との間に接点をつくる方法を知っているのに，わざと接点を示さず，人を動揺・混乱させることに喜びを感じる」[6]。二つの「プロジェクト」で起こったことは，

やや詩的な表現をとるなら,「世間師」によって励まされ,支えられた,「いく人ものもう一人のグラムシ」,その「子どもたち」から「自らを揺りうごかしなさい」と背中を押された大学生という流れを持っていた。

(3) 葛藤する大学生

「承認欲求」は,この場に集った大学生やボランティア,日本語教師たちにとって根深い問題であった。それぞれに,夫婦関係や虐待,「寂しさ」「内面の空虚さ」を抱えていた。本書では,こうした社会的痛苦を惑星社会の問題であると考えたのであるが,小集団の具体的局面においては,「非抑圧者の二重性」として立ち現れていく。

たとえば,「中国人はがんばり屋だから日本でもやっていけるがラオスやカンボジアはだめ」。学校化社会の秩序感覚になじまない東南アジアや南米の人たちは,「どんなにがんばって教えても希望はない」と,学校化社会の側から「査定」する。他方で,「KtさんやTyさんは『頭でっかち』で,日本語教育の現場を理解できない」となる。この両面否定のかまえは,「在住外国人業界」の一部のボランティアたちに共通して見られた,自らの卓越性を表出したいという欲求であった。学生ボランティアたちもまた,同様の「承認欲求」と「漠然たる不安,いらだち」,「退却」への過剰な恐れのなかで葛藤を感じていた。

しかしながら,この場にやって来た大学生たちは,自分がこの先,日本社会でどう生きていくのかを,程度の差はあるにせよ,感じ考えていた。通い続けたり,もしくは離れた後も想起し続けた人は,どこかで内心のひっかかりや,開いた「矛盾の扉」を閉め切ることが出来なかった。湘南団地に残った学生ボランティアは,大学のなかでは「よい学生」「優秀」とされる人が多かった。おそらくやろうと思えばうまく就職したり,社会に適応できたはずである。しかし,湘南団地で出会った人々を通じて,それに「待った」をかけられたように感じて,その意味を探るために,大学を卒業したり就職した後も,通い続けた。「在日日本人の大学生」と「定住難民の子どもたち」という構造的な非対称性がありつつも,そこに衝突と出会い(scontro e incontro),「切り結ぶ(tagliare e rilegare)」ことがあったとしたら，どちらも日本社会で今後どう生きていけばよいのかを，考えていた瞬間かもしれない[7]。

　R. ベラーは，公共空間において，支配的な道徳的言語である「第一の言語」（現代アメリカ社会では個人主義の語彙）と，そこからはみ出す複数の可能性としての「第二の言語」（とりわけ共同体へのコミットメントに根ざした語彙）に着目した。そして，インタビューで出会った人たちが，「共和主義的伝統と聖書的伝統に依拠することで，第二の言語となっていたものを再び第一の言語にしようと努力している。私たちはこれまで，『伝統を生かし直すこと』(reappropriating tradition)，すなわち，伝統のなかに糧となるものを見つけ，それを今日の私たちの現実に，能動的に，創造的に適用することについて話してきた。それが何を意味するのか，具体的な例をこれらの人々は与えてくれる」(Bellah et al. 1985＝1991：351) と述べた。メルッチは，ベラーが着目した言説空間上の葛藤のさらに奥底にある身心レベルでの揺れうごきを感知しようとしていた[8]。

　大学生たちは，自らの内に棲まう「生き直そうとする」ことの葛藤に気付き，身体がうごいてしまうこととそれを意味付ける語彙とのズレに苦しんだ。「うごきの場に居合わせる」とは，「自分」のなかに埋め込まれてしまっている多系の可能性を取り戻す（reappropriate）プロセスである。「他者」との間での対話的なエラボレイション（co-elaboration, elaborazione dialogante）のなかで，ふりかえり，照らし合い，そこでの理解や言葉が療法的な意味を持って行く。「調査研究」それ自体でなく，それを含み込み，下支えする「関係性の動態」にこそ「療法的な意味」がある。

　この社会でどう生きていくのか――ふだんは見ないようにしている「わがこと（cause, causa)」，固有の生の軌跡（roots and route of the inner planet）のなかに在る「拘束・絆（servitude humana／human bondage)」とどう出会い，どうかかわるか？　自分のなかに「逃れられないものがある」とすでに感じている人にとっては，「自分の外」（異境の地）に出て相対化しとらえなおすべきものとなる。そうでない場合には，「自分の外」に出たあと，戻ってきて自分を掘っていき，選びとるべきものとなる。

これが，メルッチやメルレルとの間で共有していた大学生への呼びかけであり，その背後にある願望と企図は，「リフレクシヴで療法的なプレイング・セルフ（Reflexive & Therapeutic Playing Self)」への挑戦であった。

(4) 自分と向き合う

5章に登場するFnくんは，大学院進学を断念した後も湘南団地に通い続け，「当初の予定」とは異なる福祉職を選択し，「社会のオペレーター」になるという志の半ばで困難な病と闘い，夭逝した。その彼が，大学卒業の頃に「湘南プロジェクト」のメンバーに宛てて，以下のような長い手紙を書いている。

　……主に父親のことになりますが実家で考えたことを書かせてください。僕の父親は，T半島という漁村と農村のみの田舎から一度も出ていません。高校を卒業して地元の漁協で働き，その後は祖父の家業であり地方の地場産業でもあった機織りを手伝うという生活を送っていました。しかし，この機織りは僕が小学校高学年くらいのころに不景気に陥り，実家の家業としてだけでなくT地方全体が壊滅的な打撃を被り，個人経営だけでなく，多くの従業員を雇っていた工場までほとんどが次々と閉鎖されました。僕の実家は祖母が暇つぶし程度に続けていましたが，その稼ぎは微々たるものでしたので，その後，様々なことを始めるのですが，ここ数年ようやく民宿というかたちで安定してきたところで，それまでは非常に不安定でした。
　父親は当初大学進学自体に否定的でした。経済的な理由もありました（自分は親に非常に迷惑をかけていたということを今ごろ感じます）。しかし，それも徐々に変っていったようでした。僕が何かを得ている（？）と感じているのだと思います。大学院というものは大学の延長のように感じているようです（修士・博士課程修了後に就職するという意味で）。大学というものに全く縁のない人生を送ってきた父には，やはり，「大学にやった息子にはこうなってほしい（企業に就職し，仕事で自己実現をして，幸せな家庭を築

いてほしい）」という理想像があるのだと思います。そしてまた，僕が「頭で全てを考えようとしている」という含みをもったしゃべり方をしていたようで，「理屈っぽい」と批判され，生活を頭でわかろうとしていると感じ苛立っていました。「お前の言っていることは理想論だ」「考えることは理想論を並べることだ」と父親は言っていました。この言葉にはドキリとさせられましたが，父親は大学４年になってもまだ就職をせず，さらにもうしばらく「理屈っぽい世界」に身をおき，「（父親の考える）現実から逃げる生活」を送りたいと言っていることに失望の念を抱き，批判せずにはいられなかったようです。

僕は今回帰郷し，親戚や父の友人等様々な人たちと話す機会がありました。父親だけでなく，僕の郷里の人たち（主に父親と近しい関係にある人たち）は実際に非常に厳しい生活を実感していると感じました。それは主として経済的な問題です。本当に田舎なのでもともと働き口となる企業などほとんどなく，唯一あった地場産業が崩壊し，お金を稼ぐ手段が自営業（主として観光客目当て），漁業，農業以外ほとんど選択できないのです。機織りが崩壊してから，どんどん旅館が増えたのがその象徴であると思います（そして現在その旅館が就職先の主な受け皿となっているようです）。しかし地方自体の経済の規模が小さいので，頑張って働いても，その働いた実感に見合う収入が得られないと言っていました。自営業を始めるにしても初期投資が必要で，その融資を銀行からうけるのですが，それを返済しつつ生活を維持するのが精一杯のようで，「いつどうなるかわからん。どんだけ働いたってどうにもならへんでな。でももうやるしかにゃあだ」と多くの人たちが言っていました。さらにサラ金がそのような家を狙って頻繁に電話で勧誘してくるということです。生活がどうしようもないと，その勧誘にのってしまう人もいて，大変なことになっているということです。

父親の言葉の背後にはこのような生活の実感があったのだと思います。僕は圧倒的な無力感を感じました。確かに本当に全く生活を知らなかったです。少なくとも自分の父親のまわりの人たちは非常に厳しい現実を生き

ていることを。社会的な上昇とか下降とかそのような考えをもつということ自体が有り得ない，本当に今の生活を守るために働いているということをほんのすこし実感しました。一方で，よくわかりませんが，父親のまわりのひとたちはことごとく社会の波に呑まれ翻弄されているようにも感じました。

　私は父親の言葉で動揺しました。それ以前にも果たして自分がこの時代というものを見極め，社会の主流からはずれることを恐れず，自分の足で歩いていけるのかどうかということ自体に不安を抱いていました。そのため本当に父親の「現実を知らない」という批判はこたえました。言われた時は何も言えなくなりましたし，自分はどうすべきかわからなくなりました。しかし，逆にこの非難をうけた後しばらくすると，それがなぜなのか今はよくわかりませんが（都市に住んでいる現実を知らない大学生がこんなことを言うのは傲慢だと思いますが，社会の好景気／不景気，都市化の波に父親やその周辺の人たちが呑み込まれているとなんとなく感じているからだと思います），僕はやはり出来る限りこの社会や時代に起こっていることを見極め，闘いたいと思いました。……皆様にご負担をおかけしてしまったことを深く感謝し，お詫び申し上げます。ありがとうございました。長くなり，まとまりがなく，混乱した文章になってしまったことをどうかお許しください。

　この手紙を書き，サイードを読み，「自分と向き合う」というテーマで卒業論文を書いた彼は，まだ，その後の過酷な，しかし想いを持ち続ける力（power of idea）とともにあった闘病生活を予見してはいなかったはずである。しかし，このときすでに，郷里に暮らす人たちの「名代」として生きることを選んでいた。この「決意」は，5章でも少し紹介されているような，湘南団地でのデイリーワークによって身体化していき，「そう簡単には元に戻せないような変化」（Basaglia 2000：143）が起こったのだと考えられる[9]。

4．実はそこに生まれつつあった創造力

　これまで，そしてこれから何に「賭ける」ことになるのか。私たちは，「こころならずも」うまくいかない調査，うまくまとめられない「変転・変異」，関係性の「遊び」を続けてきた。そしてまた，リフレクションもまたブルデューの「反射的反省性（réflexivité réflexe）」[10]ようにはいかないものだった。その原因となっていたのは，まずは，うごきの場に入ることの困難であったが，実は自らの内なる「中心と辺境（空間概念）」「進歩や成長（時間概念）」「知識の概念化」といった「知的様式（intellectual style）」からぶれてはみ出すことの困難であった。そしてまた，自らの「うしろめたさ」も含めてふりかえることの困難であった[11]。

　メルッチは，「ただ存在するという理由のみによって静かに尊重されるようなテリトリー」（Melucci 1996a＝2008：176-177），異質性がぶつかり合い，切り結び，乱反射しつつ，「異なって在る」ものを受け容れる「未発のコミュニティ」を構想したはずである。そのために，「明らか（chiaro）」と「はっきりしない部分（scuro）」との間の「遊び」を重視し，どっちつかず（betwixt and between）に，内にして外，外にして内に居るひと（outsider within），内にありつつ外にあり，外のものでありながら内にくいこんでいるひと（endo/esogeno, endo/exogenous）の関係性，かたちを変えつつうごいていく（changing form）プロセス——そこから立ち現れる想像力と創造力に賭けようとした。

　このような，想像・創造力をすくいとるための方法として，オンとオフでいえば，オフで起こったことを重視し，オフの場も含めて居合わせ，記録していくために，「表舞台」を設定した。そしてまた，「方法としての旅」（メルレル）によって，自ずと後からやって来ることを期待しないで待ちつつ，居合わせ，まきこまれ，気がつくと声を発し，自分からうごいていくという創造的活動「草の根のどよめき」に賭けた。しかし，この賭けは，否定性の運動であり，身体がうごいてしまい，固執していたものを手放し，立ち去ることでもある。

喪失と創造が表裏一体のものであり，当初の計画からの逸脱でもあった。

（1）既存の「問題解決」ではない「新たな問い」

メルッチは，主著『プレイング・セルフ』のなかの「驚嘆することへの賛辞」という節で，現に起こっている「創造的活動」をとらえるために「新たな問いを立てる」ことについて，下記のように述べている。

> こんにち必要なのは，問題のなかに予め答えが含まれているような問題解決だけではなく，新たな問いを立てることに私たちの創造的な力を向けることであるということが，ますます明らかになってきている。もし創造性と問題解決とを同一視してしまうと，創造的活動は，必ずしも所与の問題に対する解答を導くものではなく，むしろそれは提示された問いのレベルにおけるフィールドを常に再構築することを要求するのだ，という事実を見落としてしまうだろう。芸術のように，問題を解決するわけではない創造的活動が存在するし，またある一定の枠内に制約された創造的とはいえない問題の解決だって存在する。私たちの社会は，創造的プロセスを促す個人の資源を発展させていくという試みに直面している。すなわちそれは，リスクを受け容れ，規定できないものを甘受し，既に知られ，分類され，決定されていたかに見えるものを，一時保留にすることを厭わないような能力である。それはまた私たちの心を開き，新たな領域を切り拓くために，自分自身の抑制や不安定さを乗りこえていく能力である。それゆえ創造力とは，それがいかに定義されようとも，驚嘆するという私たちの能力にかかっているのだ。　（Melucci 1996＝2008：196）

ここでは，「予め答えが含まれているような問題解決（problem-solving）」と，「新たな問いを立てること（formulating new question）」「問いのレベルにおけるフィールドを常に再構築すること（restructuing of the field at the level of interrogation）」が対置されている。ここで -ing 形で示される「新たな問い」は，

「解決（solution）」への道筋が「予め含まれている」ものではない。むしろ、枠組みそのものへの「問い」を発することによって、既存の「問題解決」のフィールドを一度は突き崩し再構造化することを求める。しかもそのやり方は、メタレベルのコミュニケーションという深層からの「問いかけ」、すなわち思考の枠組みを異とする他者との間で（inter）問いを発する（rogare）という不協の多声（polifonia disfonica）の構造を持っている。

それゆえ、「創造的活動」は、「合理的計算」よりも、「喪失を受容する能力、リスクへの寛容、限界を見極める分別（accepting the loss, the generosity of risk and the limitation）」と結びついている。「喪失も展望もないメタモルフォーゼなど存在しない。人がかたちを変えていけるのは、自己の喪失を進んで受け容れ、好奇心を持って想像をめぐらし、驚きをもってしかし恐れることなく、可能性と出会える不定形な領域に入り込んでいこうとする、そんなときだけだ」（Melucci 1996＝2008：79）からである。

「喪失」という否定性と「展望」が、分かちがたく結びついていることを受け容れる（accepting）ためには、「好奇心」や「想像」、「驚き（驚嘆）」の要素が必要だ。「創造力」は、「リスクと規定できないものを受け容れること（the acceptance of risk, of the indeterminable）」と、「既に知られ、分類され、決定されていたかに見えるもの」を「一時保留（suspension）」することを厭わないような能力である。それは、あえて勇気をもって、「差異のただなかで、とも・に・生きていくことの責任とリスク（the responsibility and the risk of *co*-living amongst the difference）」を引き受けることでもある（Melucci 1996＝2008：178）のだ。

(2) 驚きと遊びと探求心

私たちの根幹にあり、根茎となっている「自然の根」は、「創造力とメタ・コミュニケーション能力」を介してのみ見出される。さらにこの能力は、「笑いと驚嘆（laughter and wonder）」という言い換えがなされ、それは、（惑星社会の諸問題への応答としての）「倫理（エティカ）」とかかわるものだとする。な

ぜならそれは,「私たちの行為が持つ限界と可能性を教え,変化を受け容れる勇気を与え,何を尊重すべきかという基準を示してくれるものであるからだ」(Melucci 1996＝2008：196-197)。

「禅」の思想に造詣の深かったメルッチは,前述の青井和夫の「禅と社会学」と呼応するような論点を提示している。「笑いと驚嘆」は,さらに,「遊びと驚嘆」へと変奏され,それは「脱魔術化した世界」から追放されたものだとする。求められるのは,「驚嘆を表現する言語」と「澄んだ眼と空の心」であり,「驚嘆を根付かせるための場」が必要となる。すなわち,「驚くことの場を創り出す」「道行き」に働きかけ,「脱魔術化した世界」では標準となっている「充満」した「うごき」から,ぶれてはみ出し,「空」の状態で「たたずむ」ことへとむかう「リズミカルなパサージュ」を「再び始める」こと。「生体的関係性に根ざした想像・創造力とともに,「無心の関係性を再構築する」こと,「子どもたち,人間とは異なる種,伝統的文化」に目を向けることである。

　　驚嘆の念を根付かせるためには,そのための空間が必要である。私たちは,未だ名前をもたないもののために居場所をつくることにエネルギーを投じ,単に到達点にだけではなくその道程にも働きかけ,充満の状態から空の状態へ,動きから停止へと,リズムをもって移動していくことを再び始めることができるのだ。……不思議なものに驚くことの場を創り出すということは,可能なものと見知らぬものとを目撃しそれを証言しようとする人々との間につくられる,無心の関係性を再構築する必要があることを意味している。私たちは,子どもたちへ,人間とは異なる種へ,そして伝統的文化へと目を向けることから始めることが出来るのである。それらは,何もかも全てが暴かれたわけではないこと,全てが語られたわけではないこと,そしてきっと,全てが語られる必要はないということを,私たちに想い起こさせてくれるのだ。　　　　　(Melucci 1996＝2008：197)

惑星社会の構造と動態,そこから生じる諸問題は必ずしも「明晰」「判明」

ではない。惑星社会は，きわめて"複合・重合"的な，一つのまとまりをもった有機体として形成されており，問題は複雑さや微細さとともに立ち現れる。しかしそれゆえに，自分が属している小さな場（いまここで）から始める可能性を秘めている。

メルッチは，惑星社会においては，かえって，物理的な「惑星地球」，そして「内なる惑星」という双方の「生体的関係的」フィールドが，「新たな問い」を始める場所となっていると考えた。グローバリゼーションのもとで，「惑星地球」と「内なる惑星」は，私たちに「有限性」の問題を突きつける。「創造力」についての調査研究は，「現代社会を理解するための複数あるテーマの一つ」というよりも，[何かを]始める（beginning to）こととかかわる行為である「創造的活動」の当事者と調査者それぞれの始まりとその関係性を問題としていた。すなわち，《二重の「惑星」レベルでの「物理的な限界」に直面し「人類史の岐路に立つ」現代人が，「始まり」を招来する場をいかに創るか》という根源的な問題を正面にとらえたものだった。

こうして私たちは，Ks会長たちの「叫び声」や，Sbたち「湘南ガールズ」の怒りや悲しみ，歓喜が発せられる場に居合わせ，あるいは「Eキャンプ」がこわれていく瞬間のヤマたちのうごきの場に居合わせ，集団的に「証言」を遺した。この営みは，常に，異質なものが「寄せ集まるという骨折り（spezzare le ossa per essere eterogeneo）」によって成り立っていた。

(3)　「いくつもの可能性の空」の対位法

本書は，Think planetary——眼前の問題を惑星社会の問題として意識し，いまこの場で，惑星そのものの命運を考え，パッショーネとともに，多面的に，懸命に行動することから出発した。では，いかなるSocial Actionが必要となるのだろう。この問いかけには，〈生身の現場〉と〈思考〉との間の対位法（contrapunctus）で応えたい。

実はこの時期，二つのプロジェクト以外にも，「ババつかみ」で始めてしまい「足抜け」出来なくなった複数の「プロジェクト」があり，いつも同じよう

な顔ぶれで奔走していた。その一つに，「青い芝の会神奈川県連合会」の「創業者」の一人であったＫさん夫妻とのかかわりもあった[12]。以下は，Ｋさん夫妻が「障がい者運動」の拠点としていた川崎・桜本の個人事務所を閉鎖するときの大掃除に，なぜか居合わせた面々についての記録・記録である。

　事務所大掃除の日。川崎・桜本に土地勘のあるメンバーは，幼少期の記憶の痕跡が残る街並みについて言葉をかわしている。ひさしぶりの事務所。恐る恐る扉を開けると，そこには，中里，ヤマ，ヒデの先遣隊によって，どうにか確保された足の踏み場と吸い込むことが困難な空気，そしていまだ「未踏の汚染地帯」が広がっていた。煙草の脂や食用油や煤，ネズミの糞と死骸まみれの床や壁の一画に，「この場で何が起こっていたのかを知らせるため」という理由で手つかずのまま残されていた「パンドラの箱（？）」があった。冷蔵庫を開けると，冷凍スペースであるはずの場所には，零度のどんぶりの中で増殖し続ける菌類，タッパーの中で培養されている「物体Ｘ」，ゴキブリの糞，白濁したミートローフなどの光景と，強烈な臭いが，この場に居合わせたものの皮膚と神経に突き刺さった。冷蔵スペースには，膨張し自らの力で蓋をこじ開けた，元は食物であったはずの「何か」，モズク，未開封のウーロン茶，粘土と化した牛乳，ネズミによってかじり取られた袋，すべてがごっちゃになって「雄叫び」をあげていた。

　Ｋさん夫婦が公営住宅へと引っ越した後，事務所を「棲息空間」としていたＭさんがやって来た。程なく，炎天下で30分以上も待っていてくれた金迅野が，自転車でやって来た。こうしてこの「未踏の北壁」を登頂する試みが始められた。事務所の中は，黴臭いクーラーで，ある程度涼しいが，咳は止まらず，塵，灰燼，煤，油，各種の溶剤が入り交じった空気が充満している。荷物を動かすたびに，黒光りする巨大なゴキブリ，ネズミの糞，いままで見たことのない生き物（？）の死骸，「食べ物が入っていたであろう何か」の袋，空き瓶などが散乱している。外は灼熱の太陽で，

事務所の外に荷物を出して。汗まみれ，煤まみれでうごめく私たちを，通行人はいぶかしげな目で見ながら通り過ぎる。

　桜本の焼き肉屋で休憩した後，換気扇の周辺を掃除し，中身の整理が不可能と判断された冷蔵庫を，金迅野と中村寛の「尽力」でM邸へと運び込み，粗大ゴミの仕分けと整理をして，四時過ぎにようやく一段落した。汚れた身体でKさん宅に向かい，事務所掃除の報告をした。この場に合流したヤマ，ヒデ，Ptたちと金迅野，中村寛の「男組」は，可憐な雌犬チェリーに好かれようと競争をはじめた。

　しばらくすると，Kさんの知り合いの女性が訪ねてきたので，「汚れ」たちは退散となり川崎駅西口の店に集合したのだが，いったい誰が呼び寄せたのだろう。地元で「会合」をするはずだったのに，「駅向こう」までやって来た桜本レディース。最初の事務所清掃の「立て役者」となったヒデとヤマ，前日交通事故を起こしたばかりの足をひきずりやってきた「あやしいラオス人」Pt，咳をしながら身体をひきずってやってきた中村，母上がぎっくり腰となり実は家を出られる状況ではなかった中里，夜半まで店で働き，炎天下の事務所ではモップで大活躍，その後また店にもどり夜半まで働くY，「人のためもいいが子供の相手もして」と言われながら泣き笑いをする金迅野，そしてこの店まではやって来なかったが，寝間着のまま事務所の中でオロオロと動き回り，その場にいてくれたMさん。みな，それぞれがこの場にはいられない事情があったのに，なぜこの「糞暑い夏の日の汚れ仕事」のために集まってきたのだろう。

　それにしてもみな要領が悪い。とくにヤマ。常に「おいしいところ取り」とは反対の行動パターンとなってしまう。必ずしも本人はそれを望んでいないのだが。まっすぐスマートにではない。出来ればそうしたいのに，気が付いたら横に，後ろへ，斜めへとずれていってしまう。糞や死骸やゲロをつかんでしまう。「さりげなく」でも「強い思い入れをもって」でもなく，頭では望んでいなくても，気が付いたらそう身体が動いている。この日，私たちは，糞と死骸まみれの空間に，一つの願望を見い出した。

いま一つは「治安強化」が拡大されていった時期,「スペインの3.11」である2004年3月11日マドリードでの列車爆破テロ事件の直後に，メルレルとサルデーニャからリスボン，ミラノと旅をしながら，話し合い，ともに考え，書いた文章である。

　いまこの社会で起こりつつあることがらに対して,「グローバリゼーション」「危機」「破局」……様々な言葉が飛びかっている。大学や身のまわりの状況，世界の各所で起こっていることがらが意味するものを根本から把握するために，われわれは，どこからなにをなすべきか。つまり，大いなる事件が現に起こっている個々の小さな場にふれて，汚れつつ，その場の意味を，一見隔絶されているように見える他の小さな場の意味と対比しつつ，なにをどう考えるのかというところから考えるということ。つまりは，単一の基準によって構築された推論の同心円的拡大によって外界を規定し他者を支配するのでなく，移動し，（自らとも／自らの内でも）対位し，対比・対話し続けるということ。しかしこれは，「宣言」することでも「独断」することでもなく，うごくことから始めるということ自体を考えることからうごき始めるという，ポリフォニックでディスフォニックな不断・普段の営み，閉じない循環の構造をもつ「思行」であるのだ。
　状況に応答しつつ動き，変わる。複数の眼で，見えないものを見る。自身からはみ出し，染み出し，自らにも反逆し，対位する存在となる。一見疎遠に見えて実はつらなりをもつことがらを対比し，他者と対話を続ける。本質主義・原理主義がもたらす対立そのものに反逆し，支配的なる知とは別の補助線をひき，対立の場の固定化を突き崩し，揺り動かす。自らの"拘束／絆"と，内なる境界線の束をズルズルとひきずりつつ歩き，根こそぎにされた状態そのものを"根"として，不条理に根こそぎにされたものがそれでも存在することの意味を証し立てようとする。自分であれ他者であれ，この世界のもっとも根源的な"痛みや苦しみ"を絶対の基準とする。なにを考えるのかというところから自ら始め，多数派，正統派から

見たら異物，異端，異教徒であるような存在として最初の一歩を踏みだし，撃たれつつ，遡行し，迂回し，蛇行し，進む．高く飛び低く這う鳥でもあり虫でもあり，上でもあり下でもあり，内にいて外でもあり，そのような自ら自身からも絶えず"ぶれてはみ出し"，転倒し，神出鬼没に，対位的に，生身で衝突しつつ動く．常に，ここではないどこかをめざしつづけ，ある特定の条件・状況の中に拘束され串刺しにされ，うめきつつ求め，閉じて開き，規格外で型破りに，パッショーネとともに，"驚きと遊びと探求心"と"納得し確信し自らの過ちを悟る力"をもって，高みから裁くのでなく，地上から，廃墟から，姿形を変えるのみならずその組成にも変化を生みだし，よりゆっくりと，やわらかく，深く，耳をすましてきき，ささえ，たすける．

Act Contrapuntally and Poly / Dis-phonically : Toward the Nascent community——未だかたちをとらない「未発のコミュニティ」に向けて，生身の現実と思考の間で対位しつつ，不均衡なうごきを生きる人たちの，不協の多声をともなう願望と企図が，「いくつもの可能性の空」を創るはずである．「移動民の子どもたち」の言葉をもらえば，「うぉーーー，ババつかんじゃったーーー，ああーー，こんなはずじゃなかったのに！！」「なんてこったい！」——当人たちの「思惑」や「期待」を「裏切る」(Braudel 1966＝1993：192) かたちで立ち現れる「願望の KANAGAWA」である．

(4) 願望と企図の力——人間の里山・里海へ——

「願望と企図の力 (ideabilità e progettuabilità)」は，膨大に蓄積されたが捨て置かれてしまった記録や記憶のなかから，粘り強く丹念に，渉猟し，徹底して探しまわり，踏破し，「生存の場としての未発のコミュニティ」の萌芽を掘り起こし，すくいとるための補助線である．この力は，グラムシ，そしてバザーリアやランゲルが持っていた「謙虚と確信（umiltà e convinzione）」の力でもある．当面の戦いに勝利する (vincere) 力ではないが，ともに (cum) 困難を乗

り越える (superare) 力，納得し確信し自らの過ちを悟る (convincersi) 力であり，その道程 (percorso, passaggio) への誠実さ (fedeltà) こそが人間の道（真理）であるというかまえ・流儀，すなわち道を信ずる力でもある（「誠者天之道也，誠之者人之道也（誠は天の道なり，これを誠にするは人の道なり）」『中庸』／「朝に道を聞かば，夕に死すとも可成り」『論語』）。鍵となっていたのは，バザーリアの「拒否」，バザーリアやグラムシの「人を説得し揺りうごかす力 (capacità di convincere e agitare gli altri)」であった。

放射能を含んだ水は地球上を循環し，私たちの身体に蓄積され，とりわけ生まれ来る子どもたちに影響を与え続ける。これまでも，人間が生み出した多くの有害物質を，森や海は，やわらかく受けとめ，やわらげてくれた。私たちは，この物質や生命の関係性の「網の目 (web)」のなかで，その「間 (liminality, betwixst and between)」で，生存を確保している。膨大な時間をかけて創られてきた「網の目」の構造とその意味を理解すること。森や土が生きていれば，汚染された物質を浄化し，地下水流を生み出してくれる。

人間の社会もまた，「網の目」が生きていれば，不条理な苦痛をやわらげる。各世代のつなぎ役が，「(我が) 身を投ずる」（上野英信）試みをし続け，一個人では応答しきることは出来ない困難と痛苦をやわらげることを可能とする「網の目」が築かれた。汚染水が流れ続けるという「統治性の限界 (the Limits of Governmentality)」のなかで，それでも人間に出来ることは，水を浄化してくれる「里山・里海」のような人間の「網の目」を創ろうとし続けることである。

「湘南プロジェクト」と「聴け！プロジェクト」は，自分と他者の「間」に，「網の目」を創るための試みであった。そのすべてがうまくいかなかったとしても，この方向性は，これからの惑星社会を生きていくときに決してまちがっていないはずだ。よりゆっくりと，やわらかく，深く，耳をすましてきき，勇気をもって，たすけあうことに費やした時間とエネルギー，人と人の「間」に創られた「網の目」だけが，後に遺され，託されていく。これは，システム化された社会のなかで既定された範囲の消費や搾取・蕩尽の「端末」でなく，一

個人では応答しきることは出来ない困難と痛苦をやわらげることを可能とする「網の目」を構築するメディア・媒介項（medium, mezzo），時代と世代のつなぎ役（riempitivo, fill-in）となろうとした人たちの軌跡である。

「湘南プロジェクト」と「聴け！プロジェクト」の始動から現在に至る時間の流れのなかで，アジアを踏破したフィールドワーカー・鳥居龍蔵が，パリで息子を失ったように，メルッチ，Kt さん，Fn くんなど，何名かの友を失い，またいくつもの試み，場を「喪失」している。しかし，鳥居龍蔵と同じく，たった一人で異境の地に降り立つ賭けの後には，ともに創ることを始める（iniziare a cocreare）ことへの「種」が蒔かれているはずである。到達点でありこれからの起点となるもの，それは，いま身体にのこっている真実（めざすべき方向）は，人間の里山・里海を創るということである。

　　私は学校卒業証書や肩書きで生活しない。私は私自身を作り出したので，私一個人は私のみである。私は自身を作り出さんとこれまで日夜苦心したのである。されば私は私自身で生き，私のシムボルは私である。のみならず，私の学問も私の学問である。そして私の学問は妻と共にし，子供たちとともにした。これがため長男龍雄を巴里で失った。かくして私は自ら生き，またこれからもこれで生きんと思う。かの聖人の言に「朝に道を聞いて夕に死すとも可なり」とある。私は道学者ではないが，この言は私の最も好む所で，街の学者として甘んじている。　　（鳥居 2013：467-468）

注

1) メルレル，メルッチとともに練り上げてきた〈エピステモロジー／メソドロジー／メソッズ〉に基づくフィールドワークについてのまとめた（新原 2011）においては，後からくりかえしふりかえり，追想し続けることで，理解が遅れてやって来るという意味で，「そして後からやって来る」という節を設けた。
2) この言葉は，奥田の中央大学退職を記念した論文集（渡戸・広田・田島 2003）が公刊された後の 2003 年夏に，長時間の電話にて，奥田が遺してくれたメッセージである。
3) メルッチが最初に大学教員として着任した中世都市サッサリの例をあげれば，サッサリを最も特徴付けるのは，代々，政治家や学者，医者や弁護士になるとい

う家系を中心とした，「政治階級」と言われる支配層が存在してきたことである。たとえば，グラムシの「同志」であったパルミーロ・トリアッティの高校の後輩で，「ユーロ・コミュニズムの旗手」と言われた政治指導者のエンリーコ・ベルリングェルの場合，父親は弁護士で国会議員のマリオ・ベルリングェル，弟のジョヴァンニ・ベルリングェルも医学部教授で国会議員，エンリーコのいとこのルイジとセルジオも政治家である。第8代イタリア共和国大統領となったフランチェスコ・コッシーガは，エンリーコのいとこであり，彼らに共通の親戚のアントニオ・セーニは，サッサリ大学学長，そして第4代大統領と首相を歴任している。アントニオの息子のマリオットもサッサリ大学教授から政治家となっており，エンリーコの娘でジャーナリストのビアンカは，ジャーナリストから政治家へと転身したルイジ・マンコーニと結婚している。彼らはいずれも，サッサリ出身，地元の名門アズニ古典高校出身，あるいはサッサリ大学法学部出身などの条件を満たしている。

4) この言葉は，哲学者・古在由重の著書『草の根はどよめく』(古在 1982)を典拠としている。古在は同書のなかで，「グラスルーツ（草の根）」の意義と「現実路線」の背後の「基本的な矛盾」を論じている。「草の根はどよめく」というテーマで，2012年8月2日，サッサリ大学地域研究所35周年記念の国際セミナーにおいて，「Fukushima 原発事故：エネルギー選択，市民社会，生活の質」(Niihara 2012)という報告を行い，1987年の原発停止国民投票運動の調査以来，知己となった社会運動家たちと，「3.11以降の惑星社会」についての議論をしている（新原 2013）。

5) 1919年の言葉は，新原が留学したサッサリ大学に貼ってあったサルデーニャ州政府のポスターに，1961年の言葉は，グラムシが育った町ギラルツァのグラムシ記念館を訪問した時，肉筆の手紙として陳列されていた。

6) G.W.F. ヘーゲルの『小論理学 (Enzyklopädie)』の79節には，下記のような文章がある。「論理の形式には三つの側面があり，……第二の側面が，弁証法的側面，つまり理性が否定的に働く側面，である。……弁証法の論理は，とくに学問的なものの見かたとしては懐疑主義という形をとる。……**一方，日常の外面的技法としてあらわれる場合，勝手気ままに特定の概念を混乱させ，それを矛盾に満ちたものに仕立て上げる技法のことをいう**」（長谷川 1977：32）(Hegel 1970：168-172)。

7) 上記の分析は，自らもまた学部生時代から院生時代にかけて，「湘南プロジェクト」にかかわった鈴木鉄忠による2015年のリフレクションに基づいている。

8) 本書を準備していく段階での研究会における阪口毅からの示唆による。

9) Fn くんは，ごみ拾いや，掃除，危険なガス管の管理といった，汚れ仕事を率先して行い，団地の子どもたちからは「ゴミ屋さん」と呼ばれていた。仕事をし始めてからも，「普段は通えなくなったから」と言って，年末の忙しい時期に，団地の大掃除に通っていた。これまで出会った学生のなかで，もっとも生きた学問を創る力を持った練達の士であった。「自分のなかの歴史と社会」，つまりは，拘

束・絆（servitude humana / human bondage）と向き合う度量を持っていた。
10) 下記のブルデューの反射的反省性は，私たち調査研究の公準となっていたものであり，また実践の場ではその通にいかないことを我が身をもって実証することとなった。「社会学者は反省性を，彼らの科学的ハビトゥスを構成する性向――事後に結果（opus operatum）に作用するのでなく，ア・プリオリに作業方式（modus operandi）に作用することができる反射的反省性（réflexivité réflexe）」に変換しなければなりません」（Bourdieu 2001＝2010：208）。すなわち，後からことがらの正否を論評するのでなく，ことがらとかかわることへと自らを揺り動かすことから始めることの出来る反射的反省性（C'est-à-dire une *réflexivité réflexe*, capable d'agir non *ex post*, sur l'*opus opertum*, mais a priori, sur le *modus operandi*）のかまえを自らのうちに創るという姿勢である。
11) この二つ目の困難については，真下信一「戦争責任の問題――その論理と心理」『岩波講座現代思想』第11巻，1957年の冒頭のエピグラフにあったK.ヤスパースの「人間というものは自己に加えられる非難にたいしては，その非難が理由のあるものであろうとなかろうと，それを拒もうとしたがるものである。」という言葉から学んだ（真下 1972：1）。
12) Kさん夫妻は，「存在に値しない命」として自分たちを抹殺しようとする社会そのものへの全面的な抗議・異議申し立てを企図していた。「過激な障がい者運動」は，障がい児学級，職業訓練，作業所建設といった「妥協的」施策を「全面否定」することによって注目を集めた。Kさん夫妻にとっては，「医療・看護・福祉・教育」「障がい者」「在住外国人」「老人」「青少年」などに仕切られた領域のすべてで全面展開した「施設化」「制度化」への「異議申し立て」だった。

引用・参考文献

Basaglia, Franco, 1998 [1968], *l'istituzione negata: Rapporto da un Ospedale Psichiatrico*, Nota introduttiva di Franca Ongaro Basaglia, Milano: Baldini & Castoldi.

――――, 2000, *Conferenze Brasiliane*, Milano: Raffaello Cordina Editore.

Bellah, Robert N. et al., 1985, *Habits of the Heart : Individualism and Commitment in American Life*, The University of California. （＝1991, 島薗進・中村圭志訳『心の習慣――アメリカ個人主義のゆくえ』みすず書房）

Becker, Howard S., 1998, *Tricks of the trade: how to think about your research while you're doing it*, Chicago: University of Chicago Press. （＝2012, 進藤雄三・宝月誠訳『社会学の技法』恒星社厚生閣）

Bourdieu, Pierre, 2001, *Science de la science et réflexivité,* Paris：Raison d'agir. （＝2010, 加藤晴久訳『科学の科学――コレージュ・ド・フランス最終講義』藤原書店）

Braudel, Fernand, 1966, *La Méditeranée et le monde méditerrnéen à l'époque de Philippe II,* Paris: Armand Colin, 2 édition revue et corrigée, Deuxième Partie.

(＝1993，浜名優美訳『地中海 Ⅲ 集団の運命と全体の動き 2』藤原書店)

Dubet, François, 2011, *Dites-nous, François Dubet, à quoi sert vraiment un sociologue?*, Paris: Armand Colin. (＝2014，濱西栄司・渡邊拓也訳，山下雅之監訳『教えてデュベ先生，社会学はいったい何の役に立つのですか？』新泉社)

長谷川宏，1977『新しいヘーゲル』講談社。

Hegel, Georg Wilhelm Friedrich, 1970, *Werke in 20 Bänden mit Registerband: Bd. 8: Enzyklopädie der philosophischen Wissenschaften im Grundrisse 1830. Erster Teil, Die Wissenschaft der Logik*, Frankfurt am Main: Suhrkamp.

真下信一，1972『思想の現代的条件——哲学者の体験と省察』岩波書店。

Melucci, Alberto, 1994, *Creatività: miti, discorsi, processi*, Milano: Feltrinelli.

———, 1996, *The Playing Self: Person and Meaning in the Planetary Society*, New York: Cambridge University Press. (＝2008，新原道信・長谷川啓介・鈴木鉄忠訳『プレイング・セルフ——惑星社会における人間と意味』ハーベスト社)

———, 2000, "Verso una ricerca riflessiva", registrato nel 15 maggio 2000 a Yokohama. (＝2014，新原道信訳「リフレクシヴな調査研究にむけて」新原道信編著『"境界領域"のフィールドワーク——惑星社会の諸問題に応答するために』中央大学出版部)

Merler, Alberto, 2004, *Mobilidade humana e formação do novo povo / L'azione comunitaria dell'io composito nelle realtà europee: Possibili conclusioni eterodosse.* (＝2006，新原道信訳「世界の移動と定住の諸過程——移動の複合性・重合性から見たヨーロッパの社会的空間の再構成」新原道信他編『地域社会学講座 第2巻 グローバリゼーション／ポスト・モダンと地域社会』東信堂)

新原道信，1997『ホモ・モーベンス——旅する社会学』窓社。

———，2002「旅」永井均他編『事典 哲学の木』講談社。

新原道信，1997『ホモ・モーベンス——旅する社会学』窓社。

———，2004「深層のヨーロッパ・願望のヨーロッパ——差異と混沌を生命とする対位法の"智"」廣田功・永岑三千輝編『ヨーロッパ統合の社会史』日本経済評論社。

———，2009「境界領域のヨーロッパを考える——移動と定住の諸過程に関する領域横断的な調査研究を通じて」『横浜市大論叢』(人文科学系列) 第60巻第3号。

———，2011『旅をして，出会い，ともに考える——大学ではじめてフィールドワークをするひとのために』中央大学出版部。

———，2013「"惑星社会の諸問題"に応答するための"探究／探求型社会調査"——『3.11以降』の持続可能な社会の構築に向けて」『中央大学文学部紀要』社会学・社会情報学23号 (通巻248号)。

———，2014「A. メルッチの『創造力と驚嘆する力』をめぐって——3.11以降の惑星社会の諸問題に応答するために (1)」『中央大学社会科学研究所年報』18号。

Niihara, Michinobu, 2012, "Il disastro nucleare di FUKUSHIMA. Scelte energetiche, società cvile, qualitàdella vita", nel *Quarto seminario FOIST su Esper-*

ienze internazionali nell'università, Università degli Studi di Sassari.

奥田道大編，1995『21世紀の都市社会学 第2巻 コミュニティとエスニシティ』勁草書房．

奥田道大・田嶋淳子編，1991『新宿のアジア系外国人』めこん．

鳥居龍蔵，2013『ある老学徒の手記』岩波書店．

Touraine, A., 1978, *La voix et le regard*, Paris: Seuil.（＝2011，梶田孝道訳『新装 声とまなざし——社会運動と社会学』新泉社）

———, 1980, *La prophétie anti-nucleaire*, Paris: Seuil.（＝1984，伊藤るり訳『反原子力運動の社会学——未来を予言する人々』新泉社）

渡戸一郎・広田康生・田嶋淳子編，2003『都市的世界／コミュニティ／エスニシティ——ポストメトロポリス期の都市エスノグラフィ集成』明石書店．

エピローグ

中村　寛

　知には内的なものが，省察には外的なものが欠けているため，知においても省察においても全体をまとめあげることはできない。

　　　　　　　　　　ヨーハン・ヴォルフガング・フォン・ゲーテ，
　　　　　南大路振一・嶋田洋一郎・中嶋芳郎訳『色彩論　第二巻　歴史篇』

　書くことと話すことの間で流星が生まれる。
　記憶はわれらの想念をまき散らす。

　　　　　　　　　　マフムード・ダルウィーシュ，四方田犬彦訳『壁に描く』

　通常信じられているように，フィールドワークは，それをしたからといって知識の獲得が約束される類の科学的方法ではない。もちろん，じっさいの行為としては，特定の場所を歩き，観察や聞き取りから得られた情報をフィールドノーツに記すから，それによって知識が増えてゆくように見えるかもしれない。しかし，得られた情報のほとんどは，本気になって調べればフィールドワークをせずに得られたり，類推できたりする。技術の発展によって，記録化やアーカイヴ化が飛躍的に容易になり，インターネットを介して急速にそれが共有されるようになればなるほど，ますますフィールドワークでしか得られない情報は少なくなるようにも思える。
　にもかかわらず，あるいはだからこそ，フィールドワークは，人文・社会科

学者にとって，決定的な重要性を持つ方法である。その理由はいくつもあるが，ここではその一つとして，フィールドで出会った人々や感得したものごとが，観察者の認識を揺さぶり，問いや関心をたたき壊し，生涯にわたって生存のある部分を抑え込む点をあげておきたい。場所の持つ力がそれだけ強いという言い方もできるが，フィールドで得られる情報が，本来は一つのレベルに集約し，寝かしつけることのできるものではない，ということでもある。あるいは，言い方を変えれば，フィールドで得られるのは，位相の異なる，多層的な情報で，それらの層は互いに混じり合うだけでなく，反目し，ぶつかり，ころがり，化学反応を起こし，乱反射をくり返す。

　そういう風に考えられるようになったのは，ニューヨーク・ハーレム地区でフィールドワークをした経験が大きい。だが，ハーレムでの経験が実りあるものになったのは，それに先立って，「湘南プロジェクト」へのかかわりがあったからであり，そのかかわりのなかで本書の執筆者である新原道信氏や中里佳苗，鈴木鉄忠との幾度ものやり取りがあったからである。

　本書のなかで描かれるのは，「湘南プロジェクト」と「聴け！プロジェクト」の内実である。人々の取り組みや言動であり，仕草や所作，感情や情動であり，それらの衝突や混交によって形成される雰囲気や気配や匂いである。僕はそのことを，距離を保って冷静に書くことができない。短期間であるがその場所にかかわり，描かれた人々の多くを知っているし，書き手たちのことはさらによく知っている。いわばインサイダーのようにしてかかわることで書けなくなることがある。知れば知るほど，断定できないことが増えるし，新たな疑問がわく。相手への配慮から書かないこともでてくる。

　そして同時に，僕はこの「プロジェクト」のことを書く資格がないのではないかとも思っている。モノグラフを仕上げられるほど僕は，当初からなにかを書くことを想定して深くその場にコミットしていたわけでも，長きにわたってその場に通い続けたわけでもなかった。新原道信や中里佳苗，鈴木鉄忠との関係のなかで，偶然ある時期その場に日本語ボランティアというかたちでかか

わっていたに過ぎない。文字通り，「たまたま居合わせた」のだった。

　だから，以下に書くのは，たまたまその場に居合わせた「目撃者 witness」の目線で書きとられた一つの証言だ。記憶に頼ろうが記録を用いようが，過去を振り返り，説明する行為には，ある種の正当化と美化が避けようもなく這入りこむかもしれない。それでも，なるべくそうならないように気をつけながら書こうと思う。思い出や回顧に回収され，美化されることを拒む，生々しく，雑味があって，すわりの悪い記憶の一つとして，湘南団地とのかかわりはあったのだから。

　2001年春から2002年秋にかけての約一年半，僕は湘南団地の日本語教室に通った。それはちょうど，中里佳苗が第4章で描いた「プロの日本語教師」が去ったあとの時期に重なる。きっかけは，中里からの誘いだった。彼女の恩師である新原氏がはじめた「プロジェクト」がある，そこで日本語教室をやっていたがいろいろあっていまはプロの日本語教師がいない，日本語ボランティアとしてかかわってみないか——そんな風に誘われたように記憶している。

　新原氏は当時，本書に描かれたこの「プロジェクト」だけでなく，読書会や研究会など，様々な集まりを企画・運営し，また行政や地域や特定の場所にも介入しながら，ダイナミックな学問を実践していた。そしてなによりも，眼の前の個人にきちんと触れて交わろうとしていた。まだ大学院生だった僕にとって，それはとても魅力的にうつったし，学問の世界で，「対象」を一つに限定することなく，また特定の理論や領域や方法や作法にとらわれることなく，知の枠組み自体をつくりなおそうとしてよいのだということを，眼の前である種の実感をともなって確認できたことは，大きな意味を持った。

　また，氏がさらに上の世代から継承してきたことがらを大きなリスペクトをもって語ってくれたことも，大きな刺激となった。氏の語りを通じて，直接は出会う機会のなかった先行者たちを知ることになった。そうしたなかに，真下信一氏やアルベルト・メルッチ氏がいた。

　魅了されたのは僕だけではなかったと思う。理由はそれぞれに違っていたと

思うが，研究を志す者もそうでない者も，多くの血気盛んな若い男女が彼の言動に魅了されていた。そして，そのうちの少なからぬ者が，心や体や記憶に，なんらかの「闇」や「病」や「問題」を抱えていた。僕もそうだったかもしれない。もっとも，まったくなにも抱えていない人間など，どこにもいないようにも思えるのだが。

　そのように魅了されていたから，彼のかかわる「プロジェクト」には誘われるままにひとまずすべて顔をだし，かかわってみようと思った。明確な考えがあってのことではない。ただ，フィールドでの氏の振る舞いを見たいと思ったし，それを真似たいとも思った。途中一年半くらいは，自分自身の研究プロジェクトがほとんどなにも手につかないくらいに，彼の複数の「プロジェクト」にのめりこんでいたと思う。そしてそれは，自力ではなにもなし遂げていないにもかかわらず，奇妙な充実感のある時期だった。

　やがて僕は，ハーレムでフィールドワークを開始するようになる。シカゴ市サウスサイドにあるネイション・オブ・イスラームの本拠地での短期間のフィールドワークを別にすれば，はじめての本格的な調査であった。フィールドワークをするのだ，いまだアーカイヴ化されていない声を聴くのだ，吃音を，喃語を，呻きをとらえるのだ，と意気込んで行ったのはよいのだが，まったくやり方がわからなかった。古典的な人類学の方法は，ニューヨークの都市部では通用しなかった。都市人類学の方法も参考にした。ウィリアム・F・ホワイトをはじめとして，イライジャ・アンダーソンやミッチェル・ドゥニア，フィリップ・ブルジョアの方法も参考にしたし，今でも重要な参照軸ではある。しかし，どこか馴染めない感触が残った。彼らの残したテクスト──『ストリート・コーナー・ソサエティ』，『ストリート・ワイズ』，『サイドウォーク』，『イン・サーチ・オブ・リスペクト』──が，ある意味で「完璧すぎた」からかもしれない。

　通常フィールドワーカーは，フィールドで数多くの「ノイズ」に遭遇する。あたりまえだが，研究対象とかかわりのないことがフィールドでは起こるし，フィールドワークの時間の「外」で経験することも大きな影響を持つ。当面の

主題とは無関係に思えるそれらのことがらを膨大に切り捨て，処理することでモノグラフは成り立つ。要するに書かれたものの背後には，膨大な量の書かれなかったこと，書かれ得なかったことが存在する。それは克服できない問題ではあるが，上記のすぐれたエスノグラフィは，その処理の仕方が洗練されすぎているように思えたのだ。

　最後まで，僕のなかで深く沈殿して残った参照軸が，新原道信とテリー・ウィリアムズのとった方法だった。彼らが完璧でないといいたいのではない。むしろ彼らは，あらかじめ形式的な「完璧さ」を拒絶しているし，拒絶せざるを得ない状況のなかで作品が成立することからくる気迫と臨場感がそこにはある。また，僕が彼らの真似をできたわけでもない。この点はいくら強調しても強調しすぎることがない。どれだけ真似たくても真似できなかった。そして，できないということを通じて，はじめていま書いていることを，事後的に僕は了解している。だが，二人のとった方法が僕のなかに強くいつまでも残ったのは，二人に共通するある態度に理由がある。その態度ゆえに，二人が示す《起きたこと—自分の振る舞い—テクスト》の三者関係が相似し，それがおそらく学問の世界において際立った魅力を放っているのだ。

　とはいえ両者は，ともに社会学者であるという事実をのぞけばほとんど共通することがない。たとえば出自。一方は静岡県伊豆にひとりっ子として生まれ育った日本人で，他方はアメリカ南部ミシシッピ州の大家族のもとに生まれ育ったアフリカン・アメリカンである。あるいは，受けた教育。一方は，真下信一のもとで西洋哲学を学び，その後に上京して社会学に転じた。他方は，十代の頃から公民権運動を通じて社会運動にかかわり，ニューヨークの大学院でウィリアム・コーンブルムやロバート・K・マートンのもとで社会学を学んでいる。さらに，彼ら二人が性格や気質や人柄において似通っているわけでもない。ある意味では，対照的ですらある。出自もあゆんだ道程も，社会階層も文化資本も異なる。

　それにもかかわらず二人を結びつける共通項がある。それを彼らの社会的取り組みのうちに見いだすことができる。新原もウィリアムズも，ともに若き日

に自分たちの生活をかけて全身全霊でおこなっていた場所づくりと介入のプロジェクトがあった。新原にとってそれは，本書に描かれた「湘南プロジェクト」であり，「聴け！プロジェクト」であった。ウィリアムズにとっては，それは自宅を開放するかたちで何年にもわたっておこなわれた，《ハーレム・ライターズ・クルー》である。これは，ハーレムの低所得者層向け公営団地に暮らす若者たちに呼びかけ，それぞれの書いた日誌を読み合うことで展開する一種の文化運動であり，また若者たちのソーシャル・キャピタルに介入し，彼らの雇用機会を支援しようとする社会的取り組みでもあった。その「プロジェクト」の一部は，拙訳『アップタウン・キッズ——ニューヨーク・ハーレムの公営団地とストリート文化』（大月書店，2010年）に記されている。

『アップタウン・キッズ』を最初に読んだときの衝撃はいまでもよく憶えている。理論的な言いまわしや完結した物語に回収してしまうことなく，若者たちの等身大の言葉，混乱し混濁し迷妄を抱えた語りを活かすかたちで，彼らの生が叙述されていた。そして，彼らに耳を傾け，肩入れし，介入し，同時に介入され，立ち止まり，右往左往する著者たちの姿があった。文脈はまったく違うのに，なぜか日本中を旅してまわり，聞き書きを重ねるだけでなく，その土地になにかをもたらそうとしつづけた宮本常一の姿が重なった。おそらくは，僕の勝手な解釈も入っていると思う。だが，『アップタウン・キッズ』を読み終えてすぐに，若さゆえの暴走する情熱でテリー・ウィリアムズにメールを送りつけ，そのなかで宮本常一の仕事と彼の仕事がいかに共通するかを熱っぽく語ったのを思い出す。そして，いつかこの仕事を日本に紹介したいと思ったのだ。

いま別の観点から振り返ると，『アップタウン・キッズ』の翻訳を思い立ったのは，「湘南プロジェクト」を目撃していたからだったとも言える。現に，翻訳の最中，この本を「湘南プロジェクト」にかかわった人たちに読んでほしいと意識していた。また，「聴け！プロジェクト」の若者たちとはほとんど顔を合わせることはなかったし，冊子『聴くことの場』は一度眼を通しただけだったが，それでも翻訳中に思い出すことがあった。そしていま，あらためて新原や中里，鈴木による記述を読むと，『アップタウン・キッズ』に登場する記述

とのあいだに驚くほど多くの共通性を見いだすことができる。両者とも低所得者向けの団地をテーマにしていること，若者たちに働きかける「プロジェクト」という意味合いが強いこと，複数の著者によって書かれていること，などの表面的な類似だけではない。

共通するのは，出会った人々とぶつかり合い，励まし合い，ともに怒り，奮闘し，感情を揺さぶられながらも，そのときどきのスケッチを残すという《方法》であり，眼のまえの状況に食い入ってものを見ようとするその姿勢である。そしてそれがゆえに，つまり揺さぶられつづけながら，まさにその渦中でなにかを書き留めるということは，技巧的でも機械的でもない，きれいなまとまりを持たない《反省性》を必要とするという点も共通している。

たとえば，中里佳苗が第4章に描いた，自治会の面々のまえでの当初の戸惑い，カリスマ的日本語教師への憧憬，新たな場所をめぐる奔走。鈴木鉄忠が第5章で描いた，子どもたちのまえでの躊躇，展開する社会状況への危機感。あるいは新原道信が第6章に描いた，外国籍の若者たちの憤りの代弁，「理解」し毒を抜いたうえで飼いならそうとする社会的力への反発，roots and routesに刻まれた病や傷や闇への愛着(アタッチメント)。

こうしたことを美化も卑下もなく，そして臨場感をともなって書くことは，自らの視点を構成している癖や立ち位置の，幾度にもわたる相対化なしには難しい。長い時間をかけ，異なる地点から，くりかえし振り返ることによってこうした記述は可能になっている。いわば，いくつもの事後的な了解を通じて，記録や記憶やそのあいだに生じることがらと対話することで成立しているのだ。

他方で，すべてを突き放して書けば，それは精彩さを欠いた冷たい「三人称」の世界になってしまう。しかし，ここでの記述は，時間を経てもなお，出会った人や起きたことにずっと引きずられてきた者のそれである。記憶し，想起しつづけ，その感触とともに自らの日々を生きなおそうとした者の言葉である。

中里にとっても，鈴木にとっても，僕にとっても，そして新原にとってすら，ここに描かれた場所は，いまの活動の現場ではない。しかし，だからとい

って，この場所やそこで出会った人々との関係が切れているわけではない。直接的なやり取りがあるかどうかにかかわらず，むしろ逆に関係が強まっている部分すらあるかもしれない。《関係》とはそういうものだ，と僕は思う。そして，それくらいに，この「プロジェクト」を通じて培われた関係は，一人一人のその後の生を強く規定するにいたったと思う。

　僕の場合はどうか。先にも書いたように，湘南団地での「プロジェクト」に関しては，僕のかかわりは日本語教室のボランティアのそれであって，いわゆる研究目的のフィールドワーカーとしてのものではなかった。それでも，ここでの一年半の経験は，その後のニューヨーク・ハーレムでのフィールドワークに大きな影響力を持ったと思う。ハーレムでは，主にアフリカン・アメリカンのムスリムたちのコミュニティで時間を過ごしたが，そこでフィールドワークをはじめたばかりの頃の人々への触れ方は，湘南団地で培われたものが大きい。

　介入を恐れないこと，しかし介入による暴力をできるだけ減らすこと，相手のペースや潜在力を最大限尊重し，こわさないようにすること，しかしいざというときはきちんと正面から喧嘩すること，失敗する権利を相手からも自分からも奪わないこと，相手に引き込まれたり呼ばれたりしたらそれに応じてその場に出て行くこと，一方的なインタビューやアンケート調査をできるだけ避けること，かたわらにいつづけることで出てきた語りを大切にすること，調査の暴力に自覚的であること，結論や成果を急がないこと，無駄に思えても動きまわること，記録すること，しかしそれ以上に記憶すること，感触の記憶を蓄積すること——あげていけばきりがないが，どこかに書かれているわけでも，また明確に言語化されて伝達されたわけでもない，それ自体偏りを持つこうしたフィールドでの作法の多くは，湘南団地に通うなかで身についたものだ。そのうちのいくつかは，ハーレムでのフィールドワークを通じて，鍛えられより強固なものになり，いくつかは主にナイーヴ過ぎるという理由から吟味しなおされた。

　感情や欲望や癖を抱えた二人以上の人間のあいだに，共犯や共謀，共依存，敵対，連鎖，対立，共感，共鳴，同調などの関係が生じるのは，いわばあたり

まえのことで，客観的観察の不可能性や限界を説くのに，いまわざわざ量子力学を引き合いにだす必要もない。フィールドワークは，人と人とが生々しく介入し合うプロセスでもある。調査者が被調査者を研究対象としてつくりあげ，定位し，記述や解釈を通じて一つの説明体系内に取り込むという認識論的な介入というだけでなく，感染症の持ち込みや情報のリークから，よりわかりにくい影響まで，存在論的にも介入し得る。しかし，それだけでなく，被調査者もまた，調査者に介入する。調査者は，金銭を要求されることもあれば，殺されることもある。罵声を浴びせられることもあるし，やりたくない仕事を断れないこともある。アスベストやその他の有害物質を含むほこりの飛び交う空間で話を聞かなくてはいけない場合もあるだろうし，銃声が聞こえ，ガンパウダーの匂いのする場所を歩くこともある。

「介入し合う」と書いたが，もちろんそれでも，両者の関係が双方向的で対等であるということではない。一方が調査者・書き手であり，他方が調査される者・書かれる側であるということが持つ不均衡さは消えない。マイノリティや社会的弱者や貧困層がフィールドワークの対象になりやすく，権力者や富裕層は対象になりにくい。だがそれでも，関係が不均衡であるということは，その関係がつねにわかりやすい権力関係（～する側と～される側）に回収されきるということを意味しない。そしてまた，それは反省性によって解消可能な問題でもない。

エドワード・サイードやその後のポスト・コロニアル・スタディーズによる「オリエンタリズム批判」や，ジェイムズ・クリフォードらによる一連の「文化を書くこと」をめぐる認識論的反省，ピエール・ブルデューらによる「反射的反省性」——それらの議論の危うさは，議論自体の見事さや重要性とは別に，人と人との生々しい交換（交感・交歓）の機微を切り落としてしまうことにあるのかもしれない。そう思えたのは，やはりハーレムでのフィールドワークを通じて，それらの議論を自分なりに徹底的におしすすめ実践してみたからだし，それ以前に「湘南プロジェクト」を通じて，一つの場所にはいり，人とかかわるということが具体的にどのような営みであるのかを本書の執筆者たちに

見せてもらったからである。

　ハーレムでの2年間のフィールドワークで僕が遭遇したのは，数々の醗酵した不満であり，煮詰められた怒りだった。多くの場合それは，《叫び》となってあらわれた。世代を超えて継承され，具体的な人間存在のかけられた叫びだった。良識ある第三者や政治家や都市開発者や研究者やコンサルタントは言うかもしれない——なぜそんなに暴力的に叫ぶのですか，もっと丁寧に穏やかに説明してください，と。しかし，かかっているものはけっして多くを持たない自分だけではなく，家族の，親友の，先祖の，未来の子どもたちの全存在であり，生命，魂なのだ。

　発狂や自殺や諦めの一歩手前にあるその叫びが発せられる現場では，聴く側もまた，かけているものの質量を問われるように思う。

むすびにかえて

野宮大志郎

　本書のもととなった「湘南プロジェクト」に外在する私が，書籍にとって重要である「むすび」を執筆することには，いささかの躊躇を覚えた。「はじめに」が書籍の導入であるとすれば，「むすび」は，書籍の生命線を浮かび上がらせ，その意味を刻印するものであるからである。「よそ者」である私には，そういう所業を為す資格が無い。いや，仮にあったとしても，不可能なのではないか。その想いが，いつもあった。

　1980年代半ば，インドシナ難民をはじめとした「外国人」が湘南団地に流入する。とある縁で湘南団地に関わることになった新原は，団地で外国人居住者たちが，行政や団地の日本人住民たちなど，いわゆる社会の主流たる人々によって疎んじられる様子に直面する。本書は，その事態を受け，新原を中心に立ち上がった「湘南プロジェクト」のメンバーが，外国人住民とともに格闘しながら生きた日々を描いている。

　本書ではまず，半ば強制的な手招きによって新原たちが湘南団地に入り始め，新原が後に「名代」や「世間師」と呼ぶ団地自治会役員たちの声を聴き，それに揺さぶられ，ついぞは身体化することによって「湘南プロジェクト」が始まる様子が描かれる（第2章と第3章）。次に，「プロ」の日本語教師による団地での「外国人日本人化」の試みが崩れ，その後，団地在住の外国人自らが，「湘南プロジェクト」メンバーたちとともに，独自の日本語教室を作っていく様子が描かれる（第4章と第5章）。さらに，「プロジェクト」メンバーたちが，

外国人住民やその子どもたちとの交流を通して，自らの内なる変化を経験する様が綴られる（第5章と第6章）。

このように紹介すると，本書は，書店の棚に並ぶ他の書籍と同類であるかのような印象を持たれるかもしれない。しかし，本書は，似て非なる。実際，本書は，奇異な様相を示す。15年，20年という「湘南プロジェクト」がかかわった膨大な時間の割には，各章の記述は，その期間の中のまばらな一瞬から掬い取られたものにとどまる。それゆえ，本書全体を通読しても，人びとのうごきや事態の変転が，過去から今までの通し絵のようには映ってこない。

読者は，どのようにして「外国人」が「住民」になっていくのか，「異型」のものであった人びとが，どのような過程を通して日本人社会の中に溶け込んでいくのかなどといった，巷にあふれる定型的な「社会化」のプロセスが開示されるだろうなどと期待してはならない。そういった適応的な「社会化」は，ここに存在しないからだ。むしろ外国人住民は，日本社会が策定した「外国人定住マニュアル」から「ぶれてはみ出し」，冷ややかに排外されつつも，しなやかさと強靱さでもって隙間をこじ開け，その空間に自分たちの世界を創り，住まう。その後，その土地に染みこんでいった人たち，また羽ばたいていった人たちの生を本書は綴り出す。

とはいえ，「湘南プロジェクト」が湘南団地の外国人にもたらした影響や，湘南団地全体の「共生システム」に与えたインパクトを見出そうとすると，困難に直面する。それらは，本書の全面には出てこない。確かに，語られてはいるが，多くは後景に退き，読者がそれを捕まえようとしても身を縮こまらせて逃げてしまう。

また，観察と執筆の視点が全体で統一されているわけでもない。ある章では，予言的に成就する未来の団地コミュニティーの姿を想起し，そこから溢れ出す想念と思弁に従うがままに文章が綴られる。また別の章では，その上っ面だけをなぞってしまえば，他人に聞かせる必要もない自伝的エッセイと読まれかねない筆致で話が進む。また別の章では，時間がバラバラである。そのまま時間が過去から現在に流れると想定しながら読み始めると，混乱の中に投げ出

される。その章の中のある節で，2007 年に始まった「プロジェクト」について語られたかと思うと，次の説では，2015 年時点での振り返りを述べた後，その後の説では，1999 年の合宿研究会の話が述べられる。

　本書のエッセンスは何か。まずは，「湘南プロジェクト」に通った人たちの心の動きであろう。「湘南プロジェクト」は，研究者がとある外国人移住者コミュニティーを外在的に調査観察し記述するだけのものではなかった。むしろ，研究をする側がコミュニティーに参加する「プロジェクト」であった。いや，ただ単に参加するだけではない。むしろ自らが，そこに生を置き，コミュニティーの一部になり，新しいコミュニティーの創生に参与する，それが「湘南プロジェクト」であった。

　本書の執筆者である「湘南プロジェクト」メンバーは，社会学徒として，とある社会を外から観察するために湘南団地に入ったわけではない。また，当初から執筆者でもなかった。彼ら彼女らは，「プロジェクト」にコミットした人たちだった。実際に自らの身体を現場にねじ込んでいくようにして「介入」し，難民として入居した人たちとともに，それぞれの生を生きた人たちである。

　「湘南プロジェクト」にコミットした人たちに対して，プロジェクトのなかでの時間が働きかける。その時間は彼ら彼女ら個々人に，変化の機会をもたらす。「湘南プロジェクト」という「怪物」に出くわした個人は，混沌からの働きかけを経て，変化を経験し，ついには新しい認識や理解の創造にまで至る。本書は，「プロジェクト」メンバー個々の生のなかでおこる，この内なる変化と変転を明らかにする。

　本書の二つ目のエッセンスは，新原であろう。本書の作成，また本書が描かれる場である「湘南プロジェクト」の立ち上げと運営は，すべて新原の手になる。「湘南プロジェクト」に新原が関わり始めたのが 1990 年代の半ばである。そこから少なくとも 10 数年は，新原は「プロジェクト」活動を続けている。この間，新原は，湘南団地自治会との交渉，行政との折衝，団地の外国人住民との話し合い，また「プロジェクト」に参加するボランティア学生の招集から指導まで，ほぼすべてを一手に行っている。通常の研究者からすれば，まさに

驚きである。これだけの時間と，エネルギーと，コミットメントは，一体どこから出てくるのか。

この問いは，実は正しい問いではない。むしろ問うべきは，何が，新原をして，このようなコミットメントをさせるに至ったか，である。本書を読んで私が直感的に感じたのは，新原には，本書を書かなければならない何かがあったということだ。すでに述べたように，それはおそらく湘南団地をより広く世間の人びとに伝えることでも，日本に在住する外国人の窮状を行政にうったえることでもない。むしろ，新原の内奥から，情念として湧いて出てくる何かが，新原を突き動かし，本書を成立させたと考えている。そうであるとすれば，ここで論じるべきは，新原の情念であろう。新原の内奥で，マグマのように沈殿する情動，思い，思考を垣間見る，これがここで私がすべきことである。

ここでは，新原の研究方法論に関する記述を追いつつ，新原の思考の一部を見出す作業を行ってみたい。なぜ方法論に焦点を当てるのか。新原の方法論は，単なる方法論ではないからだ。そこには新原の人生とその変転が隠されている。本書で新原は，自らの歩んできた足跡を振り返り，足を止めた場所について述べる。繋留地で新原は思考を繰り返し，新しい方法的な着想を得て，また旅を続ける。この新原の叙述は，紛れもなく，現場での格闘の跡である。誰のために，どういう武器を持って戦うのか，どのような態度で人に接するのか，これが常に新原の中にある。新原の方法論は，新原の研究者人生の凝縮型でもある。

本書は，小奇麗でも，おとなしくもない。本書所収の各章は，現場での格闘によって執筆されている。その過程での「わかり」や「理解」を，当時，現場で発せられた言葉を手繰り寄せながら，各執筆者がそれぞれ自らの想いと共に，綴り続けた結果である。執筆陣は，おとなしさを捨て，自らの言葉で記述する。かつて団地でおくられた日々をそのまま再現するみずみずしい言葉の数々と，団地の内外で，人と人がぶつかり合い，擦れ合う音が聞こえるほどの近接性，そして，未来を想定し，その未来から照射して，過去のもつ意味を浮かび上がらせようとする気概，戸惑う読者を一気に飲み込んでしまうような臨

場感と創造力，これが他の類書と本書とを峻別する力である。

(1)「うごきの場」のなかの個人

「湘南プロジェクト」を始めた新原自身が指摘するように，この「プロジェクト」は「社会学的介入」に一部は起源を持つ。しかし，そう言い切ってしまえば，この「プロジェクト」のもつデコボコやいい加減さ，また混沌やぐちゃぐちゃ感が色褪せる。このぐちゃぐちゃな経験は，本書の3章と4章を執筆した中里によってもっとも鮮明に描かれている。ここでは，この中里の経験を再構成しながら，「湘南プロジェクト」を通った個人が受ける変転をたどってみよう。

中里は，新原の誘いを受け「在住外国人生活支援活動研究委員会」に参加することになる。何度かの委員会，そして湘南団地での「現地打ち合わせ会」に参加する過程で，それぞれがそれぞれに異質である人たちの発言から衝撃を受ける。委員会参加者同士で火花をちらしてやりとりされる言葉の攻防を眼のあたりにして，戸惑い，何が起こったかを理解しようとする。

「湘南プロジェクト」のスタートは，中里によれば，1998年10月19日。「第三回研究打ち合わせ会」の席上で，湘南団地自治会長に「私はさっきから，あんたらに何ができると聞いている！！」と問いつめられた新原が，「『来るな』と言われるまで，何年でも何十年でも通い続けます」と答えたその瞬間である。

そう答えてスタートしたとはいえ，具体的に何をするのかわからない。「水を与えるのではなく井戸を自分たちで探して掘る方法を外国人に与える」という「プロジェクト」の理念はあった。しかし，その理念が，具体的な行動のレベルにまで降りてきてはいなかった。事実，はっきりとした指針は見えない。支援すべき課題は曖昧模糊としていて，「プロジェクト」参加者の間で何一つ共通のものとして設定されていなかった。かかわった人びとが，それぞれの目標や課題を設定していた。

やがて，「プロ」の日本語教師による日本語教室が団地内に開催されるようになる。日本語教師に対する憧れもあり，中里は日本語教師率いる日本語教室

を手伝い，運営する活動に引きこまれていく。しかし，この日本語教室は1年半ほどで終了する。中里は，当時，その終了の背後にある理由を察知できないまま，再度，日本語教室の再開に向けて，団地の外国人居住者たちとともに模索を始める。どのような日本語教室が希望なのか，様々な意見や考えを持った外国人居住者たちの声を聴き，案を作り，作った案を捨ててはまた作る，ということを繰り返す。中里は，自らの意見を主張せず，聞き役に徹する。外国人から質問が出ればそれに答え，必要に応じて意見集約をするぐらいである。こうした試行錯誤の結果，「日本語教師のいない日本語教室」が生み出されることになる。「誰のものでもない，誰のためでもない，自分たちの場所として」自然発生的にできあがる日本語教室が誕生したのだ。

　中里のこの一連の経験のなかに，「プロジェクト」内に撒かれた異質なものの数々との出会いと，それらとの交わり，自身が受け始めた変形，さらには新しく到達した考え方や理解が織り込まれている。

　「プロジェクト」へ参加し始めた時の中里に最初にあらわれた感覚はとまどいであった。委員会の席上で，周囲の人々に対して強い猜疑心を露わにし，他の委員との間に亀裂をもたらし続ける「押しの強い，我が儘な」団地自治会長に違和感を覚え，また団地自治会長と他の委員たちとの溝の深さに不安を覚えつつ，何が起こるのか，そしてこの混乱に自分が次第にまきこまれていくのかという，漠然とした不透明感が中里を包む。

　この中里の感じる先の見えなさやとまどいは，中里自身が「湘南プロジェクト」にかかわりはじめてから一定の期間は続いたと思われる。中里は，「湘南プロジェクト」は「支援すべき課題」が曖昧であり，また参加者の間で共通に理解されているものではなかったと壊述する。この壊述の中に，明確な取組課題とそれを達成するための計画をもつ方法を中里が希求していた，とまで読み取ることはできない。しかし，この記述は，はっきりとした課題と行動計画のもと，「プロジェクト」参加者一人一人がコマのように動くシステマティックな図式が，中里の頭のなかで対置されていたことを示している。この「システマティックなプロジェクト」の側に立てば，「湘南プロジェクト」に対して中

里が感じた不透明性，先の見えなさ，とまどいは，よく理解できる。プロの日本語教師たちの補佐として活動している時に中里が抱いた日本語教師への憧憬は，とまどいや不透明性を避け，逆に，テキパキ性と計画性を持ち込んだ日本語教授法に中里の身体が傾いたことをあらわしている。

「プロ」の日本語教師が団地から去った後，中里は「閉じた日本語教室の残像の中で過ごし…新しい自分の居場所を求めて…集会所をさまよ」う。少なくともこの時点では，中里は，「湘南プロジェクト」には，いまだ外在的な存在であった。中里が自らの内に変化を感じるのは，もう少し先のことになる。すなわち，残された団地在住外国人と共に試行錯誤を繰り返し，「プロ」による日本語教室では排除されていた「子ども」や「初級クラスの外国人」をも包摂するような教室の原型が見え始めてからである。これ以降，中里にはっきりとした認識の変化が起きる。

この変化は，日本語教室の作り方に対する認識のあり方に現れる。まず，上からシステマティックに教室が作られる方法から自分の身を遠ざける。教室創生に向けて「予定調和的・計画的でなくてよい」という考え方が中里のなかに生まれる。シナリオなど一切ない「自主的な外国人のムーブメント」としての日本語教室であればよい，と。「誰のものでもない，誰のためでもない，自分たちの場所として」自然発生的にできあがる教室が，むっくりと中里の頭のなかに姿を見せ始める。

この，新しく構想された教室は，中里の方法論までをも変えてしまう。中里は続ける。「誰が教室の先生としてふさわしいのかを考える方向性そのものが間違っていないか。外国人の人びとが何度も集まり，議論をし，教室をどうするかということを話し合っている状態こそが，教室になっているのではないか。」この時すでに，中里は，以前の中里とは違っていた。

この認識の変化の過程で，自らが依って立つ位置も変わる。中里は，自らのパートナーを「プロ」の日本語教師とその弟子たちから，団地に住まう外国人に変えてしまっていた。新しい日本語教室創生のプロセスで，中里は，外国人居住者と交わり，ついには，その一人となる。

この中里の変化は，不可逆的である。教室創生へのプロセスの最中，「プロ」によるそれまでの日本語教室の中では見えなかった新しい人間関係や混沌がうごめく「グレーゾーン」の存在を認知する。そして，ここで「先を急いでシステマティックな状態に移行していくことにはものすごい抵抗を感じ」る自分を見出している。すなわち，もう「プロ」の日本語教師による日本語教室には後戻りできない中里がそこにある。

この中里が受けた変形は，社会のメカニズムに対する中里の理解のあり方にも，新たな認識をもたらす。湘南団地の外国人居住者と交わる過程で，中里は大きな問いと格闘していた。どのようにして異質性の排除が行われるのか，である。排除対象は，湘南団地の外国人住民である。排除行為主体は，「日本人」である。上述した認識の変化によって中里は，自らの立ち位置を完全に移動する。そしてこの移動によって，この問いに対する答えを見出す。

中里によれば，日本人側に「異質に対する恐怖」がある。その恐怖心が，異質な人たちと交わることを未来予測的に想定した場合でも，恐怖的な，悲観的な結末しか描かせない。「同質の我々と異質の彼ら」の図式はここでも「心の習慣」として保持される。この「心の習慣」が人々をある特定の方向に行為させる。その力こそが社会構造である。この人たちは，決して正義のない人でも，差別をする人たちでもない。むしろ，差別に反対の立場をとっている人たちである。しかし，彼らの「心の習慣」が，外国人住民を孤立した「島」に住む人，「何となく近寄りがたい」人として，彼岸に置く。実は，こう言う中里自身，かつての中里が持っていた「心の習慣」を撃ち殺そうとしているのだ。

そして今，さらに別の認識が中里の中に顔を出す。「湘南プロジェクト」を通して中里は，外材の視点から内在の視点へ移行した。今，中里のなかにある認識は，それをも壊す。すなわち「内」と「外」を区分する壁を壊すものである。中里はこれを「吹き溜まり」のイメージで論じる。

中里は，「湘南プロジェクト」を「吹き溜まり」だと感じる。それは「枯れ葉の吹き溜まりではなく，青々とした緑の葉が，大雨や風でやむなく落ちてしまい，吹き溜まりとなり，所々は水に濡れていたり，一部は腐ったりしてい

る。」「葉っぱは重なりあい，反発するものもあれば，空気など含んで落ち着いているものもあり，淀みながらまだ生きている。団地にて数多くの人が出会い，影響し合い，ぶつかり合い，かかわりを持った」吹き溜まりである。

「吹き溜まり」のイメージで，中里は「湘南プロジェクト」の全体を掴もうとする。全体には，もう「内」も「外」もない。その両方を包み込んだ認識である。また，この全体は，時間の流れをも包み込む。すなわち，時間の流れの中で変転するものがあったとしても，それすら変化ではなくしてしまうような大きな穏やかさと諦念である。この大きな穏やかさに，中里自身も連れられてきたのである。

> プロの日本語教師たちは，「プロジェクト」のメンバーたちの「吹き溜まり」に，大きな足跡を残し，去っていった。何度も何度も，再来しては，足跡は深くなっていく。でも，そこに，水を溜めた，外国人たちがいた。井戸を掘ろうと意識したわけではない。まるで，葉っぱについた蒸気や雨の滴を，丁寧にたぐり寄せるようにして，少しずつ水を溜めていったのだ。そして，どっからか，新しい若い葉が飛んできて，そこに着地した。生き生きとした吹き溜まりに溜められた水は，新しくやってきた葉のために新たな土壌を作り，それらは先に溜まっていた葉っぱたちと共鳴し合った。

そこにあるものを，ただ単に「そこに在る」として受け容れる，それゆえに，後に団地の外国人によって，また中里自身によっても団地への再介入を拒否された「プロ」の日本語教師とその弟子たちもまた，中里には湘南団地という吹き溜まりに舞い降りた一枚の葉っぱだったのである。何か外の見えない力，必然の歴史や個人の過去が折り重なり合って創りだす偶然によってひらひらと湘南団地に舞い降りた感覚がここに描かれている。そして中里自身も「揺さぶられて，吹き溜まるようにして，ここにたどり着いた」のである。

中里が経験した変転は，大きなものである。劇的ですらある。ただ，この変転は，中里自身の占有物ではなかった。学生ボランティアとして「プロジェク

ト」に参加した鈴木もまた，同じような変転を経験している。鈴木は，湘南団地にはじめて入った時「『日本社会の（内なる）外国』に迷い込んだ不安」に襲われる。流暢な日本語を話す団地居住外国人の子どもたちに会い，「これまで意識しなかったモノの見方，『自然的態度』が揺るがされる」ように感じている。また団地居住外国人とボランティアとが新しく創りだした「日本語教師のいない教室」では，絶えず不安定化する役割分化に対応する手立てがなく，戸惑う。そうしたとまどいを抱えながらも，活動に参加するうちに，一つの心の変化が現れる。日本語教室のボランティアという自分の身そのものが，日本社会への外国人の管理的統合の末端になっているのではないか，という自分への問いかけである。同時に，団地在住外国人の子どもたちと様々な形でコミュニケーションを取っていくことによって，「自らの認識と実践の境界が揺りうごかされ」ることを経験している。

　鈴木によると，ボランティアの多くは，「湘南プロジェクト」という「異境の地」に放り出され，やはり中里や鈴木が経験したのと同じように，とまどう。ボランティアの人たちに対して，誰かが何かを指示するわけでもない。どうやって動いたらよいのか。自らが自らの声で，人と交わり，考え，切り開かなければならない状況がボランティアとして参加した人たちの眼前に広がる。もちろん，「湘南プロジェクト」に顔を出した人のすべてが，中里や鈴木と同じように，長期間にわたって「プロジェクト」に関与したわけではなかろう。とはいえ，Fn君など，まさに「湘南プロジェクト」に自分の生を見出し，そこを生きた人たちが，いる。

　「湘南プロジェクト」は，他の「プロジェクト」同様，対象とする人たちの生活を観察し記述する「学問的研究のプロジェクト」，あるいは対象とする人たちが抱え持つ問題を和らげ，解決する「政策的プロジェクト」といった側面を持っていた。しかし，そうした側面が，この「湘南プロジェクト」のエッセンスではなかった。そこに加担した人，一瞬でもそこに自分の生を見出した人を根底から変えてしまうような何か，それが「湘南プロジェクト」ではなかったかと思う。

「湘南プロジェクト」は，そこに参与する人を混沌のなかに投げ込んだ。参与した人は，その混沌からの働きかけを受け，変転を経験する。変転とは，自らが今まで依って立ってきたところから離れ，全く新しい見方で，新しい人と交わり，その中で自らのあり方を再構築し，何が良いのかという価値意識までの変化を指す。その変転の結果，新しい自分の立ち位置が決まる。あるいは社会のメカニズムに対する新しい理解が醸成される。

(2) 新原という「ひと」

「湘南プロジェクト」で，新原はどんな研究方法を打ち立てようとしたのか。新原は，第7章で以下のように述べる。

> 「一つの〈エピステモロジー／メソドロジー／メソッズ〉を創り上げようとしてきた」

この言葉から，新原が目指したのは新しい研究方法であると同時に，新しい認識のあり方でもあることがわかる。確かに，方法は認識のあり方を規定する。例えば，アンケート調査では，人々の微細な思考のうねりや内省から行為に至るロジックの繋がりは見えない。他方，参与観察では，社会の大きな動きや地殻変動は調査者の眼から遠ざかる。

ただ，このくだりが含意するものは，そうした静観的な智慧者の認識ではない。新原は，社会に関する学問に従事するわれわれが，いままで何世紀もの間，総体として偶有してきた方法論の一切に満足していなかったということ，さらに，既存の方法論的知識を否定し，新しい知の体系をつくりあげようとした，ということである。

かつて新原は，私との話のなかで，若き頃の新原がメルッチと交わした会話の断片を開示してみせたことがあった。学問に悩み，これから先の自分の道ゆきに悩む新原の話に応じて，メルッチは次のように言ったという。

ミチノブ，これから先は，誰も進んだことがない道を行くのだよ。自分一
　　人で。

もちろん私の記憶の限りの言葉である。間違いはあろう。しかし，この「誰も
進んだことがない道」を，新原は進もうとしていたことだけは確かだ。
　「湘南プロジェクト」を通して新しい道を進む，新しい認識論を切り開くた
めにとった方法を，新原は次のような文章に込める。

　　「諸関係の微細な網の目」の社会文化的プロセスに居合わせることが出来る
　　「舞台（プラットフォーム）」づくりを行い，その舞台裏で生起したことがら
　　（失敗や葛藤，衝突など）も含めて，長期にわたって記録・記憶していく

　「記録・記憶」という言葉に引っ張られてはならない。これらの言葉のみに
注目してしまうと，外在的な研究者が，対象とする事象を観察し「記録」し「記
憶」する行為を指すように思える。確かに，新原が進めようとしていることの
一つはそのようなことかも知れない。しかし，問題は，新原が居合わせる「社
会文化的プロセス」も，それを可能にする「舞台」も，新原自身が参与して創
りあげたものだ，ということである。いや，新原が創り出したもの，そのもの
と言ってよい。それが「湘南プロジェクト」である。
　新原が言うように，「諸関係の微細な網の目」は，学問的観察のための網の
目ではない。人を救うための網の目である。利用できる資源をほとんど持た
ず，社会のメインストリームからの排斥や忌避を一身に受け，苦難に喘ぎなが
らも毎日を必死になって生きる人たちが，社会から振り落とされそうになった
時に掬い留める網の目である。新原の方法は，ここで自らの使命と邂逅する。
　行為と観察の混在，主体と客体の並列がここに見える。新原は，ここでは
「網の目」や「舞台」を率先して創る行為者であり，「記録・記憶」する観察者
なのである。新原は，「それでいい」と言う。新原にとって，観察し記録すべ
きことは，まずもって新原自身の行為によってでしか，立ち現われない。さら

に言えば，観察し記録する価値のあるものは，社会のメインストリームから吹く強い向かい風によって苦境に立たされる人々を救う行為の中にしか現れないのだ。

　新原は，「在住外国人生活支援活動研究委員会」の取りまとめ役として湘南団地に関与するようになる。その時点から新原は，自身が白紙で無価値の観察者ではいられないことを十分承知していた。事実，委員会の「現地打合せ会」の時には，湘南団地自治会の面々によって「役所の人」にされてしまう。しかし，おそらくそれ以上に，委員会の席に座るだけで，国や県また行政という大きな力のなかに自分が絡め取られていくことを新原はわかっていた。無価値を装い，その場の上っ面だけを掃いて立ち去る訳にはいかない，そこに生きる生身の人に無関心ではあり続けられない，という思いが新原の中にあった。この思いが，新原を，湘南団地コミュニティーづくりに参与する方向に仕向ける。

　その結果，新原は，「舞台づくり」を行う。「舞台」とは，「湘南プロジェクト」の面々が，コミュニティー形成に関与し，参加し，介入するための装置である。「舞台裏」には，団地自治会の人々や，新原に率いられ「プロジェクト」に参加した学生，またボランティアの人たち，さらには新原自身がいる。しかし，「舞台」が出来た途端，実はもうそこは「舞台」ではなくなってしまう。「舞台」も「舞台裏」も「社会文化的プロセス」も，何ひとつ明瞭な区分なく混在するようになる。社会から吹き付ける強い風に飛ばされそうになる人々，その人たちを掬い上げようとする人たち，掬い上げようとする人たちを背後から後押しする人たちなど，すべての人が混在的に一体化する。それが新原の描いた「プロジェクト」である。新原は「"異郷／異教／異境"の地に降り立つ」という言葉を好んで用いる。「異境の地」に降り立った人は，どのようにしてその地に溶け込み，インパクトを残せるようになるのか，これが新原の追求した道である。新原は，混在をよしとした。そうであるべき姿だとした。

　新原の方法には，必ずメタモルフォーゼが伴う。舞台を作り，舞台裏で甲斐甲斐しく主役を立てるようにして動き始めるのだが，その動きが次第に，舞台上の主役や裏方，観客，さらにはそこにいる全ての人を巻き込む形で，大きな

「うごき」に変容する。その「場」に居合わせた，一人ひとり，個人個人が主役であるようになる。湘南団地在住外国人のみならず，新原や「湘南プロジェクト」のメンバー，団地自治会の人，日本語教師など，すべての人がそれぞれの外と内にある「異型」のものに遭遇し，「ぶつかり合い」，「切り結び」，怒り，悲しみ，喜びながら，主役として生きる場所の形成。それが，新原の方法なのだ。

新原は，自らの学問的出自の一つとして，トゥレーヌたちの「社会学的介入」を挙げる。「社会学的介入」とは，社会運動に介入する過程で，運動行為者と研究者の双方が内省を通して，より深い理解と文化変容を遂げていくことを目指す方法である。しかし，私は，新原の方法は社会学的介入ではないと考えている。確かに，新原の方法も，社会学的介入も新しい解釈や文化的生成物を重要な達成物だと考える。しかし，社会学的介入は，新原の方法ほど境界が曖昧にはならない。言い換えれば，新原の方法は，単に「介入」にとどまらない。調査者，観察者，運動当事者（仲間と相手方）という区分は，重要ではなくなっていく。重要なのは，苦境にあえぐ人たちに手を差し伸べる場に参加し，その中に在ることなのである。

新原は，湘南団地に参与する際に「社会学的介入」を想定していたかもしれない。しかし，実際に手がけた「湘南プロジェクト」は，そのようにはいかなかったと壊述する。

> メンバーが必ずしも「研究者側」として整備・組織されていたわけではなく「する側／される側」の境界線は必ずしも明確ではなかったという点である。「行為者たち同士を厳密な研究条件下」におく力はなく，「分析」というよりは「感想」や「印象」を提示し…この場に居合わせたもののほとんどが，それぞれのパルスとリズムで多方向へと向かっていく，常に空中分解寸前の飛行体のようなものであった（第7章）。

行為者も，行為を受ける対象となる人たちも，舞台の上の人たちも裏方の人たちも混在して作り上げるような方法で，新しい「知」ないしは「智」を達成

することは，いったい可能なのだろうか。これに関して，新原が本書の執筆にあたって掲げた目標を記した文章がある。

> この場で飛び散った，貴重な，乱反射する火花が砕け散ってしまわないようにしたい。なんとか少しでも，これまでの試みのなかに埋め込まれた智の萌芽をすくい取りたい。肉声が消されていくプロセスをサルベージ…渉猟し，踏破し…掘り起こし，…すくい…とり，くみとり…たいと考えた。自然なかたちで集積してきた〈データ〉の間で，いつしか「化学反応」が起こり，何らかの理解がやって来るはずだと考えた（第7章）。

「湘南プロジェクト」で交わされた言葉や想念が，長い時間のなかで堆積し，埋もれこんでしまわない内に掬い上げること，そしてそれらが地表に出てきて，紙面の上で踊りだせば，何らかの新しい理解が生まれるのではないかという期待がここに表れている。もちろん，「何らかの理解」は，保証されたものではない。その意味では，新しい「智」もまた，保証の限りではない。

通常の学問的プラクティスを期待する人なら，おそらくこの時点で「湘南プロジェクト」の推進者である新原に落第点を付けるだろう。何らかの知的生産の保証ができないような「プロジェクト」，淡い期待に頼らざるを得ないような知的試みをなぜ行うのか，と。こうした発言に対して，新原はおそらく言葉を返さない。しかし同時に，新原は，他に方法がないことをよく知っている。第一に，新原が採る方法では，知識の前に行為がある。「異境の地」に降り立つ自己は，その地に溶け込み，自らを投企する。そのことによってでしか，研究の場は生れない。すなわち，研究の場の形成は，行為者である自分自身をどの程度「投企」できるかによって決まる。第二に，その場は，予定調和的に，あるいは予言の自己成就的に達成されるものでは決してない。多様な人々が入っては出ていく。また，その場での感情を伴った人と人との交わりやぶつかり合いの中でしか形成されない。すなわち，行為者として「自己投企」をしても，その結果はわからないのだ。

なぜ，湘南団地にかかわったのか。ここには，それまでの新原の行政領域での活動と，そこからくる機縁もあったのだろう。しかし，このかかわりには，新原の内在的思いが重要な役割を果たしたはずだ。すなわち，社会のメインストリームから外れ「辺境」に住まう人たち，光が当たらない人たち，複数の苦悩を身に纏いながらも生きていかざるを得ない人たちに対する新原の眼差しである。湘南団地に「舞い降りた」外国人たちの生に対して新原の眼は向けられた。これらの人たちの生と共に，自分の生を生きるとする新原の心が，ここに現れる。新原の方法は，「弱き者」と共に生きてしか実現することのない方法なのである。

　新原の研究方法には，常に二つの側面が在る。「聴くこと」と「弱き者」にコミットすることである。新原は，その融合しない，しかし新原の中では分離不可能な二つの異質を抱き持つ。新原は，この二つの異質を抱えながら歩む過程で，次第に自らの内に出来上がってきた「かまえ」について，以下のように述べる。

　　よりゆっくりと，やわらかく，深く，耳をすましてきき，勇気をもって，たすけあう…すべての事実を「迅速かつ効率的に…」ではなく…奇遇と機縁，偶然出会った断片的事実，土地と人との特定の関係性を大切にする（7章）。

　「耳をすましてき」くことと，「勇気をもって，たすけあう」ことがこの文に共存する。

　たしかに，新原は常に何かと戦っていた。あるいは，「治安強化」「治安維持」の名の下，湘南団地で育つ外国人の子どもたちを「異端」として排斥しようとする社会の力，あるいは外国人を「よき社会人」として，日本に適応させようとする力に対して，である。新原は，これらに対して声を荒げて対抗することもあれば，それらと折り合うように見せながら，しなやかに対応することもある。また，遠目に眺め，それらの力がどのように動き出すのかを観察する外部

者になることもある。

　新原は,「捨て石」になろうとしたのだ。先に論じた「網の目」に関して,新原は別の箇所で以下のように壊述する。

　「湘南プロジェクト」と「聴け！プロジェクト」は,自分と他者の「間」に,「網の目」を創るための試みであった。そのすべてがうまくいかなかったとしても,この方向性は,これからの惑星社会を生きていくときに決してまちがってはいないはずだ。よりゆっくりと,やわらかく,深く,耳をすましてきき,勇気をもって,たすけあうことに費やした時間とエネルギー,人と人の「間」に創られた「網の目」だけが,後に遺され,託されていく（7章）。

　大事なのは,落ちこぼれていく人たちを救う「網の目」が創られ,存続することであって,作った人ではない。「網の目」は,個人では応答しきれない困難と苦痛を和らげる。しかも作った人は,「網の目」と言う存在の背後に消え入りそうになりながら,在る。消えても良い,いや自分たちは消えるべきだと主張しながら。
　新原のなかには,内なる野獣がいる。飼いならそうとしているのだが,外装する理性を悉く打ち破るようにして吹き出す野獣を未だ飼いならすことができていない。その野獣とは,新原を極限にまで追い詰める。極限まで走れという。未踏の地で何が起こるかをじっと見つめよと新原に命令する。新原は,その出自とともに,その野獣が自らのうちにいることを知りながら,生きる。結局,新原は自分がその野獣の下僕となることを諦めつつ認めているのだ。その野獣は,新原に,捨て石になれ,と命ずる。新原は従う。その下僕になることによって見えるものがある,下僕になることによってでしかみえないものがある,と言いながら。野獣は,虐げられた人々への共感である。

　　　　　　　　　　　　　　　湘南プロジェクトを愛惜しみながら

補　　遺

1. 「湘南プロジェクト」「聴け！プロジェクト」
   登場人物と年表
   　　　　　　　　　　　鈴木鉄忠・中里佳苗・新原道信

2. うごきの場での対話的なエラボレイション
   　　　　　　　　　　　　　　新原道信・中村　寛

1．「湘南プロジェクト」「聴け！プロジェクト」年表
　　1996年4月～2008年7月
　　　　　　　　　　　　作成：鈴木鉄忠，中里佳苗，新原道信

『うごきの場に居合わせる』登場人物

「湘南プロジェクト」
（湘南団地自治会役員と民生委員）

At	湘南団地連合自治会会長
Ks	湘南団地連合自治会会長
Si	湘南団地連合自治会事務局長
Mk	湘南団地連合自治会国際部長
Sk	湘南団地連合自治会国際部長
Tm	湘南団地連合自治会国際部長
Im	湘南地区社会福祉協議会役員

（湘南団地民生委員）

Td	湘南地区民生委員児童委員協議会総務，生活相談
Yk	湘南地区民生委員児童委員，生活相談

（湘南地区地元ボランティア）

Hm	湘南地区住民（公民館長）
Ok	湘南市議会議員，後に市長，湘南団地元住民
Ii	湘南地区民生委員児童委員
Kw	元湘南地区民生委員児童委員

（地元教師）

Hs	湘南保育園園長
Ms	湘南中学校教諭
Tn	高校教員　外部からのボランティア

（湘南地区社協）

Tk	湘南市社会福祉協議会職員，事務局
Kb	湘南市社会福祉協議会職員
Tki	湘南市社会福祉協議会職員

(「プロ日本語教師」グループ)

As	日本語教師　湘南プロジェクト初期の「プロの日本語教室」を担当
Ys	日本語教師　湘南プロジェクト初期の「プロの日本語教室」を担当

(「外国人」「大人」と「子どもたち」)

Tn	元日本語指導協力員（カンボジア人で帰化申請）
Tp	湘南団地連合自治会国際部，外国人リーダー
Tf	湘南団地の外国籍住民
Au	湘南団地の外国籍住民
Le	湘南団地の外国籍住民（Au さんの夫）
Ny	湘南団地の移動民の子どもたち（Au さんと Le さんの息子）
Sb	湘南団地の移動民の子どもたち
Sby	湘南団地の移動民の子どもたち
Sp	湘南団地の移動民の子どもたち
Bp	湘南団地の移動民の子どもたち
Ykr	湘南団地の移動民の子どもたち
Hd	湘南団地の移動民の子どもたち
Yr	湘南団地の移動民の子どもたち
Ls	湘南団地の移動民の子どもたち
Ln	湘南団地の移動民の子どもたち

(湘南市関係者)

Kr	湘南市国際交流親善課職員
Krh	湘南市国際交流親善課職員
Nk	湘南市国際交流親善課ボランティア
Tr	湘南日本語の会
Ht	湘南日本語の会

「聴け！プロジェクト」

(『聴くことの場』の作成にかかわった若者たち)

アリ	神奈川県の移動民の子どもたち	『聴くことの場』参加者
ディーン	神奈川県の移動民の子どもたち	『聴くことの場』参加者
リカルド	神奈川県の移動民の子どもたち	『聴くことの場』参加者
ライフ	神奈川県の移動民の子どもたち	『聴くことの場』参加者
KJ	神奈川県の移動民の子どもたち	『聴くことの場』参加者
サラ	神奈川県の移動民の子どもたち	『聴くことの場』参加者
レイ	神奈川県の移動民の子どもたち	『聴くことの場』参加者

(「Eキャンプ」参加者)

ヤマ	ボランティア	移動民の子どもたちのアドバイザー	「Eキャンプ」参加者
ヒデ	ボランティア	移動民の子どもたちのアドバイザー	「Eキャンプ」参加者
ネル	神奈川県の移動民の子どもたち		「Eキャンプ」参加者
St	神奈川県の移動民の子どもたち		「Eキャンプ」参加者
Pt	神奈川県の移動民の子どもたち		「Eキャンプ」参加者
Ad	神奈川県の移動民の子どもたち		「Eキャンプ」参加者

大学関係者

(大学教員，院生，学生)

新原	大学教員，「湘南プロジェクト」代表	
Okn	院生ボランティア	「研究委員会」発足から「プロの日本語教室」消失まで活動
中里	院生ボランティア	「研究委員会」の時期から2000年代後半まで活動
中村	院生ボランティア	「プロの日本語教室」崩壊時期に活動
鈴木	院生ボランティア	「教師のいない教室」の時期から2000年代後半に活動
Fn	大学生ボランティア	「教師のいない教室」の時期から2000年代後半に活動
Iw	大学生ボランティア	「教師のいない教室」の時期から2000年代後半に活動
Ns	大学生ボランティア	「教師のいない教室」の時期から2000年代後半に活動

(願望の KANAGAWA グループ)

Kt　　　外国籍住民支援ネットワーク代表
Ty　　　外国籍相談窓口相談員
金　　　県国際交流協会，アドバイザー

1996年度

1996年4月以降　神奈川県社会福祉協議会（以下，県社協と略）の担当職員と相談しつつ，「在住外国人支援フォーラム研究委員会」を開催。湘南市とT町にかかわることを決定する。

1997年1月7日　　T町訪問
1997年1月10日　　湘南市訪問
1997年1月28日　　県社協委員会
1997年2月20日　　県社協委員会
1997年3月3日　　湘南市フォーラム
1997年3月10日　　T町フォーラム
1997年3月17日　　県社協委員会

1997年度

1997年6月2日　　県社協委員会
1997年7月7日　　県社協委員会
1997年8月8日　　湘南委員会
1997年9月18日　　湘南委員会
1997年9月22日　　県社協委員会
1997年11月10日　　湘南委員会
1997年11月17日　　県社協委員会
1997年11月29日　　T町にて講演
1997年12月8日　　子どもと国際化シンポジウム
1998年1月26日　　湘南委員会

1998年1月30日	湘南保育園訪問
1998年2月10日	県社協委員会
1998年3月30日	湘南委員会

1998年度

1998年5月25日	金迅野と新原道信が，「聴け！プロジェクト」について相談
1998年5月28日	湘南調査についての相談　県社協，湘南市社協（Tk 氏）
1998年7月6日	湘南団地保育園園長 Hs 先生ほか2名の先生，Tk さんと相談
1998年7月13日	湘南委員会
1998年8月20日	湘南委員会
1998年8月21日	県社協委員会
1998年9月14日	湘南団地での話し合い①
1998年9月28日	湘南団地での話し合い②
1998年10月16日	湘南研究会（新原，中里，Okn）①
1998年10月19日	湘南委員会／湘南団地での話し合い③
1998年10月23日	県社協委員会／金迅野，Kt さん，Ty さんとの話し合い
1998年10月27日	湘南研究会（新原，中里，Okn）②
1998年11月2日	国際交流親善課（Kr，Nk，Krh，中里）
1998年11月3日	湘南研究会（新原，中里，Okn）③
1998年11月6日	湘南団地での話し合い④
1998年11月14日	湘南研究会（新原，中里，Okn）④
1998年11月21日	Tr さんとの話し合い（Tk，Kt，Ty，新原）
1998年12月4日	湘南地区公民館の日本語教室の会との話し合い（Tr，Ht，ほか2名），Tp，Kt，Ty，Tk，ほか1名，中里，Okn，新原
1998年12月7日	金迅野と新原道信による「聴け！プロジェクト」打ち合わせ
1998年12月10日	『聴くことの場』編集委員会
1998年12月14日	生涯学習課／日本語教室の原案作り。湘南日本語教室第二回の話し合い　湘南地区公民館の日本語教室の会との話し合い（Tr，Ht，ほか2名），Tp，

Kt，Ty，Tk，ほか1名，中里，Okn，新原

1998年12月20日	『聴くことの場』編集委員会
1998年12月22日	Tk，Kr，湘南団地の自治会役員と会場についての調整。年末年始にかけてTk，新原，As，難民事業本部職員の間で連絡をとりあい提出書類の内容の調整を行う。
1999年1月5日	難民事業本部に申請
1999年1月7日	Tkさんが湘南保育園と会場についての調整
1999年1月11日	講座発足のための打ち合わせ会議
1999年1月18日	湘南日本語教室①　1名来訪
1999年1月23日	日本語教室についての打ち合わせ
1998年12月10日	『聴くことの場』編集委員会
1999年1月25日	湘南日本語教室②　県社協第三回研究委員会
1999年1月29日	湘南日本語教室③　Krh，Nk，来訪
1999年2月1日	湘南日本語教室④　湘南市第三回研究委員会
1999年2月5日	湘南日本語教室⑤
1999年2月8日	湘南日本語教室⑥
1999年2月12日	湘南日本語教室⑦
1999年2月15日	湘南日本語教室⑧　来年度の方向についての話し合い
1999年2月19日	湘南日本語教室⑨
1999年2月22日	湘南日本語教室⑩
1999年3月3日	来年度の方向についての話し合い
1999年3月6日	受講者によるパーティー
1999年3月31日	『聴くことの場』発刊

1999年度

1999年4月8日	「湘南プロジェクト」ミーティング
1999年4月9日	湘南団地連合自治会新役員（自治会新会長のAt，新国際部長のSk）との顔合わせ。

1999年4月19日　　日本語教室（24名），子ども教室（19名）　As，中里，Kt，Yk，Ou，新原，Td，Sk，Tk，ほか1名

1999年4月23日　　日本語教室（21名），子ども教室（15名）　As，Ys，中里，Kt，新原，Td，Sk，Tk，ほか3名

1999年4月26日　　日本語教室（21名），子ども教室（17名）　As，Ys，中村，中里，Ty，Okn，Yk，Ou，新原，Td，Sk，Tk，ほか2名

1999年4月30日　　日本語教室（18名），子ども教室（13名）　As，Ys，中里，Kt，Okn，Ok，新原，Yk，Sk，Tk，ほか3名

1999年5月7日　　日本語教室（22名），子ども教室（23名）　As，Ys，中里，Okn，Ok，Td，Yk，Sk，Tk，ほか3名

1999年5月10日　　日本語教室（21名），子ども教室（18名）　As，Ys，中村，中里，Kt，Ty，Okn，Ou，新原，Td，Yk，Sk，Tk，ほか5名

1999年5月14日　　日本語教室（29名），子ども教室（22名）　As，Ys，中里，Kt，Okn，Ok，新原，Td，Yk，Sk，Tk，ほか2名

1999年5月17日　　日本語教室（15名），子ども教室（19名）　As，Ys，中村，中里，Okn，Ou，Td，Yk，Sk，Tk，ほか3名

1999年5月21日　　日本語教室（29名），子ども教室（27名）　As，Ys，中里，Kt，Ty，Okn，Ok，新原，Td，Yk，Sk，Tk，ほか3名

1999年5月24日　　日本語教室（22名）湘南保育園2階　全員で話し合い　As，Ys，Okn，Ou，Td，Yk，Sk，Tk，ほか1名

1999年5月28日　　日本語教室（33名），子ども教室（30名）　As，Ys，中里，Kt，Okn，Ok，新原，Td，Yk，Sk，Tk，ほか2名

1999年5月30日　　日本語教室（28名），子ども教室（34名）　As，Ys，林，中村，Okn，Ou，Ii，Td，湘南，Sk，上川，Tk

1999年6月3日　　日本語教室（31名），子ども教室（34名）　As，Ys，中里，Okn，Ok，Td，Yk，Sk，Tk，ほか3名

1999年6月7日　　日本語教室（24名），子ども教室（26名）　As，中村，中里，Ty，Okn，Ou，Ii，Td，Yk，Sk，Tk，ほか2名

1999年6月11日　日本語教室（29名），子ども教室（17名）　As，Ys，中里，Okn，Ok，Td，Yk，Sk，Tk，ほか4名

1999年6月14日　「湘南プロジェクト」ミーティング　日本語教室（25名），子ども教室（17名）　As，Ys，中村，Ty，Okn，Ou，Ii，新原，Td，Yk，Sk，Tk，ほか5名

1999年6月18日　日本語教室（22名），子ども教室（35名）　七夕祭り準備　As，Ys，Ok，Td，Yk，Sk，Tk，ほか3名

1999年6月21日　日本語教室（29名），子ども教室（29名）　As，Ys，中里，Ou，Ii，新原，Td，Yk，Sk，Tk，ほか3名

1999年6月25日　日本語教室（24名），子ども教室（22名）　As，Ys，中里，Okn，Ok，新原，Td，Yk，Sk，Tk，ほか5名

1999年6月28日　「湘南プロジェクト」ミーティング　日本語教室（22名），子ども教室（32名）　As，Ys，中里，Ty，Okn，Ou，Ii，Tk，ほか3名

1999年7月2日　日本語教室（27名），子ども教室（17名）　As，Ys，中里，Kt，Ty，Okn，Ok，新原，Td，Yk，Sk，Tk，ほか3名

1999年7月5日　日本語教室（26名），子ども教室（30名）　七夕祭り飾りつけ　As，Ys，中村，中里，Okn，Ou，Ok，Ii，Yk，Sk，Tk，ほか3名

1999年7月12日　ミーティング　日本語教室（18名），子ども教室（20名）　As，Ys，中村，中里，Okn，Ou，Ok，Ii，新原，Td，Yk，Sk，Tk，ほか3名

1999年7月16日　日本語教室（24名），子ども教室（22名）　As，Ys，中里，Okn，Ou，Ok，新原，Td，Yk，Sk，Tk，ほか3名

1999年7月19日　日本語教室（18名），子ども教室（13名）　As，Ys，中里，Okn，Ou，Ii　Td，Yk，Sk，Tk，ほか2名

1999年7月23日　日本語教室（29名），子ども教室（21名）　As，Ys，中里，Kt，Okn，Ok　新原，Td，Yk，Tk，ほか2名

1999年7月26日　パーティー（大人30名，子ども30名）　As，Ys，中里，Ty，Okn，Ou，Ii，Td，Yk，Tk，ほか1名

1999年7月30日　日本語教室（14名），子ども教室（9名）　As，Ys，Kt，Ty，

Okn，Ok，Td，Yk，Tk，ほか1名

1999年8月7日，8日　団地祭　中国餃子＆カキ氷，カルビ焼き　As，Ys，中里，Leさん一家，Okn，Tki，新原

1999年9月13日　ミーティング　As，Ys，中里，Ty，Okn，Ou，Ii，Td，Yk，Sk，Tk，ほか1名

1999年9月17日　日本語教室（17名），子ども教室（18名）　Ys，中里，Ok　Td，Yk，Tk，ほか4名

1999年9月20日　日本語教室（16名），子ども教室（15名）　As，Ys，，中里，Kt，Okn，Ou，Ii，新原，Td，Yk，Sk，Tk，ほか2名

1999年9月24日　日本語教室（16名），子ども教室（15名）　As，Ys，中里，Kt，Ok，Td，Yk，Sk，Tk，ほか1名

1999年9月27日　「湘南プロジェクト」ミーティング　日本語教室（21名），子ども教室（20名）　As，Ys，中里，Ty，Ou，Ii　新原，Yk，Sk，Tk，ほか3名（高校教員1名含む）

1999年10月1日　日本語教室（23名），子ども教室（16名）　As，Ys，中里，Ok，Td，Yk，Tk，ほか2名

1999年10月4日　日本語教室（20名），子ども教室（26名）　As，Ys，中里，Ty，Ou，Ii　新原，Td，Yk，Sk，Tk，ほか2名

1999年10月8日　日本語教室（17名），子ども教室（26名）　As，Ys，中里，Ou，Ii，Td，Yk，Sk，Tk，ほか2名

1999年10月15日　日本語教室（16名），子ども教室（14名）　As，Ys，中里，Kt，Ok，新原，Td，Yk，Tk，ほか2名

1999年10月22日　日本語教室（20名），子ども教室（15名）　As，Ys，中里，Kt，Okn，Ok，Td，Yk，Sk，Tk，ほか1名

1999年10月25日　日本語教室（19名），子ども教室（15名）　As，Ys，中里，Ty，Ou，Ii　Td，Yk，Sk，Tk，ほか1名

1999年10月29日　日本語教室（17名），子ども教室（17名）　As，Ys，中里，Okn，新原，Yk，Sk，Tk，ほか2名

1999年11月1日　ミーティング　日本語教室（22名），子ども教室（22名）　As，Ys，中里，Ii，Tk．ほか1名（高校教員）

1999年11月5日　日本語教室（23名），子ども教室（18名）　As，Ys，中里，Kt，Ok，Tk．ほか2名

1999年11月8日　日本語教室（17名），子ども教室（18名）　As，Ys，中里，Ty，Ou，Ii，Tk．ほか2名（高校教員1名含む）

1999年11月12日　日本語教室（19名），子ども教室（24名）　As，Ys，中里，Kt，Ok，Td，Yk，Sk，Tk．ほか1名

1999年11月15日　日本語教室（12名），子ども教室（20名）　たこの絵を作成　As，Ys，中里，Ty，Ou，Ii，Td，Yk，Sk，Tk．ほか2名（高校教員1名含む）

1999年11月19日　日本語教室（20名），子ども教室（22名）　たこの絵を作成　As，Ys，中里，Okn，Ok，Yk，Tk．ほか1名

1999年11月22日　日本語教室（20名），子ども教室（27名）　As，Ys，中里，Okn，Ou，新原，Td，Yk，Sk　Tk．ほか1名高校教員

1999年11月22日　「第4回在住外国人生活支援活動開発研究委員会」にてTdさんが団地取り組みの報告。

1999年11月26日　日本語教室（19名），子ども教室（20名）　As，Ys，中里，Kt，Ok，新原，Td，Yk，Sk，Tk．ほか1名

1999年11月29日　ミーティング　日本語教室（19名），子ども教室（24名）　As，Ys，中里，Ty，Okn，Ou，Ii，Td，Yk，Sk，Tk．ほか2名（高校教員1名含む）

1999年12月3日　日本語教室（18名），子ども教室（26名）　As，Ys，中里，Kt，Okn　Yk，Sk，Tk．ほか4名

1999年12月6日　日本語教室（19名），子ども教室（20名）　As，Ys，中里，新原，Td　Tk

1999年12月13日　日本語教室（15名），子ども教室　As，Ys，中里，Okn，新原，Td，Sk　Tk

1999年12月26，27日　「湘南プロジェクト」合宿＠上大岡　新原，Tk，金，Kt，Ty，As，Ys，Okn，中里

2000年1月17日　　日本語教室（13名），子ども教室（21名）　As，Ys，中里，Okn，Ou，Td，Sk，Tk

2000年1月24日　　日本語教室（15名），子ども教室（25名）　As，Ys，中里，Okn，Ou，Ii，Ok，Ty，Tn　Td，Sk　Tk，ほか1名

2000年1月31日　　日本語教室（14名），子ども教室（25名）　As，Ys，Kt，Okn，Ou，Ii，Ok，Tn，新原，Td，Sk　Tk

2000年2月7日　　日本語教室（12名），子ども教室（18名）　As，Ys，中里，Okn，Ou，Tn，Ii，Ok，新原，Td，Yk，Sk　Tk，ほか1名

2000年2月13日　　「湘南プロジェクト」ミーティング

2000年2月14日　　「湘南プロジェクト」ミーティング　日本語教室（14名），子ども教室（9名）　As，Ys，中里，Ty，Okn，Ou，Ii，Tn，Ok　Td，Sk　Tk，ほか1名

2000年2月21日　　日本語教室（14名），子ども教室（17名）　As，Ys，中里，Tn，Ii，Tk

2000年2月28日　　日本語教室（13名），子ども教室（25名）　As，Ys，中里，Tn，Ty，Okn，Ou，Ii　新原，Td，Sk　Tk，ほか1名

2000年3月6日　　日本語教室（7名，高校生1名），子ども教室　As，Ys，中里，Tn，Okn，Ou，Ii　Tk，ほか1名

2000年3月10日　　日本語教室（12名），子ども教室（18名）　As，Ys，中里，Okn，Ou，Ii，Ok，Td，Sk，Tk，ほか1名

2000年3月13日　　進学ガイダンス　ミーティング（Tn先生，高校教員と湘南中学校教員）　日本語教室（13名），子ども教室（16名）　As，Ys，中里，Ty，Okn，Ou，Ii，Td，Sk，Tk，ほか3名

2000年3月24日　　日本語教室（10名），子ども教室（10名）　As，Ys，中里，Ii，Ok，Tki　新原，Td，Tk，ほか1名

2000年3月27日　　日本語教室（11名），子ども教室（3名）　As，Ys，中里，Tn，Kt，Okn，Ou，Ii，Ok　Sk，Tk，ほか2名

2000年度

2000年4月17日　第1回「湘南プロジェクト」ミーティング　日本語教室（13名），子ども教室（1名）　金，As，Ys，Ty，Okn，Ou，Ii，Ok，Tki，Tn，新原，Td，Sk，Tk，ほか3名

2000年4月24日　日本語教室（10名），子ども教室（13名）　As，Ys，中里，Ty，Ou，Ii，Ok，Tki，Tn　Td，Sk，ほか3名

2000年5月8日　第2回「湘南プロジェクト」ミーティング（報告書作成，進学ガイダンス）　日本語教室（12名），子ども教室（15名）　県社協1名，湘南中学校教員1名　日本語ボランティア4名　As，Ys，中里，Okn，Ou，Ii，Ok，Tki，Tn　新原，Td，Sk，Tk，ほか1名

2000年5月15日　報告書作成ミーティング　日本語教室（11名），子ども教室（10名）　As，Ys，Okn，Ou，Ii，Ok，Tki，Sk，Tk，ほか2名

2000年5月22日　第3回「湘南プロジェクト」ミーティング（報告書編集委員会）　日本語教室（17名），子ども教室（18名）　As，Ys，Okn，Ou，Ii，Ok，Tki，新原，Td，Yk，Sk，Tn，Tk，ほか2名

2000年5月29日　湘南団地での取り組みを冊子にする編集委員会　日本語教室（13名），子ども教室（22名）　As，Ys，Okn，Ou，Ii，Ok，Tn，新原，Td，Sk，ほか2名（学校教員1名含む）

2000年6月5日　第4回「湘南プロジェクト」ミーティング　日本語教室（17名），子ども教室（20名）　As，Ys，Okn，Ou，Ii，Ok，Tn，新原，Td，Sk，ほか1名

2000年6月12日　湘南団地での取り組みを冊子にする編集委員会　日本語教室（14名），子ども教室（18名）　As，Ys，Okn，Ou，Ok，Tki，新原，Td，Sk，Tk，ほか3名

2000年6月19日　第5回「湘南プロジェクト」ミーティング（報告書作成，高校進学ガイダンス）　Tn先生（ほか4名の教員）　日本語教室（13名），子ども教室（23名）　As，Ys，中里，Okn，Ou，Ii，Ok，Tki，Td，Sk，ほか2名

2000年6月26日　湘南団地での取り組みを冊子にする編集委員会，各自原稿の締め切

り 日本語教室（17名），子ども教室（27名） As，Ys，Ty，Okn，Ou，Ii，Ok，新原，Td，Sk，ほか8名（民生委員7名含む）

2000年7月3日　第6回「湘南プロジェクト」ミーティング（子ども教室の進め方について）七夕祭り準備　日本語教室（13名），子ども教室（17名） As，Ys，Ou，Ii，Ok，Tki，新原，Td，Sk，Tn，Tk，ほか4名

2000年7月10日　湘南団地での取り組みを冊子にする編集委員会

2000年7月14日　第7回「湘南プロジェクト」ミーティング（報告書原稿の確定，9月23日子ども教室バスハイク，団地祭出し物）日本語教室（16名），子ども教室（11名） As，Ys，中里，Okn，Ou，Ii，Ok　新原，Td，Sk，ほか1名

2000年7月17日　湘南団地での取り組みを冊子にする編集委員会　日本語教室（17名），子ども教室（13名） As，Ys　Okn，Ou，Ii，Tki，Td，Sk，ほか1名

2000年7月21日　第8回「湘南プロジェクト」ミーティング　印刷所へ原稿渡し　日本語教室（16名），子ども教室（20名） As，Ys，中里，Okn，Ou，Ii，Ok，Tki，新原，Td，ほか1名

2000年7月24日　湘南団地での取り組みを冊子にする編集委員会

2000年7月31日　第9回「湘南プロジェクト」ミーティング　報告書完成

2000年8月12，13日　団地祭　ベトナム風春巻き　Auさん一家，As，Ys，中里，新原，Okn，Tki，Tn，ほか1名

2000年9月4日　日本語教室（18名），子ども教室（17名） As，Ys，Okn，Ou，Ii，Ok，Td，Sk，ほか2名

2000年9月11日　日本語教室（19名），子ども教室（28名） As，Ys，Tn，Okn，Ou，Ii，Ok，Td，Yk，Sk，Tk，ほか3名

2000年9月18日　日本語教室（19名），子ども教室（22名） As，Ys，中里，Tn，Okn，Ou，Ii，Ok，Tki　新原，Td，Sk，Tk，金と仲間たち（「Eキャンプ」の若者たち），ほか3名（県の調査員1名含む）

2000年9月25日　日本語教室（17名），子ども教室（26名） As，Ys，Tn，Okn，Ou，Ii，Ok　新原，Td，Sk，ほか3名

2000年10月2日　日本語教室（14名），子ども教室（27名） As，Ys，Tn，Okn，

Ou，Ii，Td，Sk，Tki，ほか 2 名（県国際交流協会の広報誌担当1名による写真撮影）

2000年10月15日　　高校進学ガイダンス

2000年10月16日　　日本語教室（16名），子ども教室（18名）　As，Ys，Okn，Ou，Ii，Ok，Tki　Td，Yk，Sk，Tk，4 名（ルーテル大学の教員1名含む）

2000年10月23日　　日本語教室（16名），子ども教室（21名）　As，Ys，Okn，Ou，Ii，Ok，Tki，新原，Td，Sk，Tk，ほか 4 名（県の調査員1名含む）

2000年11月6日　　日本語教室（21名），子ども教室（26名）　As，Ys，Tn　Ou，Ii，Ok，Tki，新原，Td，Sk，ほか 3 名（県の調査員1名含む）

2000年11月13日　　日本語教室（10名），子ども教室（24名）　ふれあい祭り準備，たこ作り　As，Ys，Tn，Ou，Ii，Ok，新原，Sk，Tk，Td，ほか 5 名（Td，新原，Tk は生活相談のため外出）

2000年11月19日　　湘南団地の外国籍住民の子女が死去（11月21日葬儀　集会所でお別れ会）

2000年11月20日　　日本語教室（11名），子ども教室（11名）　As，Ys，Tn，Ou，Ii，Ok，Tki　Sk，Tk，ほか 7 名（県の調査員1名，湘南小学校校長を含む）

2000年11月23日　　ふれあい祭りに参加　クジ引き　As，Ys，中里

2000年11月27日　　日本語教室（17名），子ども教室（21名）　As，Ys，Tn，Ou，Ii，Tki，Td，Sk，Tk，ほか 4 名

2000年12月1日　　日本語教室（11名），子ども教室（4名）　As，Ys，Ii　Td，Sk，Tk，ほか 8 名（外部のボランティア 5 名を含む）

2000年12月4日　　「湘南プロジェクト」ミーティング　日本語教室（16名），子ども教室（17名）　As，Ys，Okn，Ou，Ii，Ok，Tki，新原，Td，Sk，Tk，金，ほか 5 名（県の調査員1名含む）

2000年12月8日　　日本語教室，子ども教室　日本語教室（12名），子ども教室（5名）　Ys，Ii　新原，Td，Sk，Tk，ほか 3 名

2000年12月11日　　日本語教室（18名），子ども教室（17名）　Ys，Tn，Ou，Ii，Ok，Tki，Td，Sk，ほか 4 名（県の調査員1名を含む）

2000年12月15日　　日本語教室（12名），子ども教室（9名）　As，Ys，Okn，Ii，Ok　Sk，Tk，ほか 2 名

2000年12月18日　　日本語教室（20名），子ども教室（50名）　カンボジア料理パーティー　As，Ys，Okn，Tki　Td，Sk，Tk，At，ほか 3 名

2000年12月26日　　「湘南プロジェクト」ミーティング（地元関係者との打ち合わせ）

2001年 1 月15日　　完成した冊子についての意見交換。日本語教室（8名），子ども教室（15名）　相談 1 名　As，Ys，Okn，Ou，Ii，Ok，Tki，新原，Sk，Tk，Tn，ほか 3 名

2001年 1 月22日　　日本語教室（15名），子ども教室（12名）　As，Ys，中里，Tn　Okn，Ii，Td，Sk，Tk，ほか 3 名（県の調査員 1 名を含む）

2001年 1 月29日　　日本語教室（20名），子ども教室（15名）　As，Ys，Okn，Ii，Ok，Tki，Td，Sk，Tk，ほか 4 名（県の調査員 1 名を含む）

2001年 2 月 5 日　　「湘南プロジェクト」ミーティング

2001年 2 月19日　　日本語教室（16名），子ども教室（24名）　As，Ys，中里，Ii，Ok　Td，Sk，ほか 2 名（県の調査員 1 名を含む）

2001年 2 月23日　　日本語教室（11名），子ども教室（13名）　As，Ys　Okn，Ii　Td，Sk，ほか 1 名

2001年 2 月26日　　「湘南プロジェクト」ミーティング　日本語教室（16名），子ども教室（19名）　As，Ys　Okn，Ii，Ok，新原，Td，Sk，Tk，ほか 2 名（県の調査員 1 名を含む）

2001年 3 月 2 日　　「湘南プロジェクト」ミーティング（日本語教室に関する話し合い，意向調査）　日本語教室（11名），子ども教室（18名）　Ys，Okn，Ii，Ok，Tki，新原，Td，Sk，Tk

2001年 3 月 4 日　　デイキャンプ　びわ青少年の家

2001年 3 月 5 日　　日本語教室（14名），子ども教室（15名）　As，Ys，中里，Okn，Ii，Tn，Td，Sk，Tk，ほか 3 名（県の調査員 1 名を含む）

2001年 3 月 9 日　　「湘南プロジェクト」ミーティング（日本語教室に関する話し合い，県民児協20万円女性内定）　日本語教室（14名），子ども教室（8名）　　As，Ys，中

里，Okn，Ii　Td，Sk，Tk，ほか2名（難民援助協会1名，ボランティア1名）

2001年3月11日　　日本語教室に関する話し合い

2001年3月12日　　「湘南プロジェクト」ミーティング　日本語教室（19名），子ども教室（15名）　As，Ys　Okn，Ii，Ok，Tki，Tn，新原，Td，Sk，Tk，ほか4名（県の調査員1名を含む）

2001年3月16日　　日本語教室（22名），子ども教室（12名）　慰労会　As，Ys，中里，Okn，Ii，Ok，新原，Td，Sk，Tk，ほか2名

2001年度

2001年4月9日　　子ども教室（12名）　Okn，Ii，Ok，Tki，Td，Sk，Tk　県の調査員1名，ヒデ，ほか2名

2001年4月16日　　日本語教室話し合い　団地の外国籍住民宅訪問　自然発生的日本語教室（4名）　Ii，Okn，Tki，Sk，Tk，新原，中里，ほか3名（県の調査員1名を含む）

2001年4月17日　　湘南市交流親善課の課長，課長代理がTkさんの元に訪問

2001年4月18日　　湘南市国際交流協会の職員が湘南を訪問　団地自治会のSk，Ksが対応

2001年4月23日　　「湘南プロジェクト」ミーティング　子ども教室（10名）　Ii，Ok，Okn，Tki，中里，Td，Sk，Tn，Tk，新原，ヒデ，ほか5名（県の調査員1名を含む）

2001年5月7日　　「湘南プロジェクト」ミーティング　湘南市の「参入」を防ぐ　事前ミーティング（新原，Kt，金，中村，中里）　自然発生的日本語教室（3名），子ども教室（15名）　Ii，Ok，中里，Td，Sk，Tn，Tk，ほか3名

2001年5月14日　　日本語教室話し合い　自然発生的日本語教室（11名），子ども教室　Ii，Ok，Okn，Sk，Td，Si，Tk，新原，中村，中里

2001年5月21日　　日本語教室「ちらし」作成　自然発生的日本語教室（13名），子ども教室（20名）　Ii，Ok，中里，Td，Sk，Tn，Okn，Tk，新原，Tf，ほか3名（県の調査員1名含む）

2001年5月28日　日本語教室は葬儀のため休み，「キリン福祉財団」の書類を作成

2001年6月4日　湘南市国際交流協会の職員を通して日本語教室「ちらし」配布　自然発生的日本語教室（15名），子ども教室教室（25名）　Ii, Ok, 中里, 中村, Td, Sk, Tn, Tki, Okn, Tk, 新原, ヒデ, Tf, 湘南市交流親善課 Krh, ほか5名

2001年6月8日　金曜日の日本語教室再開　団地住民およびボランティアのグループの協力

2001年6月11日　月曜日の日本語教室再開（13名），子ども教室（20名）　団地住民宅訪問　Ii, 中里, 中村, Td, Si, Tn, Tki, Tk, 新原, ヤマ, ヒデ, ほか2名

2001年6月14日　湘南地区の小学校に「ちらし」が配布されたと小学校から連絡　教室参加者と子どもたちの力により実現

2001年6月15日　日本語教室（13名）　中里, ほか5名

2001年6月18日　日本語教室（23名），子ども教室（25名）　Ii, Ok, 中里, 中村, Td, Sk, Tn, Tki, 新原, 湘南市交流親善課 Krh, 交流協会の方4名, 学校長, Tf, ほか5名

2001年6月22日　日本語教室　Sk ほか1名

2001年6月24日　Kt さん中里へ連絡　難民事業本部研修会と「E キャンプ」について

2001年6月25日　日本語教室（21名），子ども教室　Okn, Si, Sk, Td, Tki, Ii, Hs, Tn, 中村, 中里, ほか1名

2001年6月29日　日本語教室　Sk ほか1名

2001年7月2日　日本語教室　保育園長 Hs ほか2名

2001年7月6日　日本語教室

2001年7月9日　「湘南プロジェクト」ミーティング

2001年7月12日　「湘南プロジェクト」ミーティング

2001年7月16日　「湘南プロジェクト」ミーティング　進学ガイダンス（10月14日）について

2001年8月11日　団地祭　日本語教室出店。カンボジアのお好み焼き。途中から南米勢エンパナーダで参戦

2001年8月12日　団地祭

2001年9月10日	日本語教室
2001年9月14日	日本語教室
2001年9月17日	日本語教室
2001年9月21日	日本語教室
2001年9月24日	日本語教室
2001年9月28日	日本語教室
2001年10月8日	日本語教室
2001年10月12日	日本語教室
2001年10月14日	進学ガイダンス　Sp 体験談を話す
2001年10月15日	日本語教室
2001年10月19日	日本語教室
2001年10月22日	日本語教室
2001年10月26日	日本語教室
2001年11月5日	日本語教室
2001年11月9日	日本語教室
2001年11月12日	日本語教室
2001年11月16日	日本語教室
2001年11月19日	日本語教室
2001年11月24日	ふれあい祭り準備　Sp，Sb，Bp，Sby　春巻き屋を出店
2001年11月25日	ふれあい祭り
2001年11月26日	日本語教室
2001年12月3日	日本語教室
2001年12月17日	日本語教室　子ども教室にて車椅子講習会　Sp，Sb
2001年1月14日	日本語教室
2001年1月21日	日本語教室
2001年1月28日	「湘南プロジェクト」ミーティング
2002年2月	日本語教室
2002年3月	日本語教室パーティー

2002年度

2002年4月22日　「湘南プロジェクト」総会及びミーティング（金曜日日本語教室の廃止。ヤマたちの参加登録）　日本語教室（1名），子ども教室（28名）　中里，イエジャ，鈴木，Okn，Ii，Tn，ヤマ，Tki，新原，Td，Sk，Tk，ほか6名

2002年5月13日　日本語教室（5名），子ども教室（28名）　中里，中村，鈴木，Okn，Ii，Tn，ヤマ，Tki　新原，Td，Sk，ほか2名

2002年5月20日　日本語教室（6名），子ども教室（28名）　中里，鈴木，Okn，Ii，Tn，ヤマ，Tki，ヤマ　Td，Sk，ほか6名

2002年5月27日　ミーティング　日本語教室（7名），子ども教室（25名）　中里，鈴木，Okn，Ii，Tn，ヤマ，Tki，d，Sk，ほか6名

2002年6月3日　日本語教室（10名），子ども教室（18名）　中里，鈴木　Okn，Ii，Tn，Td，Sk，ほか1名

2002年6月10日　日本語教室（10名），子ども教室（27名）　中里，鈴木，Ii，Tn，St，ヤマ，新原，Td，Sk，ほか6名

2002年6月17日　日本語教室（6名），子ども教室（23名）　中里，中村，鈴木，Okn，Ii，Tn，Tki，ヤマ，湘南小学校教員，湘南中学校教員，ほか6名

2002年6月24日　日本語教室（6名），子ども教室（26名）　中里，中村，鈴木，Ii，Tn，新原，Sk，ほか3名

2002年7月1日　団地祭ミーティング　日本語教室（17名），子ども教室（22名）　中里，中村，鈴木　Ii，ヤマ，Td，Sk，Tk　Sp，Bp，Hd，Ykr，Sb，Ls　湘南市社協2名，ほか4名

2002年7月15日　日本語教室（10名），子ども教室（17名）。前期慰労会。中央大学学生2名が湘南団地に初参加　中里，中村，鈴木　Okn，Ii，Tn，Tki，新原，Sk，Tk　湘南市社協職員，ほか8名

2002年8月3日　団地祭準備　ダンスの練習

2002年8月10，11日　団地祭。南米のお母さんたちを中心にエンパナーダ出店。Ls，Hd，Ykrが作業。中村，鈴木，Ls，Sb，Hdがブリトニー・スピアーズの曲に自作のダンスを考案して踊る

2002年9月20日　ミーティング（進学ガイダンス，「禅の集い」打ち合わせ）　中里，Okn，Ii，Tn，Tki，新原，Td，Sk，Ii，ほか3名

2002年9月22日　進学ガイダンス　約70名が参加　高校教員14名，湘南中学校教員2名，交流親善課，通訳6名，体験発表5名

2002年9月30日　日本語教室（4名），子ども教室（18名）　中里，中村，Ii，鈴木，Td，Sk，ほか4名

2002年10月7日　日本語教室（13名），子ども教室（17名）　中村，Ii，Tn，Tki，鈴木，Td，Sk，Tk，ほか4名

2002年10月19日　「禅の集い」で子どもたちを中心に寺で座禅及び山登り　神奈川県の教室と合同で

2002年10月21日　日本語教室（2名），子ども教室（15名）　中里，ヤマ，Ii，Tn，Td，Sk，Tk，ほか4名

2002年10月28日　日本語教室（10名），子ども教室（17名）　中村，Okn，Ii，Tn，新原，Td，Sk，Tk

2002年11月11日　子ども教室（17名）　Ii，Tn，Tki，ヤマ，Td，Sk，ほか4名

2002年11月18日　日本語教室（10名），子ども教室（23名）　中里，鈴木，Ii，Tn，Pt，Sk，ほか5名

2002年11月24日　ふれあい祭，Lsたちとトン汁を作る。Auさんベトナム料理を内輪でサービスする

2002年11月25日　日本語教室（10名），子ども教室（16名）　Ii，Tn，Sk，ほか6名

2002年12月2日　日本語教室（14名），子ども教室（22名）　中里，鈴木，Ii，Tn，Tki，Td，Sk，Tk，ほか4名

2002年12月9日　日本語教室（10名），子ども教室（17名）　Okn，Ii，Skほか2名

2002年12月16日　日本語教室（5名），子ども教室（9名）　中里，Okn，Ii，Tn，鈴木，新原，Sk，Tk，ほか4名

2003年1月20日　日本語教室（4名），子ども教室（18名）　Ii，Okn，Tki，鈴木，Sk，Tk，ほか3名

2003年1月27日　日本語教室（14名），子ども教室（3名）　Okn，Ii，Tn，新原，

補遺 507

Td, Sk, Tk, 県社協の視察, ほか3名

2003年2月3日　日本語教室（6名）, 子ども教室（19名）Ii, 鈴木, Td, Sk, Tk, ほか4名

2003年2月10日　日本語教室（6名）, 子ども教室（14名）　鈴木, Iw, Ii, Tn, 新原, Td, Sk, Tk, ほか4名

2003年2月17日　日本語教室（7名）, 子ども教室（11名）　中里, 鈴木, Iw, Okn, Tn, 新原, Td, Sk, Tk, ほか3名

2003年2月23日　「県外連交流会」で中里が湘南団地の取り組みの報告（Tn, 中里, 鈴木が出席）

2003年2月24日　日本語教室（9名）, 子ども教室（9名）　中里, 中村, 鈴木, Ii, Tn, ヤマ, Td, Sk, Tk, ほか6名

2003年3月3日　日本語教室（15名）, 子ども教室（13名）　鈴木, Iw, Okn, Ii, Td, Sk, ほか2名

2003年3月11日　日本語教室, 子ども教室　葬儀のため中止

2003年3月17日　日本語教室, 子ども教室（2002/2003年度最終日）　中里, Okn, Ii, ヤマ, Sk, ほか2名

2003年3月末　団地自治会のKs, Sk, Si, Tdが役職を退く。（正確には2002年度, 国際部長はSkさんから新しい役員へ移行している）

2003年度

2003年4月7日　総会。子ども教室（Ii, ほか2名）, 時間帯を以前の夜から午後4時半〜6時に変更。Tn, 鈴木, ヤマ, Ii, Okn, 新原, Td, Sk, Tk, Tm, ほか4名

2003年4月14日　日本語教室（12名）, 子ども教室（9名）。Tn, 鈴木, Ii, Sk, Tm, ほか7名

2003年4月21日　日本語教室（11名）, 子ども教室（8名）　鈴木, Ii, 新原, Td, Sk, Tk, Tm, ほか2名, 横浜市立大学生（以下, 市大生と略。Iw, Ns, Fn, ほか7名）, 文教大学学生1名。横浜市大の新原ゼミ生, 以後, ほぼ毎週日本語教室に参

加。

2003年4月28日　日本語教室（13名），子ども教室（12名）　Tn, Iw, 鈴木, Ii, 新原, Sk, Tk, Tm, ほか4名，市大生（Ns, ほか5名）

2003年5月12日　日本語教室（11名），子ども教室（10名）　Tn, Iw, 鈴木, Ii, Okn, 湘南小学校教員2名, 新原, Sk, ほか5名, 市大生（Fn, ほか6名）

2003年5月19日　日本語教室（15名），子ども教室（9名）　中里, Tn, 鈴木, Ii, 新原, Sk, Tm, ほか7名　市大生（Ns, Fn, ほか6名）

2003年5月26日　日本語教室（12名），子ども教室（8名）　Tn, Iw, 鈴木, Ii, 新原, Sk, Tm, ほか7名, 市大生（Ns, Fn, ほか8名）

2003年6月2日　日本語教室（12名），子ども教室（9名）　中里, Iw, 鈴木, Ii, Sk, ほか4名, 市大生（Ns, ほか5名）

2003年6月9日　日本語教室（20名），子ども教室（10名）　Tn, 鈴木, Ii, 新原, Td, Sk, Tk, Tm, ほか6名, 市大生（Kt, Fn, ほか3名）　St, Pt, 東海大学学生2名

2003年6月16日　日本語教室（15名），子ども教室（11名）　中里, Tn, Iw, 鈴木, ヤマ, Ii, 新原, Sk, Tm, Pt, ほか6名, 市大生（Ns, Kt, ほか5名），東海大学学生4名

2003年6月23日　日本語教室（20名）　Iw, 鈴木, Sk, Tm, ほか2名, 市大生（Fn, Ns, ほか3名）

2003年6月30日　日本語教室（15名），子ども教室（5名）　中里, Tn, Iw, 鈴木, Ii, 新原, Sk, Tk, ほか6名, 市大生（Fn, ほか4名）　東海大学3名

2003年7月7日　日本語教室，子ども教室，七夕祭及び葬儀のため中止

2003年7月14日　日本語教室，子ども教室，葬儀のため中止

2003年7月21日　団地祭で出店する料理の試作，試食会

2003年8月9，10日　団地祭，Auさん一家主催で出店。ベトナム王宮料理バンベーオ。Sbのデザートは失敗。

2003年9月8日　日本語教室（7名），子ども教室（3名）　中里, Tn, 鈴木, Ii, Tki, Td, Sk, Tm, ほか1名。湘南団地自治会と警察官が見回り強化。

2003年9月22日　　日本語教室（7名），子ども教室（10名）　中里，Tn，Iw，鈴木，Ii，Tk，ほか4名，市大生（Fn，Ns，ほか1名）

2003年9月28日　　湘南市にて進学ガイダンス　Sby，Sbが体験を話す

2003年9月29日　　日本語教室（14名），子ども教室（1名）　Tn，鈴木，Tk，Tm，ほか4名，市大生（Fn，Ns）

2003年10月6日　　日本語教室（16名），子ども教室（4名）　Tn，Iw，金尾，鈴木，Sk，Tk，Tm，Fn，Ns，ほか5名

2003年10月20日　　日本語教室（15名），子ども教室（7名）　Tn，鈴木，Ii，Tk，ほか3名

2003年10月27日　　日本語教室（12名），子ども教室（5名）　中里，Tn，Iw，鈴木，ヤマ，Ii，Td，Sk，Tk，Fn，かながわ外国人すまいサポートセンター員，ほか3名

2003年11月4日前後　　TV局が番組制作のため湘南団地を取材　中里，Fn，鈴木，Sk，Tm，Sb，Hd

2003年11月10日　　日本語教室（11名），子ども教室（6名）　中里，Tn，Iw，鈴木，Ii，新原，Tk，Fn，Ns，かながわ外国人すまいサポートセンター員，ほか6名

2003年11月17日　　日本語教室（12名），子ども教室（6名）　Tn，Iw，金尾，鈴木，Ii，新原，Fn，Ns，ほか6名

2003年11月23日　　ふれあい祭，Auさん一家主催で出店。

2003年12月1日　　日本語教室（8名），子ども教室（0名　夜10名）　Tn，Iw，鈴木，Ii，Tki，新原，Td，Tm，Fn，ほか2名

2003年12月8日　　日本語教室（10名），子ども教室（6名）　Tn，Iw，鈴木，Ii，Tm，Ns，Fn，ほか2名

2003年12月11日　　TV局が湘南団地の番組を放映

2003年12月15日　　日本語教室（12名），子ども教室（6名）　中里，Tn，Iw，鈴木，Ii，新原，Sk，Tk，Fn，Ns，ほか5名

2003年12月22日　　日本語教室（7名），子ども教室（6名）　中里，Iw，鈴木，Ii，Tki，Sk，Tk，Fn，Ns，ほか3名

2004年1月19日　　日本語教室（6名），子ども教室（6名）　Tn，鈴木，Ii，Sk，Tk，

ほか 4 名

2004年 1 月27日　　日本語教室（9 名），子ども教室（7 名）　Tn，Iw，鈴木，Tk，Fn，Ns，ほか 3 名

2004年 2 月 2 日　　日本語教室（8 名），子ども教室（7 名）　中里，Tn，Iw，鈴木，Tk，Fn，Ns，ほか 3 名

2004年 2 月 7 日　　「日本語教育ボランティア連絡会議」（鈴木，Iw 出席）

2004年 2 月 9 日　　日本語教室（8 名），子ども教室（7 名）　中里，鈴木，Ii，Fn，ほか 3 名

2004年 2 月16日　　日本語教室（13名），子ども教室（8 名）　Tn，Iw，鈴木，Ii，Sb，Tk，Tm，Fn，ほか 3 名

2004年 2 月23日　　日本語教室（9 名），子ども教室（9 名）　中里，Tn，Iw，鈴木，Ii，Tki，Sb，新原，Sk，Tk，Tm，Fn，ほか 4 名

2004年 3 月 1 日　　日本語教室（13名）　Iw，鈴木，Tk，Fn，Ns，ほか 1 名

2004年 3 月 8 日　　日本語教室（15名），子ども教室（10名）　Tn，Iw，鈴木，Ii，Sb，Fn，ほか 3 名

2004年 3 月15日　　日本語教室（15名），子ども教室（6 名）　中里，Tn，鈴木，Ii，Tm，Fn，Ns，ほか 3 名

2004年 3 月22日　　日本語教室（10名），子ども教室（7 名）（2003/2004年度最終日）　中里，Tn，鈴木，Ii，Sb，新原，Tk，Tm，Fn，ほか 3 名

2004年度

2004年 4 月12日　　総会　中里，Tn，Iw，鈴木，Fn，Ns，Ii，新原，Sk，Tk，Tm，団地自治会会長，ほか 2 名

2004年 4 月19日　　日本語教室（15名），子ども教室（4 名）　Tn，Iw，鈴木，Fn，Ns，Ii，Tki，Sb，ほか 6 名

2004年 4 月26日　　日本語教室（10名），子ども教室（6 名）　Tn，Iw，鈴木，Fn，Ns，Ii，Sb，Tk，ほか 6 名

2004年 5 月10日　　日本語教室，子ども教室，葬儀のため中止。

2004年5月17日　日本語教室（12名），子ども教室（6名）　Tn，Iw，Fn，Ns，Ii，Tki，Sb，Sk，Tk，ほか6名

2004年5月24日　進学ガイダンス実行委員会　日本語教室（11名）　中里，Tn，Ii，鈴木，Fn，Ns，新原，Tk，ほか5名

2004年5月31日　日本語教室（8名），子ども教室（8名）　Tn，Iw，Fn，Ii，Tk，ほか4名

2004年6月7日　日本語教室（11名），子ども教室（6名）　中里，Iw，Fn，Ns，Ii，Tk，ほか4名

2004年6月14日　日本語教室（10名），子ども教室（0名）「集会所使用上の注意」が貼り出される。「座布団カバー落書き事件」が起こる。中里，Tn，Iw，鈴木，Fn，Ns，Ii，Sb，Tk，ほか6名

2004年6月21日　日本語教室（3名），子ども教室（中止にするも　夜7名）　Tn，Ii，Tki，Sb，Tm，ほか1名

2004年6月28日　日本語教室，子ども教室（6名）　中里，Tn，Iw，鈴木，Fn，Ns，Ii，Sk，Tk，ほか3名

2004年7月5日　日本語教室，子ども教室，七夕祭及び葬儀のため中止

2004年7月12日　日本語教室（15名），子ども教室（1名）　団地祭の相談　Tn，Iw，鈴木，ヤマ，Fn，Ns，Ii，Sb，Sk，Tm，湘南小学校PTA1名，ほか4名

2004年7月23日　「湘南プロジェクト」湘南市社協にてミーティング　新原，Sk，Tk，Tn，Ii，中里，Sb，Ls，Hd，ほか1名

2004年8月7，8日　団地祭　フリーマーケット出店

2004年9月6日　ミーティング　新原，Sk，Ii，中里，Fn，鈴木，Tk，Tki，Tn，Sb，ほか3名　子ども教室（4名）

2004年9月13日　日本語教室（10名），子ども教室（9名）　中里，Tn，Iw，鈴木，Fn，Ns，Ii，Sk，Tk，NPO法人多文化共生センター研修生2名，ほか5名

2004年9月27日　日本語教室（13名），子ども教室（5名）　Tn，Iw，鈴木，Fn，Ii，Td，Tk，ほか2名

2004年10月4日　日本語教室，子ども教室（10名）　Iw，Ii，ほか1名

2004年10月18日　　日本語教室（10名），子ども教室（10名）　中里，Iw，鈴木，Fn，Ns，中村，Ii，Sk，Tk，東京理科大学生2名（調査のため），ほか5名

2004年10月24日　　ふれあい祭り

2004年10月25日　　日本語教室（20名）　Tn，Iw，鈴木，Ns，Sb，Sk，Tk，ほか2名

2004年11月1日　　日本語教室（10名），子ども教室（14名）　Tn，Iw，鈴木，Fn，Ns，Ii，ほか4名

2004年11月8日　　日本語教室（8名），子ども教室（11名）　Tn，鈴木，Iw，Ns，Ii，Okn，Sk，Tm，ほか4名

2004年11月15日　　日本語教室（8名），子ども教室（10名）　Tn，鈴木，Ii，ほか5名

2004年11月22日　　日本語教室（8名），子ども教室（7名）　Iw，鈴木，Ns，Ii，Tk，ほか6名

2004年11月29日　　日本語教室（5名），子ども教室（12名）　Tn，Iw，鈴木，Ii，Sk，Tk，ほか5名

2004年12月6日　　日本語教室（15名），子ども教室（12名）　中里，Iw，鈴木，Ns，Ii，ほか5名

2004年12月13日　　パーティー（大人50名，子ども9名）　中里，Tn，Ii，Iw，鈴木，ヤマ，Fn，Ns，Ii，Sb，Sk，Tk，Tm，ほか3名

2004年12月20日　　日本語教室（3名），子ども教室（8名）　Tn，Iw，鈴木，Ii，Sb，Sk，Tm，ほか3名

2005年1月17日　　日本語教室（5名），子ども教室（9名）　Tn，Iw，鈴木，Ii，Sk，Tk，ほか5名

2005年1月24日　　日本語教室（4名），子ども教室（6名）　Iw，鈴木，Ii，Tk，ほか6名

2005年1月31日　　日本語教室（3名），子ども教室（6名）　Tn，Iw，鈴木，Ii，Tk，ほか4名

2005年2月7日　　日本語教室（4名），子ども教室（6名）　Tn，Iw，鈴木，Fn，Ii，Sk，Tk，ほか5名

2005年2月14日　　日本語教室（5名），子ども教室（14名）　Tn，Iw，鈴木，Ns，Ii，

ほか 6 名

2005年2月21日　広報打ち合わせ　日本語教室（4名），子ども教室（10名）　中里，Tn，Iw，鈴木，Ii，Tm，新原，Td，Sk，Tk，ほか 6 名

2005年2月28日　日本語教室（15名），子ども教室（8名）　Tn，Iw，鈴木，Ii，Sb，Tm，ほか 3 名

2005年3月7日　日本語教室（13名），子ども教室（12名）　中里，Tn，Iw，鈴木，Fn，Ii，Tm，ほか 5 名

2005年3月14日　日本語教室，子ども教室（11名）　Tn，Iw，Ii，Sk，Tm，ほか 7 名

2005年度

2005年4月18日　日本語教室（9名），子ども教室（5名）　Iw，Fn，Ns，Tk，ほか 7 名

2005年4月25日　総会　日本語教室（10名），子ども教室（7名）　Iw，鈴木，Fn，Ns，新原，Sk，Tk，団地自治会会長，団地自治会国際部長，ほか 7 名

2005年5月2日　日本語教室（10名），子ども教室（2名）　Tn，Iw，鈴木，Fn，国際部長，ほか 5 名

2005年5月8日　Kt さん通夜　新原，Tk，Tn，鈴木，中里参列

2005年5月9日　Kt さん告別式

2005年5月9日　日本語教室（6名），子ども教室（9名）　Iw，Fn，Ns，Sk，Tk，ほか 6 名

2005年5月16日　日本語教室（8名），子ども教室（7名）　Tn，Iw，Fn，Sk，Tk，ほか 7 名

2005年5月23日　日本語教室（8名），子ども教室（6名）　鈴木，Fn，Ns，ほか 6 名

2005年5月30日　日本語教室（6名），子ども教室（10名）　Tn，Iw，Fn，Sk，ほか 5 名

2005年6月6日　日本語教室（10名），子ども教室（10名）　Tn，Fn，Ns，Sk，ほか 5 名

2005年6月13日　　日本語教室（17名），子ども教室（11名）　中里，Tn，Iw，Fn，Ns，Sk，Tk，湘南中学校教員，ほか6名

2005年6月20日　　日本語教室（15名），子ども教室（9名）　Tn，Iw，鈴木，Fn，Ns，Sk，Tk，湘南中学校教員，ほか6名

2005年6月27日　　子ども教室（6名）　4名

2005年7月4日　　葬儀のため中止

2005年7月9日　　団地祭実行委員会（19時～21時）

2005年7月11日　　日本語教室（7名），子ども教室（5名）　Tn，Iw，Fn，Ns，Sk，Tk，ほか7名

2005年8月1日　　団地祭ミーティング

2005年8月13，14日　　団地祭　団地外国籍住民の計らいによるピタパン　Iwを中心にボランティア主体の団地祭となる

2005年9月5日　　子ども教室（3名）　3名

2005年9月12日　　日本語教室（4名），子ども教室（3名　夜9名）　Tn，Iw，Ns，ほか6名

2005年9月16日　　東京理科大他取材　Tk，ほか2名

2005年9月26日　　日本語教室（12名），子ども教室（5名）　Tn，Iw，鈴木，Ns，Tk，ほか4名

2005年10月3日　　日本語教室（8名），子ども教室（7名）　Tn，Iw，Ns，Tk，ほか5名

2005年10月17日　　日本語教室（4名），子ども教室（7名）　Iw，鈴木，Fn，Tk，ほか6名

2005年10月24日　　日本語教室（9名），子ども教室（3名）　Tn，Iw，鈴木，Fn，Ns，Sk，Tk，ほか5名

2005年10月31日　　日本語教室（5名），子ども教室（12名）　Tn，Iw，Ns，ほか4名

2005年11月7日　　日本語教室（5名），子ども教室（10名）　Iw，鈴木，Fn，ほか4名

2005年11月14日　　日本語教室（5名），子ども教室（6名）　Tn，Iw，鈴木，Fn，Tk，TV局職員（取材依頼），ほか5名

補　遺　515

2005年11月28日　　日本語教室（9名），子ども教室（13名）　Tn，Iw，ほか 5 名
2005年12月 5 日　　日本語教室（7名），子ども教室（11名）　鈴木，Fn，Ns，ほか 5 名
2005年12月12日　　葬儀のため中止
2005年12月19日　　日本語教室（8名），子ども教室（11名）　中里，Tn，Iw，鈴木，Ns，Sk，ほか 5 名
2006年 1 月16日　　日本語教室（9名），子ども教室（10名）　Tn，Fn，Ns，ほか 5 名
2006年 1 月23日　　日本語教室（15名），子ども教室（10名）　Tn，Iw，鈴木，Fn，Ns，Tk，ほか 6 名
2006年 1 月30日　　日本語教室（12名），子ども教室（6名）　Iw，Ns，ほか 5 名
2006年 2 月 6 日　　日本語教室（9名），子ども教室（2名）　Tn，鈴木，Fn，Tk，ほか 5 名
2006年 2 月13日　　日本語教室（10名），子ども教室（1名）　Tn，Iw，鈴木，Fn，Ns，ほか 5 名
2006年 2 月20日　　日本語教室（2名），子ども教室（1名）　Iw，Fn，Ns，Tk，ほか 5 名
2006年 3 月 6 日　　日本語教室（4名），子ども教室（1名）　Iw，Fn，Tk，ほか 4 名
2006年 3 月13日　　日本語教室（8名），子ども教室（7名）　Tn，Iw，Fn，ほか 6 名

2006年度

2006年 4 月17日　　日本語教室（4名），子ども教室（4名）　Tn，Iw，Fn，Ns，Tk，ほか 6 名
2006年 4 月24日　　総会　日本語教室（2名），子ども教室（2名）　Tn，Iw，鈴木，Fn，Sk，Tk，自治会会長，自治会国際部長，ほか 6 名
2006年 5 月 1 日　　日本語教室（2名），子ども教室（4名）　Iw，Fn，Tk，ほか 5 名
2006年 5 月 8 日　　日本語教室（4名），子ども教室（1名）　Tn，鈴木，Fn，Ns，ほか 3 名
2006年 5 月15日　　日本語教室（4名），子ども教室（1名）　Tn，鈴木，Fn，Ns，ほか 3 名

2006年5月22日　日本語教室（13名），子ども教室（4名）　Tn，Iw，鈴木，Fn，Ns，Tk，ほか5名

2006年5月29日　日本語教室（11名），子ども教室（3名）　Tn，Iw，Ns，ほか4名

2006年6月5日　日本語教室（11名），子ども教室（3名）　Tn，Ns，Tk，ほか6名

2006年6月12日　日本語教室（6名），子ども教室（4名）　Tn，Iw，Fn，ほか3名

2006年6月19日　日本語教室（2名），子ども教室（4名）　Tn，鈴木，Fn，Tk，ほか3名

2006年6月26日　日本語教室（5名），子ども教室（5名）　Tn，Iw，Fn，Ns，ほか3名

2006年7月3日　日本語教室（14名），子ども教室（4名）　Tn，Iw，Fn，Ns，ほか5名

2006年8月12，13日　団地祭　ベトナム風春巻き

2006年9月4日　ミーティング　神奈川県の多文化，多言語団地との話し合いについて　自治会国際部長，Sk，Tn，Iw，Tk　日本語教室（0名），子ども教室（0名）　Tn，Iw，Fn，Ns，Sk，ほか4名

2006年9月11日　日本語教室（15名），子ども教室（1名）　Tn，Iw，Ns，Tk，ほか3名

2006年9月19日　県社協との話し合い　自治会会長，自治会国際部長，Sk，Tk，Tn，Iw，ほか3名

2006年9月25日　日本語教室（6名），子ども教室（1名）　Tn，Fn，ほか3名

2006年10月2日　日本語教室（6名），子ども教室（10名）　Tn，Iw，Fn，Tk，主任児童委員1名，ほか3名

2006年10月16日　日本語教室（9名），子ども教室（9名）　Tn，Iw，Fn，Ns，Tk，ほか5名

2006年10月23日　日本語教室（12名），子ども教室（9名）　Tn，Iw，Fn，Ns，Tk，ほか7名

2006年10月30日　日本語教室（12名），子ども教室（7名）　Tn，Fn，ほか2名

2006年11月6日　日本語教室（11名），子ども教室（7名）　Tn，Iw，Fn，Ns，Tk，

ほか 6 名

2006年11月13日　　日本語教室（10名），子ども教室（8名）　Tn，Fn，Ns，ほか 4 名

2006年11月20日　　日本語教室（4名），子ども教室（10名）　Tn，Iw，Fn，Ns，ほか 4 名

2006年11月27日　　日本語教室（6名），子ども教室（8名）　Tn，Iw，Fn，中里は団地宅にて家庭教師（通信制高校卒業に向けた指導），ほか 4 名

2006年12月4日　　日本語教室（4名），子ども教室（8名）　Tn，Iw，Tk，湘南市民活動センター取材2名，中里は団地宅にて家庭教師，ほか 5 名

2006年12月11日　　日本語教室（8名），子ども教室（11名）　Tn，Iw，Fn，Ns，Tk，ほか 4 名。自治会より 2 万円寄付

2006年12月18日　　クリスマス会　大人35名，子ども教室11名　Tn，Fn，Ns，Tk，ほか 7 名

2007年1月15日　　日本語教室（9名），子ども教室（7名）　Tn，Iw，Fn，Ns，Tk，ほか 3 名，中里は団地宅にて家庭教師

2007年1月22日　　日本語教室（7名），子ども教室（12名）　Tn，Iw，Fn，Ns，Tk，ほか 4 名，中里は団地宅にて家庭教師

2007年1月27日　　日本語教室，子ども教室（11名）　Tn，Iw，Fn，Ns，ほか 2 名，中里は団地宅にて家庭教師

2007年2月5日　　日本語教室（5名），子ども教室（13名）　Tn，Fn，Tk，ほか 4 名，中里は団地宅にて家庭教師

2007年2月19日　　日本語教室（10名），子ども教室（14名）　Tn，Iw，Ns，Tk，ほか 6 名

2007年2月26日　　日本語教室（12名），子ども教室（8名）　Tn，Iw，Tk，ほか 5 名

2007年3月5日　　日本語教室（6名），子ども教室（7名）　Iw，Fn，Tk，ほか 4 名，中里は団地宅にて家庭教師

2007年3月12日　　日本語教室（3名），子ども教室（11名）　Tn，Iw，Fn，Tk，ほか 7 名

2007年度

2007年4月16日　日本語教室（10名），子ども教室（8名）　Tn，Iw，Fn，Tk，ほか7名

2007年4月23日　総会　日本語教室，子ども教室（13名）　Iw，鈴木，Fn，Ns，Sk，Tk，自治会副会長，慈善団体訪問2名，ほか7名

2007年5月14日　日本語教室（8名），子ども教室（23名）　Tn，Iw，Fn，ほか8名

2007年5月21日　日本語教室（8名），子ども教室（12名）　Tn，鈴木，Fn，中里，Tk，ほか8名　慈善団体との打ち合わせ（Tn，Tk，ほか7名）

2007年5月28日　日本語教室（6名），子ども教室（8名）　Tn，Iw，Fn，湘南中学校教頭，ほか2名

2007年6月4日　日本語教室（3名），子ども教室（14名）　Tn，鈴木，Fn，Tk，ほか3名

2007年6月11日　日本語教室（5名），子ども教室（14名）　Tn，Fn，Ns，Tk，ほか5名

2007年6月18日　日本語教室（4名），子ども教室（14名）　Tn，Iw，Fn，ほか5名

2007年6月25日　日本語教室（11名），子ども教室（13名）　Tn，Iw，鈴木，Fn，Tk，ほか4名

2007年7月2日　日本語教室（4名），子ども教室（10名）　Tn，Iw，Fn，Ns，ほか6名

2007年7月9日　日本語教室（6名），子ども教室（11名）　Tn，Iw，鈴木，Fn，Ns，Tk，ほか5名

2007年7月12日　団地祭実行委員会　Tn，中里による挨拶とルール違反への弁明

2007年8月8日　団地祭準備会　鈴木，Tn，Au，Ny，Sb，Iw，中里，ほか3名

2007年8月11日，12日　団地祭　ベトナム風春巻き　中央大学学生2名参加

2007年9月3日　日本語教室（6名），子ども教室（5名）　Tn，Fn，Ns，中里，Tk，ほか6名

2007年9月10日　日本語教室（6名），子ども教室（4名）　Tn，Iw，Fn，Ns，ほか4名

2007年10月1日　　日本語教室（4名），子ども教室（5名　夜10名）　Tn，Iw，Fn，中里，ほか5名．慈善団体との打ち合わせ（Tk，ほか7名）

2007年10月15日　　日本語教室（3名），子ども教室（5名　夜10名）　Tn，鈴木，Fn，中里，Tk，筑波大学学生（調査依頼で来訪），ほか9名

2007年10月29日　　子どもたちが準備したハロウィンパーティー　30名の親子参加　中里，Iw，鈴木，ほか7名

2007年11月5日　　日本語教室（7名），子ども教室（6名）　Tn，鈴木，Fn，Ns，Tk，ほか4名

2007年11月12日　　日本語教室（9名），子ども教室（12名）　Iw，鈴木，Fn，中里，Tk，ほか4名

2007年11月19日　　日本語教室（3名），子ども教室（11名）　Iw，鈴木，Fn，中里，ほか3名

2007年11月26日　　日本語教室（4名），子ども教室（6名）　Iw，鈴木，Fn，Ns，Tk，ほか4名

2007年12月3日　　日本語教室（6名），子ども教室（6名）　Tn，鈴木，Fn，Tk，ほか6名．慈善団体との打ち合わせ（鈴木，Tk，ほか2名）

2007年12月10日　　日本語教室（3名），子ども教室（5名）　Tn，Iw，鈴木，Fn，Ns，Tk，ほか3名

2007年12月17日　　クリスマスパーティー　日本語教室（12名），子ども教室（18名）　Tn，Iw，Fn，鈴木，Ns，Tk，ほか6名

2008年1月21日　　日本語教室（3名），子ども教室（6名）　Tn，Iw，鈴木，Tk，ほか3名

2008年1月28日　　日本語教室（3名），子ども教室（6名）　Tn，Iw，鈴木，ほか3名

2008年2月4日　　日本語教室（8名），子ども教室（6名）　Tn，Iw，Tk，ほか4名

2008年2月9日　　中学生入試対策勉強会（3名）　Tn，Iw，ほか1名

2008年2月11日　　中学生入試対策勉強会（6名）　Tn，Iw，Fn，ほか2名

2008年2月13日　　慈善団体定例会　贈呈式支援金3万円　Tk，ほか3名

2008年2月18日　日本語教室（3名），子ども教室（0名）　Tn，Iw，鈴木，Ns，Tk，ほか5名

2008年2月25日　日本語教室（7名），子ども教室（6名）　Tn，Iw，鈴木，Tk，ほか4名

2008年2月29日　湘南駅ビル　国連湘南協会講演会　自治会会長，国際部長，自治会副会長，Tk

2008年3月3日　日本語教室（3名），子ども教室（6名　夜9名）　Iw，鈴木，Tk，ほか4名

2008年3月10日　日本語教室（2名），子ども教室（4名）　Iw，ほか2名

2008年3月17日　日本語教室（5名），子ども教室（4名）　Tn，Iw，Tk，ほか5名，慈善団体との話し合い（Tn，Tk，ほか6名）

2008年度

2008年4月14日　日本語教室（0名），子ども教室（8名）　Tn，Iw，ほか4名

2008年4月21日　総会　日本語教室（2名），子ども教室（3名）　Tn，Iw，鈴木，Tk，Sk，ほか6名

2008年4月28日　日本語教室（3名），子ども教室（3名）　Tn，Iw，鈴木，Tk，ほか6名

2008年4月29日　慈善団体との野外イベント「湘南地域を知る＆ボーリング大会」

2008年5月12日　日本語教室（10名），子ども教室（7名）　Tn，Ns，Tk，湘南中学校教員，ほか4名

2008年5月19日　日本語教室（2名），子ども教室（7名）　Tn，鈴木，Tk，ほか3名，慈善団体1名（イベントの清算）

2008年5月26日　日本語教室（6名），子ども教室（2名　夜10名）　Tn，鈴木，Ns，中里，Tk，ほか4名

2008年6月2日　日本語教室（3名），子ども教室（4名　夜10名）　Tn，Iw，中里，Tk，ほか4名　中里，子ども教室見学，団地自治会役員との話し合い

2008年6月9日　日本語教室（12名），子ども教室（4名　夜10名）　Tn，Iw，鈴

木，中里，ほか 3 名

2008年6月16日　　日本語教室（5名），子ども教室（0名）　Tn，Fn，Ns，中里，Tk，ほか 3 名。中里，団地外国籍住民と意見交換，団地外国籍の若者を日本語教室のメンバーにスカウトする

2008年6月23日　　子ども教室ミーティング（中里，ほか 3 名）　子ども教室は日本語教室と再度融合に決定！　日本語教室（5名），子ども教室（3名）　Tn，鈴木，中里，ほか 5 名　団地の外国籍の若者がボランティア登録をする！

2008年6月30日　　日本語教室（5名），子ども教室（9名）　七夕準備　Tn，Iw，Ns，中里，ほか 6 名

2008年7月7日　　日本語教室（6名），子ども教室（6名）　Iw，Ns，Tk，ほか 5 名

2008年7月14日　　日本語教室（10名），子ども教室（7名）　Tn，Iw，鈴木，中里，Tk，ほか 3 名

2008年7月21日　　中学生補習教室（3名）　Tn，Iw，鈴木，Fn

2008年7月28日　　中学生補習教室（10名，日本語教室1名）　Tn，中里

2．うごきの場での対話的なエラボレイション

新原道信・中村　寛

　もっともたやすきことは，実質のある堅固なものを［外側からいいとかわるいとか］裁く（批評・批判する）ことである。難しいのは，それを把握することだ。もっとも難しいのは，［この批評・批判と把握という］二つの契機を結びあわせて，［自分ならどのようにできるのかを］表し出す（hervorbringen）ことだ。
　……「それはそうでない」というこの洞察はたんに否定的なものである。それは，それ自身は己れをのり越えてなんらかの新しい内容へむかって進んでゆくことのない最後のもの［最後通牒］であって，再びなんらかの内容をもつためには，なにか他のものがどこかから取ってこられねばならない。それは空虚な自我のなかへの折り返えしであり，空虚な自我の知の虚しさである。ところで，この虚しさはこの内容が虚しいことをあらわしているだけでなく，またこの洞察が虚しいことをもあらわしている。けだしそれは肯定的なものを己れのうちに見てとることのない否定的なものであるからである。この反省はそれの否定性そのものを内容に得ることがないのであるから，それは事柄のうちに在るのではおよそなくて，いつでも事柄を越え出ている。それがからっぽの主張でもって，なにか内容ゆたかな洞察よりも，いつでも先へ行っているように思い上がるのは，このためである。
　　　　　　1980年頃のヘーゲル『精神現象学』読書会における真下信一先生の訳
　　　　　　　　　　　　　　　　　　　　（Hegel 1986：13，56-57）より

　いまこそ，耳をすましてきき，勇気をもって，たすけあう（audere, audire, adiuvare）ことを想い起こさねばならない。そして，ゆっくりと，やわらかく，深く［生きて］いく（lentior, suavior, profundior）ことも。
　　　　　　　　　　　　　　　　2015年2月のメルレルから新原への手紙より

これまで，私たち調査研究グループは，うごきの場をともにし，そこでの体験を集中的・集合的・対話的・乱反射的にふりかえり続けることで，眼前に生起するうごきをなんとかつかみ，言葉にしようとしてきた。メルレルと新原との間ではイタリア語とラテン語で，メルッチとの間ではイタリア語と英語で，おたがいに想念や着想を投げかけ，受けとめ，投げ返すなかで少しずつ言葉を塑造・造形し，「言葉の地図」とでも呼ぶべきものを集積してきた。

たとえば，構想すべき学問のかまえ（disposizione）となる，「よりゆっくりと，やわらかく，深く（lentius, suavius, profundius）」「より耳をすましてきき，ささえ，たすけあう（audius, audeus, adiaus）」という言葉は，メルレルとの間で練り上げてきたものである。その学問のうごきそのものをあらわす言葉としての「社会学的探求（Sociological Explorations, Esplorazioni sociologiche）」[1]は，メルッチとメルレルそれぞれとの間で創り上げてきた言葉である。特定の二者あるいは三者の関係性のなかで生み出された「言葉の地図」は，目下のところ，30万字程度の分量となっている。

この補遺は，とりわけ本書とかかわりの深い「言葉の地図」をめぐって，新原道信と中村寛との間でなされた「対話的なエラボレイション（co-elabolation, elaborazione dialogante）」の素描である。

(1) 寄せ集まるという骨折りの場に居合わせる

冒頭に紹介するのは，2015年8月の合宿研究会後の，中村から研究チームのメンバーへの問題提起である。

中村から研究チームのメンバーへ（2015.08.11）：
　　みなさま　合宿では中身の濃い時間をありがとうございました。濃厚な時間を過ごしたあと，今回の本の英語タイトルについて考えていました。しばらく時間をおいて，いくつかのアイディアを意識的にそのまま無意識のなかに寝かせ，浮かび上がってきた最初の言葉が，Being Involved with the Field: Reflexive Research into a Nascent Community です。

メインタイトルは日本語とだいぶずれますが，「居合わせる」という言葉の意味を話していたとき，「触れる」という言葉が出たと思います。それが念頭にあってのことです。なまなましくうごきつづける場に居合わせるということは，そのなかで自分もまたなまなましく動かざるを得ない。相手に肉体と欲望があるように，自分にもまた肉体と欲望がある。両者が触れ合うということ，それは「書く側」から見れば，「介入」し，なまなましい相手や相手の生活の場に触れ，汚し，また同時に触れられ，汚されるということでもある。getting involved や engagement などでは，積極的すぎる，主体性が強すぎる。きっと部分的には，「図らずも」触れてしまう，触れられてしまう，という部分が残るだろう——そう考えました。それゆえに，Being involved としています。
　「触れ合う」と書くと，対等な関係が想起されますが，しかし，諸個人間の関係は一枚岩ではないにせよ，不均衡がともないます。それは「書く側」の個人にというよりは，背後にある説明・記述体系に備わった「暴力」の問題でもある。だからこれは，フィールドワーク中に自分が刺されて殺されるかもしれないという，そういう意味での「vulnerability」とは異なる位相にある。しかし，だからといって，ここでの対他関係が，すべて「オリエンタリズム」に回収されるわけでもない。どなり合いがあり，どつき合いがあり，抵抗があり，喧嘩があり，共感があり，信頼がある。ばらばらの願望があり，欲望があり，夢がある。いま，すべてを文字化する時間がないので，飛躍した言い方になりますが，「書き手」に reflexivity が求められるのは，それゆえなのではないかと思います。だから，サブタイトルに reflexive があるというのは，このプロジェクトにとって外せないだろうと思いました。それがうまく調和されることのない「乱反射」であっても，いやあればこそ，我こそは反省性を身に着けた「正しき社会学者」，「政治的に正しい者」と信じる人々への，「いや，違うでしょ。そんなにうまくいかないでしょ。そんなに正しく生きていないでしょ」というメッセージにもなるかもしれません。ちなみに「乱反射する反省性」の訳

語として，いまのところ dissonant reflexivity というのをあてていますが，これについてはもう少し考えたいと思います。

　Being involved 以外にもいくつかの選択肢を考えました。ぼく自身のハーレムでの経験は，being involved というよりは，being seduced に近い。本当に「生／死」にかかわるということでの「性的（生的）誘惑」に近い。「生態的誘惑」といってもいいかもしれません。他にも Being in the movements, Witnessing the movements, Witnessing the field in motion という選択肢を考えました。Field in motion はちょっとかたいかな，と思える表現ですが，witness は敬愛する James Baldwin（キリスト教会の強い伝統のもとで生まれ育ち，そして決別した）が大切にしていた概念で，科学の observe との違いが浮き彫りになっている言葉だと思います。「たまたま居合わせてしまう」「たまたま見てしまう」という意味に近いかと思います。

　「惑星社会のフィールドワーク」についても，同様にフィールドワークという用語ではなく，witness としてはどうかと思いました。Witnessing the "Planetary Society" です。しかし，そうするとヨーロッパの知の伝統がうまく言葉に出ない気もします。直訳に近いのは，Doing Fieldwork in the "Planetary Society" です。他にも Reflexive Research into the "Planetary Society", Exploring the "Planetary Society" などが可能です。それから，意訳ですが，Critical Exploration into the "Planetary Society" とすることもできます。ただこの場合，単に「批判的探究」とされてしまう恐れがありますが。

この場で発せられた中村の言葉の背後には，これまで，蛇行しつつ積み重ねられてきた，言葉の塑造・造形のプロセスが存在している。

新原から中村へ（2010.11.18）：
　　在外研究中のイタリアからの「放言」ですいません。個々の場での「修羅場」続きは本当にたいへんだと思います。「特定のリーダー」がやれば，

もっと「うまくいく」のかもしれませんが，いまの状況は，「一糸乱れず」でなく「寄せ集まる」ことを選択した結果です。付き合わせてしまってすいません。不協の多声，不況和音を組み込んで「コミュニティ」を考え・創るという試みは，実際にやると「骨」が折れます。

　ある集団には，それがどのような集団（共通の意志を持って集まっているはずの「結社（アソシエイション）」）であっても，フリーライダーが存在します。「ただのり」する人間を根絶・排除し尽くすことをめざすと，その社会は，ファシズムやテロルへとむかいます。「いやな奴もいる」ことが前提の市民社会のなかでは，「ただのり」する側とされる側の「間」にいる公衆の良心の呵責に賭けるしかなく，きわめて回りくどいやり方しかないと思います。

　こうした「牛歩戦術」をすすめるにあたって，たとえば，下記のエンツェンスベルガーの言葉は，ずっとわたしの「導きの糸」となっています。

　　ヨーロッパって，欠陥の寄せ集め以外の何者でもないじゃないか。あまりにその欠陥がまちまちなもんだから，お互いに補完してバランスをとらなきゃならないんだ。
　　　　　　　　　　　　　　　（Enzensberger 1987＝1989：445-446）

　あるいは，宮沢賢治は，目の前のすべてのひとをなかなか動かせなかったとしても，当事者以外の多くのひとたちのこころや身体を揺りうごかしてきました。

　　宮沢賢治が『羅須地人協会』を設立したのは，1926（大正15）年，8月だった。30歳。彼は3月に花巻農学校を退職し，「おれは4月にはもう学校に居ないのだ／恐らく暗くけはしい道をあるくのだろう」と，詩「告別」に書いたように，独居自炊の生活をはじめていた。それは彼の理想を具現化するための，ひとつの決意であり，やむにやまれぬ

行動だったのにちがいない。彼が自ら書いた，協会の集会案内を見てみよう。謄写版ずりの，この案内書を読むたびに，涙が落ちそうになる。時間を守らなかった会員の多かったことだろう。いらいらしながら人を待っている宮沢賢治。遅れてきたのに平気な顔をしている会員をしかることもできず，笑ってむかえている宮沢賢治の姿がうかんでくる。そのあまりのせつなさにぼくは胸が痛い。何ひとつ，思うようにいかなかったのにちがいない。その焦燥と絶望，それでもあきらめきれずに次の案内板をガリ切りしたのだろう。宮沢賢治を語る人の何と多いことだろう。毎年のように，彼を書いた評論は出版されている。そして，彼は語られるだけなのだ。

　　　　　　　笠木透「ひとりの修羅として」（笠木 1987：104）

中村から新原へ（2011.11.26）：
　「寄せ集め」の試みは，たしかに相当のエネルギーを必要としますね。……アフリカン・アメリカンの思想家であったW・E・B・デュボイスは20世紀の初頭に，「才能ある10分の1」の黒人たちによるリーダーシップを社会変化の推進力として呼びかけました。20世紀初頭のアメリカ黒人の位置を考えると驚異的な呼びかけだと思います。しかし，いま考えているのは，「偏り」のある個々人が関係のなかで培い発揮する力で，特定の個人に帰属するわけではないその力によって，集団や社会運動，リーダーシップなどの概念そのものを変質させ，異なる言語で記述していくことが出来るかもしれないということです。明確なリーダーのいる組織でさえ，「働かない20パーセント」を常につくりだすのであれば，単にそれを「無駄や不合理も必要」と言うのではないかたちで個人や集団を描くことができるように思います。

新原から中村へ（2011.12.03）：
　いま，「偏り」のあるひとたちが「寄せ集まり」，「出会い／出合う」こ

との意味について考えています。苦しみ，感情，病をともにすること（sym-pathy），自らの情動や力のすべてをふりしぼって，内からわきあがる熱意をもって，喜び，高揚し，痛み，苦しみに参加すること，ともにすること（com-passion），ある他者とともに感じている（feeling-with-another）ことと「居合わせる」ことの相補性です。この考えをすすめていけたらと思います。

ある特定の場面に「たまたま居合わせる」は，英語ではどんな表現になるでしょうか。たとえば，J. リードは，ロシア革命に「たまたま居合わせた」ひとですが，「共感・共苦・共歓（compassione）」の力がなければそもそもロシアにいかなかったでしょうし，アラビア半島で死ぬこともなかったでしょう。

イタリア語で直訳すると trovarsi per caso，居合わせたひとは，i presenti となりますが，「その場に居る」は essere sul posto，「巡り合う」ですと incontrarsi per caso です。to happen to be present, happened to be by，なかなかいい表現が浮かびません。

中井久夫さんや鷲田清一さんが，「いてくれること（copresence）」とされていますが，イタリア語では copresenza e compresenza という造語を考えました。いまのところは，「ババつかみ」や「ドブさらい」の現場に「居合わせる（trovarsi sui momenti nascenti）」といったところで考えています。その場では，何らかの「毛細管現象（fenomeno della capillarità）」が起こっているのですが，居合わせているその時には，意味や構造を把握出来てはいません。直訳すると「多系／多茎のなにかが生まれつつある複数の場，瞬間に居合わせる」となりますが，「生まれつつある（nascenti）」のところは，「決定的（definitivi, determinate, cruciali）」「特定の（particolari）」「危機的（critici）」「岐路に立つ（al bivio）」などの複数の言い方が含まれています。

「ペリペティア」[2] により隠蔽されていたことがらの「心意／深意／真意」が顕在化し，メタモルフォーゼ（変異 = change form/metamorfosi）が起こ

るしかない「状況／条件」を表しているという点で，「決定的な瞬間に立ち会う（essere a un momento cruciale）」ことでもあります。ふさわしい言葉を英語とイタリア語で見つけられればと思います。

中村から新原へ（2012.03.06）：

　　　大変遅くなりましたが，「たまたま居合わせる」の訳語について書きます。
(1)日常語の延長線上で表現するならば，happen to be there という表現は可能です。e.g. John Reed happened to be there at the moment of the Russian Revolution.
(2) Incontrasi に近いかもしれませんが，encounter（偶然出くわす）という表現も文脈によっては可能だと思います。e.g. John Reed encountered the Russian Revolution (by chance). たとえば「決定的な瞬間に立ち会う（essere a un momento cruciale）」という際に，「encountering the critical moment」という表現が可能になると思います。
(3)文脈にもよりますが，ぼくが思いつくのは，「by accident」という表現です。そしてこれは，今日の人類学者が好んで用いる表現でもあると思います。少なくとも人類学が過去において（あるいは現在も？），不合理に見える事象に対して過剰な意味づけを一方的に付与してきたことへのひとつの反省でもあるし，またフィールドワーカーは「たまたま」ということをやはり我が身をもってわかっているからでもあると，ぼくは考えています。

　Being there by accident，たとえば，優れたエスノグラファーである James T. Siegel は，アチェの社会についての民族誌 The Rope of God の冒頭で，自らの研究のきっかけについて次のような短い一文を残しています。"By accident I came to study a place, Atjeh, on the northern tip of Sumatra, where in the nineteenth century men had radically conflicting ideas about the nature of their society." (James T. Siegel, The Rope of God, p.3)

　そうすると，「なにかが生まれつつある複数の瞬間にその場に居合わ

せる」という表現は，これも描く対象，念頭におく具体的状況によって，微妙な言い換えが必要になると思いますが，Being there by accident at the nascent moments となります。ですが，多少補って説明的に表現するならば，たとえば，Being there by accident at the nascent moments in which critical events take place, Being at the time and place at which something is about to occur などの表現が可能になると思います。

(4)これもまた文脈によりますが，「coincidence」も「偶然一致」という意味を持ちます。しかし，「同時発生」のニュアンスが強くなります。

(5)具体的な状況によって，「ただそこにいること（just being there for someone）」が重要性を持つ場合があること，「そこにいて目にしてはいるが通常の認識枠組み（あるいは象徴体系の連関）のなかで処理されること」と「たまたま遭遇したことが通常の認識枠組みを飛び越えて主体を揺さぶること」との間に決定的な差異が横たわり得ること，たとえば「observe」と「witness」との間に決定的な差異があることを，もう少し丁寧に概念的に定められるか，考えてみます。

(6)図らずもある一線を踏み越えてしまう（飛び越えてしまう）という経験を考えると，sympathy や compassion に関連して考え続けているのは，人びとの言語活動の周縁に据え置かれながらも人びとに働きかける「情緒」や「感情」，「感性」，「気分」，「雰囲気」のことです。ぼくの修士課程以来のテーマでもありますが，修士の頃にはそれを語るべき理論的な枠組みや事例的記述の厚みを持っていませんでした。いまはヴァレンタイン・ダニエルやチャールズ・S・パースを参照軸にしながら，より具体的な事象の記述を通してそれを描いてみたいと思っています。

(7) Z. トドロフが『他者の記号学』（Todorov 1982＝2014）のなかで示した対他関係の事例史をずっと考えつづけています。とりわけ，平等を掲げインディオを愛するがゆえに彼らをうまく認識し理解することができなかったラス・カサス——スペイン人に虐殺され，いままさに息をひきとろうとしているインディオに改宗を迫るほど——が，晩年になって，階級性こそが

自然であると主張するアリストテレス研究者セペルベダとの論争のなかで，(インディオたちによる) 人身御供を擁護する論述を進め，次第に自分のかつての平等主義 (同化主義) の立場を変更し (せざるを得なくなり)，我々の神とは異なるがインディオにも信仰する神々があると認めるに至ったことを考えています。キリスト教を否定することなく，しかし彼がキリスト教の神を唯一絶対とする普遍主義を図らずも飛び越えて，宗教人類学の認識に踏み込んでしまったことを，トドロフは教えてくれます。

　トドロフのこの本は，他者とのコミュニケーションの様態が中心テーマですが，そこには自ら変化していった人びとの記録も盛り込まれています。一方の極に完全なる同化主義 (キリスト教への改宗，ヨーロッパへの服従) が，他方の極に完全なる自己同一化 (ゴンサーロ・ゲレーロは，インディオの側に立ってコンキスタドールと戦った数少ない例) があり，その間にいくつかのヴァリエーションと変化があります。ひとまずここまでですが，もう少し言葉を整理していきます。

新原から中村へ (2012.03.06)：
　ありがとうございます。3月11日が近づいてきて，瘡蓋の下の真皮がひどくうずくような感覚がつづいています。想いが言葉となっていかずにおります。J. リードは，ロシア革命のなかで出会った現実の力に圧倒され，感動し，揺さぶられ，自分のなかの社会の枠組がこわれていくことで「証人 (witness)」となったのだと思います。それは予定通りのことではなく，「たまたま」ですが，「たまたま居合わせた」ひとが「たまたま」そのことに揺さぶられるための「条件」はあると思います。
　ヘーゲルの言い方だと「概念の運動」あるいは「存在が考える」という主体・客体の枠組みそのものが流動化している状況が条件のひとつとなるでしょう。禅の言葉でいえば，「啐啄同時(そったくどうじ)」でしょうか。わたしは根本的瞬間 (Grundmoment) あるいは「機縁」と呼んでいます。つまりは，ラス・カサスのように，「たまたま居合わせ」たことで，当初の居場所から

「(ぶれてはみ出す)プレイング・セルフ」となってしまう場合の「条件」があるということを考えています。

　さらにいえば，居合わせる（trovarsi sui momenti nascenti）は，物理的にその場に居ない場合もあります。この意味での「居合わせる」については，「臨場・臨床」という言葉で考えています（新原 2011：196-197）。瘡蓋の下から膿がにじみ出てしまうような脆弱さ，［鳴いて撃たれるキジのような］攻撃されやすさ／傷つきやすさ（vulnerability）と慎み深く，思慮深く，自らの限界を識ること（umiltà, decency）が，居合わせる「条件」のひとつであり，「ババつかみ」の現場に「引き込まれてしまう，引っ張って来てしまう」力なのだと思います。この力に引きずられることで，過剰な意味づけという主体の病を少しは縮減できるはずです。

　以上のようなやりとりから，「居合わせる」は，イタリア語では trovarsi sui momenti nascenti, critici, determinati, cruciali e al bivio，英語の「居合わせる」は，Being there by accident at the nascent moments in which critical events take place とした。苦しみ，感情，病をともにすること（sym-pathy），自らの情動や力のすべてをふりしぼって，内からわきあがる熱意をもって，喜び，高揚，痛み，苦しみに参加すること，ともにすること（com-passion），ある他者とともに感じている（feeling-with-another）こと——イタリア語で直訳すると trovarsi per caso，居合わせたひとは（i presenti）となるが，「その場にいる」は essere sul posto，「巡り合う」だと incontrarsi per caso となる。

　英語の copresence にあたる言葉としては，イタリア語では copresenza e compresenza という造語が出てくる。「毛細管現象／胎動／交感／個々人の内なる社会変動」の現場に「居合わせる（trovarsi sui momenti nascenti）」「なにかが生まれつつある複数の瞬間にその場に居合わせる」となるが，「生まれつつある（nascenti）」のところは，「決定的（definitivi, determinate, cruciali）」「特定の（particolari）」「危機的（critici）」「岐路に立つ（al bivio）」などの複数の言い方が含まれている。「ペリペティア」により隠蔽されていたことがらの心

意／深意／真意が顕在化し，メタモルフォーゼ（変異＝change form/metamorfosi）が起こるしかない「状況／条件」を表しているという点で，「決定的な瞬間に立ち会う（essere a un momento cruciale）（witness a crucial moment）」ことでもある。

(2) 追想・追憶し続ける

新原から中村へ（2012.06.07）：

　　　いま，記憶する／身心に刻み込むこと（Erinnerung）と特定の場と時間に生起したことがらを忘却する性向（amnesia）との間にある想起（anamnesis, anamnesi）とかかわって，「追想・追憶し続ける（tenendo anamnesi, ri-cordando）」ということを考えています。英語はできればイタリア語のricordoに対応するrememberingとしたいのですが，くりかえし忘却させられたものを想起し続けるという表現を英語でとるとしたらどうなりますでしょうか。

　　　たとえば，「リトアニアの貧しいユダヤ人の大工の息子」であったベン・シャーンは，なぜ第五福竜丸（ラッキードラゴン）を追想・追憶し続けたのか。「ビキニの灰」もまた「3月の出来事」でした。自分たちを待ち受ける運命など識ることなく，生業である遠洋航海へと向かった第五福竜丸（ラッキードラゴン）の被爆――遠い太平洋での出来事にこころを突きうごかされ，長くかかわり続けたベン・シャーンの最晩年の作品は，リルケの『マルテの手記』からの「追憶」でした。「大工の息子」の行き着いた先は，すべてを想い出すだけではなく，死にゆくひとのかたわらにいて，あまたの追憶を一度は忘れ去った後に，その果てに，忘却された追憶のただ中にぽかりと浮かび上がるのを待った言葉でいのちを描く，という地点に到達したのだと思います。最期のリトグラフは，追憶の果ての言葉のように，すべてがそぎ落とされた線によって描かれていました。高みからひとを裁くことなどなく，「そんなこと言える自分かどうかわからないけれど，それでも…」というつぶやきが聞こえてきそうな作品です。

中村から新原へ（2012.06.09）：

　レイ・ブラッドベリが亡くなったという記事を見ました。やはりさみしく思います。文章になったときの周囲の配置にもよりますが，remembering で大丈夫です。「一編の詩」のための「追憶」，目となり，血となり，自身と区別のつかなくなる「追憶」。そのことを考えると，re-member とするのもひとつの手かなと思います。Member の membrum と remember の memorari とをラテン語の連続線上にとらえても大丈夫でしょうか。

　「追憶し続ける」の場合だと keep remembering とするのはどうでしょうか。先ごろ下訳を終えた James Baldwin の Sonny's Blues という短編に次のような箇所があります。ぼくはこの文脈で remember という語を考えています。それからもちろん，anamnesis をそのまま用いることも可能だと思います。

　　「だが，肌の色の黒い人々が増えるにしたがい，急速に暗くなってゆく通りを抜けてアップタウンに向かうタクシーの中，気付かれないようにソニーの顔を注意深く観察していると，ある考えが私に浮かんだ。それは，タクシーに乗って別々の窓越しに私たち二人が捜し求めていたのは，そのようにかつて残していった自分自身の一部なのだという考えだった。行方不明になった身体の一部が痛むのは，いつだって困難や葛藤を抱えているときだ（It's always at the hour of trouble and confrontation that the missing member aches）。」

　　　　　　　　　　J・ボールドウィン，中村寛試訳「ソニーのブルース」より

新原から中村へ（2012.06.09）：

　ありがとう。想念がひろがります。「追想する」は英語では reminisce となりますか？　Remember に相応するイタリア語 ricordare は cor cordis＝cuore，すなわち記憶の場と信じられていた心臓から来ています。anamnesis はうしろからやってくるという感覚です。たとえば，石牟礼

道子さんは，水俣を「追想・追憶し続け」ています。Keeping perception/keeping memories とのかねあいで考えると，keep re-membering あるいは keeping anamnesis となりますでしょうか。

中村から新原へ（2012.06.11）：

　　はい，reminisce も可能です。動詞として用いる場合，日常的なコンテクストでは「楽しむ」「ふける」というニュアンスが強くなります。どちらかというと「懐古」というイメージです。その意味では，「追想」「追憶」に近いと言えるかもしれません。「追想し続ける」だと keep reminiscing あるいは keeping reminiscence （追想し続けること）となります。同様に，Remember に関連する表現ですと，動作表現だと keep re-membering，動名詞表現だと keeping re-membrance とすることができます。remember との関連でいうと，recall, recollect などの表現も可能です。ですが，これらは呼び起こす「努力」のニュアンスが強くなります。

　　語源からいうと，ricordare のルーツを残した言葉は英語では record なのですが，現在ではほとんど「記録」の意味だけになっているようです。少しだけ「証言」や「前科」などの定義のなかに元々の意味が残っている程度です。しかし，かつては「思い起こす」「暗誦する」「物語る」の意味で使われていたようです。

　　「外」から思い出させてくれる，というニュアンスの強い語としては，remind でしょうか。ぼくは高校のときに，厳しくも熱心で心やさしい先生のもとで『華氏451度（Fahrenheit 451）』を読みました。ぼくはこの物語を先生の仕草とともに記憶しています。ブラッドベリはこの小説を，子どもと過ごす時間を削り，図書館でタイプライターを有料で借りて，時間との格闘のなかで書きあげたことを，後で知りました。そういえば，高校ではじめて読んだ英語のペーパーバックは，Remembering the Good Times という物語で，これもまたすぐれて子ども想いの先生の尽力で，著者の Richard Peck がやって来て少年少女の自殺について語ってくれま

した。また書きます。

　こうして，「追想・追憶し続ける（keeping anamnesis/keep re-membering, tenendo anamnesi/ri-cordando）」は，英語の remember に相応するイタリア語 ri-cordare が cor cordis＝cuore，すなわち記憶の場と信じられていた心臓から来ているものである。member の membrum と，remember の memorari を重ね合わせて，re-membering そして ri-cordando となる。すべてのことを忘れずに（memento momenti），追憶し続ける（re-membering, ri-cordando），想起（anamnesis），存在と契りを結ぶ（s'engager），くりかえし忘却させられたものを追想し続けるという意味で，keeping anamnesis である。

(3)　関係性の動態を感知する

新原から中村へ（2014.08.23）：

　　わたしは8月7日から20日まで，インスブルックーサッサリーウイーンをまわってきました。メルレルとも深く話し，今後のことを考えようという気持ちを持つことが出来ました。その根幹となるのは，リフレクシヴな調査研究です。

　　メルッチの言葉である「生体的関係的カタストロフ（la catastrofe biologica e relazionale della specie umana）」，そこから新原が着想した「生体的関係的想像・創造力（immaginazione-creatività biologica e relazionale della specie umana）」の流れで，「関係性の動態を感知する（percepire il passaggio di relatività）」という言葉を考えました。人間の結びつき方，社会のつくられ（作られ／造られ／創られ）方の根幹について，現在の文明，人間という種のあり方まで含めた関係性の微細な変動の道行き（passaggio：移行，移動，横断，航海，推移，変転，変化，移ろい）を知覚し（percepire, percept），見抜く，つかむ（intuire, intuit）ことだと思います。「関係性の動態を感知する」は，perceiving the passage of relationship 以外にどのような英語が可能でしょうか。ご意見をいただけましたら幸いです。いつも言葉の

対話的なエラボレイションにおつきあいいただきありがとうございます。

中村から新原へ（2014.09.17）：

　文面を拝読して，関係の根（roots of relationship），関係の道行（routes of relationship）という言葉が浮かびました。すでに書かれている以外の選択肢ですと，Perceiving the roots and routes of relationship とするのもひとつの手かなと思います。「動態」を，「移行」や「移ろい」のニュアンスで語るのであれば，ご指摘の「passage」がよりぴたりとくるように思います。「予測不可能／コントロール不可能な動き」の意味合いを込めるなら，dynamism がぴたりときます。Perceiving the dynamism of relationship あるいは Perceiving the dynamic relationship とすることができます。

　ぼくが好きな表現でよく用いるものは，pulse です。音楽や肉体に関連する用語でもあり，ここでいう生態にもぴたりとくるように思いました。Perceiving the pulse of relationship，Listening to the pulse of relationship，Sensing the pulse of relationship などの表現が考えられます。ヴァレンタイン・ダニエルは，「文化人類学者はその土地のパルスを感じ取る」といったことを語っていたそうです。この場合のパルスは，気配や気分，傾向に近いかもしれませんが，大学院生の頃にこの言葉を聞いて，的を射ているように思いました。

　手元に原文がないのですが，メルッチさんの『プレイング・セルフ』に rhythms や tempo の話が出てきたと思います。あの箇所，好きでいまでもよく想い出します。その関連で Perceiving the rhythms of relationship，Perceiving the rhythmic relationship などの表現もあり得ます。

　「地域社会の背後の地域」「地域の背後の地」は，すぐに浮かぶ語としては，Soil behind region，Ground behind community，Terrain behind region/community などがありますが，これについては，もう少し考えてみます。

根本的瞬間（Grundmoment）はあらかじめ「予測」「想定」できない。ただ居合わせる（Being there by accident at the nascent moments in which critical events take place）しかない。そして，くりかえし，「ペリペティア」からさかのぼり，追想・追憶し続けること。サルベージ（沈没，転覆，座礁した船の引き揚げ，salvage, salvataggio）――渉猟し（徹底して探しまわり，scour, frugare），踏破し（traverse, percorrere e attraversare），掘り起こし（esumare, exhume），すくい（掬い／救い）とり，くみとる（scoop up/out, scavare, salvare, comprendere）こと。いずれは意味をもつ旋律となるかもしれないデータ／エピソードを対位法的に収集・蓄積し，「あくまで可能な筆写（trascrizione）のひとつ」を遺していくこと。

つまりは，関係の根（roots of relationship），関係の道行（routes of relationship），関係性の動態を感知する（percepire il passaggio di relatività）こと，Perceiving the roots and routes of relationship，「予測不可能／コントロール不可能な動き」を感知すること（Perceiving the dynamism of relationship），土地やひとの「パルスを感じとる」こと（Perceiving, listening and sensing the pulse of relationship），リズムを感じとること（Perceiving, listening and sensing the rhythms of relationship）である。

(4)「考故学」と「限界状況の想像・創造力」

新原から中村へ（2014.07.14）：

　　ごぶさたしています。先日はありがとう。もし可能でしたら，また対話の相手となっていただければ幸いです。明日の講義でFnくんのことを話します。とても緊張しています。メルッチやKtさん，Fnくんのことを追想・追憶しつつ，いくつかの言葉を考えています。

　　ひとつは，喪失に直面し向き合いつつ生きる智として，いまここにはないものを追想・追憶し続ける「考故学（perdutologia = una cumscientia di perdita）」，考現学（今和次郎）と考古学（フーコーなど），さらには故旧，故郷，縁故，故事，事故，故人など，喪失を痛むひと（homines patientes）

の社会的痛苦（patientiae, sufferentiae, doloris ex societas）を引き受け探求する学問です。いまひとつは，メルッチの言う「生体的関係的カタストロフ（la catastrofe biologica e relazionale della specie umana）」という限界状況のもとでの生体的関係的想像・創造力です。英語で表現するとしたらどうなるか，またご意見をいただけたら幸いです。直接話ができる機会を持てればとも思いますが，こういうかたちの対話が成り立つのは，肉声をかわした時間と，特定の場所での交感や交歓があったからだと思います。

中村から新原へ（2014.07.25）：

　　問いを投げかけてくださってありがとうございます。7月2日から1週間ほど短く日本に立ち寄り，いまはイギリス・トトネスという小さな町に来ています。先日，シューマッハ・カレッジでサティッシュ・クマールたちのプログラムへの参加を終えたばかりです。以下，思考のプロセスの一端です。

　　「考故学（"perdutologia" = una cumscientia di perdita）」について，まっさきに浮かんだ言葉は，memento mori という言葉ですが，単に「死を想う」ということだけではなく，痛苦を引き受けたうえでの探求ということだと理解しました。Morilogy という造語が浮かびましたが，どこまで英語圏で通用するのか読めないところがあります。そして，同時にここでの「学」を，logy とやってよいのかどうか，多少の疑問が残ります。継承された痛苦を引き受けるということに力点を置くと，Study with the succeeded social pain and suffering of the lost, Exploration from the social pain and suffering of the lost, あるいは思い切って，Exploring with and caring for the social pain and suffering of the lost としてもよいかなと考えています。

　　シンプルにまとめるならば，Study of/with/from the lost, Exploration of/with/from the lost などとしてもよいかなと思いますが，味気ない言いまわしのようにも思います。ここでの考故学の「学」を意訳して，Re-membering the lost (remembering the past/the dead)、あるいは Caring for the lost、もしくは Sociological (anthropological) caring for the lost とするのはいかがでしょうか。

「生体的関係的カタストロフ (la catastrofe biologica e relazionale della specie umana)」は、英語ですと、Biotic and relational catastrophe となります。Specie umana まで訳すと、Biotic and relational catastrophe of human species、あるいは場合によっては、Biotic and relational catastrophe as human species となります。

「限界状況の生体的関係的想像・創造力 (immaginazione/creatività biologica e relazionale della specie umana nelle situazioni-limite)」については、Biological (and) relational imagination/creativity under critical situation が直訳になります。Corporeal (and) relational imagination/creativity under critical situation も可能ですが、ニュアンスは「肉体的」「身体的」に近くなります。ヤスパースの「限界状況」の訳語にあわせるのであれば Critical situation は、limit situation, boundary situation になります。また critical にすると、「危機」との差異の判別が困難になるため Extreme situation とすることも可能です。

ここでの「生体的想像／創造力」をどう訳すかですが、生体から湧きあがる想像・創造力と理解するならば、Biotic imagination/creativity とするのはいかがでしょうか。あるいは、生命圏のもたらす想像・創造力ということであれば、Biospheric imagination/creativity という表現も可能です。Biosocial という語がすでにあるので、Bio-relational imagination/creativity という造語による表記も可能ですが、その場合は「生体関係的」というニュアンスが強くなります。

次に「関係的」の訳語ですが、関係の内で内省的に紡ぎだされる想像・創造力ということであれば、relational 以外にも、たとえば Reflexive imagination/creativity, Inter-reflexive imagination/creativity とすることが可能です。まとめると、Biotic, relational imagination and creativity under extreme situation, Biotic, relational imagination and creativity under limit situation という表記はいかがでしょうか。

メルッチは，この「生体的関係的カタストロフ」という認識に根ざした「生存の在り方」の見直しに着手する途上で亡くなった。象徴的だったのは，彼自身が「病んだ近代」の「劇的な収支決算」とした白血病が，最初は，当人にはなんの兆しや兆候も知覚させない病だったことである。しかしひとたび顕在化すれば，身体の内から湧き出る声によってではなく，医療機器から「排出」されるデータによってのみ，その姿をあらわす。度重なる移植で4, 5か月は小康状態がつづいたが，なにひとつ「処方」らしい「処方」は存在しなかった。「社会と個々人の根を揺り動かすものとして社会運動は，個々人の内奥の声を聴くことから始められるしかないのだ」と，微細で猥雑な個々の場面のかすかな兆し・兆候に耳をすまし，書き，語り，生きた智者，この社会の未発の病を見通し続けた智者にとって，これほどの予測不可能性と知覚の限界，人間存在としての「限界状況」がつきつけられたことはなかった。メルッチの最期の想像・創造力は，この「限界状況」に深く串刺しにされたものだ。それゆえ，限界状況の想像・創造力は，「限界状況」が生体的関係的カタストロフとして立ち現れた社会を生きる個々人の深層・深淵で生じた微細な内なる変動，流動する「草の根のどよめき」を表す言葉となった。

(5) 日常性のなかから沸き上がる生身の学

H. アーレントは，『精神の生活』の「序論」のなかで，カントに依りつつ，「どうしても考えずにはいられない」意味を探求する理性の働きとしての思考と，知識を探究する知性の働きとしての認識とを峻別することの重要性を指摘している。すなわち，理性と知性というふたつの能力，思考することと知ることという二つの精神活動，精神の関心事における意味（第一の分野）と認識（第二の分野）の区別である（Arendt 1978 [c 1971] = 1994 : 17-19）。トリエステに滞在していた鈴木鉄忠は，H. アーレントに依拠しつつ，下記のように述べている。

鈴木から新原へ（2009.07.18）：

　　湘南プロジェクトを基点としながら各自が参与している現場のなかで創ろうとしていた場は，大学の場でもそれ以外の場所であっても，「単なる知識欲」をもつひととの有用で希少な情報の共有でも，個別的利害の共有によってでもないものでした．意味への思考を試みることと，「理性の差し迫った欲求」という「内面的な衝動」に突きうごかされて，結局は回答不可能になってしまうような問いの意味を探求する精神活動を，協同活動のなかで実現化する試みを続けることによって，それによってのみ維持されている，場です．だけれどもこの試みは，「理性の欲求」よりも「単なる知識欲」や利害にひきつけられて，いつのまにか失敗してしまうのです．

　　　　思考の欠如というのは，人間の営みのなかで実に強力な要因をなすもので，統計的に言えば，一番強力なものである．それは，大多数の人の行為についてそう言えるというのではなくて，すべての人の行為についてあてはまるのである．人間の営みのなかでまさに差し迫っていること，ア・スコリア［a-scholia，余裕がないこと］があると，その場しのぎの判断に頼り，習慣と伝統，すなわち，偏見に依拠することになる．

　　　　　　　　　　　　　　　　　　（Arendt 1978［c 1971］= 1994：84）

　　だからこそ，「ア・スコリア」のとき，考える余裕もないまま突っ走っているときに，声をかけあって振り返るという協同の営みは，とてもかけがえのないものだとあらためて思います．

学問が同時代に対して，時代の課題を明らかにして進むべき方向を表わし出してみせる時，学問はどのような構造と様態をもつのか？――これは，1980年代初頭に，新原が泣き叫ぶ子どものように素朴な「問いかけ」をしていた頃の

言葉だ。

　危機の時代に日常性のなかから沸き上がる生身の学智，living "cumscientia (humanities, human ecology)" at moment of crisis という概念は，真下先生，メルレル，メルッチたちと願望と企図をともにする（共生共苦と共歓の）なかで，身体化された（embedded, impresso）ものである。この〈エピステモロジー／メソドロジー／メソッズ〉と〈価値言明〉は，一つの生物(なまもの)（cose crude, causa cruda, corpi crudi）であり，有体（corporeality）かつ生体（organismo vivente）に拘束された智慧（saggezza corporale, the wise of living in composite corporeality）である。

　この生身の学は，かたちを変えつつ揺れうごいていき，（自らとも／自らの内でも）対位し，対比・対話し続ける。うごくことから始めるということ自体を考えることからうごき始めるという，不協の多声（polifonia disfonica）の不断・普段の営み，閉じない循環の構造をもつ思行（臨場・臨床の智）である。思行（facendo una cumscientia ex klinikós, pensare/agire, thinking/acting）は，志向でも試行でもあるような，想念と行為の境界領域にあって，思い，志し，言葉にして，考えると同時にうごいてしまう生体の関係性である。

　学問（危機の時代の総合人間学としての社会学的探求）は，《〈モノ（物財）―コトバ（意識，集合表象）―ココロ（心身／身心現象）〉の"境界領域"にある〈コトガラの理(コーズ)（＝ragioni di cosa/causa, cause）〉を探求する営み》である。

　地域社会研究は，《社会構造の移行・移動・横断・航海・推移・変転・変化・移ろいの道行き・道程（passaggio）に着目し，そこに生起する，複合・重合的で多重／多層／多面のコーズを捉え，個々人と社会のメタモルフォーゼ（変異＝changing form / metamorfosi）の条件を探求／探究する営み》である。

　質的社会調査の根幹は，関係性の動態を感知する（percepire il passaggio di relatività, perceiving the roots and routes of relationship）ことへの「仮借なき［博識の］探究（a relentless erudition）」である。

注

1) 「探究する」は，research, investigation, inquiry, study, ricerca, studio, indagine, investigazione であり，「仮借なき［博識の］探究（a relentless erudition）」(erudizione = ampio corredo di cognizioni intorno a varie discipline ＜ erudire = rudis[rozzo] + ex-) の含意を持つ。「探究」には，穿鑿の鋭さ，博識への粘り強さがあり，ゆっくり lente となる（ゆったり落ち着いて placarsi，やわらかに intenerirsi，上品に静まる addolcirsi）ことがない。これに対して，「探求」は，explore, quest, search, pursuit, andare in cerca di qu.co, esplorare であり，「探検する」「踏査する」「渉猟する」(esplorare ＜ explorare [ex- 外に + plorare 流す，よく流れるようにする]) の含意がある。「社会学的探求」は，ゆっくりと，やわらかく，深く（lentius, suavius, profundius）を特徴とする。しかしこの二つの「かまえ」は，二律背反するものではなく，「対位」するものとして存在している。

2) 知識人にとって「汚辱の時代（l'epoca d'infamia）」(古在由重，ボルヘス) であった 1930 年代から「8.15」にいたる道行きを生きた思想家・真下信一は，「主人公たちの頭と心のなかで『無知から知への急転』がそこで生じねばならないはずの『認識の場』であり，ドラマの窮極の意味が『そうであったのか！』というかたちで了解されるべきラスト・シーン」として「ペリペティア」という概念を置いた（真下 1979: 165-167）。「8.6」や「8.15」がそうあったように「3.11」もまた，私たちにとっては，「悪しき状態」「受難」への「悲劇的急転（ペリペティア）」であった。「3.11」が起こり，これから「新たにゼロから始める」のでなく，すでにつくりだされて（invention されて）しまったものや，つくりだされてしまった事態を認識するしかない。これからどうするか以前に，すでにつくりだされ循環し滞留してしまっているリスクの存在を「（うっすらとは予感していたが，やはり）そうであったのか！」と認めるしかない。その意味において，統治困難な「除染」や「汚染水」の問題は「3.11 以降の状況」のメタファーである。

引用・参考文献

Arendt, Hannah, 1978 [c1971], *The life of the mind*, New York: Harcourt Brace & Company. (= 1994, 佐藤和夫訳『精神の生活（上）　第 1 部思考』岩波書店)

Baldwin, James, 1993 [1957], "Sonny's Blues," *Going to Meet the Man*, New York: Vintage Books.

Enzensberger, Hans Magnus, 1987, *Ach Europa! Wahrnehmungen aus Sieben Ländern mit einem Epilog aus dem Jahre 2006*, Frankfurt am Mein: Suhrkamp. (= 1989, 石黒英男他訳『ヨーロッパ半島』晶文社)

Hegel, Georg Wilhelm Friedrich, 1986, *Phänomenologie des Geistes*, Frankfurt am Main: Suhrkamp. (= 1998, 長谷川宏訳『精神現象学』作品社) (= 1971, 金子武蔵訳『精神現象学』岩波書店) (= 1995, 三浦和男『精神の現象学序論――学問的認識について』未知谷)

笠木透，1987「ひとりの修羅として」笠木透・島田豊『修羅のデュエット――詩と思索への出発』愛知書房。

真下信一，1979「思想者とファシズム」『真下信一著作集　第2巻』青木書店。

新原道信，2011『旅をして，出会い，ともに考える――大学で初めてフィールドワークをするひとのために』中央大学出版部。

Siegel, James T., 2000, *The Rope of God*, 2nd Edition, Ann Arbor: University of Michigan Press.

Todorov, Tzvetan, 1982, *La conquête de l'Amérique: la question de l'autre,* Paris: Seuil.（=2014，及川馥・大谷尚文・菊地良夫訳『他者の記号学――アメリカ大陸の征服　新装版』法政大学出版局）

あ と が き
――「抹殺不可能な願望の数かずと，創意にみちた混沌」の考故学――

　レーニン環状道路の真の生活は，街路に面した正面からは読みとれない。中庭への通路の前を通り過ぎてしまう者には，その魅惑は知られないままである。ここではどの建物も，ベンヤミン好みの夢のパサージュを，内部に秘めている。……そのあたりには，その建物に住むひとびとの郵便受けが，無数に並んでいる。名札を見てゆくと，抹消されたもの，読めないもの，フェルトペンで書きなぐられたもの，消えかかったもの，機械を使って文字を打ち出したもの，褐色インキで縁どりしたもの，と種々さまざまだ。それらはどの統計よりもはっきりと，ブダペストの住宅不足を示唆している。ここでは住居空間は，どれほど小さなものであろうと，冒険的手段をつくして獲得され，巧みに粘りづよく守りぬかれなくてはならない。きりもない名札の増殖が物語るのは，住居の交換であり，割りあてであり，そのさいの汚職であり，遺産相続であり，部屋の分割であり，離婚であり，夜逃げないしは亡命の叙事詩であり，闇の業務であり，苦労の多い修理であり――要するに，この都市の抹殺不可能な願望の数かずと，創意にみちた混沌となのである。

H.M. エンツェンスベルガー『ヨーロッパ半島』
(Enzensberger 1987＝1989：162-164) より

(1)　「抹殺不可能な願望の数かずと，創意にみちた混沌」の「考故学（caring for the lost）」

　本書の補遺1の「登場人物と年表」をめくると，たとえば，「何年何月，日本語教室（12名）」といった記述がある。この一見無機質なデータの背後には，子どもたちの声，大人たちのまなざし，居合わせた人たちの間に生起した生々しいうごきが埋め込まれている。この名前と人数の記録には，「抹消され」かかったり，「消えかかった」りしつつも，「冒険的手段をつくして獲得され，巧みに粘りづよ

く守りぬかれ」た,「抹殺不可能な願望の数かずと, 創意にみちた混沌」が埋め込まれていることを伝えたい——この思いから, 本書の叙述は生み出された。

　本書は, 過去の「プロジェクト」において「うごきの場」に居合わせた人たちへの「考故学 (caring for the lost)」(喪失に向き合いつつ生きる智) の側面を持っている。もともとは,『惑星社会のフィールドワーク』というテーマで本書の刊行準備をすすめ, 現在進行中の「立川プロジェクト」との比較で過去の二つの「プロジェクト」を取り上げるつもりだった。しかしこの, すでに手放したはずの「過去のプロジェクト」の「淵」を覗き込んだ瞬間, かつてその場に居合わせたときの乱反射が生々しく蘇り, ふたたびその「渦」のなかに巻き込まれていった。ブダペストの路地に入り込んだドイツの作家エンツェンスベルガー (Hans M. Enzensberger) のように, 私たちもまた, 公営団地の郵便受けの名札に埋め込まれた「願望」や「混沌」を読みとっていたことが想い出された。あの頃, 集会所の廊下や階段で出会っていた「草の根のどよめき」に引っ張られるようにして, 計画の変更を余儀なくされ, 急遽,「湘南プロジェクト」の重要な「証人」である中里佳苗さんに協力を依頼することとなった。

　本書の【実践篇】でもっとも重要な執筆者である中里さんは, 一橋大学大学院で矢澤修次郎教授の指導のもとで博士課程を修了し, 非常勤講師などを歴任していた。その一方で, 膨大な時間とエネルギーをフィールドに費やし, フィールドに拘束されていくことで「ひとまずは」アカデミアの世界から「退場」し, 自らの「プロジェクト」を始めたフィールドワーカーである。中里さん以外にも,(本書の著者である中村・鈴木の両氏をはじめとして) うごきの場に居合わせた若者たちの何人かは, 初期シカゴ学派を代表する作品『ホーボー』の著者である N. アンダーソン (Nels Anderson)[1] のように,「願望」や「混沌」に揺りうごかされ, 自らの「コーズ (cause, causa)」と出会い,「人生航路」を組み替えていった。この場で生起した「うごき」は, 個々人のなかに刻まれたものの, 一つの作品とはならなかった。しかし, 今回, この世を去った Kt さんや Fn くんの「後押し」で, 中里さんはこの「生きた『吹き溜まり』」を描き遺すことに踏み出し, はじめてこの「うごき」の記録と記憶が, かたちを

とることとなった。

　本書の底流には，一つの理解と〈価値言明〉が存在している。この社会の「端」や「淵」，「深層」には，可視的な現実の奥底に浸潤していく「伏流水」のように，潜在し堆積し続ける痛みや傷み，そして悼みが在り，特定の人間の個人的な体験・記憶として深く沈殿している。社会文化的プロセスのなかで生み出され，しかし「個」の奥深くにあって，その心身を串刺しにするような「社会的痛苦」[2]を，自らの境界をこえて引き受けてしまった「ババつかみ」の人たち，"痛み／傷み／悼み"を分有しつつ身体に刻み，じっと耐え，「心に刺青をするように」（吉増 1998）果敢に生きる人たち，その場のうごきのなかで，自らの「軸足」をずらし，揺れうごきつつかたちを変えていった（playing and changing form）人たちが居る。

　1985年2月9日，ただ生存するのでなくその生を最大限生かし生ききること，存在と契り続けることを教えてくださった真下信一先生が亡くなられた。2001年9月11日，水脈として常に強固に存在していた戦争状態が顕在化した。その翌日の9月12日に，A. メルッチという「臨場・臨床の智」の先達を失った。2002年1月23日，「闘う異端」として，その場にそぐわない言葉を発し続けたP. ブルデューが，この世界を旅立った。2003年5月28日，「安楽死」しつつあるこの「全体主義」社会から，たったひとりで勇敢な撤退をし続けた藤田省三先生が亡くなられた。2003年9月25日，メルッチと同じく白血病となり，限りある時間を懸命に，聴きとどけられるかどうか分からぬ他者にむけて，声を発し続けたE. サイードを失った。2005年4月4日，A. メルレルのサンパウロ大学時代の恩師であった社会学者O. イアンニ（Octavio Ianni）が亡くなり，4月10日付の『ル・モンド』の追悼文では，この老社会学者がいかに南米社会に勇気を与えていたかが報じられた。

　そして，2005年と2013年，私たちは，本書での主要な舞台かつ舞台裏となった二つの「プロジェクト」をともにしたKtさんとFnくんを，白血病と癌で失った。学者であれ生活者であれ，"痛み／傷み／悼み"とともにうごき，「願望」や「混沌」と出会い，「コーズ」につかまれ，多くを語らずに死んでいっ

たその人たちの，固有の生の軌跡を受けとめたい。ある特定の日，特定の場所，特定の瞬間の，喧噪と汚濁のなかにのみ立ち現れる静寂，生身の素漠のなかの一瞬の晴れ間，流動の中にやすらぐところの，生の航海，その途上での，折々の素描(スケッチ)として。かちとられた敗北を生き抜き，背後から撃ち抜かれ，必然性をもって倒れた先達が耳をすました場所へと降りていく。それゆえ，本書の献辞は，ここにお名前をあげた，志半ばで夭逝された方たちへのものとなっている。この献辞はまた，同じ場に居合わせなくなっても，別の場で願望と企図をともにし続けている人たちへの投企でもある[3]。

「うごきの場」に居合わせるとは，一つの"交感／交換／交歓"，そのなかでの共感・共苦・共歓（compassione）のかたちである。メルッチや Kt さん，そして Fn くんが亡くなる前になされていた濃密なやりとりのなかで，私たちの間に沸き上がった想念は，「いつもあなたとともにある（Sempre sarò con te ／ Always I'll be with you）」であった。そしてこの旅の「此岸」に残されてしまったものは，自らの「存在の傲慢さ」（大野新）を感じつつも，「あなたのことをずっと追想・追憶し続ける（I keep re-membering you again and again, Ti sto ricordando senza tregua）」しかなかった[4]。本書の作成（ブリコラージュ）を通じて，あらためて骨身にしみたのは，ともに（共に／伴って／友として）在ること，ともに創ることを始める（iniziare a cocreare）ことは，「抹殺不可能な願望の数かずと，創意にみちた混沌」の「考故学（caring for the lost）」であるということだった。

（2） 身体やこころが揺れうごいてしまう
―― Fn くんから学んだこと ――

本書は，ごくふつうの大学生のなかに宿る「抹殺不可能な願望の数かずと，創意にみちた混沌」，さらには「多系／多茎の可能性」についての「証言」でもある。本書で取り上げた二つの「プロジェクト」，そして現在進行中の「立川プロジェクト」に参集してくれる学生たちの，「汗かき仕事」をともにするその背中にむけて，「自分の人生の『背骨』となるような卒論を書いてください」

と言ってきた。そしてFnくんを失ってからは，「出来るだけ長く生きて，その時が来たら，自分ではない誰かに，惜しみなく与える後半生を生きてください」という言葉を付け加えるようになった。

「得にもならないこと」を承知で，うごきの場に居合わせてくれているFnくんたち学生は，「社会に適応するための合理的選択」と「惜しみなく与える」ことの葛藤のなかで，この社会でどう生きていけばいいのかという根本的な問いを発せずにはいられなかった。その意味では，「傷つきやすさ，攻撃されやすさ（vulnerability）」を分有する人たちだった。「社会に適応」するため準備してきた「よそ向けの顔」の背後に在る自らの「コーズ」，すなわち「そのために精神の真底から笑い，喜び，怒り，憂え，悲しむことができるなにか」（真下 1980：190）を「取り戻す（reappropriate）」ことへと足を踏み出してしまったのである。

しかしこの道行き・道程は，「内なる矛盾の部屋の扉を開ける」（バザーリア）という「越境」行為であった。ヘーゲルの言葉でいえば「絶望への道」であり，そしてまた，この「解けない結び目」は，創造的プロセス（the creative process, il processo creativo）の源泉でもあった。「コーズ」につかまれるべきなにかの背景（roots and routes）をもった人たちは，うごきの場に試され，拘束され続けた。Fnくんが，何を「条件」として，揺りうごかされてしまったか，拘束されきったのかを「分析」「説明」することは難しい。しかし，居合わせたものたちにとって「矛盾の部屋の扉を開ける」試みでもあった，一つのプロセスが，どうにか作品となったのは，Fnくんに背中を押されたからに他ならない。Fnくん，Ktさん，メルッチたちの「抹殺不可能な願望の数かずと，創意にみちた混沌」の「コーズ」につかまれたのである。

Fnくんは，丹後半島で生まれ育ち，子どもの頃から地域でも評判の「リーダー」だった。故郷を離れ，横浜での学生時代は，〈あるき・みて・きいて・しらべ・ともに考え・かく〉という「骨折り」を続け，サイードに依拠しつつ卒論を書いた。大学院進学を断念し，「紆余曲折」の果てに，福祉の仕事についた。しかしその矢先に「筋無力症」，「胸腺腫」，さらには「もう医療的には

やれることはありません」と「診断」された。それでも彼は,「自分と向き合う」というテーマで卒論を書いたことの真意を,「我が身を持って証立て」ようとした。「僕はやはり出来る限りこの社会や時代に起こっていることを見極め,闘いたいと思いました」——「自分」の背後にある半島の歴史とそこに暮らす人たち,その人たちと通じるところを持つ移動民の子どもたちや病者たちとの間に在る「自分と向き合い」,岩を割って生長していく植物のように,粘り強く,自らが直面している不条理な怒りや苦しみ,絶望と向き合い,生ききった。

「なんでもうまくこなす」という思考態度（mind-set）からはみ出し,病とのたたかいのなか,より深くやわらかく,自らを揺りうごかしつつかたちを変えていく（playing and chainging form）ことで,周りの人たちを揺りうごしていった。誰よりも腰を低くかがめて,低きより（humiity, humble, humilis をもって）,泥をすくえる人へとメタモルフォーゼ（変身）していく姿を,周囲のものたちは見ていた。そして気が付くと,「生という不治の病（There's no cure for life)」（Murphy 1990[c1987]=2006：382）の航海を続ける彼のまわりに,「居合わせる」ものとの間に,「微細な網の目」の根茎（リゾーム）が創られていった。

医療に「見放された」後,民間療法も含めたあらゆる可能性を探求したFnくんは,湘南団地でフィールドノーツを書き遺したように,詳細な「闘病ノート」を描き遺した。遺された言葉を辿りつつ,ご両親は,めぐる季節ごとに,Fnくんと場をともにした人たちへと,里山・里海からの贈り物を届けるようになった。「両親が,息子とのつながりを感じながら一年を過ごすため,ぜひそうさせてやってください」というのが,Fnくんからの最期の頼み事だった。半島の里山・里海の恵みの品々とともに届いた「お母さん」からの手紙には,「いま息子の卒業論文を読みすすめています」とあった。「あの子の背骨はみなさんとの輪の中でつくられたのですね。……あの子は『我が身をもって証し立て』,生ききったのだと思います」と。

そして,亡くなる直前までFnくんが精魂込めて耕していた畑を引き継ぎ,亡くなった息子がそうしたように,「まずは雑草を育てることを試みています」

と書かれていた。そうすれば，「草が畑を耕してくれます。伸びたらまた刈って土の上に敷き，また伸びたら刈ってたまに油かすとすくも[5]をあげる」ことで里山の土を創ることを，「息子から教えられたのです。その畑で，これまでいくら探してもなかなか見つからなかった四つ葉のクローバーが見つかりました。だから，送ります」という言葉とともに，里山・里海からの「メッセージ」である四つ葉が，宅配の荷物のなかに同封されていた。

Fn くんを失った後，「気持ちをふっきれなくさせてしまい，迷惑ではないかと心配しながら季節の品をみなさんに送っています」というご両親にお願いし，彼を育てた半島を何度か訪ねさせてもらった。強い海風が吹き，土と草が香る畑地から日本海を眺望し，遺影を置いた部屋でご家族と数日を過ごした。「漁師だったじいちゃん」から受け継いだ智恵で，風をよみ潮目をよむ料理人である「お父さん」が，「漁師仲間」から入手した天然のクエ，モウソウ（イシガキダイ），フグなど最高の食材でもてなしてくれた。「息子を思ってくれるだけで十分なのに，わざわざ来てくれて，どうやってかえしたらいい」。

当然のことながら，ご両親には，「留年して人生の背骨となる卒論を書く」と息子が言い出したとき，驚きや戸惑いがあった。しかし，いまになってみれば，その後の人生で起こる「試練」のために必要なことだったのだ，「何をしても自分が一番出来ると思っていた息子が，人のなかに入っていくきっかけをつくってくれた，生き方が変わったのだ，といまは思っている」と。

丹後半島の里山・里海に抱かれた時間のなかで，『玉ねぎの皮をむきながら』（Grass 2006=2008）のように，Fn くんの「コーズ」――近代オリンピックのモットーであった「より速く，より高く，より強く」在らねばならなかった「ヒーロー」の内面における葛藤，生を断ち切られる無念と索漠，絶望からの帰還と再発，その「うごきに居合わせた」人たちとの間の共感・共苦・共歓――を理解し直していった。Fn くんは，「うごきの場」に居合わせ，乱反射やズレ，不均衡をともなって出会い，揺さぶられ，かたちを変えつつうごいていく（playing and chainging form）ことを，もっともよく体現している人だった。とても身近にいた生身の人の「身実（みずから身体をはって証立てる真実）」を理解

するということと，一つの「うごきの場」を理解するということには相関性がある。不規則に乱反射するような出会いは，理解の時間的なズレと不均衡をともなって起こる，ということを教えてもらった。

(3) 限界状況の創造力

……わたしは，あいかわらず，その日その時その瞬間を，希望をもちつづけようとしつつ，たたかいつつ，あるいはただ，この河の流れに身をまかせようとしつつ，生きている。きみの友情，きみの祈りは，わたしにとって本当に大切なものだ。愛をこめてきみを抱きしめる。
　　　　　　　　　2001年6月28日　アルベルト・メルッチより新原道信への私信

メルッチが，「創造力（creatività）」に関する著書（Melucci 1994）をまとめたとき，「現代社会が直面している諸困難を前にして，芸術や科学などにおける創造的活動をとりあげることに，どういう意味があるのか」という疑問が，社会運動の研究者たちから提出された。しかしいま，私たちは，「『想定外』の『とんでもないこと』が起こり，新たな枠組みを『創発』しなければならない」という「3.11以降」の議論に接するなかで，「限界状況（Grenzsituation, situazioni-limite, limit-situation）」における想像／創造力（immaginativa/creatività）を考えざるを得ないでいる。

M. ポランニー（Michael Polanyi）が，「発見」とは何かを考察し，〈何かを制作するなか（とりわけ失敗のなか）で生み出される技法・技能・職能[6]として〉とらえた「創発（emergence）」という概念は，経営学などで「知識創造」あるいは「創造的想像力」として注目されてもいる（Polanyi 1966＝2003：2007）。ポランニーの概念は，日常性のなかに蓄えられている智恵（saperi），方法，知的様式の動態を表すものだったのだが，「3.11以降」，「創発」あるいは「創成／創生」という「かけ声」のもとで，むしろ既存の「処方箋」を踏襲し，それに固執する性向（これは「特定の場と時間に生起したことがらを忘却する性向（amnesia）」と深くかかわっている）が顕著に現れた。「危機の瞬間からの想起」

（ベンヤミン）を忌避して，（生身の現実から目をそらす）選択的盲目に逃げ込む性向である。

　本書のなかで確認しておきたかったのは，ともに創ることを始める（iniziare a cocreare）とは，すでに蓄えられていたもの，実は手元にあるものを「取り戻し，生かし直す（reappropriate）」（Bellah et al. 1985＝1991 : 358）ことに他ならないということである。そのためには，自執による自失（「いまの自分」という固執観念）を手放す勇気とともに，自らの内なる「限界（状況）を識る」という不快さと向き合うことにならざるを得ない。この「限界を受け容れる自由（free acceptance of our limits）」は，「俊英の学者の凱旋（trionfo di studioso brillante）」と結びつくものではない。むしろ，すでに多くのものを剥奪されているのに，さらに大切なものをいくつも手放していかねばならないという悲嘆（grido），「手元にはもはや何も残っていない，やる気など出せるはずがない」という状況で，ふと苦い笑いを浮かべるような，ぎりぎりのユーモア（Galgenhumor）と結びついている。

　死，病，痛苦，紛争，罪責，偶然など，膨大な時間とエネルギーを費やして人類が創りあげてきた日常を粉砕してしまうような「限界状況」（ヤスパース）から，私たちは逃れることは出来ない。実はずっと，すでにそこに在り続けていた「限界状況」を，忘却する性向（amnesia）によって，「瓦礫」の20世紀／21世紀を私たちは生きてきた。ヤスパースはまた，「いかなることも忘れずに（Kein vergessen）」と言った。この言葉の意味を，いまあらためて見直し，すべてのことを忘れずに（memento momenti），追想・追憶し続ける（keep remembering, ri-cordando）しかない。そして，記憶をつなぐための「か細い糸」は，居合わせる（Being there by accident at the nascent moments in which critical events take place）ことで紡がれる。

　現在の「知」が行使する分解（Scheidung）の力は，大波のごとくに心身／身心を打ち砕き，切り刻み，標本化する。しかし，その生命力が最後の一滴まで奪われ尽くそうとする「喪失」の瞬間にこそ，かえってその内側から，予想以上の反発力が沸き上がってくる。そしてこの応答力（responsibility）に後押

しされて，「晩期」のメルッチのように「その日その時その瞬間を，希望をもち続けようとしつつ，たたかいつつ，あるいはただ，この河の流れに身をまかせようとしつつ，生きて」いく。これが，限界状況の創造力（creativity of limit-situation）の基点／起点となる。

メルッチならば，「いまこの自分の持ち場で，惑星そのものの命運を考え，対位的に，不況和音となることを恐れず，常に自分のなかに／他者との間に多声を確保しつつ行動しなさい（Think planetary, act contrapuntally & poly/dis-phonically）」というのではないか。「外部」の「権威」を求めず，「外挿」による「『自己』の肥大化」を回避しつつ，真に学び，すでに身体化している知識や智恵を丁寧に組み替えていくという創造的プロセスをともに始める（beginning to）こと。この願望と企図を促す社会文化的な試み（= iniziative socio-culturali）の下支えをすること。寄せ集まるという骨折りを対位的，多声的に行い続けること。

本書の文章は，受難者／受難民（homines patientes）に想いを寄せつつ，闘病のなかで，くりかえし，自らの「限界状況」に直面し，「境界」を創り直し続けざるを得なかったメルッチやKtさん，Fnくん，そして私たちが「うごきの場」で出会った人たちの「抹殺不可能な願望の数かずと，創意にみちた混沌」を理解しようとする「志」から来ている。創ろうとしているのは，直接顔を突き合わせて場をともにした個々人の内奥に宿る，かたちを変えつつうごいていく智慧（saggezza）である。

(4) 共感・共苦・共歓（compassione）のゆくえ
—— Continuing Life with Style/Being with Humility ——

「文明」としては，「スローダウン」が必要だ。人類規模での Sinking with Style（優雅に品よく没落する／「いき」に衰えていく）（Galtung 1984＝1985；九鬼 1991)，あるいは，資本主義社会そのものの「晩年の様式（La vita in "late style"[stile tardo]）」（Said 2006＝2007；大江　2013）が求められている。しかし，ごくふつうに生きる個々人にとっての「様式／スタイル」はどのようなものだろ

う。

　「こんなところだけど」「なんにもないところだけど」という言葉の背後に，「でもここにあるすべてがせつなく，いとおしく（com saudade）」という意味が刻まれている。「昨日と同じような明日」にむけて「いのちをつなぐ」ことを希求し，ことなる時間と場所を生きてきた人たち。宮沢賢治の詩「雨ニモマケズ」の「サウイフモノニ」のように，慎み深く，思慮深く，自らの限界を識ること（umiltà, decency）とともに，命がつづく限りは，大地に根付き，真摯に働き，慎ましさとともに暮らし続けた（Continuing Life with Style, Being with Humility）。受難（patientes）を分かち合うという意味での共感・共苦・共歓（compassione），中里さんが「生きた『吹き溜まり』」と詠んだものがそこには在る。そこでは，バラバラだった個々人の関係性をあらたに切り結ぶ（tagliare e rilegare）ことになる。

　「意味ある生」を生きた「初代」とこれから「意味ある生」を生きる「三代目（新たな初代）」の間の「つなぎ役（riempitivo, fill-in）」としての役割を果たすことが，本書の課題である。ここでの「二代目」は，すべての生物のメタファーとなっている。「つなぎ役」として，私たちはいのちをつなぐ。それは，本書に登場する人たちの「身実（みずから身体をはって証立てられた真実）」，そして「心意／深意／真意」への返礼でもある。

　人は何に喜び，何に悲しみ，怒り，どんなふうに想いをつないできたのだろうか。「成長」の果て，何度も破壊され続けた人間の里山・里海（「受け皿」としての社会）にむけて，それでも種を蒔く人がいることに，ただ畏敬し，「力及ばずとも少しばかりは」と思い，開墾すべき畑地へと出てゆく。生の最期の時間を惜しみなく孫に与えようとする老人のように。祖父母の気持ちに，かなり後から，ズレをともなって応えようとする孫のように。

　「そうなんだよ。じいじの世代はお前たちに大きな負の遺産を残した。すまなかったが，強く平和に生きておくれ」と語りかけたい気がする。同時にこの子が大人になるころ，この地球は大丈夫だろうか，目を瞑って想像してみた。私のいなくな

た世界を思った。……私のいなくなった時間の風景に，私の孫かもしれない子供が元気そうに遊んでいる。いや，誰の子でもいい。幼児が何人も無心に飛び回っている。……これからだってもっと生きにくい時代が続くだろう。でもあんな子供たちがいるかぎり，未来は大丈夫だろう。……力強い時間の連続性を信じて生きようと思った。　　　　多田富雄「終わりから始まる未来」（多田 2010：97-98）より

しあわせはかぞく　いつもささえてくれるんだ　しあわせはまいにちごはんがたべれること　だけどいちばんのしあわせは自分が世の中にいることです
　　　　　　　　　　　　2014 年夏，9 歳の少女の詩（「しあわせ」）より

2015 年 12 月 17 日
　　このうごきの場に居合わせたすべての人たちとともに　新原道信

注

1) アンダーソンは，アメリカ社会のなかの「他者」，すなわち「移動民の子ども」である「ホーボー」として，シカゴ大学という異境の地に降り立ち，学問そのものとも切り結びつつ生きた。「若い時代から持たざるを得なかったさまざまな葛藤や異質性とその乗り越えが，対象とする人々に対する愛情に繋がり，それがある意味で逆に本書の抑制的で誠実な表現に繋がった」（広田 1999：221）とする広田康生の解説によれば，アンダーソンは，ドイツ語の試験に失敗し博士課程への進学を断念し，ニューヨーク大学教育学の博士課程へ進学し，博士論文を書くが，「きちんとした理論研究ではない」と批判される。政府機関や社会事業プロジェクト，ユネスコ関係機関などで働いた後，74 歳で初めて大学教師となり，97 歳で生涯を閉じた。アンダーソンの「うごきの場」への居合わせ方／退場の仕方は，いつも私たちの念頭にあった。

2) 社会のなかで生み出された痛苦を，社会（科）学的に認識するときには，「社会的痛苦（patientiae, sufferentiae, doloris ex societas）」という言葉をあて，生身の人間が体感するものとしては，"痛み／傷み／悼み"という言葉をあてた。宗教や文学の対象であり生の意味とかかわる根源的痛苦，身体的な苦痛とは区別して，社会学が対象とする相対的剥奪感，沈黙，不安，苦悩，自殺，アルコール依存，薬物依存，病，狂気，ちょっとした不具合（piccoli mali）なども含めて，「社会的痛苦」を考えた。「痛み」と「社会的痛苦」（さらには，根源的痛苦や身

体的苦痛）の関係性は，衝突・混交・混成・重合の性格を持ち，一人の生身の"痛む／傷む／悼むひと（homines patientes）"の心身／身心現象（fenomeno dell'oscurità antropologica）として立ち現れる．
3) 本書は，中央大学の都市・地域社会学との関係では，奥田道大先生，さらにその前任者であった島崎稔先生への追悼と，そのタスキをつないでいくことを含意している．古在由重先生，網野善彦先生，井上ひさしさん，大野新さんなど，直接的な教えをいただいた恩師たち，「謦咳に接する」というかたちでなくとも，常になすべきことへの指針を与えてくれた宮本常一さん，鶴見良行さん，鶴見和子さん，鶴見俊輔さん，梅棹忠夫さん，小松左京さんたちへの追悼でもある．
4) イタリア語の「休みなく」にあたる senza tregua の tregua は，P. レーヴィの『休戦（La tregua）』（Levi 1963＝1998）からもらっている．
5) 山陰・中国地方の方言で「もみ殻」のこと．
6) 「技法・技能・職能（art, skill, métier, professione）」は，J. ガルトゥングが，普遍的認識と個人的認識の中間にあり，国々・地域によって異なる「知的様式（intellectual style）」と呼んだものと照応する（Galtung 2003＝2004）．

引用・参考文献

Bellah, Robert N. et al., 1985, *Habits of the Heart: Individualism and Commitment in American Life*, The University of California. (＝1991, 島薗進・中村圭志訳『心の習慣――アメリカ個人主義のゆくえ』みすず書房)

Enzensberger, Hans Magnus, 1987, *Ach Europa! Wahrnehmungen aus Sieben Ländern mit einem Epilog aus dem Jahre 2006*, Frankfurt am Mein: Suhrkamp. (＝1989, 石黒英男他訳『ヨーロッパ半島』晶文社)

Galtung, Johan, 1984, "Sinking with Style", Satish Kumar (edited with an Introduction), *The Schumacher lectures. Vol.2*, London: Blond & Briggs. (＝1985, 耕人舎グループ訳「シュマッハーの学校――永続する文明の条件』ダイヤモンド社)

―――, 2003, *Globalization and intellectual style: seven essays on social science methodology*. (＝2004, 矢澤修次郎・大重光太郎訳「グローバル化と知的様式――社会科学方法論についての七つのエッセー』東信堂)

Grass, Günter, 2006, *Beim Häuten der Zwiebel: Gebundene Ausgabe*, Göttingen: Steidl. (＝2008, 依岡隆児訳『玉ねぎの皮をむきながら』集英社)

広田康生，1999「訳者あとがき」Anderson, Nels, 1923, *The hobo : the sociology of the homeless man*, Chicago: University of Chicago Press. (＝1999, 広田康生訳『ホーボー――ホームレスの人たちの社会学（上）』ハーベスト社)

九鬼周造，2003（藤田正勝全注釈）『「いき」の構造』講談社．

Levi, Primo, 1963, *La tregua*, Torino: Einaudi. (＝1998, 竹山博英訳『休戦』朝日新聞社)

真下信一，1980「受難の深みより——思想と歴史のかかわり」『真下信一著作集5　歴史と証言』青木書店。
Melucci, Alberto, 1994, *Creatività: miti, discorsi, processi,* Milano: Feltrinelli.
Murphy, Robert F., 1990[c1987], *The Body Silent,* New York, London: W.W.Norton.（＝2006, 辻信一訳『ボディ・サイレント』平凡社）
大江健三郎，2013『晩年様式集（イン・レイト・スタイル）』講談社。
Polanyi, Michael, 1966, *The tacit dimension,* The University of Chicago Press.（＝2003, 高橋勇夫訳『増補版　暗黙知の次元』筑摩書房）
――――, 2007, 慶伊富長編訳『創造的想像力』ハーベスト社。
Said, Edward, 2006, *On late style,* London: Bloomsbury.（＝2007, 大橋洋一訳『晩年のスタイル』岩波書店）
多田富雄，2010『落葉隻語（らくようせきご）　ことばのかたみ』青土社。
吉増剛造，1998「心に刺青をするように」『ユリイカ』No.407, vol.30-10。

項目索引

ア 行

間（liminality, betwixst and between）　118, 380, 442, 451
青い芝の会　447
遊び（play[ing], gioco）　10, 16, 352-354, 424-427, 431-432, 442, 444-446, 450
『アップタウン・キッズ』　11, 462
後からやって来る　9, 19, 92, 150, 418-424, 442, 452
網の目　→関係性を参照
新たな学（scienza nuova）　52-53
新たな問いを立てる　49-50, 323, 443
歩く異文化セミナー　379, 380-381, 384, 389-390, 436
歩く学問　11
アンビヴァレンス（ambivalence）　55-57
居合わせる（Being there by accident at the nascent moments in which critical events take place）　8, 15-19, 24, 51-56, 58, 111, 160, 418, 438
異議申し立て　59, 64, 420, 454
Eキャンプ　76, 378-379, 382, 384-386, 389, 393, 396-404, 411, 415, 428-429, 446, 489, 499, 503
E－JAPAN　382, 397
生きた「吹き溜まり」　→「吹き溜まり」を参照
異境　413, 436
　いくつもの——を旅する力　413, 436
　——で生き抜く力　436
　——の地　6, 14-15, 51, 129, 191, 399, 403, 424, 434, 436, 438, 452, 476, 479, 481, 558
　——の力　436
　——を創り直す力　436
痛み／傷み／悼み　549, 558
痛むひと（homines patientes）　76, 539
イタリア社会学士の会（SOIS）　77

異端排除　180
移動民　71, 179-181, 193, 377, 403, 406, 411, 415, 422, 424, 432, 434-436
　——の子どもたち　11-15, 18-19, 21, 25, 41, 68, 71, 87-92, 114-115, 117, 123-126, 130, 153-160, 179-180, 193, 377, 403, 406, 411, 414, 422, 424, 432, 435-441, 450, 488-489, 552, 558
Sボーイズ　175, 178, 190, 398, 408
聴け！ボーイズ　115-117、327, 348, 355
Tボーイズ　405
異邦人　108, 111, 125, 375
うごきの場（field, nascent moments, momenti nascenti）　1-2, 5-10, 15-22, 24, 26, 45, 57-62, 68, 118, 127-133, 140, 169-172, 188-189, 376-377, 418, 421, 428-434, 438, 442, 446, 471-477, 524, 548, 550-551, 553-554, 556, 558
内なる
　——荒野　72
　——国際化　21, 103-109, 112-113, 125, 173, 181, 319-320
　——多文化主義　319
　——よそ者（outsider within）　14, 69, 180
　——惑星　5, 47-48, 446
うっすらと感じる（ahnen）　41
裏切る　355, 418, 450
エスノグラフィー　→モノグラフを参照
NGO・NPO　66, 113, 127, 130
エンパナーダ　115, 157, 503, 505
応答　3, 7, 12-13, 147, 23-24, 35, 40, 45, 48, 56-58, 60-61, 63, 70-71, 74-75, 97, 104, 110, 112, 144, 168, 189, 195, 217, 260, 412, 427, 444, 449, 451-452, 483, 555
　少し先を見越した——　71, 160-169
大きくつかむ（begreifen, comprehend）　13, 43, 49
汚辱の時代（l'epoca d'infamia）　23,

545
驚きと遊びと探究心　444-446, 450

カ　行

外国
　——人リーダー　104, 108, 111, 125-126, 128, 135, 137, 143, 153-170, 189, 213, 215, 220-221, 223, 251, 271, 488
　——籍児童　104, 109-110, 130, 324
　——籍住民　97, 99-202, 222, 227, 325, 328, 337-338, 378, 488
介入　9, 16, 18-19, 59, 61, 63, 76, 92, 126, 183, 309, 420, 426-427, 429, 433, 441, 459, 462, 464-465, 475, 479-480, 525
囲い込み　179
仮借なき［博識の］探究（a relentless erudition）　238, 544-545
仮説生成型　9
神奈川県　90, 99, 101-103, 105-106, 114-115, 125, 162, 199, 212, 244, 327, 342, 348, 355, 489
可能性　2-3, 11, 36, 38, 40, 43, 47, 50, 55, 61, 63-64, 69, 74, 108, 111, 128, 130-132, 198, 215. 230, 234, 244, 270, 336, 360, 367, 369, 380-381, 421, 427, 434, 438, 444-446, 552
　いくつもの——の空　49-51, 412-413, 446-450
　多系／多茎の——　20, 438, 550
　——の芽　6-9, 20, 198, 389, 433
寡黙で鈍足な　9, 24
関係性　3, 7-8, 10, 19, 48-50, 57, 60, 73, 90-91, 111, 126-127, 180, 193, 221, 231, 234, 242, 299, 369, 371, 377, 385, 411-412, 420-421, 425, 428-430, 434, 442, 445-446, 451, 482, 524, 544, 557, 559
　諸——の微細な網の目　33-35, 54, 56, 117, 418, 451-452, 478, 483, 552
　——の「遊び」　16, 352-354, 431-432, 442
　——の危機　38-50, 74
　——の動態を感知する　50, 58, 111, 354, 438, 537-539, 544
　——の変化　48, 320-323, 367-368

ガン細胞　393
観察　13, 18, 25, 42-43, 49, 55, 57, 59-60, 69, 76, 196-197, 231-232, 331, 365, 369, 423, 425, 457-458, 468-469, 476, 478-480, 482, 535
参与——　49, 62, 76, 132, 477
　——者　49, 91, 425, 458, 478-480
願望　43, 73-74, 129, 169, 326, 411, 448
　——と企図　7, 11, 16, 18, 20, 36, 62, 68-69, 188, 377, 404, 406, 412, 415, 433, 439, 450
　——と企図の力（ideabilità e progettuabilità）　69, 162, 450-452
　——の KANAGAWA　179, 183-189, 450, 490
　抹殺不可能な——　547-548 550, 551, 556
記憶　20, 33-34, 67, 124, 161, 184, 198, 243, 260-261, 274, 280, 316, 356, 376, 389, 411, 413-414, 418, 424, 447, 450, 457, 459-460, 463-464, 478, 534-537, 548-549, 555
　——の共同体　197
危機の瞬間からの想起　1, 554
聴くこと　11, 14, 23, 40, 60, 92, 129, 185, 252, 310, 344, 348, 370-371, 377-414, 428, 466, 482
　解決主義的アプローチと——のアプローチ　370-371
　——の社会学（sociologia dell'ascolto）　40, 62, 76, 130, 403
　『——の場』　24, 76, 129-130, 187, 348, 375-416, 429, 462, 489
傷つきやすさ，攻撃されやすさ，脆弱さ（vulnerability）　10-11, 533, 551
気付き　174, 296, 335-336, 368, 438
基点／起点（anchor points, punti d'appoggio）　13, 22, 38, 51, 62-67, 151, 160-161, 186, 418, 543, 556
棄民／棄国　68, 73, 77
境界領域（cumfinis）　22, 25, 45-47, 49, 57, 76-77, 380, 544
『"——"のフィールドワーク』　17, 45-47, 57

索引 563

共感・共苦・共歓（compassione） 9, 529, 550, 553, 557-558
共生　142, 165, 167, 192, 218, 265
　　──の作法　196-197
共成（co-developing, co-becoming）　3, 22, 368, 371
　　──システム　3, 22, 371
共創（co-creation）　169-172
驚嘆　75, 443-445
　　遊びと──　444-446
　　笑いと──　444-446
距離　68, 334-337, 367, 403, 429, 432, 458
　　──のジレンマ　7, 330-334, 424-427
　　──を保つ／縮める　7-8, 18, 59, 126, 247, 260, 321, 330-334, 336, 344, 354, 365-367, 424-429, 432, 458
切り結ぶ（tagliare e rilegare）　384, 437-438, 557
草の根のどよめき　14, 427, 442, 542, 548
グループ・ダイナミクス　17
クレオール　71, 77, 396
契約　10, 56, 72, 133, 336, 429-431
劇的な収支決算　40-41, 542
限界　3, 10, 23-25, 36, 38, 46-48, 50, 53, 90-91, 170, 207, 222, 245, 253, 265, 413, 446, 451, 465, 539-542
　　──状況の想像・創造力（imagination and creativity of limit-situation）　73, 539-542, 554-556
　　──を受け容れる自由（free acceptance of our limits）　40, 46, 49-50, 56, 74
　　──を識ること（umiltà, decency）　24, 444, 533, 555, 557
　　──と可能性　47, 445
謙虚と確信　450
交感／交換／交歓　550
考故学（Sociological (Anthropological) Caring for the Lost）　539-542
工業化　93-94, 98-99
公共哲学（としての社会科学）　41-43, 74, 131, 169, 198
拘束と絆（servitude humana, human bondage）　10
国際
　　──交流課　115
　　──交流協会　90, 105-107, 109, 115, 129, 201, 207-208, 217-218, 222-224, 227, 377-378, 385, 389, 490
　　──交流ラウンジ　105
　　──室　106, 114, 127
　　──部　104, 108, 116, 122, 135, 138, 141-143, 148-149, 165, 173-174, 178, 181, 209, 211-212, 215, 217, 220-221, 223, 233, 246, 248-271, 281, 288-289, 292, 300, 305, 329, 338-339, 342-343, 345-350, 355, 357-359, 487-488
心の習慣　42, 176, 197, 231-232, 474
コーズ（cause, causa）　16-17, 26, 22, 544, 548-549, 551, 553
言葉の地図　524
固有の生の軌跡（roots and route）　184, 383, 416, 436, 438, 550
コミュニティ　3-5, 12-13, 21-23, 35, 59-62, 76, 111, 113-116, 118, 125-138, 160-163, 165, 180-182, 184-185, 188 190, 195, 197, 218, 238, 240, 320, 327, 338, 394, 464, 468-469, 479, 527
　　異質性を含み込んだ──　3-4, 24, 376
　　未発の──（nascent community, comunità nascente）　5, 16, 18, 68-74, 117, 183, 191, 411, 433, 442, 450
コンタクト・ゾーン（接触／衝突の項も参照）　195, 198

サ　行

在住外国人　6, 12, 14, 63, 90, 92, 105-106, 113-115, 125, 127-128, 135, 146-147, 170, 173, 199, 206, 224-225, 233, 245-246, 273, 320-321, 334-337, 437, 454, 473, 476, 480
　　──生活支援研究委員会　105-106, 109, 112, 128, 136, 198-210, 217, 223, 244, 260, 471, 479
　　──生活支援ネットワーク会議　107
　　──フォーラム　107, 110, 146
　　──フォーラム研究委員会　107, 114,

199
済州島　92, 384
里山・里海　450-452, 552-553, 557
サルベージ（salvage, salvataggio）　50, 52, 419, 481, 539
3.11
　　――以降　7, 35-41, 46-47, 56, 73, 77, 92, 545, 554
　　――以前　4-6, 12, 35, 56, 189
シカゴ学派　4-5, 9, 23, 45, 59, 419, 421-422, 548
思行（facendo una cumscientia ex klinikós, pensare/agire, thinking/acting）449, 544
自執による自失　555
自然発生的教室　114-115, 169, 297-314, 363, 472-473
自治会　21, 91, 96-97, 103-116, 122-128, 135-148, 153, 161, 164-230, 240, 244-317, 320, 328, 333, 337-368, 430, 463, 467, 469, 471-472, 479-480, 487
自治体　63-68, 76-77, 105-106, 111-113, 118, 130, 170, 317, 337, 397
児童委員　68, 104, 109, 112, 127-131, 137, 145-146, 153, 177, 201-203, 244, 281, 288, 487
社会
　　――のオペレーター（operatori sociali）65-68, 76, 114, 123-133, 146, 181, 377, 439
　　――の代理人（mandato sociale）337, 369-370, 417
社会改良　111
社会学
　　科学の――　60
　　社会学の――　60
　　リフレクシヴな――　57, 60
社会学的
　　――介入　7, 14, 57-58, 61, 419-421, 471, 480
　　――探求（Sociological explorations, esplorazioni sociologiche）35, 61, 524, 544-545
社会地図　98-99

社会的
　　――痛苦（patientiae, sufferentiae, doloris ex societas）3, 376, 437, 540, 549, 558
　　――発明　7, 61
社会踏査（social survey）　60
社会福祉協議会　68, 90, 105-107, 109-116, 124, 127-128, 146, 199-204, 210, 223-226, 233, 243, 247, 324, 331, 338, 346-347, 430, 487-488
社会文化的プロセス（processi socioculturali）3, 15, 50-54, 56-61, 77, 92, 353, 418, 427, 433, 478-479, 549
住宅管理課　105, 233, 255-256
主人公　55, 62-64, 134, 181, 356-357, 393, 397
出郷　68, 72-73, 163
　　居ながらの――　68, 73
　　――者　73
　　心情の――　68, 73
受難者／受難民（homines patientes）73, 556
世間師（しょけんし）（street wise）13-15, 19-21, 25-26, 87-92, 123-126, 153, 411, 424, 428, 432, 434-437, 467
状況／条件　4, 7-8, 12, 530, 534
証言者（witness）　11
衝突と出会い（scontro e incontro）437
湘南
　　――市　20, 93-373, 430
　　――団地　20-26, 76, 85, 89-90, 93-373, 377, 396, 428-439, 441, 458-459, 464、467-471, 474-476, 479-482
承認　8, 14-15, 113, 124, 331, 333, 368, 380, 392, 424
　　――欲求　313-314, 380, 436-437
渉猟する（scouring）　6, 23, 50, 419, 450, 481, 539, 545
Sinking with Style（優雅に品よく没落を）36-37, 74, 542, 556
深淵（abyss, abisso）　49, 542
深層（obscurity, oscurità）　5, 45, 47-49, 189, 444, 542, 549

人文的・人間的な素人（humanistic amateur）　42, 47
すくい（掬い／救い）とり，くみとる（scoop up/out, scavare, salvare, comprendere）　419, 539
Stepping aside with Style（優雅に品よく身を引く）　183-189
『ストリート・コーナー・ソサイエティ』　62, 460
スローダウン　423, 556
生態学的アプローチ　5
先住民族的マイノリティ　70, 72
整合的な議論　10-11, 24-25
省察（反省）　457
生存　23, 451, 458
　──の在り方（ways of being）　23, 46, 48, 542
　──の場　48
　──の場としての地域社会　3, 23, 50, 70, 376, 450
生体的関係的カタストロフ　5, 39-41, 48, 537, 540-542
生体的関係的想像・創造力　537, 540-541
生という不治の病（There's no cure for life）　552
接触／遭遇（contact）　128, 328, 336, 368-369
絶望（Verzweiflung）　2, 10, 87, 366, 528, 551-553
センセーショナルな出来事　33, 54
潜在的な局面　23, 60
戦争　36, 75, 93, 100, 264, 291, 383, 549
　ベトナム──　90, 100-101
選択的盲目　51, 180, 555
創意にみちた混沌　547-548, 550-551, 556
創業者　379, 382-383, 397, 401-404, 407
喪失（否定性の自己運動）　2, 4, 7, 9-10, 15, 19, 21, 92, 116, 172, 397, 404, 424, 433, 443-444, 452, 539, 548, 555
　──からの創造　7, 92, 442
　──を受容する能力，リスクへの寛容，限界を見極める分別（accepting the loss, the generosity of risk and the limitation）　444
創造　19, 21, 37-38, 48-49, 57-59, 68, 70, 92, 377, 403, 417, 420, 432-434, 441-444, 446, 469, 471, 537, 539-542, 554-556
　──的活動　48, 50, 76, 92, 432, 442-444, 446, 554
　──的プロセス（the creative process, il processo creativo）　48, 443, 551, 556
　想像と──（conceiving, imagining, creating）　11
　想像・──力　58, 418, 442, 445, 537, 539-542
　──と発明　59, 420, 433
総代　25, 148
創発（emergence）　433, 554
ソクラテス的なインタビュー　41
存在の傲慢さ　384, 414, 550

タ　行

対位法（contrapunctus）　50, 52-53, 57, 446-450, 539
対話的なエラボレイション（co-elaboration, coelaborazione, elaborazione dialogante）　438, 523-526
旅　2, 25, 49, 52, 89, 375, 383-384, 413, 418, 423, 436, 449, 470
　再帰的な──　77, 434-435
　方法としての──　423-424, 442
多文化
　──共生　113-114, 125, 133, 192, 199, 320, 368
　──"共成"　3, 22, 368, 371
　コスメティック──主義　355
　──主義　186-188, 319, 355
　──フォーラム　390
ダンス　116, 265, 280, 355-362
　ストリート──　115
　ブレイク──　117, 356, 361
団地
　公営──　4, 11, 15-16, 18, 87-90, 95-96, 124, 170, 407, 462, 548
　──集会所　8, 87, 103, 112, 114-118,

126, 129, 133, 137, 141-142, 144, 147, 151, 153, 155-158, 165, 172, 175, 177, 182-183, 190-191, 210-212, 214-215, 219-220, 227-228, 232, 240-241, 248, 254, 266-269, 273, 278, 281, 287-290, 293-294, 297, 300, 303, 305-307, 320-321, 323-327, 329, 342-347, 360, 365, 367-436, 473, 548
湘南―― →湘南団地を参照
端末　39, 451
治安強化　21, 114, 116, 172-173, 179-181, 193, 319, 321, 323, 337-367, 406, 422, 449-483
小さな主体　23, 56
知識　36-38, 43, 129, 154, 166, 442, 457, 477, 481, 542-543, 554, 556
知的様式（intellectual style）　38, 51, 442, 554, 559
沖積低地　96
調査
　アクション・リサーチ　17, 59, 426-428
　介入的――　426-428
　コミュニティを基盤とする参与的行為――　22-24, 61-62, 192, 427
　参加型アクション・リサーチ　62, 76
　参加型――（ricerca partecipativa, Participatory Research）　7, 26, 90, 126-133, 181, 192-193
　参与的行為――（Participatory Action Research）　60, 62, 195
　探求型社会――（Exploratory Social Research）　10, 23-24, 61-62, 92, 192
　リフレクシヴな――研究　9-10, 14-17, 20-22, 45, 48-49, 56-62, 74, 91, 180-181, 192, 196, 198, 424, 537
　療法的でリフレクシヴな――研究　24, 60-62, 192, 427
追想・追憶し続ける　534-537, 539, 550, 555
通奏低音（Basso continuo）　53
つなぎ役（riempitivo, fill-in）　124, 153, 165, 172, 451-452, 557
定住促進センター　102-103, 107, 135, 233
同心円構造　98

踏破する（traversing）　6, 50, 419, 450-452, 481, 539
毒　241-242, 381, 399, 403, 415, 463
都市
　――エスニシティ　118, 319
　――化　93, 441
　――のなかの異形　88, 90
どっちつかず（betwixt and between）　316, 335, 380, 442
ともに創ることを始める（iniziare a cocreare）　452, 550, 555
取り戻す，生かし直す（reappropriate）　6, 42, 74, 89, 438, 551
　伝統を――（reappropriating tradition）　438

ナ　行

内面崩壊　36, 180
納得し確信し自らの過ちを悟る（convincersi）　69, 450-451
ナラティヴ・セラピー　59
難民
　インドシナ定住――　90, 100-105, 107, 325, 336, 384
　カオイダン――キャンプ　153
　――事業本部　101, 105, 115, 218, 220, 223, 251, 268-274, 288, 317, 339, 370
日本語
　――教室　21, 85, 109, 112, 115-117, 129-131, 137, 141, 145, 147, 153-159, 165, 172, 176, 192, 212, 217-219, 223, 226-231, 237-242, 261-371, 428, 459, 464, 467, 471-474, 476, 491-521, 547
　プロの――教師　5, 21, 91, 113, 268-317, 323, 325, 331, 346, 459, 467, 471-476, 480, 488,
　――教師のいない教室　91, 313, 328, 333, 371
　――の会　218, 224, 226-231, 233, 488
日本人
　在日――　101, 179, 321, 334-337, 367, 369, 376, 397, 437
　忘れられた――　12, 148
人間生態学　5

ハ 行

配置変え（reconstellation/ricostellazione）　6, 58, 60, 421, 428-431, 432, 434
バインベオ　175
始まり（beginnings）　52, 243, 249, 260-262, 266, 430, 446
始める（beginning to）　47, 53, 126-127, 369, 417, 423, 432, 445-446, 449, 452, 544, 550, 555-556
パッショーネとともに（con passione）　35, 446, 450
発生期（stato nascente）　23, 53-55
発明
　文化と社会の——　59, 420
パルス　421, 480, 538-539
ハーレム（ニューヨーク市）　11, 22, 74, 91, 193, 458, 460, 462, 464-466, 526
ハーレム・ライターズ・クルー　462
反射的反省性（réflexivité réflexe）　60, 181, 442, 454, 465
晩年の様式（La vita in "late style"[stile tardo]）　57, 556
引き揚げ者　188, 383-384
伏流水　54, 549
否定　2, 92, 228, 330, 334, 355, 368-370, 417, 432, 437, 442, 444, 453-454, 477, 523
ひとの移動　434
人を説得し揺りうごかす力（capacità di convincere e agitare gli altri）　69, 169, 451
開かれた理論（teorie disponibili）　58, 60, 434
フィールドのなかで書くこと（writing in the field, writing while committed）　10-11
フィールドワーク　5, 7, 11, 16-17, 35, 45-47, 50, 179, 193, 198-199, 322, 324, 421-424, 452, 457-458, 460, 464, 466, 525-526
　関与型——　7, 15-19
　"境界領域"の——　→境界領域を参照
　惑星社会の——　→惑星社会を参照
複合し重合する私（io composito）　412-413
吹き溜まり　237-239, 242-243, 266-267, 297, 315-316, 474-475
　生きた「——」　237-317, 548, 557
舞台（arena/scena）　6, 8, 17, 19, 92, 174, 260, 267, 281, 355, 358, 361-362, 377, 389, 418, 424, 442, 478-479, 549
　——裏（retroscena）　15, 18, 20, 68, 92, 189, 357-358, 377, 418, 424, 433, 479, 549
プレイング・セルフ　10, 47, 56-57, 443, 533-538
プレーヤー　353, 431-432
プロジェクト
　聴け！——　6-7, 14, 21, 35, 48, 68, 90-91, 115, 130, 161, 183, 188, 375-416, 427, 429, 432, 434-436, 451-452, 458, 462, 483
　湘南——　6-7, 11, 14, 20, 24, 35, 48, 68, 74, 89-93, 106, 110, 112-118, 121-373, 376-378, 384, 390, 396, 427, 430, 439, 451-453, 458, 462, 465, 467-469, 471-483, 543, 548
　立川——　14, 23-24, 74, 548, 550
ふれあい館　89, 185, 188
米軍基地　87-88
ペリペティア　52, 75, 529, 533, 539, 545
保育園　97, 105, 109-110, 115, 128, 137, 141-142, 151-153, 158, 184, 201, 203-204, 206, 211, 219-223, 244, 487
ボート・ピープル　100-101
『ホーボー』　5, 8, 548, 558
ボランティア　21, 41, 66, 91, 105, 107-109, 111, 113, 117, 124, 126-127, 134, 137, 158-159, 162-163, 167, 170-171, 173-174, 189, 193, 206, 216, 218, 225, 229-230, 237, 240-243, 245-248, 251, 258, 261-265, 267, 297-314, 378-379, 382-404, 421-422, 432, 437, 470, 479, 487-489
　外部の——　115, 117, 124, 163, 240, 324, 362, 428-430, 487
　学生——　21, 90, 114-117, 319-373, 437-441, 469, 475-476, 479, 489

地元の―― 21, 114-115, 117, 124, 148-151, 302, 487
日本語―― 117, 126-130, 199, 214, 217-218, 262, 269-296, 304, 306-317, 458-459, 464
有償―― 282
掘り起こす（exhuming） 4, 11, 23, 193

マ 行

学びほぐしていく（unlearning in the field） 6, 422
自らを揺りうごかしつつかたちを変えていく（playing and changing form） 552
未踏の地 39, 57, 483
未発
　――の一揆 23, 34, 53-55, 123
　――の瓦礫 12, 411
　――の状態（stato nascente, nascent state） 3-4, 51-57, 74, 181, 418
　――の社会運動（movimenti nascenti, nascent movements） 3, 23, 54, 123
　――の「第二次関東大震災・朝鮮人虐殺」179-183
耳をすましてきき，勇気をもって，たすけあう 191, 423, 450-451, 482-483, 523-524
名代（みょうだい） 12-15, 25, 123-126, 138, 168, 398, 424, 441, 467
　現在を生きる―― 12, 19, 25, 123-126, 189-190
民生委員 21, 67-68, 103-104, 112, 124, 127, 129, 131, 136-137, 144-149, 153, 161, 163, 173, 176, 183, 201-203, 209, 211, 244-245, 248, 250, 255, 257, 281, 288, 297, 305, 312, 325, 430, 487
矛盾の扉 437
メタ・コミュニケーション 20, 60, 354, 385, 432-433, 444
メタモルフォーゼ 22, 50, 53-56, 436, 443, 530, 534, 545, 552
目撃（者） 11, 16, 18, 238, 267, 307, 445, 459, 462
モノグラフ（エスノグラフィー） 7, 13, 20, 26, 41, 56, 76, 83-456, 461

ヤ 行

ゆっくりと，やわらかく，深く（よりゆっくり，より深く，よりやわらかく） 1, 13, 19, 34, 36, 69, 188, 191, 423, 449, 450-451, 482-483, 523-524, 545
横浜市 90, 114, 382
寄せ集まるという骨折り 446, 524-534, 556
余裕（room, skholé） 10, 12, 25, 543
寄り合い 25

ラ 行

ラモーの甥 415
乱反射 6, 19, 70, 92, 183, 418, 442, 458, 481, 524-525, 548, 553-554
　――するリフレクション（dissonant reflection, riflessione disfonica） 6, 18, 21-22, 417-456, 525
療法的 60, 76, 371, 377, 438
リフレクシヴで――なプレイング・セルフ 439
　――でリフレクシヴな調査研究 →調査を参照
臨床社会学 55, 59, 76, 132-133

ワ 行

惑星社会 3-4, 23, 35, 38, 44-51, 57, 71, 73, 437, 444-446, 451, 453, 483
　――のジレンマ 35-36, 70
　――のフィールドワーク（Exploring the Planetary Society, Esplorando la società planetaria） 35-41, 47, 526, 548

人名索引

ア 行

青井和夫（Aoi, K.）　19, 47, 74, 445
浅川達人（Asakawa, T.）　98
網野善彦（Amino, Y.）　559
アルベローニ，F.（Alberoni, F.）　23, 52-53
アーレント，H.（Arendt, H.）　542
アンダーソン，E.（Anderson, E.）　196, 460
アンダーソン，N.（Anderson, N.）　5, 8, 548, 558
イアンニ，O.（Ianni, O.）　549
石牟礼道子（Ishimure, M.）　68, 73, 536
井上ひさし（Inoue, H.）　559
イプセン，H. J.（Ibsen, H.J.）　75
イングロッソ，M.（Ingrosso, M.）　76
ヴィーコ，G.（Vico, G.）　52-53
ウィリアムズ，T. M.（Williams, T.M.）　461-462
上野英信（Ueno, H.）　69, 73, 77, 451
梅棹忠夫（Umesao, T.）　559
ウルフ，V.（Woolf, V.）　24-25
エンツェンスベルガー，H. M.（Enzensberger, H.M）　527, 547-548
大江健三郎（Oe, K.）　319, 556
大野新（Ono, S.）　414, 550 559
奥田道大（Okuda, M.）　5, 13-14, 26, 76, 196, 319, 419, 421-422, 452-459, 559

カ 行

鹿野政直（Kano, M.）　23, 34, 52, 54
カブラル，A.（Cabral, A.）　396
ガルトゥング，J.（Galtung, J.）　36-38, 40, 74, 559
九鬼周造（Kuki, S.）　556
クマール，S.（Kumar, S.）　37, 540
倉沢進（Kurasawa, S.）　98

グラス，G.（Grass, G.）　553
グラムシ，A.（Gramsci, A.）　435-437, 450-453
グリッサン，É.（Glissant, É.）　77
クリフォード，J.（Clifford, J.）　465
グールドナー，A. W.（Gouldner, A.W.）　60
古在由重（Kozai, Y.）　453, 545, 559
小松左京（Komatsu, S.）　559
今和次郎（Kon, W.）　539

サ 行

最首悟（Saisyu, S.）　73, 77
サイード，E.（Said, E.）　10, 24-25, 52-53, 78, 441, 465, 549, 551
笹森儀助（Sasamori, G.）　25
シャーン，B.（Shahn, B.）　534
シューマッハー，E. F.（Schmacher, E.F.）　37
島崎稔（Shimazaki, M.）　559
ジラルディ，G.（Giraldi, G.）　193
スズキ，M. T.（Suzuki, M. Tessa.）　319, 355
スモール，A.（Small, A.）　5

タ 行

田嶋淳子（Tajima, J.）　13, 196, 319
多田富雄（Tada, T.）　558
田中宏（Tanaka, H.）　101
ダニエル，V.（Danniel, V.）　531, 539
鶴見和子（Tsurumi, K.）　23, 559
鶴見俊輔（Tsurumi, S.）　1, 380, 559
鶴見良行（Tsurumi, Y.）　1, 11-12, 45, 380, 559
ディオプ，C. A.（Diop, C.A.）　396
ディドロ，D.（Diderot, D.）　415
デュベ，F.（Dubet, F.）　419-420, 429

デュボイス，W. E. B. （DuBois, W.E.B） 528
ドゥニア，M. （Duneier, M.） 460
トゥレーヌ，A. （Touraine, A.） 57-59, 61, 419-421, 433, 480
トドロフ，Z. （Todorov, Z.） 531-532
トマス，W. I. （Thomas, W.I.） 5
鳥居龍蔵 （Torii, R.） 452

ナ 行

中井久夫 （Nakai, H.） 529
成田龍一 （Narita, R.） 197
新原道信 （Niihara, M.） 20-23, 46, 90-91, 107, 110, 114-115, 124, 127, 135, 138, 140, 161, 173, 183, 186-188, 192, 199-234, 243-248, 255, 261, 263-264, 267, 269, 272, 274, 277, 279, 285-286, 288-292, 294-296, 301, 303, 312, 315, 322, 324, 330, 343, 345-348, 359-360, 362, 366, 377, 380, 384, 402, 413-414, 420, 423, 430, 458-459, 461-463, 467, 469-471, 477-483, 489
似田貝香門 （Nitagai, K.） 23

ハ 行

パーク，R. E. （Park, R.E.） 5
バザーリア，F. （Basaglia, F.） 64, 369-370, 417, 432, 451, 551
バザーリア，F. O. （Basaglia, F. Ongaro） 65, 369-370, 417
バージェス，E. W. （Burgess, E.W.） 5
パース，C. S. （Peirce, C.S.） 532
バッハ，J. S. （Bach, J. S.） 53
ヒューズ，E. C. （Hughes, E.C.） 421
広田康生 （Hirota, Y.） 5, 13, 558
ファノン，F. （Fanon, F.） 396
藤井達也 （Fujii, T.） 22, 76
フーコー，M. （Foucault, M.） 539
プラット，M. L. （Pratt, M. L.） 195, 369
ブラッドベリ，R. （Bradbury, R.） 535-536
古城利明 （Furuki, T.） 22-23, 45-47, 74

ブルデュー，P. （Bourdieu, P.） 25, 45, 60, 379, 392, 442, 454, 465, 549
フレイレ，P. （Freire, P.） 59, 162, 188
ペイン，T. （Paine, T.） 16
ヘーゲル，G. W. F. （Hegel, G.W.F.） 1-2, 10, 69, 379, 383, 453, 523-532, 551
ベッカー，H. S. （Becker, H.S.） 421
ペック，R. （Peck, R.） 536
ベラー，R. N. （Bellah, R.N） 41-43, 47, 74, 437-438
ベンヤミン，W. （Benjamin, W.） 1, 6, 547
ボヴォーネ，L. （Bovone, L.） 23
ポランニー，M. （Polanyi, M.） 553
ボルダ，O. （Borda, O.） 59
ボールドウィン，J. （Baldwin, J.） 536
ホワイト，W. F. （Whyte, W.F.） 61-62, 460

マ 行

真下信一 （Mashita, S.） 26, 75, 453-454, 459, 461, 523, 545, 549, 551
マッケンジー，R. D. （McKenzie, R.D.） 5
マートン，R. K. （Merton, R.K.） 461
マーフィー，R. F. （Murphy, R.F.） 552
宮沢賢治 （Miyazawa, K.） 527-528, 557
宮本常一 （Miyamoto, T.） 1, 11-12, 25-26, 45, 148, 462, 559
ミルズ，C. W. （Mills, C.W.） 60
メルッチ，A. （Melucci, A.） 3, 5, 7, 9-11, 16-17, 23-25, 33, 35-36, 39-41, 45-50, 52, 54-55, 57-70, 74-76, 90-91, 127-128, 192, 195-196, 330, 353-354, 370-371, 377, 379, 382, 403, 413, 418-420, 422-434, 438-439, 442, 444-445, 452, 459, 524, 537-540, 542, 544, 549, 550, 554-556
メルッチ，A. F. （Melucci, A. Fabbrini） 62, 76, 377

メルレル, A. (Merler, A.)   3, 9-10,
　23-24, 35, 45, 50, 61-62, 70-71, 75-76, 90,
　127-128, 193, 412-413, 423-424, 434, 439,
　442, 449, 453-454, 523-524, 537, 544, 549
本橋哲也 (Motohashi, T.)   24

ヤ　行

矢澤修次郎 (Yazawa, S.)   43-45, 74,
　124, 548
ヤスパース, K. (Jaspers, K.)
　73, 454, 541, 555
吉原直樹 (Yoshihara, N.)   23
吉増剛造 (Yoshimasu, G.)   549

ラ　行

ラス・カサス, B. (Las Casas, B.)
　531-532
ランゲル, A. (Langer, A.)   34, 36,
　69-70, 188, 450
リード, J. (Reed, J.)   529, 532
リルケ, R. M. (Rilke, R.M.)   534
ルカーチ, G. (Lukács, G.)   75
レーヴィ, P. (Levi, P.)   559
レヴィン, K. (Lewin, K.)   17, 59

ワ　行

鷲田清一 (Washida, K.)   529
渡戸一郎 (Watado, I.)   13

執筆者紹介（執筆順）

新原道信　中央大学社会科学研究所研究員，
　　　　　中央大学文学部教授

鈴木鉄忠　中央大学社会科学研究所客員研究員，
　　　　　中央大学法学部兼任講師

中里佳苗　集団学習が苦手な子どものための学習支援プロジェクト・
（旧姓山田）代表

中村　寛　中央大学社会科学研究所客員研究員，
　　　　　多摩美術大学美術学部准教授

野宮大志郎　中央大学社会科学研究所研究員，
　　　　　　中央大学文学部教授

うごきの場に居合わせる
――公営団地におけるリフレクシヴな調査研究――
中央大学社会科学研究所研究叢書 31

2016 年 3 月 14 日　発行

編著者　新原道信
発行者　中央大学出版部
代表者　神﨑茂治

〒192-0393　東京都八王子市東中野 742-1
発行所　中央大学出版部
電話 042(674)2351　FAX 042(674)2354
http://www2.chuo-u.ac.jp/up/

ⓒ 2016　　　　　　　　　電算印刷㈱
ISBN978-4-8057-1332-7

中央大学社会科学研究所研究叢書

1 中央大学社会科学研究所編
自主管理の構造分析
－ユーゴスラヴィアの事例研究－
Ａ５判328頁・品切

80年代のユーゴの事例を通して，これまで解析のメスが入らなかった農業・大学・地域社会にも踏み込んだ最新の国際的な学際的事例研究である。

2 中央大学社会科学研究所編
現代国家の理論と現実
Ａ５判464頁・4300円

激動のさなかにある現代国家について，理論的・思想史的フレームワークを拡大して，既存の狭い領域を超える意欲的で大胆な問題提起を含む共同研究の集大成。

3 中央大学社会科学研究所編
地域社会の構造と変容
－多摩地域の総合研究－
Ａ５判482頁・4900円

経済・社会・政治・行財政・文化等の各分野の専門研究者が協力し合い，多摩地域の複合的な諸相を総合的に捉え，その特性に根差した学問を展開。

4 中央大学社会科学研究所編
革命思想の系譜学
－宗教・政治・モラリティ－
Ａ５判380頁・3800円

18世紀のルソーから現代のサルトルまで，西欧とロシアの革命思想を宗教・政治・モラリティに焦点をあてて雄弁に語る。

5 高柳先男編著
ヨーロッパ統合と日欧関係
－国際共同研究Ⅰ－
Ａ５判504頁・5000円

EU統合にともなう欧州諸国の政治・経済・社会面での構造変動が日欧関係へもたらす影響を，各国研究者の共同研究により学際的な視点から総合的に解明。

6 高柳先男編著
ヨーロッパ新秩序と民族問題
－国際共同研究Ⅱ－
Ａ５判496頁・5000円

冷戦の終了とEU統合にともなう欧州諸国の新秩序形成の動きを，民族問題に焦点をあて各国研究者の共同研究により学際的な視点から総合的に解明。

■ 中央大学社会科学研究所研究叢書 ■

坂本正弘・滝田賢治編著
7 現代アメリカ外交の研究
A5判264頁・2900円

冷戦終結後のアメリカ外交に焦点を当て，21世紀，アメリカはパクス・アメリカーナⅡを享受できるのか，それとも「黄金の帝国」になっていくのかを多面的に検討。

鶴田満彦・渡辺俊彦編著
8 グローバル化のなかの現代国家
A5判316頁・3500円

情報や金融におけるグローバル化が現代国家の社会システムに矛盾や軋轢を生じさせている。諸分野の専門家が変容を遂げようとする現代国家像の核心に迫る。

林　茂樹編著
9 日本の地方CATV
A5判256頁・2900円

自主製作番組を核として地域住民の連帯やコミュニティ意識の醸成さらには地域の活性化に結び付けている地域情報化の実態を地方のCATVシステムを通して実証的に解明。

池庄司敬信編
10 体制擁護と変革の思想
A5判520頁・5800円

A.スミス，E.バーク，J.S.ミル，J.J.ルソー，P.J.プルードン，Φ.N.チュッチェフ，安藤昌益，中江兆民，梯明秀，P.ゴベッティなどの思想と体制との関わりを究明。

園田茂人編著
11 現代中国の階層変動
A5判216頁・2500円

改革・開放後の中国社会の変貌を，中間層，階層移動，階層意識などのキーワードから読み解く試み。大規模サンプル調査をもとにした，本格的な中国階層研究の誕生。

早川善治郎編著
12 現代社会理論とメディアの諸相
A5判448頁・5000円

21世紀の社会学の課題を明らかにし，文化とコミュニケーション関係を解明し，さらに日本の各種メディアの現状を分析する。

中央大学社会科学研究所研究叢書

石川晃弘編著

13 体制移行期チェコの雇用と労働

Ａ５判162頁・1800円

体制転換後のチェコにおける雇用と労働生活の現実を実証的に解明した日本とチェコの社会学者の共同労作。日本チェコ比較も興味深い。

内田孟男・川原　彰編著

14 グローバル・ガバナンスの理論と政策

Ａ５判320頁・3600円

グローバル・ガバナンスは世界的問題の解決を目指す国家，国際機構，市民社会の共同を可能にさせる。その理論と政策の考察。

園田茂人編著

15 東アジアの階層比較

Ａ５判264頁・3000円

職業評価，社会移動，中産階級を切り口に，欧米発の階層研究を現地化しようとした労作。比較の視点から東アジアの階層実態に迫る。

矢島正見編著

16 戦後日本女装・同性愛研究

Ａ５判628頁・7200円

新宿アマチュア女装世界を彩った女装者・女装者愛好男性のライフヒストリー研究と，戦後日本の女装・同性愛社会史研究の大著。

林　茂樹編著

17 地域メディアの新展開
　　－CATVを中心として－

Ａ５判376頁・4300円

『日本の地方CATV』（叢書９号）に続くCATV研究の第２弾。地域情報，地域メディアの状況と実態をCATVを通して実証的に展開する。

川崎嘉元編著

18 エスニック・アイデンティティの研究
　　－流転するスロヴァキアの民－

Ａ５判320頁・3500円

多民族が共生する本国および離散・移民・殖民・難民として他国に住むスロヴァキア人のエスニック・アイデンティティの実証研究。

中央大学社会科学研究所研究叢書

菅原彬州編
19 連続と非連続の日本政治
A5判328頁・3700円

近現代の日本政治の展開を「連続」と「非連続」という分析視角を導入し，日本の政治的転換の歴史的意味を捉え直す問題提起の書。

斉藤　孝編著
20 社会科学情報のオントロジ
－社会科学の知識構造を探る－
A5判416頁・4700円

オントロジは，知識の知識を研究するものであることから「メタ知識論」といえる。本書は，そのオントロジを社会科学の情報化に活用した。

一井　昭・渡辺俊彦編著
21 現代資本主義と国民国家の変容
A5判320頁・3700円

共同研究チーム「グローバル化と国家」の研究成果の第3弾。世界経済危機のさなか，現代資本主義の構造を解明し，併せて日本・中国・ハンガリーの現状に経済学と政治学の領域から接近する。

宮野　勝編著
22 選挙の基礎的研究
A5判152頁・1700円

外国人参政権への態度・自民党の候補者公認基準・選挙運動・住民投票・投票率など，選挙の基礎的な問題に関する主として実証的な論集。

礒崎初仁編著
23 変革の中の地方政府
－自治・分権の制度設計－
A5判292頁・3400円

分権改革とNPM改革の中で，日本の自治体が自立した「地方政府」になるために何をしなければならないか，実務と理論の両面から解明。

石川晃弘・リュボミール・ファルチャン・川崎嘉元編著
24 体制転換と地域社会の変容
－スロヴァキア地方小都市定点追跡調査－
A5判352頁・4000円

スロヴァキアの二つの地方小都市に定点を据えて，社会主義崩壊から今日までの社会変動と生活動態を3時点で実証的に追跡した研究成果。

――――― 中央大学社会科学研究所研究叢書 ―――――

石川晃弘・佐々木正道・白石利政・ニコライ・ドリャフロフ編著

25 グローバル化のなかの企業文化
　　－国際比較調査から－
　　Ａ５判400頁・4600円

グローバル経済下の企業文化の動態を「企業の社会的責任」や「労働生活の質」とのかかわりで追究した日中欧露の国際共同研究の成果。

佐々木正道編著

26 信頼感の国際比較研究
　　Ａ５判324頁・3700円

グローバル化，情報化，そしてリスク社会が拡大する現代に，相互の信頼の構築のための国際比較意識調査の研究結果を中心に論述。

新原道信編著

27 "境界領域"のフィールドワーク
　　－"惑星社会の諸問題"に応答するために－
　　Ａ５判482頁・5600円

3.11以降の地域社会や個々人が直面する惑星社会の諸問題に応答するため，"境界領域"のフィールドワークを世界各地で行う。

星野智編著

28 グローバル化と現代世界
　　Ａ５判460頁・5300円

グローバル化の影響を社会科学の変容，気候変動，水資源，麻薬戦争，犯罪，裁判規範，公共的理性などさまざまな側面から考察する。

川崎嘉元・新原道信編

29 東　京　の　社　会　変　動
　　Ａ５判232頁・2600円

盛り場や銭湯など，匿名の諸個人が交錯する文化空間の集積として大都市東京を社会学的に実証分析。東京とローマの都市生活比較もある。

安野智子編著

30 民　　意　　と　　社　　会
　　Ａ５判144頁・1600円

民意をどのように測り，解釈すべきか。世論調査の選択肢や選挙制度，地域の文脈が民意に及ぼす影響を論じる。

＊価格は本体価格です。別途消費税が必要です。